Jürgen Boeckh · Ernst-Ulrich Huster · Benjamin Benz

Sozialpolitik in Deutschland

Jürgen Boeckh
Ernst-Ulrich Huster
Benjamin Benz

Sozialpolitik in Deutschland

Eine systematische
Einführung

2., aktualisierte Auflage

VS VERLAG FÜR SOZIALWISSENSCHAFTEN

Bibliografische Information Der Deutschen Nationalbibliothek
Die Deutsche Nationalbibliothek verzeichnet diese Publikation in der Deutschen
Nationalbibliografie; detaillierte bibliografische Daten sind im Internet über
<http://dnb.d-nb.de> abrufbar.

1. Auflage 2004
2. Auflage Oktober 2006

Alle Rechte vorbehalten
© VS Verlag für Sozialwissenschaften | GWV Fachverlage GmbH, Wiesbaden 2006

Lektorat: Frank Schindler

Der VS Verlag für Sozialwissenschaften ist ein Unternehmen von
Springer Science+Business Media.
www.vs-verlag.de

Umschlaggestaltung: KünkelLopka Medienentwicklung, Heidelberg
Druck und buchbinderische Verarbeitung: MercedesDruck, Berlin
Gedruckt auf säurefreiem und chlorfrei gebleichtem Papier
Printed in Germany

ISBN-10 3-531-15248-3
ISBN-13 978-3-531-15248-6

Inhaltsübersicht

Inhalt

Inhalt

Vorwort

Die aktuellen sozialpolitischen Kontroversen machen Orientierung notwendig. Begriffe wie *Reform, Rückführen auf das Machbare, Generationengerechtigkeit* etc. scheinen in Frage zu stellen, was sich im Laufe der Jahrzehnte als soziale Gewissheit herausgebildet hatte. Stehen wirklich Grundstrukturen des sozialen Zusammenhalts in Frage? Haben nicht immer wieder Anpassungen im System der sozialen Sicherung, in der Zielsetzung von Sozialpolitik, im Politik- und Verwaltungshandeln stattgefunden? Dieser Band – nunmehr in zweiter Auflage - sucht einen Beitrag zu leisten, aktuelle Entwicklungen in größere theoretische, geschichtliche und empirische Zusammenhänge einzuordnen.

Dabei unterliegt die aktuelle sozialpolitische Diskussion einer Halbwertszeit von – pointiert formuliert – im Regelfall nicht mal der Zeitspanne zwischen der Morgen- und der Abendausgabe einer Zeitung, zwischen zwei Fernseh- bzw. Rundfunknachrichtensendungen. Das Internet macht es möglich: Permanent online kann man Meinung und Gegenmeinung, Position und Negation, Erklärung und Dementi verfolgen. Eine Einführung in die Sozialpolitik kann und wird hier nicht in Konkurrenz treten wollen. Es geht uns vielmehr um eine Einführung, die Genese, Stellenwert und Perspektiven sozialpolitischen Handelns, deren Prämissen, deren mutmaßliche Folgen systematisch darstellen und analytisch aufbereiten soll. Ergänzend werden der Leser und die Leserin auf Detailinformationen an anderer Stelle zurückgreifen müssen. Der Band enthält systematische Hinweise auf jeweils aktualisierte Quellen, will aber seinerseits Grundlagenkompetenzen vermitteln, die Voraussetzung sind für eine Selektion der Unübersichtlichkeit an Informationen und Meinungen.

Sozialpolitik in Deutschland: Die Akteure handeln auf unterschiedlichen Ebenen, doch sind diese noch nie und seit dem II. Weltkrieg immer weniger gleichsam nach außen ‚geschlossen‘, sondern vielmehr Teil eines europäischen Sozialraums, der nicht erst mit dem

Vertragswerk von Amsterdam begonnen hat, soziale Belange innerhalb der Europäischen Union wie auch immer zaghaft zu gestalten.
Mit der Osterweiterung der EU, der engeren Verzahnung mit anderen
Ländern Ost- und Südosteuropas sowie mit der Globalisierung von
Wirtschaftsinteressen vorrangig innerhalb der Triade, aber auch darüber hinaus werden soziale Problemlagen und sozialpolitische Hand-
lungsformen in Deutschland immer stärker supranational mitbestimmt.
Dieser Band sucht hier ebenfalls nach systematischen Zuordnungen
und Perspektiven.

Bochum, Juli 2006   *Jürgen Boeckh*
                                                    Ernst-Ulrich Huster
                                                        Benjamin Benz

1. Einleitung: Legitimation und Delegitimation des Sozialstaats in der aktuellen politischen Kontroverse

Das Projekt *Moderne* zielt mit Herausbildung der *bürgerlichen Gesellschaft* auf eine Trennung zwischen dem privaten Bereich der (wirtschafts-bürgerlichen) Gesellschaft und einem öffentlichen Bereich des Staates. Diese in den unterschiedlichen Vertragstheorien des 17. und 18. Jahrhunderts von *Johann Althusius* bis *Immanuel Kant* ausgestaltete Vorstellung setzte eine Komplementarität zwischen bürgerlicher Freiheit und staatlich gestalteter Ordnung voraus, die erst zusammengenommen beides garantierte bzw. beider Entwicklung zulassen würde. Dass der Menschen dem Menschen ein Wolf sei, wie es der englische Theoretiker *Thomas Hobbes* in einer eher negativen Anthropologie unterstellte, oder dass der Mensch zwar von Natur aus gut ist, doch in der Vergesellschaftung sehr wohl zu Eigennutz tendiere, der sich gegen andere richten könne (*John Locke*), war denn Anlass, in unterschiedlicher Weise einen *Primat der Politik* gegenüber dem Privaten zu formulieren, nicht als Selbstzweck, sondern letztlich zu dessen Schutz und Nutzen. Politik wurde darauf beschränkt, in die Bürgergesellschaft nur dann zu intervenieren, wenn ihre Fundamente, ihr Zusammenspiel nicht mehr garantiert sei. Der Primat der Politik stand über der Ökonomie, er hat ihr zu dienen, aber sie auch zu korrigieren, und wenn es sein musste, auch zu zügeln.

Die Vorstellung, die Gesellschaftsglieder schließen unter sich einen Vertrag, in dem sie ihre Beziehungen untereinander und gegenüber einem Dritten, dem Staat, ordnen, wird seit einigen Jahren verwandt, um im Rekurs auf das frühbürgerliche Denken Antworten auf eine unbestreitbar komplexer gewordene soziale Lage zu finden. Denn zum einen ist die Ökonomie in vielerlei Hinsicht stärker denn je politisch geworden, insofern sie im Wechselverhältnis zwischen wenigen, aber mächtigen globalen Akteuren klassische Aufgaben der Politik entweder selbst übernimmt, zumindest aber in einem bislang nicht da gewesenen Ausmaße mitbestimmt. Auf der anderen Seite werden die Lebensgrundlagen und Lebensbedingungen breiter Bevölkerungskreise in einem solchen Ausmaß von wirtschaftlichen und sozialen Veränderungen innerhalb eines sich stark ausweitenden *Sozialraums* mitbestimmt, dass sich diese immer stärker dem Zugriff lokaler, regionaler und/oder nationaler Politik entziehen. Der *Gesellschaftsvertrag* der frühbürgerlichen Theorie fand praktisch keine Konkretion – sieht man von jener eher historischen Fußnote des *Mayflower Compacts* von 1620 ab[1] –, doch er wurde bestimmend für die Legitimation bürgerlicher Herrschaft, wie umgekehrt zum Kriterium für deren Infragestellung. Der ‚neue' Gesellschaftsvertrag stellt sicher einen Versuch dar, dem wachsenden politischen Gewicht der Ökonomie in einer Welt der Europäisierung und Globalisierung mit dem Konstrukt der Bürgergesellschaft wieder ein Gegengewicht entgegenzustellen, um die Lebensbedingungen stärker dezentral zu gestalten, zugleich ist er Manifestation des Bürgerinteresses an einem Staat, der ihre Lebensbedingungen mitgestaltet, der ihr Staat ist und bleibt.

Politik soll Ordnung gestalten, die in sich *Freiheit* zur Entfaltung bringt. Dieses verstand sich zunächst und vor allem als eine ausgrenzende Politik, klassisch von dem liberalen Reformer *Wilhelm von Humboldt* in der Forderung zusammengefasst: Der „Staat enthalte sich aller Sorgfalt für den positiven Wohlstand der Bürger und gehe keinen Schritt weiter, als zu ihrer Sicherstellung gegen sich selbst und gegen auswärtige Feinde notwendig ist; zu keinem andren Endzwecke beschränke er ihre Freiheit."[2] Humboldt beteiligte sich aktiv an der Aufhebung des mittelalterlichen *Zunftwesens* und an der Durchsetzung der Gewerbefreiheit in Preußen. Diese Freisetzung bürgerlichen wirtschaftlichen Handelns sollte Wohlstand für die Bürger bringen. Mit dieser *Gewerbefreiheit* aber entstand in der Gesellschaft eine neue soziale Klasse, der es *alleine* aus ihrer Arbeit heraus nicht möglich war, den zum Leben notwendigen Wohlstand zu erreichen und Risiken, die nicht einzeln bewältigbar, weil sozial verursacht, abzusichern. Damit wurde in Deutschland zu Beginn des 19. Jahrhunderts parallel zur Durchsetzung der Gewerbefreiheit eine Diskussion angestoßen, die nach den sozialen Folgen der nun langsam sich in den Vorder-

---

1   Ein Gruppe der sog. Pilgrim-Fathers, in England wegen ihres Glaubens bedrängt, suchte in der Neuen Welt nach einer Heimstatt, wo sie ihren Glauben bekennen und leben würden. Sie überquerten mit dem Schiff Mayflower den Atlantik. Bevor sie von Schiff und an Land gingen, schlossen sie 1620 einen Vertrag, in dem sie ihre weltlichen und geistlichen Dinge zu regeln suchten.

2   Wilhelm von Humboldt: Ideen zu einem Versuch, die Grenzen der Wirksamkeit des Staates zu bestimmen, Stuttgart 1967, S. 52

grund schiebenden privatkapitalistischen Wirtschaftsweise fragte, zugleich danach, welche Auswirkungen staatliche Politik auf die Entfaltung privatwirtschaftlichen Wirkens und Marktprozesse hat. Der *Staat* übernahm zugleich eine immer aktivere Rolle für die wirtschaftlichen Prozesse und Strukturen, damit der Gefahr ausgesetzt, von den einen als zu schwach, von den anderen als zu stark qualifiziert zu werden. Politik wurde gefordert, skeptisch beurteilt, kritisiert und bekämpft, die sozial in dem Sinne sein sollte, als sie aktiv materielle Lebensbedingungen mit gestaltet: *kompensierend, konstituierend und verteilend.* Seit Einführung des *Regulativ zur Kinderarbeit* von 1839 haben sich die Argumente kaum verändert. Eine Geschichte der Sozialpolitik ist die des Zuviel oder des Zuwenig staatlicher Intervention, je nach sozialer und politischer Interessenslage. Gleichwohl wurde Sozialpolitik eine zunehmend wichtiger werdende Form staatlichen Handelns.

Der Staat aber bleibt zunächst und vor allem Staat, der mit seinen klassischen Instrumenten – Gesetz, Recht, Steuern und Abgaben – ordnet. Er bleibt Staat, der sich in unterschiedlicher Weise legitimieren lässt, sei es über traditionale Legitimation in der Monarchie, sei es über das Volk etwa in der Republik von Weimar und in der Bundesrepublik. Er verliert nicht die klassischen Aufgaben des Staates, den Schutz seiner Bürgerinnen und Bürger nach innen und nach außen durch das Gewaltmonopol, durch Rechtspflege, durch Garantie der Menschen- und der Freiheitsrechte etc. Aber es kommen neue hinzu, von der Subventionierung der Dampfschifffahrt im Deutschen Kaiserreich bis hin zu aktuellen Vereinbarungen im Rahmen der Weltwirtschaftsordnung, von der Bismarckschen Sozialversicherung bis hin zum Aufbau weiterführender sozialer Institutionen und Infrastruktureinrichtungen. Sozialpolitik ist folglich ein gestaltendes Instrument, durch das der Staat in Teilbereichen *Sozialstaat* wird, wobei allerdings ein Sozialbudget von ca. einem Drittel des Bruttoinlandsprodukts dieser Facette von Staatlichkeit ein besonderes Gewicht zukommen lässt, dem zumindest von der ökonomischen Bedeutung her kein anderer Teilbereich staatlicher Politik gleichwertig ist.

Doch dieser Staat bedarf nicht nur der *Legitimation* durch die Gesellschaft, in der Demokratie etwa durch Wahlen und andere Formen der innergesellschaftlichen Konsensbildung gewährleistet. Er ist auch Quelle für Legitimation: Schon *Thomas Hobbes* band die Existenz des Staates daran, dass er das tut, wofür er da ist, nämlich die Unversehrtheit des Lebens seiner Bürger zu garantieren. Ein Recht auf Widerstand gegen den Staat explizit ausschließend, verlor der Staat jedoch in dem Maße das Recht auf Gehorsam, als er nicht mehr in der Lage war, das Leben und den friedlichen Kommerz seiner Untertanen zu garantieren. Diese liberale Grenzscheide *Leben und ökonomische Sicherheit* stellt sich heute sehr viel differenzierter dar. Ein Mehr oder ein Weniger Rentenanpassung entscheidet alleine für sich genommen sicher nicht über Leben bzw. Überleben-Können. Doch steht keinesfalls nur vermeintlich frustriertes *Anspruchsdenken* hinter Widerstand etwa gegen Einschnitte bei den Sozialleistungen, sondern sehr viel mehr der Verlust originärer, *subsistenzwirtschaftlicher* Versorgungsmöglichkeiten sowie die zunehmend unübersichtlicher und weniger beeinflussbarer werdenden bzw. erscheinenden wirtschaftlichen und politischen Entwicklungen. Die Umsetzung von Forderungen der Bürgerinnen und Bürger im politischen Prozess bestimmt *Legitimation* staatlicher Herrschaft, die Infragestellung von Lebensbedingungen durch staatliche Politik leitet *Delegitimation*sprozesse ein, die letztlich über Wahlen, außerparlamentarischen Protest und darüber hinausgehende Widerstandsformen ihren Niederschlag findet.

„Der Staatsbürgerstatus" – so *Jürgen Habermas* – „muss einen Gebrauchswert haben und sich in einer Münze sozialer, ökologischer und kultureller Rechte auszahlen. Insofern hat die sozialstaatliche Politik eine nicht unerhebliche Legitimationsfunktion."[3] Doch was geschieht, wenn diese sozialstaatliche Politik Standortinteressen weltweiter Kapitalstrategien in Frage stellt oder auch nur zu stellen droht? Dann sind vielfältige Verhaltensformen denkbar, die derzeit in nicht gefilterter Breite alltäglich national, europaweit und darüber hinaus zu beobachten sind bis hin zu Infragestellungen demokratischer Strukturen, wie dieses in der Geschichte bereits mehrfach geschehen ist. Es zeigt sich ein geradezu atemberaubender Prozess gleichgerichteter Prozesse in den Ländern der Europäischen Union sowie innerhalb der *Triade* aus US-Amerika, Ostasien und Westeuropa. Soziale Politik als Teil von Staatlichkeit steht in Frage, Konzepte einer Reduktion staatlicher Interventionen im Bereich des Sozialen gewinnen an Gewicht, während staatliche Interventionen bis hin zur Indienstnahme des staatlichen Gewaltmonopols in kriegerischen Auseinandersetzungen kaum noch auf Grenzen stoßen. Die Beschäftigung mit Sozialpolitik kann folglich nicht *wert*frei sein, sie fragt nach deren demokratischer Legi-

---

3   Jürgen Habermas: Die postnationale Konstellation und die Zukunft der Demokratie, in: Blätter für deutsche und internationale Politik, Heft 7/1998, S. 809

timation, deren inhaltlicher Ausrichtung, deren materieller Fundierung, sie fragt nach deren Ergebnissen, beabsichtigt oder nicht, und nach deren Defiziten. Sie fragt nach sozialen Interessen und Widerständen, danach, wem sie nutzt und wem sie schadet. Sie fragt nach Möglichkeiten und Grenzen, selbst und/oder fremd gesetzten. Sozialpolitik ist Bestandteil einer stets und heute mehr denn je *politischen Ökonomie*, sie ist zugleich der Versuch, diese über den Primat der Politik gegenüber der Ökonomie durchzusetzen. Sie ist aber auch Ausdruck, dass dieser *Primat der Politik* nicht abgelöst betrachtet werden kann von dem ihm zu Grunde liegenden gesellschaftlichen Interesse an einem mehr oder weniger ungehinderten Verfolg bürgerlicher Kapitalinteressen. Sozialpolitik ist letzteren sowohl nach- als auch vorgeordnet. Dieses ist ihr Kainsmerkmal, aber zugleich auch ihr Gestaltungsauftrag. Kontroversen um Sozialpolitik aktualisieren diese *Janusköpfigkeit von Sozialpolitik* stets von Neuem, sie sind ein Bestandteil von Sozialpolitik.

Anhand der Geschichte sozialpolitischen Handelns in Deutschland werden zunächst deren sich wandelnde ökonomische, politische und soziale Kontexte, deren materielle Grundlagen und ideengeschichtlichen Wurzeln aufgespürt. Es zeigen sich historische Phasen der Sozialpolitik, die sich entfaltenden, aber auch verändernden Interessenträger und die sich geschichtlich herausbildenden Prinzipien, Strukturmerkmale, Institutionen und Funktionen. Dabei werden immer auch die ihnen inhärenten Widersprüche und Konkurrenzen deutlich. Bevor die Funktionen von Sozialpolitik, einzelne Lebenslagen und sozialpolitische Themenfelder sowie die Wirkungen ihrer sozialpolitischen Behandlung in Deutschland näher in den Blick genommen werden, wird auf Tendenzen von vor allem ökonomischer Europäisierung und Globalisierung und damit auf die räumliche Entgrenzung der Kontextbedingungen von Sozialpolitik am Übergang zum 21. Jahrhundert verwiesen. Daher widmen sich die beiden abschließenden Kapitel den Chancen und Risiken einer Sozialpolitik im europäischen Mehrebenensystem sowie der Frage, wo systematisch Grenzen von Sozialpolitik zu bestimmen sind.

2. Historische Phasen der Sozialpolitik in Deutschland

2.1 Sozialordnung im Übergang zwischen Feudalstruktur und frühbürgerlicher Gesellschaft

Politik setzt über soziale Bewegungen und Institutionen eine Kraft voraus, die diese bestimmen, betreiben, kontrollieren und auch verändern kann. Während in der *klassischen Antike* der gesamte Bereich der *oekonomia* ausdrücklich der Sphäre der großfamilialen, aristokratischen Hauswirtschaft zugeordnet war, fußte das *feudale Mittelalter* auf einem ausdifferenzierten wechselseitigen Treueverhältnis zwischen Lehnsherren und Vasallen, zwischen Freien und Unfreien. Erst mit dem *frühbürgerlichen Vertragsdenken* wurde theoretisch erfasst und im Verlaufe eines langen Zeitraums, beginnend mit den Freiheitskriegen in den Niederlanden in der 2. Hälfte des 16. Jahrhunderts, praktisch begründet, was diese Kraft darstellt, nämlich der *Staat*, der der sich *herausbildenden bürgerlichen Gesellschaft* gegenübersteht. Dabei ist es, systematisch betrachtet, unerheblich, ob dieser Staat monarchistisch, oligarchisch, aristokratisch, mehr oder weniger demokratisch binnenstrukturiert ist.

Es waren technische Innovationen wie etwa moderne Navigationsgeräte, die eine Ausweitung von *Handel* und das *Erforschen* bis dato unbekannter Teile der Erde ermöglichten und im Verlauf des 15. Jahrhunderts dazu beitrugen, den mittelalterlichen Handlungsrahmen sozialer Beziehungen zu sprengen. Hinzu kamen neue Formen des Wirtschaftens mit dem Ausbau des zwar schon bekannten Mediums Geld zu einer systematischen *Geldwirtschaft*. Die Entdeckung Amerikas, die dort erfolgende Ausplünderung der Ureinwohner und der Transfer der erbeuteten Gold- und Silberbestände forcierten Quantität und Qualität dieser Anhäufung von neuen Kapitalbeständen, die die Grundlage für weitere wirtschaftliche Neuerungen und Umwälzungen darstellten („ursprüngliche Akkumulation").[1] Und es waren Neuerungen im Ge-

---

1   „Beim gegenwärtigen Stand der Diskussion überwiegt die Ansicht, dass eine absolute Verarmung mit der ersten Phase der Neuzeit einherging, der Zeit der ursprünglichen Akkumulation des Kapitals, der Zeit des Handelskapitalismus und der ersten Etappen des Industriekapitalismus; (...)." Bronislaw Geremek: Geschichte der Armut. Elend und Barmherzigkeit in Europa, München 1991, *S.* 51

werbe, die (städtische) Arbeitsmöglichkeiten schufen und eine langsam einsetzende *Landflucht* einleiteten.

Hinzu kamen massive Veränderungen in der Bevölkerung. Nachdem sich zunächst die Bevölkerung zwischen dem 10. und dem 14. Jahrhundert in den meisten Ländern Europas mindestens verdoppelt hatte, wuchs das Armenpotential sowohl auf dem Lande wie auch in den Städten stark an. Doch auch der Gegenschlag im 14. Jahrhundert, ein Massensterben als Folge einer europaweiten Pestepidemie, löste die wirtschaftlichen und sozialen Widersprüche nicht: Hunger und weitere Epidemien grassierten. Von dieser geschichtlichen Phase erholt, kam es im 16. Jahrhundert zwar zu einer wirtschaftlichen Expansion, doch sank der Lebensstandard der Massen. „Es scheint, dass die Massen die Kosten der Konjunktur dieser Zeit und der Modernisierung des Gesellschaftssystems bezahlen."[2] Auf dem Land mussten viele kleine Bauern ihre wirtschaftlich selbständige Existenz aufgeben, die Zahl der Armen stieg weiter an. Die in unterschiedlichen Abhängigkeitsformen gehaltenen Bauern – bis hin zur Leibeigenschaft – verließen zum Teil das Land, um in den Städten neue Unterhaltsformen in oder außerhalb des feudalen Zunftwesens zu finden.

Diese sozioökonomischen Veränderungen müssen in Betracht gezogen werden, wenn von den Anfängen einer *staatlichen Sozialpolitik* in Deutschland gesprochen wird, genauer genommen: von einer *kommunalen Sozialpolitik* und noch genauer: von einer *kommunalen Armutspolitik*. Dass eine Gesellschaft immer Arme haben würde, war im christlichen Mittelalter nicht nur aus der biblischen Botschaft bekannt (*„Arme habt ihr allezeit bei Euch"*),[3] sondern ergab sich aus kriegerischen Ereignissen, Naturkatastrophen und persönlichen Schicksalsschlägen. Die Feudalgesellschaft hatte dabei u.a. die Aufgabe, ihre Glieder gemäß dem Rechtsgrundsatz „suum cuique"[4] aufzufangen. Jeder Mensch hatte ein Recht darauf, eine seinem Stand gemäße Versorgung durch das Gemeinwesen zu bekommen: Ein verarmter Adeliger

---

2   Bronislaw Geremek: Geschichte der Armut. Elend und Barmherzigkeit in Europa, München 1991, *S.* 111f.

3   Matthäus 26, 11

4   „Jedem das Seine." – Dieser feudale Rechtsgrundsatz wurde, wie andere auch („Arbeit macht frei.") von den Nationalsozialisten missbraucht und als Inschriften über die Tore von Konzentrationslagern (Buchenwald) bzw. Vernichtungslagern (Auschwitz) angebracht. Diese Rechtsgrundsätze hatten im feudalen Ordnungssystem eine zentrale Bedeutung: „Jedem das Seine" meinte danach eine sozial abgestufte Hilfestellung. Dass Arbeit frei machen könne, bedeutete, dass Leibeigene durch vermehrten Arbeitseinsatz ihre Freiheit erlangen konnten.

ebenso wie ein Höriger, nur dass diese in der Qualität stark voneinander abwichen. Doch konnte dieser Sozialverbund nur in dem Maße seinen Aufgaben gerecht werden, wie er dazu materiell in der Lage war. Folglich bildeten sich über kirchliche Einrichtungen und hier insbesondere die Klöster auch Strukturen *christlicher Armenfürsorge* heraus, die jene aufzufangen suchten, die aus derartigen sozialen Netzen herausgefallen waren. Der Arme bekam Almosen, wichtiger aber noch war: Der dazu Fähige gab Almosen.

Almosen

Die Universalität des Geschenks – als Mittel zur Festigung der menschlichen Beziehungen und als Zeichen der Absicht, Eintracht zwischen den Menschen und den Gruppen zu schaffen – bekommt im Christentum eine neue sowohl geistige wie institutionelle Dimension. Das Almosen ist ein Mittel zur Abbüßung der Sünden, und so bedeutet das Vorhandensein von Armen in der christlichen Gesellschaft, daß der Heilsplan sich erfüllt. (...) Das Gebot der Barmherzigkeit bezog sich somit auf das individuelle Verhalten des Christen im diesseitigen Leben, (...).

Das Lob des Almosens enthält nicht nur die Erlösungschance für die Reichen, sondern es sanktioniert auch den Reichtum, ist dessen ideologische Rechtfertigung. (...)

Das grundlegende Modell des mittelalterlichen Christentums ist das der Vermittlung der Kirche zwischen Reichen und Armen. Diese Vermittlung äußert sich in zwei Formen: Erstens sollte, (...), ein Drittel oder ein Viertel der kirchlichen Einkünfte für die Armen bestimmt sein; zweitens sollte sich die Nächstenliebe der Laien in Schenkungen und Vermächtnissen zugunsten der Klöster äußern, zu deren Funktionen die Fürsorge für die Armen, die Wiederverteilung der erhaltenen Mittel gehörte. (...)

Für die ihm gewährte Unterstützung sichert der Bettler dem Almosengeber geistliche Unterstützung durch das Gebet.

Bronislaw Geremek: Geschichte der Armut, Elend und Barmherzigkeit in Europa, München 1991, S.n 27, 51 und 58

Reichtum war ohne Armut sozial nicht vertretbar, folglich war Armut kein zu überwindender Zustand, sondern wichtige Voraussetzung für die Wohlhabenderen, ein christliches Leben führen zu können, wie umgekehrt deren Gebefreudigkeit Voraussetzung für christliche Hilfeleistungen an Bedürftige war. Insofern kam der freiwillig auferlegten Armut etwa in Gestalt von Mönchsorden ein hervorgehobener Stellenwert zu: Die in freiwilliger Armut Lebenden wurden zum Kristalli-

sationskern mittelalterlicher Armenfürsorge. Mit den sozialen Verwerfungen am Ende des Hochmittelalters kam dieses in sich geschlossene
System allerdings an seine Grenzen, insbesondere die Verstärkung der
Stadtbevölkerung durch entlaufene Bauern bzw. Unfreie stellte die
Städte vor die schwierige Aufgabe, die sich in dem Zuzug sozial nicht
abgesicherter Personengruppen manifestierende Bedrohung der bestehenden städtischen Ordnung aufzufangen.

Bettelordnungen in deutschen Städten

Die *Nürnberger Bettelordnung* aus der Zeit um 1370 ist der älteste er-
haltene Beleg dafür, wie sich die Kommunen auf die belastenden Folgen von Bevölkerungswachstum, Agrarkrise und Landflucht einzustellen versuchten. Es erfolgten quasi *Bedürftigkeitsprüfungen*, es wurde
zwischen selbstverschuldeter und anderer Armut geschieden, es wurden über die Dauer des Bettelns Leistungshöhen festgelegt. Der zum
Betteln Befugte erhielt ein sichtbar zu tragendes Zeichen, Betteln ohne
diese Erlaubnis zog Strafen nach sich.

Nürnberger Bettelordnung von ca. 1370

Man ist hinsichtlich der Landstreicher, unverschämt Abbettelnden (Geiler)
und aller Bettler übereingekommen, wie es in der nachfolgenden Ordnung
geschrieben steht. Erstens soll niemand vor den Kirchen, noch in der Stadt
bitten, und es soll auch niemand in den Kirchen und in der Stadt betteln, es
sei denn er besitze das Zeichen der Stadt. Und dieses Zeichen soll Pignot
Weigel im Auftrag des Rates vergeben.

Des weiteren soll man auch niemandem ein Zeichen geben, noch ihn betteln und bitten lassen vor den Kirchen, es sei denn er bringe mindestens
zwei oder drei Personen zu dem vorher genannten Pignot mit, die auf ihren
Eid nehmen, daß jener des Almosens bedürfe. Wenn es aber dem genannten Pignot so vorkommt, als ob da Leute wären, die gut handeln oder arbeiten könnten und des Almosens nicht bedürften, dann soll man denen nicht
zu betteln erlauben, noch das Zeichen überreichen.

Wenn da Leute wären, die ohne des Pignot Weigels Erlaubnis bettelten und
kein Zeichen hätten, sollen die vier Knechte und die Büttel sie sofort zu
dem Pignot Weigel bringen.

Es sollen auch die Bettler in allen Kirchen an den beiden Seiten der Pforte
sitzen oder stehen, wo man zumeist die Kirchen verläßt oder betritt. Und

---

die Bettler sollen auch nicht bei den Altären noch sonstwo in der Kirche betteln, und es sollen auch die Meßner in den Kirchen und die Büttel darauf aufpassen, damit sie es ihnen verwehren, wenn sie die Bestimmung überträten.

Auch soll der Pignot Weigel jeweils auf St. Michaels-Tag und auf St. Walpurgis-Tag die Bettler zusammenrufen und dem, der es nötig hat und der zwei oder drei Leute, welche auf ihren Eid nehmen, daß bei ihnen Bedürftigkeit vorliege, zu dem vorgenannten Pignot bringt, dem soll er das Zeichen gewähren, aber nur auf ein halbes Jahr. Aber dem, welcher nicht bedürftig ist, soll er das Zeichen abnehmen und sich an Eides Statt von ihm versichern lassen, daß er für ein Jahr die Stadt meidet und danach ohne seine Genehmigung in der Stadt nicht bettelt.

Wenn der Pignot Weigel jemandem ein Zeichen gibt, dann soll er dessen Namen in einem Buch verzeichnen.

Die zwei oder drei Leute, die für die Bettler ihren Eid schwören, sollen solche Leute sein, denen man sicher glauben kann.

Wenn fremde Landstreicher oder unverschämte Abbettler kommen, die länger als drei Tage hier verweilen, soll man sie hindern und auf ein Jahr aus der Stadt verweisen.

Falls aber ein Mitglied des Rats erfährt, daß die armen Leute unter den Gesetzen und der Ordnung, wie sie oben beschrieben wurden, ihren Unterhalt nicht erlangen können, dann soll es das den Rat wissen lassen, und dann soll man eine Änderung herbeiführen, indem man zu einer Lösung kommt, die nicht zu belastend für die armen Leute ist.

Aus: Georg Ernst Waldau: Vermischte Beiträge zur Geschichte der Stadt Nürnberg, 4. Band, Nürnberg 1789, S. 328ff; in das Neuhochdeutsche übertragen entnommen aus: Christoph Sachße und Florian Tennstedt: Geschichte der Armenfürsorge in Deutschland. Vom Spätmittelalter bis zum 1. Weltkrieg, Stuttgart u.a. 1980, S. 63f.

Im Übergang vom 15. zum 16. Jahrhundert schritt der faktische Auflösungsprozess feudaler Ordnung fort, ohne dass schon neue Sicherungssysteme vorgehalten werden konnten. Für die Bewältigung dieser sozialen Problemlagen gab es keine Grundlagen, auf die aufgebaut werden konnte: Die kaiserliche Gewalt fußte noch zu stark im Feudalsystem, als dass sie hier für sich eine Kompetenz sehen konnte. Desgleichen waren die landesfürstlichen Gewalten auf die Bewältigung dieser kommunal aufscheinenden Probleme nicht ausgerichtet. Die kirchlichen Institutionen orientierten sich im Prozess der Reformation neu, waren also selbst Teil des sozialen Veränderungsprozesses, griffen aber auch in diesen ein. Es kam folglich den Kommunen zu, Regelungen für jene zu schaffen, die aus bestehenden sozialen Sicherungen herausgefallen waren. Es entstanden nun in rascher Abfolge immer neue Ordnungen für bzw. gegen das Betteln, für bzw. gegen Arme.

Die Städte übernahmen eine Vorreiterrolle, da feudale Strukturen auf dem Lande sehr viel länger vorhielten und faktisch erst mit der *Bauernbefreiung* im ersten Drittel des 19. Jahrhunderts aufgehoben wurden. Und obschon sich formal in den Städten das feudale Zunftwesen bis zur Einführung der *Gewerbefreiheit* in der ersten Hälfte des 19. Jahrhunderts hielt, war hier gleichwohl soziales Leben außerhalb dieser Verbünde möglich.

Der Zuzug aus dem ländlichen Bereich machte die Städte bis zur Einführung regionaler bzw. später nationaler Sicherungssysteme immer wieder zum Schrittmacher bei der Bewältigung allgemeiner sozialer Problemlagen. Erneut kam dabei der Stadt Nürnberg mit ihrer Armenordnung von 1522 eine besondere Bedeutung zu: Betteln wurde grundsätzlich verboten, stattdessen wurde bei Vorlage bestimmter Voraussetzungen eine *kommunale Unterstützungspflicht* für die Armen eingeführt. Die Kommune erklärte sich für zuständig, zugleich wollte sie die Armenfürsorge innerhalb ihrer städtischen Grenzen vereinheitlichen und zentralisieren.

Nürnberger Bettelordnung von 1522

Dieweil nun in der stat Nürnberg pisher etwo vil dürftiger haußarmer und notleidender menschen gewest sein, die zu irer und irer verwanten leiplichen hinpringung und unterhaltung aus not getrungen worden sein, offentlich auf den strassen und in den kirchen zu petteln und das almusen zu haischen, welches aber unserm glauben nit wenig verletzlich und schmehlich ist (dann was mag unter uns christen glaublosers und schentlichers erfunden werden, dann das wir offentlich gedulden und zusehen sollen, das die, so mit uns in einem glauben und einer einigen christelichen gemeinschaft versammelt, uns mit allen dingen gleich und von Christo so kostparlich und teur erkauft, darumb auch neben uns gleiche glider und miterben Christi sind, not, armut, zadel und kummer leiden, ja offentlich auf den gassen und in den heusern verschmachten söllen); – so hat ein erber rat vermelter statt Nuremberg söliches alles (wie pillich) zu hertzen gefast; dabei auch bedacht, das sich bishere vil burger und ander auswerdig personen unterstanden haben, das almusen on rechte not und ehaft zunemen, ir handarbeit gar zuverlassen und allein des pettelens zubehelfen; auch söllich eingenomen almusen mit müssig geen und ander sündtlicher leichtfertigkeit

zuverzeren, daneben auch ire Kinder allein auf den bettel zuziehen und dahin zuweißen, ire jugent ohne alle lernung erberer künst und handtwerk allein mit feiren zuzubringen, den eltern sollichen pettel zuzutragen und dar-
neben frost, hunger und alle hartfelb zuleiden; – aus welichem allen erfolgt,
das den armen dürftigen personen, die sich gern mit eren hinpracht hetten,
ir narung entzogen und den unwirdigen geraicht; auch bei den Kindern, so
die im pettel und müssiggeen auffgezogen, vil schand, sträflicher handlungen und leichtfertigkeit erwachsen ist. Und dem allen nach christlicher güter und getreuer meinung gott zu lob und dem nechsten zu nutz, auch zu
abstellung angezeigter beschwerden und leichtfertigkeit fürgenomen, die
armen dürftigen personen einen rate unterworfen mit zimlicher not turftiger
unterhaltung zufürsehen; deshalb auch nachvolgend ordnung, wie es sö-
lichs almüsens und unterhaltung halben gehalten werden soll, bedacht.

*Quelle: Franz Ehrle: Die Armenordnungen von Nürnberg (1522) und
Ypern (1525). Historisches Jahrbuch im Auftrag der Görres-Gesellschaft,
IX. Band, München und Freiburg im Breigau 1888, S. 459f.*

Es folgten nun detaillierte Regelungen zur Vergabepraxis, Kontrolle,
Bedarfsprüfung, zu einzelnen sozialen Gruppen und deren Betroffenheit, Regelungen für Auswärtige, für Scholaren (Studierende) u.v.a.m.

In einem Edikt aus dem Jahre 1531 erkannte *Kaiser Karl V.* (1500-
1558) schließlich die faktisch vollzogene Kommunalisierung und Säkularisierung der *Armenfürsorge* an, zugleich wollte er eine gewisse
Einheitlichkeit der neuen Organisation erreichen.[5]

Reformation in Deutschland im 16. Jahrhundert

Die Sozialbezüge im feudalen Mittelalter fußten auf einem ausdifferenzierten wechselseitigen Treueverhältnis, das die Trennung zwischen privat und öffentlich nicht kannte. Aus diesem Wechselverhältnis bestimmte sich der soziale Status, die Art der materiellen Ausstattung und zugleich die zu erbringende Leistung. Eigentum als isolierte
Kategorie gab es nicht, folglich waren Existenz und deren Sicherung
auch letztlich nicht privat zu organisieren, sondern im Sozialverbund

---

5   Bronislaw Geremek: Geschichte der Armut. Elend und Barmherzigkeit in Europa,
    München 1991, S. 172ff.

eines „ordo"[6], in dem sich weltliche und geistliche Kräfte ineinander schoben.

Dieser Sozialverbund des Mittelalters brach *sozialräumlich* durch die territoriale Eroberung neuer Gebiete, *sozial* durch Infragestellungen der Feudalordnung etwa durch die Widerstandsformen sowohl der Landbevölkerung als auch städtisch nicht mehr sozial integrierbarer Zuwanderer und *ökonomisch* durch neue Waren- und Geldströme auf. Die Reformation stellte ihn schließlich auch *theologisch* in Frage. Nicht nur, dass *Martin Luther* (1483-1546) und andere Träger dieser Protestation gegen die überkommenen kirchlichen Machtstrukturen angingen, sondern vor allem die Tatsache, dass Luthers Theologie die Rechtfertigung des Menschen vor Gott ausschließlich auf die Gnade Gottes gegenüber dem Menschen und nicht länger auf eigene menschliche Werke wie etwa auch des Almosengebens bezog (*Rechtfertigungslehre*), bedeutete nicht nur eine erhebliche Infragestellung der überkommenen, katholischen Kirche, sondern schuf eine systematische Trennung zwischen geistlicher und weltlicher Gewalt: Luthers *Zwei-Reiche-Lehre* bzw. die Lehre von den zwei Regimenten trennte die Gottes- von der weltlichen Herrschaft, wenngleich letztere über den Landesherren wieder im Glauben des Fürsten der Gottesherrschaft unterstellt war. Die *mittelalterliche Doppelpyramide* mit Kaiser und Papst an der Spitze löste sich auf. Martin Luther befreite den Staat aus kirchlicher Bevormundung und verlieh der weltlichen Herrschaft ein eigenständiges Gewicht: Der Mensch ist Christ – als solcher dem göttlichen Regiment untergeordnet – und Teil des irdischen Lebens – solchermaßen dem weltlichen Regiment unterstellt. Da diese Welt gefallene Welt ist, braucht sie das „Schwert" („Notordnung"), deshalb ist dieser weltlichen Obrigkeit Gehorsam entgegen zu bringen, doch auch deren Handlungen unterliegen dem Gerichte Gottes. In diesem Sinne beschreibt Martin Luther als Maxime für das Verhalten des weisen Fürsten: „Ich bin des Landes und der Leute, ich soll's machen, wie es ihnen nütz und gut ist. Nicht soll ich suchen, wie ich hoch fahre und

---

6 Ordo meint eine nach außen abgeschlossene Sozialordnung, dargestellt in der Form einer Doppelpyramide. Kaiser und Papst bildeten gemeinsam eine Doppelspitze; weltliches und geistliches Handeln waren mit klaren Vorgaben statisch aufeinander bezogen. Dieses kommt auch in dem verbreiteten ptolemäischen Weltbild zum Ausdruck, wonach die Erde eine Scheibe ist, über der sich der Himmel kugelförmig wölbt, damit auch im Verhältnis Gott – Welt ein klares Über- und Unterordnungsverhältnis zum Ausdruck bringend.

herrsche, sondern wie sie mit gutem Frieden beschützt und verteidigt werden."[7]

Martin Luther war nicht nur christlicher, sondern auch *Sozialreformator*. In zahlreichen Schriften setzte er sich mit den sozialen Verwerfungen auseinander, zugleich vor falschen Schlussfolgerungen aus seiner Theologie auf die Lösung dieser sozialen Probleme warnend. So zeigte er zwar einerseits Verständnis für die soziale Not der Bauern und äußerte in einer ersten Schrift auch Verständnis für deren gewaltsamen Protest gegen feudale Willkür, während er in einer zweiten letztlich die feudale Ordnung wieder einklagte. Gleichwohl blieb das Bild des „weisen Fürsten", der einen über die bloße Abwesenheit von Krieg hinausgehenden „guten Frieden" schaffen soll, was das sozial gerechte Zusammenleben in einem weltlich regierten Staat meinte.

Die Theologie Luthers ist damit zugleich eine Auseinandersetzung mit dem biblischen Armutsverständnis. In diesem Kontext meint *Armut* einen *Zustand der Rechtlosigkeit*, in dem der Mensch in seiner ihm durch die Ebenbildlichkeit Gottes gewährten Würde verletzt ist. Der Psalmist fordert: „Schaffet Recht dem Armen und der Waise und helft dem Elenden und Bedürftigen zum Recht. Errettet den Geringen und Armen und erlöst ihn aus der Gewalt der Gottlosen." (Psalm 82, 3 und 4) Dem Armen sind nicht bloß Almosen zu geben, sondern ist darüber hinaus Recht zu verschaffen, und nicht der Arme ist der „Gottlose", sondern der, der den Armen in Armut hält! Nicht zuletzt das Schuldenerlassjahr sollte im Israel des Alten Testaments intergenerativ eingetretene soziale Verwerfungen wieder rückgängig machen. Im Neuen Testament wird der Umgang mit den Armen in einen heilsgeschichtlichen Kontext gestellt. „Was ihr getan habt einem von diesen meinen geringsten Brüdern, das habt ihr mir getan." Und im Umkehrschluss heißt es wenig später: „Was ihr nicht getan habt einem von diesen Geringsten, das habt ihr mir auch nicht getan." (Matthäus Kapitel 25, Verse 40 und 45) Zugleich weist der biblische Maßstab der Gerechtigkeit über den irdischen Bezugsrahmen hinaus und macht deutlich, dass irdische Gerechtigkeit, bezogen auf die Gerechtigkeit Gottes und auf die seines zukünftigen Reiches, nur relativ sein kann. Gleichwohl soll die Mitwirkung an der Schöpfung, auch das soziale Tun, etwas von der göttlichen Gerechtigkeit sichtbar werden lassen.

---

7 Martin Luther: Weltliche Obrigkeit 1523, zit. n.: Luthers Werke für das christliche Haus, hg. von Buchwald u.a., Braunschweig 1889, *S.* 264

Luther griff den Gedanken der Rechtsverletzung sowie den heils-geschichtlichen Kontext auf. Ob arm oder reich: Vor Gott sei der Mensch allein aus Gnade gerechtfertigt. Wenn Gott aber eine Option habe, dann sei es die für die Armen, denn er sei „nicht ein vater der reichen, sondern der armen, witwen und waisen"[8]. Da alle Güter Ga-ben Gottes seien, müssten diese auch zur Überwindung von Armut eingesetzt werden; nicht zur Nächstenhilfe gebrauchtes Gut sei „gesto-len vor got"[9]. Doch diese Nächstenhilfe solle nicht Hungeralmosen sein, „sondern *rechtes Almosen*, das selbstlos schon die Ursachen der Armut beseitigt, dem Recht Geltung verschafft und ehrliche Berufs- und Geschäftspraxis pflegt."[10] Armut habe verschiedene Ursachen, zu denen neben der Sünde im Umgang mit zeitlichen Gütern eine falsche Einstellung zur Arbeit gehöre: Luther begriff Arbeit als vollzogenes Tun Gottes; Müßiggang sei folglich unethisch. Das Empfangen von Almosen als Folge von Arbeitsscheu sei Raub und Diebstahl an von anderen Menschen mit Schweiß und Blut erarbeiteten Gütern. Luther entwickelte ausführlich praktische Vorschläge für die Neuordnung des kommunalen Armenwesens, zugleich wandte er sich scharf gegen die bestehenden christlichen Bettelorden (z.B. die Mönchsorden der Fran-ziskaner, Zisterzienser etc.).

Martin Luther: An den christlichen Adel deutscher Nation

Es ist wohl der größten Notwendigkeiten eine, daß alle Bettelei abgetan würde in aller Christenheit. Es sollte niemals jemand unter den Christen betteln gehen, es wäre auch leicht eine Ordnung drob zu machen, wenn wir den Mut und Ernst dazu täten. Nämlich, daß eine jegliche Stadt ihre armen Leute versorgte und keinen fremden Bettler zuließe, sie hießen, wie sie wollten, es wären Wallfahrtsbrüder oder Bettelorden. Es könnte immer eine jegliche Stadt die ihren ernähren; und wenn sie zu schwach wäre, daß man auf den umliegenden Dörfern auch das Volk ermahnt, dazu zu geben; müssen sie doch sonst zuviel Landläufer und böse Buben unter des Bet-telns Namen ernähren. So könnte man auch feststellen, welche wahrhaftig arm wären oder nicht.

---

8 Martin Luther: Die sieben Bußpsalmen, 3. Bußsalm, 2. Bearbeitung (1525), in: D. Martin Luthers Werke, Weimarer Ausgabe, Weimar 1908, Band 18, *S.* 498, Zeile 9

9 Martin Luther: Sermon von dem unrechten Mammon, 9. Sonntag nach Trinitatis, 17. August 1522, in : D. Martin Luthers Werke, Weimarer Ausgabe, Weimar 1905, Band 10/3, *S.* 275, Zeile 9

10 Gerhard Krause: Artikel „Armut", VII. Luther, in: Theologische Realenzyklopädie Band 4, Berlin u.a. 1979, *S.* 101

Ebenso müßte da sein ein Verweser oder Vormund, der alle die Armen kennte und was ihnen not wäre, dem Rat oder Pfarrer ansagte oder wie das aufs beste könnte geordnet werden. Es geschieht meines Achtens auf keinem Handel so viel an Bübereien und Trügereien wie auf dem Bettel, die da alle wären leichtlich zu vertreiben. Ebenso geschieht dem gemeinen Volk Wehe durch solch freies allgemeines Betteln. Ich hab's überlegt: die fünf oder sechs Bettelorden kommen des Jahres an einen Ort ein jeglicher mehr denn sechs oder sieben Mal, dazu die gewöhnlichen Bettler, Botschafter und Wallfahrtsbrüder, daß sich die Rechnung ergeben hat, daß eine Stadt etwa sechzigmal im Jahr geschatzt wird, ohne das, was der weltlichen Obrigkeit an Gebühr, Aufsatz und Schatzung gegeben wird und der römische Stuhl mit seiner Ware raubet und sie unnützlich verzehren, so daß mir's der größten Gotteswunder eines ist, wie wir dennoch bleiben können und ernähret werden.

Daß aber etliche meinen, es würden auf diese Weise die Armen nicht gut versorgt und nicht so große steinerne Häuser und Klöster erbaut, auch nicht so reichlich – das glaub ich sehr wohl. Ist's doch auch nicht nötig; wer arm will sein, soll nicht reich sein, will er aber reich sein, so greif er mit der Hand an den Pflug und such's sich selbst aus der Erde. Es ist genug, daß die Armen angemessen versorgt sind, so daß sie nicht Hungers sterben noch erfrieren. Es gehört sich nicht, daß einer auf des anderen Arbeit hin müßig gehe, reich sei und wohl lebe bei eines anderen Übelleben, wie jetzt der verkehrte Brauch geht. Denn Sankt Paul sagt: „Wer nicht arbeitet, soll auch nicht essen." Es ist niemand dazu bestimmt, von der anderen Güter zu leben, denn allein die predigenden und regierenden Priester, wie Sankt Paulus I. Kor. 9 (14) (sagt), um ihrer geistlichen Arbeit willen, wie auch Christus sagt zu den Aposteln: „Ein jeglicher Wirker ist würdig seines Lohns."

Martin Luther: An den christlichen Adel deutscher Nation. (1520) Ziff. 21, Stuttgart 1962, S. 79

Luthers theologische Bewertung der Armut und der Armenfürsorge zwischen einem *Recht auf* und einer *Pflicht zur Hilfe* bei unverschuldeter Armut als Ausfluss des Liebesgebotes Christi sowie von der Verpflichtung des Menschen zur Mitwirkung an der Schöpfung fügte sich den auf kommunaler Ebene ereignenden Veränderungen bei der Armenpolitik bruchlos ein, wie umgekehrt Luthers Vorstellungen etwa von einem „gemeinen Kasten" als Instrument der Zentralisierung, Vereinheitlichung und Erziehung im Armenwesen bei zahlreichen Kommunen Berücksichtigung fand.[11]

---

11 Gerhard K. Schäfer: Gottes Bund entsprechen. Studien zur diakonischen Dimension christlicher Gemeindepraxis, Heidelberg 1994, *S.* 29ff.

Aber nicht nur auf Seiten der protestantischen Reformation, sondern auch in der *katholischen Kirche* kam es zu einer Neubewertung
von Armut und Arbeit. So setzte sich im Jahr 1501 *Johannes Geiler
von Kayserberg*, Domprediger in Straßburg, einerseits vehement für
die Rechte der Elenden ein, zugleich wandte er sich strikt gegen die
„falschen Armen".

Johannes Geiler von Kayserberg:
„Die XXI Artikel" an den Rat von Straßburg

Unserer Menschlichkeit steht es zu, den Bedürftigen zu versorgen und Ei-
fer darauf zu verwenden, daß es den Armen nicht an Nahrung fehle. Darum
sollte das der Kaiser und die Versammlung der Fürsten übernehmen, wie es
auch an einige herangetragen worden ist, aber vergebens. Darum ist es notwendig, daß jede Gemeinde die ihren unterstütze. Durch Gottes Gnaden
gibt es ein großes Almosen durch Spenden und dergleichen in dieser Stadt,
aber die Schwierigkeit liegt in der Verteilung. Es wäre notwendig, daß dazu einige wenige, die in der Angelegenheit die Verwaltung übernähmen,
gewählt würden, und es wäre eine Ordnung nötig, nach der die kräftigen
Bettler oder Kinder, die ihr Brot verdienen könnten, zur Arbeit angehalten
und allein die Armen und zur Arbeit Unfähigen zum Almosen zugelassen
würden.

*Johannes Geiler von Kayserberg: „Die XXI Artikel" an den Rat von
Straßburg 150, zitiert nach: Christoph Sachße und Florian Tennstedt: Geschichte der Armenfürsorge in Deutschland. Vom Spätmittelalter bis zum
1. Weltkrieg, Stuttgart u.a. 1980, S. 56*

Die kommunalen Bettelordnungen und die Stellungnahmen der protestantischen Reformation sowie des Katholizismus zeigen, dass und wie
der Prozess der Säkularisierung und damit Kommunalisierung der
Armenfürsorge im Übergang zum 16. Jahrhundert mit einer Veränderung der Einstellung zur Armut verbunden war. Der Arme und das
Betteln standen unter dem Verdacht des Müßiggangs und der Arbeitsscheu: Um die *Pflicht zur Arbeit* als vorherrschende Form der Existenzsicherung durchsetzen, wurden kommunale Verwaltungsapparate
aufgebaut, die Kriterien für die Hilfegewährung präzisiert und mit erzieherischen Maßnahmen verbunden. Armenpolitik zielte auf eine
neue Form *sozialer Disziplinierung*, dienten doch innerhalb der Armenfürsorge die einzelnen Elemente der Bürokratisierung, der Rationalisierung und der Pädagogisierung der Durchsetzung eines neuen
Arbeitsethos als Vorbedingung sich erst ansatzweise abzeichnender

wirtschaftlicher Verhältnisse, für die Menschen unabdingbar wurden, die auf den Verkauf ihrer Arbeitskraft angewiesen sind.[12]

Damit wurden zugleich bis heute gültige *Grundsätze kommunaler Armenfürsorge* formuliert:

- die Trennung zwischen würdigen und unwürdigen Armen,
- die Mitwirkungspflicht etwa durch den Nachweis der eigenen Arbeitswilligkeit,
- die Hilfe zur Selbsthilfe und schließlich
- eine Schlechterstellung des materiellen Umfangs der Hilfestellung gegenüber anderen Formen eigenständiger Existenzsicherung etwa durch Lohnarbeit (Lohnabstandsgebot).

Fortexistenz feudaler Sicherungssysteme in Deutschland

Die Tradition landesherrlich betriebener Wirtschaftszweige hat in Deutschland insbesondere im Bereich des Bergbaus spezifische soziale Sicherungssysteme hervorgebracht. Die bereits im Mittelalter praktizierte Ausbeutung natürlicher Rohstoffe war mit der Übernahme des feudalen Denkens wechselseitiger Abhängigkeitsverhältnisse einschließlich der Versorgung in Notlagen verbunden: Bestandteil der Entlohnung im Bergbau und in anderen Wirtschaftszweigen war nicht nur ein aktueller Lohn, sondern auch eine Versorgungszusage für den Fall, dass der Betroffene nicht mehr in der Lage sein würde, für sich selbst zu sorgen. Entgegen späterer privatwirtschaftlich-industrieller Arbeit wurde hier *Dienst* geleistet, der der Idee nach mit lebenslanger Versorgung verbunden war, wobei der Dienst zeitlich nicht begrenzt, sondern eher von den physischen Möglichkeiten abhängig war. Mit Herausbildung der kleinen Territorialstaaten in Deutschland, wenn auch vorerst noch unter dem Verbund des *Heiligen Römischen Reiches Deutscher Nation* stehend[13], wurden auch in den merkantilistisch – also über den Staat – organisierten Wirtschaftszweigen Elemente

---

12 Otto Gerhard Oexle: Armut, Armutsbegriff und Armenfürsorge im Mittelalter, in: Christoph Sachße und Florian Tennstedt (Hg.): Soziale Sicherheit und soziale Disziplinierung. Beiträge zu einer historischen Theorie der Sozialpolitik, Frankfurt am Main 1986, *S.* 73ff.

13 Dieser Begriff wurde ab dem 15. Jahrhundert häufiger gebraucht, war anders aber als der umfassendere Begriff „Heiliges Römisches Reich" selbst nicht offizielle Bezeichnung des Kaiserreiches. Vgl. Peter Moraw, in: Lexikon des Mittelalters, Stuttgart 2000

dieser vordem im agrarisch-feudalen Kontext ausgebildeten sozialen Sicherungsstrukturen auf weitere Wirtschaftsbereiche ausgeweitet.

Neben die *Fürsorge*, die sich aus der mittelalterlichen Armenpflege über Bettelordnungen in die Neuzeit verlängerte, trat damit eine zweite Form sozialen Schutzes, nämlich die der *Versorgung*: Arbeit ist Dienst an der Gemeinschaft, folglich geht auf diese die früher allein dem Lehnsherren obliegende Pflicht zur Versorgung des Einzelnen über. In der Architektur des deutschen Sozialversicherungsstaates griff Bismarck diese Auffassung später wieder auf, indem er zunächst über den Bergbau und die Landwirtschaft hinaus plante, die Arbeiterschaft insgesamt in ein Versorgungssystem einzugliedern, damit gleichsam feudales *Versorgungsdenken* auf die *privatkapitalistische Arbeitswelt* übertragend. Auch wenn im weiteren geschichtlichen Verlauf Versorgungsleistungen auf wenige Sondergruppen beschränkt blieben, hat das zugrundeliegende *paternalistische Denken* die Sozialpolitik in Deutschland sehr stark mitgeprägt. Im Sozialrecht hat sich dieser Gedanke damit in vielfältiger Weise teilweise bis in die Gegenwart erhalten, so insbesondere für Beamte, Kriegsopfer und bei Sonderleistungen etwa für Studierende bzw. generell für Kinder.

Der Durchbruch zur privatkapitalistischen Arbeit

Die Industrialisierung erfolgte in Deutschland ca. 100 Jahre später als in England. Die tiefgreifenden wirtschaftlichen Veränderungen des Inselreiches in der Mitte des 18. Jahrhunderts leiteten nicht nur produktionstechnisch und vom Vertrieb produzierter Waren und Dienstleistung her betrachtet eine „industrielle Revolution" ein, sondern sie forderte auch der dortigen Bevölkerung eine ungeheure, mit Not, Elend und frühem Tod verbundene soziale Anpassungsleistung ab. Diesem Druck setzten Arbeiter Widerstand entgegen, sei es durch Maschinenstürmerei, sei es durch kleine oder große Sabotage, sei es durch Flucht. Waren die Angriffe auf die Produktionsanlagen Sache der Kriminalpolizei, wurde der Verweigerung, sich am Produktionsprozess zu beteiligen – mit der Folge eines vagabundierenden Lebens einschließlich Kleinkriminalität und anderen sozial nicht geduldeten Formen der Existenzsicherung – unerbittlich in Arbeitshäusern mit einem *Zwang zur Arbeit* begegnet. Diese Arbeitshäuser waren kleine merkantilistische Produktionsstätten, organisiert aber eher wie Zucht-

häuser. Die Armengesetzgebung in Deutschland am Ende des 18. Jahrhunderts – u.a. das *Allgemeine Preußische Landrecht* von 1794 – griff
diese Sichtweise auf, wenngleich hier die kapitalistisch organisierte
Arbeit noch kaum existierte. Der Arme war zur Arbeit verpflichtet, in
den Städten verbreitete Arbeitshäuser waren Orte, an denen die Arbeitsfähigkeit und Arbeitswilligkeit letztlich unter Beweis gestellt
werden musste. Deren repressive Ausgestaltung sollte jede „freiwillige" Form gesellschaftlich legitimierter abhängiger Arbeit zur Sicherung der Existenz als bessere Alternative erscheinen lassen.

Arbeitshäuser

Über dem Eingang einer Hamburger Arbeits- und Besserungsanstalt las
man die Aufschrift „Labore nutrior, labore plector" (von Arbeit ernähre ich
mich, mit Arbeit bin ich bestraft). Eine ähnliche Institution in Dessau trug
die Inschrift: „Miseris et Malis" (den Armen und den Bösen). Am Tor des
Amsterdamer Arbeitshauses für Frauen brachte man 1667 die Aufschrift
an: „Fürchte dich nicht! Ich räche mich nicht für das Böse, sondern zwinge
zum Guten. Schwer ist meine Hand, aber das Herz ist voller Liebe." Angesichts der düsteren Realität der modernen „Besserungsanstalten" und „Arbeitshäuser" klingen derartige Phrasen zynisch. Sie belegen aber hervorra-
gend die Richtung der modernen Sozialpolitik und den Stand des gesellschaftlichen Bewußtseins. Die „Konzentration" der Bettler und die Ein-
sperrung der Armen hängen sowohl mit einer demonstrativen Betonung des
Arbeitsethos in jenen Ländern zusammen, die den Weg der kapitalistischen
Entwicklung beschritten, als auch mit der Entwicklung der modernen
Doktrin des Strafvollzugs: Der Freiheitsentzug und der Arbeitszwang verbinden sich zum Syndrom einer Sozialisationspolitik und wenden sich sowohl an Delinquenten wie an arbeitslose Arme.

*Bronislaw Geremek: Geschichte der Armut. Elend und Barmherzigkeit in
Europa, München 1991, S. 255*

Der Arbeitszwang sollte auf das vorbereiten, was *Karl Marx* später als
die „doppelte Freiheit" des Lohnarbeiters beschrieb, nämlich einerseits
„frei" zu sein vom Besitz an Produktionsmitteln, zugleich „frei" zu sein,
sich denjenigen Produktionsmittelbesitzer aussuchen zu dürfen, dem
man seine Arbeitskraft verkauft, wohl wissend aber, dass er seine Arbeitskraft *einem* Produktionsmittelbesitzer verkaufen muss. Die industrielle Umstrukturierung begann in Deutschland in Ansätzen zu Beginn
des 19. Jahrhunderts, der eigentliche Durchbruch erfolgte allerdings erst
in den 1850er und 1860er Jahren. Damit wurde die in England sehr viel

länger während Eingangsphase kapitalistischen Wirtschaftens stark
verkürzt, wenngleich der Strukturwandel auch in Deutschland erhebliche
soziale Verwerfungen nach sich zog.

So veränderte sich das *Verhältnis von Arbeiten und Leben* strukturell. Waren in den feudalen Einheiten wie etwa einem Bauernhof oder
einer Handwerkstatt beide Bereiche weder räumlich noch sachlich geschieden und wirkten letztlich alle Mitglieder des jeweiligen Verbundes sowohl bei den produktiven als auch bei den reproduktiven Arbeiten mit – Männer ebenso wie Frauen, Kinder ebenso wie Erwachsene
– wurden beide Bereiche mit der Industrialisierung getrennt. Arbeiten
wurde nun unterschieden nach *Erwerbsarbeit* und *Hausarbeit*. Erwerbsarbeit bedeutete, aus dem Haus herauszugehen, im Haushalt zu
bleiben hieß, nicht erwerbstätig zu sein, sei es als Privileg, sei es als
Folge mangelnder Erwerbsmöglichkeiten. Diese Trennung von Arbeiten und Leben hatte insbesondere für die *Frauen* nachhaltige Konsequenzen. Ihnen, die im feudalen Verbund stets in alle – auch körperlich schweren – Arbeiten mit eingebunden waren, wurde nun eine der
männlichen Erwerbsarbeit nachgeordnete Stellung zugewiesen. Im
bürgerlichen Lebenszusammenhang hatte die Frau das ‚Privileg‘, nicht
arbeiten zu müssen, weil sie den Haushalt führen und die Kinder erziehen musste. Sie wurde von ihrem Mann ernährt, war also von diesem abhängig. Im *proletarischen Lebenszusammenhang* erfuhr diese
neue Zuweisung der Geschlechterrolle eine eigenwillige Brechung: Da
das Einkommen des Mannes nicht ausreichte, um die Familie zu ernähren, mussten letztlich auch die Frauen (und die Kinder) Erwerbsarbeit leisten. Von dem bürgerlichen Lebenszusammenhang wurde allerdings übernommen, dass die Frau *zusätzlich* die Hausarbeit verrichten sollte. Da nun aber die Frau ‚eigentlich‘ für die Hausarbeit zuständig sei, könne sie – so die ‚männliche‘ Logik – ihre Erwerbstätigkeit
letztlich nur ‚nebenbei‘ erledigen: Dieses wurde zur ideologischen
Rechtfertigung einmal der männlichen Vorherrschaft im Produktionsprozess, zum anderen von Lohndiskriminierung weiblicher Erwerbsarbeit, letztlich bis in die Gegenwart. Diese Brechung im Rollenbild
der Erwerbsarbeit leistenden Frauen war damit zugleich funktional für
unternehmerische Gewinninteressen, rechtfertigte sie doch die Senkung der Lohnkosten, ohne dass der empirische Nachweis geringer-
wertiger Arbeit auch nur angetreten werden musste.

Auch die *Kinderarbeit* bzw. die Arbeit von Jugendlichen nahm
neue Formen an. In bestimmten Wirtschaftsbereichen wie etwa im
Bergbau wurden Kinder schon im Mittelalter, aber auch in der Neuzeit

eingesetzt, um in den niedrigen Flözen das begehrte Erz abzubauen. In der Landwirtschaft und im Handwerk war Kinderarbeit stets anzutreffen. Im Übergang zum 19. Jahrhundert wurden Kinder nunmehr auch in der Industrie eingesetzt. Durch den Entzug des paternalistischen Schutzes feudaler Einrichtungen waren Morbidität und Mortalität unter den mit schwerer körperlicher Arbeit belasteten Kindern und Jugendlichen sehr groß. Dass es hier zu einer ersten sozialpolitischen Regelung kam, war jedoch nicht nur humanistischen, vor allem bildungspolitischen Überlegungen geschuldet, sondern auch der Sorge des aristokratisch dominierten Militärstaates in Preußen, der auf Abhilfe drängte: Der preußische König sah sich der Gefahr ausgesetzt, dass industrielle Arbeit seinem Bedarf an belastbaren Soldaten entgegenstand. Mit dem *„Regulativ über die Beschäftigung jugendlicher Arbeiter in Fabriken"* vom 9. März 1839 wurde erstmals per staatlichem Gesetz die Arbeitskraft unter Schutz gestellt, indem eine minimale Schulpflicht für alle Jugendlichen unter 16 Jahren festgeschrieben, zugleich die tägliche Arbeitszeit begrenzt wurde.[14] Das Gesetz, als *Startsignal der Sozialpolitik in Deutschland* gewertet, enthielt zugleich viele Ausnahmebestimmungen. Das damit verbundene System der für die Überwachung zuständigen Fabrikinspektoren war mehr als lückenhaft, aber es war dem Recht der Allgemeinheit gegenüber den privatwirtschaftlichen Interessen dem Grundsatz nach zum Durchbruch verholfen worden: Der Staat hat das Recht, in die Gesellschaft einzugreifen und dieser Regelungen aufzuzwingen, allerdings darf dieser die Institute der *Gewerbefreiheit* nicht grundsätzlich in Frage stellen. Letztlich wurde die Kinderarbeit aber durch die Fortentwicklung des industriellen Maschinenparks obsolet, weil diese Maschinen zunehmend nur noch von erwachsenen Personen bedient werden konnten; Frauenarbeit löste in der zweiten Hälfte des 19. Jahrhunderts die industrielle Kinderarbeit ab.

Auch wenn die Phase von der Frühindustrialisierung bis hin zum Durchbruch kapitalistischen Wirtschaftens als vorherrschender Wirtschaftsweise in Deutschland relativ kurz war, so war doch auch dieser Umbruch, der immer auch die Beseitigung der letzten Reste noch bestehender feudaler Versorgungsstrukturen beinhaltete, mit zum Teil sehr starken Verarmungstendenzen in der Bevölkerung verbunden.

---

14 Albin Gladen: Geschichte der Sozialpolitik in Deutschland. Eine Analyse ihrer Bedingungen, Formen, Zielsetzungen und Auswirkungen, Wiesbaden 1974, S. 12ff.

Auflösung des ländlichen Gutsverbandes

Den Untertanenpflichten standen freilich auch Pflichten der Gutsobrigkei-
ten gegenüber. Zunächst einmal die allgemeine Schutzpflicht, die nach außen hin zuweilen in Erscheinung trat, wenn z.b. Ansprüche gegen Person
oder Vermögen der Untertanen von anderen Stellen erhoben wurden. Innerhalb des Gutsverbandes mußte den Untertanen eine Existenzmöglichkeit
geboten werden, hatte die Herrschaft dazu keine Mittel in ihrer Verfügung,
mußte sie den Untertanen die Freiheit geben, damit sie woanders einen Lebensunterhalt finden konnten. Praktisch kam das infolge der geringen Anforderungen, die man an eine Existenz stellte, kaum in Frage. Viel häufiger
entflohen Untertanen bei Nacht und Nebel ihrer Gutsobrigkeit, weil sie der
scharfe Druck dazu trieb, und verzichteten freiwillig auf den Schutz. Im
Falle von Krankheit und Alter war die Gutsobrigkeit fürsorgepflichtig; hohe Anforderungen stellte man damals nicht, bei der großen Achtung, der
sich das Alter ehedem erfreute, wurde dieser Pflicht fast stets nachgekom-
men. In Notzeiten mußte der Gutsherr seinen Untertanen mit Vieh und
Saatkorn, ja selbst mit Brotkorn aushelfen. Das lag schon in seinem eigenen Interesse, denn der Ruin seiner Bauern und Kossäten hätte sein Gut,
das ja auf deren Arbeitskraft angewiesen war, ebenfalls in Mitleidenschaft
gezogen. Diese Aushilfe wurde den Untertanen nicht geschenkt, sondern
kreditiert. Sie war dennoch eine schwere Belastung für die Gutsherren,
denn sie konnten in durch schlechte Erntejahre verschärften Krisenzeiten
mit einer Rückgabe nicht rechnen, und eine noch schwerere für die Untertanen, denn sie gerieten in Schulden und noch stärkere Abhängigkeit von
der Herrschaft als ohnehin.

*Gerhard Czybulka: Die Lage der ländlichen Klassen Ostdeutschlands im
18. Jahrhundert, Braunschweig 1949, S. 18*

In den Städten sammelten sich Zuwanderer. Sie hausten in proviso-
risch beschaffenen Verschlägen, teilten sich Schlafstellen mit anderen, hofften auf Gelegenheitsarbeit, viele hungerten schlicht. Zugleich wurden bisherige Formen hausgewerblichen Wirtschaftens
dadurch obsolet, dass an anderen Stellen in Deutschland oder – wie
am Beispiel der schlesischen Weber u.a. literarisch durch Gerhard
Hauptmanns gleichnamiges Drama belegt – in anderen Ländern Europas die industrielle Produktion das bislang betriebene handwerkli-
che Hausgewerbe in einen chancenlosen, ruinösen Wettbewerb
trieb. Ganze Regionen in Schlesien litten Mitte der 1840er Jahre
Hunger, Hilfe war nicht in Sicht; 1844 revoltierten die Weber, das
Militär schlug den Aufstand nieder. Darüber hinaus entwickelten
sich Löhne, Preise und Wohnungsbedingungen insgesamt so, „dass

im Vormärz[15] für mehr als die Hälfte der Bevölkerung Deutschlands die ‚Nahrung' eben kaum noch auskömmlich"[16] war.

Die *Bauernbefreiung* im Rahmen der *Stein-Hardenbergschen Reformpolitik*[17] zu Beginn des 19. Jahrhunderts entließ die Bauern zwar aus der Leibeigenschaft, doch führten die Konditionen des Landkaufs bzw. des „Abarbeitens" des zur Verfügung stehenden Landes in sehr vielen Fällen zu einer desaströsen Verschuldung („Bauernlegen"), aus der es häufig mit legalen Mitteln kein Entkommen gab: Landflucht, Verlassen von Haus und Hof, zum Teil Verlassen der Familie etc. waren je individuelle Reaktionen auf diese Entwicklung.[18] Eine weit überregionale Aufmerksamkeit gewann beispielsweise der Versuch von hochverschuldeten Bauern aus dem zwischen Marburg und Biedenkopf gelegene Dorf Kombach, die eine Postkutsche überfielen, um sich das notwendige Geld für die Ablösungen zu beschaffen. Der Coup fiel dadurch auf, dass die Bauern plötzlich ihre Schulden bezahlen konnten, ohne dafür eine plausible Erklärung bieten zu können. Der Tod am Galgen beendete ihren Traum von einem Leben auf der eigenen Scholle.

Als Folge dieser teils parallel, teils hintereinander verlaufenden Entwicklungsstränge wurde Deutschland in der ersten Hälfte des 19. Jahrhunderts ein Emigrationsland: Sieben Millionen Deutsche kehrten ihrer Heimat in der Erwartung den Rücken, dem „Mahlstrom der

---

15 Der Vormärz beschreibt den Zeitraum zwischen der Julirevolution von 1830 in Frankreich und dem Beginn der deutschen Märzrevolution (1848), in dem sich die politischen und sozialen Auseinandersetzungen um die Lösung der nationalen Frage sowie die damit verbundene Überwindung der feudalen Ordnung krisenhaft zuspitzten. Gegenstand war zum einen die Aufhebung der Kleinstaaterei durch einen republikanischen Nationalstaat (Hambacher Fest), zum anderen gewann die soziale Frage (Pauperisierung) im Zuge der einsetzenden Industrialisierung zunehmend an politischer Bedeutung.

16 Florian Tennstedt: Sozialgeschichte der Sozialpolitik in Deutschland. Vom 18. Jahrhundert bis zum Ersten Weltkrieg, Göttingen 1981, S. 60

17 Die Stein-Hardenbergschen Reformen markieren Anfang des 19. Jahrhunderts durch den Bruch mit feudalen Herrschaftsprinzipien den Wandel Preußens zum modernen Staat, ohne die Monarchie selbst in Frage zu stellen. In diese Reformperiode fällt im Zuge der Bauernbefreiung (1799-1816) die Gleichstellung von Adel und Bürgertum im Recht auf Landbesitz (1807), die kommunale Selbstverwaltung (1808), die Öffnung des Offizierkorps für Bürgerliche sowie die Einführung der Gewerbefreiheit (1811) die Gleichstellung der Juden im öffentlichen Leben (1812) und schließlich die Einführung der Allgemeinen Wehrpflicht (1814) bei gleichzeitiger Aufgabe schikanöser Behandlungsformen (Prügelstrafe).

18 Christoph Sachße und Florian Tennstedt: Geschichte der Armenfürsorge in Deutschland. Vom Mittelalter bis zum 1. Weltkrieg, Stuttgart u.a. 1980, S. 184ff.

Wirtschafts- und Gesellschaftskrise" zu entgehen und im Wesentlichen in Nordamerika eine neue wirtschaftliche Existenzgrundlage zu finden. Doch diese Umbrüche betrafen nicht nur Deutschland bzw. Regionen in Deutschland. Auch in anderen Ländern in Europa bewirkten sie Hungersnöte. Zwischen den Ländern des alten Kontinents setzten Wanderungsbewegungen ein, und sei es nur, um selbst geringfügigste – tatsächliche oder vermeintliche – Wohlstandsvorteile für sich nutzen zu können. Insgesamt verließen in dieser Zeit ca. 50 Millionen Menschen Europa und suchten in den Immigrationsländern zumindest im Brauchtum und teils bei der Namensgebung neu gegründeter Siedlungen Anschluss an ihre Herkunft zu halten, zugleich dazu genötigt, im *melting pot* des Immigrationslandes aufzugehen.[19]

Freie und kommunale Armenfürsorge im Übergang zum Industriestaat Deutschland

Die Emigration aus Deutschland entlastete zwar diese gesellschaftlichen Umwälzungen sozial, gleichwohl verblieben genügend Risiken im Lande selbst, verstärkt durch personelle Zuflüsse aus anderen europäischen Ländern. Mit dem Verlust vorheriger Versorgungsformen und einem durchgängigen Mangel an neuen Sicherungssystemen wurde die an der Tradition christlicher Armenfürsorge anknüpfende kirchliche Mildtätigkeit von besonderer Wichtigkeit: Nach ersten Ansätzen in der ersten Hälfte des 19. Jahrhunderts stellte *Johann Hinrich Wicherns* (1808-1881) so genannte „Stegreifrede" auf dem protestantischen Kirchentag in Wittenberg im Jahr 1848 eine Wendemarke dar: Nach Wichern, in Hamburg Gründer des *Rauhen Hauses* (1833), einer stationären Einrichtung für verwahrloste (Waisen-)Kinder, wirkte das neue Wirtschaftssystem auf die breiten Bevölkerungskreise vor allem sozial desintegrativ. Die Abhängigkeit von Lohnarbeit und das Herauslösen des Einzelnen aus umfangreicheren sozialen Netzen auf einen von ihm scharf attackierten „Materialismus" verkürzend, sah er einerseits die Notwendigkeit einer auf Glauben und christliches Verhalten zielenden Verkündigung der Kirche, gleichzeitig aber die Begründung für kirchliches karitatives Handeln, beides zusammengefasst

---

19   Klaus J. Bade: Vom Auswanderungsland zum Einwanderungsland? Deutschland 1880-1980, Berlin 1983, S. 20; Bernhard Santel: Migration in und nach Europa. Erfahrungen, Strukturen, Politik, Opladen 1995, S. 35ff.

im Begriff der *Inneren Mission*. Mit seiner unermüdlichen Agitation, seinen Predigten und seinen politischen Gesprächen ist er einer der bedeutendsten Gründerväter diakonischer Arbeit im Rahmen des Protestantismus in Deutschland. Mit Bildung des *Centralausschuss für die innere Mission der deutschen evangelischen Kirche* im Nachgang zu seinem Auftritt in Wittenberg war zugleich der zentrale organisatorische Rahmen geschaffen, dem bald ein regionaler und lokaler Unterbau folgte.[20] Wichern reaktivierte das neutestamentarische *Diakonat*, das er durch eigens dafür Ausgebildete neben dem Pfarrer als eigenständiges Amt in der Kirchengemeinde verankert sehen wollte.[21]

Johann Hinrich Wichern

Kommunismus – der Name wirkt jetzt wie ein Medusenhaupt. Die Furcht geht vor ihm her und läßt das Blut in den Adern der bürgerlichen Gesellschaft erstarren. Und mit Recht. (...) Der verwirklichte Kommunismus aber (der genau genommen vom Sozialismus zu unterscheiden ist, wie das Zerstören vom Aufbauen) ist der zum Ausbruch gekommene verhaltene Grimm der Armut oder der Ärmeren gegen den Reichtum, die Gewalttat der Nichtgenughabenden und mehr oder weniger Darbenden gegen jede Art von Überfluß des einzelnen. Er fordert die Ausgleichung des verschiedenen persönlichen Besitzes an Hab und Gut, Ehre, Bildung und Genuß bis zur Gleichstellung aller – für jeden gleichviel Land und Acker, Silber oder Gold, gleichviel Ansehen, gleiche Erziehung. Er ist also eine sinnlose Forderung, die, selbst für einen Augenblick als verwirklicht gedacht, nicht Bestand haben könnte, da die Ungleichheit immer wiederkehren, also der immer erneuerte Umsturz des Bestehenden, die endlose mit völliger Vernichtung endende Revolution die Folge seiner Verwirklichung sein würde. (...) Da der Staat, die Kirche, die Familie (Ehe) und die gesellschaftlichen Verhältnisse mit ihren Rechten das schützende und bewahrende Band dieser Güter sind, so kann der Kommunismus nicht anders: er muß zuletzt (auch wenn er sich mit seinen Grundsätzen dagegen weigerte) diese Gestalten des gemeinsamen Lebens auflösen, die rechtmäßige von Gott eingesetzte Obrigkeit und Gesetz und Recht zerbrechen, die Kirche und deren heilige Güter entweihen, die Ehe aus seinem Bereiche ausweisen, die gesellschaftlichen Verhältnisse und die in ihnen geltenden Gerechtsame, die sich alle mehr oder weniger um die Familie und das geistige und materielle Privateigentum sammeln, zu zertrümmern trachten, wie er sich den auch in diesen Beziehungen bereits kenntlich genug gemacht hat.

---

20 Christoph Sachße und Florian Tennstedt: Geschichte der Armenfürsorge in Deutschland. Vom Mittelalter bis zum 1. Weltkrieg, Stuttgart u.a. 1980, S. 231ff.
21 Gerhard K. Schäfer: Gottes Bund entsprechen. Studien zur diakonischen Dimension christlicher Gemeindepraxis, Heidelberg 1994, S. 77ff.

> Wer sich in den letzten Jahrzehnten unter den niederen Volksklassen in
> größeren Kreisen umgesehen und umgehört hat, wer als *Privatmann* und
> *privater Freund der Armen* (denn gegen *amtliche* Personen war der gemei-
> ne Mann bis vor kurzem noch durch einen gewissen Grad von Achtung zu-
> rückhaltend) Gelegenheit gefunden, unter den ärmeren Klassen zu verkeh-
> ren, der wird die Spuren und Neigungen für solche Auffassung der Ver-
> hältnisse hinreichend angetroffen haben. Dieser Geist hat sich namentlich
> in den größeren und denjenigen Städten, wo Handel und Fabrikwesen blü-
> hen und wo die Gegensätze des Reichtums und der Armut sich nach und
> nach immer trostloser für die letztere entwickeln konnten, festgesetzt.
>
> *Johann Hinrich Wichern: Kommunismus und die Hilfe gegen ihn. (1848),*
> *in: derselbe: Sämtliche Werke, hg. von Peter Meinhold, Band 1, Berlin und*
> *Hamburg 1962, S. 133f.*

Neben Wichern trat insbesondere *Theodor Fliedner* (1800-1864),
Begründer der großen Diakonieanstalt in Kaiserswerth (1836), für
die Notwendigkeit eines kirchlichen Engagements zur Behebung der
sozialen Folgen dieses Umbruchsprozesses ein. Zusammen mit seiner Frau *Friederike* (1800-1842) begründete er zugleich eine Art
protestantischen weiblichen ,Orden', nämlich eine Gemeinschaft
von Diakonieschwestern, die sich und ihr Schaffen der Bewältigung
sozialer Probleme, dem Dienst am leidenden Menschen verschrieben
– jenseits von Markt und Staat sich dem christlichen Liebesgebot
unterstellend.

Später dann verband sich mit dem Namen *Friedrich von Bo-*
delschwingh (1831-1910) eine weitere wichtige Wurzel christlichen
diakonischen Handelns, das sich der Behandlung besonderer Erkrankungen wie Epilepsie und psychiatrischer Krankheiten bzw. gebrech-
lichen Menschen ohne Heilungschancen zuwandte. Zugleich etablierte
er Hilfesysteme für Menschen, die ohne Arbeit herumzogen und keine
Bleibe hatten. Bis heute ist der Name Bethel mit der *Wanderarbeiter-*
hilfe bzw. *Wohnungslosenhilfe* in Deutschland aufs engste verknüpft.[22]
Weitere Namen und Institutionen könnten ergänzend angeführt werden; auch ist auf unzählige Initiativen und Aktivitäten evangelischer
Kirchengemeinden, konkreter Menschen und christlich motivierter

---

22 für viele: Hannes Kiebel: Hundert Jahre Verein für katholische Arbeiterkolonien in
    Westfalen. 1888-1988, hg. vom Verein für Katholische Arbeiterkolonien in Westfa-
    len, Münster 1988; derselbe u.a.: Und führt sie in die Gesellschaft. Antworten der
    Erlacher Höhe, hg. vom Verein für soziale Heimstätten in Baden-Württemberg e.V.,
    Grosserlach-Erlach 1991

Hilfsvereinigungen hinzuweisen, die dafür Sorge trugen, dass der rasante Strukturwandel nicht noch mehr Opfer gefordert hat.

Auch auf *katholischer Seite* wurde die Tradition kirchlicher Armenfürsorge neu belebt. In der ersten Hälfte des 19. Jahrhunderts kam es – zunächst außerhalb der amtlichen Kirche – zu einer Erneuerungsbewegung von Priestern und Laien, die in hohem Maße von einem karitativen Engagement getragen war. Es wurden zahlreiche geistliche Genossenschaften, aber auch von Laien getragene Caritasvereine gegründet, deren Ziel es war, aktuellen Notlagen abzuhelfen und Hilfskräfte zur Verfügung zu stellen. Dieses soziale Engagement verband sich vielfach mit der Rückkehr zu dem insbesondere im Mittelalter gepflegten Armutsideal, nicht zuletzt um einen leichteren Zugang zu den proletarisierten Menschen zu bekommen. Es entstand zugleich die Tradition katholischer Arbeiterpriester in den neuen Wachstumszentren wie dem Ruhrgebiet.

Mit *Wilhelm Emmanuel Freiherr von Ketteler* (1811-1877), Bischof von Mainz, gewann die Arbeiterschaft und die von sozialer Not Betroffenen in Deutschland einen besonders hochrangigen Mitstreiter.

Wilhelm Emmanuel Freiherr von Ketteler

Dieser ganze Geschäftsgewinn fällt jetzt ausschließlich dem Kapital zu, während der Arbeiter nicht den mindesten Antheil hat. Diese Austheilung des überschießenden Gewinnes scheint allerdings der natürlichen Gerechtigkeit und dem an sich richtigen Maßstabe nicht ganz zu entsprechen. Der Arbeiter verwendet sein Fleisch und Blut und nützt zugleich das Kostbarste, was der Mensch an irdischen Gütern hat, seine Gesundheit, damit ab; er verarbeitet täglich gleichsam ein Stück seines Lebens. Der Kapitalinhaber dagegen verwendet in die Arbeit nur eine todte Summe Geldes. Es scheint daher unbillig, wenn der überschießende Gewinn *ausschließlich* dem todten Kapitale und nicht auch dem verwendeten Fleisch und Blut zufällt.

Wilhelm Emmanuel Freiherr von Ketteler: Die Arbeiterfrage und das Christentum, Mainz 1864, S. 63f.

Ketteler forderte praktische Hilfen, etwa in Gestalt von Krankenhäusern in christlicher Trägerschaft, Armenhäusern, Invalidenanstalten u.a.m. Zugleich erhob er konkrete Forderungen etwa nach höheren Löhnen, kürzeren Arbeitszeiten, dem Verbot von Fabrikarbeit für Mütter und schulpflichtige Kinder. Zugleich unterstrich er das Recht der Arbeiter, Koalitionen einzugehen. Er betonte die Pflicht des Staates, sozialpolitisch und auf dem Gebiet des Arbeitsschutzes zu intervenieren. Er hat die Sozialpolitik des sich im „Zentrum" als Partei konstituierten politischen Katholizismus maßgeblich mitbestimmt, zugleich den Grundsatz der *Subsidiarität* als tragendes Prinzip katholisch geprägter Sozialpolitik mit ausformuliert.

Adolf Kolping (1813-1865) seinerseits wollte mit der Gründung katholischer Gesellenvereine den jungen, ohne familiäre Bindung herumziehenden Männern dieser Zeit Orientierung und praktische Hilfestellung geben. In der zweiten Hälfte des 19. Jahrhunderts entstand ein zunehmend enger geknüpftes Netz katholischer wie überhaupt christlicher Hilfeeinrichtungen einschließlich des Aufbaus der Organisation des *Deutschen Caritasverbandes* (gegründet 1897). Mit seiner *Sozialzyklika „Rerum novarum"* schließlich stellte *Papst Leo XIII.* (1810-1903) 1891 die katholischen Vorstellungen einer Sozialreform vor:

Papst Leo XIII.: Rerum novarum von 1891

Ein Grundfehler in der Behandlung der socialen Frage ist sodann auch der, dass man das gegenseitige Verhältnis zwischen der besitzenden und der unvermögenden arbeitenden Classe so darstellt, als ob zwischen ihnen von Natur ein unversöhnlicher Gegensatz Platz griffe, der sie zum Kampfe aufrufe. Ganz das Gegentheil ist wahr. Die Natur hat vielmehr alles zur Eintracht, zu gegenseitiger Harmonie hingeordnet: und sowie im menschlichen Leibe bei aller Verschiedenheit der Glieder im wechselseitigen Verhältnis Einklang und Gleichmass vorhanden ist, so hat auch die Natur gewollt, dass im Körper der Gesellschaft jene beiden Classen in einträchtiger Beziehung zueinander stehen und ein gewisses Gleichgewicht hervorrufen. Die eine hat die andere durchaus nothwendig. Das Capital ist auf die Arbeit angewiesen und die Arbeit auf das Capital. Eintracht ist überall die unerlässliche Vorbedingung von Schönheit und Ordnung; ein fortgesetzter Kampf dagegen erzeugt Verwilderung und Verwirrung. Zur Beseitigung des Kampfes aber und selbst zur Ausrottung seiner Ursachen besitzt das Christenthum wunderbare und vielgestaltige Kräfte. – Die Kirche, als Vertreterin und Wahrerin der Religion, hat zunächst in den religiösen Wahrheiten und Gesetzen ein mächtiges Mittel, die Reichen und die Armen zu versöhnen und einander nahe zu bringen; ihre Lehren und Gebote führen beide Classen zu ihren Pflichten gegeneinander und namentlich zur Befolgung der Vorschriften der Gerechtigkeit. Von diesen Pflichten schärft sie folgende den arbeitenden Ständen ein: vollständig und treu die Arbeitsleistung zu verrichten, zu welcher sie sich frei und mit gerechtem Vertrage verbunden haben; den Arbeitsherrn weder an der Habe noch an der Person Schaden   zuzufügen;   in   der   Wahrung   ihrer   Rechte   sich der Gewaltthätigkeit zu enthalten und in keinem Falle Auflehnung zu stiften; nicht Verbindung zu unterhalten mit schlechten Menschen, die ihnen trügerische Hoffnungen vorspiegeln und nur bittere Enttäuschung und Ruin zurücklassen. – Die Pflichten, die sie hinwieder den Besitzenden und Arbeitgebern einschärft, sind die nachstehenden: die Arbeiter dürfen nicht wie Sclaven angesehen und behandelt werden; ihre persönliche Würde, welche geadelt ist durch ihre Würde als Christen, werde stets heiliggehalten; Handwerk und Arbeit erniedrigen sie nicht, vielmehr muss, wer vernünftig und christlich denkt, es ihnen als Ehre anrechnen, dass sie selbstständig ihr Leben unter Mühe und Anstrengung erhalten; unehrenvoll dagegen und unwürdig ist es, Menschen bloss zu eigenem Gewinne ausbeuten und sie nur so hoch taxiren, wie ihre Arbeitskräfte reichen. Die Kirche ruft den Arbeitsherren weiter zu: Habet auch die gebührende Rücksicht auf das geistige Wohl und die religiösen Bedürfnisse der Arbeiter; ihr seid verpflichtet, ihnen Zeit zu lassen für ihre gottesdienstlichen Uebungen; ihr dürft sie nicht der Verführung und sittlichen Gefahren bei ihrer Verwendung aussetzen, den Sinn für Häuslichkeit und Sparsamkeit dürft ihr in ihnen nicht ersticken lassen; es ist ungerecht, sie mit mehr Arbeit zu beschweren, als ihre Kräfte tragen können oder Leistungen von ihnen zu fordern, die ihrem Alter oder Geschlecht nicht entsprechen. Vor allem aber ermahnt die Kirche die Arbeitsherren, den Grundsatz: Jedem das Seine, stets vor Augen zu behalten. Dieser Grundsatz sollte auch unparteiisch auf die Höhe des Lohnes Anwendung finden, ohne dass die verschiedenen mitzuberücksichtigenden Momente übersehen werden. Im allgemeinen ist in Bezug auf den Lohn wohl zu beachten, dass es wider göttliches und menschliches Gesetz geht, Nothleidende zu drücken und auszubeuten um des eigenen Vortheiles willen. Dem Arbeiter den ihm gebührenden Verdienst vorenthalten, ist eine Sünde, das zum Himmel schreit. „Siehe", sagt der heilige Geist, „der Lohn der Arbeiter, (...) den ihr unterschlagen, schreit zu Gott, und ihre Stimmen dringen zum Herren Sabaoth." (Jak. 5, 4) Die Besitzenden dürfen endlich unter keinen Umständen die Arbeiter in ihren Ersparnissen schädigen, sei es durch Gewalt oder durch Trug oder durch Wucherkünste; und das um so weniger, als ihr Stand minder gegen Unrecht und Uebervortheilung geschützt ist, und ihr Eigenthum, weil gering, eben deshalb grössere Achtung verdient. (...)

Die Fürsorge der Kirche geht indessen nicht so in der Pflege des geistigen Lebens auf, dass sie darüber der Anliegen des irdischen Lebens vergässe. – Sie ist vielmehr, insbesondere dem Arbeiterstande gegenüber, vom eifrigen Streben erfüllt, die Noth des Lebens auch nach seiner materiellen Seite zu lindern. Schon durch ihre Anleitung zur Sittlichkeit und Tugend befördert sie zugleich das materielle Wohl, denn ein geregeltes christliches Leben hat stets seinen Antheil an der Herbeiführung irdischer Wohlfahrt: es macht Gott, welcher Urquell und Spender aller Wohlfahrt ist, dem Menschen geneigt und es drängt zwei Feinde zurück, welche allzuhäufig mitten im Ueberflusse die Ursache bitteren Elendes sind, die ungezügelte Habgier und die Genusssucht; es würzt ein bescheidenes irdisches Los mit dem Glücke der Zufriedenheit, findet in der Sparsamkeit einen Ersatz für die abgehenden Glücksgüter und bewahrt vor Leichtsinn und Laster, wodurch auch der ansehnlichste Wohlstand oft so schnell zu Grunde gerichtet wird. – Aber die Kirche entfaltet ausserdem auch geeignete praktische Massnahmen zur Milderung des materiellen Nothstandes der Armen und der Arbeiter; sie hegt die verschiedensten Anstalten zur Hebung ihres Daseins. Ja, dass ihre Tätigkeit in dieser Hinsicht jederzeit eine höchst wohltätige gewesen, wird auch von ihren Feinden mit lautem Lobe anerkannt.

Papst Leo XIII: Rerum novarum. Sozialenzyklika vom 17. Mai 1891, in: Karl Diehl und Paul Mombert (Hg.): Ausgewählte Lesestücke zum Studium der politischen Ökonomie. Sozialpolitik, Neuauflage Frankfurt am Main, Berlin und Wien 1984, S. 106-108 und 113f.

Im 18. und 19. Jahrhundert entwickelte sich auch eine *jüdische Wohlfahrtspflege*, zunächst vor allem durch die Gründung von Anstalten, dann aber auch für die offene Wohlfahrtspflege, die sich im Jahr 1917 auf zentralstaatlicher Ebene zusammenschloss.

Neben den Kirchen waren es zahlreiche *Privatpersonen*, die – teils aus christlicher Gesinnung heraus, teils einem allgemeinen Humanismus verpflichtet – mahnend ihre Worte erhoben und konkrete Hilfesysteme aufbauten. Mit *Bettina von Arnim* (1785-1853) erhob eine Adelige und Dichterin schwere Anklage gegen die repressive Polizeigewalt, gegen Hunger und Elend:

Bettina von Arnim: Armenbuch

Die zahllosen Opfer des Industrialismus entbehren also unter diesen Umständen, da ihnen der Zuspruch der Religion fehlt, den Trost, welchen der Arme früher in Gedanken an eine Zukunft hatte, welche die Widersprüche dieser Welt ausgleicht. Der Mangel an Religiosität läßt also den Armen seine Entbehrung erst recht fühlen, ja sie macht erst wahrhaft Arme. (...)

Denn wie gebt ihr? – Ihr werft den Armen eure Almosen hin, wie man einem Hunde einen Brocken zuwirft, und kümmert euch nicht weiter um sie. Ihr steigt nicht hinab zu den Höhlen, wo die Not und das Elend ihr Lager aufgeschlagen haben. Wie solltet ihr auch? Der Höhlendunst, den ihr einatmen müßtet, würde euren Odem verpesten; die hohlen, eingefallenen Gesichter, die ihr sehen würdet, würden euch im Traume erscheinen und euren Schlaf und eure Verdauung stören; im eigenen, wohlgeheizten Zimmer würde euch frieren, wenn ihr an die Armen dächtet, die barfüßig und zerlumpt der Winterkälte preisgegeben sind. – Und wovon gebt ihr den Armen? Von eurem Mammon! Und woher stammt euer Mammon? Ist er nicht gewonnen durch den Schweiß der Armen, der hat ihn nicht euch zugebracht und vermehrt euer Geld, ohne daß ihr weder Hände noch Füße geregt habt? (...) Aber diese Wahrheit ist noch unerkannt, gehaßt, geächtet, vogelfrei. Denn noch ist das Heft der Gewalt bei den Reichen, und die wehren dieser Wahrheit den Zugang zum Volke.

Bettina von Arnims Armenbuch, hg. von Werner Vordtriede, Frankfurt am Main 1969, S. 40 und 68

Bettina von Arnim war zur Zeit der Weberaufstände nach Schlesien zu den hungernden Webern gereist. Ihre ergreifende Schlussfolgerung lautete: „Allein, den Hungrigen helfen wollen heißt jetzt Aufruhr predigen."[23]

Im weiteren Verlauf hatten insbesondere Mediziner wie *Rudolf Virchow* (1821-1902), *Salomon Neumann* (1819-1908) und *Rudolf Leubuscher* (1821-1861) als die „natürlichen Anwälte der Armen" dafür gekämpft, dass die gesundheitliche Versorgung der Arbeiterschaft verbessert wurde, und so die Tradition bürgerlicher Sozialanwaltschaft für sozial Entrechtete mitbegründet.

Im Zusammenhang mit der bürgerlichen Revolution im März 1848 kam es zu Hungerrevolten und Maschinenstürmereien, in denen die „Magenfrage" thematisiert, „Fressfreiheit" statt „Pressfreiheit" gefordert wurde.[24] Nach H. Volkmann ging es nunmehr um die „Coupierung" der sozialen und politischen Gefahren, „die aus der Proletarisierung erwachsen und die bestehende Ordnung in Frage stellen. Dies, nicht die Not der handarbeitenden Bevölkerungsschichten selbst, ist für Regierung und Abgeordnete der Kern der sozialen Frage. Das ‚rothe Gespenst hat Fleisch und Bein gewonnen', die Mahnung zur Sozialpolitik ‚schallt von den Dächern herab'".[25] Die preußisch-staatliche Antwort war allerdings Repression: Militäreinsatz, der preußische Verfassungsoktroi von 1848/1850[26] sowie das Durchpeitschen der

---

23 Bettina von Arnims Armenbuch, hg. von Werner Vordtriede, Frankfurt am Main 1969, S. 37

24 Christoph Sachße und Florian Tennstedt: Geschichte der Armenfürsorge in Deutschland. Vom Mittelalter bis zum 1. Weltkrieg, Stuttgart u.a. 1980, S. 226

25 Heinrich Volkmann: Die Arbeiterfrage im preußischen Abgeordnetenhaus 1848-1869, Berlin 1968, S. 18f. und 93

26 Am 5. Dezember 1848 verkündigt der preußische König eine preußische Verfassung und löst die preußische verfassungsgebende Versammlung auf. Diese Verfassung trat am 31. Januar 1850 in Kraft.

sog. *Indemnitätsvorlage* (1866) im preußischen Abgeordnetenhaus, mittels derer sich der preußische König und sein Ministerpräsident *Otto von Bismarck* (1815-1898) den faktischen Verfassungsbruch ex post legalisieren ließen (Bismarck hatte von 1862-1866 ohne ein verfassungsmäßig bewilligtes Budget regiert). In der Folge spaltete sich der politische Liberalismus, wodurch die obrigkeitsstaatlichen und sozialkonservativen Tendenzen zunächst im Norddeutschen Bund (1867-1871), dann im Deutschen Reich (gegr. 1871) gestärkt wurden.

Letztlich blieben es aber wiederum die Städte, die die sozialen Notlagen von der öffentlichen Ordnung wie von der materiellen Versorgung her aufzufangen hatten. Dabei waren die in der Renaissance erstellten Bettelordnungen längst nicht mehr tauglich, Massenelend erfolgreich zu bekämpfen, erst recht, weil die Städte als Zielpunkt von Landflucht und innerdeutscher Migration einem dynamischen Zufluss *pauperisierter Massen* ausgesetzt waren. Nachdem die Regelung des Allgemeinen Preußischen Landrechtes von 1794, die das *Prinzip des Heimatrechts* als Grundlage der Armenfürsorge festgeschrieben hatte, im Jahr 1842 durch das *Prinzip des Unterstützungswohnsitzes* ersetzt worden war, wurde nunmehr die Gemeinde für die Armenfürsorge zuständig, in der sich die betroffene Person vor Eintritt der Hilfsbedürftigkeit aufgehalten hatte. Damit vollzog die Gesetzgebung die faktische soziale Wanderungsbewegung nach.

Für die Zuzugsgebiete bedeutete dieses mehr eine gesetzliche Fixierung dessen, was de facto bereits eingetreten war, nämlich die Zuständigkeit der aktuellen Wohnsitz-Gemeinde. Denn Hilfesuchende, die vordem etwa aus Ostpreußen gekommen waren, waren nicht bereit, dorthin zurück zu gehen. Zugleich bedeutete dies, dass sich die Zuwanderungskommunen, beispielsweise das Ruhrgebiet, auf eine Bewältigung von Armut als Massenphänomen aus eigenen Mitteln und in eigener Kompetenz einstellten. Den Gemeinden war im Rahmen der Stein-Hardenbergschen Reformen das *Recht auf kommunale Selbstverwaltung* zugestanden worden. Auf dem Gebiet der kommunalen Armenfürsorge entstand so ein eigenständiges Handlungsfeld, das für sie allerdings bis heute zugleich eine besondere Herausforderung und Belastung darstellt. Der Prozess der *Disziplinierung* und *Pädagogisierung* als Bestandteil der kommunalen Armenfürsorge wurde weiter rationalisiert. Dies betraf die Hilfegewährung in quantitativer und qualitativer Hinsicht. Die Stadt Elberfeld entwickelte 1852 ein stadtteilorientiertes Konzept, das in den

Folgejahren weiter ausdifferenziert und für andere Kommunen Vorbild wurde (*Elberfelder Modell*).

Das Elberfelder Modell

§ 2.

Die städtische Armen-Verwaltung besteht, außer dem Vorsitzenden, aus vier Stadtverordneten und vier stimmfähigen Bürgern, welche von der Stadtverordneten-Versammlung auf drei Jahre gewählt werden. (...)

§ 3.

Die städtische Armen-Verwaltung hat die Fürsorge für alle Hilfsbedürftigen zu üben, welche einen gesetzlichen Anspruch auf Armenhilfe an die bürgerliche Gemeinde erheben.

§ 4.

Sie wird unterstützt:

a) in bezug auf die offenen Armenpflege, d. i. die Pflege solcher Armen, welche nicht in eine der geschlossenen städtischen Armenanstalten aufgenommen sind, durch sechsundzwanzig Bezirks-Vorsteher und dreihundertundvierundsechzig Armenpfleger (§ 7ff);

die Zahl derselben kann nach Bedürfnis von der Stadtverordneten-Versammlung erhöht werden,

b) im bezug auf die Verwaltung der geschlossenen städtischen Armenanstalten durch die einer jeden derselben vorgesetzte besondere Verwaltungs-Deputation (§ 16 und 17).

§ 5.

Jeder stimmfähige Bürger ist verpflichtet, die Wahl zu einem unbesoldeten Amte in der städtischen Armenpflege anzunehmen. Es gelten dafür die Bestimmungen der §§ 4 und 5 des Gesetzes vom 8. März 1871, betreffend die Ausführung des Bundesgesetzes über den Unterstützungswohnsitz. (...)

§ 8.

Jedem Armenpfleger wird ein nach Hausnummern bestimmtes Quartier der Stadt, jedem Bezirks-Vorsteher ein aus vierzehn Quartieren bestehender Bezirk überwiesen.

§ 9.

Die Armenpfleger eines jeden Bezirkes treten regelmäßig und mindestens alle vierzehn Tage einmal zu Bezirks-Versammlungen unter dem Vorsitze des Bezirks-Vorstehers oder dessen Stellvertreters zusammen.

§ 10.

Ein jedes Gesuch um Armenhilfe aus städtischen Mitteln muß bei dem Armenpfleger des betreffenden Quartiers angebracht werden.

§ 11.

Der Armenpfleger hat sich dann sofort durch eine sorgfältige persönliche Untersuchung Kenntnis von den Verhältnissen des Bittstellers zu verschaffen. Gewinnt er dabei die Überzeugung, daß der Fall eines gesetzlichen Anspruchs auf Armenhilfe vorliege, findet er ferner die Not so dringend, daß die Hilfe unverzüglich gewährt werden müsse, – so steht es ihm zu, dieselbe sofort und ohne weitere Rückfrage eintreten zu lassen. Diese Unterstützungen dürfen in einem solchen Falle jedoch nur ausnahmsweise und in ganz geringen Beträgen gewährt werden. In allen anderen Fällen hat der Armenpfleger in der nächsten Bezirks-Versammlung das Gesuch vorzutragen und seine Anträge zu stellen. Gleiches gilt auch in Betreff der Fortdauer der in dringenden Fällen vorläufig bewilligten Unterstützungen. (...)

§ 15.

Die zur Unterstützung erforderlichen Geldbeträge werden den Bezirks-Vorstehern in der Sitzung der städtischen Armen-Verwaltung gezahlt. Naturalien und Kleidungsstücke werden aus dem städtischen Armenhause verabfolgt.

Der Bezirks-Vorsteher übergibt in der Sitzung der Bezirks-Versammlung jedem der Armenpfleger diejenigen Geldbeträge und Anweisungen, welche demselben, nach den Beschlüssen, für die Armen seines Quartiers bewilligt worden sind. Über die Verwendung legen die Armenpfleger dem Bezirks-Vorsteher und dieser der Verwaltung Rechenschaft ab.

Victor Böhmert: Das Armenwesen in 77 deutschen Städten. Allgemeiner Teil, Dresden 1886, S. 71f.

Armenfürsorge sollte soziale Anpassung an bürgerliche Normen erzwingen, wobei eindeutige hierarchische Zuteilungs- und Verweigerungsstrukturen eingesetzt wurden. Es kam zu Vorläufern des späteren „Allgemeinen sozialen Dienstes", insofern auf Stadtquartiersebene soziale Problemlagen in ihrem Kontext bearbeitet werden sollten. Geld- bzw. Sachleistungen wurden konditioniert, neben *Hilfen zum Lebensunterhalt* traten solche zur schulischen Beteiligung der nachwachsenden Generation sowie Hilfen bei Krankheit und anderen *besonderen Lebenslagen*. Insgesamt bildete sich eine kommunale Armutspolitik heraus, die den bisherigen vorwiegend repressiven Charakter in Gestalt der Armenpolizei durch kompensatorische Elemente ergänzte, ohne Ersteren aufzugeben. Zeitgenössische Quellen vermerken denn auch, dass der Einspareffekt dieser stadtteilbezogenen sozialen Arbeit erheblich war. Kommunale Sozialpolitik *kompensierte* soziale Probleme in einem gewissen Umfang, zugleich zielte sie auf die (Re-)Integration in das kapitalistische Erwerbsleben, *konstituierte* also deren Strukturen und Zwänge mit. Vor Errichtung eines zentralen Sozialstaats wurde die *kommunale Armenfürsorge* als Auffangbecken für all die sozialen Risiken ausgebaut, die vom – späteren – zentralen Sozialstaat nicht aufgefangen werden bzw. werden können: Der *kommunale „Sozialstaat"* ist folglich dem zentralen *geschichtlich* vorgeordnet, während er ihm *systematisch* gleichsam als Reserve nachgeordnet bleibt.

1881 wurde der „Deutsche Verein für Armenpflege und Wohltätigkeit" als Spitzenverband der öffentlichen und freien Wohlfahrtspflege gegründet. Ihm kam im weiteren Verlauf der Geschichte der deutschen Sozialpolitik, insbesondere der Wohlfahrtspflege, ein großes Gewicht bei der Festlegung von Standards und gesetzlichen Initiativen zu.

Trennung von Armen- und Arbeiterpolitik

Parallel zur Rationalisierung kommunaler *Armenpolitik* spaltete sich geschichtlich betrachtet ein neuer und zunehmend an Gewicht gewinnender Zweig der Sozialstaatlichkeit ab, nämlich die *Arbeiterpolitik*. Gleichwohl standen und stehen beide in einem engen Wechselverhältnis.

Armenpolitik – Arbeiterpolitik

Der Staat hat ein erhebliches Interesse daran, daß bei der Gewährung von Unterstützungen auf das energischste Bedacht genommen wird, daß die Bevölkerung in ihrem Bestreben, selbst für sich zu sorgen, nicht lässig wird. Von diesem Gesichtspunkte aus darf die Lage des Unterstützten nicht über das Niveau des ärmsten selbständigen Arbeiters erhoben werden: wenn die öffentliche Fürsorge den Unterstützten in irgendeiner Beziehung besser stellen würde als die Lage des selbständigen, wenn auch noch so bedürftigen Arbeiters ist, so könnte dieser dadurch leicht in seinem Bestreben, seine Selbständigkeit aufrecht zu erhalten, entmutigt werden. Ja, es erscheint erforderlich, mit der Unterstützung Beschränkungen zu verbinden, welche für den Empfänger der Unterstützung empfindlich sind und ihn veranlassen, von der Inanspruchnahme der öffentlichen Unterstützung, solange es noch irgend möglich ist, Abstand zu nehmen und rechtzeitig selbst Fürsorge für seine Zukunft und etwaige schlechte Zeiten zu treffen.

Paul Felix Aschrott: Armenwesen, Einleitung, in: Handwörterbuch der Staatswissenschaften. 2. Band, 3. Aufl., Jena 1909, S. 4

Dabei waren es bereits recht früh *Unternehmer*, die sich der sozialen Förderung ihrer Beschäftigten selbst annahmen. Es entstanden viele dezentrale Ansätze sozialen Handelns, die das Ziel hatten, Arbeitskräfte für den weiteren Produktionsprozess zu erhalten und zugleich über eine gesteigerte Loyalitätssicherung die Arbeitsproduktivität zu erhöhen. Unternehmer wie *Robert Bosch, Carl Ferdinand von Stumm-Halberg, Friedrich Harkort* u.v.a.m. setzten auf die unmittelbare Belegschaft ihrer Werke zielende soziale Programme um. Dokumente belegen, dass etwa der Begründer eines der bedeutendsten Unternehmen im Deutschen Reich des 19. Jahrhunderts, *Alfred Krupp* (1812-1877), bereits in den 1830er Jahren die Arzt- und Medizinkosten seiner Arbeiter in Einzelfällen übernahm, bis er auf betrieblicher Basis die Vorstufe einer *Betriebskrankenkasse* etablierte. Diese wurde zunächst aus Spenden des Unternehmers und aus Strafgeldern gespeist, die bei unbotmäßigem Verhalten verhängt wurden. Bekannt geworden ist auch der von ihm initiierte Bau von Werkswohnungen, die sehr frühzeitig auf die Beseitigung der Wohnungsnot in der Stadt Essen zielte. Krupp forderte dafür absolute politische Abstinenz seiner „Angehörigen":

Alfred Krupp: Ein Wort an meine Angehörigen (1877)

Genießet, was Euch beschieden ist. Nach getaner Arbeit verbleibt im Kreise der Eurigen, bei den Eltern, bei der Frau und den Kindern und sinnt über Haushalt und Erziehung. Das sei Eure Politik, dabei werdet Ihr frohe Stunden erleben. Aber für die große Landespolitik erspart Euch die Aufregung. Höhere Politik erfordert mehr freie Zeit und Einblick in die Verhältnisse, als dem Arbeiter verliehen ist. Ihr tut Eure Schuldigkeit, wenn Ihr durch Vertrauenspersonen empfohlene Leute erwählt.

Ihr erreicht aber sicher nichts als Schaden, wenn Ihr eingreifen wollt in das Ruder der gesetzlichen Ordnung. Das Politisieren in der Kneipe ist nebenbei sehr teuer, dafür kann man im Hause Besseres haben. (...)

Was ich nun hiermit ausgesprochen habe, möge jedem zur Aufklärung dienen über die Verhältnisse und deutlich machen, was er zu erwarten hat von Handlungen und Bestrebungen im Dienste des Sozialismus. Man erwärmt keine Schlange an seiner Brust und wer nicht von Herzen ergeben mit uns geht, wer unseren Ordnungen widerstrebt, der beeile sich auf anderen Boden zu kommen, denn seines Bleibens ist hier nicht. Es wird eine Bestimmung meines letzten Willens sein, daß stets mit Wohlwollen und Gerechtigkeit das Regiment geführt werden soll, aber äußerste Strenge soll gehandhabt werden gegen solche, die den Frieden stören wollen, und wenn bis jetzt mit großer Milde verfahren wurde, so möge das niemanden verleiten. Ich schließe mit den besten Wünschen für alle.

Alfred Krupp: Ein Wort an meine Angehörigen (1877), abgedruckt in: Ernst Schraepler: Quellen zur Geschichte der sozialen Frage in Deutschland. Band 2: 1871 bis zur Gegenwart, Göttingen, Berlin und Frankfurt am Main 1957, S. 90f.

Auch wenn in erster Linie bildungs- und militärpolitisch motiviert, griff die *Sozialgesetzgebung* über das *Regulativ zur Beschäftigung jugendlicher Arbeiter* von 1839 schon früh die Logik der betrieblichen Arbeiterpolitik auf: Sozialpolitik sollte die Voraussetzungen privatkapitalistischen Wirtschaftens mitkonstituieren, indem sie den notwendigen Umfang zukünftiger Arbeitskraft sicherstellte, erhielt oder wiederherstellte. Je stärker Sozialpolitik damit auf die Strukturen der Arbeitswelt bezogen wurde, umso mehr hoben sich deren Leistungen von denen für die Armenbevölkerung ab, auch wenn die im 19. Jahrhundert gewährten Leistungen insgesamt de facto nur unwesentlich über den Leistungen für Arme lagen. Zugleich hob sich die Art der Leistungsgewährung von dem der Armenpolitik ab, indem über Beitragszahlungen Rechtsansprüche erworben wurden.

Damit entstand auf Seiten der privatkapitalistischen Unternehmen ein Pendant zu *Selbsthilfeansätzen in der Arbeiterschaft* selbst. Das im Revolutionsjahr 1848 von *Karl Marx* (1818-1883) und *Friedrich Engels* (1820-1895) verfasste *Kommunistische Manifest* [27] kann ex post als die erste große publizistische Manifestation der marxistisch orientierten Arbeiterbewegung gewertet werden, wenngleich es in der Wirklichkeit der Arbeiterbewegung selbst zunächst auf wenig Resonanz gestoßen war. Die Herausbildung des *wissenschaftlichen Sozialismus* hat die Arbeiterbewegung in Deutschland zwar in bestimmten Phasen theoretisch stark mitgeprägt, aber er ist nur für Teile ideologisch bestimmend geworden.

Neben diesen Wurzeln des wissenschaftlichen Sozialismus gab es viele kleinere *dezentrale Ansätze* vor allem aus der *Handwerkerschaft*, die zu ersten Organisationsformen einmal der Wander–, sodann auch der industriellen Arbeiterschaft führten. Mit Namen wie *Wilhelm Weitling*

---

27 Karl Marx und Friedrich Engels: Manifest der kommunistischen Partei, in: Karl Marx und Friedrich Engels: Werke. Band 4, Berlin 1974, S. 459ff.

(1808-1871), *Stephan Born* (1824-1898) u.a.m. verbanden sich derartige erste Zellen einer Arbeiterbewegung, die teils gewerkschaftliche, teils berufsständische, teils politische Interessen miteinander verbanden und sich wechselseitig zur *solidarischen Selbsthilfe* verpflichteten.

Doch entgegen der Vorstellung von einer sozial erstarkenden *Arbeiterbewegung* formierte sich zunächst mehr ein Rinnsal sozialer Interessenartikulation. Gleichwohl reichte die Publikation des Kommunistischen Manifestes, die Beteiligung von Arbeitern an Barrikadenkämpfen und der Eingang sozialistischer Forderungen in die Manifestationen der März-Revolution aus, um im Bürgertum die Chiffre von Marx und Engels, dass nämlich ein „Gespenst" in Europa umgehe, aufzugreifen und auf die Gefahr sozialer Revolution hinzuweisen.

Mit Namen wie *Friedrich Albert Lange* (1828-1875), *Johann Jacoby* (1805-1877) und *Ferdinand Lassalle* (1825-1864) verbindet sich neben der sozialistischen Wurzel und den sehr stark in der gewerblichen Schicht der Gesellen verankerten Anfängen der Arbeiterbewegung eine dritte Quelle der Arbeiterbewegung, nämlich die des *fortschrittlichen liberalen Bürgertums* selbst. Diese Personen sahen in der Arbeiterschaft die legitimen Erben der – 1848 gescheiterten – bürgerlichen Revolution, auch in dem Sinne, dass den Arbeitern gleiche Rechte und Pflichten zukämen wie dem Bürgertum selbst. Ferdinand Lassalle formulierte, im Rückgriff auf *Johann Gottlieb Fichtes* (1762-1814) Vorstellungen von einem geschlossenen Handelsstaat,[28] Vorstellungen von einer staatlicher Arbeiterpolitik als Teil *staatlicher Wohlfahrtspolitik* insgesamt. Im Gegensatz zur Marx und Engels, die als Ziel der Arbeiterpolitik die Überwindung der bürgerlichen Gesellschaft definierten, setzten die Vertreter des liberalen Bürgertums in erster Linie auf eine evolutionäre Interessendurchsetzung der Arbeiterschaft, deren Plattform der Parlamentarismus und deren Instrument eine sozialreformerische *Arbeiterpartei* sein sollte. Auch wenn Ferdinand Lassalle nur kurze Zeit den von ihm gegründeten *Allgemeinen Deutschen Arbeiterverein* führte – er starb in einem seinen bürgerlichen Lebensstil charakterisierenden Duell einer schönen Frau halber –, haben seine im *Offenen Antwortschreiben* von 1863 formulierten Forderungen einer sozialen Politik die weitere Entwicklung der deutschen Sozialdemokratie nachhaltig beeinflusst.

---

28   Johann Gottlieb Fichte: Der geschlossene Handelsstaat (1800), zit. nach der Ausgabe hg. von Fritz Medicus, Leipzig 1919

Ferdinand Lassalle: Offenes Antwortschreiben von 1863

Zugleich habe ich Ihnen bereits den Beweis geliefert, daß der Staat überhaupt gar nichts anderes als die große Organisation, die große Assoziation der arbeitenden Klassen ist, und daß also die Hilfe und Förderung, durch welche der Staat jene kleineren Assoziationen ermöglichte, gar nichts anderes sein würde, als die vollkommen natur- und rechtmäßige, vollkommen legitime soziale Selbsthilfe, welche die arbeitenden Klassen als große Assoziation sich selbst, ihren Mitgliedern als vereinzelten Individuen, erweisen.

Noch einmal also, die freie individuelle Assoziation der Arbeiter, aber die freie individuelle Assoziation ermöglicht durch die stützende und fördernde Hand des Staates – das ist der einzige Weg aus der Wüste, der dem Arbeiterstand gegeben ist.

Wie aber den Staat zu dieser Intervention veranlassen? Und hier wird nun sofort sonnenhell die Antwort vor Ihrer aller Augen stehen: dies wird nur durch das allgemeine und direkte Wahlrecht möglich sein. Wenn die gesetzgebenden Körperschaften Deutschlands aus dem allgemeinen und direkten Wahlrecht hervorgehen – dann und nur dann werden Sie den Staat bestimmen können, sich dieser seiner Pflicht zu unterziehen.

Dann wird diese Forderung in den gesetzgebenden Körperschaften erhoben werden, dann mögen die Grenzen und Formen und Mittel dieser Intervention durch Vernunft und Wissenschaft diskutiert werden, dann werden – verlassen Sie sich darauf! – die Männer, die Ihre Lage verstehen und Ihrer Sache hingegeben sind, mit dem blanken Stahl der Wissenschaft bewaffnet zu Ihrer Seite stehen und Ihre Interessen zu schützen wissen! Und dann werden Sie, die unbemittelten Klassen der Gesellschaft, es jedenfalls nur sich selbst und Ihren schlechten Wahlen zuzuschreiben haben, wenn und solange die Vertreter Ihrer Sache in der Minorität bleiben.

Das allgemeine und direkte Wahlrecht ist also, wie sich jetzt ergeben hat, nicht nur Ihr politisches, es ist auch Ihr soziales Grundprinzip, die Grundbedingung aller sozialen Hilfe. Es ist das einzige Mittel, um die materielle Lage des Arbeiterstandes zu verbessern.

Wie nun aber die Einführung des allgemeinen und direkten Wahlrechts bewirken? (...) Organisieren Sie sich als ein allgemeiner deutscher Arbeiterverein zu dem Zweck einer gesetzlichen und friedlichen, aber unermüdlichen, unablässigen Agitation für die Einführung des allgemeinen und direkten Wahlrechts in allen deutschen Ländern. Von dem Augenblicke an, wo dieser Verein auch nur 100 000 deutsche Arbeiter umfaßt, wird er bereits eine Macht sein, mit welcher jeder rechnen muß. Pflanzen Sie diesen Ruf fort in jede Werkstatt, in jedes Dorf, in jede Hütte. Mögen die städtischen Arbeiter ihre höhere Einsicht und Bildung auf die ländlichen Arbeiter überströmen lassen. Debattieren Sie, diskutieren Sie überall, täglich, unablässig, unaufhörlich, wie jene große englische Agitation gegen die Korngesetze, in friedlichen, öffentlichen Versammlungen wie in privaten

Zusammenkünften die Notwendigkeit des allgemeinen und direkten Wahl-rechts. Je mehr das Echo Ihrer Stimme millionenfach widerhallt, desto un-widerstehlicher wird der Druck derselben sein.

Stiften Sie Kassen, zu welchen jedes Mitglied des deutschen Arbeiterver-eins Beiträge zahlen muß, und zu denen Ihnen Organisationsentwürfe vor-gelegt werden können. (...)

Wenn Sie diesen Ruf – was Ihnen binnen wenigen Jahren gelingen kann – wirklich durch die 89 bis 96 Prozent der Gesamtbevölkerung fortgepflanzt ha-ben werden, welche, wie ich Ihnen gezeigt habe, die armen und unbemittelten Klassen der Gesellschaft bilden, dann wird man – seien Sie unbesorgt – Ihrem Wunsch nicht lange widerstehen! Man kann von Seiten der Regierungen mit der Bourgeoisie über politische Rechte schmollen und hadern. Man kann selbst Ihnen politische Rechte und somit auch das allgemeine Wahlrecht verweigern, bei der Lauheit, mit welcher politische Rechte aufgefaßt werden. Aber das all-gemeine Wahlrecht von 89 bis 96 Prozent der Bevölkerung als Magenfrage aufgefaßt und daher auch mit der Magenwärme durch den ganzen nationalen Körper hin verbreitet – seien Sie ganz unbesorgt, meine Herren, es gibt keine Macht, die sich dem lange widersetzen würde!

Dies ist das Zeichen, das Sie aufpflanzen müssen. Dies ist das Zeichen, in dem Sie siegen werden! Es gibt kein anderes für Sie!

Ferdinand Lassalle: Offenes Antwortschreiben an das Zentralkomitee zur Berufung eines Allgemeinen Deutschen Arbeiterkongresses zu Leipzig. 1863, abgedruckt u.a. in: Ferdinand Lassalle: Reden und Schriften, hg. von Friedrich Jenaczek, München 1970, S. 170ff., hier S. 199-201

Aus der Gruppe der Gesellen heraus – auf Wanderschaft und/oder in industrieller Beschäftigung, in Selbsthilfe organisiert oder auf betrieb-licher Basis verankert, bestehende Versorgungseinrichtungen über-nehmend oder neu gestaltend etc. – kam es mit der Industrialisierung zur Herausbildung zahlreicher freier Hilfskassen, gewerblicher Unter-stützungskassen, gesundheitspolitischer Pflegevereine u.a.m., die zu-mindest für den festen, ausgebildeten Arbeiterstamm der industriellen Arbeiterschaft eine Absicherung im Wesentlichen im Krankheitsfalle vorsahen. 1854 waren in Preußen immerhin schon 246.000 Mitglieder in 2.622 Unterstützungskassen organisiert, 1860 gab es bereits 3.644 Kassen mit 427.190 Mitgliedern. Damit waren erst 45 Prozent der preußischen Fabrikarbeiter erfasst, zudem qualitativ auch nur notdürf-tig abgesichert.[29] Mit diesen Kassen – in Teilen bildeten sich auch be-

---

29 Florian Tennstedt: Sozialgeschichte der Sozialpolitik in Deutschland. Vom 18. Jahr-hundert bis zum Ersten Weltkrieg, Göttingen 1981, S. 113

reits Dachverbände heraus – wurden drei Prinzipien zum sozialpolitischen Programm erhoben:

- Beitragsfinanzierung sozialer Versicherungsleistungen, die einen
  Rechtsanspruch begründen,
- solidarischer Ausgleich bei sozialen Risiken und
- Selbstverwaltung durch die Versicherten und mit Kontrollmecha-
  nismen ausgestattete Organisationsformen.

Der Sache nach waren damit die Strukturelemente der für Deutschland
typischen *Sozialversicherungen* vorgeprägt.

Der Versuch Lassalles, den preußischen Obrigkeitsstaat für eine
staatliche Unterstützung selbstverwalteter Betriebe zu gewinnen, um
so dem „ehernen Lohngesetz"[30] zu entfliehen, scheiterte aber nicht nur
an Lassalles frühem Tod. So waren es in erster Linie Selbsthilfeein-
richtungen wie die ersten *Gewerkschaften*, Streikaktionen, der Aufbau
von selbstverwalteten Konsumgenossenschaften u.a.m., die die reproduktiven Möglichkeiten der Industriearbeiterschaft letztlich konkret
verbessern halfen. Bismarck allerdings sah in dem Gedanken von Ferdinand Lassalle, der Staat müsse sich die Fürsorge für die Industriearbeiterschaft zu eigen machen, durchaus Parallelen zu eigenen Vorstellungen über zu etablierende paternalistische Versorgungsstrukturen für
die Industriearbeiterschaft.

---

30 „Das eherne ökonomische Gesetz, welches unter den heutigen Verhältnissen, unter
der Herrschaft von Angebot und Nachfrage nach Arbeit, den Arbeitslohn bestimmt,
ist dieses: daß der durchschnittliche Arbeitslohn immer auf den notwendigen Lebensunterhalt reduziert bleibt, der in einem Volke gewohnheitsgemäß zur Fristung
der Existenz und zur Fortpflanzung erforderlich ist. Dies ist der Punkt, um welchen
der wirkliche Tageslohn in Pendelschwingungen jederzeit herum graviert, ohne sich
jemals lange weder über denselben erheben, noch unter denselben hinunterfallen zu
können. Er kann sich nicht dauernd über diesen Durchschnitt erheben – denn sonst
entstände durch die leichtere, bessere Lage der Arbeiter eine Vermehrung der Arbei-
terehen und der Arbeiterfortpflanzung, eine Vermehrung der Arbeiterbevölkerung
und somit des Angebots von Händen, welche den Arbeitslohn wieder auf und unter
seinen früheren Stand herabdrücken würde. Der Arbeitslohn kann auch nicht dauernd tief unter diesen notwendigen Lebensunterhalt fallen, denn dann entstehen –
Auswanderungen, Ehelosigkeit, Enthaltung von der Kindererzeugung und endlich
eine durch Elend erzeugte Verminderung der Arbeiterzahl, welche somit das Angebot von Arbeiterhänden noch verringert und den Arbeitslohn daher wieder auf den
früheren Stand zurückbringt." Ferdinand Lassalle: Offenes Antwortschreiben an das
Zentralkomitee zur Berufung eines Allgemeinen Deutschen Arbeiterkongresses zu
Leipzig. 1863, abgedruckt u.a. in: Ferdinand Lassalle: Reden und Schriften, hg. von
Friedrich Jenaczek, München 1970, S. 170ff., hier S. 181

Hilfeansätze aus der (*Industrie-)Unternehmerschaft, Selbsthilfean-sätze* aus der sich herausbildenden Arbeiterschaft und letztlich vom agrarischen Feudalismus geprägtes paternalistisches Denken an der Spitze des kaiserlichen Obrigkeitsstaates zusammen genommen, stell-ten die drei wesentlichen Quellen für die *Arbeiterpolitik* dar, die sich insbesondere in der *Sozialversicherungspolitik* manifestierte. *Bürger-liches* und *kirchliches Engagement* für die Schwachen waren dagegen Wurzeln einer sich parallel dazu weiter ausdifferenzierenden *Armen-politik*. Beide Zweige zusammen konstituierten in Deutschland in die-ser Trennung Sozialpolitik und die durch sie geprägte Sozialstaatlich-keit.

2.2 Aufbau des konservativen Sozialstaats in Deutschland (1881-1927)

Phasen der Reichsgründung in Deutschland

Der *Reichsdeputationshauptschluss* von 1803 besiegelte, was sich mit der Herausbildung mächtiger Einzelstaaten wie etwa Preußen und mit der gegen das kaiserliche Österreich gerichteten Politik keinesfalls bloß Preußens, sondern auch anderer Gebiete im Zusammenhang mit den napoleonischen Expansionsinteressen bereits faktisch gezeigt hat-te: dass es kein einheitliches *Heiliges Römisches Reich Deutscher Na-tion* mehr gab. 1806 legte Kaiser *Franz II.* (1768-1835) auf Druck *Na-poleons* (1769-1821) die Römisch-deutsche Kaiserwürde nieder. Für Deutschland bedeutete dies die Aufteilung in zahlreiche Einzelstaaten von unterschiedlicher Größe. Mit dem *Wiener Kongress* (1814-1815) kam es zu ersten Gebietsangliederungen an die eher größeren Einzel-staaten, doch Deutschland blieb nach wie vor zersplittert. Der 1815 gegründete *Deutsche Bund* war eine eher lose Einheit souveräner Staa-ten, zwar noch unter Einschluss von Österreich, doch waren sowohl Teile Österreichs als auch Preußens ausdrücklich aus dem Bund aus-genommen. Der Versuch, 1848/49 eine (Groß-)Deutsche Verfassung unter Einschluss Österreichs zu verabschieden, scheiterte letztlich am preußischen Monarchen, der es ablehnte, eine Kaiserkrone aus der Hand des Volkes entgegenzunehmen. Die *Kleinstaaterei* war dann auch nur *kleindeutsch* unter Ausschluss Österreichs und nicht durch das Volk, sondern durch die Bajonette Preußens stufenweise überwunden worden:

Von der Kleinstaaterei zum Nationalstaat	
1815	Deutscher Bund
1833	Gründung des Deutschen Zollvereins unter Ausschluss Österreichs
1866/67	Gründung des Norddeutschen Bundes unter Führung Preußens
1871	Proklamation des Deutschen Reiches
1871-1875	Einführung einer gemeinsamen Währung im Deutschen Reich

Der Weg führte in Deutschland also über eine Wirtschaftsunion zu einer militärisch herbeigeführten politischen Einheit, bevor es zu einer Währungsunion kam. Diese (klein-)deutsche Staatswerdung war im Sozialen durch den Durchbruch Deutschlands zu einem Industriestaat begleitet. Die von Frankreich eingeforderten Kriegskontributionen nach 1871 ermöglichten schließlich nicht nur eine große Gründerwelle im Deutschen Reich, sondern bewirkten letztlich auch eine massive Umstrukturierung des Kapitalismus selbst. Die langanhaltende *Große Depression* (1873-1893) brachte den wirtschaftlichen Aufschwung nur partiell zum Stocken. Faktisch strukturierte sich die Wirtschaft von einer frühkapitalistischen in die des oligopolistisch organisierten Kapitalismus um, eine für die weitere Sozialpolitik wichtige Voraussetzung.

Die Politik der „inneren Reichsgründung":
Der Sozialstaat Bismarcks

Mit der Vereinigung der deutschen Sozialdemokratie auf dem *Gothaer Parteitag* (1875) wurden die unterschiedlichen Wurzeln der politischen Arbeiterbewegung in Deutschland zusammengeführt: die „Lassalleaner" und die „Eisenacher" um *Wilhelm Liebknecht* (1826-1900) und *August Bebel* (1840-1913). Der zunächst preußische Obrigkeitsstaat hatte mit dem Verfassungsoktroi von 1848/1850 das bürgerliche Recht auf Verfassungsgebung und mit der Durchsetzung der Indemnitätsvorlage das Budgetrecht des Parlamentes in Preußen zwei der entscheidenden Rechte bürgerlich-liberaler Beteiligung am Staat de facto außer Kraft gesetzt und dem politischen Liberalismus in Preußen damit nachhaltig das Rückgrat gebrochen. Gleichzeitig aber setzte der preußische und später der kaiserliche Obrigkeitsstaat mit dem Institut des allgemeinen, gleichen und geheimen Wahlrechts (für Männer, und zwar nur für den Norddeutschen Bund bzw. ab 1871 für das Deutsche Reich, nicht aber für die Bundesstaaten wie etwa Preußen selbst) eine ebenfalls wichtige Forderung des politischen Bürgertums um. Allerdings wäre dieser Staat nicht Obrigkeitsstaat gewesen, wenn er sich nicht mit dem absoluten Mehrheitswahlrecht auf der Grundlage einmal festgelegter Wahlkreise zugleich ein Instrument geschaffen hätte, das letztlich die konservative Ausrichtung von Kaiser und führender Aristokratie politisch im Parlament absicherte. Bedingt durch Landflucht und Zuwanderung in die städtischen Ballungszentren verschob sich die Stimmenzahl in den Wahlkreisen z.T. sehr drastisch, sodass insbesondere die Sozialdemokratie stark benachteiligt wurde – musste sie doch in den städtischen Ballungsgebieten weit mehr Stimmen für sich mobilisieren, um ein Mandat zu erhalten, als etwa die konservativen Parteien bzw. das katholische Zentrum in den stärker agrarisch strukturierten Gebieten. Die Beteiligung an den Reichstagswahlen eröffnete der deutschen Sozialdemokratie ein neues Forum der Agitation und der Mobilisierung, ohne allerdings ihren tatsächlichen, ständig zunehmenden Stimmenanteil bei den Wahlen in eine angemessene Repräsentanz umsetzen zu können.[31]

Doch schon der wachsende Zuspruch der Wähler reichte dem konservativen Lager um Bismarck, um den Einfluss der Sozialdemokratie nachhaltig schwächen zu wollen. Zwei an sich ungefährliche Attentatsversuche auf den Kaiser im Jahr 1878, mit denen die Sozialdemokratie nichts zu tun hatte, wurden zum Anlass genommen, einerseits die Sozialdemokratische Partei Deutschlands zu verbieten und ihre Führer ins innerdeutsche Exil zu verbannen, zugleich aber, um die Grundlagen sozialdemokratischer Agitation zu beseitigen, nämlich die sog. „soziale Frage".

Dabei konnte sich Bismarck auf eine breite Diskussion beziehen bzw. wurde die Entwicklung seiner Pläne von einer kontrovers geführten Debatte begleitet. Wissenschaftler, Kirchenvertreter und mehr oder weniger einflussreiche Persönlichkeiten bei Hofe und in den Fachmi-

---

31 Heinz Lampert: Sozialpolitik, Berlin, Heidelberg und New York 1980, S. 102

nisterien hatten die Grundsätze eines konservativen Sozialstaatsmodells mitentwickelt. Eine bedeutende Funktion kam dabei dem 1872 gegründeten „Verein für Socialpolitik" zu, u.a. von *Gustav Schmoller* (1838-1917) und *Adolph Wagner* (1835-1917) mit dem Ziel initiiert, in Deutschland die Sozialreform voranzutreiben und über Kongresse, Berichte und Veröffentlichungen Einfluss auf die aktuelle Politik zu nehmen. Für Aufsehen sorgte u.a. die 1874 veröffentliche Schrift von Gustav Schmoller *„Die soziale Frage und der preußische Staat"*, in der er die unzureichende Befassung mit der sozialen Notlage der Arbeiterschaft durch die Politik brandmarkte.

Gustav Schmoller: Die soziale Frage und der preußische Staat

Der Arbeiterstand ist heute, wie jederzeit das, zu was ihn seine Schule und seine Wohnung, seine Werkstätte und seine Arbeit, sein Familienleben und seine Umgebung, zu was ihn das Vorbild der höheren Klassen, zu was ihn die Zeitideen, die Ideale und die Laster der Zeit überhaupt machen.

Ist vielleicht der Arbeiterstand allein, ist der einzelne Arbeiter daran schuld, daß er vielfach in Höhlen wohnt, die ihn zum Tier oder zum Verbrecher degradieren? Ist er daran schuld, dass die Kinder- und Frauenarbeit das Familienleben in diesen Kreisen mehr und mehr auflöst; ist er daran schuld, daß seine arbeitsgeteilte, mechanische Beschäftigung ihn weniger lernen läßt, als früher der Lehrling und Geselle in der Werkstatt lernte, daß die moralischen Einflüsse der großen Fabrik so viel ungünstiger sind, als die der Werkstatt; ist er daran schuld, daß er nie selbständig wird, daß er in der Regel ohne Hoffnung für die Zukunft bleibt und lehrt nicht jede Psychologie, daß der Mangel jeder Aussicht für die Zukunft den Menschen schlaff und mißmutig oder zum Umsturz geneigt mach? Ist der Arbeiterstand daran schuld, daß er eine Schul- und technische Bildung besitzt, die nicht ausreicht, die ihn im Konkurrenzkampf so oft unterliegen läßt?

Wären diese einfachen Wahrheiten von der öffentlichen Meinung allgemein anerkannt, so würde in sozialen Dingen ganz anders geurteilt, so stünden wir einer relativen Lösung der Frage viel näher.

Auch die Stellung der leitenden parlamentarischen und Regierungskreise gegenüber der sozialen Frage wäre dann wohl eine andere. Und das halte ich allerdings für sehr wünschenswert.

(...) den Gefahren der sozialen Zukunft kann nur durch ein Mittel die Spitze abgebrochen werden: dadurch, daß das König- und Beamtentum, daß diese berufensten Vertreter des Staatsgedankens, diese einzig neutralen Elemente im sozialen Klassenkampf versöhnt mit dem Gedanken des liberalen Staates, ergänzt durch die besten Elemente des Parlamentarismus, entschlossen und sicher, die Initiative zu einer großen sozialen Reformgesetzgebung ergreifen und an diesem Gedanken ein oder zwei Menschenalter hindurch unverrückt festhalten.

Gustav Schmoller: Die soziale Frage und der Preußische Staat. 1874, zit. nach Ernst Schraepler: Quellen zur Geschichte der sozialen Frage in Deutschland, Band 2: 1871 bis zur Gegenwart, Göttingen 1957, S. 56ff.

Daneben meldeten sich die konfessionellen politischen Lager zu Wort, die katholisch-soziale Bewegung und das Zentrum einerseits, die u.a. mit der Bildung von Arbeitervereinen die Erziehung der Arbeiter „von der Klasse zum Stand" erreichen wollten, und die evangelisch-soziale Bewegung andererseits, in der neben *Wichern* vor allem der Prediger am Kaiserhof, *Adolf Stöcker* (1835-1909), maßgebliche Bedeutung gewann. Neben der Inneren Mission gründete diese Bewegung ebenfalls Arbeitervereine; 1890 veranstaltete sie unter maßgeblichem Anteil von Adolf Stöcker zum ersten Mal einen „Evangelisch-sozialen Kongreß", dessen Ziel es war, „die sozialen Zustände unseres Volkes vorurteilslos zu untersuchen, sie an dem Maßstab der sittlichen und religiösen Forderungen des Evangeliums zu messen, und diese selbst für das heutige Wirtschaftsleben fruchtbarer und wirksamer zu machen als bisher."[32] Und schließlich konstituierte sich um *Friedrich Naumann* (1860-1919) – ursprünglich Pfarrer im Rauhen Haus – auch aus dem sozial-liberalen Lager eine Bewegung, die sich wissenschaftlich an *John Stuart Mill* (1806-1873) anlehnte und nach der Reichsgründung eine Synthese zwischen Stabilisierung nach außen und sozialen Reformen nach innen herstellen wollte: „Wer innere Politik treiben will, muß erst Volk, Vaterland und Grenzen sichern, der muß für nationale Macht sorgen."[33]

Mit der *Kaiserlichen Botschaft Wilhelm I.* vom 17. November 1881 gab Bismarck das Startzeichen für seine neue Sozialpolitik:

---

32 Satzung von 1892, zit. nach Heinz Lampert: Sozialpolitik, Berlin, Heidelberg und New York 1980, S. 107
33 zit. nach Günter Brakelmann: Die soziale Frage des 19. Jahrhunderts, 4. Aufl., Wittel 1971, S. 184

Kaiserliche Botschaft von 1881

Schon im Februar dieses Jahres haben Wir Unsere Überzeugung ausspre-
chen lassen, daß die *Heilung der sozialen Schäden nicht ausschließlich im
Wege der Repression* sozialdemokratischer Ausschreitungen, sondern
gleichmäßig auf dem der *positiven Förderung* des Wohles der Arbeiter zu
suchen sein werde. Wir halten es für Unsere Kaiserliche Pflicht, dem
Reichstage diese Aufgabe von Neuem an's Herz zu legen; und würden Wir
mit um so größerer Befriedigung auf alle Erfolge, mit denen Gott Unsere
Regierung sichtlich gesegnet hat, zurückblicken, wenn es Uns gelänge, der-
einst das Bewußtsein mitzunehmen, dem Vaterlande neue und dauernde
Bürgschaften seines inneren Friedens und *den Hülfsbedürftigen größere
Sicherheit und Ergiebigkeit des Beistandes*, auf den sie Anspruch haben, zu
hinterlassen. In Unseren darauf gerichteten Bestrebungen sind Wir der Zustimmung aller verbündeten Regierungen gewiß und vertrauen auf die Unterstützung des Reichstages ohne Unterschied der Parteistellung. In diesem
Sinne wird zunächst der von den verbündeten Regierungen in der vorigen
Session vorgelegte Entwurf eines Gesetzes über die *Versicherung der Arbeiter gegen Betriebsunfälle* mit Rücksicht auf die im Reichstage stattge-
habten Verhandlungen über denselben einer Umarbeitung unterzogen, um
die erneute Berathung desselben vorzubereiten. Ergänzend wird ihm eine
Vorlage zur Seite treten, welche sich eine gleichmäßige Organisation des
gewerblichen *Krankenkassenwesens* zur Aufgabe stellt. Aber auch diejenigen, welche durch *Alter* und *Invalidität* erwerbsunfähig werden, haben der
Gesammtheit gegenüber einen begründeten Anspruch auf ein höheres Maß
staatlicher Fürsorge, als ihnen bisher hat zu Theil werden können. Für diese Fürsorge die rechten Mittel und Wege zu finden, ist eine schwierige,
aber auch eine der höchsten Aufgaben jedes Gemeinwesens, welches auf
den sittlichen Fundamenten des christlichen Volkslebens steht. Der engere
Anschluß an die realen Kräfte dieses Volkslebens und das Zusammenfassen der letzteren in der Form *korporativer Genossenschaften* unter staatlichem Schutz und staatlicher Förderung werden, wie Wir hoffen, die Lösung auch von Aufgaben möglich machen, denen die Staatsgewalt, allein in
gleichem Umfange nicht gewachsen sein würde.

*Quelle: Thomas Blanke u.a. (Hg.): Kollektives Arbeitsrecht. Quellentexte
zur Geschichte des Arbeitsrechts in Deutschland, Band 1: 1840-1933,
Reinbek bei Hamburg 1975, S. 77f.*

Bismarck wollte aus den Arbeitern, patriarchalisch-feudalen Vorstellungen folgend, gleichsam Staatsrentner bzw. Staatsdiener machen,
nur dass diese in Wirtschaftsunternehmen beschäftigt waren: „Ich hatte das Bestreben, daß dem müden Arbeiter etwas Beßres und Sichres

als die Armenpflege (...) gewährt werden solle, daß er (...) seine sichre Staatspension haben solle, mäßig, gering meinethalben, aber doch so, daß ihn die Schwiegermutter des Sohnes nicht aus dem Hause drängt, daß er seinen Zuschuß hat." [34] Folglich sollte das soziale Sicherungssystem beim Staat angesiedelt und verwaltet werden. Dagegen opponierten im Wesentlichen die Unternehmer selbst: Sie befürchteten, der Staat könnte diese enormen finanziellen Mittel möglicherweise zweckentfremden bzw. sein Einfluss auf die Wirtschaft könnte angesichts dieser Finanzmassen zu stark werden. Die Sozialdemokratie konnte zwar zunächst den parlamentarischen Ablauf auf Grund ihrer geringen Repräsentanz kaum beeinflussen, doch wurde insbesondere über den politischen Liberalismus und das katholische Zentrum der Gedanke der Selbstverwaltung in die Diskussion eingebracht.

In wenigen Jahren behandelte und verabschiedete der Reichstag in den folgenden Jahren das gesamte Gesetzgebungswerk:

– *Gesetz, betreffend die Krankenversicherung der Arbeiter* vom 15. Juni 1883
– *Unfallversicherungsgesetz* vom 6. Juli 1884
– *Gesetz betreffend die Invaliditäts- und Altersversicherung* vom 22. Juli 1889

Diese drei in kurzer Abfolge verabschiedeten Gesetze sahen vor:

– eine *Pflichtversicherung* für alle Arbeiter einschließlich der Angestellten (bis zu einem Jahreseinkommen von 2.000 Mark),
– eine *Beitragsfinanzierung*, deren Anteile zwischen Arbeitgebern und Arbeitnehmern je nach Versicherungszweig variierten: von einem Drittel zu zwei Drittel bei der Gesetzlichen Krankenversicherung, über eine paritätische Beitragsleistung bei der Invaliditäts- und Altersicherung bis hin zu einer allein von den Unternehmern zu finanzierenden Unfallversicherung,
– einen *staatlichen Zuschuss* zur Gesetzlichen Rentenversicherung,
– einen engen *Beitrags-Leistungsbezug* bei geldlichen Leistungen (*Äquivalenzprinzip*),
– die Wirksamkeit des *Solidarprinzips* zunächst bei den Sach- und Dienstleistungen im Rahmen der Krankenversicherung, später verstärkt im Rahmen der Familienversicherung,

---

34 zit. nach Volker Hentschel: Geschichte der deutschen Sozialpolitik (1880-1980), Frankfurt am Main 1983, S. 25

- eine *Selbstverwaltung* der einzelnen Versicherungsträger unter Beteiligung von Vertretern der Arbeiter entsprechend ihrem Beitragsanteil,
- eine *organisatorische Vielfalt* in allen Versicherungszweigen und
- eine Differenzierung der Sozialleistungen nach Maßgabe rechtlich normierter Anspruchs*ursachen* (*Kausalitätsprinzip*) und nicht nach Maßgabe individuell bzw. sozial bestimmter Leistungs*zwecke (Finalitätsprinzip)*.

Das Leistungsvolumen war zunächst – analog zu den relativ bescheidenen Beitragsleistungen – recht niedrig und vor allem auf akute Erkrankungen, Unfälle und auf eine Absicherung bei Invalidität ausgerichtet. Die Altersgrenze in der Rentenversicherung bei 70 Jahren war angesichts der tatsächlichen Lebenserwartung eher symbolischer Natur. Leistungen für Familienmitglieder waren zunächst nicht vorgesehen, konnten aber nach 1892 zumindest in der Krankenversicherung durch Statut der einzelnen Kassen aufgenommen werden. Witwen- und Waisenrenten dagegen gab es nicht. Eine Bewertung dieser vom Volumen her betrachtet sicher geringen Leistungen, die sich im Niveau von solchen der Fürsorge nur wenig unterschieden, sollte aber nicht davon absehen, dass die Bismarcksche Sozialversicherung in einem großen Flächenstaat ohne Vorbild war und insofern einen „Sprung ins Dunkle" darstellte, ohne auf Erfahrungswerte und verlässliche Berechnungen zurückgreifen zu können.[35]

Ob die Charakterisierung, Bismarck habe die Sozialdemokratie mit „Zuckerbrot und Peitsche", dem Zuckerbrot der Sozialpolitik und der Peitsche des Sozialistengesetzes, bekämpfen wollen, zutrifft, ist umstritten. Denn die Peitsche griff insgesamt zu wenig, war doch das zentrale Institut politischer Partizipation, nämlich die Beteiligung an politischen Wahlen nicht zuletzt aufgrund des Druckes der Mehrheit im Deutschen Reichstag ausdrücklich nicht eingeschränkt worden. Auch während des *Sozialistengesetzes* konnte die Partei so ihre politische Agitation fortsetzen und ihren Stimmenanteil bei den Reichstagswahlen kontinuierlich steigern, wenngleich die Zahl ihrer Mandate ihrem Stimmenanteil nicht ansatzweise entsprach. Umgekehrt wurde das Brot erst allmählich „süßer": Hatte die Sozialdemokratie in der Parlamentsdebatte die Sozialversicherungspolitik noch strikt abgelehnt und gegen die Sozialgesetze ge-

---

35 Volker Hentschel: Geschichte der Sozialpolitik in Deutschland (1880-1980), Frankfurt am Main 1983, S. 25f.

stimmt,[36] wurde unverzüglich nach Einrichtung der Sozialversicherungsträger deren Selbstverwaltung zu einem der zentralen Handlungsfelder sozialdemokratischer, vor allem gewerkschaftlicher Politik. Die Erfahrung, vor Ort zur Verbesserung der Lebenslage der
Arbeiter und – mit Ausweitung der Familienversicherung in der
Krankenversicherung – ihrer Familien beitragen zu können, ließ die
sozialreformerische Praxis zunehmend in Kontrast zur in der Phase
des Sozialistengesetz sich durchsetzenden marxistischen Parteiideo-
logie treten. Am Ende schließlich galt beides: Das Sozialistengesetz
hatte seine Wirkung verfehlt und wurde von *Wilhelm II.* 1890 aufgehoben, aber auch der Widerstand gegen die Sozialversicherungspolitik wurde seitens der SPD aufgegeben. Auch wenn es noch bis
1918 dauerte, bis die SPD in Regierungsverantwortung eintreten
konnte, war mit der Sozialversicherung eines der zentralen Handlungsfelder für ihre Politik geschaffen worden, das immer stärker
auch von ihr besetzt wurde. Aber auch die anderen Wurzeln Bismarckscher Sozialpolitik blieben virulent: patriarchalischer Konservativismus, kirchliche Soziallehre und schließlich der bedeutender
werdende Sozial-Liberalismus. Nach dem Fortfall des kaiserlichen
Obrigkeitsstaates am Ende des I. Weltkrieges blieben diese drei: Sozialdemokratie, politischer Katholizismus und Sozial-Liberalismus,
die die Sozialpolitik der Weimarer Republik maßgeblich prägten.

Vom Kaiserreich zur Republik

Nach Verabschiedung der drei großen Gesetzeswerke setzten in der
alltäglichen Praxis wie auch auf dem Wege von Verordnungen sehr
bald weitere Veränderungen ein. 1911 wurden die drei zunächst separaten Zweige der Sozialversicherung in der *Reichsversicherungs-
ordnung* (RVO) zusammengefasst, die bis in die 1970er Jahre Bestand hatte und dann später von dem *Sozialgesetzbuch* abgelöst
wurde. Die Sozialgesetze bezogen sich nur auf die Arbeiter und die
niedrig bezahlten Angestellten, die besser gestellten Angestellten
dagegen waren weiterhin in den freiwilligen Hilfskassen oder nicht
abgesichert. Zusammen mit der RVO wurde 1911 das *Angestellten-*

---

36 Detlev Zöllner: Ein Jahrhundert Sozialversicherung in Deutschland, Berlin 1981, S.
    68 und 89

versicherungsgesetz beschlossen, das die freiwilligen Hilfskassen in Ersatzkassen zur Gesetzlichen Krankenversicherung überführte. Diese Ersatzkassen waren den Gesetzlichen Kassen gleichgestellt. Zugleich wurde eine Angestelltenrentenversicherung nach dem Muster der *Arbeiterrentenversicherung* geschaffen, allerdings mit einem eigenen, nur von Angestellten selbstverwalteten Träger. Es charakterisiert den patriarchalisch-hierarchischen Charakter der obrigkeitlichen Sozialpolitik, wenn bei der Angestelltenrentenversicherung zugleich eine Witwenrente mit der Begründung eingeführt wurde: Es sei der Witwe eines Angestellten, die aufgrund der Höhe der Entlohnung des Ehemannes nicht erwerbstätig war/sein musste, nicht zumutbar, nach dessen Tod zu arbeiten. Eine vergleichbare Regelung im Rahmen der Arbeiterrentenversicherung gab es nicht. Diese Entscheidung folgte der Logik, die Entlohnung eines Arbeiters sei von vornherein so niedrig, dass dessen Frau schon zu Lebzeiten des Mannes zusätzlich zu Haushalt und Kindererziehung erwerbstätig sein müsse; im Falle des Todes des Ehemanns würde sich für die Witwe folglich nichts ändern, wenn sie weiter arbeite. Es wurde dann allerdings doch eine Witwenrente für den Fall der Erwerbsunfähigkeit der Arbeiterwitwe selbst eingeführt. Diese restriktive Regelung führte dazu, dass 1912 von 200.000 Frauen, die in diesem Jahr Witwen von zuvor Versicherten wurden, lediglich 4.000 eine Witwenrente zuerkannt bekamen.[37]

Während nun die Grundlagen der Sozialstaatspolitik via Sozialversicherung gelegt waren, blieb die *Arbeiterschutzpolitik* dagegen rudimentär. Bismarck war ein Gegner direkter Eingriffe in das Wirtschaftsleben und deshalb sehr zurückhaltend bei Maßnahmen etwa des Arbeitsschutzes und der Arbeitszeitregelung. Erst der „neue Kurs" unter Wilhelm II. ging daran, diesen Bereich der Sozialpolitik weiter zu normieren. Dabei ging es um Fragen der Sonntags–, Nacht–, Kinder- und Frauenarbeit, die Errichtung von Arbeiterausschüssen, Fabrikinspektionen und Schlichtungsstellen sowie die Durchführung einer internationalen Arbeiterschutzkonferenz. Hinzu kamen Ansätze einer Arbeitsgerichtsbarkeit. Und schließlich wurden kommunale *Arbeits-*

---

37 Volker Hentschel: Geschichte der deutschen Sozialpolitik (1880-1980), Frankfurt am Main 1983, S. 27

nachweise[38] eingeführt, um Arbeitslose besser in Arbeit vermitteln zu können.

Konsolidierung und Ausbau des Sozialstaats in der Weimarer Republik

Der für Deutschland verlustreiche Ausgang des I. Weltkrieges führte mit dem Abdanken des Kaisers zu einem Machtvakuum, das in revolutionäre Umbrüche mündete. Im Verlauf dieser Ereignisse wurden Forderungen nach einer Räterepublik, betrieblicher und überbetrieblicher Mitbestimmung, der Vergesellschaftung kapitalistischer Wirtschaftsunternehmen und massiver entschädigungsloser Enteignungen erhoben. Innerhalb der Arbeiter- und Gewerkschaftsbewegung kam es zu Abspaltungen, wobei die zentristischen Mehrheitssozialdemokraten bereit waren, die Macht in der neu gegründeten Republik zu übernehmen und einerseits mit demokratischen, bürgerlichen Kräften wie dem Zentrum und der Deutschen Demokratischen Partei zu teilen, andererseits aber auch vordemokratische, antidemokratische Kräfte teils zu dulden, teils sogar für sich nutzbar zu machen (Noske-Groener-Pakt). Die am 11. August 1919 verabschiedete neue *Weimarer Verfassung* enthielt im fünften Abschnitt zahlreiche sozial- und wirtschaftspolitische Normierungen, die die Sozialisierung per Gesetz zuließen, das Koalitionsrecht bestätigten, ein „umfassendes" Sozialversicherungswesen und schließlich weitreichende Mitbestimmungsrechte in den privatkapitalistischen Wirtschaftsbetrieben vorsahen.

Die Verfassung des Deutschen Reiches vom 11. August 1919

V. Abschnitt. Das Wirtschaftsleben

Art. 151. Die Ordnung des Wirtschaftslebens muß den Grundsätzen der Gerechtigkeit mit dem Ziele der Gewährleistung eines menschenwürdigen Daseins für alle entsprechen. In diesen Grenzen ist die wirtschaftliche Freiheit des einzelnen zu sichern.

Gesetzlicher Zwang ist nur zulässig zur Verwirklichung bedrohter Rechte oder im Dienste überragender Forderungen des Gemeinwohls. Die Freiheit

---

38 Arbeitsnachweise waren in vielfältiger kommunaler, privater aber auch berufsständischer Form organisiert und waren als Arbeitsvermittlungsbüros Vorläufer der späteren Arbeitsämter.

des Handels und Gewerbes wird nach Maßgabe der Reichsgesetze gewährleistet. (...)

Art. 153. Das Eigentum wird von der Verfassung gewährleistet. Sein Inhalt und seine Schranken ergeben sich aus den Gesetzen.

Eine Enteignung kann nur zum Wohle der Allgemeinheit und auf gesetzlicher Grundlage vorgenommen werden. Sie erfolgt gegen angemessene Entschädigung, soweit nicht ein Reichsgesetz etwas anderes bestimmt. Wegen der Höhe der Entschädigung ist im Streitfall der Rechtsweg bei den ordentlichen Gerichten offen zu halten, soweit Reichsgesetze nichts anderes bestimmen. Enteignung durch das Reich gegenüber Ländern, Gemeinden und gemeinnützigen Verbänden kann nur gegen Entschädigung erfolgen.

Eigentum verpflichtet. Sein Gebrauch soll zugleich Dienst sein für das gemeine Beste. (...)

Art. 155. Die Verteilung und Nutzung des Bodens wird von Staats wegen in einer Weise überwacht, die Mißbrauch verhütet und dem Ziele zustrebt, jedem Deutschen eine gesunde Wohnung und allen deutschen Familien, besonders den kinderreichen, eine ihren Bedürfnissen entsprechende Wohn- und Wirtschaftsheimstätte zu sichern. Kriegsteilnehmer sind bei dem zu schaffenden Heimstättenrechte besonders zu berücksichtigen. (...)

Art. 156. Das Reich kann durch Gesetz, unbeschadet der Entschädigung, in sinngemäßer Anwendung der für Enteignung geltenden Bestimmungen, für die Vergesellschaftung geeignete private wirtschaftliche Unternehmungen in Gemeineigentum überführen. Es kann sich selbst, die Länder oder die Gemeinden an der Verwaltung wirtschaftlicher Unternehmungen und Verbände beteiligen oder sich daran in anderer Weise einen bestimmenden Einfluß sichern.

Das Reich kann ferner im Falle dringenden Bedürfnisses zum Zwecke der Gemeinwirtschaft durch Gesetz wirtschaftliche Unternehmungen und Verbände auf der Grundlage der Selbstverwaltung zusammenschließen mit dem Ziele, die Mitwirkung aller schaffenden Volksteile zu sichern, Arbeitgeber und Arbeitnehmer an der Verwaltung zu beteiligen und Erzeugung, Herstellung, Verteilung, Verwendung, Preisgestaltung sowie Ein- und Ausfuhr der Wirtschaftsgüter nach gemeinwirtschaftlichen Grundsätzen zu regeln. (...)

Art. 157. Die Arbeitskraft steht unter dem besonderen Schutze des Reichs. Das Reich schafft ein einheitliches Arbeitsrecht. (...)

Art. 159. Die Vereinigungsfreiheit zur Wahrung und Förderung der Arbeits- und Wirtschaftsbedingungen ist für jedermann und für alle Berufe gewährleistet. Alle Abreden und Maßnahmen, welche diese Freiheit einzuschränken oder zu behindern suchen, sind rechtswidrig.

Art. 160. Wer in einem Dienst- oder Arbeitsverhältnis als Angestellter oder Arbeiter steht, hat das Recht auf die zur Wahrnehmung staatsbürgerlicher

Rechte und, soweit dadurch der Betrieb nicht erheblich geschädigt wird, zur Ausübung ihm übertragener öffentlicher Ehrenämter nötige freie Zeit. Wieweit ihm der Anspruch auf Vergütung erhalten bleibt, bestimmt das Gesetz.

Art. 161. Zur Erhaltung der Gesundheit und Arbeitsfähigkeit, zum Schutze der Mutterschaft und zur Vorsorge gegen die wirtschaftlichen Folgen von Alter, Schwäche und Wechselfällen des Lebens schafft das Reich ein umfassendes Versicherungswesen unter maßgebender Mitwirkung der Versicherten.

Art. 162. Das Reich tritt für eine zwischenstaatliche Regelung der Rechtsverhältnisse der Arbeiter ein, die für die gesamte arbeitende Klasse der Menschheit ein allgemeines Mindestmaß der sozialen Rechte erstrebt.

Art. 163. Jeder Deutsche hat, unbeschadet seiner persönlichen Freiheit, die sittliche Pflicht, seine geistigen und körperlichen Kräfte so zu betätigen, wie es das Wohl der Gesamtheit erfordert. Jedem Deutschen soll die Möglichkeit gegeben werden, durch wirtschaftliche Arbeit seinen Unterhalt zu erwerben. Soweit ihm angemessene Arbeitsgelegenheit nicht nachgewiesen werden kann, wird für seinen notwendigen Unterhalt gesorgt. Das Nähere wird durch besondere Reichsgesetze bestimmt.

Art. 164. Der selbständige Mittelstand in Landwirtschaft, Gewerbe und Handel ist in Gesetzgebung und Verwaltung zu fördern und gegen Überlastung und Aufsaugung zu schützen.

Art. 165. Die Arbeiter und Angestellten sind dazu berufen, gleichberechtigt in Gemeinschaft mit den Unternehmern an der Regelung der Lohn- und Arbeitsbedingungen sowie an der gesamten wirtschaftlichen Entwicklung der produktiven Kräfte mitzuwirken. Die beiderseitigen Organisationen und ihre Vereinbarungen werden anerkannt.

Die Arbeiter und Angestellten erhalten zur Wahrnehmung ihrer sozialen und wirtschaftlichen Interessen gesetzliche Vertretungen in Betriebsarbeiterräten sowie in nach Wirtschaftsgebieten gegliederten Bezirksarbeiterräten und in einem Reichsarbeiterrate.

Die Bezirksarbeiterräte und der Reichsarbeiterrat treten zur Erfüllung der gesamten wirtschaftlichen Aufgaben und zur Mitwirkung bei der Ausführung der Sozialisierungsgesetze mit den Vertretungen der Unternehmer und sonst beteiligter Volkskreise zu Bezirkswirtschaftsräten und zu einem Reichswirtschaftsrat zusammen. Die Bezirkswirtschaftsräte und der Reichswirtschaftsrat sind so zu gestalten, daß alle wichtigen Berufsgruppen entsprechend ihrer wirtschaftlichen und sozialen Bedeutung darin vertreten sind.

Sozialpolitische und wirtschaftspolitische Gesetzentwürfe von grundlegender Bedeutung sollen von der Reichsregierung vor ihrer Einbringung dem Reichswirtschaftsrate zur Begutachtung vorgelegt werden. Der Reichswirtschaftsrat hat das Recht, selbst solche Gesetzesvorlagen zu beantragen. Stimmt ihnen die Reichsregierung nicht zu, so hat sie trotzdem die Vorlage unter Darlegung ihres Standpunkts beim Reichstag einzubringen. Der Reichswirtschaftsrat kann die Vorlage durch eines seiner Mitglieder vor dem Reichstag vertreten lassen. Den Arbeiter- und Wirtschaftsräten können auf den ihnen überwiesenen Gebieten Kontroll- und Verwaltungsbefugnisse übertragen werden.

Aufbau und Aufgabe der Arbeiter- und Wirtschaftsräte sowie ihr Verhältnis zu anderen sozialen Selbstverwaltungskörpern zu regeln, ist ausschließlich Sache des Reichs.

Die Weimarer Verfassung vom 11. August 1919, abgedruckt u.a. in: Günther Franz (Hg.): Staatsverfassungen, Darmstadt 1975, S. 219ff.

Nachdem durch Bismarck die Grundlagen einer meist kompensatorischen Absicherung von Risiken im Erwerbsleben gelegt worden waren, versuchten Sozialdemokratie und Gewerkschaften nach dem I. Weltkrieg ihre Vorstellung einer *Demokratisierung der Wirtschaft* umzusetzen. Dieses zu begründen fiel insoweit leicht, als bereits der kaiserliche Obrigkeitsstaat im Verlauf des Krieges genötigt gewesen war, Arbeitnehmervertretern über das *Hilfsdienstgesetz* Mitbestimmungsmöglichkeiten einzuräumen, um die kriegsnotwendige Produktion und Versorgung zu gewährleisten. Dies wog um so mehr, als auch im wilhelminischen Deutschland trotz Wahlerfolge der SPD und verantwortlicher Beteiligung sozialdemokratischer Mandatsträger insbesondere in der Kommunalpolitik immer noch Klassenjustiz gegenüber Gewerkschafts- und Streikführern geübt und darüber hinaus sozialdemokratisches und gewerkschaftliches Handeln unterdrückt wurde bzw. werden sollte. Die Verfassung von Weimar garantierte das *Koalitionsrecht*, zugleich verankerte sie betriebliche und überbetriebliche Mitbestimmungsrechte. Am 4. Februar 1920 wurde ein *Betriebsrätegesetz* verabschiedet, das aber weniger ein „Räte-Gesetz", sondern mehr ein Kompromiss zwischen Arbeitergebern und Gewerkschaften war, um rätedemokratische Vorstellungen linker Gruppierungen zurückzudrängen. Tatsächlich kam es zwar auch zu überbetrieblichen Mitbestimmungsformen, doch haben sie insgesamt nur geringe Relevanz erlangt. Folgenreicher dagegen waren Regelungen zu einem öffentlichen Schlichtungswesen, das den Staat befugte, an Stelle der Tarifparteien Tarifstreitigkeiten zu entscheiden. Im Endeffekt führte dieses einerseits zu einer Verlagerung von Verantwortlichkeiten auf den Staat, zugleich zu dessen Überforderung. Er machte sich zunehmend angreifbar gegenüber sozialen Interessen, die sich ihrerseits aus dem Geschäft der Konsensbildung heraushalten wollten.

Die Politik der Weimarer Politik war in erdrückender Weise von den Folgen des verlustreichen Kriegs geprägt, einmal von den direkten Auswirkungen für die Bevölkerung und zum anderen von den indirekten Auswirkungen aus dem Vertragswerk von Versailles, das dem Deutschen Reich hohe materielle Belastungen brachte. So galt es, die materiellen Folgen des Krieges sozial aufzufangen: Kriegsopfer und deren Familien mussten versorgt und sozial wieder in das Alltagsleben integriert werden. Mit dem verlorenen Krieg waren darüber hinaus nicht nur die Hoffnungen auf Kriegskontributionen zerstoben, die man wie nach 1871 von den Besiegten einzustreichen gehofft hatte, vielmehr musste das Deutsche Reich faktisch während der gesamten Dauer der Weimarer Republik Reparationen bezahlen, zunächst in nicht begrenzter, erst am Ende der Republik in begrenzter Höhe. Zweitens war der Krieg in hohem Maße dadurch finanziert worden, dass der Mittelstand und die wohlhabenderen, national eingestellten Bürgerinnen und Bürger Anleihen zeichneten, die das Reich nun nicht mehr zurückzahlen konnte. Der Verlust von Wertgegenständen einschließlich der Eheringe („Gold gab ich für Eisen") war sicher moralisch besonders schmerzlich, aber vom Volumen her geringer als der Verlust der Anleihen. Und schließlich vernichtete die erst ‚nur' starke, dann aber bald Hyperinflation 1923 die Reste des über den Krieg geretteten Geldvermögens in Deutschland. Diese menschlichen und materiellen Folgen des Krieges konnten mit der bestehenden Sozialversicherung nicht bewältigt werden, eine so erhebliche Schadensmasse überforderte die ebenfalls von Krieg und Inflation gebeutelte Sozialversicherung bei weitem. Das *Reichsversorgungsgesetz* von 1920 suchte hier nach ersten Lösungen auf existenzminimaler Grundlage, die zwei Drittel der gesamten Staatsausgaben banden.[39]

Folglich liefen diese Lasten dort auf, wo sie immer dann auflaufen, wenn der zentrale Sozialstaat versagt, nämlich beim kommunalen Sozialstaat. Die *kommunale Armenfürsorge* mit ihren lokal und regional voneinander abweichenden existenzminimalen, normierenden und kontrollierenden Elementen stieß angesichts dieser großen Probleme einerseits an ihre Grenzen, anderseits aber gab es das gesellschaftspolitische Problem, dass vordem sozial abgesicherte Personenkreise nicht deshalb der kommunalen Armenfürsorge anheim fielen, weil sie persönliche Probleme aufwiesen, sondern weil der Staat sie hatte verarmen lassen! Die Lösung dieses Problems führte zur ersten reichsein-

---

39 Heinz Lampert: Sozialpolitik, Berlin, Heidelberg und New York 1980, S. 145

heitlichen Normierung der Fürsorgeleistungen in Deutschland in der *„Verordnung über die Fürsorgepflicht"* vom 13. Februar 1924 bzw. den *„Grundsätzen über Voraussetzung, Art und Maß öffentlicher Fürsorgeleistungen"* vom 4. Dezember desselben Jahres.

Grundsätze öffentlicher Fürsorgeleistungen von 1924

Der notwendige Lebensbedarf wurde in § 6 (der „Reichsgrundsätze", d.V.) definiert: „der Lebensunterhalt, insbesondere Unterkunft, Nahrung, Kleidung und Pflege; Krankenhilfe sowie Hilfe zur Wiederherstellung der Arbeitsfähigkeit; Hilfe für Schwangere und Wöchnerinnen; bei Minderjährigen Erziehung und Erwerbsbefähigung; bei Blinden, Taubstummen und Krüppeln Erwerbsbefähigung. Nötigenfalls ist der Bestattungsaufwand zu bestreiten." Im Gegensatz zum früher geltenden Recht zählte zum Lebensbedarf nunmehr nicht nur das zum Lebensunterhalt unbedingt Notwendige, sondern auch, was zur Erhaltung oder Herstellung der Gesundheit und Arbeitsfähigkeit erforderlich war. Die Reichsgrundsätze unterschieden vier Gruppen von Hilfsbedürftigen: erstens die Hilfsbedürftigen im allgemeinen; sie erhielten den notwendigen Lebensbedarf in dem eben beschriebenen Sinne. Zweitens: Kleinrentner, Sozialrenter und die ihnen Gleichstehenden (§§ 14, 16, 17); sie erhielten privilegierte Fürsorgeleistungen, bei denen ihre früheren Lebensverhältnisse berücksichtigt wurden. Drittens: Kriegsopfer (§§ 18, 20); auch ihnen wurden gehobene Fürsorgeleistungen gewährt, die mindestens den Maßstäben der Kleinrentnerfürsorge zu genügen hatten. Viertens: Arbeitsscheue und unwirtschaftliche Hilfsbedürftige (§ 13); diese bekamen nur beschränkte Fürsorgeleistungen, nämlich nur „das zur Fristung des Lebens Unerläßliche", ggf. nur in Anstalten.

Christoph Sachße und Florian Tennstedt: Geschichte der Armenfürsorge in Deutschland, Band 2: Fürsorge und Wohlfahrtspflege 1871 bis 1929, Stuttgart u.a. 1988, S. 173

Entscheidend war, dass die Verordnung und Grundsätze nun zwischen der normalen Fürsorge und einer sich davon vom Leistungsniveau und der Hilfegewährung absetzenden ‚gehobenen' Fürsorge für diejenigen differenzierten, die als Folge von Krieg und Vermögensverlusten in diese prekäre Lage gekommen waren. Das Gesetz stellt insofern einen wichtigen Reformschritt dar, als es – im Nachklang zur Bismarckschen Arbeiterpolitik – auch für die *Armenpolitik* nunmehr eine stärkere allgemeinverbindliche Regelungsdichte vorsah und damit den kommunalen, meist restriktiv genutzten Gestaltungsspielraum einschränkte. Indem diese Gesetzgebung aber die ‚verarmten' Mittelschichten letztlich zum Objekt staatlicher bzw. kommunaler *Fürsorge* machte, löste sie nicht nur deren materielle Probleme nur unzureichend, sondern sie wurde von den Begünstigten als Provokation und ,unstandesgemäß' empfunden: Sie erwarteten vom Staat Wiedergutmachung, nicht Fürsorge!

Trotz restriktiver Rahmenbedingungen griff die Politik wichtige Reformprojekte auf. Die Weimarer Reichsverfassung hatte in Artikel 122 den *Jugendschutz* verankert. Auch hier wurde der Gesetzgeber relativ früh initiativ und löste die Jugendhilfe mit dem 1922 verabschiedeten, *„Reichsjugendwohlfahrtsgesetz"* aus der allgemeinen Fürsorge heraus. Neben geldlichen Leistungen nahm dieses Gesetz sozialpädagogische Hilfen für Kinder und Jugendliche auf, darunter Erziehungshilfe, Jugendförderung, Jugendschutz und die Jugendgerichtshilfe. Dieses Gesetzeswerk gehört der Sache nach zu den größeren Reformwerken in dieser Phase, auch wenn zentrale Bestandteile durch Reichsverordnung beim Inkrafttreten 1924 auf Grund der schlechten Finanzlage der Kommunen suspendiert worden waren.

Insgesamt wurde die öffentliche und die freie Wohlfahrtspflege neu geordnet. Mit Gründung eines weiteren sozialdemokratisch orientierten Wohlfahrtsverbandes – der *Arbeiterwohlfahrt* – trat 1919 neben die beiden großen konfessionellen Wohlfahrtsverbände – der Inneren Mission und der Caritas – eine weltanschaulich säkular ausgerichtete Kraft. Ebenfalls Anfang der 1920er Jahre gründete sich – gleichsam als Auffangbecken für Einrichtungen und Initiativen, die in den anderen Wohlfahrtsverbänden keinen Platz fanden – mit dem *Deutschen Paritätischen Wohlfahrtsverband* ein fünfter Wohlfahrtsverband. Zusammen mit dem ebenfalls relativ kleinen *jüdischen Wohlfahrtsverband* (1921) und dem mit besonderen Aufgaben der Krisenhilfe ausgestatteten *Deutschen Roten Kreuz* prägten diese Verbände die für die freie Wohlfahrtspflege in Deutschland typische *korporatistische Struktur*. Die einzelnen Verbände bildeten ihre Binnenstruktur verstärkt in Richtung Reichsebene aus, auch indem sie gemeinsam eine *Deutsche Liga der freien Wohlfahrtspflege* gründeten. Die Fürsorge- und Jugendwohlfahrtsgesetze bzw. die daran gekoppelten Verordnungen wiesen den Wohlfahrtsverbänden spezifische Aufgaben zu, die je nach politischer Orientierung in den Reichsländern und in den Kommunen mehr oder weniger dem Prinzip des Vorrangs der freien vor der öffentlichen Fürsorge folgten. Dabei wurden diese Tätigkeiten der freien Wohlfahrtspflege durchaus öffentlich refinanziert, zumindest zum Teil. Zugleich wurde die Clearingstelle zwischen der freien und der öffentlichen Wohlfahrtspflege, der *Deutsche Verein für öffentliche und private Fürsorge* mit Sitz in Frankfurt am Main, ausgebaut und in die Jugendwohlfahrts- und Fürsorgegesetzgebung sowie die davon geprägte Praxis der Jugendpflege und Fürsorge eingebunden. Das zentrale soziale Problem stellte allerdings die Bewältigung der Arbeitslosigkeit dar. Zur Zeit der Bismarckschen Gesetzgebung herrschte in Deutschland – bei aller Unsicherheit des jeweils einzelnen Beschäftigungsverhältnisses – quasi Vollbeschäftigung. Rüstungspolitik und Kriegsvorbereitung bewirkten im Deutschland des Kaiserreiches eher einen Arbeitskräftemangel denn Arbeitslosigkeit. Die z.T. desaströsen wirtschaftlichen Bedingungen nach dem Weltkrieg – Umstellung der Kriegsproduktion, Reparationsleistungen, Ruhrbesetzung durch Frankreich, Hyperinflation u.a.m. – sorgten dafür, dass die Arbeitslosigkeit im Deutschen Reich dramatisch anstieg. Nur in den beiden besten Jahren nach Konsolidierung der Wirtschaft waren als Folge ausländischer Anleihen und Kapitalzuflüsse 1924 und 1925 weniger als eine Million Menschen ohne Arbeit.[40] Auf der Grundlage dieser Entwicklung suchte das Reich nach einer Neuregelung der Arbeitsvermittlung und nach einer Entlastung der kommunalen Armenfürsorge von den finanziellen Folgen bei Arbeitslosigkeit. Das *„Gesetz über Arbeitsvermittlung und Arbeitslosenversicherung"* (AVAVG) vom 16. Juli 1927 und die neu gebildete *Reichsanstalt für Arbeit* vollzogen mit Berufsberatung, Arbeitsnachweis, Arbeitsvermittlung und Leistungen bei Arbeitslosigkeit durch eine Arbeitslosenversicherung einen Wechsel vom vordem unorganisierten zu einem nunmehr durch Staat und Gewerkschaften organisierten Arbeitsmarkt. Dieses mit Sicherheit bedeutsamste Reformgesetz der Weimarer Republik akzentuierte die Differenz zwischen Armen- und Arbeiterpolitik noch stärker, indem es – nach Alter, Invalidität, Krankheit und Unfall – einen weiteren Zustand des Nichtarbeitens aus der Armenpolitik herausnahm und Arbeitslosigkeit in einem begrenzten zeitlichen Rahmen und unter bestimmten Voraussetzungen als Bestandteil des Arbeiterseins sozialversicherungsrechtlich absicherte.

Diese gesetzlichen Reformen – Arbeitsrecht, Schlichtungswesen, Jugendwohlfahrt, Standardisierung der Fürsorge und Zentralisierung der Arbeitsvermittlung – stehen pars pro toto für den Versuch der Sozialdemokratie, nach der Revolution von 1918/19 ihre Vorstellungen von einem „Demokratischen Sozialismus" mit den krisenhaften, sich gleichwohl in ihren Augen zunehmend organisierenden Strukturen kapitalistischen Wirtschaftens zu verbinden. Im mühsamen und widersprüchlichen Adaptationsprozess an kapitalistische Strukturen bei

---

40   Heinz Lampert: Sozialpolitik, Berlin, Heidelberg und New York 1980, S. 138

gleichzeitigem Verfolg von Reformperspektiven entwickelte die SPD
mit dem Konzept der *Wirtschaftsdemokratie* ein Programm, das einerseits teleologisch an ihren Zielvorstellungen festhielt, selbst aber keine
konkreten Schritte und zeitlichen Vorgaben mehr vorsah, vielmehr
aber die Gewissheit, „dass die Struktur des Kapitalismus selbst verän-
derlich ist, und dass der Kapitalismus, bevor er gebrochen wird, auch
gebogen werden kann." Als aktuelle Forderung erhob der Autor dieses
Konzeptes, *Fritz Naphtali*, u.a. den „Ausbau der Sozialversicherung
zu einem vollen Schutz der Lebensmöglichkeiten für alle, die durch
Mängel der Gesundheit, durch Schwangerschaft und Alter arbeitsun-
fähig sind, oder denen aus Gründen der Wirtschaftsgestaltung die
Verwertung ihrer Arbeitskraft zeitweise unmöglich gemacht wird."[41]

Mit dem *Schwarzen Freitag* vom November 1929 und der herein-
brechenden *Weltwirtschaftskrise* wurde der Kapitalismus weniger gebogen, sondern vielmehr chaotisch ruiniert: Große Teile der deutschen
Wirtschaft brachen zusammen, nicht zuletzt als Folge des Abzugs des
seit 1924 in großem Umfange nach Deutschland eingeströmten Kapitals. Denn mit der Konsolidierung der deutschen Wirtschaft sowie der
zunächst erst schüchternen, dann zunehmend konkreteren politischen
Kooperation in Europa, wofür die Namen *Gustav Stresemann* (1878-
1929) und *Aristide Briand* (1862-1932) stehen, kam es zu einem
enormen internationalen Kapitaltransfer einschließlich der nunmehr
auch international wirksamen Kapitalkonzentration und -zentralisa-
tion. Zwar noch weit von der aktuellen Kapitalverflechtung innerhalb
der Triade aus Westeuropa, Nordamerika und Südostasien entfernt
zeigten sich doch Abhängigkeiten in einem Ausmaß, die nicht nur die
Rahmenbedingungen nationalen Wirtschaftens in einem hohen Maße
extern bestimmten, sondern auch die Möglichkeiten nationalen sozialpolitischen Gegensteuerns stark begrenzten.

Dieses wurde exemplarisch am Schicksal der *Arbeitslosenversicherung* deutlich. Das AVAVG ging von der – ex post als ziemlich
weltfremd einzustufenden – Annahme von durchschnittlich 600.000
bis 700.000 Arbeitslosen und damit einem Beitragssatz von drei Prozent des Grundlohnes aus.[42] Die Große Koalition von SPD und Deutscher Volkspartei (DVP) – einschließlich Zentrum und Deutschen Demokraten (DDP) – zerbrach 1930 an der Frage eines notwendig ge-

---

41 Fritz Naphtali: Wirtschaftsdemokratie. Ihr Wesen, Weg und Ziel, Frankfurt am Main
    (neu) 1966, S. 19 und 184
42 Volker Hentschel: Geschichte der deutschen Sozialpolitik (1880-1980), Frankfurt
    am Main 1983, S. 113

wordenen Ausgleichs zwischen Beitragseinnahmen und Ausgaben. Während die Interessenvertretung der Wirtschaft Leistungsbeschränkungen bis hin zur Wiedereinführung von Bedürftigkeitsprüfungen einklagte, forderten die Sozialdemokraten eine Art „Notopfer" in Gestalt eines Zuschlages zur Einkommensteuer bzw. in Gestalt einer Belastung von Personengruppen ohne ein direktes Arbeitsmarktrisiko (etwa der Beamten). Der innerhalb der Regierung gefundene Kompromiss einer Beitragssatzerhöhung zur Arbeitslosenversicherung um einen halben Prozentpunkt fand bei der industriewirtschaftlichen Interessen stark verbundenen Mehrheit der Deutschen Volkspartei im Reichstag keine Zustimmung und scheiterte. Der eigentliche Grund aber war, dass die DVP die Koalition mit der Sozialdemokratie platzen lassen wollte. Mit der Auflösung der Großen Koalition und dem Ausschluss der Sozialdemokratie aus der Regierungsverantwortung auf Reichsebene war zugleich deren ‚störender' Einfluss auf die seitens der bürgerlichen, vor allem wirtschaftsfreundlichen Kreise für notwendig erachteten weiteren Angriffe auf das System der sozialen Sicherung beseitigt. Die Leistungen der Arbeitslosenversicherung wurden von den nachfolgenden Präsidialkabinetten von *Heinrich Brüning* (1885-1970) und von *Franz von Papen* (1879-1969) mehr oder weniger stark abgebaut und letztlich nur noch auf Fürsorgeniveau gehalten. Brüning und von Papen folgten der sich verstärkt politisch zu Wort meldenden neoklassischen Wirtschaftstheorie, wonach der Staat nur die Option habe, seine Ausgaben der immer restriktiveren Einnahmeseite anzupassen und dabei durch Steuerzurückhaltung gegenüber der Wirtschaft, geringe Löhne und Sozialabgaben die Angebotsbedingungen der Wirtschaft zu verbessern. Von 1930-1932 überstürzten sich sozialpolitische Aktivitäten, die tiefe Einschnitte in das Leistungsrecht brachten. Immerhin konnte erreicht werden, dass die Reparationsleistungen Deutschlands eingestellt wurden.

Während sich in den USA die nachfrageorientierten Konzepte eines *John Maynard Keynes* (1883-1969) Gehör verschaffen konnten (*New Deal*), obsiegten in Deutschland *neoliberale Vorstellungen* und schufen so indirekt die Voraussetzung für eine soziale Entleerung der demokratischen Substanz der Republik. Massenarbeitslosigkeit und Massenelend wurden zum Nährboden für eine politische Radikalisierung: Bei den Reichstagswahlen im Juli 1932 wurden die Nationalsozialisten stärkste Fraktion, die Parteien von Weimar – Sozialdemokraten, Zentrum und Demokraten – dagegen hatten drastisch an Gewicht verloren. Dass und warum der Zentrumspolitiker *Brüning* letztlich das Vertrauen des

Reichspräsidenten *Paul von Hindenburg* (1847-1934) verlor und – wie er sagte – „100 Meter vor dem Ziel"[43] gestürzt wurde, ist weit mehr als eine Arabeske: Er, der in großem Umfange die Angebotsbedingungen für die Wirtschaft einseitig zu Lasten der abhängig Beschäftigten bzw. der Sozialleistungsbezieher zu verbessern suchte, meinte bei der Ausgabenreduktion des Staates auch die Subventionen der ostpreußischen Großagrarier nicht gänzlich außen vor lassen zu können. Unter dem Vorwurf, er betreibe „Agrarbolschewismus", wurde Brüning entlassen und durch den konservativen Zentrumspolitiker Franz von Papen ersetzt, der schon allein durch sein Adelsprädikat Garant dafür war, dass sich die Großagrarier nicht weiter bedroht fühlen mussten.

Grenzen der Sozialpolitik oder Grenzen des Sozialstaats?

Am Ende der Weimarer Republik kamen drei Elemente zusammen: Es gab kein nationales und auch kein internationales Management, wie denn die zuvor erfolgte Internationalisierung der Kapitalmärkte in Krisensituationen gehandhabt werden sollte und konnte. Insofern hatten SPD und Gewerkschaften den tatsächlichen Grad an Organisiertheit des „Finanzkapitals" (Rudolf Hilferding) weit überschätzt. Auf weltwirtschaftliche Verflechtungen reagierten einzelbetriebliche Strategien mit dem Ergebnis einer Kettenreaktion des ‚Rette-sich-wer-kann'. Damit wurden auch auf nationaler Ebene die Akkumulationsbedingungen des Kapitals nachhaltig in Frage gestellt. Die neoliberale Reaktion stellte denn auch über lange Zeit den mehr aktionistischen Versuch dar, über Ausgabenreduktionen des Staates die einzelbetrieblichen Wachstumsbedingungen zu stärken. Innereuropäische oder internationale Konfliktregelungen unterblieben. Adolf Hitlers (1889-1945) Auftritt vor Vertretern der Schwerindustrie im Industrieclub in Düsseldorf 1932 und sein Versprechen, Deutschland wieder aufzurüsten, bereitete die Machtübernahme durch die Nationalsozialisten und zugleich ein rechtskeynesianisches Ausgabenprogramm vor. Die Fraktionen der Arbeiterbewegung hatten – zweitens – nicht nur den Grad der Organisiertheit einerseits (Sozialdemokratie) bzw. den Grad der Destabilität des Kapitalismus als gesellschaftliches System (Kommunisten) überschätzt, sondern sahen sich mehr oder weniger hilflos der

---

43 Der große Ploetz. Die Daten-Enzyklopädie der Weltgeschichte. Daten, Fakten, Zusammenhänge, 32. Aufl., Freiburg im Breisgau 1998, S. 885

Tatsache ausgesetzt, dass ihre gesellschaftspolitischen Konzepte im parlamentarischen System und/oder in der Bevölkerung des Deutschen Reiches keine Mehrheit bekamen. Hinzu kam, dass zwischen den beiden größten Fraktionen der Arbeiterbewegung kein Konsens über eine gemeinsame Strategie herstellbar war. Es blieb die durch nichts gerechtfertigte Illusion des Gewerkschafters Fritz Tarnow der 1931 auf dem Leipziger Parteitag der SPD ausrief: „Wenn die Nebel dieser ökonomischen Krise sich verzogen haben werden, dann wird man deutlich sehen, dass auch in dieser Zeit die sozialistischen Fundamente stärker, die kapitalistischen schwächer geworden sind."[44] Die KPD beschränkte sich auf die Gewissheit, dass die Weltrevolution letztlich stärker von der Entwicklung der Sowjetunion als von der kapitalistischen Wirtschaft abhängig sei, die Sozialdemokratie hoffte auf die Zivilisierung des Kapitalismus durch ein evolutionäres, parlamentarisch angelegtes Konzept der Wirtschaftsdemokratie. In diesen strategischen Zielkonflikten gefangen, fiel die Arbeiterbewegung folglich als handelndes Subjekt faktisch weg. Und schließlich drittens: Große Teile des nationalliberalen und konservativen Bürgertums sahen in der Krise die Chance bzw. die Notwendigkeit, keineswegs bloß die offensichtlich auch der Arbeiterbewegung zu Gute kommende Liberalität der Weimarer Republik abzuschaffen, sondern die Demokratie insgesamt durch ein autoritäres Regierungssystem zu ersetzen. Die neoliberalen Steuerungsmodelle zielten ebenso wie die konkrete Wirtschaftspolitik darauf, die demokratischen Grundstrukturen selbst außer Kraft zu setzen. Letztere wurden kommentarlos von der vordemokratischen Politik und der Ökonomie aufgegeben. Dass die neoliberale Wirtschaftstheorie und -praxis diesen krisengeschüttelten Prozess aktiv mitgestaltet und zur Aufhebung der Demokratie selbst beigetragen hat, haben ihre Protagonisten allerdings weder im nachfolgenden Faschismus noch danach reflektiert. Ihr ökonomisches Modell hat sich nicht erst hier, aber hier besonders verhängnisvoll als der Versuch desavouiert, den für die bürgerliche Gesellschaft konstitutiven Primat der Politik durch den der Ökonomie zu ersetzen. Von Papens ‚Preußenschlag', also die Absetzung der noch nach Weimarer Muster gebildeten Regierung des mächtigen Preußen (1932) war folglich Teil dieser neoliberalen Wirtschaftskonzeption, er zerstörte die letzte Bastion der Republik, die immer weniger Republikaner hatte!

---

44 SPD-Parteitag Leipzig: Protokoll über die Verhandlungen des Parteitages der SPD 1931 abgehalten in Leipzig, Berlin 1931, S. 50

2.3 Der völkische ‚Sozialstaat' (1933-1945)

Am 10. November 1988 versuchte der damalige Präsident des Deutschen Bundestages, *Philipp Jenninger*, in einer Rede aus Anlass des 50. Jahrestages der Reichspogromnacht der Nationalsozialisten in Deutschland die Tatsache zu erklären, warum das sog. *Dritte Reich*[45] von den Zeitgenossen trotz der verheerenden Kriegserfahrungen lange Zeit immer wieder auch positiv in Erinnerung gehalten worden war bzw. teilweise noch wird. Er begründete dieses mit der Bemerkung, das Dritte Reich sei über weite Teile als Sozialstaat wahrgenommen worden, der einerseits die Weltwirtschaftskrise in Deutschland einschließlich der hohen Massenarbeitslosigkeit überwunden habe und selbst noch im Krieg leistungsfähig geblieben sei.[46] Jenninger musste wegen dieser von der Öffentlichkeit mit Befremden wahrgenommenen Sichtweise und vor allem deshalb von seinem hohen Amt zurücktreten, weil ihm vorgehalten wurde, er habe die Ressourcen dieses Sozialstaates, seine Ausrichtung und seine Konsequenzen für Deutschland nach dem verlorenen Krieg nicht hinreichend diskutiert und eher – implizit – bagatellisiert.

War das Dritte Reich Sozialstaat? Wenn ja, für wen, auf Grund welcher materiellen Grundlagen und wie lange? Folgt man der *Carl Schmitt*schen Terminologie einer schroffen Trennung von Freund und Feind als Kriterium des Politischen,[47] dann war das Dritte Reich ein ‚Sozialstaat' der „Freunde". Die Aushebelung des individuellen als auch des auf die betriebliche und überbetriebliche Mitbestimmung zielenden kollektiven Arbeitsrechts der Weimarer Republik und deren Ersatz durch die *Deutsche Arbeitsfront* fanden ihre Entsprechung im ideologischen Begründungszusammenhang für die aufzubauende *Volks- und Leistungsgemeinschaft*, in der jeder „Freund" seinen Platz finden sollte.

---

45   Der Begriff Drittes Reich hat eine doppelte Bedeutung. Einmal sucht er an die Reichsgründungen in Deutschland anzuknüpfen: Erstens an das 919 gegründete, erst später als Heiliges Römisches Reich Deutscher Nation titulierte erste Reich, zweitens an die Gründung des – zweiten - (Klein-) Deutschen Reiches 1871 und nun 1933 die 3. Reichsgründung. Zum anderen hatte schon in den 1920er Jahren Arthur Moeller van den Bruck den Nationalsozialismus in den Kontext des in der Offenbarung des Johannes angekündigten zukünftigen Reiches gestellt, das mit der Wiederkehr Christi errichtet werden würde, dabei an die Gedanken Joaquino A Fiores, eines katholischen Mystikers, von einem zukünftigen „dritten Reich" mit heilsgeschichtlichem Charakter anschließend.

46   Deutscher Bundestag, Stenographischer Bericht der Sitzung vom 10.11.1988

47   Carl Schmitt: Der Begriff des Politischen. 1932, NA Berlin 1963

Die Deutsche Arbeitsfront

§ 2. Das Ziel der Deutschen Arbeitsfront ist die Bildung einer wirklichen Volks- und Leistungsgemeinschaft aller Deutschen. Sie hat dafür zu sorgen, dass jeder einzelne seinen Platz im wirtschaftlichen Leben der Nation in der geistigen und körperlichen Verfassung einnehmen kann, die ihn zur höchsten Leistung befähigt und damit den größten Nutzen für die Volksgemeinschaft gewährleistet. (...)

§ 7. (...) Die Deutsche Arbeitsfront hat die Aufgabe, zwischen den berechtigten Interessen aller Beteiligten jenen Ausgleich zu finden, der den nationalsozialistischen Grundsätzen entspricht und die Anzahl der Fälle einschränkt, die nach dem Gesetz vom 20. Januar zur Entscheidung allein den zuständigen staatlichen Organen zu überweisen sind.

Verordnung über Wesen und Ziel der Deutschen Arbeitsfront vom 24. Oktober 1934, zit. nach Timothy W. Mason: Sozialpolitik im Dritten Reich. Arbeiterklasse und Volksgemeinschaft, 2. Aufl., Opladen 1978, S. 193

„Feind" dagegen war nicht nur der auswärtige Gegner – und das waren der Logik der Nationalsozialisten folgend fast alle anderen –, außerhalb der Gemeinschaft stand auch, wer sich den völkischen Homogenitätsvorstellungen nicht zuordnen ließ bzw. lassen wollte: Gleich nach der Machergreifung wurden die Kommunisten verfolgt, selektierte das *Gesetz zur Wiederherstellung des Berufsbeamtentums* sog. Nichtarier aus der öffentlichen Verwaltung, später wurden Sozialdemokraten und Gewerkschafter aus öffentlichen Ämtern und mit Aufhebung der Selbstverwaltung aus der Sozialversicherung verbannt. Mit den Nürnberger Rassegesetzen wurden Juden politisch gleichsam ausgebürgert, im Falle der Flucht ins Ausland und als Folge einer ‚Arisierung' jüdischer Unternehmen wurde deren Vermögen entschädigungslos eingezogen. Die jeweils frei werdenden Arbeitsplätze konnten nun von „Volksgenossen" besetzt werden. Während des Krieges wurde diese Freund-Feind-Logik auf die eroberten Territorien ausgeweitet: Deren Ausplünderung und materielle Verelendung sicherte einen Teil des relativen Wohlstandes im Deutschen Reich auf Seiten der „Freunde". Neuansiedlungen von deutschstämmigen Personen in den besetzten Gebieten waren nur möglich, weil zuvor Einheimische von ihren Höfen vertrieben worden waren. Und Hilfen etwa im Rahmen der *Nationalsozialistischen Volkswohlfahrt (NSV)* und des *Winterhilfswerkes*, einer Fürsorgeeinrichtung für Ausgebombte und Opfer anderer Kriegsfolgen, stammten ebenfalls meist aus Raub und Ausplünderung.

Der Verbindung eines biologistisch verbrämten ‚Gesundheits-‘ mit einem sozialdarwinistischen Politikverständnis, demzufolge sich die Deutschen nur mit einem „gesunde[n] Volk (...) in der Welt durchsetzen" könnten,[48] fielen viele Menschen durch Zwangssterilisation, durch Nichtbehandlung, durch Tötung, durch medizinische Experimente sowie gezielte Vernichtung zum Opfer. Diese ‚Ausmerze‘ bezog sich darüber hinaus auch auf sog. „minderwertige Rassen" und diesen zugeordnete Personengruppen: Millionen Juden, Sinti und Roma, Homosexuelle, Zeugen Jehovas, Kriegsgefangene und Zwangsarbeiter wurden vergast oder durch Arbeit vernichtet.

Das soziale Sicherungssystem wurde im Kern erhalten und in Teilen entsprechend nationalsozialistischer Zielsetzungen auch ausgebaut. Zunächst wurden der durch den I. Weltkrieg, die nachfolgende Inflation und die Weltwirtschaftskrise verarmte alte Mittelstand, der zu den tragenden Kräften der nationalsozialistischen Massenbewegung gehörte, zu Sonderkonditionen in die Gesetzliche Rentenversicherung aufgenommen: Nach Verlust ihrer eigenständigen Altersvorsorge bzw. ihrer Geschäftsgrundlagen sollte ihnen zu Lasten der Solidargemeinschaft der sozialversicherten Arbeiter Kompensation verschafft werden. Daneben wurde der völkisch motivierten Bevölkerungspolitik folgend nicht nur die Geburt von Kindern belohnt (Mütterverdienstkreuz, Kuren für Mütter, Haushaltshilfen, Lebensborn-Bewegung, etc.), sondern auch das Aufwachsen der Kinder durch die Einführung erster Kindergeldzahlungen – allerdings nur bei kinderreichen Familien – staatlich unterstützt. Vor Kriegsbeginn wurden Frauen überdies nach der Eheschließung mehr oder weniger strikt aus dem Erwerbsarbeitsleben vertrieben, einmal weil sie arbeitslosen Männern Platz machen sollten, zum anderen, um ihrer Aufgabe im Dienste der ‚Volksgemeinschaft‘ gerecht zu werden und Kinder zu gebären. Und schließlich sollten verdiente ‚Volksgenossen‘ im Rahmen des großen *Kraft durch Freude*- Programms Reise- und Urlaubsmöglichkeiten erhalten, von denen die daran Beteiligten vorher nicht einmal träumen konnten. Während des Krieges schließlich wurden bestimmte Leistungen sogar verbessert, „und zwar erst dann, als sich herausgestellt hatte, dass es sich nicht um den vorhergesehenen Blitzkrieg handeln würde. Diese Maßnahmen hatten den Charakter sozialpolitischer Bestechung, die

---

48   Joseph Goebbels, zit. nach Scheuer, zit. nach Heinz Lampert: Sozialpolitik, Berlin, Heidelberg und New York 1980, S. 157

sich nicht eben durch Einfallsreichtum auszeichnete. Hauptsächlich wurden Leistungsverschlechterungen der Notverordnungspolitik von 1931/32 rückgängig gemacht."[49] Der menschliche Verlust bzw. das erlittene Leiden konnten zwar nicht ausgeglichen werden, aber diese Leistungsverbesserungen erweckten zumindest mehr als nur den Anschein, der Staat lasse die Hinterbliebenen und Kriegsopfer nicht alleine.

Das Dritte Reich war folglich nicht Sozialstaat, es hat diesem vielmehr die Grundlagen entzogen. Zugleich wurden sozialpolitische Instrumente völkischen Zielen und solchen der Kriegsvorbereitung und -durchführung untergeordnet. Die Überwindung der Massenarbeitslosigkeit ist weitgehend dem Zusammenwirken von Kriegsvorbereitung und Ausschluss etwa von Kommunisten, Sozialdemokraten, Juden etc. aus Teilen oder ganz aus dem Beschäftigungssystem geschuldet. Das soziale Sicherungssystem mit seinen normierten Beitragszahlungen diente nur zum Teil der sozialen Absicherung; die Sozialabgaben waren vielmehr bis Kriegsbeginn sogar bewusst so hoch angesetzt, dass davon Maßnahmen zur Kriegsvorbereitung mitfinanziert werden konnten. Im Verlauf der Jahre bis 1945 wurden insgesamt die finanziellen Grundlagen der Sozialversicherung zerstört; es trat genau das ein, was die Gegner einer ausschließlich vom Staat finanzierten und beim Staat angesiedelten Sozialversicherung befürchtet hatten, dass nämlich der Staat diese Mittel zweckentfremden könne. Darüber hinaus griff der Staat in hohem Maße auf Einnahmen aus illegalen Enteignungen sowie Hab und Gute von Ermordeten zurück. Dass mit der Auflösung der Selbstverwaltung und der Anwendung des *Führerprinzips* auch die demokratische Substanz von Sozialstaatlichkeit nachhaltig beschädigt wurde, ist angesichts der Zerschlagung der Weimarer Republik und der Aussetzung aller zentralen Grund- und Menschenrechte sicher ein eher nachrangiger Effekt, aber gleichwohl ein Punkt, den eine Bilanz der sozialstaatlichen Qualität des Dritten Reiches nicht ignorieren darf.

Das soziale Versorgungssystem konnte bis zum Kriegsende nur deshalb aufrecht erhalten werden, weil Abertausende von Kriegsgefangenen und Verschleppten bis zur physischen Erschöpfung in die Produktion gesteckt wurden. Wenn im Alltagsbewusstsein von Deutschen das Dritte Reich dennoch als Überwinder der Massenarbeitslo-

---

49 Volker Hentschel: Geschichte der deutschen Sozialpolitik (1880-1980), Frankfurt am Main 1983, S. 144

sigkeit, als Stabilisator sozialer Versorgung und als hilfreicher Unter-
stützer in besonderen Lebenslagen erfahren worden ist, dann unterlag
und unterliegt dieses in ebenso großem Maße der im Deutschland des
Dritten Reiches und in der Nachkriegszeit konstant gebliebenen Fähigkeit zur Verdrängung der nationalsozialistischen Vernichtungspoli-
tik. Die schroffen Strafaktionen, denen Teile der deutschen Bevölkerung nach 1945 ausgesetzt waren, verstärkten eher die ‚Verherrli-
chung' des Dritten Reiches. Bestenfalls fühlten sich viele als Objekt,
zuerst der Nationalsozialisten, dann der Siegermächte. Der sozialpolitische Neuanfang dagegen forderte Subjekte, die den sozialstaatlichen
Kahlschlag, den das Dritte Reich hinterlassen hatte, nüchtern bilanzie-
ren und als Ausgangslage staatlicher Politik auch akzeptieren konnten.

2.4 Sozialpolitik in der Sozialen Marktwirtschaft

Besatzungsherrschaft und Kriegsfolgen

Am 8./9. Mai 1945 hatte das Deutsche Reich aufgehört zu existieren,
Deutschland war Objekt alliierter Vereinbarungen geworden. Die
Verwaltung ging für Gesamtdeutschland auf alle Besatzungsmächte
gemeinsam, in den vier Zonen unmittelbar auf die jeweilige Besatzungsmacht über.[50] Dabei bedienten sie sich in unterschiedlicher Weise deutscher Helfer, die sie nach eigenem Ermessen einsetzen, aber
auch jederzeit wieder entlassen konnten und auch entlassen haben. Die
russische Militärregierung brachte gleich einen Teil der deutschen Kader, die die weitere Entwicklung in ihrer Zone prägten, aus deren Exil
in Russland mit, aber auch die westlichen Besatzungsmächte bedienten sich nicht selten Personen, die die Zeit des Nazi-Terrors im Ausland überlebt hatten.

Das politische Leben in Deutschland erwachte sehr bald: Schon im
Mai 1945 umriss der spätere Vorsitzende der Sozialdemokratischen
Partei, *Kurt Schumacher* (1895-1952), vor Funktionären der SPD in
Hannover seine Vorstellungen von einer Neuordnung Deutschlands.
Auch in Berlin und in anderen Städten sammelten sich Sozialdemokra-
ten, um möglichst bald auf der Ebene ihrer Zonen und schließlich

---

50 Die vier Besatzungsmächte waren die USA, Großbritannien, Frankreich und die
     Sowjetunion.

deutschlandweit wieder eine Partei aufbauen zu können. Im bürgerlichen Lager gab es ebenfalls gleich nach der Niederlage erste Ansätze der Selbstorganisation. Dabei herrschte durchgängig der Tenor vor, die konfessionelle Trennung der Parteien des Bürgertums im Kaiserreich und in Weimar nicht wieder fortzusetzen, sondern nun eine gemeinsame Partei auf christlicher Grundlage – eine Union – zu gründen. Daneben formierte sich auch der politische Liberalismus als konfessionell ungebundene bürgerliche Interessenvertretung neu. Über den Kreis der (Re-)Migranten aus dem sowjetischen Exil hinaus reetablierte sich die Kommunistische Partei. Es gab ernste und ernst zu nehmende Ansätze einer Zusammenführung der beiden Arbeiterparteien, doch scheiterten diese einerseits an der Politik der sowjetischen Besatzungsmacht und andererseits an tiefsitzenden antikommunistischen Ressentiments auf Seiten führender Sozialdemokraten, die auch durch gemeinsames Leiden im Dritten Reich nicht überwunden werden konnten.

Auf der sozialen Ebene kam es zur Reorganisation der gewerkschaftlichen Interessenvertretung und der der Arbeitgeber. Letztere hatten allerdings das Problem, dass die Zukunft der privaten Unternehmungen ungewiss war, gab es doch bis weit in das bürgerliche Lager hinein Vorstellungen einer Überführung der zentralen Wirtschaftsbereiche in *Gemeineigentum.*[51]

Die Besatzungsmächte unterschieden sich z.T. sehr stark, inwieweit sie sich dieser sich organisierenden politischen und sozialen Interessensträger bedienen sollten und wollten. Am schnellsten richteten die US-Amerikaner und die Sowjets in ihren Zonen wieder deutsche kommunale Gebietskörperschaften ein, diese allerdings unter den Primat der jeweiligen Besatzungsmacht stellend. Schon im Januar 1946 wählten die Deutschen in der amerikanischen Besatzungszone ihre Gemeindeparlamente, im April/Mai 1946 die Kreistage. Parallel dazu errichteten die Besatzungsmächte Länder und setzten provisorische Regierungen ein. Mit Ausnahme von Bayern und den beiden Hansestädten wurden in den drei westlichen Besatzungszonen faktisch neue Länder

---

51 In den Frankfurter Leitsätzen vom September 1945 sprachen die Autoren des dortigen Gründungskreises der CDU von einem „Sozialismus aus christlicher Verantwortung". Das Ahlener-Programm der CDU von Nordrhein-Westfalen vom 3. Februar 1947 begann mit den Worten: „Das kapitalistische Wirtschaftssystem ist den staatlichen und sozialen Lebensinteressen des deutschen Volkes nicht gerecht geworden.", beides abgedruckt u.a. in Ernst-Ulrich Huster u.a.: Determinanten der westdeutschen Restauration, Frankfurt am Main 1972, S. 220 und 424

gebildet. Die britische Besatzungsmacht folgte der amerikanischen, die französische ihrerseits hielt am längsten an einer direkten Ausübung ihrer Besatzungsherrschaft fest. Bereits am 1. Dezember 1946 stimmten die Bürgerinnen und Bürger in der amerikanischen Besatzungszone über neue Länderverfassungen ab und wählten die ersten Landtage.

Die Entwicklung in der sowjetischen Besatzungszone wich relativ früh von der in den westlichen Zonen ab. Mit Kündigung der für die Sowjetunion wichtigen Leih- und Pachtverträge[52] am Ende des II. Weltkrieges durch die USA kamen die unterschiedlichen Vorstellungen zwischen Westalliierten und der Sowjetunion über die Rolle der UdSSR in Zentraleuropa besonders drastisch zum Ausdruck. Die Sowjetunion sah in ihrer Beteiligung an der Neuordnung des ehemaligen Deutschen Reiches und in der Stabilisierung eines zumindest prosowjetisch ausgerichteten ,cordon sanitaire'[53] durch die ehemals selbständigen Staaten rund um die Sowjetunion eine Entschädigung für ihren erheblichen ,Blutzoll' und ihre enormen materiellen Verluste während des Krieges. Doch schon vor Beendigung des Krieges zwischen den USA und Japan im Pazifik verfestigte sich innerhalb des westlichen Verbundes der Alliierten die Vorstellung, die Sowjetunion verfolge illegitime expansionistische Ziele. Zugleich gewann die ideologische Frontstellung wieder an Gewicht, dass es Ziel des Sowjetkommunismus sei, die Weltherrschaft zu erobern und die freie Wirtschaft zu zerschlagen. Diese grundsätzliche Konfrontation baute sich in zahlreichen Etappen wechselseitig auf – mit dem Ergebnis, dass sich die Sowjetunion letztlich das sicherte, was sie militärisch besetzt hatte, um es ihrem Machtbereich endgültig einzugliedern. Die Zwangsvereinigung von SPD und KPD zur SED war hier ein Schritt neben vielen, zugleich nicht aus der Gesamtkonstellation zu lösen, waren doch zahlreiche Regelungen, beginnend bei den Leih- und Pachtgesetzen über die Geheimabsprachen bei Reparationen etc. Zugeständnisse an die Sowjetunion, die ex post widerrufen bzw. einseitig gebrochen wurden. Insgesamt setzte in der Sowjetischen Besatzungszone eine Entwicklung ein, die nach einer separaten Staatsgründung 1949 und einer 40

---

52 Die USA hatten sich gegenüber der Sowjetunion vertraglich verpflichtet, während des Krieges lebensnotwendige Versorgungs-, vor allem aber militärische Güter zur Verfügung zu stellen. Damit anerkannten die USA, dass die Sowjetunion den größten Anteil an den Kampfhandlungen im II. Weltkrieg hatte. Diese Güter sollten zwar nicht geschenkt werden, doch war während des Krieges keine Gegenfinanzierung seitens der Sowjetunion vorgesehen.

53 Sicherheitsgürtel

Jahre während eigenständigen Entwicklung schließlich erst 1989/1990 mit der Eingliederung Ostdeutschlands in die Bundesrepublik Deutschland beendet wurde.

In den westlichen Besatzungszonen schlug die Stimmung der Besatzungsmächte im Jahr 1946 um: Sollte Deutschland nach Vorstellungen des zum Zeitpunkt der Kriegs- und unmittelbaren Nachkriegszeit amtierenden US-Außenministers *Morgenthau* mehr oder weniger auf das Niveau eines stark agrarisch ausgerichteten Gemeinwesens zurückgeführt werden, damit nie wieder deutsche Schwerindustrie in der Lage sein würde, Rüstungsgüter zu produzieren, verkündete sein Nachfolger *Byrnes* in seiner berühmten Rede vom 6. September 1946 in Stuttgart, dass Deutschland wirtschaftlich aufgebaut werden solle, um so die zentrale Rolle als Investitionsgüterlieferant in Europa und darüber hinaus wieder einnehmen zu können. Zugleich machte er deutlich, dass Westeuropa in das wirtschaftliche Dominium der USA aufgenommen und Ort amerikanischer Kapitalzufuhr einschließlich der daran gekoppelten Interessen werde. Die Verschmelzung der amerikanischen mit der britischen Zone wurde umgehend eingeleitet und trat am 1. Januar 1947 in Kraft. Die USA und Großbritannien wurden zu den bestimmenden Mächten im Nachkriegs-West-Deutschland. Die französische Besatzungsmacht schloss sich dieser überzonalen Verwaltung erst 1949 an.

Das Signal von Stuttgart, die im April 1948 einsetzenden Hilfslieferungen im Rahmen des *European Recovery Programs (ERP),* verhießen den meisten Deutschen die längst ersehnte Wende ihres Schicksals. Millionen Menschen hatten während und als Folge des Krieges ihre Wohnungen durch Flucht und Vertreibung, durch Bombenangriffe und militärisches Besatzungshandeln verloren. Abertausende waren auf den Straßen, um ihre Angehörigen zu suchen bzw. Sicherheit über deren Schicksal zu bekommen. Millionen waren in Kriegsgefangenschaft und kehrten physisch und psychisch gebrochen zurück. Junge Männer oder schlicht auch Jugendliche waren in den Krieg gezogen, bevor sie Schule und Berufsausbildung abschließen konnten. Nazischergen und deren Helfer wurden verfolgt, mitunter ihr Hab und Gut von den Besatzungsmächten eingezogen. Millionen im Krieg aus ihren Ländern Verschleppte (*displaced persons*) waren auf dem Weg in ihre ehemalige Heimat bzw. dahin, was davon übrig geblieben war. Auch Überlebende aus den Konzentrationslagern irrten durch die Gegend – doch wohin, wenn man mitunter als einziger der Familie den Terror und die Vernichtungslager überlebt hatte? Zugleich waren jene, deren Besitz erhalten geblieben war, gezwungen, Flüchtlinge aufzunehmen und von dem Wenigen abzugeben, was ihnen geblieben war. Neben den massiven materiellen Problemen ergaben sich aus dieser Konstellation zwangsläufig auch soziale und persönliche Probleme, die zu lösen kaum möglich schienen. Und mit der Zuspitzung der separaten Entwicklung in der Sowjetischen Besatzungszone kamen neue innerdeutsche Flüchtlinge nach Westdeutschland. Angesichts des hohen Wohlstandsniveaus im Deutschland des beginnenden 21. Jahrhunderts ist diese soziale Lage insbesondere bei Jüngeren kaum mehr vorstellbar, doch können derzeit alltäglich in den Medien verbreitete Bilder aus Kriegs- und Bürgerkriegsregionen überall auf der Welt exakt einen konkreten Eindruck von dem vermitteln, was auch in Deutschland in der Mitte der 1940er Jahre Wirklichkeit war.

Neuanfang kommunaler und Landespolitik

Der insbesondere von der amerikanischen Besatzungsmacht verfolgte Ansatz einer Reeducation der Deutschen –, neben Entnazifizierung ging es dabei um die Einübung in Demokratie – wurde konsequent auf das Feld kommunaler Selbstverwaltung übertragen. Auch wenn die letzte Entscheidungsgewalt bei der örtlichen bzw. zonalen Militärverwaltung verblieb, konnten sich mit Etablierung kommunaler Selbstverwaltungseinrichtungen und über die lokalen Verwaltungen doch erste Ansätze deutscher Mitgestaltung entfalten. Es konnte sich aber nicht um eine gestaltende Sozialpolitik handeln, es waren vielmehr die akutesten Notfälle zu versorgen: Wohnungseinweisung, Hilfsküchen, notdürftige gesundheitliche Versorgung etc. Daneben war Schutt wegzuräumen: Legendär und für die spätere Sozialpolitik von Relevanz waren die sog. *Trümmerfrauen*: Während viele Männer entweder im Krieg getötet worden waren oder sich noch in Kriegsgefangenschaft befanden, waren es vor allem Frauen, die das Trümmerchaos in Deutschland beseitigten. Ihre Aufbauleistungen waren es, die u.a. die spätere Rentenpolitik mitbestimmten, galt es doch den Einsatz wenigstens nachgelagert über entsprechende Rentenansprüche anzuerkennen.

In dem Maße, wie bei den überregionalen deutschen Stellen wieder Einnahmen aus Steuern und Gebühren zu verzeichnen waren und auch den Kommunen Geld zur Verfügung stand, konnten erste finanzielle Hilfen für die notleidende Bevölkerung ausgezahlt werden. Das Rentenversicherungssystem war wie alle überörtlichen Sicherungssysteme zusammengebrochen, die Leistungen waren mit Kriegsende zunächst eingestellt worden. Der residuale *kommunale Sozialstaat* war aber nicht in der Lage, an deren Stelle zu treten. Die Verfassungsgebung in der amerikanischen Besatzungszone – Bremen wurde aus der britischen aus- und der amerikanischen Zone angegliedert – brachte nun ein erstes deutsches Betätigungsfeld für die Zielbestimmung von Sozialpolitik. Insbesondere die Länderverfassungen von Hessen und Bremen vom Dezember 1946 enthielten zahlreiche Aussagen zur Wirtschafts- und Sozialordnung.

Verfassung des Landes Hessen von 1946

Art. 27 [Grundlage der Sozial- und Wirtschaftsordnung]

Die Sozial- und Wirtschaftsordnung beruht auf der Anerkennung der Würde und der Persönlichkeit des Menschen.

Art. 28 [Schutz der menschlichen Arbeitskraft, Fürsorge]

(1) Die menschliche Arbeitskraft steht unter dem besonderen Schutze des Staates.

(2) Jeder hat nach seinen Fähigkeiten ein Recht auf Arbeit und, unbeschadet seiner persönlichen Freiheit, die sittliche Pflicht zur Arbeit.

(3) Wer ohne Schuld arbeitslos ist, hat Anspruch auf den notwendigen Unterhalt für sich und seine unterhaltsberechtigten Angehörigen. Ein Gesetz regelt die Arbeitslosenversicherung.

Art. 29 [Arbeitsrecht, Schlichtungswesen, Streikrecht]

(1) Für alle Angestellten, Arbeiter und Beamten ist ein einheitliches Arbeitsrecht zu schaffen.

(2) Im Rahmen dieses Arbeitsrechts können Gesamtvereinbarungen nur zwischen den Gewerkschaften und den Unternehmungen oder ihren Vertretungen abgeschlossen werden. Sie schaffen verbindliches Recht, das grundsätzlich nur zugunsten der Arbeitnehmer abbedungen werden kann.

(3) Das Schlichtungswesen wird gesetzlich geregelt.

(4) Das Streikrecht wird anerkannt, wenn die Gewerkschaften den Streik erklären.

(5) Die Aussperrung ist rechtswidrig.

Art. 30 [Arbeitsbedingungen, Schutz der Mütter und Kinder]

(1) Die Arbeitsbedingungen müssen so beschaffen sein, daß sie die Gesundheit, die Würde, das Familienleben und die kulturellen Ansprüche des Arbeitnehmers sichern; insbesondere dürfen sie die leibliche, geistige und sittliche Entwicklung der Jugendlichen nicht gefährden.

(2) Das Gesetz schafft Einrichtungen zum Schutze der Mütter und Kinder, und es schafft die Gewähr, daß die Frau ihre Aufgaben als Bürgerin und Schaffende mit ihren Pflichten als Frau und Mutter vereinbaren kann.

(3) Kinderarbeit ist verboten.

Art. 31 [Achtstundentag, Sonn- und Feiertage]

Der Achtstundentag ist die gesetzliche Regel. Sonntag und gesetzliche Feiertage sind arbeitsfrei. Ausnahmen können durch Gesetz- oder Gesamtvereinbarung zugelassen werden, wenn sie der Allgemeinheit dienen.

Art. 32 [l. Mai als Feiertag]

Der l. Mai ist gesetzlicher Feiertag aller arbeitenden Menschen. Er versinnbildlicht das Bekenntnis zur sozialen Gerechtigkeit, zu Fortschritt, Frieden, Freiheit und Völkerverständigung.

Art. 33 [Arbeitsentgelt]

Das Arbeitsentgelt muß der Leistung entsprechen und zum Lebensbedarf für den Arbeitenden und seine Unterhaltsberechtigten ausreichen. Die Frau und der Jugendliche haben für gleiche Tätigkeit und gleiche Leistung Anspruch auf gleichen Lohn. Das Arbeitsentgelt für die in die Arbeitszeit fallenden Feiertage wird weiter gezahlt.

Art. 34 [Anspruch auf Urlaub]

Jeder Arbeitnehmer hat Anspruch auf einen bezahlten Urlaub von mindestens zwölf Arbeitstagen im Jahr. Näheres bestimmt das Gesetz.

Art. 35 [Sozialversicherung]

(1) Es ist eine das gesamte Volk verbindende Sozialversicherung zu schaffen. Sie ist sinnvoll aufzubauen. Die Selbstverwaltung der Versicherten wird anerkannt. Ihre Organe werden in allgemeiner, gleicher, freier und geheimer Wahl gewählt. Das Nähere bestimmt das Gesetz.

(2) Die Sozialversicherung hat die Aufgabe, den Gesundheitszustand des Volkes, auch durch vorbeugende Maßnahmen, zu heben, Kranken, Schwangeren und Wöchnerinnen jede erforderliche Hilfe zu leisten und eine ausreichende Versorgung für Erwerbsbeschränkte, Erwerbsunfähige und Hinterbliebene sowie im Alter zu sichern.

(3) Die Ordnung des Gesundheitswesens ist Sache des Staates. Das Nähere bestimmt das Gesetz.

Verfassung des Landes Hessen vom 1. Dezember 1946

Bekannt geworden ist darüber hinaus der Artikel 41 der Hessischen Verfassung, der vorsah, wesentliche Wirtschaftszweige in „Gemeineigentum" zu überführen. Daneben legten die Hessische und die Bremer

Verfassung weitreichende Mitbestimmungsrechte fest. Auch für die Sozialordnung wurden umfassende Aussagen getroffen.

Artikel 35 der Hessischen und Artikel 57 der Verfassung von Bremen sahen eine „das gesamte Volk verbindende Sozialversicherung" vor. Sie knüpften damit an alte Forderungen der SPD und der Gewerkschaften an, um die Spaltung der Sozialversicherung nach Berufsgruppen – Arbeiter, Angestellte, Knappen – und Zweigen – Renten–, Kranken–, Unfall- und Arbeitslosenversicherung – zu überwinden. Letzteres wurde in der Sowjetischen Besatzungszone betrieben, während in den westlichen Besatzungszonen relativ schnell die alten Strukturen – entgegen anders lautender Formulierungen in einzelnen Länderverfassungen – wieder hergestellt wurden. Motor dafür waren deutsche Emigranten und die amerikanische Besatzungsmacht.

Amerikanische Sozialpolitik im Nachkriegsdeutschland

Grundregeln einer Sozialpolitik im Nachkriegsdeutschland unter der Militärregierung waren schon vor Kriegsende von der amerikanischen Regierung in Washington festgelegt worden. So sollten die Leistungen des Sozialversicherungssystems so schnell wie möglich wiederhergestellt werden, allerdings unter Ausschaltung der führenden Nazis aus der Verwaltung. Das waren unsere Hauptsorgen. Deutsche Emigranten der Naziära in den USA, die in der Weimarer Republik an der Entwicklung eines vorbildlichen Systems der sozialen Sicherung in Deutschland voller Hingabe beteiligt waren, hatten dazu geraten, alle Anstrengungen zunächst auf die schnelle Wiederherstellung der Sozialleistungen für Alte, Erwerbsunfähige und Hinterbliebene zu konzentrieren.

Wörtlich heißt es in einem bereits im Dezember 1944 herausgegebenen Handbuch für die Militärregierung, in dem die Richtlinien für die zukünftige Politik der amerikanischen Besatzungsmacht niedergelegt wurden, zur Frage der Sozialversicherung und Renten:

a) Zur Sozialversicherung gehören die Unfallversicherung, Krankenkassen, Invaliden–, Alters- und Hinterbliebenenrenten für Arbeiter und Angestellte, Arbeitslosenunterstützung. Die Sozialversicherung wird nach bestehenden Gesetzen und Verordnungen weitergeführt, soweit deutsche Mittel vorhanden sind.

b) Die Kriegsopferversorgung umfaßt kriegsbeschädigte Soldaten und zivile Opfer des Krieges. Versorgungsrenten werden weiterhin nach den bestehenden Gesetzen und Verordnungen gewährt, soweit deutsche Mittel vorhanden sind.

c) Alle Benachteiligungen oder Bevorzugungen von Gruppen oder bestimmten Personen auf Grund von Rasse, Glauben, Hautfarbe oder politischer Einstellung werden in der Sozialversicherung und Kriegsopferversorgung abgeschafft.

Nach diesen Richtlinien handelte die Militärregierung in den Ländern der amerikanischen Besatzungszone und trieb so mit Hilfe der neuen deutschen Verwaltungen und Länderregierungen den Wiederaufbau der Sozialversicherung nach dem Zusammenbruch zügig voran.

Herbert W. Baker: Beginn der deutschen Sozial- und Arbeitspolitik unter der Militärregierung, in: Reinhart Bartholomäi u.a. (Hg.): Sozialpolitik nach 1945. Geschichte und Analysen, Bonn-Bad Godesberg 1977, S. 23f.

Baker war von 1946-1951 Sachverständiger für Arbeits- und Sozialpolitik bei der amerikanischen Militärregierung für das Land Bayern und bei der „Land Commission for Bavaria".

Die neu gewählten Landtage suchten nach Möglichkeiten, die finanziellen Ressourcen zu ordnen und erste Budgets aufzustellen. Angesichts des desolaten Zustandes der Wirtschaft, Ungewissheiten über Demontage bzw. Betriebsführung, fehlender Devisen für den Ankauf wichtiger Vorprodukte etc. blieb die Wirtschaft insgesamt sehr wenig ertragreich. Der Schwarzmarkt und Kompensationsgeschäfte[54] bestimmten viel weitreichender die Versorgungslage als etwa staatliches bzw. kommunales Handeln.

Staatsgründung in Westdeutschland

Erst die Parlamentarisierung der Bizone[55] im Mai 1947, die anlaufenden amerikanischen Hilfslieferungen und schließlich die Währungsreform am 20. Juni 1948 schufen die Voraussetzung für gestaltende Politik. Der bi- und später trizonale *Wirtschaftsrat* beschäftigte sich mit Notgesetzen, die Versorgungsleistungen an Notleidende vorsahen, den öffentlichen Wohnungsbau einleiteten und allgemein die Versorgungslage in den Griff bekommen sollten. Das bedeutendste sozialpolitische Gesetzgebungsverfahren war das *Gesetz über die Anpassung von Leis-*

---

54 Text zweier Zeitungsannoncen in der Frankfurter Rundschau am 29. September 1945: „Suche Damenfahrrad. Biete fette Gans und einen Zentner Kartoffeln", „Biete Schreibmaschine gegen eine Ziege".

55 Erst relativ spät – im April 1949 – wurde die französische Besatzungszone in Vorbereitung der Gründung der Bundesrepublik Deutschland der Bizone angeschlossen, die nunmehr Trizone genannt wurde.

tungen der Sozialversicherung an das veränderte Lohn- und Preisge-
füge und ihre finanzielle Sicherstellung (Sozialversicherungs-Anpas-
sungsgesetz) vom 17. Juni 1949. Dieses brachte Rentenerhöhungen,
eine Mindestrente und insbesondere zum ersten Mal in der Arbeiterrentenversicherung eine „unbedingte Witwenrente" (allerdings nur für
Versicherungsfälle ab Juni 1949): 38 Jahre nach Einführung einer Witwenrente für Angestellte konnten nun auch Frauen aus Arbeiterfamilien
dann mit einer Rente rechnen, wenn sie mindestens ein waisenrentenbe-
rechtigtes Kind zu betreuen hatten bzw. wenn sie älter als 45 Jahre waren. Damit trug der Gesetzgeber der Tatsache Rechnung, dass als Folge
von Krieg und Gefangenschaft viele Witwen nach dem Verlust ihrer
Männer umso mehr auf eine Rente angewiesen waren, als der Arbeitsmarkt nicht genügend Arbeitsplätze vorhielt. Erst 1957 war in Deutschland wieder Vollbeschäftigung hergestellt.

Währungsunion und Freisetzung privatkapitalistischen Wirtschaftens waren zwei wichtige Vorstufen zur westdeutschen Staatsgründung,
die im September 1948 mit der Arbeit des *Parlamentarischen Rates*,
der Verabschiedung des Grundgesetzes am 23. Mai 1949 und den
Wahlen zum ersten Deutschen Bundestag am 14. August 1949 Gestalt
annahm. Am 15. September 1949 wurde *Konrad Adenauer* (1876-
1967, CDU), zuvor schon in zahlreichen Funktionen am Wiederaufbau Westdeutschlands beteiligt, zum ersten Bundeskanzler nach dem
II. Weltkrieg gewählt. Während die Länderverfassungen zum Teil sehr
explizite Aussagen zur Wirtschafts- und Sozialordnung enthielten, einigten sich die beiden großen politischen Kräfte im Parlamentarischen
Rat darauf, über die Verankerung der liberalen Grundrechte hinaus auf
derartige Aussagen zu verzichten, weil über sie kein Konsens herzustellen war.

Das Sozialstaatspostulat ...

Die Feststellung, schon vor Zusammentritt des Parlamentarischen Rates sei seitens der SPD auf eine Neuordnung im Sinne des in der
Weimarer Republik entwickelten Konzepts der *Wirtschaftsdemokratie*
verzichtet worden, steht dem Anschein nach im Widerspruch zur ver-
fassungsrechtlichen Grundsatzentscheidung im Grundgesetz (GG), der
zufolge die Bundesrepublik Deutschland ein „demokratischer und sozialer Bundesstaat" ist (Artikel 20 GG). Artikel 28 GG trägt dem

Bund auf, in den Ländern eine verfassungsmäßige Ordnung zu garantieren, die „den Grundsätzen des republikanischen, demokratischen und sozialen Rechtsstaates im Sinne dieses Grundgesetzes" entspreche. Der Parlamentarische Rat wich mit der Annahme der Artikel 20 und 28 GG von der liberalen Verfassungstradition ab, insofern er nicht nur die staatsrechtliche Grundsatzentscheidung für den Rechtsstaat traf, sondern diesen zugleich als *sozialen* begriff.

Carlo Schmid (1896-1979, SPD), Vorsitzender des Hauptausschusses und Mitglied des Grundsatzausschusses des Parlamentarischen Rates, griff den Terminus vom „sozialen Rechtsstaat" in der Debatte auf. In der zweiten Lesung vor dem Plenum begründete er die Namensgebung des zu bildenden Staatswesens.

Bundesrepublik Deutschland

Der Hauptausschuß schlägt Ihnen den Namen ‚Bundesrepublik Deutschland' vor. In diesem Namen kommt zum Ausdruck, daß ein Gemeinwesen bundesstaatlichen Charakters geschaffen werden soll, dessen Wesensgehalt das demokratische und soziale Pathos der republikanischen Tradition bestimmt: nämlich einmal der Satz, daß alle Staatsgewalt vom Volke ausgeht, weiter die Begrenzung der Staatsgewalt durch die verfassungsmäßig festgelegten Rechte der Einzelperson, die Gleichheit aller vor dem Gesetz und der Mut zu den sozialen Konsequenzen, die sich aus den Postulaten der Demokratie ergeben.

Parlamentarischer Rat: Stenographischer Bericht über die Plenarsitzung vom 6. Mai 1949, S. 172

Mit dieser Begründung suchten Carlo Schmid und die Mehrheit des Parlamentarischen Rates die republikanisch-liberale Tradition mit den sozialen Konsequenzen der Demokratie zu verknüpfen. Liberal-republikanische Institute sollten in die sozialstaatliche Gewährung von Teilhaberechten eingebunden werden. Damit war die Frage nach der Gestaltung der Sozial- und Wirtschaftsordnung im Grundgesetz gestellt.

Das *Sozialstaatspostulat* übernahm eine Ersatzfunktion dafür, dass die Ausgestaltung der Demokratie im Bereich der Wirtschafts- und Sozialordnung durch das Grundgesetz ‚offen' gelassen worden war. *Helmut Ridder* sieht treffend diesen Stellenwert: „Vertraut eine sich einigermaßen zeitgerecht den großen gesellschaftlichen Umwälzungsprozessen einfügende und nicht auf ein vergangenes politisches System zurückgreifen müssende Verfassung mit völlig berechtigter ‚Naivität' darauf, dass der durch ihre organisatorischen und institutionellen Regelungen kanalisierte politische Prozess per se ein demokratischer ist, so muss eine an der Zeitordinate zurückhängende Verfassung um eine Kompensation ihrer organisatorischen und institutionellen Demokratiedefizite durch wenigstens ein pauschales Gebot von ‚Demokratie' bemüht sein. Genau dies ist die Aufgabe von Art. 20, Abs. 1 GG, nachdem die ebenfalls bereits verspätete demokratische Reichsverfassung von Weimar mit einer ‚Naivität', die sich denn auch als völlig unangebracht erwiesen hat, auf eine derartige Generalnorm verzichtet hatte." Der Sozialstaatsklausel sei eine „in vollem Umfang rechtsverbindliche fortschrittliche Schubkraft inhärent", allerdings in der Weise, dass sie bei der Anwendung selbst nur ein „Prüfstand" sei, der „allein aus sich selbst heraus keine konkreten sozialstaatlichen Institute entlässt."[56]

Gleichwohl enthält das Grundgesetz einzelne Aussagen zur Wirtschaftsverfassung, etwa in Artikel 14 die Eigentumsgarantie und die Sozialbindung von Eigentum einschließlich der Möglichkeit, sie in „Gemeineigentum" gegen Entschädigung zu überführen (Artikel 15), das Koalitionsrecht (Artikel 9) und das Recht auf freie Berufswahl (Artikel 12). Daneben konnten die Unionsparteien sehr wohl Grundrechte durchsetzen, die aus der katholischen Soziallehre entnommen waren: So wurden die Menschenwürde (Artikel 1) und Ehe sowie Familie (Artikel 6) unter den besonderen Schutz des Staates gestellt. Die in Artikel 3 verbürgte „Gleichheit vor dem Gesetz" und das von einer kleinen Gruppe von Parlamentarierinnen durchgesetzte Gebot, niemand dürfe wegen seines Geschlechts benachteiligt werden, hat in der Sozialpolitik der Bundesrepublik Deutschland eine große Bedeutung erlangt.

---

56 Helmut Ridder: Die soziale Ordnung des Grundgesetzes. Leitfaden zu den Grundrechten einer demokratischen Verfassung, Opladen 1975, S. 48f.

Der Sozialstaat in der Bundesrepublik Deutschland nach dem Grundgesetz

Grundgesetz

zwei Kategorien Vorschriften

allgemeines Sozialstaatsprinzip   *soziale Grundwerte*

Art. 20 Abs. 1: die BRD ist ein „demokratischer und sozialer Bundesstaat"	Vorschriften, die den Staat auf die Achtung sozialer Prinzipien verpflichten und (in-) direkt handlungsleitend sein können:
Art. 28 Abs. 1: bestimmt, dass die verfassungsmäßige Ordnung der Länder, „den Grundsätzen des republikanischen, demokratischen und sozialen Rechtsstaates im Sinne dieses Grundgesetzes entsprechen" muss.	**Art. 1** *Achtung der Menschenwürde* beinhaltet die Pflicht zur Sicherung eines materiellen Existenzminimums; zur Daseinsvorsorge; zum sozialen Ausgleich

Sozialer Ausgleich   **Soziale Sicherheit**

Sozialer Ausgleich	**Soziale Sicherheit**
Ausgleich sozialer Gegensätze; gerechte Sozialordnung schaffen -> aktive Umverteilung	Durch Daseinsvorsorge (Bildung, Gesundheit, Wirtschaftspolitik, etc.) Sicherung der Existenzgrundlagen der Bürger

Art. 3 *Gleichheitsgrundsätze*
Gleichheit aller vor dem Gesetz; Verbot der Diskriminierung wegen Geschlecht, Abstammung, Rasse, Sprache, Heimat und Herkunft, Glauben, politischer Anschauungen und Behinderung;
beinhaltet die Pflicht, Ungleichbehandlungen abzubauen oder zu vermeiden; z.B. Gleichstellung von Mann und Frau: Geschlechtsunterschiede können keine Legitimation für unterschiedliche Entlohnungs- und Arbeitsbedingungen sein!
Art. 6 *Schutz der Familie*
hieraus leitet sich die Legitimation für Steuerprivilegien von Ehepaaren und Familien oder für besondere arbeitsrechtliche Schutzvorschriften ab
Art. 9: *Koalitionsfreiheit*
sichert das Recht, Interessensvertretungen zu bilden, z.B. Gewerkschaften/Arbeitgeberverbände
Art. 12: *Berufsfreiheit, Verbot der Zwangsarbeit*
Art. 14: *Eigentum, Erbrecht, Enteignung*
Privateigentum garantiert nicht nur Rechte, es muss mit den Rechten anderer in Einklang gebracht werden, z.B. Mietrecht
Art. 15: *Sozialisierung*
Es besteht die Möglichkeit, Privateigentum in Gemeinschaftseigentum zu überführen.

Quelle: eigene Darstellung, nach Bundeszentrale für politische Bildung (Hg.): Der Sozialstaat, Bonn 1992, *S.* 11f.

... und die Soziale Marktwirtschaft

Das Grundgesetz schrieb keine bestimmte Wirtschaftsordnung fest, sondern überließ es vielmehr dem einfachen Gesetzgeber, im Rahmen dieser Generalnorm die von ihm für notwendig erachteten bzw. gewünschten gesetzlichen Maßnahmen zu ergreifen. Folglich bestand und besteht die Möglichkeit, unterschiedliche Sozialstaatsmodelle auszugestalten bzw. umzusetzen.[57] Versuche, diese prinzipielle Offenheit des GG auf dem Wege der Rechtsauslegung einzuengen, sind bislang gescheitert. Weder konnte sich der Anspruch, die Sozialstaatlichkeit auf dem Verwaltungswege der als höherrangig eingestuften Rechtsstaatlichkeit unterzuordnen und damit zu entschärfen (*Ernst Forsthoff*), noch die Interpretation, aus dem Sozialstaatsgrundsatz und einigen weiteren Regelungen des GG ergebe sich ein Umgestaltungsauftrag an die Politik im Sinne einer Überwindung kapitalistischer Eigentums- und Marktstrukturen (*Wolfgang Abendroth*), durchsetzen.[58] Das Bundesverfassungsgericht hat in zahlreichen Entscheidungen eine einseitige Festlegung verworfen (*Forsthoff-Abendroth-Debatte*).[59]

Parallel zu dieser Debatte um den Sozialstaatsgrundsatz im Grundgesetz formulierten die Unionsparteien ihre wirtschaftspolitischen Vorstellungen. In Absetzung von den noch stark am Konzept einer *sozialistischen Planwirtschaft* orientierten Vorstellungen bei SPD und Gewerkschaften, wobei der Begriff ,sozialistisch' eher eine Art *mixed economy* mit sowohl privatkapitalistischen als auch staatlich lenkenden Elementen beinhaltete, suchten namhafte Vertreter der Wissenschaft und Repräsentanten der CDU nach einer zwar vom Neoliberalismus der 30er Jahre inspirierten, aber doch sozial gebundenen Marktwirtschaft (*Düsseldorfer Leitsätze 1949*). Der hier zum Tragen kommende Liberalismus verstand sich selbst als *Ordo-Liberalismus*, er verfolgte das Ziel, privates Wirtschaften durch staatliche Rahmensetzung zu lenken: Diese Ordnungspolitik zielte darauf, Entwicklungen zu unterbinden, die das Marktgesche-

---

57 Hans-Hermann Hartwich: Sozialstaatspostulat und gesellschaftlicher Status quo, Köln und Opladen 1970
58 Die relevanten juristisch argumentierenden Positionen sind abgedruckt in: Ernst Forsthoff (Hg.): Rechtsstaatlichkeit und Sozialstaatlichkeit, Darmstadt 1968
59 U.a. Urteil des Bundesverfassungsgerichts vom 20. Juli 1954, in: Entscheidungen des Bundesverfassungsgerichts, hg. von den Mitgliedern des Bundesverfassungsgerichtes, Band 4, Tübingen 1956, S. 7ff.; vgl. insgesamt Erhard Denninger: Freiheitliche demokratische Grundordnung. Materialien zum Staatsverständnis und zur Verfassungswirklichkeit in der Bundesrepublik, Frankfurt am Main 1977

hen verfälschen, wie etwa Absprachen und Kartellbildungen. Ansonsten hatte der Staat durch Geld- und andere Teilpolitiken die Marktentwicklung zu befördern und nur dann einzuschränken, wenn ansonsten eine Blockierung der Marktdynamik drohte. Damit setzte sich diese wirtschaftstheoretische Schule unter maßgeblichem Einfluss von *Walter Euken*, *Franz Böhm* und *Wilhelm Röpk*e von einem Neoliberalismus ab, wie er zuvor am Ende der Weimarer Republik und auch während des Dritten Reiches etwa von *Ludwig von Mises* und *Friedrich August von Hayek* vertreten wurde. *Alfred Müller-Armack*, der theoretische Vater des von der CDU adaptierten Konzepts der *Sozialen Marktwirtschaft*, wollte soziale Verwerfungen, die nicht privat abzusichern waren, in staatliches Handeln einbinden, wenn dadurch die Marktdynamik nicht übermäßig belastet würde.

Was versteht die CDU unter sozialer Marktwirtschaft?

Die ‚soziale Marktwirtschaft' ist die sozial gebundene Verfassung der gewerblichen Wirtschaft, in der die Leistung freier und tüchtiger Menschen in eine Ordnung gebracht wird, die ein Höchstmaß von wirtschaftlichem Nutzen und sozialer Gerechtigkeit für alle erbringt. Diese Ordnung wird geschaffen durch Freiheit und Bindung, die in der ‚sozialen Marktwirtschaft' durch echten Leistungswettbewerb und unabhängige Monopolkontrolle zum Ausdruck kommen. Echter Leistungswettbewerb liegt vor, wenn durch eine Wettbewerbsordnung sichergestellt ist, daß bei gleichen Chancen und fairen Wettkampfbedingungen in freier Konkurrenz die bessere Leistung belohnt wird. Das Zusammenwirken aller Beteiligten wird durch marktgerechte Preise gesteuert.

Marktgerechte Preise sind Motor und Steuerungsmittel der Marktwirtschaft. Marktgerechte Preise entstehen, indem Kaufkraft und angebotene Gütermenge auf den Märkten zum Ausgleich gebracht werden. Wichtigste Vorbedingung, um diesen Ausgleich herbeizuführen, ist ein geordnetes Geldwesen. (...)

Sozialpolitische Leitsätze der CDU

Im Bewußtsein christlicher Verantwortung bekennt sich die CDU zu einer gesellschaftlichen Neuordnung auf der Grundlage sozialer Gerechtigkeit, gemeinschaftsverpflichtender Freiheit und echter Menschenwürde.

Sie erstrebt eine umfassende Sozialpolitik für alle wirtschaftlich- und sozialabhängigen Volksschichten.

Diese Grundsätze verlangen vom Staat, die herrschenden wirtschaftlichen und sozialen Notstände zu beseitigen und ein gesundes Verhältnis zwischen den Volksschichten herbeizuführen. Dabei müssen die natürlichen

Rechte und Freiheiten des einzelnen wie aller Gesellschaftsgruppen geschützt werden.

Die wichtigste staats- und gesellschaftserhaltende Gemeinschaft ist die *Familie*. Ihre Rechte und Pflichten sind zu vertiefen und gesetzlich zu schützen. Die geistigen und materiellen Voraussetzungen für ihren natürlichen Bestand und die Erfüllung ihrer Aufgaben sind herzustellen und zu sichern. (...)

1. Das Recht auf Arbeit

Jeder Mensch hat ein natürliches Recht auf Arbeit. Es muß möglichst durch eine auf Vollbeschäftigung abzielende Wirtschaftspolitik verwirklicht werden. Die Politik der Vollbeschäftigung darf jedoch nicht dazu führen, daß sie unter dem Deckmantel eines proklamierten ‚Rechts auf Arbeit' sich in eine ‚Pflicht zur Arbeit' verwandelt, welche nur mit Aufhebung der freien Berufswahl und des freien Arbeitsplatzwechsels und schließlich nur mit Dienstverpflichtungen durchzuführen ist.

Der Frauenarbeit kommt erhöhte Bedeutung zu. Den Frauen ist in der Wirtschaft und Verwaltung grundsätzlich gleiches Recht wie den Männern einzuräumen. Den Frauen darf jedoch keine Arbeit zugemutet werden, die ihrer Wesensart widerspricht.

2. Freie Berufswahl, freier Arbeitsplatzwechsel und Sicherung des Arbeitsplatzes.

Die Berufswahl soll grundsätzlich frei sein. Eine staatliche Begabtenförderung soll allen Schichten Aufstiegsmöglichkeiten bieten. Die Berufsberatung hat die Aufgabe, den Jugendlichen dabei helfend zur Seite zu stehen.

Die Arbeitsvermittlung darf die persönliche Freizügigkeit nicht beschränken. Dienstverpflichtungen sind abzulehnen.

Das Arbeitsvertragsrecht muß dem Charakter des Treueverhältnisses zwischen Arbeitnehmern und Unternehmern gerecht werden und politische und religiöse Entscheidungsfreiheit des Arbeitnehmers respektieren. Der Kündigungsschutz ist zu erweitern. Entlassungen dürfen nur erfolgen, wenn die Notwendigkeit hierzu nachgewiesen ist. Bei unverschuldeter Arbeitslosigkeit müssen die Arbeitslosen und ihre Familien vor wirtschaftlicher Not ausreichend geschützt werden. (...)

6. Sozialversicherung

Die Sozialversicherung ist so zu gestalten, daß sie ihre Aufgabe zur Förderung der Volksgesundheit und zum Wohl der Versicherten erfüllen kann. Sie muß zur Sicherung ihrer Leistungsfähigkeit unter Berücksichtigung der Eigenwüchsigkeit der einzelnen Versicherungszweige im Sinne echter Solidarität weiter entwickelt werden. Hierbei sind auf dem Gebiete der vorbeugenden Gesundheitsfürsorge und der Bekämpfung von Volkskrankheiten alle Volkskreise heranzuziehen. Das Versicherungsrecht der Arbeiter

soll im Sinne des Sozialversicherungsanpassungsgesetzes – ohne Schmäle-
rung der Rechte der Angestellten – weiter entwickelt werden. (...)

9. Wohlfahrtspflege

Bei vorliegender Bedürftigkeit muß, soweit ein Rechtsanspruch gegenüber
Dritten nicht gegeben ist, ausreichende Hilfe aus öffentlichen Mitteln gewährt werden.

*Quelle: Ernst-Ulrich Huster u.a.: Determinanten der westdeutschen Res-
tauration, Frankfurt am Main 1972, S. 429ff.*

Ludwig Erhard (1897-1977), schon im Wirtschaftsrat für Fragen der
Wirtschaft zuständig, übernahm in den Regierungen unter dem ersten
Bundeskanzler, Konrad Adenauer, das Wirtschaftsressort. Müller-
Armack wurde sein Staatssekretär, Böhm sein wirtschaftspolitischer
Berater.

Aber auch die SPD löste sich Ende der 1940er Jahre von ihrem
Konzept einer „sozialistischen Planwirtschaft", auch wenn erst das
Godesberger Programm von 1959 („Wettbewerb soweit wie möglich –
Planung soweit wie nötig.") dieses parteioffiziell verkündete (*Demokratischer Sozialismus*). In einem Zeitschriftenartikel hat der sozialdemokratische Wirtschaftspolitiker *Rudolf Zorn* bereits 1949 ein Umdenken erkennen lassen.

SPD: Regulierte Marktwirtschaft

Die feinsten Marktanalysen vermögen nach unseren Erfahrungen den frei-
en Markt nicht zu ersetzen. (...) Die außerordentlichen und für die moderne
Volkswirtschaft nicht zu entbehrenden Vorteile der freien Marktwirtschaft
wurden von den meisten Sozialisten des vergangenen Jahrhunderts vielfach
unterschätzt. (...) Die moderne Volkswirtschaft hat Methoden entwickelt,
die den Markt grundsätzlich beibehält, ihn aber durch bestimmte Einfluß-
nahmen reguliert. Sie tut dies, um seine asozialen und amoralischen Aus-
wüchse zu beseitigen und ihn sozial zu gestalten. Der Zweck dieser Eingriffe in den Markt ist also, den Menschen wirtschaftlich Sicherheit zu geben, oder mit anderen Worten, sie voll zu beschäftigen, erträgliche Existenzbedingungen für sie zu schaffen, den regelmäßig wiederkehrenden Krisen und Depressionen der Wirtschaft vorzubeugen und nicht zuletzt wirtschaftliche Machtzusammenballungen zu verhüten.

*Rudolf Zorn: Von der regulierten Marktwirtschaft, in: Sozialistische Mo-
natshefte, Teil 1: Heft IV/1, Januar 1949; Teil 2: Heft IV/2, Februar 1949*

In der SPD setzte eine Rezeption der Wirtschaftstheorie von *John Maynard Keynes* ein, die insgesamt auf eine indirekte Steuerung privaten Wirtschaftens durch Regulierung der Nachfrageseite zielte. Zugleich sollten die Mitwirkungs- und Mitbestimmungsrechte der Arbeitnehmer gestärkt und die öffentlichen Dienstleitungen explizit in den Bereichen ausgebaut werden, in denen private, über den Markt bereit gestellte Angebote fehlten (*staatliche Konjunkturpolitik*).

Keynes Rezeption

Außerhalb des sozialistischen Denkens entstand dann in dem Cambridger Professor J. M. Keynes den Kämpfern gegen die Anarchie der privatwirtschaftlichen Produktion ein wichtiger Bundesgenosse. (...) Mit diesem Grundgedanken: Steigern wir ruhig die Produktionskräfte, wir können dann zusätzliche Kaufkraft schaffen, wenn wir geregelte Finanzpolitik organisieren, begegnete Keynes in vielem sozialistischem Denken, vor allem, weil hier der gleiche Grundgedanke vorliegt. (...) Keynes hat durch die Vermischung sozialistischer Grundgedanken mit Erhaltung privatwirtschaftlichen Besitzes den Gedanken der Planung und Lenkung gleichsam ‚hoffähig' für die modernen kapitalistischen Wirtschaftsführer gemacht.

Bernhard Reichenbach berichtete über einen Vortrag von Keynes im Jahr 1926 in Berlin, in: Neuer Vorwärts, Ausgabe II/9 vom 26.2.1949, S. 8

Während die Unionsparteien innerhalb eines ordnungspolitischen Rahmens und unter Einbeziehung sozialer Korrekturen stärker die Angebotsseite fördern wollten, zielte die SPD auf eine sozialpolitisch motivierte Nachfragesteuerung, für die sie auch die Bezeichnung Soziale Marktwirtschaft verwandte. Insofern näherten sich die programmatischen Unterschiede der großen Volksparteien zunehmend an. In der Geschichte der bundesdeutschen Sozialpolitik hat dieser Begriff einen festen Bestandteil gefunden, ohne dass ihm an sich aber die eine oder die andere Stoßrichtung bzw. gar Mischformen von beiden anzusehen ist.

Reform oder Wiedererrichtung?

Die Niederlage bei der Wahl zum ersten Deutschen Bundestag am 14. August 1949 kam für die SPD völlig überraschend.[60] Ihre Entscheidung, schon in dem im Mai 1947 durch die Länderparlamente der Bizone als Exekutivgremium gegründeten *Wirtschaftsrat* in die Opposition zu gehen, weil ihr die bürgerliche Mehrheit nicht das Wirtschaftsressort zugestehen wollte, führte folgerichtig zur Entscheidung für die Rolle der Opposition im Deutschen Bundestag. Die prinzipielle Offenheit des Grundgesetzes in Fragen der Wirtschafts- und Sozialordnung hatte allerdings zur Folge, dass sich die nun regierende bürgerliche Koalition daran machte, diese Bereiche nach ihren Grundsätzen zu ordnen. Dabei war die SPD insofern beteiligt, als sie über zahlreiche Landesregierungen im Bundesrat an der Bundesgesetzgebung mitwirkte.

Es zeigte sich, dass sowohl bei den bürgerlichen Parteien als auch bei der Sozialdemokratie einerseits der Wunsch nach Wiederherstellung des aus der Weimarer Republik Bekannten als auch anderseits die Forderung nach einer *Sozialreform* gleichermaßen vertreten waren. Der erste Deutsche Bundestag verabschiedete insgesamt 52 die Sozialversicherung betreffende Gesetze, „eine Zahl, die in keiner späteren Legislaturperiode auch nur annähernd erreicht wurde."[61] Mit den so genannten *Errichtungsgesetzen* wurden im Wesentlichen die von den Nationalsozialisten abgeschafften Einrichtungen wie etwa die ehemalige Reichsanstalt für Arbeit nunmehr als *Bundesanstalt für Arbeit* neu geschaffen und damit das AVAVG wieder in Kraft gesetzt. Zugleich wurde als dritter Partner der Staat hinzugenommen, weil ein Teil der Ausgaben für die Arbeitsmarkt- und Beschäftigungspolitik aus Steuergeldern herrühren sollte. Auch die Bundesversicherungsanstalt für Angestellte wurde wiedererrichtet. Die im Dritten Reich aufgehobene *Selbstverwaltung* in den Zweigen der Sozialversicherung wurde 1951 wieder hergestellt, nunmehr paritätisch zwischen Arbeitnehmern und Arbeitgebern geteilt.

Die *Gesetzliche Krankenversicherung* wurde schrittweise verändert. Dabei obsiegten hier starke ständische Anbieterinteressen im Gesundheitswesen, so insbesondere in Gestalt der Niederlassungsfreiheit

---

60   Die Stimmenanteile entfielen wie folgt: CDU/CSU: 31 Prozent, SPD: 29,2 Prozent, FDP: 11,9 Prozent, Deutsche Partei: 4 Prozent, KPD: 5,7 Prozent.

61   Detlev Zöllner: Ein Jahrhundert Sozialversicherung in Deutschland, Berlin 1981, S. 137

bei den Ärzten. Reformansätze, wie sie in der Weimarer Republik praktisch ausprobiert worden waren, etwa Gesundheitslaboratorien der Krankenkassen, hatten angesichts der Mehrheitsverhältnisse im deutschen Parlament keine Chance auf Realisierung. Die Ärzte übernahmen einen Sicherstellungsauftrag, verhinderten damit aber zugleich konkurrierende Anbieter. Die in der Reformdiskussion immer wieder vertretene Forderung nach mehr präventiven Elementen fand Eingang in den Leistungskatalog der Gesetzlichen Kranken- und der Rentenversicherung. Neben allgemeinen Maßnahmen der Aufklärung und Gesundheitsbildung zielte der Leistungskatalog auf Früherkennung, Vorbeugung (Kuren etc.) und Rehabilitation. Damit überwogen die sekundäre und tertiäre Form der Prävention: Pathogene Lebens- und Arbeitsbedingungen hingegen, die eine Intervention auf betrieblicher Ebene, beim lokalen und überregionalen Umweltschutz, bei der Produkt- und Fertigungskontrolle etc. notwendig machen würden (primäre Prävention), wurden aus ordnungspolitischen Gesichtspunkten heraus nicht als Problem angesehen. Ziel der *Gesetzlichen Unfallversicherung* sowie der Arbeitsschutzpolitik war und ist bis heute ein auf den einzelnen Arbeitsplatz bzw. den einzelnen Beschäftigten zielendes Schutzdenken geblieben.

Insgesamt obsiegte eher eine „institutionelle Restauration und traditionelle Kontinuität"[62] als die Vorstellung von Aufbruch und Neuaufbau. Dabei hatten aber die in der Weimarer Republik an zentralen Positionen mitwirkenden Sozialdemokraten und Gewerkschafter einen ebenso großen Anteil wie etwa die nunmehr regierende bürgerliche Mehrheit auf Bundesebene.

Neben dem Vertrauen in die bekannten Institutionen spielte dabei mit Sicherheit die aktuelle soziale Lage eine entscheidende Rolle. Obwohl schon der Wirtschaftsrat auf der Grundlage der neu geschaffenen Währung die Leistungen der gesetzlichen Sozialversicherungen neu zu ordnen versuchte und etwa mit dem *Soforthilfegesetz* vom August 1949 Entschädigungsleistungen für Flüchtlinge, Vertriebene und von der Währungsreform Geschädigte anlaufen ließ, die dann 1952 über das *Lastenausgleichsgesetz* ausgebaut wurden, blieben die Leistungen insgesamt niedrig und waren die Grundlagen für eine den Lebensunterhalt ermöglichenden Leistungsrahmen ungesichert. In der Folge befasste sich denn auch der Deutsche Bundestag in zahlreichen

---

62 Volker Hentschel: Geschichte der deutschen Sozialpolitik (1880-1980), Frankfurt am Main 1983, S. 146

Gesetzen mit Fragen der Heimkehrer, der Schwerbeschädigten, der Entschädigung für politische Häftlinge der NS-Zeit, der Versorgung Kriegsbeschädigter etc.. Schließlich galt es, Fragen des Rentenrechts für Zuwanderer zu klären.

Mit der sich rasch als recht stabil erweisenden Währung, einigen die alten Besitzverhältnisse wiederherstellenden gesetzgeberischen Maßnahmen, dem Anlaufen des amerikanischen Aufbauprogramms, vor allem aber mit der durch den *Koreakrieg 1950/51* induzierten starken Nachfrage auf dem Weltmarkt stabilisierte sich die Wirtschaft in der Bundesrepublik Deutschland. Angesichts eines relativ niedrigen Lohnniveaus, unzureichender Sozialleistungen und durch den im Grundgesetz verankerten Verzicht auf Rüstungsaufwendungen zu Beginn der 1950er Jahre konnte die westdeutsche Wirtschaft auf den Weltmärkten schon bald wieder Fuß fassen und ihre traditionelle Rolle als Lieferant von Investitionsgütern in Europa und darüber hinaus übernehmen. Der Arbeitsmarkt absorbierte immer mehr Menschen, allerdings strömten auch immer noch Flüchtlinge ins Land, vor allem aus der DDR. Doch das, was in den Nachkriegsjahren zunächst vor allem eine Belastung war, erwies sich zunehmend als Vorteil: Es kamen vor allem die qualifiziert Ausgebildeten, die Zuwanderer waren bereit, zu niedrigen Löhnen zu arbeiten und wollten durch Fleiß und Entbehrung Anschluss an den sich allmählich in Westdeutschland ausbreitenden bescheidenen Wohlstand finden. Die von der Londoner Tageszeitung *Times* als „*Wirtschaftswunder*" bezeichnete Phase der 1950er Jahre steht für eine beispiellos rasche Überwindung von Krieg und Nachkriegsleid, allerdings auf der Grundlage sehr schnell wieder hergestellter alter Besitzverhältnisse. Dabei blieb häufig auch *dasjenige* ‚Privateigentum', was erst kurz zuvor im Faschismus etwa im Vollzug so genannter ‚Arisierungen' jüdischen Geschäftsleuten, Mitbewohnern oder auch im Verlauf des Krieges anderen weggenommen worden war.[63] Eine Ausgleichsleistung gar für die von ausländischen Kriegsgefangenen abgepresste Zwangsarbeit ist erst mehr als 50 Jahre nach Kriegsende erfolgt, und auch dieses keineswegs in einem zureichenden Rahmen.

---

63 Vgl. Kurt Pritzkoleit: Auf einer Woge von Gold. Der Triumph der Wirtschaft, Wien, München und Basel 1961

Vor der großen Sozialreform

Die von Bundeswirtschaftsminister *Ludwig Erhard* ausgegebene Parole „Wohlstand für alle"[64] kam angesichts des offensichtlichen konjunkturellen Aufschwungs und der rasant zunehmenden Beschäftigungsmöglichkeiten bald auf den Prüfstand. In Politik und öffentlicher sowie wissenschaftlicher Meinung wurde immer heftiger diskutiert, wie breite Bevölkerungskreise über die Einkommen hinaus stärker an dem allgemeinen Wohlfahrtszuwachs zu beteiligen seien und ob diese über die bloße Wiedererrichtung der alten sozialen Sicherungssysteme erfolgen solle oder aber ob neue Sicherungsformen zu suchen seien. Die Forderung nach einer umfassenden *Sozialreform* wurde zur Chiffre für einen Neuanfang, der allerdings im großen Entwurf und en detail sehr stark ausgefächert diskutiert wurde. Dabei kam der Rentenversicherung ein besonderes Gewicht zu. Die Bedeutung dieser Diskussion kam u.a. auch darin zum Ausdruck, dass eine umfangreiche Dokumentation als Loseblattsammlung wissenschaftlich bzw. verlagsseitig aufbereitet wurde.[65]

Eine eher konservative Reform früherer Versorgungssysteme befürwortete eine vom damaligen Bundeskanzler Adenauer eingerichtete Vierer-Kommission – bestehend aus den Wissenschaftlern *Hans Achinger,* dem späteren Kardinal *Joseph Höffner*, *Hans Muthesius* und *Ludwig Neundörfer* –, die 1955 ihre *Rothenfelser Denkschrift* vorlegten. Die Autoren forderten ein einheitliches Gesetzeswerk, einen „Code Social". Der zu erfassende Personenkreis sollte nicht berufsständischen Klassifizierungen entsprechen, sondern sich aus sachlichen Erfordernissen ergeben, so dass beispielsweise auch bestimmte Gruppen der Selbständigen mit erfasst werden müssten. Bei den Leistungen für Gesundheit, Alter, Hinterbliebene und Arbeitslosigkeit strebten die Autoren einerseits eine tragfähige Sicherung an, schlugen aber andererseits durchaus Leistungsgrenzen vor. So koppelten sie beispielsweise den Anspruch auf eine Witwenrente an vorhandene, betreuungsbedürftige Kinder. Pflichtleistungen sollten durch Pflichtbeiträge abgesichert werden, doch sahen sie starke marktwirtschaftliche Elemente vor, etwa im Rahmen der Krankenversicherung in Gestalt von Wahltarifen und in der Alterssicherung in Gestalt von Eigenvorsorge: Die Gesetzliche Rentenversicherung sollte lediglich das Niveau von 50

64 Ludwig Erhard: Wohlstand für alle. 1957, Neuauflage München 1997
65 Max Richter (Hg.): Die Sozialreform. Dokumente und Stellungnahmen, Bad Godesberg 1955ff.

Prozent des letzten Arbeitseinkommens absichern, während die Gesamtaltersversorgung in Höhe von 75 Prozent nur über zusätzliche Betriebsrenten und Eigenvorsorge zu erreichen war.

Rothenfelser Denkschrift von 1955

Zusammenfassende Leitsätze

I. Die Verantwortung für die soziale Sicherung darf weder dem einzelnen allein noch der Gesellschaft allein überlassen werden; denn der Mensch ist nicht nur eigenständiges Individuum, sondern seinem Wesen nach sozial veranlagt, so daß Wohl und Wehe des einzelnen und der Gesellschaft in Bindung und Rückbindung wechselseitig bedingt und verknüpft sind. Jeder einzelne wie auch jedes Sozialgebilde ist und bleibt Notlagen des Mitmenschen gegenüber mitverantwortlich (Prinzip der Solidarität).

II. Wie die Sozialgebilde nicht an sich reißen sollen, was der Einzelmensch aus eigener Kraft und Verantwortung zu leisten vermag, so sollen die umfassenderen Gebilde keine Aufgaben übernehmen, die von den kleineren Lebenskreisen gemeistert werden können. Andererseits sind die größeren Sozialgebilde berechtigt und verpflichtet, hilfsweise und ergänzend einzugreifen, wenn die Kräfte des Einzelmenschen oder der kleineren Lebenskreise nicht ausreichen oder versagen (Prinzip der Subsidiarität).

III. Die Maßnahmen der sozialen Sicherung müssen zur Wahrung der Subsidiarität besonders in ihrer Auswirkung auf die Familie als Sorgeverband gesehen werden, weil durch die Art, wie solche Hilfe gewährt wird, die Familie gefördert oder geschwächt werden kann.

IV. Aufgabe des Staates im Bereich der sozialen Sicherung ist es:

a) die im Dienste der sozialen Sicherung stehenden gesellschaftlichen Gruppen und Einrichtungen durch allgemeingültige Regeln zu unterstützen und auf ihre nutzbringende Zusammenarbeit hinzuwirken,

b) selbständige gesellschaftliche Einrichtungen der sozialen Sicherung anzuregen und zu fördern,

c) staatliche Einrichtungen der sozialen Sicherung da zu schaffen, wo die zu lösenden Aufgaben die Kräfte der anderen Sozialgebilde übersteigen.

V. Ein Staat, der bei Kriegsfolgen, anderen Katastrophen sowie bei unvorhergesehenen Schicksalsschlägen für seine Bürger eintritt, ist deshalb noch kein ,Versorgungsstaat'. Die Tendenz zum Versorgungsstaat ist dagegen immer dann gegeben, wenn der Staat die Selbsthilfe und die Leistungskraft kleinerer Lebenskreise ausschließt, um Ansprüche des einzelnen auf soziale Sicherung unmittelbar zu befriedigen (Verletzung der Subsidiarität).

VI. In der gegenwärtigen industriellen Gesellschaft kann die soziale Sicherung infolge der wachsenden Marktbezogenheit der Bedarfsdeckung und der Eigentumslosigkeit breiter Schichten nicht mehr ohne gesellschaftliche

Einrichtungen verwirklicht werden. Solche, auch staatliche, Einrichtungen sind inzwischen zu festen Bestandteilen der sozialen Wirklichkeit und des Lebensgefühls des einzelnen geworden.

VII. Der schnelle Wandel der gesellschaftlichen und wirtschaftlichen Verhältnisse im industriellen Zeitalter macht es notwendig, die Einrichtungen und Normen der sozialen Sicherung beweglich zu halten. Das gilt insbesondere für die in Geld ausgedrückten Leistungsversprechen und Ausschlußgrenzen.

VIII. Die heutige soziale Struktur berechtigt nicht mehr dazu, die Arbeitnehmer schlechthin als die wirtschaftlich Schwachen anzusprechen. Wirtschaftlich schwach sind trotz Selbständigkeit und Eigentum auch viele andere Erwerbstätige. Diesem Tatbestand hat eine Neuordnung der sozialen Sicherung Rechnung zu tragen, die damit Notlagen des selbständigen Mittelstandes gerecht würde.

IX. Die Abgrenzung von Sicherungsleistungen nach Personengruppen oder gesellschaftlichen Schichten wird da unmöglich, wo Aufgaben der Vorbeugung, zum Beispiel in der Jugendhilfe oder für die Erhaltung der Gesundheit gegeben sind. Die einheitliche Ordnung nach sachlichen Erfordernissen statt nach Personengruppen schließt jedoch nicht aus, daß sich verschiedene Träger in solche Aufgaben teilen. Auch folgt daraus nicht, daß derartige Leistungen unterschiedslos und ohne Kostenbeteiligung für alle zur Verfügung gestellt werden müßten. Das Prinzip der Subsidiarität behält auch hier seine Geltung.

X. In der modernen Wirtschaftsgesellschaft muß dem einzelnen der Zusammenhang zwischen seiner wirtschaftlichen Leistung und seinem Einkommen bewußt bleiben. Dieser Zusammenhang wird zerstört, wenn die zweite Einkommensverteilung zugunsten der sozialen Sicherung einen so großen Anteil des Arbeitseinkommens beansprucht, daß der Arbeitswille leidet.

XI. Alle Teile der Staatspolitik, nicht nur die Sozialpolitik im üblichen Sinne, verfolgen unter anderen auch sozialpolitische Ziele (z.B. die Wirtschaftspolitik, die Finanzpolitik, die Kulturpolitik, die Wohnungspolitik). Der Gesetzgeber muß deshalb die ganze Breite gesetzgeberischer Möglichkeiten im Auge behalten, wenn er der sozialen Sicherung die richtige Gestalt geben will.

XII. Der soziale Fortschritt kann nicht darin gesehen werden, daß immer weitere Teile der Existenzsicherung dem Staat übertragen werden. Es muss auf die Dauer das Ziel sein, ein Höchstmaß persönlicher Eigenständigkeit für alle herbeizuführen und zu erhalten.

Hans Achinger, Joseph Höffner, Hans Muthesius und Ludwig Neundörfer: Neuordnung der sozialen Leistungen, Köln 1955, S. 44ff.

Allerdings sahen die Autoren auch, dass im Leistungsrecht immer wieder besonders herausragende Belastungen auftreten könnten, die nicht von der Solidargemeinschaft der Sozialversicherten getragen werden könnten. Hier müsse der Staat einspringen. Zugleich forderten sie eine Neuordnung der Fürsorge für all die Fälle, die sich einer generalisierenden Regelung entzögen.

Der Wissenschaftler *Gerhard Mackenroth* hatte schon 1952 eine die Finanzierungsgrundlagen aller sozialen Sicherungssysteme revolutionierende Erkenntnis geäußert: Gleich welche Art der Altersvorsorge – ob öffentlich oder privat – müsse dem Grundsatz folgen, dass in einer Wirtschaftsperiode nur das verbraucht werden könne, was in eben diesem Zeitraum auch erwirtschaftet werde.

Gerhard Mackenroth: Die Einheit des Sozialbudgets

Es ist heute unmöglich geworden, die veränderten Größenordnungen gestatten nicht mehr, die volkswirtschaftliche Problematik zu ignorieren. Diese entsteht daraus, daß über die Sozialpolitik Einkommen geschaffen werden, die nicht Leistungseinkommen sind, also Einkommensbeziehern zufließen, die nichts zur Erzeugung des Sozialprodukts beitragen, aber über diese abgeleiteten Einkommen an seinem Verzehr beteiligt werden.

Nun gilt der einfache und klare Satz, daß *aller Sozialaufwand immer aus dem Volkseinkommen der laufenden Periode gedeckt werden muß.* Es gibt gar keine andere Quelle und hat nie eine andere Quelle gegeben, aus der Sozialaufwand fließen könnte, es gibt keine Ansammlung von Fonds, keine Übertragung von Einkommensteilen von Periode zu Periode, kein ‚Sparen' im privatwirtschaftlichen Sinne – es gibt einfach gar nichts anderes als das laufende Volkseinkommen als Quelle für den Sozialaufwand. Das ist auch nicht eine besondere Tücke oder Ungunst unserer Zeit, die von der Hand in den Mund lebt, sondern das ist immer so gewesen und kann nie anders sein. Ich darf dabei wohl mit ihrem Einverständnis absehen von den Fällen einer vorindustriellen Naturalwirtschaft, wo man Sozialpolitik treibt durch Anlage von Getreidemagazinen u.ä.

Von dieser rein sachlichen volkswirtschaftlichen Grundtatsache aus muß der Umkreis dessen abgegrenzt werden, was wir als Sozialaufwand zusammenfassen und in unser Sozialbudget aufnehmen, innerhalb dieses Umkreises werden aber auch *alle juristischen und historischen Unterscheidungen hinfällig, also die Unterscheidung von Sozialversicherung, Sozialversorgung und Sozialfürsorge,* es ist alles Sozialaufwand.

Die schärfste Gegnerschaft wird dieser These aus den Reihen der Sozialversicherung erwachsen. Ich weiß das und will die Einwände gleich vorwegnehmen, indem ich noch einmal mit Nachdruck die These herausstelle:

Es gibt volkswirtschaftlich gesehen keine Möglichkeit einer Versicherung gegen irgendwelche sozialen Risiken, nicht einmal gegen die mit Sicherheit eintretenden Ereignisse wie Alter und Invalidität, ganz abgesehen von einem so allgemein in seiner Versicherungsfähigkeit angezweifelten Risiko wie der Arbeitslosigkeit. Irgendeine volkswirtschaftliche Parallele zum Vorgang der privatwirtschaftlichen Versicherung gibt es nicht. *Die volkswirtschaftliche Problematik läßt sich nicht dadurch lösen oder beiseite schieben, daß man nach den Grundsätzen eines ordentlichen Kaufmanns private Risiken versichert.*

Volkswirtschaftlich gibt es nämlich keine Ansammlung eines Konsumfonds, der bei Bedarf konsumiert werden kann und dann gewissermaßen zum Volkseinkommen einer späteren Periode eine willkommene Zugabe wäre. Jede Fondsansammlung wird in der Geldwirtschaft zu volkswirtschaftlicher Kapitalbildung, einmal gebildetes Kapital kann aber nicht wieder in Sozialaufwand, d.h. in Konsumgüter umgesetzt werden. Fabriken, Anlagen, Maschinen kann man nicht mehr verzehren.

Wenn eine private Versicherungsgesellschaft in der Auswahl ihrer Risiken besonders unvorsichtig war und in Schwierigkeiten kommt, so kann sie ihre Aktiven natürlich liquidieren, indem sie sie verkauft und den Erlös an die Versicherten ausschüttet, vorausgesetzt, daß sie andere Geldgeber findet, die sie ihr abkaufen. Insoweit kann sie ihre Hypotheken, Obligationen und Pfandbriefe in laufenden Konsum umsetzen. Wenn aber alle Versicherungsgesellschaften oder die Sozialversicherungsträger im großen Stile das gleiche tun wollten, so würden nur die Pfandbriefe und Obligationen usw. gewaltig im Kurse sinken. Vielleicht könnte dadurch das neue Sparkapital in diese Anlagen gezogen werden, es würde aber damit nur der Anlage in neuem Realkapital entzogen werden, die Investitionsrate würde sinken, Produktionsrückgang und Arbeitslosigkeit wären die Folge. Der im privatwirtschaftlichen Denken befangene Fachmann der Sozialversicherung irrt, wenn er glaubt: Soweit ich mein Deckungskapital angreife, nehme ich niemandem etwas weg. Er irrt, weil er die volkswirtschaftlichen Weiterwirkungen übersieht. *Das Versicherungsprinzip ist geeignet, den einzelnen zu sichern gegen die Abweichung seines Falles von der sozialen Norm, es kann aber nicht die Volkswirtschaft sichern gegen eine Änderung der sozialen Norm, gegen eine soziale Katastrophe.*

Kapitalansammlungsverfahren und Umlageverfahren sind also der Sache nach gar nicht wesentlich verschieden. Volkswirtschaftlich gibt es immer nur ein Umlageverfahren, d.h. eben: aller Sozialaufwand wird auf das Volkseinkommen des Jahres umgelegt, in dem er verzehrt wird. Alles andere spielt sich in der monetären Sphäre ab, ist ‚Verrechnung', deren volkswirtschaftliche Wirkungen richtig einkalkuliert werden müssen. Man darf sich also nicht wegen eines angesammelten Kapitalstocks in besonderer Sicherheit wiegen und glauben, nun kann nichts passieren. Andererseits soll man sich wegen eines fehlenden solchen Fonds auch keine allzu

großen Sorgen machen. Er würde zwar die finanzielle Bewegungsmöglich-
keit der Versicherungsträger etwas erhöhen, an den volkswirtschaftlichen
Tatsachen aber wenig ändern: *Wir müssen immer fragen: Was können wir
aus dem Volkseinkommen heute und in Zukunft leisten, um die Leistungsgrenzen unserer sozialen Dienste richtig abstecken zu können?* Das ist die
erste und elementarste Abstimmung zum volkswirtschaftlichen Kreislauf.
Diese Tatsache bezeichne ich hier und anderswo als das *Prinzip der Einheit des Sozialbudgets*: Es gibt nur eine Quelle allen Sozialaufwandes, das
laufende Volkseinkommen.

*Gerhard Mackenroth: Die Reform der Sozialpolitik durch einen deutschen
Sozialplan, in: Schriften des Vereins für Socialpolitik. Gesellschaft für Wirt-
schafts- und Sozialwissenschaften. Neue Folge, Band 4. Verhandlungen auf
der Sondertagung in Berlin, 18. und 19. April 1952, hg. von Prof. Dr. Gerhard Albrecht, Berlin 1952, S. 39ff., zit n. Bernhard Külp und Wilfrid Schreiber (Hg.): Soziale Sicherheit, Köln und Berlin, 1971 S. 266ff.*

Dieses bedeutet, dass auch ein kapitalgedecktes Verfahren, wie seit
Bismarck üblich und bei privaten Versicherungsunternehmen prakti-
ziert, letztlich nur dann zahlungsfähig sei, wenn den jeweiligen öffentlichen und/oder privaten Rentenleistungen eine entsprechende wirtschaftliche Wertschöpfung gegenüberstehe. Dabei unterliege das Kapitaldeckungsverfahren überdies der Gefahr, dass es etwa durch Geld-
entwertung oder durch missbräuchliche Nutzung durch den Staat –
wie im Faschismus geschehen – schlicht zerstört werden könne. Letztlich also basierten alle Sicherungsformen auf einem Umlageverfahren,
das nur unterschiedlich – privat und/oder öffentlich – organisiert werde. Zugleich verwies Gerhard Mackenroth zu Recht darauf, dass die
Sozialversicherung die einzelne Abweichung von der Norm auffangen
könne, nicht aber die Veränderung der sozialen Norm selbst. Diese
Überlegungen gingen dann in den u.a. von *Walter Auerbach* und *Ludwig Preller* formulierten *Sozialplan der SPD für Deutschland* ein. Darin
forderten die Autoren etwa in der Rentenversicherung neben den Beitragseinnahmen auch eine staatliche Beteiligung und insgesamt ein
durch Beitrags- und Steuerleistungen abgesichertes Rentenniveau von
75 Prozent.

Mit seinem nach ihm benannten *Schreiber-Plan* (1955) übernahm
Wilfried Schreiber 1955 den von Mackenroth formulierten Gedanken
einer auf den jeweiligen Wirtschaftszyklus begrenzten Umlage-Ver-
teilung. Er entwarf das Konzept von einem *Solidarvertrag zwischen
den Generationen*. Schreiber sah eine neue, ausschließlich beitragsfinanzierte, *dynamische Rente* vor, für die er eine Rentenformel entwi-

ckelte. Diese sah vor, dass nicht die absolute Beitragshöhe für die spätere Rentenhöhe bestimmend sei, sondern vielmehr die – jeweils für jedes Beitragsjahr errechnete – Relation zwischen dem eigenen Einkommen und dem durchschnittlichen Einkommen aller Erwerbstätigen (*Rentenwert*). Diese werden für die gesamte Erwerbsbiographie ausgerechnet; der solchermaßen ausgewiesene Wert solle dann beim Renteneintritt auf die dort anzutreffende Einkommensstruktur übertragen werden. Damit wird die frühere Arbeitsleistung als ein Beitrag zur späteren Wertschöpfung angesehen, ihr vormaliger Wert auf die aktuelle Wirtschaftssituation übertragen. Hinzu kommt eine kontinuierliche Anpassung der Renten entsprechend der allgemeinen Lohnentwicklung (*Dynamisierung*).

Schreiber-Plan von 1955

A Sicherheit im Alter

1. Die Gesamtheit der Empfänger von Arbeitseinkommen in der deutschen Bundesrepublik schließt miteinander folgenden Solidar-Vertrag:

2. Da Arbeitseinkommen in einer freien Wirtschaft nur Individualeinkommen sein kann (Grenzertrag der persönlich geleisteten Produktivarbeit) und nur in der mittleren Lebensphase, dem Arbeitsalter (angenommen vom 20. bis zum 65. Lebensjahr), anfällt, garantieren die den Solidar-Vertrag schließenden Partner aller Altersstufen einander Solidar-Hilfe nach folgender Maßgabe:

3. Aus der Gesamtheit der Arbeitseinkommen wird sowohl dem Kinde und Jugendlichen (vor Erreichung des 20. Lebensjahrs) wie dem Alten (nach Vollendung des 65. Lebensjahrs) ein maßgerechter Anteil zugesichert.

4. Jeder Arbeitstätige (im Alter zwischen 20 und 65 Jahren) zahlt laufend eine Quote von a Prozent seines Brutto-Arbeitseinkommens in die Rentenkasse des deutschen Volkes ein. Als Arbeitseinkommen gilt der Bruttolohn bzw. das Bruttogehalt der Arbeitnehmer zuzüglich der bisherigen Arbeitgeberanteile zur Rentenversicherung bzw. das steuerpflichtige Einkommen aus selbständiger Tätigkeit.

5. Am 1. September eines jeden Jahres verkündet der Bundesarbeitsminister mit Gesetzeskraft das vom Statistischen Bundesamt unter parlamentarischer Aufsicht errechnete ‚durchschnittliche Arbeitseinkommen in der deutschen Bundesrepublik' für das vergangene Jahr. Diese Zahl ist verbindliche Meßzahl für die Berechnung der individuellen Rentenansprüche im darauffolgenden Jahr.

Das Verfahren der Errechnung dieser Meßzahl muß ein für allemal verbindlich festgelegt werden. Es kommt weniger darauf an, daß sie im Sinne der Statistik genau aussagt, was ihr Name vorschreibt, als darauf, daß sie Jahr für Jahr auf gleiche Weise berechnet wird.

6. Im Rentenbuch jedes Mitglieds der Rentenkasse wird die bei jeder Lohn- und Gehaltszahlung (bei Selbständigen: an jedem Zahlungstermin der Einkommensteuer) entrichtete Geldsumme quittiert und gleichzeitig die sich aus ihr ergebende Zahl der Rentenanspruchspunkte vermerkt. Die Rentenanspruchspunkte, die jeder Beitragszahlung entsprechen, errechnen sich als Quotient aus Beitrag und ‚Meßzahl' (= durchschnittlichem Arbeitseinkommen des vorvergangenen Jahres) mal 100:

$$\text{Zahl der Rentenanspruchspunkte} = \frac{a \times \text{Brutto-Arbeitseinkommen}}{\text{durchschnittliches Arbeitseinkommen}}$$

7. Mit Erreichung des Rentenalters wird für jedes Mitglied die Summe der im Laufe des Arbeitslebens erworbenen Rentenanspruchspunkte aufaddiert.

8. Im Dezember eines jeden Jahres stellt die Rentenkasse durch Addition die Summe der Rentenanspruchspunkte aller im darauffolgenden Jahr rentenberechtigten Mitglieder sowie das gesamte Beitragsaufkommen in demselben Jahr fest. Der Quotient aus Beitragsaufkommen und Summe aller Anspruchspunkte ergibt den Rentenwert jedes Anspruchspunktes im darauffolgenden Jahr. Diese Zahl wird mit verbindlicher Kraft verkündet.

Wilfried Schreiber: Existenzsicherheit in der industriellen Gesellschaft, in: Sozialpolitik und Sozialreform, hg. von Erik Boettcher, Tübingen 1957, S. 75ff.; zit. n. Bernhard Külp und Wilfried Schreiber (Hg.): Soziale Sicherheit, Köln und Berlin 1971, S. 291f.

Schreiber sah allerdings nur ein Rentenniveau in Höhe von 50 Prozent des letzten Bruttoarbeitsentgeltes vor, das durch Eigenvorsorge ergänzt werden solle. Das sozialpolitische Konstrukt eines Generationenvertrages wandte Schreiber konsequenterweise auch bei dem Verhältnis der nachwachsenden zur derzeit erwerbstätigen Generation an: Eltern sollten eine *Kindheitsrente* aus einem von den Arbeitern zu speisenden Fond erhalten, die von den Kindern ab Vollendung des 35. Lebensjahres zurückzuzahlen sei (*Familienkasse*).

Insgesamt stand diese Reformdiskussion allerdings auch unter dem Vorbehalt, was davon notwendig und was finanzierbar sein würde.[66] In einem Gutachten von 1954 warnte beispielsweise *Walter Bogs* davor, die Systemmängel etwa in der Gesetzlichen Krankenversicherung zu erhalten, die „die Begehrlichkeit der Versicherten nach objektiv

---

66 Viola Gräfin von Bethusy-Huc: Das Sozialleistungssystem der Bundesrepublik Deutschland, 2. Aufl., Tübingen 1976, S. 58ff.

nicht erforderlichen Leistungen" förderten bzw. die „Konkurrenz der Kassenärzte" um Patienten als Grundlage ihrer eigenen Einkommen sicherten. Er trat deshalb für ein Selbstbeteiligungsmodell im Rahmen der GKV ein. *Wilhelm Röpke* wandte sich seinerseits gegen das von Schreiber eingebrachte Umlageverfahren bei der Finanzierung der Rentenversicherung. Er sah darin die Gefahr einer Verstopfung der Kapitalbildungsquellen und damit eine Gefährdung für die weitere wirtschaftliche Expansion.

Auch die politischen Kontroversen kreisten um die Frage, ob die in Aussicht gestellte Reformgesetzgebung eine Kompensation dafür sei, dass das „so genannte Wirtschaftswunder" letztlich über „einen der Arbeitsleistung nicht gerecht werdenden Lohn" in der Vergangenheit finanziert worden sei. Aus diesen „Opfern" erwachse letztlich der „Anspruch", dass die arbeitenden Menschen „in der Zukunft, vor allen Dingen im Alter, nicht mehr Angst um die Not des Tages zu leiden" brauchten, wie es der damalige Bundesarbeitsminister *Anton Storch*, CDU, auf dem 4. ordentlichen Bundeskongresses des DGB in Hamburg 1956 formulierte;[67] oder aber ob das verabschiedete Rentenreformgesetz von 1957 letztlich schon des Guten zu viel sei.[68]

Die Sozialreform

Der sehr lange mit ungewissem Ausgang geführte öffentliche Diskurs über Ziele, Strukturen und Umfang einer Sozialreform in Deutschland wurde von Bundeskanzler Adenauer im Jahr 1957 dahingehend entschieden, dass diese auf die Rentenreform beschränkt und in ihr tatsächlich der von seinem Arbeitsminister Storch artikulierte Gedanken zum Tragen kommen sollte. Die Wählerinnen und Wähler dankten diese politische Entscheidung und verhalfen den Unionsparteien bei der Bundestagswahl 1957 zu einer absoluten Mehrheit im Deutschen Bundestag. *Konrad Adenauer* verfolgte mit seiner Entscheidung außer wahltaktischen Überlegungen bezogen auf die bevorstehende Bundestagswahl auch eine deutschlandpolitische Absicht. In einer Sitzung des Bundesparteivorstandes der CDU im Januar 1956 begründete er die Notwendigkeit, soziale Spannungen abzubauen: Die Bundesrepublik

---

67 DGB-Bundeskongress in Hamburg 1956: Protokoll, S. 257 und 264
68 Max Richter (Hg.): Die Sozialreform. Dokumente und Stellungnahmen, Bad Godesberg 1955ff., Ziff. G I 7, S. 27

solle für die „Menschen in der Zone" „attraktiv bleiben" (*Magnetis-
mustheorie*).[69]

Entgegen den fast einmütig geäußerten Vorstellungen ist es nicht
zu einer Sozialreform aus einem ‚Guss' gekommen, vielmehr wurden
verschiedene Einzelreformen aneinandergereiht, insgesamt aber sehr
wohl in vielen Einzelheiten einer gemeinsamen Leitidee folgend. Diese bestand darin, das materielle Leistungsniveau an die allgemeine
Wirtschaftsentwicklung anzupassen, neben den *kompensatorischen*
Elementen insbesondere die *präventiven* auszubauen und Versiche-
rungsbeiträge mehr oder weniger je nach System durch staatliche Zuschüsse zu ergänzen. Des Weiteren sollte die Verantwortung der Versicherten durch eine aktive Beteiligung an der Selbstverwaltung der
Sozialversicherung gestärkt werden.

Das lange Zeit dominierende und innovatorische Element stellte
zweifelsfrei die 1957 verabschiedete *Rentenreform* dar. Dem Schreiber-Plan folgend wurde die frühere Erwerbstätigkeit auf die durchschnittliche Einkommenslage beim Renteneintritt bezogen, zugleich
waren jährliche Rentenanpassungen vorgesehen, die ebenfalls der allgemeinen wirtschaftlichen Dynamik folgen sollten. Mit einer bedeutsamen Grundsatzentscheidung wurde ein Großteil der Kriegsfolgen in
die Rentenversicherung integriert: Zeiten beim Reichsarbeitsdienst, als
Soldat und in der Kriegsgefangenschaft wurden als sog. *Ersatzzeiten*
den Beitragszeiten gleichgesetzt: Sie waren sowohl rentenbegründend
– mit ihnen konnten also Anwartschaften erworben werden – als auch
im Rahmen der neuen Rentenformel rentensteigernd. Es wurde ein
Bundeszuschuss festgelegt, der derartige Leistungen finanziell absichern sollte. Neben Beitrags- und Ersatzzeiten wurden *Ausfallzeiten*
festgelegt, die etwa für Zeiten der Berufsausbildung angerechnet wurden: Diese Zeiten waren zwar nicht rentenbegründend, wirkten aber
rentensteigernd. Und schließlich sah das Gesetz *Zurechnungszeiten* im
Falle von Berufs- und Erwerbsunfähigkeit vor. Die nun zusammenge-
fasste Rentenversicherung für Arbeiter und Angestellte sah eine einheitliche *Hinterbliebenenrente* vor, eine große Witwenrente, wenn
Kinder im betreuungsbedürftigen Alter vorhanden waren bzw. die
Hinterbliebene älter als 45 Jahre war, eine kleine, wenn diese Voraussetzungen nicht erfüllt waren. Der Effekt dieser Rentenreform war erheblich: Stellten Personen im Rentenalter einen Großteil derjenigen,

---

69 Vgl. Hans Günter Hockerts: Sozialpolitische Reformbestrebungen in der frühen
    Bundesrepublik. Zur Sozialreform-Diskussion und Rentengesetzgebung 1953-1957,
    in: Vierteljahreshefte für Zeitgeschichte, Heft 3/1977, S. 371

die in den 1950er Jahren kommunale Fürsorgeleistungen bekamen, so reduzierte sich deren Zahl bereits im Jahr des Inkrafttretens drastisch. Sozialhilfebezug im Alter ist seitdem in der Bundesrepublik Deutschland weit unterproportional vertreten.

Es dauerte sechs Jahre, bis der Gesetzgeber 1963 die *Kriegsopferrenten* in gleicher Weise dynamisierte und parallel zur allgemeinen Alters- und Hinterbliebenenversicherung ausgestaltete. Dieses betraf die Renten derjenigen, die als Folge kriegsbedingter Ereignisse nicht mehr im Erwerbsleben standen/stehen konnten, während die Zeiten kriegsbedingter Nichterwerbsarbeit in der allgemeinen Rentenversicherung kompensiert wurden. Die Kriegsopferrenten hatten eine große frauenpolitische Bedeutung, waren doch die meisten der ‚Rentenempfänger' Frauen, die ihren Mann oder Kinder im Verlauf des Krieges verloren hatten.

Neben der Neuordnung der Renten stellte das *Bundessozialhilfegesetz* von 1961 ebenfalls eine innovatorische Einzelmaßnahme dar. Dieses Gesetz, 1962 nach Verabschiedung komplementärer Landesgesetze in Kraft getreten, brach in weiten Teilen mit dem in der Armenfürsorge in Deutschland lange Zeit dominanten armenpolizeilichen Denken. Während in der Renten- und in der Krankenversicherung standarisierbare soziale Risiken aufgefangen werden sollten – ergänzt durch ein neues, noch zu verabschiedendes Gesetz für Arbeitslosigkeit – sollte Sozialhilfe nur für die nicht standarisierbaren sozialen Risiken gewährt werden. Angesichts des enormen Rückgangs der Fürsorgeempfängerzahlen nach der Rentenreform von 1957 schien dieses auch erreichbar, ein Grund, warum zahlreiche Regelungen sehr viele Ermessensspielräume enthielten, die zu Gunsten der Bedürftigen eingesetzt werden konnten. Gleichzeitig knüpfte die Reformdiskussion wieder an der bereits in der Weimarer Republik praktizierten Vorstellung an, dass den freien Trägern der Wohlfahrtspflege letztlich der Vorrang vor der kommunalen bzw. staatlichen Trägern einzuräumen sei. Dieses stieß im Deutschen Bundestag auf Kritik der SPD, sodass die Partei dort das Gesetz ablehnte. Gleichwohl sorgte sie aber dafür, dass es im Bundesrat nicht scheiterte; hier hatten nämlich die Länder, in denen die SPD alleine oder in einer Koalition regierten, die Mehrheit. Mit den *Wohlfahrtsverbänden* und dem *Deutschen Verein für öffentliche und private Fürsorge* mit Sitz in Frankfurt am Main hatte sich das deutsche korporatistische System bei der Fürsorge wieder hergestellt.

Die Sozialreform wurde noch durch zwei weitere Gesetzgebungsverfahren abgerundet. So sah zum einen Artikel 95 GG eine eigenständige *Sozialgerichtsbarkeit* vor. Dem Postulat einer klaren Trennung zwischen Verwaltung und Rechtsprechung Rechnung tragend wurde mit dem *Sozialgerichtsgesetz* von 1953 ein dreistufiger Rechtszug mit neuartigen, kostenfreien Gerichtsverfahren geschaffen. Wie bei Arbeitsgerichten wurden dabei auch Laienrichter vorgesehen.

Der zweite Rechtsbereich betrifft die *Mitbestimmung*. Die weitgehenden Forderungen der Gewerkschaften nach Überführung großer Teile insbesondere der Grundstoff- und der Schwerindustrie in Gemeineigentum scheiterten schon vor der Gründung der Bundesrepublik Deutschland an vielfältigen Ursachen, letztlich am entschlossenen Widerstand der amerikanischen Besatzungsmacht und des bürgerlichen Lagers. Immerhin gelang es den Gewerkschaften, in der unter Treuhänderschaft der britischen Besatzungsmacht stehenden Montanindustrie eine paritätische Mitbestimmung auch in Wirtschaftsfragen durchzusetzen. Ein Vertreter der Treuhandgesellschaft sollte quasi eine überparteiliche Instanz darstellen. Versuche, diese Mitbestimmung aus Anlass der Rückübertragung dieser Betriebe auf ihre deutschen Besitzer rückgängig zu machen, scheiterten am entschlossenen Widerstand der Gewerkschaften. So wurde per – deutschem – Gesetz vom 21. Mai 1951 die paritätische *Mitbestimmung der Arbeitnehmer in der Montanindustrie* verankert. Dabei war ein elfter ‚neutraler‘ Mann vorgesehen, der zusammen mit dem Arbeitsdirektor – einem gleichberechtigten Vorstandsmitglied – nicht gegen den Willen der Arbeitnehmervertreter ernannt werden konnte. Versuche der Gewerkschaften, dieses wirtschaftliche Mitbestimmungsrecht per *Betriebsverfassungsgesetz* auf alle privaten Betrieb auszuweiten, scheiterten an der bürgerlichen Parlamentsmehrheit. Das *Betriebsverfassungsgesetz* vom 11. Oktober 1952 beschränkte sich im Wesentlichen auf eine Mitbestimmung in sozialen und personellen Angelegenheiten, während für wirtschaftliche Angelegenheiten lediglich ein Informationsrecht verankert wurde.

Mit Keynes aus der ersten Nachkriegskrise

Die Zuwachsraten beim Wirtschaftswachstum in den 1950er Jahren und die außergewöhnlichen Sonderbedingungen für Deutschlands Wirtschaft verdeckten einerseits, dass es bereits 1953, 1958 und 1963 jeweils kleinere Konjunktureinbrüche gegeben hatte, wenngleich auf hohem Wachstumsniveau und jeweils nur von kurzer Dauer. Zugleich hoben sich die ökonomischen und sozialen Sonderbedingungen der unmittelbaren Nachkriegsjahre allmählich auf:

- Nach einer Änderung des Grundgesetzes wurde die Bundeswehr geschaffen; die öffentlichen Haushalte wurden im weiteren Verlauf durch Rüstungsausgaben belastet;
- die Gewerkschaften setzten höhere Löhne durch, gleichzeitig stiegen die Sozialausgaben, folglich änderte sich die Kostenstruktur der deutschen Wirtschaft;
- 1961 wurde der Zustrom deutscher Fachkräfte durch den Mauerbau jäh gestoppt, an die Stelle dieser Fachkräfte traten an- und ungelernte *Gastarbeiter* aus Süd- und Südosteuropa, später aus der Türkei.

Die wirtschaftliche Lage in Westdeutschland ‚normalisierte' sich. Dies bedeutete, dass sie krisenanfälliger wurde – auch im Sinne privatkapitalistischer Zyklizität zwischen wirtschaftlichen Boomphasen und Rezession, wie sie immer bestanden hatten und auch bis heute bestehen. Kaum dass sich die ersten Anzeichen konjunktureller Überhitzung bemerkbar machten, suchten die Gralshüter der sozial gebundenen freien Marktwirtschaft durch Maßhalteappelle die Arbeitnehmer zur Lohnzurückhaltung zu bewegen. Es gehört zu den wie auch immer modifizierten wirtschaftsliberalen Glaubensgrundsätzen, dass es vor allem die Arbeitnehmer und die Sozialleistungsbezieher sind, deren Einnahme- und Ausgabeverhalten mehr oder weniger allein für die wirtschaftliche konjunkturelle Entwicklung verantwortlich gemacht wird. *Ludwig Erhard*, seit 1963 Bundeskanzler, beließ es aber nicht bei Maßhalteappellen, sondern lieferte erneut einen Beleg mehr dafür, wie schnell sich bei Teilen des Bürgertums in wirtschaftlichen Krisen Zweifel an der Tragfähigkeit demokratischer Strukturen für ihre Interessensvertretung einstellen. *Hermann Heller* hatte dies schon für das Ende der Republik von Weimar verantwortlich gemacht hatte. Mit der von Erhard öffentlich vorgetragenen Vorstellung von einer *„formierten Gesellschaft"* ordnete dieser freie demokratische Partizipation einem als Gemeinwohl definierten Wirtschaftsliberalismus unter: Der Primat sollte von der demokratischen Politik hin zur Ökonomie verlagert werden.[70]

Es war weniger der öffentliche Sturm der Kritik an diesem vordemokratischen Gesellschaftsmodell, sondern die Krise selbst, die *Ludwig Erhard* bereits nach drei Jahren die Kanzlerschaft kostete: Als 1966 die Zahl der Arbeitslosen im Wirtschaftswunderland auf 500.000 hochschnellte, schien mit Blick auf die Erfahrungen aus der Weimarer Repu-

---

70 Bundeskanzler Ludwig Erhard auf dem dreizehnten Parteitag der CDU in Düsseldorf 1965, in: 20 Jahre Bundesrepublik Deutschland in Dokumenten, hg. von Michael Hereth, München 1969, S. 203ff.

blik und in der Nachkriegszeit die gesamte Wirtschaft in Frage gestellt. Dabei hatte Deutschland nur zeitverschoben eine weltweite Rezession nachgeholt. In den großen Parlamentsdebatten 1965/1966 kam es zu einem fast schon wissenschaftlichen Diskurs über den anstehenden grundsätzlichen Wechsel von einer mehr angebotsorientierten zu einer mehr nachfrageorientierten Wirtschaftspolitik, von *Ludwig Erhard* hin zu *John Maynard Keynes*. Im Dezember 1966 bildeten CDU/CSU und SPD zum ersten Mal in der bundesdeutschen Geschichte eine so genannte Große Koalition und machten die Bekämpfung des eingetretenen wirtschaftlichen Ungleichgewichts zum Zentrum ihrer Politik. Die in *Karl Schiller* personifizierte Neuausrichtung der Politik fand ihren bedeutendsten Niederschlag im *Stabilitäts- und Wachstumsgesetz* von 1967 (*Konzertierte Aktion*), das als Ziele staatlicher Wirtschaftspolitik formulierte: Wirtschaftswachstum, Geldwertstabilität, Außenwirtschaftliches Gleichgewicht und die Beschränkung der Arbeitslosigkeit (*Magisches Viereck*):

Damit wurden die wirtschaftlichen, finanzpolitischen und arbeitsmarktpolitischen Ziele staatlicher Politik zu einem Gesamtziel, dem wirtschaftlichen Gleichgewicht, zusammengefasst – ein Ziel, das in dieser Stringenz nur wenige Jahre in der Bundesrepublik Deutschland Bestand hatte bzw. verfolgt wurde.

Gesetz zur Förderung der Stabilität und das Wachstums der Wirtschaft vom 8. Juni 1967 (Stabilitätsgesetz)

§ 1 Bund und Länder haben bei ihren wirtschafts- und finanzpolitischen Maßnahmen die Erfordernisse des gesamtwirtschaftlichen Gleichgewichts zu beachten. Die Maßnahmen sind so zu treffen, daß sie im Rahmen der marktwirtschaftlichen Ordnung gleichzeitig zur Stabilität des Preisniveaus, zu einem hohen Beschäftigungsstand und außenwirtschaftlichem Gleichgewicht bei stetigem und angemessenem Wirtschaftswachstum beitragen.

§ 3 (1) Im Falle der Gefährdung eines der Ziele des § 1 stellt die Bundesregierung Orientierungsdaten für ein gleichzeitiges aufeinander abgestimmtes Verhalten (konzertierte Aktion) der Gebietskörperschaften, Gewerkschaften und Unternehmensverbände zur Erreichung der Ziele des § 1 zur Verfügung. Diese Orientierungsdaten enthalten insbesondere eine Darstellung der gesamtwirtschaftlichen Zusammenhänge im Hinblick auf die gegebene Situation.

Quelle: Bundesgesetzblatt 1967, Teil I, S. 582

Zum Zweiten verabschiedete die Große Koalition einige wichtige Gesetzesreformen auf dem Gebiet der Sozialpolitik. Dieses betraf zum einen die Stabilisierung der *Rentenfinanzen*; die Finanzgrundlagen der einzelnen Versicherungsträger wurden in einem Verbundsystem zusammengefasst. Der Tatsache Rechnung tragend, dass der wirtschaftliche Strukturwandel dazu geführt hatte, dass immer mehr abhängig Beschäftigte den Angestelltenstatus bekamen und folglich die Arbeiterrentenversicherung zunehmend Schwierigkeiten hatte, Einnahmen und Ausgaben auszugleichen, wurde ein Kompensationssystem zwischen der Arbeiter- und der Angestelltenrentenversicherung gesetzlich vorgeschrieben. Damit wurden die finanziellen Grundlagen der gesamten Rentenversicherung stabilisiert.

Zum Dritten wurden 1969 mit dem *Arbeitsförderungsgesetz* und dem *Gesetz über die Fortzahlung des Arbeitsentgelts im Krankheitsfalle* zwei unter sozialen Gesichtspunkten bedeutsame Regelwerke verabschiedet. Dabei einigten sich die Koalitionspartner nicht nur darauf, dass die unzureichenden gesetzlichen (Rest-)Grundlagen des AVAVG von 1927 aufgehoben werden konnten, sondern dass insgesamt ein Instrumentarium geschaffen wurde, das jenem Ziel der Sicherung von Vollbeschäftigung, wie es das Stabilitäts- und Wachstumsgesetz vorsah, dienen konnte. Das Gesetz war insofern ‚modern', als es für den Bereich der Arbeitsmarktpolitik das Prinzip der *Prävention* ins Zentrum stellte: Allen passiven Maßnahmen der Arbeitsmarktpolitik – insbesondere Lohnersatzleistungen bei Arbeitslosigkeit – sollte das breite Spektrum der Information, Beratung, Aus-, Fort- und Weiterbildung bis hin zu Arbeitsbeschaffungsmaßnahmen und solchen der beruflichen Eingliederung vorgeordnet werden. Mit dem Lohnfortzahlungsgesetz wurde eine lange bestehende Ungleichbehandlung zwischen Angestellten und Arbeitern im Krankheitsfalle insofern beendet, als nun für Arbeiter wie Angestellte eine Lohnfortzahlung durch den Arbeitgeber für die ersten 6 Wochen gesetzlich verankert wurde. Damit wurde zugleich der Zustand überwunden, dass – beginnend mit dem großen Metallerstreik 1956/57 in Schleswig-Holstein – einige Tarifverträge diese Lohnfortzahlung schon für Arbeiter eingeführt hatten, während andere davon ausgeschlossen geblieben waren.

Nicht zuletzt die relativ schwach ausgeprägte Krise und die in der Wirtschaft wirksam werdenden Aufstiegskräfte, vor allem über den Export, waren es, die die erste größere Nachkriegsrezession in Westdeutschland bald in Vergessenheit geraten ließen. Die von Karl Schiller und der Großen Koalition beschlossene und praktizierte Form des keynesianischen ‚*deficit spending*‘, also die Ankurbelung der Nachfrage durch staatliche Ausgaben auf Kredit, hatte zum Ergebnis, dass man Erfahrungen mit diesem neuen Instrument staatlicher Wirtschaftspolitik sammeln konnte, doch waren angesichts der niedrigen zusätzlichen staatlichen Ausgaben die Effekte in Richtung Aufschwung zu schwach bzw. durchaus im Kern überflüssig. Die damit finanzierten Maßnahmen der allgemeinen Kaufkraftsteigerung bzw. gezielter sozialer Förderung dagegen ließen Einkommens- und Sozialpolitik praktisch in einem neuen Lichte erscheinen, nämlich keineswegs bloß als Belastung wirtschaftlicher Prozesse, sondern vielmehr als eine förderliche Stabilisierung der privaten Binnennachfrage. Diese *Janusköpfigkeit von Sozialpolitik*, nämlich private Ressourcen – sei es der Wirtschaft, sei es der Endverbraucher – abzuschöpfen, zu verstärken und umzuverteilen, wird seitdem zumindest in der politischen und in der wissenschaftlichen Diskussion stärker erörtert und gewichtet; allerdings werden in der zugespitzten Debatte nach wie vor vorrangig eher einseitig angebots- oder nachfragetheoretisch argumentierende Positionen vertreten.

Politik der inneren Reformen

Die politischen Auseinandersetzungen nicht nur großer Teile der akademischen Jugend Ende der 1960er Jahre einschließlich des Widerstands gegen Formierungstendenzen unter dem ‚CDU-Staat‘ bzw. einer wie auch immer in der Phase der Großen Koalition modifizierten *Notstandsgesetzgebung*[71] führten zu einer politischen Wende, die in die Bildung einer Koalition von Sozialdemokratie und Sozialliberalismus mündete. Diese war eingebettet in den politischen Gestaltungsanspruch, die Nachkriegsordnung einschließlich der Teilung Deutschlands zu verändern, indem man zunächst die tatsächliche Teilung akzeptierte, um sie dann im Konsens zu überwinden (*Egon Bahr*: „Wan-

---

71 Die 1968 in Kraft getretenen einfachen Notstandsgesetze sehen im Verteidigungsfall die Suspendierung wichtiger demokratischer Grundrechte und eine teilweise Ersetzung von Bundestag und Bundesrat durch die Einrichtung eines Gemeinsamen Ausschusses sowie die Ausweitung von Kompetenzen der Bundesregierung vor. Schließlich kann im Zuge der Notstandsgesetze auch die Bundeswehr im Inneren eingesetzt werden. Aufgrund der negativen geschichtlichen Erfahrungen mit der Praxis der Notverordnungen entzündete sich um die Notstandsgesetzgebung – vor allem um die Frage des ‚inneren Notstandes‘ – eine breite gesellschaftliche Auseinandersetzung (Außerparlamentarische Opposition, ApO).

del durch Annäherung"). Der Ansatz Adenauers, über ein sozial prosperierendes Westdeutschland eine Magnetwirkung auf den Osten auszuüben, war zwar einer der Gründe dafür, dass in der Bundesrepublik Deutschland ein recht hohes Sozialniveau erreicht werden konnte, war aber mit dem Bau der Mauer (1961) letztlich an seine Grenze gelangt. Die unter Bundeskanzler *Willy Brandt* (1913-1992) 1969 etablierte Regierung erhob den Anspruch „Wir wollen mehr Demokratie wagen" und gab als Maxime ihres Handelns aus: „Wir wollen ein Volk der guten Nachbarn sein und werden im Inneren und nach außen." Gegen den Protest der auf die Bänke der Opposition verbannten Unionsparteien formulierte der Kanzler als Provokation: „Wir stehen nicht am Ende unserer Demokratie, wir fangen erst richtig an."[72]

Neben der Ostpolitik wurde die Sozialpolitik eines der zentralen Betätigungsfelder sozialliberalen Regierens:

Sozialbericht 1971

Die konkrete Arbeit des Jahres 1970 und die in Gang gesetzten inneren Reformen, die im ersten Teil des hier vorgelegten Sozialberichts 1971 geschildert werden, kennzeichnen die gesellschafts- und sozialpolitischen Ziele der Bundesregierung: mehr soziale Gerechtigkeit, mehr Sicherheit in der gesellschaftlichen Entwicklung und dadurch mehr Chancen für die Selbstbestimmung des einzelnen.

Um diese Ziele unter den Bedingungen und Möglichkeiten der Gesellschaft von heute zu erreichen, hat die Bundesregierung ihre Sozialpolitik an den folgenden Leitlinien orientiert:

- Ausbau der sozialen Sicherheit für alle Bürger.
- Vorsorgende Gestaltung von sozialen Prozessen durch die Sozialpolitik.
- Mehr Selbstbestimmung des einzelnen durch mehr Demokratie in allen gesellschaftlichen Entscheidungsbereichen.
- Beitrag zur gerechteren Verteilung des gemeinsam erarbeiteten Vermögenszuwachses in der Volkswirtschaft.
- Mehr Überschaubarkeit und größere Verständlichkeit gerade der Sozialpolitik in einer demokratischen Gesellschaft.
- Mehr Wahlfreiheit bei der Vorsorge für die Wechselfälle des Lebens.

Bundesregierung: Sozialbericht 1971, Deutscher Bundestag, 6. Wahlperiode, Drucksache VI/2155, S. 5

---

72 Verhandlungen des Deutschen Bundestages, V. Legislaturperiode, Stenographischer Bericht der Sitzung vom 28.10.1969

Ein besonderes Gewicht kam dabei zum Ersten der Gleichstellung von
Frauen und Männern zu; erst in dieser Phase konnte zumindest die *rechtliche Gleichstellung der Frauen* in Deutschland erreicht werden. Denn
Artikel 3 des Grundgesetzes, der ein Diskriminierungsverbot zwischen
den Geschlechtern verfassungsrechtlich verankert hatte, wurde lange
Zeit nicht in die Rechtswirklichkeit umgesetzt. So bedurfte es mehrmali-
ger höchstrichterlicher Entscheidungen, bis die diskriminierenden Regelungen im Bürgerlichen Gesetzbuch und im Arbeitsleben beseitigt wurden sowie die Arbeitsteilung innerhalb der Ehe nicht länger letztlich
vom dominierenden Einfluss männlicher Erwerbstätigkeit geprägt war.
Seit 1976 ist Paragraph 1356 des BGB in folgender Fassung gültig:

BGB Paragraph 1356 [Haushaltsführung und Erwerbstätigkeit]

(1) Die Ehegatten regeln die Haushaltsführung im gegenseitigen Einver-
nehmen. Ist die Haushaltsführung einem der Ehegatten überlassen, so leitet
dieser den Haushalt in eigener Verantwortung.

(2) Beide Ehegatten sind berechtigt, erwerbstätig zu sein. Bei der Wahl und
Ausübung einer Erwerbstätigkeit haben sie auf die Belange des anderen
Ehegatten und der Familie die gebotene Rücksicht zu nehmen.

Hinzu kamen weitere Regelungen, die die Diskriminierung alleinerziehender Mütter beseitigten. Auch wurde das Scheidungsrecht auf
den Grundsatz der Zerrüttung umgestellt; erworbene Versorgungsanwartschaften für das Alter wurden anteilig auf die geschiedenen Parteien verteilt (*Versorgungsausgleich*). Und schließlich wurde der Ab-
treibungsparagraph 218 des Strafgesetzbuches im Sinne einer Indika-
tionslösung reformiert.

Neben diesen vor allem rechtlichen Reformen hat insbesondere eine sozialpolitische Entscheidung die Leistungen der älteren Frauen
während des Krieges, beim Wiederaufbau und bei der Erziehung ihrer
Kinder, zugleich die jahrelange Lohndiskriminierung von Frauen zu
kompensieren versucht: 1972 wurde mit der *Rente nach Mindesteinkommen* Frauen, die mindestens 25 Jahre erwerbstätig gewesen waren,
eine Rente zuerkannt, die nicht unter 75 Prozent der allgemeinen Be-
messungsgrundlage liegen durfte. Der sozialpolitische Gesetzgeber
hatte damit gesellschaftliche Fehlentwicklungen in der Vergangenheit
nicht nur ausgeglichen, sondern zugleich eine zentrale sozialethische
Norm für zukünftige Gesetzgebung aufgestellt, dass es nämlich Aufgabe der Sozialgesetzgeber sei, diskriminierende Tatbestände nach

Möglichkeit zu verhindern, mindestens aber die Solidargemeinschaft der gesamten Gesellschaft im Zweifelsfalle dafür in Regress zu nehmen. Nach der Rentenreform von 1957 war dieses der zweite bedeutsame Schritt, Frauen vor Armut im Alter zu bewahren.

Daneben zielte die sozialliberale Politik der inneren Reformen auf den gesamten Bereich der *Bildung*. Zum einen ging es darum, das individuelle „Bürgerrecht auf Bildung" (*Ralf Dahrendorf*) zu verwirklichen, zum anderen sollte der notwendige Bedarf an qualifiziert Ausgebildeten für die stark expandierende Wirtschaft zur Verfügung gestellt werden. Schule und Hochschule sollten reformiert, die Zugangschancen insbesondere für bildungsfernere soziale Schichten verbessert werden. Dem diente u.a. das 1971 verabschiedete *Bundesausbildungsförderungsgesetz* (BAföG), das die in den 1960er Jahren eingeführte Förderung von Studierenden nach dem Honnefer Modell ablöste. Tatsächlich war der Wirkungsgrad dieses neuen Gesetzes größer, auch waren die Leistungen günstiger als die bis dahin gültigen Regelungen. Über den Bereich der akademischen Jugend hinaus wurde bereits 1969 in der Großen Koalition mit dem *Berufsbildungsgesetz* das Ausbildungswesen Jugendlicher neu geregelt.

Im Bereich des Familienlastenausgleichs sollte erreicht werden, dass jedes Kind dem Staat gleich viel ‚wert' ist. Die höhere Einkommen begünstigenden steuerlichen Kinderfreibeträge wurden abgeschafft. Dafür wurde das *Kindergeld* für alle Kinder eingeführt.[73] Hinzu kamen Maßnahmen zur Verbesserung der Vereinbarkeit von Familie und Beruf, so insbesondere die Einführung eines – erweiterten – *Mutterschaftsurlaubs* für berufstätige Frauen von 6 Monaten nach der Geburt einschließlich einem Mutterschaftsgeld in Höhe des bisherigen Nettolohns (bis maximal 750 DM pro Monat) und einem achtmonatigen Kündigungsschutz. Zugleich wurden diese Mütter beitragsfrei sozialversichert.

Die Koalition suchte nach einem verbindenden Weg zwischen dem Sozialversicherungsprinzip Bismarckscher Provenienz, das insbesondere abhängige Erwerbsarbeit als Voraussetzung für eine Zugehörigkeit zur Sozialversicherung festgelegt hatte, und den vor allem in Großbritannien und Teilen Skandinaviens von Sozialdemokraten praktizierten, an den

---

73 Nach dem Kindergeldgesetz (KGG) vom 13. November 1954 erhielten Familien erstmals Kindergeldzahlungen, allerdings erst ab dem dritten Kind. Im Jahr 1961 wurde diese Regelung auch auf das zweite Kind ausgeweitet. Mit der Neufassung vom 30. Januar 1990 wurde durch das Bundeskindergeldgesetz (BKKG) ein gestaffelter Kindergeldanspruch eingeführt, der bereits mit dem ersten Kind einsetzt.

Plänen des englischen *Lord William Beveridge* (1879-1963)[74] orientierten Vorstellungen von einer *Volksversicherung*, die also nicht nur die in abhängiger Erwerbsarbeit Stehenden, sondern nach Möglichkeit alle Gesellschaftsmitglieder umfassen sollte. Die sozialliberale Koalition öffnete die Sozialversicherung für Freiberufler und für Selbständige, sie nahm Schüler und Studierende in die Gesetzliche Unfallversicherung auf. Zugleich wurden immer neue Tatbestände als leistungsbegründend bzw. leistungssteigernd anerkannt: Insbesondere die SPD sah hier ihr Konzept einer sich allmählich herstellenden Volksversicherung verwirklicht (*Ernst Schellenberg*). Zugleich ging die Koalition daran, das sehr zerklüftete Sozialrecht in einem einheitlichen *Sozialgesetzbuch* (SGB) zusammenzuführen. Dieser nun bereits fast dreißig Jahre währende Prozess griff damit den Gedanken der Sozialreform aus den 1950er Jahren auf, das Sozialrecht zu vereinheitlichen. Dem diente auch das *Rehabilitations-Angleichungsgesetz* von 1974, das eine Verbesserung, vor allem aber eine Zusammenfassung der bestehenden Leistungen im Falle von Behinderung brachte; allerdings führte es nicht die unterschiedlichen Institutionen zusammen, sondern beließ entsprechend dem insgesamt in Deutschland dominanten Kausalitätsdenken die Vielfalt der Leistungsträger und damit die erhebliche Unsicherheit, wer im Bedarfsfalle zuständig sein soll, im Kern unangetastet. Insgesamt aber verbesserten zahlreiche Reformen bestehende Leistungsgesetze. Dies betraf u.a. auch die sog. *flexible Altersrente* für Beschäftigte mit mindestens 35 Beitragsjahren, die seitdem bereits mit dem 62. Lebensjahr in Rente gehen können.

Die Sozialgesetzgebung stärkte insgesamt den *präventiven* Ansatz von Sozialpolitik. So wurden *Vorsorgeuntersuchungen* bei Kindern, aber auch bei Erwachsenen in den Leistungskatalog der GKV aufgenommen. Der Gedanke der Prävention im Sinne von Früherkennung wurde in praktische Regelungen überführt. Einen ebenfalls präventiven Charakter kam Neuregelungen im Bereich des betrieblichen Arbeitsschutzes zu. Insbesondere das *Arbeitssicherheitsgesetz* von 1973

---

74 Lord William Beveridge, von Hause aus ein Liberaler, hatte in den 1920er Jahre ein Gegenmodell zu dem Bismarckschen Sozialpolitikansatz formuliert: Aufgabe staatlicher Sozialpolitik ist Armutsvermeidung und zwar bei allen sozialen Schichten, nicht aber Lebensstandardsicherung bei bestimmten Gruppen der abhängig Erwerbstätigen. Von daher zielte sein Konzept auf ein alle Kreise umfassendes Konzept mehr oder weniger bedarfssichernder Mindestleistungen. Diese Vorschläge waren die Basis für die Labour Party in Großbritannien, als diese nach dem II. Weltkrieg die Grundlagen des heutigen britischen Wohlfahrtsstaates legten.

hat den medizinischen Arbeitsschutz ausgebaut und stellte einen Eingriff in die unternehmerische Gestaltungsfreiheit dar.

Diese zahlreichen Reformen wurden mit der politischen Vorstellung genereller indirekter Planbarkeit sozialer und politischer Prozesse verbunden. Mit dem *Städtebauförderungsgesetz* von 1971 beispielsweise suchte die Regierung nach Wegen, einer weiteren Zersiedelung kommunaler Räume und damit einer Benachteiligung öffentlicher vor privaten Interessen zu begegnen. Aber auch für die Bereiche Bildung, Soziales, Familie etc. wurden Beratergremien und Beratungsprozesse verankert, die die Regierung und darüber hinaus die gesellschaftlichen Akteure in die Lage versetzen sollten, im Rahmen eines rationalen Abstimmungsprozesses anstehende Probleme möglichst konfliktfrei zu lösen. Als wichtige Ergebnisse dieser Politik sind die bis in die Gegenwart regelmäßig erstellten Sozialberichte, Familienberichte, Kinder- und Jugendberichte, Berufsausbildungsberichte, Bildungsberichte etc. anzuführen.

Auch die *Fürsorgesysteme* wurden reformiert. 1970 wurde der Regelsatz in der Sozialhilfe auf ein neues Bedarfsmengenschema, einen sog. Warenkorb, umgestellt. Dieser orientierte sich an den tatsächlichen Lebensgewohnheiten unterer Einkommensbezieher. Zugleich wurden die Regelungen für Hilfen in besonderen Lebenslagen verbessert, wodurch insbesondere Menschen mit Behinderungen und Pflegebedürftige eine bessere Versorgung erhielten, die allerdings bis zu den gesetzlichen Neuregelungen in den 1990er und zu Beginn der 2000er Jahre immer noch unzureichend blieben. Mit Gründung der *Fachhochschulen* im Jahr 1971 wurde die Ausbildung von Sozialarbeitern, Sozial- und Heilpädagogen von ehedem Höheren Fachschulen an diesen neuen Typus von Hochschule verlegt. Dieses leitete mit einer Akademisierung zugleich eine höhere Professionalisierung sozialer Arbeit ein.

Jenes Wort „Mehr Demokratie wagen" sollte vor den Fabriktoren nicht halt machen. In dieser Ära kommt es schließlich zu einer Novelle des *Betriebsverfassungsgesetzes* (BVG) und insgesamt zu einem *Mitbestimmungsgesetz* für die Teile der Wirtschaft, die nicht unter die Montanmitbestimmung fallen. Stellte die Novelle des BVG in Teilen eine Verbesserung ggb. der Fassung von 1952 dar, blieb das Mitbestimmungsgesetz von 1976 deutlich hinter der paritätischen Mitbestimmung im Montanbereich zurück.

In dieser Phase wurde der *Reform*-Begriff emphatisch mit der Herstellung von mehr sozialer Chancengleichheit, mit dem Ausgleich früher erfahrener Benachteiligung, mit Verwirklichung des im Sozialstaatsgrundsatz zum Ausdruck kommenden Integrationsgebotes verbunden. Dabei wurde gerade auch in dieser Zeit breit diskutiert, dass die Sozialversicherung insgesamt keine Kuh sei, die im Himmel gefüttert und auf Erden gemolken werde. Sozialpolitik der „inneren Reformen" bedeutete Verteilung, auch Umverteilung – eine erste Enquête-Kommission legte dazu 1981 ihren Bericht vor:

Transfer-Enquête: Zusammenfassung der wichtigsten Ergebnisse

II. Insgesamt sind die Transfers in den 70er Jahren weit stärker gewachsen als die Bruttoerwerbs- und Vermögenseinkommen (...). Die von den privaten Haushalten empfangenen laufenden Übertragungen und hierin insbesondere die Sozialleistungen stiegen von 1970 bis 1979 um rund 24 Prozent stärker als die Bruttoerwerbs- und Vermögenseinkommen. Die direkten Steuern stiegen um 17 Prozent, die Sozialbeiträge sogar um 26 Prozent stärker als das Einkommen. Die Steigerung des verfügbaren Einkommens entsprach etwa der des Bruttoerwerbs- und Vermögenseinkommens, während die indirekten Steuern nur unterdurchschnittlich wuchsen. 85 Prozent des Anstiegs der empfangenen laufenden Übertragungen konnten durch den Anstieg der Sozialbeiträge finanziert werden. Ein Viertel des Anstiegs der direkten Steuern wurde benötigt, um den Rest zu finanzieren.

III. Der Bericht der Kommission zeigt, daß der Vorwurf gegen das Transfersystem, es verteile das Geld nur zwischen der linken und rechten Tasche der Bürger um, weit übertrieben ist. Für den gesamten Bereich der Alterssicherung trifft er insoweit nicht zu, wie die Renten durch Beiträge der aktiven Generation finanziert werden. Es kann empirisch gezeigt werden, daß das System diese Funktion wahrnimmt. Rentner- und Pensionärshaushalte sind Nettoempfänger von Transfers, während Erwerbstätigenhaushalte Nettozahler von Transfers sind. Von den positiven monetären Transfers gingen 1978 knapp 3/4 (71 vH) an Haushalte mit einem Nichterwerbstätigen- und etwas mehr als 1/4 an Haushalte mit einem Erwerbstätigenhaushaltsvorstand. Bei Haushalten von Rentnern und Pensionären machten die empfangenen Transfers 76 Prozent des Bruttoeinkommens aus, bei Haushalten von Arbeitern 10 Prozent, von Angestellten 7 Prozent, von Beamten 5 Prozent und von Selbstständigen 3 Prozent.

Die negativen Transfers – d.h. im wesentlichen Steuern und Sozialbeiträge – machten bei Haushalten von Rentnern nur 7 vH des Bruttoeinkommens, bei Haushalten von Arbeitern 40 vH, von Angestellten 41 vH, von Beamten 23 vH und von Selbständigen 29 vH aus. (...)

V. Insgesamt führt das deutsche Transfersystem dazu, daß die verfügbaren Einkommen der Bezieher von Leistungseinkommen gleichmäßiger als ihre Bruttoerwerbs- und Vermögenseinkommen verteilt sind. Betrachtet man die Umverteilung zwischen den sozialen Gruppen, treten die größten Umverteilungswirkungen zwischen Angestellten- und Arbeiterhaushalten einerseits und Rentnerhaushalten andererseits auf. Hieran zeigt sich der dominierende Einfluß des sozialen Alterssicherungssystems.

VI. Die Expansion des Transfersystems in den 70er Jahren ist nur im geringen Maße auf demografische Veränderungen zurückzuführen. Weitaus wichtiger waren einerseits die Auswirkungen der ungünstigen Arbeitsmarktlage durch:

- höhere Arbeitslosenzahlen
  und
- die vermehrte vorzeitige Inanspruchnahme von Renten;
andererseits der Einfluß von Leistungsverbesserungen wie:
- die Einführung der flexiblen Altersgrenze,
- die Öffnung der Rentenversicherung für Selbständige und Hausfrauen,
- die Schaffung einer Rente nach Mindesteinkommen,
- die Verbesserung der Altersversorgung für Landwirte,
- die Dynamisierung der Rentenanpassung in der Kriegsopferversorgung,
- die Umgestaltung und Ausweitung des Familienlastenausgleichs. (...)

XXIX. Das Transfersystem hat vielfältige Auswirkungen auf den Wirtschaftsprozeß. Von ihm können sowohl positive wie negative Wirkungen ausgehen (...).

Die Zusammenhänge zwischen Transfersystem und Wirtschaftsprozeß sind freilich noch nicht in ausreichendem Maße erforscht; zudem bestehen begründete Zweifel, ob es zulässig ist, die wenigen Forschungsergebnisse, die vor allem für die Vereinigten Staaten vorliegen, auf die Verhältnisse in der Bundesrepublik Deutschland zu übertragen. Insgesamt ist der Spielraum, den der Staat bei der Ausgestaltung des Transfersystems hat, sicher nicht beliebig groß, aber ist auch nicht so eng, wie das in der politischen Diskussion mitunter behauptet wird.

Bei der Beurteilung des Transfersystems dürfen auch die positiven Auswirkungen nicht übersehen werden. Das Vorhandensein eines ‚sozialen Netzes' hat dazu beigetragen, daß die zunehmenden beschäftigungspolitischen Schwierigkeiten in der Bundesrepublik Deutschland bislang ohne soziale Erschütterungen bewältigt werden konnten.

XXX. Zusammenfassend zeigt das Gutachten der Transferkommission, daß ein Teil der in der Öffentlichkeit vorgetragenen Kritik am Transfersystem der Bundesrepublik Deutschland überzogen ist. Insgesamt erfüllt das System seinen Zweck. An einigen Stellen liegen jedoch Mängel und Fehlentwicklungen vor, denen durch eine entsprechende Politik zu begegnen ist. Auch sind die Reaktionen der Bürger und ihre Sorge über die finanzielle Situation des Transfersystems stärker als bisher in die Überlegungen einzubeziehen.

Transfer-Enquête-Kommission: Das Transfersystem in der Bundesrepublik Deutschland. Veröffentlicht durch die Bundesregierung. Der Bundesminister für Arbeit und Sozialordnung. Der Bundesminister für Wirtschaft, Stuttgart u.a. 1981, S. 13ff.

Diese Umverteilung basierte auf dem Wohlstandszuwachs in Deutschland und erfolgte weitgehend innerhalb einer sozialen ‚Klasse' bzw. Schicht, aber sie griff wichtige soziale Probleme auf und führte sie zu einer Lösung, bzw. korrigierte diese dann, wenn sich unbeabsichtigte Resultate ergeben hatten. So führte beispielsweise die Öffnung der Gesetzlichen Rentenversicherung für Selbständige dazu, dass diese – mitunter an einer öffentlichen Rente nicht interessiert – mit einem minimalen Beitrag volle Leistungen etwa bei rehabilitativen Maßnahmen anstrebten; eine Novelle des Gesetzes verbaute diesen ‚billigen' Zugang etwa zu Kuren. Insgesamt aber wurden neue soziale Rechtsansprüche geschaffen und ausgebaut, sodass die soziale Qualität der bundesdeutschen Gesellschaft, von der Nachkriegsordnung aus betrachtet, auf ein neues Niveau gehoben worden war. Allerdings gab es zugleich erste Hinweise, dass diese Rechtsansprüche unter besonders günstig erscheinenden politischen und ökonomischen Bedingungen entstanden waren und dass sie unter anderen Bedingungen auch wieder zur Disposition gestellt werden könnten und tatsächlich auch wurden.

2.5   Strukturwandel, Europäisierung, globale Wirtschaftsverflechtung: Ansätze neoliberaler Neubestimmung von Sozialpolitik

Änderung der wirtschaftspolitischen Rahmenbedingungen

Im Jahr 1973 standen 673.000 offenen Stellen auf dem Arbeitsmarkt nur 350.000 Arbeitslose gegenüber. Der Sozialbericht von 1973 bezeichnete das Problem der Arbeitskräfteknappheit als das zentrale soziale Problem auch der nächsten Zeit.[75] Folglich wurde der kräftige Anstieg der Arbeitslosigkeit im Jahr 1974 auf 620.000 auch noch nicht als sehr dramatisch angesehen: Vielmehr wurde die Verteuerung des Rohöls als Ursache für diesen rezessiven Einschnitt verantwortlich gemacht (*Ölkrise*). Tatsächlich aber waren es nicht die veränderten Rohölpreise, auch nicht vorübergehende konjunkturelle Krisensymptome, die die Zahl der Arbeitslosen bereits im Jahr 1975 auf über eine Million ansteigen ließen. Es zeichneten sich vielmehr massive struktu-

---

75 Sozialbericht 1973, in: Deutscher Bundestag, 7. Wahlperiode, Drucksache Nr. 7/1167, Bonn 1973

relle Veränderungen in der Wirtschaft ab. Die letzte Rezession Ende der 1960er Jahre wurde vor allem durch massive Rationalisierungsinvestitionen der Wirtschaftsunternehmen mit dem Effekt überwunden, dass als Folge steigender Arbeitsproduktivität das Beschäftigungsvolumen verringert wurde, letztlich um die Kosten der Produktion senken zu können. Gleichzeitig veränderten sich die Gewichte zwischen den Sektoren der Volkswirtschaft, der Dienstleistungsbereich war inzwischen zum stärksten Teil der Wirtschaft geworden: Die Ausdehnung alleine des öffentlichen Sektors durch Bildungs- und Sozialreform brachte neben neuen privaten Dienstleistungen einen Anstieg an Arbeitsmöglichkeiten bei gleichzeitig rapide schrumpfenden Arbeitsplätzen im sekundären Sektor. Der landwirtschaftliche Bereich war beschäftigungsmäßig fast bedeutungslos geworden, kleine Höfe mussten mangels Rentabilität aufgegeben werden.

Sektoraler Wandel der Beschäftigtenstruktur 1882-2004

Jahr	Primärer Sektor	Sekundärer Sektor	Tertiärer Sektor
	Anteil der Erwerbstätigen nach Wirtschaftsbereichen in Prozent		
	(1882 und 1925 bezogen auf Erwerbspersonen)		
1882	43,4	33,7	22,8
1925	30,5	41,4	28,1
1950	23,3	43,3	33,4
1970	8,6	46,4	44,9
1980	5,3	41,1	53,6
1990	3,6	36,7	59,7
1995	2,9	32,6	64,6
2000	2,4	28,9	68,7
2004	2,2	26,4	71,3

Quellen: Zusammenstellung nach: Sachverständigenrat zur Begutachtung der gesamtwirtschaftlichen Lage (Hg.): Jahresgutachten 2003/04, Bonn 2004, S. 536; ebenda: Jahresgutachten 2005/06, Bonn 2005, S. 575; Statistisches Bundesamt (Hg.): Datenreport 4. Zahlen und Fakten über die Bundesrepublik Deutschland 1989/90, Bonn 1991, S. 83

Dieser Strukturwandel, der sich parallel auch in den anderen Staaten der Europäischen Wirtschaftsgemeinschaft ereignete, reduzierte die Zahl der Arbeitsplätze, zugleich ergaben sich Inkompatibilitäten zwischen dem Qualifikationsprofil verlorengegangener Arbeitsplätze und den neu geschaffenen (*missmatch-Arbeitslosigkeit*). Die Bundespolitik reagiert prompt, einem verhängten Anwerbestopp für Gastarbeiter aus dem Ausland folgte eine Zuzugssperre für Familienangehörige aus den

Herkunftsländern, um so dem Zuwachs des Arbeitskräftepotentials entgegenzuwirken. Parallel dazu erhöhte sich das Potential der Arbeitsuchenden: Insbesondere Frauen drängten im langjährigen Trend auf eine höhere Beteiligung am Erwerbsleben. Daneben kamen die letzten geburtenstarken Jahrgänge ins Erwerbsleben. Die Bundesrepublik Deutschland verzeichnete durch die gesamten 1980er Jahre eine Arbeitslosigkeit von zunächst einer Million, dann von zwei Millionen.

Die europäische Wirtschaft wuchs stärker zusammen. Das Weltwährungssystem war am Ende des II. Weltkrieges in *Bretton Woods* mit dem Ziel neu geordnet worden, ein Zusammenbrechen der internationalen Finanzverbindungen wie im Verlauf der Weltwirtschaftskrise von 1929 zukünftig auszuschließen. Die jeweiligen nationalen Währungen wurden über einen festgelegten Regelungsmechanismus an den Dollar gebunden. Als Folge verschiedener Ereignisse im Verlauf der 1960er Jahre – nicht zuletzt des Vietnamkrieges und den daran gebundenen erheblichen, weltweit inflationär wirkenden öffentlichen Ausgaben in den USA – wurde der Dollar seiner Rolle als Leitwährung nicht mehr gerecht; der feste Verbund wurde aufgegeben. In einer gewissen Zeitspanne in den 1970er Jahren waren die Kurse zwischen den Währungen freigegeben, sie floateten, was einerseits spekulative Angriffe auf nationale Währungen verhinderte, zugleich aber als Folge stärkerer Kursschwankungen den internationalen Handel hemmte. Angesichts der engen Verzahnung der (west-)europäischen Volkswirtschaften war dieses eine erhebliche Beeinträchtigung, die in Stufen durch ein gemeinsames Währungssystem bis hin zur Einführung einer gemeinsamen Währung überwunden wurde. Dieser über 20 Jahre während Prozess – vom System der *Europäischen Währungsschlange*[76] bis hin zur Einführung des *Euro* im Jahr 1999 als Verrechnungseinheit im bargeldlosen Zahlungsverkehr und im Jahr 2002 als echte Währung – veränderte die Wettbewerbsbedingungen zwischen den einzelnen Volkswirtschaften erheblich. Hinzu kamen die Regelungen auf der Ebene des internationalen Handels: Das *Welthandelsabkommen* (mit Gründung der Welthandelsorganisation, WTO) von 1994 sollte Handelshemmnisse zwischen den wirtschaftlichen Partnern abbauen, führte aber der Tendenz nach dazu, dass nun jeder auf international handelbare Güter und Dienstleistungen bezogene Arbeitsplatz auf dieser

---

76 Die beteiligten Länder verständigten sich damals darauf, das Ausmaß des Floatens einzuschränken; sie legten fest, dass sich die jeweiligen Währungskurse (‚Schlange') nur innerhalb einer bestimmten Spannweite (‚Tunnel') bewegen dürfen. Für den Fall, dass eine Währung die festgelegte Toleranzzone zu verlassen drohte, waren Interventionen der anderen Länder vorgesehen.

Welt mit jedem anderen in Wettbewerb tritt. Dabei spielt die Kostenbelastung der Arbeitsplätze, zu der auch die Sozialabgaben beitragen, eine zentrale Rolle.

Stop and go

Diese allgemeine wirtschaftliche Entwicklung schlug sich in einer insgesamt widersprüchlichen Sozialpolitik nieder. Auf der einen Seite wurden bereits am Ende der sozialliberalen Koalition starke Einschnitte insbesondere beim Arbeitsförderungsgesetz und beim Rentenrecht beschlossen. Bei der Rentenversicherung wurde die Rentenanpassung zunächst vom Bruttolohnbezug abgekoppelt, dann – nach einer kurzen Phase willkürlich festgelegter Erhöhungssätze – nur noch nettolohnbezogen vorgenommen. Im Recht der Arbeitslosenversicherung wurden Leistungen gekürzt und insgesamt, etwa bei den Zumutbarkeitsregelungen,[77] verschärft. Auf der anderen Seite wurden diese eher angebotsorientierten sozialpolitischen Eingriffe durch nachfragesteigernde Regelungen ergänzt bzw. wieder aufgehoben: Die wichtigsten Wirtschaftsnationen verständigten sich Ende der 1970er Jahre auf eine abgestimmte Stimulierung der nationalen Binnennachfrage.

Der Wechsel von der sozialliberalen zur konservativ-liberalen Koalition 1982 (konstruktives Misstrauensvotum) bzw. 1983 (Bundestagswahl) setzte diese Stop-and-go-Politik fort: Es wurden in konservativer Absicht Regelungen abgebaut, die in der sozialliberalen Koalition mehr Chancengleichheit bringen sollten, so etwa bei der finanziellen Unterstützung Studierender (Umstellung des BAföG auf Darlehensgrundlage) und z.T. harte Einschnitte im Rahmen des Arbeitsförderungsgesetzes vorgenommen. Es kam zur Absenkung bzw. nicht zeit- und sachgerechten Anpassung von sozialen Leistungen (etwa bei der Sozialhilfe, beim Wohngeld etc.). Die 16 Jahre konservativ-liberaler Sozialpolitik waren durchgängig von einer Diskussion über notwendige Kostendämpfungsmaßnahmen im Gesundheitswesen, die Anpassung der Rentenpolitik an zukünftige demografische Erfordernisse und eine stärkere Flexibilisierung des Arbeitsmarktes einschließlich

---

77 Über die Zumutbarkeitsregelungen bestimmt sich, welche Tätigkeiten bzw. welche Beschäftigungs- und Entlohnungsbedingungen eine arbeitslose Person, die im Leistungsbezug durch das Arbeitsamt steht, akzeptieren muss, wenn sie keine Leistungskürzungen riskieren will.

der Instrumente der aktiven und der passiven Arbeitsmarktpolitik bestimmt. Die gefundenen Lösungen bedeuteten fast immer Leistungseinschränkungen, höhere Selbstbeteiligungen, verschärfte Integrationsmechanismen.

Dabei kam es in der sozialpolitischen Diskussion der 1970er und 1980er Jahre zu einer geradezu paradoxen Verkehrung. Dass in den 1970er Jahre die sozialliberale Regierung mit Stolz auf ihre sozialpolitischen Neuerungen verwies, mochte die damalige CDU/CSU-Opposition nicht unwidersprochen hinnehmen. Sie entwarf die These von einer *Neuen Sozialen Frage*. Mit ihr wollten ihr Autor *Heiner Geißler* und die Unionsparteien deutlich machen, dass das bundesdeutsche soziale Sicherungssystem in hohem Maße erwerbsarbeitsbezogen, also auf die ‚alte' soziale Frage der Industriearbeiterschaft ausgerichtet sei. Dies habe zur Folge, dass die regierenden Sozialdemokraten vor allem ihre Klientel der Erwerbsarbeit Leistenden bediene und die sozialen Risiken nur schlecht versorge, die außerhalb des Erwerbsarbeitslebens stünden. Auch wenn die Zahl von sechs Millionen Armen, die Heiner Geißler meinte feststellen zu können, zu hoch gewesen war, war die Kritik am bestehenden sozialen Sicherungssystem in der Tendenz richtig: Denn das Risiko der Verarmung trifft vor allem jene, die nicht mehr oder überhaupt nicht am Erwerbsleben teilnehmen können. Das bundesdeutsche soziale Sicherungssystem ist eben allen Reformen zum Trotz keine Volksversicherung, und zwar deshalb, weil es *alle* politischen Parteien in Deutschland so wollten. Als dann aber parallel mit dem Anstieg und der Dauer der Massenarbeitslosigkeit im Übergang zu den 1980er Jahren die Zahl der Empfängerinnen und Empfänger von Hilfen zum Lebensunterhalt im Rahmen der Sozialhilfe anstieg, entdeckte 1983/84 die auf die Bänke der Opposition verwiesene SPD nun eine *Neue Armut* und richtete gegen die Bundesregierung aus CDU/CSU und FDP den Vorwurf, sie treibe mit ihrer Politik große Teile der Bevölkerung in Armut. Diese reagierte nicht anders als vormals die SPD: Sie leugnete einen Zusammenhang zwischen der 1982/83 massiv betriebenen Politik der Leistungseinschränkungen im Sozialbereich und den ansteigenden Armutszahlen.[78] Dabei war nichts anderes zu konstatieren als was Heiner Geißler auch bereits erkannt hatte, dass nämlich die soziale Entfernung vom Arbeitsmarkt das größte Armutsrisiko in Deutschland darstellt.

---

78 Heiner Geißler: Die Neue Soziale Frage, Freiburg im Breisgau 1976; Werner Balsen u.a. (Hg.): Die neue Armut. Ausgrenzung von Arbeitslosen aus der Arbeitslosenunterstützung, Köln 1984

Zunehmend bekam das bestehende *Mindestsicherungssystem Sozialhilfe* die Aufgabe, indirekt staatliche Lohnpolitik zu betreiben: Das Abstandsgebot in der Sozialhilfe, wonach das Niveau der Leistungen unterhalb der unteren Lohngruppen liegen solle, wurde zum Anlass genommen, seine absolute oder relative Absenkung zum Instrument dafür zu machen, Spielraum für Absenkungen von Lohnersatzleistungen bei Arbeitslosigkeit und damit bei den Löhnen zu gewinnen. Sinkende Sozialtransfers bei Arbeitslosigkeit als Voraussetzung für tendenziell sinkende Löhne bzw. deren stärkere Spreizung gerade im unteren Bereich sind ein Wesensmerkmal angebotsorientierter Wirtschaftspolitik. Die Mindestsicherungspolitik wurde so zu einem der zentralen Instrumente *neoliberal ausgerichteter staatlicher Lohnpolitik*, die durch Schnitte bei anderen Sozialleistungen flankiert wurde.

Gleichwohl gab es auf der anderen Seite auch Leistungsverbesserungen, sodass eine vergleichbare konsequente Umsetzung neoliberaler Sozialpolitik wie etwa in Großbritannien unter *Margaret Thatcher* bzw. *John Major* und in den USA unter *Ronald Reagan* und *George W. Bush sen.* nicht erfolgte. So wurde beispielsweise die Bezugsdauer beim Arbeitslosengeld für ältere Arbeitslose mit dem Ziel verlängert, den Übergang zur vorgezogenen Rente sozial zu flankieren. Der Mutterschaftsurlaub wurde 1986 mit dem *Bundeserziehungsgeldgesetz* (BErzGG) in einen *Erziehungsurlaub* erweitert, der es Eltern ermöglichen sollte, sich während der ersten drei Jahre eines Neugeborenen ganz auf das Kind zu konzentrieren. Von Bedeutung war, dass der Anspruch auf den alten Arbeitsplatz erhalten blieb, bei kleineren Betrieben zumindest auf einen gleichwertigen Arbeitsplatz. Von herausragender Bedeutung wurde die politische Entscheidung, die jahrzehntelangen Auseinandersetzungen um eine sozialversicherungsrechtliche Abdeckung des Pflegerisikos zu beenden. 1994 einigte sich die Regierungskoalition mit der Opposition auf ein Gesetz, wonach die *Pflegeversicherung* als fünfter Zweig der Sozialversicherung ausgestaltet werden sollte. 1995 trat dieses Gesetz als *Buch XI Sozialgesetzbuch* in Kraft. Ein weiteres Reformvorhaben betraf das Jugendrecht. Nachdem im Jahr 1961 das *Jugendwohlfahrtsgesetz* von 1922 neu gefasst worden war, verstärkte die konservativ-liberale Koalition mit dem *Kinder- und Jugendhilfe-Gesetz* (KJHG) vom Juni 1990 die sozialpädagogischen Hilfestellungen und weitete das Hilfeangebot für diesen Personenkreis erheblich aus. 1996 wurde dieser Gesetzeskomplex als *Buch VIII* in das *Sozialgesetzbuch* eingefügt.

Herstellung der deutschen Einheit

Doch allen Konsolidierungsmaßnahmen einerseits bzw. Reformschritten andererseits zum Trotz blieben die sozialpolitischen Probleme in hohem Maße ungelöst. Insbesondere verharrte die Massenarbeitslosigkeit auf hohem Niveau. Die Kostenentwicklung im Rahmen der Gesetzlichen Krankenversicherung und Probleme bei der Finanzierung der Renten bestanden fort. Mit dem *Fall der Mauer* am 9. November 1989 traten diese Probleme jedoch vorerst in den Hintergrund. Eine konservative und wirtschaftsliberale, traditionell stärker auf angebotsorientierte Wirtschaftspolitik ausgerichtete Bundesregierung übernahm es nun, zur Finanzierung der deutschen Einheit Ausgabenprogramme aufzulegen, die alle bisherigen Erfahrungen mit keynesianischen Haushaltsprogrammen zumindest in Deutschland übertrafen. Letztlich wurden milliardenschwere, auf dem Kreditweg beschaffte Fördermittel mit dem Ziel nach Ostdeutschland transferiert, neue, konkurrenzfähige Arbeitsplätze zu schaffen, um dort in möglichst kurzer Zeit „blühende Landschaften" (*Helmut Kohl*) entstehen zu lassen. Die Staatsverschuldung der öffentlichen Haushalte verdoppelte sich in dieser von CDU/CSU und FDP verantworteten Phase und stieg von 1990-1998 von 1.049 auf über 2.000 Mrd. DM. Zu dieser kreditfinanzierten direkten staatlichen Förderung kamen solche im *Bund-Länderfinanzausgleich,*[79] vor allem aber Leistungen der Sozialversicherungen. Das bestehende soziale Sicherungssystem der Bundesrepublik Deutschland wurde in kürzester Zeit auf die fünf neuen Bundesländer ausgeweitet.

Exkurs: Sozialpolitik in der DDR

In der Tat bestanden zunächst einmal kaum Brücken zwischen den unterschiedlichen sozialen Sicherungssystemen. Die Verfassung der DDR von 1949 übernahm in einem großem Umfange soziale Grundrechte, wie sie im Verlauf des 19. Jahrhunderts seitens der Arbeiterbewegung entwickelt worden waren.

---

79 Das Grundgesetz bestimmt in Artikel 107 Absatz 2, dass über eine gesetzliche Regelung sicherzustellen ist, dass die unterschiedliche Finanzkraft der Länder durch einen sog. Länderfinanzausgleich nivelliert wird. Die Finanzkraft und der Finanzbedarf der Gemeinden bzw. Gemeindeverbände ist dabei ebenfalls zu berücksichtigen. Auch kann der Bund zur Deckung des allgemeinen Finanzbedarfs herangezogen werden (Ergänzungszuweisungen).

Verfassung der DDR vom 7. Oktober 1949

Art. 14. (l) Das Recht, Vereinigungen zur Förderung der Lohn und Arbeitsbedingungen anzugehören, ist für jedermann gewährleistet. Alle Abreden und Maßnahmen, welche diese Freiheit einschränken oder zu behindern suchen, sind rechtswidrig und verboten.

(2) Das Streikrecht der Gewerkschaften ist gewährleistet.

Art. 15. (l) Die Arbeitskraft wird vom Staat geschützt.

(2) Das Recht auf Arbeit wird verbürgt. Der Staat sichert durch Wirtschaftslenkung jedem Bürger Arbeit und Lebensunterhalt. Soweit dem Bürger angemessene Arbeitsgelegenheit nicht nachgewiesen werden kann, wird für seinen notwendigen Unterhalt gesorgt.

Art. 16. (l) Jeder Arbeitende hat ein Recht auf Erholung, auf jährlichen Urlaub gegen Entgelt, auf Versorgung bei Krankheit und im Alter.

(2) Der Sonntag, die Feiertage und der l. Mai sind Tage der Arbeitsruhe und stehen unter dem Schutz der Gesetze.

(3) Der Erhaltung der Gesundheit und Arbeitsfähigkeit der arbeitenden Bevölkerung, dem Schutze der Mutterschaft und der Vorsorge gegen die wirtschaftlichen Folgen von Alter, Invalidität, Arbeitslosigkeit und sonstigen Wechselfällen des Lebens dient ein einheitliches umfassendes Sozialversicherungswesen auf der Grundlage der Selbstverwaltung der Versicherten.

Art. 17. (l) Die Regelung der Produktion sowie der Lohn- und Arbeitsbedingungen in den Betrieben erfolgt unter maßgeblicher Mitbestimmung der Arbeiter und Angestellten.

(2) Die Arbeiter und Angestellten nehmen diese Rechte durch Gewerkschaften und Betriebsräte wahr.

Art. 18. (l) Die Republik schafft unter maßgeblicher Mitbestimmung der Werktätigen ein einheitliches Arbeitsrecht, eine einheitliche Arbeitsgerichtsbarkeit und einen einheitlichen Arbeitsschutz.

(2) Die Arbeitsbedingungen müssen so beschaffen sein, daß die Gesundheit, die kulturellen Ansprüche und das Familienleben der Werktätigen gesichert sind.

(3) Das Arbeitsentgelt muß der Leistung entsprechen und ein menschenwürdiges Dasein für den Arbeitenden und seine unterhaltungsberechtigten Angehörigen gewährleisten.

(4) Mann und Frau, Erwachsener und Jugendlicher haben bei gleicher Arbeit das Recht auf gleichen Lohn.

(5) Die Frau genießt besonderen Schutz im Arbeitsverhältnis. Durch Gesetz der Republik werden Einrichtungen geschaffen, die es gewährleisten,

daß die Frau ihre Aufgabe als Bürgerin und Schaffende mit ihren Pflichten als Frau und Mutter vereinbaren kann.

(6) Die Jugend wird gegen Ausbeutung geschützt und vor sittlicher, körperlicher und geistiger Verwahrlosung bewahrt. Kinderarbeit ist verboten.

Die Verfassung der Deutschen Demokratischen Republik vom 7. Oktober 1949, in: Günther Franz (Hg.): Staatsverfassung, 3. Aufl., Darmstadt 1975, S. 273f.

Mit dem „Recht auf Arbeit" war eines der zentralen Anliegen der traditionellen Industriearbeiterschaft aufgenommen worden, das die geschichtliche Erfahrung mit den persönlich und sozial ruinösen Folgen von Arbeitslosigkeit zukünftig verhindern sollte. Zugleich fällt auf, dass die Verfassung der DDR von 1949 in Artikel 16 Aussagen zur Sozialpolitik enthielt, obwohl dem ideologischen Selbstverständnis zu Folge im Sozialismus Sozialpolitik „(...) sachlich als systematischer Widerspruch und terminologisch als Pleonasmus" galt. Denn „der Sozialismus als soziale Ordnung in politischer Bewegung *war* Sozialpolitik im umfassendsten Sinn und bedurfte mithin nicht gesonderter sozialer Politiken für bestimmte Problemgruppen und Problemlagen." Sozialpolitik erfolgte quasi hinter dem eigenen Rücken. Erst in den 1960er Jahre kam es hier zu einem Umdenken. Artikel 35 der neuen Verfassung sicherte nun „eine umfassende Sozialpolitik" zum Schutz der Gesundheit und Arbeitskraft zu. Auch in der Verfassung von 1974 wurde diese Passage übernommen. Parteioffiziell wurde damit eingestanden, dass es soziale Gefährdungen und Ungleichgewichte gab, die „nach kontinuierlicher Bearbeitung mit einer durch die Besonderheit ihrer Ziele und Mittel aus der allgemeinen Gesellschaftspolitik herausgehobenen Sozialpolitik verlangten."[80] Dabei stellte das System der sozialen Sicherung der DDR eine Mischung eigener Art aus Elementen des sowjetischen Systems, dann aber auch der Bismarckschen Sozialpolitik dar.

In der DDR hatte sich ein Sozialsystem etabliert, dass auf folgenden fünf Säulen beruhte:

1. Den *Betrieben* oblagen – dem sowjetischen System folgend – neben der allgemeinen Beschäftigungssicherung („Recht auf Arbeit") weitgehende soziale Aufgaben, vom betrieblichen Kindergarten über Jugendbetreuung, Familienferien, soziale Dienste bis hin zur

---

80   Volker Hentschel: Geschichte der deutschen Sozialpolitik (1880-1980), Frankfurt am Main 1983, S. 216f.

Seniorenbetreuung. Die Kosten für diese sozialen Leistungen wurden entweder gar nicht oder nur im allgemeinen staatlichen Planungswesen berücksichtigt, nicht aber über Löhne, Steuern, Preise und Abgaben finanziert.

2. *Grundnahrungsmittel und Dienstleistungen* des allgemeinen Grundbedarfs wurden vom Staat aus Steuermitteln so stark subventioniert, dass mit relativ geringen finanziellen Mitteln die Grundexistenz gesichert werden konnte, wenngleich wie bei den Wohnungen, Verkehrsmitteln etc. die Qualität sehr niedrig anzusetzen war. Bestimmte *soziale Leistungen* (Gesundheitsleistungen, soziale Dienste) waren frei und konnten von jedem nachgefragt werden. Bei fachlich hohem Ausbildungsstand der diese Dienste Erbringenden blieben allerdings die Qualität und Erreichbarkeit von Arzneimitteln, Heil- und Hilfsmitteln häufig unbefriedigend. Umgekehrt waren Konsumgüter höherer Qualitätsstufe entweder überhaupt nicht oder nur nach langen Wartezeiten und zu hohen Kosten zu erwerben (Südfrüchte, „Trabi" etc.).

3. In Abweichung vom sowjetischen Vorbild und stärker der deutschen Tradition verbunden, wurden weiterhin Beiträge zur Sozialversicherung erhoben. Diese waren zweckgebunden, allerdings bestand kein echter Kausalkontext zwischen Beitragsaufkommen und Leistungsaufwand. Die Sozialversicherung – eine Einheitsversicherung, wenngleich organisatorisch wieder differenziert nach Arbeitern bzw. Angestellten einerseits und Bauern, Handwerkern und Selbständigen andererseits – war für alle sozialen Leistungen zuständig. Sie sicherte den Bewohnerinnen und Bewohnern u.a. eine *Mindestrente*, die infolge des subventionierten Grundbedarfs sehr wohl existenzsichernd war, aber nicht ausreichte, um den Wunsch nach zusätzlichem ‚Luxus' zu befriedigen. Seit 1968 war es möglich, durch zusätzliche Beiträge eine individuelle äquivalenzorientierte *Zusatzversicherung* abzuschließen. Damit wurde der Sache nach das Bismarcksche Konstrukt einer Basisrente plus einer Zusatzrente wiederhergestellt. Eine Arbeitslosenversicherung war angesichts des hohen Arbeitskräftebedarfs ohne Bedeutung, sie wurde deshalb 1978 abgeschafft; Sozialhilfeausgaben beschränkten sich auf ganz wenige Fälle, da hier ebenfalls betriebliche und andere Kollektive häufig vorher einsprangen.

4. Alle Leistungen trugen der sozialistischen Ideologie Rechnung, dass die DDR ein *Staat der Werktätigen* sei: In Umkehrung der Vorstellungen in marktwirtschaftlichen Systemen, wonach die bil-

dungsstandorientierte Leistung Voraussetzung für die Entlohnung und die daran gekoppelten Sicherungssysteme ist, erfolgte im Sozialsystem der DDR eine positive Sanktionierung der (physischen) Arbeitskraft. Den Arbeitern standen höhere Löhne und höhere Sozialleistungen als akademischen Berufsgruppen zu. Neben diesen – im Sinne der Staatsideologie – gestuften Absicherungen gegen die allgemeinen sozialen Risiken gab es – den Vorstellungen Lenins von einer *Avantgarde des Proletariats* folgend – ein fast schon wieder feudales, hierarchisch stark gestuftes System *sozialer Privilegien*, von der einmaligen Möglichkeit in einem Devisenladen einzukaufen bis hin zum Privileg, ständig West-Waren beziehen zu dürfen. Es gab auch Zusatzrenten für bestimmte Kader und ausschließlich zu deren Versorgung vorbehaltene Einrichtungen etwa des Gesundheitswesens, für Ferienaufenthalte etc. Es war nicht zuletzt diese nicht einmal mehr heimlich betriebene Abstufung bei der Belohnung, beim Konsum, der gesundheitlichen Versorgung, Alterssicherung und schließlich der Genehmigung von Reisen ins ‚kapitalistische Ausland' (‚Reisekader'), die die Vorstellung von einer sozialistischen Transformation zur Farce verkommen ließ.

5. Nicht wenige Einzelregelungen bewirkten eine *Integration von Personengruppen* auf einem Niveau, das zwar gemessen an westdeutschem Standard quantitativ unzureichend, dem Grunde nach aber qualitativ durchaus beachtlich war. Dazu gehörte die Mindestrente für Personen, die auf Grund einer Behinderung nicht in der Lage waren, ein eigenes Einkommen zu erwirtschaften ebenso wie familienergänzende Hilfen, insbesondere bei der Vereinbarkeit von Familie und Beruf, darunter großzügige Regelungen nicht zuletzt für Frauen mit Kindern sowie Freizeitangebote, auch wenn diese im Regelfall mit politischen Zielen der Staats- und Parteiführung verbunden waren.

Wie in den anderen Ostblockländern stießen die Errungenschaften der sozialen Sicherung in der DDR in den 1960er und 1970er Jahre zunächst auf eine mehr oder weniger stark ausgeprägte Akzeptanz. Insbesondere Frauen hatten aufgrund längerer Erwerbstätigkeit relativ gesehen eine insgesamt bessere Absicherung im Alter als ihre westdeutschen Geschlechtsgenossinnen. Allerdings teilten die Frauen in Ost und West das gemeinsame Schicksal, dass bei ihnen Erwerbstätigkeit letztlich Mehrbelastung neben der ihnen weiterhin obliegenden Familienarbeit bedeutete, in der DDR noch durch eine weitere im Bereich des gesellschaftlichen Engagements verstärkt. Das soziale Sicherungsniveau wie insgesamt das der Versorgung breitester Bevölkerungskreise war im Vergleich zu anderen sozialistischen Ländern zwar deutlich besser, aber nicht nur im Vergleich zu Westdeutschland eher gering. Im Jahr der Herstellung der deutschen Einheit (1990) lag die Wirtschaftsleistung der DDR exakt auf dem Niveau, das Spanien bei seinem Eintritt in die Europäische Gemeinschaft aufweisen konnte.

. . .

Die starken Einbrüche in der ostdeutschen Wirtschaft machten mit Gründung der fünf neuen Länder im Jahr 1990 die Einführung einer Arbeitslosenversicherung notwendig, die dann am 3. Oktober 1990 nach dem Beitritt zur Bundesrepublik Deutschland durch die Regelungen des *Arbeitsförderungsgesetzes* ersetzt wurde. Die DDR-*Renten* wurden in Schritten auf das bundesdeutsche System umgestellt. Es wurde gleichsam ex post die vorhandene Erwerbsbiographie entsprechend der in Westdeutschland gültigen Rentenformel neu berechnet. Die Sondersysteme etwa für Mitglieder der Staatssicherheit und anderer Träger der DDR-Staatsgewalt wurden erst nach einer Entscheidung des Bundesverfassungsgerichtes ganz oder teilweise in die Rentenversicherung überführt. Auch das DDR-Gesundheitssystem wurde aufgelöst: Es wurden Praxen niedergelassener Ärzte, solche für andere Heil- und Hilfsberufe, private Apotheken, Krankenkassen, Kurzentren u.a.m. gegründet. Angesichts des insgesamt gemessen am Westniveau niedrigeren Lohnniveaus und Beitragsaufkommens sollten nach Vorstellung der Regierung auch die privaten Anbieter eine niedrigere Honorierung erfahren: Die (west-)deutsche Pharmaindustrie, mit diesem Ansinnen des Sozialministers Blüm konfrontiert, inszenierte so lange Lieferschwierigkeiten in Ostdeutschland, bis diese Regelung gekippt war. Der Versuch, mit der Pharmaindustrie einen zentralen westdeutschen Anbieter im Gesundheitswesen in diese Logik einzubinden, endete damit, dass der Bundessozialminister *Norbert Blüm* der Verantwortung für den Sektor Gesundheit enthoben und ein eigenständiges Gesundheitsministerium gegründet wurde, das diese Pläne nicht weiter verfolgte.

In Ostdeutschland erhielt der einzige in der DDR zugelassene Wohlfahrtsverband, die „*Solidarität*", Konkurrenz durch die in Westdeutschland agierenden Wohlfahrtsverbände. Immerhin durfte die „Solidarität" unter den Mantel des Paritätischen Wohlfahrtsverbandes schlüpfen und existiert damit weiter.

Nach nur wenigen Jahren spiegelt der Sozialstaat in Ostdeutschland exakt die Struktur des westdeutschen wider, nur dass er *graduell* gegenüber Letzterem vom Leistungsniveau her niedriger ausfällt. In einzelnen Bereichen ist der Abstand zum Westen stark geschmolzen, bei den Rentenempfängern liegt das durchschnittliche Rentenniveau im Osten sogar leicht höher, doch findet hier wie auch bei anderen Leistungen insgesamt nach wie vor ein beachtlicher West-Ost-Transfer statt. Dieses dürfte sich angesichts der Entwicklung auf dem Arbeitsmarkt in absehbarer Zeit auch nicht ändern.

2.6 Sozialpolitik im europäischen Mehr-Ebenen-Sozialstaat (1980er Jahre bis zum Beginn des 21. Jahrhunderts)

Ansätze einer europäischen Sozialpolitik

Der deutsche Sozialstaat war und ist in sich gestuft: Das zu Beginn des 19. Jahrhunderts verankerte Prinzip der kommunalen Selbstverwaltung führte insgesamt zu einer stark ausgebauten kommunalen Sozialstaatlichkeit. Diese bezieht sich insbesondere auf das System der Mindestsicherung, der Jugendhilfe sowie auf eine Vielzahl sozialer Dienste und sozialer Einrichtungen einschließlich des kommunalen Wohnungsbaus und kommunaler Gesundheits- wie Sportförderung. Diesem kommunalen Sozialstaat gegenüber hat der föderale Sozialstaat, beginnend mit der Bismarckschen Politik, stark an Gewicht gewonnen, heute bestehend zunächst aus dem Bund mit Kompetenzen insbesondere bei den zentralen sozialen Sicherungssystemen. Dazwischen ist den Bundesländern die Aufgabe zugewachsen, gleichsam als Scharnier zwischen zentralem und dezentralem Sozialstaat zu vermitteln, sei es im Rahmen zustimmungspflichtiger Gesetze durch den Bundesrat, sei es über Regelungen im Bund-Länder-Finanzausgleich einschließlich der Mitgestaltung der kommunalen Finanzen. Daneben haben die Bundesländer Kompetenzen bei überörtlichen kommunalen Sozialaufgaben einschließlich der Verabschiedung von Ländergesetzen, Verordnungen u.a.m. Diese Dreistufigkeit ist mit der Gründung der Europäischen Wirtschaftsgemeinschaft und deren Fortentwicklung bis hin zur Europäischen Union durch eine vierte Stufe erweitert worden.

Die *Sozialpolitik der Europäischen Union* geht auf den Gründungsvertrag der Europäischen Wirtschaftsgemeinschaft (EWG) von 1957 zurück. Bereits bei seiner Aushandlung wurde die Notwendigkeit einer *Konvergenz* bzw. *Harmonisierung* (Annäherung) der mitgliedstaatlichen Sozialpolitiken in Folge der schrittweisen Schaffung eines gemeinsamen Wirtschaftsraumes kontrovers diskutiert. Während die französische Regierung, in Sorge um die Wettbewerbsfähigkeit ihrer Industrie angesichts eines vergleichsweise stark ausgebauten Sozialstaates, Schritte in Richtung sozialer Mindeststandards oder Standardisierung (Vereinheitlichung) forderte, lehnte die deutsche Regierung dies mit dem Argument ab, dies überfordere die durch Krieg und Nachkriegszeit geschwächte deutsche Wirtschaft.

Der EWG-Vertrag sah schließlich die schrittweise Verwirklichung der Wirtschaftsgemeinschaft über die *vier Freiheiten*: Freizügigkeit von Waren, Kapital, Dienstleistungen und Personen innerhalb der Gemeinschaft sowie die Gleichbehandlung von Männern und Frauen in der Arbeitswelt vor. Zusammen mit den Gemeinschaftsregelungen zum Gesundheitsschutz und zur Sicherheit am Arbeitsplatz bilden die Gleichstellung der Geschlechter und die sozialrechtliche Absicherung der Arbeitnehmerfreizügigkeit ("Wanderarbeiter") bis heute die vornehmlichen Felder der Sozialpolitik der EU. Die Ausgestaltung (Träger, Finanzierung, Leistungsumfang) der Sozialversicherungs- und Sozialhilfesysteme sowie der Systeme sozialer Dienstleistungen verblieb dagegen als leistungsrechtlicher Kern weitgehend in der Kompetenz der Nationalstaaten.

Die Europäische Kommission wollte aber neben dem Ausbau der ökonomischen Integration immer auch eine Angleichung zumindest der Mindeststandards im sozialen Bereich innerhalb der Union erreichen. Dem dienten u.a. eine Reihe von Verordnungen, Richtlinien, Empfehlungen und Programmen. Im Frühjahr 2000 einigten sich die Regierungschef auf ihrer Sitzung des Europäischen Rats in Lissabon auf das Ziel, die EU bis zum Jahr 2010 wissensbasiert zum wettbewerbsfähigsten und dynamischsten Wirtschaftsraum der Welt auszubauen und dabei neben der Förderung eines dauerhaften Wirtschaftswachstums auch die Beschäftigung und den sozialen Zusammenhalt zu stärken (*"Lissabon-Strategie"*). So sollten im Bereich sozialen Zusammenhalts seitens der nationalen Regierungen Nationale Aktionspläne gegen Armut und soziale Ausgrenzung/zur sozialen Eingliederung (NAPincl.) erstellt, damit programmatische Vorgaben formuliert und schließlich über deren Umsetzung berichtet werden. Die Europäische Kommission hat diese Berichte im Rahmen einer *Offenen Methode der Koordination* bewertet und dann in gemeinsamen Berichten zusammengefasst.

Im Zuge einer Halbzeitbewertung hat der Europäische Rat 2005 beschlossen, die Lissabon-Strategie stärker auf Wachstum und Beschäftigung zu fokussieren und den Prozess zur sozialen Eingliederung mit gleichgerichteten Vorhaben in den Bereichen des Gesundheitswesens/der Pflege und der Alterssicherung im Rahmen eines sogenannten Streamlining zusammenzufassen. Dabei wird nun noch stärker als bislang der Zusammenhang zwischen sozialer Integration und der Integration in den Arbeitsmarkt in den Vordergrund gestellt. Dieses seit 2006 praktizierte Verfahren soll Rückwirkungen auch auf den nationalen Politikdiskurs haben, insofern der Zusammenhang zwischen den einzelnen sozialen Politikfeldern und der Arbeitsmarktpolitik stärker in den Blickfeld geraten soll. Kritiker allerdings befürchten, dass damit der Aspekt der sozialen Integration stärker noch als bislang schon auf die Eingliederung in den Arbeitsmarkt enggeführt wird und Personen und Personenkreise, die jetzt und in absehbarer Zeit keine Chancen auf dem Arbeitsmarkt haben, letztlich aus dem Blickfeld verschwinden.[81]

Rot-Grün 1998 – 2005: „Wir wollen nicht alles anders, aber vieles besser machen!"

Der Regierungswechsel im Jahr 1998 von der christlich-liberalen zur rot-grünen Bundesregierung verband sich in weiten Teilen der Bevölkerung mit der Hoffnung auf eine *ökologisch-soziale Wende.* So wurden denn auch sozialpolitische Einschnitte der Vorgängerregierung revidiert (z.B. Rücknahme des demografischen Faktors in der Rentenformel), zugleich mit der am 1. April 1999 in Kraft gesetzten und im April 2004 vom Bundesverfassungsgericht als rechtmäßig anerkannten *Ökosteuer* ein neues sozialpolitisches Steuerungsmodell eingeführt. Sie wird auf den Verbrauch von Kraftstoffen und Strom erhoben, ihr Steueraufkommen in den Haushalt der Gesetzlichen Rentenversicherung überführt. Systematisch betrachtet ist sie der Versuch, *ökologische* (Reduktion des Energieverbrauchs) mit *ökonomischen* und *sozialpoliti-*

---

[81]   Siehe hierzu ausführlich Kapitel 4 .

schen Zielen (Stabilisierung der Beitragssätze in der GRV; Senkung der *Lohnnebenkosten*) zu verbinden. Nachdem weitere Reformschritte auf den Weg gebracht wurden, insbesondere durch Initiativen zur Stärkung zivilgesellschaftlicher Strukturen, zur Gleichstellung homosexueller Partnerschaften, zur Einführung einer Grundsicherung im Alter und bei dauerhafter Erwerbsunfähigkeit sowie zur Verbesserung der Vereinbarkeit von Familie und Beruf, versuchte die Bundesregierung seit Jahresanfang 2003 verstärkt die Wirkungen von Sozialleistungen bezogen auf ihre Beschäftigungswirksamkeit in einem kombinierten *Konzept des Förderns und Forderns* neu zu justieren.

In einer Debatte des Deutschen Bundestages am 14. März 2003 stellte die – seinerseits noch - Führerin der größten Oppositionspartei (CDU/CSU), *Angela Merkel*, fest, die Bundesrepublik Deutschland stehe „an einem historischen Scheideweg", an dem sich zeige, ob Deutschlands Wirtschaft und Gesellschaft auch in Zukunft noch wettbewerbs- und innovationsfähig sei.[82] Durch das Gemeinwesen müsse endlich ein „Ruck" gehen, den der vormalige Bundespräsident *Roman Herzog* schon vor einigen Jahren gefordert hatte. Wie am Ende der 1920er Jahre sollte nun versucht werden, Einnahmen und Ausgaben des Sozialstaats in kalkulabler Weise auszubalancieren. Nach ersten Versuchen am Ende der konservativ-liberalen Regierung wurde dieses mit der *Agenda 2010* aus dem Jahr 2003 Programm der im Jahr 2002 vom Wähler bestätigten rot-grünen Regierung.[83] Die *Agenda 2010* ist von ihrer Proklamation bis zur Verabschiedung als Prüfstein hochstilisiert worden, ob diese Gesellschaft überhaupt noch in Lage sei, sich zu bewegen.

Einzelne Schritte zum *Umbau des Sozialstaates* schlossen sich an. Zum einen wurde versucht, dem Prozess gegenzusteuern, dass mit der sinkenden sozialen Relevanz des Normalarbeitsverhältnisses, also dem Rückgang von Vollzeitbeschäftigung einschließlich Sozialversicherungspflichtigkeit und dessen partiellem Ersatz durch die Ausweitung geringfügiger Beschäftigung bzw. Scheinselbständigkeit, die Einnahmen der Sozialversicherungen schrumpfen, während die Ausgaben zumindest konstant bleiben, wenn nicht sogar noch steigen. Hier wurde eine Regelung verankert, wonach – nunmehr Mini- und Midijobs genannte – geringfügige Beschäftigungsverhältnisse mit einer – wenn auch geringen – Abgabepflicht belegt werden. Parallel dazu wurde mit

---

82 Deutscher Bundestag, Stenographischer Bericht der 32. Sitzung am 14. März 2003, S. 2493ff.
83 Ebenda

der privaten Riester-Rente eine zusätzliche Einnahmequelle und Sicherungsinstanz parallel zur öffentlich-rechtlichen Alterssicherung aufgebaut.

Auf der anderen Seite wurde in z.T. widersprüchlicher Weise die Alterssicherung ‚reformiert'. So leistet die im Jahr 2002 geschaffene Grundsicherung im Alter und bei dauerhafter Erwerbsminderung einen Beitrag zum Abbau ‚verschämter' Armut im Alter. Betroffene mit einer öffentlich-rechtlichen Rente unterhalb des Sozialhilfeniveaus werden automatisch vom Rentenversicherungsträger auf die Möglichkeit ergänzender Sozialhilfe aufmerksam gemacht. Großzügige Regelungen bei der sog. Familiensubsidiarität, also der Heranziehung von Angehörigen ersten Grades in direkter Linie, sollen helfen, die sog. *Dunkelziffer der Armut* bei älteren Menschen zu senken. Gleichzeitig wurde der zuvor gerade erst abgeschaffte ‚demografische Faktor' in der Gesetzlichen Rentenversicherung nun in Gestalt eines ‚*Nachhaltigkeitsfaktors*' wieder eingeführt, wodurch die zukünftige Entwicklung der Rentenhöhe nicht nur von der Lohnentwicklung, sondern auch vom Verhältnis zwischen Beitragszahlern und Rentenempfängern abhängig gemacht wird. Damit ist de facto eine Absenkung des zukünftigen Rentenniveaus festgeschrieben worden. Trotz aller politischer Eingriffe bleibt das strukturelle Problem, nämlich die wachsende Schere zwischen tendenziell sinkenden Einnahmen bei steigenden Ausgaben im sozialen Sicherungssystem. Denn dieses ist derzeit und in absehbarer Zeit weitaus weniger demografisch bedingt, sondern Folge der hohen Massenarbeitslosigkeit auch und gerade in Ostdeutschland.

Die rot-grüne Koalition hat eine nationale Armuts- und Reichtumsberichtberichterstattung nicht nur eingeführt, sondern auch dann beibehalten, als diese politisch unangenehme Entwicklungen während der Zeit eigenen Regierungshandelns aufzeigte. Daneben stehen eine Reihe weiterer Beispiele für eine insgesamt stärker partizipative, evaluierende Begleitung sozialpolitischer Gesetzgebungsprozesse (Hartz-Monitoring, Berichte zur Umsetzung und Wirkung des Grundsicherungsgesetzes, Evaluation der Inanspruchnahme von Elternzeit etc.), in die verstärkt auch Nichtregierungsorganisationen und Wohlfahrtsverbände einbezogen werden. Auch die stärkere Dienstleistungs- statt Geldleistungsorientierung in der Sozialpolitik von Rot-Grün ist nicht einfach als Abbau zu beschreiben. Der Anspruch zur Intensivierung der Qualifizierungs- und Vermittlungsbemühungen als Kern des Hartz-Konzepts ist ebenso wenig neoliberal, wie der Ausbau von Tageseinrichtungen und Tagespflege für Kinder unter drei Jahren sowie von Ganztagsangeboten für Schulkinder.

Andererseits wurde der 1999 in einem gemeinsamen Papier des Labour-Premiers in Großbritanniens, Tony Blair, und des damaligen Vorsitzenden der SPD und Bundeskanzlers, Gerard Schröder, formulierte Anspruch, eine „Politik des Dritten Weges und der Neuen Mitte" zu suchen[84], letztlich nur begrenzt eingelöst. In einer Phase geschrieben, als in fast allen Ländern der Europäischen Union Sozialdemokraten regierten, sollte das *Schröder-Blair-Papier* auf nationalstaatlicher Ebene Alternativen zwischen Neoliberalismus und staatlicher Überregulierung beschreiben. Nicht genutzt wurde das kurze Zeitfenster für Schritte in Richtung einer sozialdemokratisch orientierten teilweisen Europäisierung des Sozialstaates. Im Gegenteil: Die im Schröder-Blair-Papier beschriebene „angebotsorientierte Agenda für die Linke" warf vielmehr die Frage nach einer neuen argumentativen Klammer für den Anspruch auf Sicherstellung sozialer Gerechtigkeit unter den Bedingungen einer restriktiven Sozialpolitik im Wettbewerb nationaler Sozialordnungen auf. „Ein rein passiver Ausgleich sichert den materiellen Status nur vorübergehend. Dauerhafte Abhängigkeit von staatlicher Fürsorge bedeutet, dass auch das Armutsrisiko, das so ausgeglichen werden muss, dauerhaft besteht. Gerechtigkeit verlangt deshalb vor allem mehr Gleichheit bei den Teilhabe- und Verwirklichungschancen der Menschen."[85] Mit der liberalen Zuschreibung, dass Geldleistungen Armutskreisläufe verfestigen, wurde die Frage nach Gerechtigkeit und Teilhabe zunehmend von Verteilungsfragen abgekoppelt und der Weg für eine stärkere Individualisierung sozialer Risiken freigemacht. Mehr „eigene Anstrengung und Verantwortung" wurden zur Leitschnur „realitätstauglicher Antworten auf neue Herausforderungen in Gesellschaft und Ökonomie."[86]

---

84 Gerhard Schröder und Tony Blair: Der Weg nach vorne für Europas Sozialdemokraten, ,in: Frankfurter Rundschau vom 10. Juni 1999, S. 18

85 Deutscher Bundestag: Lebenslagen in Deutschland. Zweiter Armuts- und Reichtumsbericht, Drucksache Nr 15/5015, Berlin 2005

86 Gerhard Schröder und Tony Blair: Der Weg nach vorne für Europas Sozialdemokraten, ,in: Frankfurter Rundschau vom 10. Juni 1999, S. 18

Melange aus Veränderungswillen und Sicherung sozialer Rechte: Die zweite Große Koalition seit 2005

Glaubt man der Selbstwahrnehmung der tradierten politischen Parteien, hatten die wahlberechtigten Bürgerinnen und Bürger nach der überraschenden Selbstaufgabe der rot-grünen Koalition mit der vorgezogenen Bundestagswahl am 18. September 2005 die Gelegenheit zur ökonomischen, sozialen und ökologischen Richtungsentscheidung. Ein Lagerwahlkampf wurde inszeniert, in dem CDU/CSU und FDP nicht zuletzt durch das „Flat-tax-Projekt" des als Finanzminister vorgesehenen Paul Kirchhof als Koalition der neoliberalen Modernisierer auftraten, während sich SPD und Bündnis 90/Die Grünen als Mittler zwischen versorgungsstaatlicher Bewahrung und gesellschaftlicher Modernisierung präsentierten. Das Wahlergebnis selbst lieferte dann weder dem einen noch dem anderen Lager eine überzeugende Legitimationsbasis. Es war vielmehr Ausdruck einer tiefen Verunsicherung in der Bevölkerung. Mag das „rot-grüne Projekt" dabei vor allem an den realen Ergebnissen seiner Verteilungspolitik gescheitert sein, gelang es dem Bündnis aus PDS und WASG einerseits sowie FDP und Union andererseits auch nicht, ein politisches Konzept zu entwickeln und zu popularisieren, das breite gesellschaftliche Zustimmung für einen Kurs klar contra bzw. pro Sozialabbau und Neoliberalismus hätte bieten können. Angesichts dieser politischen und ideellen Konstellation gab es weder eine hinreichende Wechselstimmung für ein konservativ-liberales noch für ein linkes gesellschaftliches Reformprojekt. Herausgekommen ist die zweite Große Koalition in der Geschichte der Bundesrepublik.

Bundeskanzlerin Dr. Angela Merkel, Regierungserklärung am 30. November 2005

(...) Ein Vizekanzler einer früheren großen Koalition und späterer Bundeskanzler hat einmal gesagt: Mehr Demokratie wagen.

(Beifall bei Abgeordneten der SPD)

Ich weiß, dass dieser Satz viele, zum Teil sehr heftige Diskussionen ausgelöst hat. Aber ganz offensichtlich hat er den Ton der damaligen Zeit getroffen. Ich sage persönlich: Gerade in den Ohren der Menschen jenseits der Mauer klang er wie Musik. Gestatten Sie mir, diesen Satz heute zu ergänzen und uns zuzurufen: Lassen Sie uns mehr Freiheit wagen!

(Beifall bei der CDU/CSU und der SPD sowie bei Abgeordneten der FDP)

Lassen Sie uns die Wachstumsbremsen lösen! Lassen Sie uns selbst befreien von Bürokratie und altbackenen Verordnungen! Viele unserer europäischen Nachbarn zeigen uns doch, was möglich ist. Deutschland kann das, was andere können, auch; davon bin ich zutiefst überzeugt.

(...) Wir, die neue Bundesregierung von Union und Sozialdemokraten, wollen unser Land so ertüchtigen, dass sich die Schwachen auch in Zukunft darauf verlassen können, dass sie nicht alleine gelassen werden, dass ihnen geholfen wird. Das ist unser Verständnis von sozialer Gerechtigkeit.

Das beginnt bei der Absicherung der großen Lebensrisiken. Wir wollen die *solidarische Altersversorgung* erhalten. Aber wie wir wissen, wird der dritte Lebensabschnitt immer länger. Deshalb haben wir uns entschlossen, die Antwort darauf zu geben und die gesetzliche Regelaltersgrenze der Rentenversicherung schrittweise auf 67 Jahre anzuheben. Das geschieht nicht sofort, sondern beginnt erst ab 2012 mit einer langen Übergangszeit. Wir haben daneben aber festgelegt, dass Menschen, die 45 Arbeitsjahre hinter sich haben, auch weiterhin abschlagsfrei mit 65 Jahren in Rente gehen können. Ich denke, damit haben wir uns eine ganz sinnvolle Regelung überlegt.

(...) Ich sage ganz ehrlich: Zur Wahrheit dieser Regierungserklärung gehört auch, dass uns das beim *Gesundheitssystem* noch nicht gelungen ist. Ich sage: „noch nicht". Auch die Kranken sollen sich natürlich auf ein zuverlässiges Gesundheitssystem verlassen können. Sie alle wissen – darüber braucht man gar nicht hinwegzugehen –. Union und Sozialdemokraten haben mit der solidarischen Gesundheitsprämie auf der einen Seite und der Bürgerversicherung auf der anderen Seite bisher zwei völlig konträre Ansätze verfolgt. Ich sage auch sehr deutlich: Wir wollten in den Koalitionsverhandlungen keinen faulen Kompromiss auf die Schnelle erreichen.

Das heißt: Wir alle wissen, dass wir einen neuen Ansatz und ein leistungsfähiges und hoch qualifiziertes Gesundheitssystem brauchen, das für alle zugänglich ist. Es muss Beschäftigung ermöglichen, wettbewerbsfördernd sein, die Lasten solidarisch verteilen und Generationengerechtigkeit bieten. All diese Dinge wissen wir. Deshalb sind wir bereit und willens, mit einem neuen Ansatz im neuen Jahr eine Lösung hierfür zu finden, auch wenn das eine schwierige Aufgabe ist. Ich zumindest werde mich sehr dafür einsetzen. (...)

Dr. Guido Westerwelle (FDP)

(...) Was jetzt nötig ist, das schreibt der *Sachverständigenrat* in seinem Herbstgutachten von vor wenigen Wochen:

Erstens. Die Eingriffe des Staates sollen zugunsten von mehr marktwirtschaftlichen Elementen und von mehr Eigenverantwortung zurückgeführt werden. – Diese Regierung hingegen vertraut auf den teuren und wohlwollenden Staat.

Zweitens. Der Staat muss sich auf seine eigentlichen Aufgaben konzentrieren. – Diese Regierung hingegen verwechselt den schlanken noch immer mit dem schwachen Staat.

Drittens. Die Konsolidierung der Staatsfinanzen sollte alleine über die Ausgabenseite erfolgen, indem konsumtive Ausgaben gekürzt werden. – Sie hingegen beschließen in diesem Koalitionsvertrag das größte Steuererhöhungsprogramm in der Geschichte unserer Republik.

(Beifall bei der FDP)

Viertens: Die Abgabenlast von Haushalten und Unternehmen darf nicht steigen, sondern sie muss mittelfristig zurückgeführt werden. – Sie hingegen stopfen mit dem Abbau von Steuervergünstigungen die Haushaltslöcher, anstatt die Steuersätze damit zu senken.

Fünftens. Die Arbeitsanreize müssen stärker werden. Dies erfordert Änderungen in der Steuer- und Sozialpolitik. – Ihre Regierung hingegen klammert, angefangen bei den betrieblichen Bündnissen bis hin zur Gesundheitsreform, das Entscheidende unverändert aus. (...)

Dr. Gregor Gysi (DIE LINKE)

(...) Im Mittelpunkt Ihres Koalitionsvertrages steht die *Haushaltskonsolidierung*, mit der Sie allerdings erst 2007 anfangen wollen, weil Sie hoffen, dass 2006 irgendein Aufschwung kommt, der Ihnen nutzen könnte. Ich glaube, solche Tricks funktionieren im Privatleben nicht und sie funktionieren auch in der Politik und der Gesellschaft nicht.

Sie wollen wieder Einsparungen im sozialen und im investiven Bereich vornehmen. Damit sparen Sie die Gesellschaft kaputt.

(Beifall bei der LINKEN)

Sie haben zu Recht, Frau Bundeskanzlerin, auf die Chancen durch den Zusammenbruch der Sowjetunion und des Staatssozialismus hingewiesen. Damit waren Chancen verbunden; das stimmt. Aber wir können doch nicht leugnen, dass es Vertreterinnen und Vertreter des Kapitals gibt, die seitdem denken, der Sozialstaatskompromiss sei vorbei und sie könnten schrittweise zurück zum Turbokapitalismus. Dagegen muss sich die Politik doch wehren. Selbst die Union hätte, wie ich meine, sagen müssen: Das Primat der Politik auch über Wirtschaftsinteressen ist und bleibt uns wichtiger. – Erst recht hätte das die Sozialdemokratie sagen müssen. Aber Sie haben es nicht gesagt.

(Beifall bei der LINKEN)

Welchen Weg ist die *vorherige Regierung* gegangen? Sie haben die Körperschaftsteuer von 42 Prozent auf 25 Prozent gesenkt. Die Kapitalgesellschaften haben sich wie verrückt gefreut. Natürlich fehlten Milliarden im Haushalt der Bundesrepublik Deutschland.(...)

Sie haben die Veräußerungsgewinnsteuer abgeschafft. (...)

Sie haben den Spitzensteuersatz der Einkommensteuer – ich bitte Sie! – von 53 Prozent auf 42 Prozent, also um 11 Prozentpunkte, gesenkt, so stark wie noch nie in der Geschichte der Bundesrepublik Deutschland. Das sind übrigens 11 Milliarden Euro Einnahmen weniger pro Jahr. (...)

Auch die Reallöhne sind in Ihrer Regierungszeit gesunken; das muss man ebenfalls sehen.

Diese Politik will die *neue Regierung* nun fortsetzen. Ich weiß. dass auch die FDP Anhänger dieser Politik ist, sogar noch konsequenter als die Regierung. Aber ich glaube, das Ganze geht in eine völlig falsche Richtung. Wir setzen etwas anderes dagegen: Nur steigende Reallöhne, nur mehr soziale Gerechtigkeit führen auch zu einer wirtschaftlichen Belebung; denn unsere Binnennachfrage ist eine Katastrophe und muss gestärkt werden. Dass wir Exportweltmeister sind, nutzt den Arbeitslosen gar nichts. (...)

Fritz Kuhn (BÜDNIS 90/DIE GRÜNEN)

(...) Kommen wir zu den Stichworten Freiheit und Gerechtigkeit. Frau Merkel, ich finde, Sie haben zum Thema der sozialen Spaltung in unserer Gesellschaft zu wenig gesagt. Längst existiert das Problem in unserer Gesellschaft, dass sich ein Teil der Menschen systematisch ausgegrenzt fühlt und keine Chance mehr sieht, wieder in Erwerbsarbeit oder in eine Weiter- oder Fortbildung zu kommen, also am gesellschaftlichen Geschehen teilzuhaben. Es reicht nicht, von hier aus zu erklären, liebe Frau Merkel. dass Sie Ihr Herz für die Schwachen entdeckt haben. Für diese abstrakte Formulierung werden Sie von jedem in diesem Haus Unterstützung bekommen. Aber die Frage ist, was das konkret heißt, welche neuen Formen der Armutssicherung Sie anstreben. Das ist die spannende Frage. Wie kann die Grundsicherung in einer Gesellschaft aussehen, die in den letzten Jahren

Produktivitätsgewinne nicht mehr in neue Arbeitsplätze investiert hat? Hier wird jetzt ein anderer Weg gegangen.

Ich nenne Ihnen ein konkretes Beispiel. Ein Problem ist, dass viele Dauerarbeitslose nicht sehen, wie sie wieder in Erwerbsarbeit kommen, weil aufgrund der niedrigen Löhne die *Zugangsbarrieren zum Arbeitsmarkt* zu hoch sind. In diesem Punkt sind wir uns einig. Unter dem Stichwort „Ein Herz für Schwache" erklären Sie: Wir müssen einmal über Kombilöhne diskutieren. Wo leben Sie denn eigentlich? Wie lange diskutieren und experimentieren wir in der Bundesrepublik Deutschland bereits über und mit Kombilöhnen? Wir müssen die Lohnnebenkosten im Bereich der unteren Einkommensgruppen, also für Niedrigqualifizierte, nach einem Progressivmodell senken. Es wäre viel klüger, bei den Lohnnebenkosten langsam auf die Zahl von 40 Prozent zu kommen und damit die Arbeit für Menschen mit niedriger Qualifikation zu ermöglichen und vor allem die vielen Dienstleistungsarbeitsplätze zu schaffen, die in Deutschland existieren würden, wenn die Zugangsbarrieren zu diesem Arbeitsmarkt nicht so hoch wären. (...)

Mathias Platzeck, Ministerpräsident (SPD)

(...) Wir werden uns der Aufgabe annehmen, das Vertrauen der Bürgerinnen und Bürger in die *sozialen Sicherungssysteme* wiederherzustellen. Wir brauchen funktionierende soziale Sicherungsnetze, auf die sich die Menschen im Ernstfall ohne Wenn und Aber verlassen können, gerade weil sich wirtschaftlich und gesellschaftlich so viel verändert, gerade weil Menschen unter solchen Umständen bestimmte Gewissheiten benötigen, um sich auf die neuen Lagen einstellen zu können. Ich glaube, dass Pessimismus und mangelnde Zuversicht heute ihre Hauptursache nicht in den Lebensumständen der meisten Menschen haben, sondern in Ängsten, die sich um die Frage drehen: Wie wird es in fünf, in zehn, in 15 oder in 20 Jahren für unsere Kinder sein? Die mangelnde Zuversicht lähmt unser Land. Davon müssen wir weg und dazu muss die große Koalition einen wichtigen Beitrag leisten.

(...) Diese Koalition nimmt die Sorgen und Hoffnungen der Menschen sehr ernst. Deshalb bin ich froh darüber, dass wir zwischen CDU, CSU und SPD eine Verständigung darüber erreicht haben, dass das *europäische Sozialmodell* in unserem Land für die Bedingungen des 21. Jahrhunderts erneuert werden soll. Wir tun uns in Deutschland nicht leicht damit, das Neue und die Veränderung auch als Chance zu begreifen. Da ist der Erneuerungsdruck der Globalisierung. Da ist die Demographie. Da ist die Tatsache, dass erfolgreiches Wirtschaften im 21. Jahrhundert immer mehr auf Wissen und Qualifikation angewiesen sein wird. Ja, das alles ist schwierig;

überhaupt keine Frage. Das alles wirkt manchmal auch bedrohlich; das ist ebenfalls richtig.

In den Talkshows und in den öffentlichen Debatten in unserem Land hat sich in den vergangenen Jahren der Eindruck durchgesetzt, wir hätten hier nur noch die Wahl zwischen Pest und Cholera, wir könnten in Deutschland heute nur noch zwischen ideenloser Beharrung und brutalen marktradikalen Rosskuren wählen. Aber wir sollten uns niemals, weder von der einen noch von der anderen Seite, falsche Alternativen aufschwatzen lassen.

(Beifall bei der SPD und der CDU/CSU)

Es liegt am Denken in den falschen Alternativen, meine ich, dass die Menschen in unserem Land Erneuerung und Aufbruch zuweilen so misstrauisch gegenüberstehen.

Richtig ist: Wir müssen unseren *Sozialstaat* erneuern. Wir müssen ihn auf die Bedingungen des 21. Jahrhunderts einstellen. Die wirtschaftlich und sozial erfolgreichsten Länder Europas beweisen uns Tag für Tag, dass das sehr wohl und gut gelingen kann. Diese Länder sind so erfolgreich, weil sie gerade nicht der Versuchung erliegen, Wirtschaft und Sozialstaat gegeneinander auszuspielen. Sie wissen: Die vermeintlich so klare Alternative „mehr Markt oder mehr Staat" führt schlicht und ergreifend in die Irre. (...)

Deutscher Bundestag: Stenographischer Bericht der 4. Sitzung, Plenarprotokoll 16/4 vom 30. November 2005, S. 76 ff

Ein wirkliches Konzept für die Gestaltung der Zukunft des Sozialstaates ist derzeit noch nicht absehbar. Am Arbeitsmarkt sollen Kombilohn-Modelle den Durchbruch bringen, wo doch schon die alten Versuche (z.B. „Mainzer Modell") eingestellt wurden. Die großen Themen Alterssicherung und Gesundheitspolitik sollen neu geordnet werden, ohne dass bislang die damit verbundenen strukturellen Fragen als Herausforderung für eine Neujustierung der gesamtgesellschaftlichen Verteilungsprozesse bezeichnet und angegangen werden. Immerhin wird mit der Mehrwertsteuererhöhung (und mehr symbolisch als substantiell auch mit der sogenannten „Reichensteuer", also der Erhöhung der privaten Einkommensteuer für Jahreseinkommen ab 250.000/ 500.000 Euro um 3 Prozentpunkte auf 45 Prozent) der Kurs der letzten rot-grünen Regierung aus Steuer-, Abgaben-, Ausgaben- und Schuldensenkung dahingehend modifiziert, dass daneben auch die Einnahmeseite der öffentlichen Haushalte wieder verbessert wird, verbunden mit einer Kompensation von Sozialversicherungsbeiträgen durch Steuern. So sollen die Beiträge für die Arbeitslosenversicherung gesenkt und der Einnahmeausfall durch Teile der Mehrwertsteuererhöhung ausgeglichen werden. Im Blickpunkt steht allerdings mehr denn je vor allem die „wirtschaftliche Freiheit", die durch „mehr Wettbewerb, Eigenverantwortung, Freiwilligentätigkeit, private Vorsorge" die Grundlage für einen „hohen Leistungs- und Lebensstandard" legt.[87] Und immer wieder dient das Argument demografischer Veränderungen für die Begründung restriktiver Leistungsgewährung auch im Sozialen.

Fragen der strukturellen demografischen Verschiebungen werden sich demgegenüber frühestens in 15 Jahren stellen. Die Staaten der EU, insbesondere die über den Euro miteinander verbundenen, suchen weiterhin Standortpolitik über sinkende Belastungen des Faktors Arbeit zu erreichen und wollen in neoliberaler Absicht die Lohn- und Lohnnebenkosten auf jeweils nationaler Ebene absenken. Das demografische Argument wird heute nicht nur in Deutschland instrumentalisiert, um diese verteilungspolitische Intention gleichsam biologistisch zu begründen. Denn Probleme bei den Alterssicherungssystemen gab und gibt es auch in Frankreich, Österreich, Italien und anderen Orts: Rentenpolitik ist folglich nunmehr Standortpolitik geworden. Die Vorstellung der 1950er Jahre, dass nämlich eine gute Wirtschaftspolitik die beste Sozialpolitik sei, erfährt hier eine aktuelle Variante. Man müsse die beabsichtigten Korrekturen am System der sozialen Sicherung vornehmen, um den Rest in seiner Substanz erhalten zu können – bis zur nächsten Runde im europäischen Standortwettbewerb.

Sozialpolitik findet folglich mehr denn je in dem sich enger aufeinander beziehenden *Sozialraum Europa* statt, wenngleich die eigentliche Handlungsebene der nationale Sozialstaat geblieben ist. Doch diese Verschiebung der Ebenen der Zuständigkeit und beim Handeln zwischen EU und nationalen Sozialstaaten ist es, die offensichtlich Raum für eine gleichgerichtete neoliberale Umorientierung der Sozialpolitik im Sozialraum Europa geschaffen hat und von daran Interessierten dazu auch instrumentalisiert wird. Zugleich aber formuliert sich dagegen auch Widerstand.

---

87 Angela Merkel: Freiheit. Soziale Sicherheit und aktive Bürgergesellschaft, in: Konrad Deufel und Manfred Wolf (Hg): Ende der Solidarität? Die Zukunft des Sozialstaates. Freiburg im Breisgau 2003

3. Sozialpolitik in Deutschland: Problemlagen, Lösungen und Perspektiven

Allen Ankündigungen und Versuchen einer Vereinheitlichung zum Trotz hat sich in Deutschland ein insgesamt sehr zersplittertes System der sozialen Sicherung herausgebildet: Der Bismarcksche Ansatz zielte auf eine umfassende Regelung für die zentralen Lebensrisiken Unfall, Krankheit, Alter und Invalidität letztlich in staatlicher Hand. Herausgekommen ist eine organisatorische, nach Berufsgruppen zerklüftete Trägerlandschaft mit unterschiedlichen Finanzierungs- und Leistungsmodi. Die Weimarer Verfassung suchte ebenfalls nach einem umfassenden System, baute aber letztlich das vorfindliche System aus und ergänzte es. Diese Struktur hat den Faschismus der Sache nach, wenn auch nicht in puncto Selbstverwaltung und Sicherung der Finanzierungsgrundlagen, überstanden. Der Versuch in den 1950er Jahren, eine Gesamtreform in Angriff zu nehmen, mündete ebenfalls in Teilreformen, die die institutionelle, rechtliche und finanzierungsmäßige Ausdifferenzierung eher verstärkt, denn überwunden haben. Allerdings hat etwa die Herstellung zunächst des Finanzverbundes zwischen den Rentenversicherungsträgern und der zwischen den Gesetzlichen Krankenkassen diese inzwischen wieder in einiger Hinsicht modifiziert. Diese Vielfalt von Trägern und einzelnen Sozialrechtssystemen stellt ein Spezifikum der deutschen Sozialpolitik dar, die sich auch auf der Ebene sozialer Dienstleistungen fortsetzt.

Gleichwohl gibt es in diesem System Gemeinsamkeiten. Sie betreffen zum Ersten die *Grundnormen*, nach denen das Soziale geregelt werden soll: *Eigenverantwortung, Solidarität* und *Subsidiarität*. Zum Zweiten betrifft dieses die für alle sozialpolitischen Maßnahmen gemeinsamen *Rahmenbedingungen*. Drittens kommen in den unterschiedlichen Institutionen im Sozialsystem zugleich *Instrumente* und *allgemeine Prinzipien* zum Tragen, die die Bearbeitungsformen von sozialen Problemlagen in hohem Maße prägen und z.T. auch vereinheitlichen. Und viertens nimmt das Gesamtsystem übergreifende soziale *Funktionen* wahr, die sich geschichtlich herausgebildet und durchgesetzt haben.

Zusammen bestimmen diese Gemeinsamkeiten die Grundlagen von und den Umfang der Sozialpolitik in Deutschland, für die das *Sozialbudget* eine erste grobe Orientierung gibt. Die Sozialpolitik selbst sucht auf dem Gebiet des *Einkommens,* der *Arbeit*, der *Familie*, der *Gesundheit* und *Pflege* sowie des *Alters* nach Lösungen auftretender Problemlagen, dabei viele weitere Lebensbereiche wie *Bildung* und *Wohnen* einschließend. Was aber bewirkt Sozialpolitik? Seit 1981 sind die finanziellen Verteilungswirkungen nicht mehr systematisch untersucht worden. Gleichwohl bleibt das Bedürfnis, im Resümee mehr darüber zu erfahren, was denn die *Wirkungen* von Sozialpolitik sind, bezogen auf den Zusammenhang von Produktion und Reproduktion, bezogen auf die Aspekte Verteilung und Umverteilung, und was denn die Auswirkungen auf die Lebenslage von Einzelpersonen und sozialen Gruppen sind, bezogen etwa auf die soziale Ausgrenzung, auf die Geschlechter und im Hinblick auf die Herstellung vergleichbarer Lebensverhältnisse in Deutschland. Politik besteht nicht nur aus Handeln, sondern auch aus Nicht-Regulation: Politik ist es also auch, wenn der Staat auf eine Intervention verzichtet und die Regulierung eines sozialen Problems dem Markt bzw. vorgelagerten privaten Sicherungssystemen überlässt bzw. wieder übertragen will oder auch dort belassen muss, weil er selbst nicht die notwendigen Ressourcen für eine Regulierung hat bzw. diese nicht aufbringen will.

3.1   Grundlagen der Sozialpolitik

3.1.1 Grundnormen der Sozialpolitik: Eigenverantwortung, Solidarität und Subsidiarität

Der geschichtliche Abriss hat die Entstehung und Fortentwicklung von drei Grundnormen der Sozialpolitik deutlich gemacht, die jeweils an konkrete soziale Bewegungen und Interessen gebunden waren. Diese Grundnormen implizieren zugleich ein spezifisches Staatsverständnis, so dass die von diesen Grundprinzipien mitgeprägte Sozialstaatlichkeit mal mehr liberal, sozialistisch bzw. kirchlich-ständisch ausgerichtet ist.

Eigenverantwortung: Leistungsgerechtigkeit auf der Grundlage annähernd gleicher Eigentumsverteilung

Die frühbürgerliche Gesellschaftstheorie – Hobbes, Locke, Rousseau, in Deutschland später Kant, Hegel und Humboldt – suchte nach Konstruktionen, den als Naturzustand beschriebenen „Krieg aller gegen alle" (*Thomas Hobbes*, 1588-1679) in der frühbürgerlichen Warenverkehrsgesellschaft in einen geordneten Zustand zu überführen. Dem dienten vertragsrechtliche Konstruktionen, die die Gesellschaft durch rechtliche Rahmensetzung und Handhabung des Gewaltmonopols durch den Staat in die Lage versetzen sollten, dem nachzugehen, wozu sie da ist, nämlich dem Handel zwischen freien, gleichen Rechtssubjekten. Dabei war es diesen Theoretikern – in unterschiedlicher Weise zwar – klar, dass die Interessenidentität in der Gesellschaft nur dann gegeben sei, wenn die Eigentumsunterschiede zwischen den Bürgern nicht zu stark ausfallen würden. *Jean-Jacques Rousseau* (1712-1778) formulierte in seinem Contrat Social von 1762 die große Antithese zur feudalen, auf Standesprivilegien basierenden Gesellschaft des Ancien Regimes und damit das Fanal der Französischen Revolution: „Der Mensch wird frei geboren, und überall ist er in Ketten."[1] Rousseau forderte den eigenverantwortlichen Bürger, der seinen gesellschaftlichen Rang entsprechend seiner Leistung bestimmt. Zugleich sah Rousseau die Gefahr, dass eben diese Freiheit durch eine zu starke Konzentration der gesellschaftlichen Güter in Gefahr gerate. Er forderte daher eine egalisierende Vermögensbildung zugunsten einer demokratischen, freiheitlichen Entwicklung (*état mediocre*) – allerdings ohne staatliche Eingriffe in den Bestand. In diesem Vertragsdenken wurde Eigentum als ein unveräußerliches Recht des Menschen verstanden. Dies wurde klassisch in Artikel 17 der Französischen Menschenrechtserklärung von 1791 in die Worte gefasst: „Da das Eigentum ein unverletzliches und heiliges Recht ist, kann es niemandem genommen werden, wenn es nicht die gesetzlich festgelegte, öffentliche Notwendigkeit augenscheinlich erfordert und unter der Bedingung einer gerechten und vorherigen Entschädigung."[2] Gegen feudale Willkür gerichtet, übernahm die Eigentumsgarantie so eine wichtige eman-

---

1 Jean-Jacques Rousseau: Der Gesellschaftsvertrag, Stuttgart 1968, S. 30
2 Erklärung der Menschen- und Bürgerrechte. Französische Verfassung vom 3. September 1791, zit. n. Günther Franz (Hg.): Staatsverfassungen. Eine Sammlung wichtiger Verfassungen der Vergangenheit und Gegenwart in Urtext und Übersetzung, Darmstadt 1975, S. 307

zipatorische Funktion für das aufsteigende Bürgertum, indem mit dem Eigentumstitel zugleich Eigenverantwortung und Gestaltungsfreiheit, mit der Chance auf Gewinn zugleich die individuell zu tragenden Konsequenzen bei Verlusten verbunden wurden.

Der Mensch wird im liberalen Denken zum Träger des individuellen Rechtes, Eigentum zu besitzen und privat zu wirtschaften. Wirtschaftliches Handeln steht in der frühbürgerlichen Theorie für die Wahrnehmung von Eigenverantwortung und die Überwindung feudaler Privilegien, zugleich werden Gefahren einer zu ungleichen Verteilung mehr oder weniger stark gesehen und expliziert. Gerecht ist folglich, was der eigenen Leistung entspricht. Ein Staat hat sich der Eingriffe zu enthalten, die dieser Wahrnehmung von Eigenverantwortung und dem Prinzip der Leistungsgerechtigkeit entgegenstehen.

Solidarität: Solidarische Gerechtigkeit auf der Grundlage gleicher Rechte an Sozialeigentum/Sozialversicherungseigentum

Bereits Hegel wusste, dass die Eigentumsverteilung ungleich, dass Armut und Reichtum zwei Seiten der bürgerlichen Gesellschaft waren. Seit Mitte des 19. Jahrhunderts bildete sich mit der Arbeiterbewegung eine Kraft heraus, die – nach Übergangs- und Adaptationsphasen – zwar mitunter den Revolutionsbegriff der marxistischen Theorie aufrecht erhielt, insgesamt aber auf Reformen der bestehenden politischen und sozialen Verhältnisse zielte. So forderte bspw. das auf dem Vereinigungsparteitag der *Sozialistischen Arbeiterpartei Deutschlands* in Gotha 1875 verabschiedete Programm „Schutzgesetze für Leben und Gesundheit der Arbeiter", ein „wirksames Haftpflichtgesetz" und die „volle Selbstverwaltung für alle Arbeiter-, Hilfs- und Unterstützungskassen".[3] Obwohl im Ansatz gegen die Arbeiterbewegung gerichtet, stärkte das Bismarcksche Konzept eines Sozialstaates Sozialdemokratie und Gewerkschaften in ihrem Bestreben, die Teilhabe der lohnabhängigen Bevölkerung am gesellschaftlichen Wohlstand über Verteilungskämpfe zwischen Lohnarbeit und Kapital (*Tarifverträge, kollektives Arbeitsrecht*) sowie über staatliche Umverteilung zu verbessern.

Im Zusammenwirken von Eigenleistung und solidarischem Ausgleich entstand im Sozialstaat *Versorgungsvermögen*, das soziale Risiken kollektiv absicherte. Der Idee nach sollte dabei keineswegs bloß

---

3   zitiert nach: Programme der deutschen Sozialdemokratie, hg. von dem Bundessekretariat der Jungsozialisten, Hannover 1963, S. 75

Armut verhindert, sondern vielmehr der Lebensunterhalt auch dann gesichert werden, wenn der Einzelne bei Ausfall seines Arbeitsvermögens nicht (mehr) in der Lage sein würde, weiter am Erwerbsleben teilzunehmen. Die am Einzelnen in Erscheinung tretenden Beeinträchtigungen – Unfall, Krankheit, Invalidität – ergaben sich aus dem Kontext abhängiger Erwerbsarbeit.

Eigentum begründet als Produktivvermögen ein gesellschaftliches Machtverhältnis, das die Lebenslage der Arbeitnehmer nachhaltig bestimmt. Im Gegensatz zu ursprünglichen Vorstellungen von einer Aufhebung des Privateigentums an Produktionsmitteln setzt sich in der sozialdemokratischen und Gewerkschaftsbewegung die Vorstellung von einem Sozialstaat durch, der den gesellschaftlichen Reichtum auch im Interesse der lohnabhängigen Bevölkerungsteile umverteilt und über den Aufbau von Versorgungsvermögen etwa im Rahmen der Sozialversicherung dafür Sorge trägt, dass diese bei Ausfall ihres Arbeitsvermögens ihren Lebensunterhalt sichern können. Strukturprinzip dieses Sozialstaatsverständnisses ist die Organisation von Solidarität zur Herstellung solidarischer Gerechtigkeit.

Subsidiarität: Vorleistungsfreie Gerechtigkeit auf der Grundlage nicht vorhandener Eigentumsrechte

Die am Ende des 19. Jahrhunderts formulierte katholische Soziallehre bediente sich im Rückgriff auf *Aristoteles* (384-322 v. Chr.) und *Thomas von Aquin* (1224 oder 1225-1274) vermehrt naturrechtlicher Begründungen. Papst *Leo XIII.* (1810-1903) suchte in seiner Enzyklika *Rerum novarum* von 1891 zweierlei in Einklang zu bringen, einmal die Herausbildung eines „Sonderbesitzes" in der bürgerlichen Gesellschaft, zum anderen die naturrechtliche Bestimmung des Menschen, der als Ebenbild Gottes nicht Objekt eines Menschen sein kann. Folglich sei es Aufgabe des Staates, sowohl den privaten Besitz zu schützen, aber auch die Würde und persönliche Integrität des Arbeiters zu wahren. Gefordert werden christliche Sozialreformen, orientiert an einer „Gemeinwohlgerechtigkeit". Dieses bedeutet im Wesentlichen: Sozialbindung des Eigentums, Koalitionsrecht und Recht auf kollektive Arbeitsverweigerung, Verzicht auf einen „primitive[n] Kapitalismus" und konsequente Anwendung des Subsidiaritätsprinzips im Verhältnis von Staat und Gesellschaft, wie es dann klassisch in der 1931 erschienen Sozialenzyklika *Quadrogesimo anno* in die Worte gefasst worden ist:

Papst Pius XI.: Quadrogesimo anno

Wie dasjenige, was der Einzelmensch aus eigener Initiative und mit eigenen
Kräften leisten kann, ihm nicht entzogen und der Gesellschaftstätigkeit zugewiesen werden darf, so verstößt es gegen die Gerechtigkeit, das, was die kleineren und untergeordneten Gemeinwesen leisten und zum guten Ende führen
können, für die weitere und übergeordnete Gemeinschaft in Anspruch zu
nehmen; zugleich ist es überaus nachteilig und verwirrt die ganze Gesell-
schaftsordnung. Jedwede Gesellschaftstätigkeit ist ja ihrem Wesen und Begriff nach subsidiär; sie soll die Glieder des Sozialkörpers unterstützen, darf sie
aber niemals zerschlagen oder aufsaugen.

*Leo XIII., Pius XI.: Die sozialen Enzykliken. Rerum novarum und Quadro-
gesimo anno, mit aktueller Einführung von Oswald von Nell-Breuning S.J.,
Stuttgart und Düsseldorf 1965, S. 62f.*

Der Sache nach stimmen evangelische und katholische sozialethische
Positionen darin überein, dass die Hilfe bei unverschuldeter Not nachrangig erfolgen soll, das heißt nur dann, wenn die jeweils untere Ebene (Individuum, Familie, Gemeinde etc.) dazu selbst nicht in der Lage
ist. Obgleich der Begriff Subsidiarität auf katholischer Seite geprägt
worden ist, trifft er auch die Intention evangelisch begründeter Interventionsformen.

Dabei stellte sich allerdings sehr bald die Frage, wieweit und wie
lange die jeweils höhere Instanz abwarten solle bzw. könne, bevor der
Nachweis erbracht worden sei, dass der Einzelne, die Familie etc.
nicht in der Lage sei, sich selbst zu helfen. In den 1950er Jahren sah
sich der Nestor der Katholischen Soziallehre in Deutschland, *Oswald
von Nell-Breuning S.J.* (1890-1991), deshalb veranlasst, Quadrogesimo anno dahingehend zu interpretieren, dass angesichts der Veränderungen in Wirtschaft und Gesellschaft manche Aufgaben, die früher
leicht von den unteren Ebenen hätten übernommen werden können,
nur mehr von den größeren bewältigt werden könnten. Es bestehe deshalb eine *Verpflichtung zur Vorleistung* auf Seiten des Staates, Bedingungen zu schaffen, unter denen im Falle der Familie das Kind, im
Falle des Staates der einzelne Staatsbürger, aber auch die Familien
überhaupt erst imstande seien, Selbsthilfe zu leisten.[4]

Privateigentum – dieses schließt „Sonderbesitz" ein – ist legitim,
zugleich sozial gebunden. Sozialbindung meint dessen sinnvollen Ein-

---

4   Oswald von Nell-Breuning S.J.: Bedürftigkeitsprüfung oder Bedürfnis?, in: Sozialer
    Fortschritt 1956, S. 8ff.; vgl. Gerhard W. Brück: Allgemeine Sozialpolitik. Grund-
    lagen – Zusammenhänge – Leistungen, Köln 1976, S. 44ff.

satz etwa im Produktionsprozess unter Gewährleistung menschen-
würdiger Entlohnungs- und Arbeitsbedingungen. Zugleich hat sich jeder in die vorgegebene soziale Hierarchie einzuordnen. Hilfeleistungen sind nachrangig, eben subsidiär zu gewähren. Im Falle von Hilfe-
bedürftigkeit darf keine Vorleistung seitens des Hilfesuchenden erwartet bzw. zur Voraussetzung gemacht werden. Es wird eine subsidiäre
Gerechtigkeit angestrebt.

Amalgam im sozialen Sicherungssystem in Deutschland

Eigenverantwortung, Solidarität und Subsidiarität durchziehen als gestaltende Grundnormen das deutsche soziale Sicherungssystem. Sie
bilden, auch wenn sie nicht im Grundgesetz aufgenommen worden
sind, eine unauflösbare Verbindung.

Eigenverantwortung wird zur Grundlage allen sozialpolitischen
Handelns gesetzt: Der Staat legt fest, wo, wann und in welcher Höhe
der Einzelne Verantwortung für die Absicherung sozialer Risiken
übernehmen muss; für bestimmte Einkommensgruppen und für bestimmte soziale Risiken geschieht dieses in Gestalt einer staatlich verfügten *Versicherungspflicht*. In Teilbereichen lässt er eine Wahlfreiheit zwischen privater und öffentlich-rechtlicher Versicherung zu. Die
Versicherungspflicht schließt nicht aus, dass darüber hinaus weitere
private Vorsorge für Wechselfälle des Lebens getroffen wird, dieses
kann vom Staat durchaus auch unterstützt werden. Umgekehrt hat der
Verzicht auf eigenverantwortliches Handeln mitunter negative Konsequenzen, etwa dann, wenn sog. unwirtschaftliches Verhalten[5] im
Rahmen der Grundsicherung für Arbeitssuchende (ALG II) mit Abschlägen bei der Leistungsbemessung geahndet wird (§ 31 SGB II).
Der Eigenverantwortung entspricht *Leistungsgerechtigkeit*. Derjenige,
der zur Wahrnehmung von Eigenverantwortung bereit und in der Lage
ist, soll im Regelfall auch eine bessere Leistung erhalten als derjenige,
bei dem dieses nicht der Fall ist.

---

5 Dieses liegt bei einem sachlich unangemessenen Verbrauch zuvor bewilligter Leistungen vor, also etwa der exzessive Genussmittelkonsum anstelle notwendiger Nahrungsmittel.

Grundprinzipien als Säulen der Sozialpolitik

SOZIALPOLITIK

(Sozialstaatspostulat)

EIGENVERANTWORTUNG	SOLIDARITÄT	SUBSIDIARITÄT
Soziale Träge: (besitz-)bürgerliche Emanzipationsbewegung	*Soziale Träger:* (sozialdemokratische) Arbeiter- und Gewerkschaftsbewegung	*Soziale Träger:* protestantische und katholische Kirchen
Ziele: Sicherung von individuellen Freiheitsrechten und des privaten Eigentums	*Ziele:* Sicherung der Teilhabe der lohnabhängigen Bevölkerung durch evolutionäre Gesellschaftspolitik; soziale Sicherung gegen überindividuelle Lebensrisiken	*Ziele:* Schutz der bürgerlichen Gesellschafts- und Besitzordnung bei gleichzeitiger Sicherung der Menschenwürde aller Gesellschaftsglieder
Instrumente: Sicherung liberaler Demokratie und Freiheitsrechte (Rechtsstaatsprinzip), Leistungs-, Versicherungs- und Äquivalenzprinzip	*Instrumente:* Soziale Demokratie, aktive staatliche Sicherungs- und Umverteilungspolitik, Solidarprinzip in der Sozialversicherung	*Instrumente:* vorleistungsfreie nach dem Subsidiaritätsprinzip zu gewährende soziale Sicherungsleistungen

Grundsätzlich gilt die Verpflichtung zur Sicherung des Lebensunterhalts durch
ERWERBSARBEIT

Doch die öffentlich-rechtlichen Sicherungssysteme basieren auch auf der zweiten Norm, der der *Solidarität*: Letztlich zahlen alle in ein System in der Erwartung ein, dass der- bzw. diejenige dann eine Leistung erhält, wenn der soziale Risikofall eingetreten ist. Das *Steuersystem* ist je nach Ausgestaltung der umfassendste Solidarausgleich, an dem alle Bewohnerinnen und Bewohner sei es über direkte, sei es über indirekte Steuern beteiligt sind, wenngleich der prozentuale Anteil – gemessen am eigenen verfügbaren Einkommen – sehr wohl differieren kann. Steuerfinanziert werden denn auch die sozialen Sicherungssysteme, die allgemein gesellschaftlich verursachte (z.b. Folgen der Langzeitarbeitslosigkeit im Rahmen des SGB II oder des Krieges im Rahmen der Gesetzlichen Rentenversicherung bzw. der Kriegsopferversorgung) oder in besonderer Weise als gesellschaftlich wichtig eingestufte Risiken (z.b. Kindergeld, Elterngeld) abfedern sollen. *Beitragsfinanzierte* Systeme begrenzen im Regelfall diesen Solidarausgleich auf die Beitragszahlenden und ggf. deren Angehörige, mitunter ergänzt durch steuerfinanzierte Anteile. *Solidarische Gerechtigkeit* bewirkt einen Ausgleich bei Risiken, die den Einzelnen treffen, aber letztlich sozial verursacht sind. Auch hier gibt es Grenzen, etwa dann, wenn ein Schadensfall – bspw. im Rahmen der Gesetzlichen Krankenversicherung – selbstverschuldet oder grob fahrlässig herbeigeführt worden ist.

Älter als der Name ist die Wirksamkeit des *Subsidiaritätsprinzips*: Dann, wenn weder Eigenverantwortung noch Solidarität greifen sollen bzw. greifen können, gibt es das Recht auf eine *vorleistungsfreie Gerechtigkeit*, der Form wie der materiellen Ausgestaltung nach abgesetzt von den Leistungen, die aus der Eigenverantwortung und der Solidarität her abgeleitet werden (z.B. Sozialhilfe oder Grundsicherung im Alter und bei dauerhafter Erwerbsminderung nach SGB XII). Zugleich werden diese subsidiären Leistungen ausschließlich aus Steuereinnahmen bestritten, so dass in ihnen zugleich ein gesamtgesellschaftlicher Solidarausgleich erfolgt für Risiken, vor denen letztlich keinesfalls bloß einzelne Berufsgruppen – wie beim Solidarprinzip –, sondern letztlich niemand gefeit ist.

3.1.2 Rahmenbedingungen der Sozialpolitik

Ökonomisierung unter dem Dilemma des Steuerstaats

Öffentliche soziale Leistungen stellen letzten Endes ökonomische Werte dar. Ein Teil dieser Leistungen wird zwar privat erstellt, muss aber öffentlich finanziert werden und zwar aus den Beitragszahlungen zur Sozialversicherung und/oder durch direkte bzw. indirekte Steuerzahlungen. Andere Leistungen werden öffentlich erbracht und müssen teils öffentlich, teils privat bezahlt werden. So bedarf es bspw. gewisser Zuzahlungen bei der Inanspruchnahme bestimmter sozialer Leistungen. Monetäre Transfers basieren auf Beitrags- und/oder Steuerzahlungen, die Beitrags- und auch die direkten Steuerzahlungen hängen von marktmäßig erzielten Einkommen ab. Auch indirekte Steuern gehören zur volkswirtschaftlichen Verteilung. Sozialpolitik ist in den volkswirtschaftlichen Kreislauf eingebunden, auf Grund des durch sie bewegten großen Anteils am Bruttoinlandsprodukt sogar in bestimmender Weise.

Damit ist Sozialpolitik mehrfach an die Dynamik der Volkswirtschaft gekoppelt. Sozialpolitik hängt auf der Einnahme- wie auf der Ausgabeseite von diesem volkswirtschaftlichen Kreislauf ab: In Phasen der Lohn- und Gewinnexpansion steigen die Einnahmen etwa bei den Sozialabgaben und Steuern und schaffen Raum für Leistungsausweitungen, in Phasen sinkender bzw. stagnierender Einkommen sind die materiellen Ressourcen für Sozialpolitik eingeschränkt. Auch die Fähigkeit des Einzelnen, notwendige Zuzahlungen bzw. komplementäre Eigenleistungen aufzubringen, sind von der allgemeinen und der persönlichen wirtschaftlichen Situation abhängig.

Mit der Rentenreform von 1957 wurde nach der *Gesetzlichen Krankenversicherung* und der *Gesetzlichen Unfallversicherung* auch der größte Sozialversicherungszweig auf das *Umlageverfahren* umgestellt. Dadurch wird die unmittelbare Abhängigkeit von dem jeweiligen wirtschaftlichen Kreislauf direkt spürbar; bei dem so genannten *Kapitaldeckungsverfahren* ist dieses – folgt man *Gerhard Mackenroth*[6] – nur scheinbar anders. Konkrete Berechnungen belegen, wie sich beispielsweise ein Plus oder ein Minus bei den Löhnen auf Seiten der Sozialversicherungen und beim Steuereinkommen direkt niederschlagen. Es besteht folglich ein direkter Zusammenhang zwischen Wirtschaftswachstum und Einnahmen des *Fiscus*, sprich Staat, und der *Parafisci*, sprich den Sozialversicherungen.

Der Staat – auch der Sozialstaat – ist *Steuerstaat*, d.h. er verfügt über keine nennenswerten eigenen finanziellen Ressourcen, sondern nimmt über Steuern, Gebühren und Abgaben ein, was er für seinen Bedarf bzw. den der Gesellschaft benötigt. Er steht hier in dem Dilemma, dass er die Quellen, die er abschöpfen will, ‚pflegen' muss, um in Folge auch für den nationalen Sozialstaat die notwendigen Ressourcen mobilisieren zu können. Dabei hat er es mit dem Paradoxon zu tun, dass derselbe wirtschaftliche Prozess, der dem Sozialstaat höhere Ausgaben aufnötigt, zugleich dessen Einnahmen schrumpfen lässt (*Dilemma der Sozialpolitik*). Dieses heißt: Der Staat muss heute mehr denn je die Voraussetzungen sicherstellen, dass der privatkapitalistische Akkumulationsprozess auch unter europäisierten und in Teilbereichen globalisierten Bedingungen ‚marktmäßig' erfolgen kann, in-

---

6   Gerhard Mackenroth: Die Reform der Sozialpolitik durch einen deutschen Sozialplan, in: Schriften des Vereins für Socialpolitik. Gesellschaft für Wirtschafts- und Sozialwissenschaften. Neue Folge, Band 4, Verhandlungen auf der Sondertagung in Berlin, 18. und 19. April 1952, hg. von Prof. Dr. Gerhard Albrecht, Berlin 1952, S. 39ff.

dem er die allgemeine Infrastruktur, Bildung, Ausbildung und Forschung, Technologieförderung, Absicherung von Auslandsgeschäften
u.v.a.m. sicherstellt und dafür erhebliche Kosten aufbringt. Ausgaben
für diese Bereiche staatlichen Handelns stehen aber nur scheinbar in
einem strukturellen Gegensatz zu denen anderer Aufgabenfelder, zu
denen auch die Sozialpolitik gehört. Denn verlässliche sozialpolitische
Rahmenbedingungen schaffen die ökonomische und gesellschaftliche
Sicherheit, die wichtige Grundlage von Investitionsentscheidungen
sind.

Gleichzeitig verändert der Prozess der Standortpflege die Einnah-
me- und Ausgaberelation im Sozialstaat: Tiefgreifende strukturelle
Veränderungen im Wirtschaftsprozess haben bewirkt, dass immer
mehr soziale Risiken aus dem Produktionsprozess ausgegliedert werden (Massenarbeitslosigkeit, Frühverrentung, verspäteter Einstieg ins
Berufsleben etc.), während die Einnahmen des Staates – relativ, teils
auch absolut – mit diesen zusätzlichen Aufgaben nicht Schritt halten.
Folglich klafft die Schere zwischen Einnahmen und Ausgaben immer
weiter auseinander.[7]

Galt in der deutschen Sozialpolitik lange Zeit das Credo: „Eine gute Wirtschaftspolitik ist die beste Sozialpolitik." – das meint: Wirtschaftswachstum reduziert die sozialen Risiken und vergrößert den sozialpolitischen Handlungsspielraum –, so hat sich dieses immer schon
an der konjunkturellen Zyklizität, nunmehr aber vermehrt strukturell
verändert. Die Sozialpolitik ist an einen Wirtschaftsprozess gekoppelt,
der – im Standortwettbewerb befindlich – auf eine Reduktion der Belastungen mit Sozialabgaben und Steuern drängt und für den soziale
Ausgrenzung nicht etwa unbeabsichtigte Randerscheinung, sondern
vielmehr integraler Bestandteil ist. Die vormalige Koppelung der Sozialpolitik an eine expandierende Ökonomie in Deutschland droht nun
in eine zunehmende scherenhafte soziale Entwicklung einbezogen zu
werden, so dass trotz allgemeiner Wohlstandsmehrung letztlich für
den sozialen Umverteilungsprozess weniger zur Verfügung steht.

---

7   James O'Connor: Die Finanzkrise des Staates, Frankfurt am Main 1974; Klaus-
    Martin Groth: Die Krise der Staatsfinanzen. Systematische Überlegungen zur Krise
    des Steuerstaats, Frankfurt am Main 1978; Rolf Richard Grauhan und Rudolf Hickel
    (Hg.): Krise des Steuerstaats? Widersprüche, Perspektiven, Ausweichstrategien.
    LEVIATHAN Sonderheft 1/1978, Opladen 1978

Demografie

Im Jahr 1900 glich der grafisch aufbereitete Bevölkerungsaufbau noch einem schön gewachsenem Tannenbaum, unten breit und dann kontinuierlich sich nach oben bis zur Spitze verjüngend. Heute gleicht dieses Abbild eher einer sturmzerzausten Fichte, in die Lücken gerissen worden sind (Geburtenrückgänge etwa in Folge des II. Weltkrieges, ,Pillenknick' etc.) und die sich zugleich im oberen Bereich deutlich weniger zuspitzt. Hochgerechnet auf die nächsten 20-40 Jahre nimmt dieser Bevölkerungsaufbau immer stärker die Form einer Urne an: unten relativ schmal (Folge einer geringen Geburtenrate) und dann auf allen Alterssegmenten bis in den mittleren und oberen Bereich jeweils in etwa gleich breit, nur im obersten Bereich sich verjüngend. Diese Entwicklung gibt Anlass, in vielfältigster Weise eine Änderung der Sozialpolitik einzuklagen, denn immer weniger aktiv Erwerbstätige müssen in Zukunft für immer mehr Nichterwerbstätige bezahlen.

Demografie meint allerdings keinesfalls bloß die natürliche Zu- oder Abnahme der Wohnbevölkerung, sondern auch den Zu- und den Wegzug von Personen. Seit dem Fall der Mauer sind bspw. Millionen deutschstämmiger Zuwanderer aus Osteuropa mit im Regelfall einer – gemessen an bundesdeutschem Schnitt – durchaus höheren Kinderzahl nach Deutschland gekommen. Auch wenn davon auszugehen ist, dass sich die natürliche Reproduktionsrate dieser Migranten relativ schnell der der bundesdeutschen Bevölkerung anpassen wird, gibt es zumindest derzeit und in absehbarer Zeit einen deutlichen Gegentrend zur natürlichen Bevölkerungsentwicklung der ,Alt'-Bevölkerung.

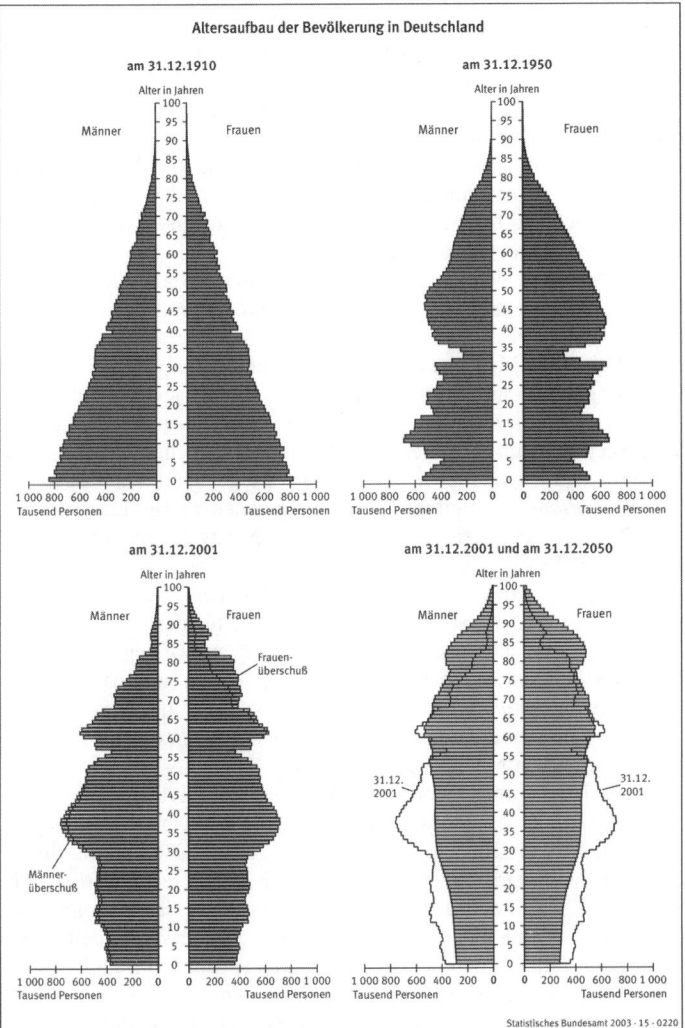

Altersaufbau der Bevölkerung in Deutschland

Statistisches Bundesamt 2003 - 15 - 0220

Innerhalb der Länder der Europäischen Union gibt es das Recht auf Niederlassung und die Freiheit der Arbeitskräfte, sich in den Ländern der EU eine Erwerbsarbeit zu suchen. Auch wenn es – nicht zuletzt aus Gründen sozialer Bindungen, der Sprache wie der Kultur – nur eine relativ geringe Wanderarbeiterschaft gibt, wird die Osterweiterung der Europäischen Union nach Ablauf der Übergangsfristen – auch als Folge des beachtlichen Wohlstandsgefälles – jederzeit das notwendige Potential an Arbeitskräften nach Westeuropa, und dabei bevorzugt nach Deutschland bringen, wie schon heute Ostdeutschland als Reservoir für den westdeutschen Arbeitsmarkt dient. Nicht zuletzt diese Zusammenhänge verdeutlichen den in einem hohen Maße ideologischen Charakter des Demografie-Arguments im Kontext mit der Refinanzierungskrise des Sozialstaates. Denn angesichts derzeit über sechs Millionen arbeitsloser Menschen besteht kein demografisches, sondern ein Ungleichgewicht auf dem Arbeitsmarkt. Wenn also die demografischen Annahmen zutreffen, so steht der Anzahl der älter werdenden Mitbürgerinnen und -bürger in Zukunft eine abnehmende Zahl von Kindern und Jugendlichen gegenüber. Folgt man der Logik des *Schreiber-Plans*, so umfasst der Generationenvertrag immer schon zwei Teile, einmal den zwischen den aktiv Erwerbstätigen mit den Nicht-Mehr-Erwerbstätigen, zugleich den zwischen den Erwerbstätigen mit den Noch-Nicht-Erwerbstätigen. Das heißt: Die Erwerbstätigen mussten immer schon die Kosten sowohl für die nachwachsende Generation als auch für die Ruheständler aufbringen (*Sandwich-Generation*). Demografische Berechnungen zeigen nun, dass der *Gesamtbelastungsquotient* der aktiv Erwerbstätigen bei gleichzeitiger Abnahme der Kinder bzw. Jugendlichen und Zunahme der Ruheständler auch in Zukunft in etwa gleich bleibt.

Damit ist allerdings noch keine Aussage über die finanzielle Belastung einzelner Haushalte und Personengruppen getroffen. Richtig ist zunächst, dass die Kosten für Kinder und Jugendliche und die für die Nicht-Mehr-Erwerbstätigen unterschiedlich aufgebracht werden: Für Kinder und Jugendliche sind vorrangig die nach dem Bürgerlichen Gesetzbuch bestimmten Sorgeberechtigten, also private Quellen, zuständig, für Renten- und Pensionsleistungen dagegen vorrangig öffentliche Fonds. Umgekehrt benötigen Kinder und Jugendliche durchaus auch öffentliche Aufwendungen (Kindergeld, Kindergärten, Schulen, Hochschulen etc.), die in Zukunft quantitativ abnehmen werden. Bezogen auf das gesamte Sicherungssystem führt der demografische Wandel so zu einem Ausgleich von Mehr- und Minderausgaben. Da sich die belastenden und entlastenden materiellen Effekte jedoch nicht gleichgewichtig auf der Haushaltsebene niederschlagen, kommt es hier in vielen Fällen zu einer doppelten bzw. dreifachen Versorgungsanforderung. Dies gilt insbesondere für Familien mit Kindern, denn der demografische Wandel führt hier ja nicht zu geringeren Ausgaben. Im Gegenteil: Kinderbetreuungs- und Ausbildungskosten nehmen in der Tendenz zu (z.B. Abbau der Lernmittelfreiheit, Einführung von Studiengebühren). Zweitens steigen durch die politischen Einschränkungen des Generationenvertrages die Kosten für die individuelle private Altersvorsorge an. Und drittens führt die anhaltend negative Entwicklung am Arbeitsmarkt in der Tendenz zu einer steigenden Beitragslast der sozialversicherungspflichtig Beschäftigten in der Pflege-, Kranken- und Rentenversicherung. Entgegenzurechnen sind diesen demografischen Folgewirkungen allerdings die entlastenden Effekte familiärer Transfers (*Erbengeneration*).

Bei der Verteilung demografisch bedingter gesellschaftlicher Lasten bedarf es also insgesamt einer volkswirtschaftlichen Umsteuerung im Verhältnis der Kostenaufbringung für die nachwachsende Generation bzw. die Nicht-mehr-Erwerbstätigen, keineswegs aber – bei sonst gleich bleibenden Bedingungen – einer Erhöhung der Belastung der Erwerbstätigen. Letztere werden umso stärker dann entlastet, wenn etwa Frauen die Möglichkeit der aktiven Teilhabe am Erwerbsleben erhalten und die Zahl der (sozialversicherungspflichtig) Erwerbstätigen insgesamt nicht weiter durch arbeitsplatzvernichtende Unternehmensstrategien beeinträchtigt werden. Eine weitere Entlastung würde der möglichst kostenfreie, zumindest stark verbilligte Zugang zu sozialen Dienstleistungen für die Betreuung von alten Menschen und von Kindern bringen.

Eignet sich die demografische Entwicklung kaum als Erklärungsmuster für die aktuellen Refinanzierungsprobleme der sozialen Sicherungssysteme, so stellen demografische Verschiebungen im Kontext mit veränderten humanitären, kulturellen, medizinischen wie allgemeinen sozialen Standards und veränderten Familien- und Haushaltsstrukturen gleichwohl Herausforderungen für die Sozialpolitik dar: Verlängert sich die konkrete Lebenserwartung, werden Ansprüche oder Notwendigkeiten selbständigen Wohnens im Alter wirksam (altersgerechtes Wohnen, kommunale Altenhilfe etc.); leben Familienteile, generationenübergreifend gesehen, geographisch weit gestreut, besteht im Alter ein neuer Betreuungsbedarf; erhöht sich die Erwerbsbeteiligung der Frauen, also derjenigen, die bislang im Rahmen der Familie bzw. der Nachbarschaftshilfe Aufgaben der Betreuung und Pflege im Alter erbracht haben, entsteht ebenfalls ein zusätzlicher außerfamilialer Bedarf persönlicher Dienstleistungen; zunehmende Frauenerwerbstätigkeit erfordert ihrerseits weitere Hilfen – etwa bei der Kinderbetreuung. Auch werden Forderungen erhoben, die durch die quantitative Abnahme der Kinder ‚eingesparten‘ öffentlichen Betreuungskosten stärker für eine qualitative Verbesserung des Betreuungsangebotes zu nutzen. Staatliche Politik wird hierauf in Zukunft verstärkt reagieren müssen.

Demografisch bedingt wird es zu Veränderungen der Anforderungen an das System der gesundheitlichen Versorgung und der Pflegedienste kommen. Das Gesundheits- bzw. Krankheitsspektrum bei Kindern/Jugendlichen weicht mit überwiegend kurzfristigen Akuterkrankungen von dem der Älteren mit vorwiegend chronifizierten Erkrankungen erheblich ab, so dass es demografisch bedingt im Bereich der
Krankenversicherungen zu einem Kostenanstieg kommen wird, erst
recht, wenn man gerade hier den medizinischen Fortschritt in Rechnung stellt. Die aktuelle gesundheitspolitische Diskussion sucht nach
Antworten, stößt dabei aber vor allem auf starke privatwirtschaftliche
Interessenträger, die naheliegende Umsteuerungsmöglichkeiten – wie
die Sicherstellung von mehr Effizienz und Transparenz – eher behindern denn fördern.

Anforderungen an die Sozialpolitik aus Gründen des demografischen Wandels bedürfen folglich der genauen Analyse. Wenn staatliche Politik in Zukunft verstärkt auf die Anforderungen des Alters bei
gleichzeitig wachsenden Integrationspflichten in einer (europäischen)
Migrationsgesellschaft reagieren muss, besteht die Gefahr, dass sich
der Gesamtbelastungsquotient möglicherweise in einem gewissen Umfang zu Lasten der Erwerbstätigen verschiebt. Insofern erfordert die
Debatte um die demografische Entwicklung sehr wohl eine Auseinandersetzung um Umfang und Qualität sozialer Geld-, Sach- und Dienstleistungen in einer gealterten Gesellschaft, wenn gesamtgesellschaftliche Herausforderungen nicht im Wesentlichen über die Solidargemeinschaft der Sozialversicherten finanziert werden sollen.

Sozialraum Europa

Sozialpolitik ist und bleibt zunächst nationale Politik: Zwischen dem
Bund, den Ländern und den Kommunen gibt es eine durch Grundge-

setz, Länderverfassungen und die Kommunalverfassung kodifizierte Zuständigkeitsregelung im gestuften Sozialstaat Bundesrepublik Deutschland. Gleichwohl stehen diese jeweiligen Zuständigkeiten vermehrt in einem direkten und indirekten Zusammenhang mit sozialen Entwicklungen und sozialpolitischen Entscheidungen, sei es innerhalb des ebenfalls rechtlich normierten Bereichs der Europäischen Union, sei es innerhalb eines sich nach dem Fall der Mauer nunmehr auch auf Mittelost- und Osteuropa erstreckenden *Sozialraum Europa*. So bestimmen seit geraumer Zeit Entscheidungen der Europäischen Union einschließlich des Europäischen Gerichtshofes die Sozialpolitik der Mitgliedstaaten der Europäischen Union maßgeblich mit. Keineswegs bloß die Folgen der Osterweiterung der Europäischen Union sind hier anzuführen, sondern auch die direkten und die indirekten Auswirkungen von legaler und illegaler Arbeitsmigration auf das deutsche Lohnniveau und davon abhängig auf die Höhe der Steuer- und Sozialversicherungsabgaben. Auch Fragen des faktischen Arbeitsschutzes und der Arbeitszeitregelungen sind zu bedenken. Hinzu kommen etwa nationale Vereinbarungen in einzelnen EU-Staaten zur dortigen Verteilungspolitik und deren Rückwirkungen auf die Verteilungsprozesse in Deutschland.

Verteilungsprozesse innerhalb der europäischen nationalen Sozialstaaten verlieren immer mehr ihren ausschließlich nationalen Charakter, wie sie umgekehrt damit nicht aufhören, letztlich national zu sein. Erfolg oder Misserfolg werden dabei von der Wohnbevölkerung zuerst und vor allem der nationalen Politik bzw. den nationalen Akteuren zugeschrieben bzw. angelastet. Dieser Widerspruch ist derzeit systematisch und faktisch nicht auflösbar.

3.1.3 Instrumente und allgemeine Prinzipien

Schon die Auseinandersetzungen um die Bismarckschen Vorstellungen von Sozialpolitik machten deutlich, dass man ein Ziel – etwa Absicherung des Risikos der Invalidität – sowohl über eine Sozialversicherung, über eine staatliche Vorsorgeleistung als auch – wie bis dahin in weiten Teilen noch üblich – über Fürsorgesysteme erreichen kann. Umgekehrt haben – auch dieses zeigten diese geschichtlichen Kontroversen – die unterschiedlichen Instrumente unterschiedliche Konsequenzen bzw. Wirkungen.

Versicherung, Versorgung, Fürsorge

Geschichtlich haben sich in Deutschland vor allem drei Instrumente herausgebildet: die (Sozial-)Versicherung, die (staatliche) Versorgung und die (kommunale) Fürsorge. Sie haben das gemeinsame Ziel, sozialen Schutz zu erreichen, differieren aber bei den

- Zugangsvoraussetzungen,
- dem geschützten Personenkreis,
- der Qualität rechtlicher Sicherheiten und den
- Finanzierungsmodalitäten.

Die *Versicherung* erfasst einen genau festgelegten Personenkreis, der Anwartschaften bzw. Rechtsansprüche durch Beitragsleistungen als Folge von Erwerbsarbeit erworben hat. Es ist das Spezifikum der *Sozial*versicherung, dass es auch abgeleitete Ansprüche gibt, wobei allerdings diejenigen, von denen Anwartschaften abgeleitet werden können, selbst Rechtsansprüche auf Leistungen durch Beitragszahlungen erworben haben müssen. Diese Rechtsansprüche sind grundgesetzlich als Eigentum geschützt (Artikel 14 GG) und können durch den einfachen Gesetzgeber nicht aufgehoben werden. Versicherungsleistungen werden ausschließlich aus Beiträgen finanziert. Es besteht ein kausaler Zusammenhang zwischen Erwerbsarbeit, Beitragspflicht bzw. freiwilligen Beiträgen der Versicherten und den Leistungen der Versicherung. Sowohl die Beitragsaufbringung wie die Leistungsgewährung sind rechtlich strikt normiert. Rechtsanwartschaften konnten bzw. können auch durch Leistungen erworben werden, die der Gesetzgeber der Beitragsleistung gleichsetzt: etwa sog. Ersatzzeiten als Folge von Krieg und Kriegsgefangenschaft oder Kindererziehungszeiten. Diese Leistungen werden – dieses ist ein Sonderfall – steuerfinanziert.

Auch in einem *Versorgungssystem* werden Rechtsansprüche erworben, aber nicht als Folge persönlicher Beitragsleistungen, sondern durch eine Leistung für die Gemeinschaft insgesamt. Klassisch zeigt sich dieses etwa bei der Kriegsopfer*versorgung*, mittels derer die Folgen des persönlichen Einsatzes des Einzelnen in einem vom Staat zu verantwortenden Krieg ausgeglichen werden sollen. Doch auch zivile Leistungen für die Gemeinschaft werden über diese Systeme aufgefangen, so etwa für Beamte oder für Personen, die im Verlauf ihres Einsatzes beim zivilen Ersatzdienst – analog zur Ableistung der Wehrpflicht – zu Schaden kommen. Auch hier besteht eine Eigentumsgarantie, auch hier sind die Leistungen rechtlich genau normiert. Die

Finanzierung allerdings erfolgt nicht über Beitragszahlungen, sondern aus Steuermitteln, jeweils aufgebracht von der politischen Ebene, die für diese Dienste zuständig sind: Kriegsopferversorgung ist bspw. Sache des Bundes, die Beamten eines Bundeslandes dagegen müssen von dem jeweiligen Land versorgt werden, die der Kommunen von diesen bzw. deren kommunalen Zusammenschlüssen.

Fürsorgesysteme basieren nicht auf einer zuvor seitens des Hilfeempfängers erbrachten Leistung, gleichwohl gibt es auch hier Rechtsansprüche. Sie bestehen *dem Grunde nach*, dieses meint: Ein Rechtsanspruch besteht dann und nur dann, wenn neben einem vorhandenen Risiko eine Bedürftigkeitsprüfung ergeben hat, dass der Einzelne bzw. die Einzelne aus eigenen Mitteln heraus nicht in der Lage ist, dieses Risiko aufzufangen bzw. zu überwinden. Die Prüfung hat auch zu klären, ob es nicht sehr wohl persönlich aktivierbare Ressourcen gibt, die zu einer Überwindung dieser Lage, zumindest zu einer Abmilderung beitragen können (*Mitwirkungspflicht*). Die Fürsorgeleistungen selbst waren und sind teilweise auch heute noch dem Prinzip nach einzelfallbezogen (*Individualisierungsprinzip*), wenngleich neuerliche gesetzliche Regelungen hier eine stärkere Normierung bringen. Finanziert werden Fürsorgeleistungen ausschließlich aus Steuergeldern, und zwar der jeweiligen zuständigen örtlichen bzw. überörtlichen kommunalen Träger.

Dabei gibt es auch Mischformen zwischen diesen drei Instrumenten. So stellen beispielsweise die Leistungen nach dem *Bundesausbildungsförderungsgesetz* (BAföG) eine Mischung aus Versorgung und Fürsorge dar. Der Sache nach handelt es sich hierbei um eine Versorgungsleistung: Der bzw. die Studierende erbringt für die Öffentlichkeit einen Dienst, insofern er bzw. sie auf Einkommen verzichtet und sich einer qualifizierteren Ausbildung, die die Gesellschaft braucht, unterzieht; zugleich ist die Gewährung des BAföG wie bei einer Fürsorgeleistung an eine Bedürftigkeitsprüfung gebunden. War die früher im Anschluss an die Gewährung von Arbeitslosengeld gewährte *Arbeitslosenhilfe* ebenfalls ein Zwidder, und zwar zwischen Versicherung und Fürsorge, so ist das nun gewährte *Arbeitslosengeld II* der Sache nach zunächst eine Fürsorgeleistung. Allerdings führt der mit dem SGB II verfolgte Ansatz, Geldleistungen mit solchen der aktiven Integration in den Arbeitsmarkt zu kombinieren, dazu, dass alle Arbeitslosengeld II – Empfängerrinnen und –Empfänger Zugang zu den Angeboten des SGB III bekommen, damit zu solchen der (Arbeitslosen-) Versicherung.

Geldleistungen, Sachleistungen und Dienstleistungen

Das bundesdeutsche Sozialsystem ist stärker als andere Sicherungssysteme in Europa durch *Geldleistungen* geprägt. Im Regelfall sollen ausfallende Einkommen durch finanzielle Transfers kompensiert und so der Lebensunterhalt gesichert werden. Für abgeleitete Ansprüche gilt, dass dort, wo nach dem Bürgerlichen Gesetzbuch ein Unterhaltsanspruch gegenüber dem Versicherten besteht, die Sozialversicherung nach dessen Tod diesen Unterhaltsanspruch in gewissen Grenzen übernimmt. Bei diesen Geldleistungen, bei der Sozialversicherung im Regelfalle vorrangig dem *Äquivalenzprinzip* folgend, bei den Versorgungsleistungen vorrangig nach beruflichen Kriterien geschichtet, kommen nur partiell Veränderungen der tatsächlichen Lebenshaltungskosten zum Tragen (Anpassung der Rentenleistungen entsprechend der – modifizierten – Nettolohnentwicklung etc.). Insgesamt werden die finanziellen Transfers unabhängig davon geleistet, ob damit der notwendige Lebensunterhalt bestritten werden kann oder nicht. In jedem Einzelfall ist zu prüfen, ob ergänzend andere finanzielle Leistungen beantragt werden können bzw. müssen (etwa Wohngeld, Grundsicherungsleistungen nach SGB II oder SGB XII) und/oder ob andere Quellen zur Existenzsicherung vorhanden sind bzw. erschlossen werden können/müssen (etwa privates Vermögen oder eine Unterstützung durch Familienangehörige).

Sachleistungen gibt es vor allem in der Krankenversicherung in Gestalt von Heil- und Hilfsmitteln. Aber auch in der Gesetzlichen Unfallversicherung und bei der Gesetzlichen Pflegeversicherung sind entsprechende Leistungen vorgesehen. Sachleistungen zielen auf den medikamentös steuerbaren Heilungsprozess im Körper, teilweise bieten sie Hilfestellung bei der Bewältigung von Alltagshandeln. Aber auch bei bestimmten sozialen Gruppen werden bevorzugt Sach- vor Geldleistungen gewährt, etwa im Rahmen des Asylbewerberleistungsgesetzes: So können den Betroffenen Nahrungsmittel bzw. Gutscheine ausgehändigt und konkrete Wohnräume zugewiesen werden.

Dienstleistungen, wie etwa die ärztliche und zahnärztliche, aber auch physiotherapeutische Behandlung u.a.m. sind personenbezogene diagnostische, präventive oder rehabilitative und auch pflegende Hilfestellungen an konkreten Menschen. Sie folgen dem sog. Uno-actu-Prinzip: Die zu erbringende Dienstleistung wird von einer konkreten Person an einer konkreten Person erbracht, der Empfang dieser Dienstleistung ist mit deren Erstellung identisch, das Empfangen der Dienst-

leistung ist selbst ein Teil von ihr (*Koproduktion*). Diese Dienstleistungen sind folglich nicht graduell abstufbar, etwa dergestalt, dass der
Besserverdienende auch eine längere Narkose bzw. einen doppelt so
kräftigen Druck bei der Massage erhält. Der subjektive Faktor sowohl
bei demjenigen, der die Dienste erbringt, als auch bei demjenigen, der
die Dienstleistung erhält, ist es denn auch, der hierbei ein besonderes
Beziehungsverhältnis konstituiert, verbunden mit der Möglichkeit,
dieses Vertrauen einzulösen, aber auch zu frustrieren. Dienstleistungen gibt es auch in anderen Bereichen, so bspw. in Gestalt von Beratungsleistungen, von Aus-, Fort- und Weiterbildung etwa im Rahmen
der Arbeitslosenversicherung.

Soziale Dienste stellen einen Sonderfall von sozialen Dienstleistungen dar und werden teils stationär, teils ambulant angeboten für
Personen in besonderen Problemlagen, die ihrerseits entweder von anderen Einrichtungen nicht erfasst werden (können) bzw. für deren
Zielbestimmung der Einsatz bestimmter sozialarbeiterischer bzw. so-
zial- und/oder heilpädagogischer Methoden von Bedeutung ist. Diese
sozialen Dienste sind unterschiedlich organisiert, teils in öffentlicher,
teils in freier Trägerschaft. Ihre Finanzierung erfolgt häufig aus verschiedenen Quellen, teils über Steuergelder, teils über Beiträge freier
Träger, teils über die Klientel dieser sozialen Dienste.

Bei Sach- und Dienstleistungen besteht mitunter ein Wahlrecht zwischen *Sachleistungs- und Kostenerstattungsprinzip*, d.h. man kann etwa
bestimmte ärztliche Leistungen im Rahmen des Leistungskataloges der
Gesetzlichen Krankenversicherung in Anspruch nehmen; einige Krankenkassen räumen ihren Versicherten aber auch das Recht ein, etwa diese ärztlichen Leistungen auf privater Grundlage im In- oder im Ausland
nachzufragen und sich später den gesamten oder Teilbeträge erstatten zu
lassen. Dieses Kostenerstattungsprinzip kommt insbesondere bei privaten Krankenversicherungen voll zum Tragen: Der Versicherte legt die
Kosten für medizinische Betreuung vor und reicht dann diese Rechnungen bei seiner Krankenversicherung zur Erstattung ein.

Äquivalenzprinzip und Solidarprinzip

Eigenverantwortung und Solidarität finden über die Tatsache, dass sie
Grundnormen der deutschen Sozialpolitik geworden sind, ihren Nie-
derschlag als allgemeine Prinzipien der Sozialversicherungen. Der
Tatsache, dass der Einzelne für sich selbst Eigenverantwortung wahr-

nehmen soll, entspricht, dass die Leistungen, die er aus der Sozialversicherung erhält, ein Äquivalent zu seinen Vorleistungen, sprich seinen Beitragszahlungen, sein sollen. Am deutlichsten kommt dieses
Äquivalenzprinzip bei allen monetären Transfers der Sozialversicherung zum Tragen: Die Höhe und die Dauer der geleisteten Beiträge
bestimmen vorrangig etwa die Höhe der späteren Rentenzahlungen,
vermittelt und mit einem Abschlag versehen auch bei den Hinterbliebenenrenten. Auch in der Arbeitslosenversicherung findet dieses Prinzip etwa bei der Höhe des Arbeitslosengeldes und– in engen Grenzen
– bei der Bezugsdauer seinen Niederschlag. In der Gesetzlichen Krankenversicherung spielt es nur beim Krankengeld als Lohnersatzleistung eine Rolle.

Dafür kommt in der Gesetzlichen Krankenversicherung vor allem
das Gegenprinzip zum Tragen, das *Solidarprinzip*: Die Mitglieder einer Krankenkasse bezahlen denselben Prozentsatz als Beitrag von ihren – unterschiedlich hohen – Arbeitsentgelten an die Krankenkasse.
Trotz somit unterschiedlich hoher konkreter Zahlbeträge gibt es bei
den Leistungen der Krankenkasse keine Unterschiede. Jeder hat einen
Anspruch auf die gleichen Leistungen im Falle von Krankheit, Vorsorge und Rehabilitation. Hinzu kommt die hier sehr weit gefächerte
Möglichkeit der Familienversicherung. Unterhalb einer bestimmten
Verdienstgrenze der Familienmitglieder sind diese über den Beitrag
des Versicherten kostenlos mitversichert. Im Falle des Ehegatten gilt
dieses bis zum Lebensende, bei den Kindern bis zur Volljährigkeit
bzw. maximal bis zum 25. Lebensjahr bei nachgewiesener Berufsausbildung (verlängert noch um Zeiten einer „gesetzlichen Dienstpflicht"
also etwa bei der Bundeswehr bzw. dem zivilen Ersatzdienst). Doch
auch in der Gesetzlichen Rentenversicherung findet das Solidarprinzip
seinen Niederschlag, so vor allem in den abgeleiteten Rentenansprü-
chen, denen selbst keine Beitragsleistung entspricht, in den Zurechnungszeiten bei den Renten wegen verminderter Erwerbsfähigkeit und
bislang bei den Anrechnungszeiten etwa für Phasen der Berufsausbildung.

Verrechtlichung – Privatisierung: Politisierung und Entpolitisierung

Schon vor der Bismarckschen Sozialgesetzgebung normierte der öffentliche Gesetzgeber sozialpolitische Hilfestellungen, etwa die Armenfür-

sorge im *Allgemeinen Preußischen Landrecht*, auf kommunaler Ebene im *Elberfelder Modell*. Die Bismarcksche Politik hat für Deutschland als erstem Land überhaupt ein umfangreiches gesetzliches Werk geschaffen, das letztlich soziale Beziehungen regulierte: Das soziale Machtverhältnis zwischen Lohnarbeit und Kapital wurde nun über den Tarifvertrag hinaus, den die Arbeiterbewegung zeitgleich erfolgreich durchzusetzen vermochte, sozialrechtlich normiert: Erwerbsarbeit führte zur Versicherungspflicht, im Falle des Eintretens eines Schadensfalles wurden die sozialen Folgen aus dem Erwerbsarbeitsbetrieb heraus und in das soziale Sicherungssystem verlagert. Es griffen und greifen nun die dort vorgesehenen gesetzlichen Leistungen, unabhängig davon, ob damit der eigene Lebensunterhalt bestritten werden kann und ob nach Überwindung der Folgen wieder ein Arbeitsplatz zur Verfügung steht. Der am Individuum aufgetretene Schaden wird rechtlich abgefunden, der soziale Produktionsprozess bleibt im Kern davon unberührt.

Auf der anderen Seite führt die Tatsache, dass rechtliche Regelungen über den Staat erstritten werden können, dazu, dass sich keineswegs bloß die sozialistische Arbeiterbewegung, sondern auch andere soziale und politische Kräfte zunehmend darauf konzentrierten, über die Politik die soziale Lage der abhängig Beschäftigten und immer stärker auch anderer Personenkreise und -gruppen zu verbessern. Die *Politisierung sozialer Konflikte* stellt eine Regelungsform dar, deren erfolgreiche Umsetzung ihrerseits Rechtsansprüche schafft, zugleich aber auch rechtlich neue Ausgrenzungs- bzw. Begrenzungstatbestände hervorbringt, die dazu führen, dass nun die Politik, nicht aber die soziale Lage bzw. die ihr zugrunde liegenden sozialen Konflikte zwischen unterschiedlich stark vertretenen sozialen Interessen für unzureichende, als ungerecht empfundene Leistungen verantwortlich gemacht werden. Auf der anderen Seite hat sich der seit Bismarck durchsetzende Primat sozialrechtlicher Leistungen vor unmittelbaren sozialen konfliktorischen Lösungsfindungen und die erreichte Regelungsdichte bewirkt, dass die Rücknahme bestehender Rechtsansprüche und die Rückverlagerung auf die soziale Ebene nicht als eine Rückführung des in Teilen als negativ empfundenen Politisierungsgrades, sondern als *Re-Privatisierung sozialer Risiken* angesehen wird. Dies meint, dass die Folgen sozialer Probleme dem Einzelnen bzw. seiner Familie aufgebürdet werden, obwohl er bzw. dieser Haushaltsverbund dafür nicht ursächlich verantwortlich ist. Dieses ist um so problematischer, wenn seitens der Politik nicht geprüft wird, welche neuen Ausgrenzungstat-

bestände diese Entregelung bzw. Rückverlagerung auf die private
Ebene nach sich zieht.

Kausalität und Finalität

Man nehme den Fall: Eine Person rutscht auf einer Bananenschale aus
und bricht sich das Bein; Heilbehandlung ist vonnöten. – Geschah dieses
auf dem Weg zwischen Arbeitsstätte/Ausbildungsstätte und privater
Wohnung, dann ist dafür die Gesetzliche Unfallversicherung zuständig.
Geschah es in der Freizeit und ein Verursacher ist nicht feststellbar, ist
dies ein Fall für die Gesetzliche Krankenversicherung oder, sofern ein
Anspruch auf Grundsicherungsleistungen nach SGB XII und kein Versicherungsschutz besteht, für das Sozialamt. Ist ein Verursacher für die
unachtsam weggeworfene Bananenschale zu ermitteln, wird dieser bzw.
dessen private Haftpflicht in Regress genommen, hat er mutwillig oder
grob fahrlässig gehandelt, kommt auch eine private Haftung mit dem eigenem Einkommen und Vermögen in Betracht. Gefragt wird also: Was
war die Ursache (lateinisch: causa) für den Eintritt dieses Schadens. Davon ist dann abhängig, wer für das Aufbringen der Kosten zuständig ist.
Diese *Kausalität* ist aber nicht nur für die Leistungsträger von Bedeutung – Wer muss bezahlen? –, sondern auch für die Leistungsempfänger.
So variieren die Leistungen etwa zwischen der Gesetzlichen Unfall- und
der Gesetzlichen Krankenversicherung vor allem bei den rehabilitativen
Leistungen, bei finanziellen Zusatzleistungen, vor allem aber dann, wenn
möglicherweise eine Berufs- bzw. Erwerbsunfähigkeit aus dem Unfall
folgt. Dieses Kausalitätsprinzip dominiert das deutsche Sozialrecht in
fast allen Leistungsbereichen.

Das Gegenprinzip, die *Finalität*, fragt danach, was eine soziale Intervention bewirken soll. Klassisch sind hier die Paragraphen 67ff.
SGB XII zu nennen: Bei Personen „in besonderen Schwierigkeiten"
wird nicht gefragt, wie diese Person in diese Lage kam (Nichtsesshaf-
tigkeit, Alkoholprobleme etc.), sondern es wird nur gefragt, wie dieser
Person über die aktuellen Probleme hinweg geholfen werden kann.
Fürsorgeleistungen sind der Sache nach final ausgerichtet: Überwindung von Einkommensarmut im Rahmen der Grundsicherungsleistungen von SGB II und SGB XII, von Krankheit im Rahmen der Krankenhilfe des SGB XII, Hilfestellung bei Erziehungsproblemen im
Rahmen des SGB VIII (Kinder- und Jugendhilfegesetz), Regulierung
von Überschuldung etc. Gleichwohl drängt sich auch das kausale

Denken immer wieder in die Praxis der Fürsorge ein: Verletzt jemand die Mitwirkungspflicht, indem er sich z.b. weigert, zumutbare Arbeitsangebote anzunehmen, können die Leistungen des SGB II (ALG II) gekürzt werden. Bestehen Ansprüche gegenüber anderen Trägern, ist zu klären, warum diese nicht vom Antragsteller abgefragt werden etc.

Finalität wird meist von den politischen Interessenträgern eingeklagt, die die ausgrenzende Wirkung des Kausalitätsprinzips begrenzen und die solidarischen Elemente stärken wollen, während umgekehrt jene sich gegen eine Verstärkung finaler Elemente wehren, die stärker die Eigenverantwortlichkeit betonen und die sich aus den institutionellen Differenzen heraus ergebenden Abstufungen im System der sozialen Sicherung erhalten wollen.

3.1.4 Funktionen der Sozialpolitik: Kompensation, Konstitution und Prävention

Die sozialpolitischen Instrumente und Interventionsformen verfestigen die für unser Wirtschaftssystem bestimmende Trennung zwischen den Bereichen Arbeit und Leben. Zugleich sorgt Sozialpolitik mit dafür, dass Erwerbsarbeit als die vorherrschende Form der Existenzsicherung sozial durchgesetzt bleibt. Angesichts der Strukturveränderungen in der Wirtschaft, insbesondere dem Rückgang der Bedeutung des industriell-gewerblichen Bereichs und der Dominanz des Dienstleistungssektors mischen sich die Bereiche Arbeit und Leben in vielfältiger Weise, gleichwohl ist der Systematik nach das Konstrukt der Bismarckschen Sozialpolitik bis heute erhalten geblieben: Erwerbsarbeit bestimmt weit überwiegend in unserer Gesellschaft die materielle Grundlage des je einzelnen Lebens, aber auch das des intergenerativen Weiter-Lebens, Sozialpolitik übernimmt eine Mittlerfunktion zwischen Erwerbsarbeit und Nicht-Erwerbsarbeit. Diesen Prozess bindet Sozialpolitik an Auflagen, deren Nichterfüllung sozialrechtlich, materiell und immateriell sanktioniert wird. Sozialpolitik erfüllt dabei drei Funktionen.

Sozialpolitik *kompensiert* erstens den Ausfall von anderen Quellen, die zum Erhalt der Existenzgrundlagen von Menschen bislang beigetragen haben bzw. leistet einen Beitrag, um eine Schädigung zu beheben, die den Einzelnen daran hindert, den Erhalt seiner Existenzgrundlagen selbst zu sichern. Dieses betrifft keinesfalls bloß Geldleistungen, sondern kann auch in Gestalt von Sach- und Dienstleistungen erfolgen. Der Schaden an bzw. das Fehlen von eigenen Möglichkeiten zur Existenzsicherung wird damit sozial aufgefangen, die Lebensgrundlagen des Individuums und der von ihr im Rahmen des Bürgerlichen Gesetzbuches abhängigen Personen wird etwa bei Arbeitslosigkeit, Unfallverletzungen, Krankheiten, im Alter etc. ganz oder teilweise ausgeglichen. Damit hat Sozialpolitik eine *Schutzfunktion*, die zugleich an *Verteilungs- bzw. Umverteilungvorgänge* gebunden ist: Die Mittel, die der Einzelne bzw. der Haushaltsverbund benötigt, wurden entweder zu einem früheren Zeitpunkt vom Leistungsbezieher selbst und/oder derzeit von anderen Beitrags- bzw. Steuerzahlern aufgebracht.

Der Wechsel zwischen Arbeiten und Leben entzieht sich allerdings immer schon der individuellen Beliebigkeit. Auch wenn der etwa im Übergang vom Feudalismus zum Frühkapitalismus direkt ausgeübte Zwang zur Arbeit (*Arbeitshaus*) inzwischen verfassungsrechtlich verboten ist, greifen nach wie vor Regelungen, die den Zugang zu bzw. Abgang von abhängiger Erwerbsarbeit regeln und damit *konstitutiv* werden für die Durchsetzung von abhängiger Erwerbsarbeit. Anzuführen sind hier Regelungen zur Krankschreibung durch den Arzt, Zumutbarkeitsregelungen etwa im Zusammenhang des Leistungsbezugs bei Arbeitslosigkeit, die Mitwirkungspflicht bei Fürsorgeleistungen, die Bindung der Inanspruchnahme des gesetzlich bzw. tariflich zustehenden Urlaubs an die zuvor erfolgte Zustimmung des Arbeitgebers und Regelungen im Zusammenhang etwa von Berufserkrankungen, Unfallrenten bzw. insgesamt bei Frühverrentung. Die gesetzlich festgelegte Altersgrenze bei der Rente schließlich entbindet den Einzelnen von der Pflicht, seinen Lebensunterhalt weiter durch Erwerbsarbeit zu bestreiten. In diesen Kontext gehört auch die Frage nach einer Verbesserung oder Lockerung des Kündigungsschutzes für Arbeitnehmer. Die Diskussion im Kontext mit der sog. *Agenda 2010* möge hier exemplarisch für einen Wechsel der Sozialpolitik stehen. Wollte die sozialliberale Reformpolitik in den 1970er Jahre diesen Wechsel zwischen Erwerbsarbeit und Nicht-Erwerbsarbeit stärker im Interesse der Arbeitnehmer gestalten, zielt das Schlagwort „Fördern und Fordern" auf Sanktionen, die, verbunden mit abgesenkten kompensatorischen finanziellen Leistungen auch jene Erwerbsarbeit zu einer ‚attraktiven' Alternative zum Bezug von Lohnersatzleistungen machen soll, die den Lebensunterhalt allein nicht abdeckt (*working poor*) bzw. deren Ausgestaltung bisherige Standards z.T. erheblich unterschreitet. Neben materielle Sanktionen wie Leistungskürzungen treten so auch gesellschaftlich ausgrenzende, soziale Etikettierungen.

Doch Sozialpolitik war und ist immer auch in einem anderen Sinne *konstitutiv* für das bestehende Wirtschaftssystem. Hierzu gehören etwa geschichtliche und aktuelle Regelungen, die darauf abzielen, junge Menschen nicht vorzeitig im Arbeitsprozess zu verschleißen (Kinderarbeitsschutzrechte). Des Weiteren dient der betriebliche Arbeitsschutz wie insgesamt die Gesundheitssicherung dem Erhalt benötigter, qualifizierter Arbeitskräfte. Und schließlich dienen Regelungen für den Fall von Arbeitslosigkeit der Sicherung von Qualifikationen für den zukünftigen Bedarf auf dem Arbeitsmarkt. Sozialpolitik zielt auf Erwerbsarbeit als Grundbedingung privaten Lebens, doch verbindet sie dies auch mit dem Ziel, diesen Arbeitsprozess keinesfalls bloß im Interesse der Unternehmer, sondern auch im Interesse der abhängig Beschäftigten produktiver zu gestalten, zumindest die mitunter widerstreitenden Interessen nicht nur einseitig zu vertreten. Diese konstitutive Funktion von Sozialpolitik hat somit teilweise auch eine *Produktivitätsfunktion*.

Sozialpolitik hat schließlich zunehmend auch eine *präventive Funktion* übernommen und sucht das Entstehen sozialer Risiken ursachenbezogen zu verhindern. So war die Begrenzung der Kinderarbeit einerseits Schutz gegen übermäßige Ausbeutung, andererseits war dieses zugleich ein erster wichtiger präventiver Schritt, getragen letztlich von einem humanistischen Menschenbild und Bildungsideal. Die Kompensation sozialer Risiken, der Erhalt von Arbeitsfähigkeit und das präventive Verhindern sozialer Schädigungen geht nicht allein in privatwirtschaftlichen Interessen auf, auch wenn letztere daraus ihren Nutzen ziehen können und dieses auch sollen. Sie ist geschichtlich betrachtet auch Ausfluss der Allgemeingültigkeit von Grund- und Menschenrechten, seien diese nun bürgerlich-emanzipatorisch, aus der Arbeiterbewegung heraus oder christlich begründet. Hier stellen präventive Elemente der Sozialpolitik eine soziale Konkretion dar, so etwa Vorsorgeuntersuchungen bei Kleinkindern und Erwachsenen, aber auch qualifikatorische und Beratungsleistungen etwa im Kontext der Arbeitsmarktpolitik. Und nicht zuletzt sind hier Überlegungen und Ansätze einer *Humanisierung der Arbeitswelt* von Bedeutung. Den Charakter des Präventiven unterscheidet von dem des Konstitutiven vor allem, dass die von dem Vorbeugungsgedanken bestimmten Regelungen auch außerhalb des Sektors der Sicherung des Lebensunterhalts durch Erwerbsarbeit einen eigenständigen Stellenwert haben: so die gesunde Entwicklung eines Kindes, der Erhalt von Lebensqualität durch soziale Rahmenbedingungen wie Arbeitsfähigkeit, Gesundheit, Bildung, Wohnen etc. Die Übergänge sind fließend und werden von der jeweiligen konkreten Ausgestaltung bestimmt. Entscheidend ist dabei, inwieweit der Einzelne selbst entscheidet, ob er diese sozialpolitische Leistung annimmt oder nicht, oder ob und inwieweit seine Nicht-Beteiligung sozial sanktioniert wird. In diesen Kontext gehört die in den 1950er Jahren einsetzende Diskussion darüber, dass Sozialpolitik zunehmend eine gesellschaftspolitische Gestaltungsfunktion übernehmen, kurz: *Gesellschaftspolitik* werden solle.

3.2   Das Sozialleistungssystem im Überblick

Einen ersten Überblick über das bundesdeutsche System der sozialen Sicherung gewinnt man bei Betrachtung des regelmäßig von der Bundesregierung erstellten *Sozialbudgets*. Darin wird u.a. die sog. *Sozialleistungsquote* ausgewiesen, dies meint den Anteil der im Sozialbudget enthaltenen Aufwendungen am Bruttoinlandsprodukt. Diese Quote sagt folglich mehr über das quantitative Gewicht der sozialen Leistungen, weniger aber über deren Qualität aus. Steigende Arbeitslosigkeit, zunehmende Frühverrentung etc. steigern tendenziell die Sozialleistungsquote, sind aber nicht Ausdruck für eine positive gesellschaftliche Entwicklung, wie umgekehrt abnehmende Gesundheitsausgaben etwa Ausdruck eines besseren Gesundheitsstatus oder effizienterer Strukturen im Gesundheitswesen sein können und nebenbei den Effekt haben, die Sozialleistungsquote zu senken. Umgekehrt sagen Sozialleistungsquoten dennoch etwas darüber aus, was einer Gesellschaft die Bearbeitung sozialer Problemlagen wert ist. Der Anteil der Sozialaufwendungen am Bruttoinlandsprodukt ist in den 1980er Jahren kontinuierlich zurückgegangen, von 31,2 Prozent im Jahr 1981 auf 27,8 Prozent im Jahr der Wende, um dann – einigungsbedingt – für Gesamtdeutschland wieder auf 32,2 Prozent im Jahr 2003 zu steigen. Deutschland liegt damit im europäischen Vergleich mit an der Spitze, nur Dänemark, Frankreich und Schweden haben im Jahr 2002 eine höhere Sozialleistungsquote aufgewiesen. Das Sozialbudget gegliedert sich einmal nach den *Instituti-*

onen, dann nach den *Funktionen* sozialer Sicherung, es veranschaulicht Umfang und Gewichtung der einzelnen Positionen.[8]

Leistungen nach Institutionen

Als Folge der geschichtlichen Entwicklung hat sich in Deutschland ein Nebeneinander von verschiedenen *Institutionen* herausgebildet. Diese gliedern sich zunächst in zwei Untergruppen, nämlich in die Träger *direkter* und in die *indirekter Leistungen*. Die direkten Leistungen haben mit einem Anteil von 89,7 Prozent des Sozialbudgets (2003) das mit Abstand größte Gewicht. Sie teilen sich ihrerseits in vier große Bereiche auf: 1. soziale Sicherung, 2. Arbeitgeberleistungen, 3. Entschädigungen und 4. soziale Hilfen und Dienste.

Dem ersten Bereich kommt mit einem Anteil von 73,8 Prozent an den Gesamtaufwendungen des Sozialbudgets die größte Bedeutung zu. Hier sind die *Allgemeinen Systeme*: die Gesetzliche Rentenversicherung, die Gesetzliche Krankenversicherung, die Gesetzliche Unfallversicherung, die Arbeitsförderung, die Gesetzliche Pflegeversicherung angesiedelt. Hinzu kommen *Sondersysteme* für einzelne Berufsbereiche wie etwa bei den Landwirten und anderen Berufszweigen, und die Leistungssysteme des *öffentlichen Dienstes*, so die beamtenrechtlichen Systeme (Pensionen, Beihilfen usw.). Der Wirkungskreis dieses Systems der sozialen Sicherung ist sehr groß: 90 Prozent und mehr der gesamten Bevölkerung sind von den einzelnen Zweigen der Gesetzlichen Sozialversicherung erfasst, ein Großteil der verbleibenden 10 Prozent der Bevölkerung untersteht dem Schutz der Sondersysteme.

Der zweite Bereich umfasst mit einem Anteil von 7,5 Prozent am Sozialbudget die *direkten Aufwendungen der Unternehmen* (also nicht deren Anteil etwa zur Sozialversicherung). Den größten Teil machen die Ausgaben für die 1957 eingeführte und durch Reformen von 1961 und 1969 ausgeweitete sechswöchige Lohnfortzahlung im Krankheitsfall bei Arbeitern und Angestellten aus, gefolgt von Aufwendungen für eine betriebliche Altersversorgung.

Der dritte Bereich umfasst *Entschädigungen für Folgen politischer Ereignisse*, so die Kriegsopferversorgung, politische Verfolgung im

---

8   Bundesministerium für Arbeit und Sozialordnung: Sozialbericht 2005, Bonn 2005; auf S. 16 Überblick über alle seit 1968 erschienen Sozialberichte/Sozialbudgets (Bundestagsdrucksachen)

Dritten Reich (Wiedergutmachung) und Eigentumsverluste infolge von Flucht und Vertreibung (Lastenausgleich). Mit zunehmender zeitlicher Distanz zu diesen Ereignissen hat dieser Bereich heute stark an Bedeutung verloren auch wenn mit der Migration Deutschstämmiger aus Mittelost- und Osteuropa neue Problemlagen dazugekommen sind.

Im vierten Bereich werden unterschiedliche Formen vor allem *öffentlicher Hilfs- und Dienstleistungen* zusammengefasst (Sozialhilfe, Jugendhilfe, Kindergeld, die Ausbildungsförderung, Wohngeld und die staatliche Förderung der Vermögensbildung). Durch gesetzliche Regelungen bzw. aktuelle soziale Entwicklungen ist der Anteil dieser Leistungen am Sozialbudget gesteigert worden. Er liegt im Jahr 2003 bei 7,7 Prozent. Insbesondere steigende Kosten bei der Betreuung Behinderter sowie die Überwälzung von Folgekosten der derzeitigen Arbeitslosigkeit auf die Sozialhilfe haben bis zur Zusammenlegung der Sozial- und Arbeitslosenhilfe (SGB II) zu einem starken Anstieg der Sozialhilfeausgaben geführt. Gleichwohl ist der Prozentanteil der Sozialhilfeausgaben innerhalb des Sozialbudgets zwischen 1997 - 2003 mit Werten zwischen 3,7 und 4 Prozent nahezu konstant geblieben (2003: 3,8 Prozent).

Neben diesen *direkten* sozialen Leistungen gibt es auch noch *indirekte*, vor allem in Form von Steuerermäßigungen; dies betrifft insbesondere den sog. Familienlastenausgleich (Steuerermäßigung bei Verheirateten, für Kinder, bei bestimmten Altersgruppen), abzugsfähige Sonderausgaben (Krankheiten, Todesfall) sowie den Wohnungsbau. Deren Anteil am Sozialbudget beträgt 2003 10,3 Prozent.

Sozialbudget 2003 Leistungen nach Institutionen

	Deutschland	
	Mill. EUR	in %
Sozialbudget insgesamt	669.543	100,0
Sozialbudget inkl. Beiträge des Staates	*735.001*	
1. a. Allgemeine Systeme	446.079	65,8
Allgemeine Systeme inkl. Beiträge des Staates	483.590	
Rentenversicherung	238.193	32,4
– Rentenversicherung der Arbeiter	114.915	15,6
– Rentenversicherung der Angestellten	108.804	14,8
– Knappschaftl. Rentenversicherung	14.475	2,0
Private Altersvorsorge	–	–
Krankenversicherung	143.336	19,5
Pflegeversicherung	17.407	2,4
Unfallversicherung	11.344	1,5
Arbeitsförderung	73.310	10,0
1.b Sondersysteme	5.820	0,8
Alterssicherung der Landwirte	3.309	0,5
Versorgungswerke	2.511	0,3
1.c Leistungssysteme des öffentlichen Dienstes	52.656	7,2
Pensionen	35.786	4,9
Familienzuschläge	6.945	0,9
Beihilfen	9.925	1,4
2. Leistungssystem der Arbeitgeber	54.828	7,5
Entgeltfortzahlung	24.967	3,4
Betriebliche Altersversorgung	18.370	2,5
Zusatzversorgung	8.805	1,2
Sonstige Arbeitgeberleistungen	2.686	0,4
3. Entschädigungssysteme	5.552	0,8
Soziale Entschädigung	4.451	0,6
Lastenausgleich	88	0,0
Wiedergutmachung	869	0,1
Sonstige Entschädigungen	145	0,0
4. Förder- und Fürsorgesysteme	56.937	7,7
Sozialhilfe	27.869	3,8
Jugendhilfe	17.876	2,4
Kindergeld	132	0,0
Erziehungsgeld	3.481	0,5
Ausbildungsförderung	1.479	0,2
Wohngeld	5.209	0,7
Förderung der Vermögensbildung (Staat)	892	0,1
Direkte Leistungen insgesamt	620.926	89,7
Direkte Leistungen inkl. Beiträge des Staates	659.385	–
Indirekte Leistungen	75.616	10,3
Steuerliche Maßnahmen (ohne Familienlastenausgleich)	39.536	5,4
Familienlastenausgleich	36.080	4,9

Quelle: Bundesministerium für Gesundheit und Soziale Sicherung: Sozialbericht 2005, Deutscher Bundestag, Drucksache Nr. 15/5955,Berlin 11.08.2005, S. 135 f.

Leistungen nach Funktionen

Die Betrachtung nach Institutionen sagt etwas über die institutionelle Gliederung des Sozialbudgets aus, nur sehr ungenau aber etwas darüber, wofür (für welche Funktion innerhalb der Lebens- und Arbeitswelt) entsprechende sozialpolitische Leistungen verwendet werden. Ausgaben für die Funktion Gesundheit werden – um ein Beispiel zu geben – keinesfalls nur von den Gesetzlichen Krankenkassen getätigt, sondern auch von der Rentenversicherung (etwa: Rehabilitation), von den Unternehmen (Lohnfortzahlung im Krankheitsfall), direkt vom Staat für die Beamten im Rahmen der Beihilfe, von den Sozialämtern (Krankenhilfe) und in bestimmten Fällen – indirekt – vom Finanzamt durch Steuerersparnis (außergewöhnliche Belastungen). Gleichzeitig werden – um ein anderes Beispiel zu nennen – Mittel für die Funktion Alter und Hinterbliebene von verschiedenen Institutionen der Rentenversicherung verwaltet, so durch die Arbeiter- und die Angestelltenrentenversicherung sowie durch die Knappschaft für den Bergbau. Im Sozialbudget gliedert man in folgende Funktionen: *Ehe und Familie, Gesundheit, Beschäftigung, Alter und Hinterbliebene und Übrige Funktionen* (Folgen politischer Ereignisse, Wohnen, Sparen und Vermögensbildung sowie Allgemeine Lebenshilfen.

Der Bereich *Alter und Hinterbliebene* hatte im Jahr 2003 mit einem Anteil von 38,4 Prozent an allen Ausgaben des Sozialbudgets das größte Gewicht. Bezogen auf das Bruttoinlandsprodukt werden 12,4 Prozent der gesamten volkswirtschaftlichen Wertschöpfung für diesen Bereich benötigt. Das heißt anschaulich übertragen: Von jeder Arbeitsstunde müssen etwa siebeneinhalb Minuten für den Bereich Alter und Hinterbliebene abgeleistet werden! Dass diesem Bereich daher auch unter politischen Gesichtspunkten ein besonderes Gewicht zukommt, ergibt sich zwingend.

Mit einem Anteilswert von 33,8 Prozent nimmt der Bereich *Gesundheit* nicht nur nach wie vor den zweiten Rang ein, sondern er hat sein Gewicht relativ und absolut in den letzten 30 Jahren sogar noch gesteigert. Sein Anteil am Bruttoinlandsprodukt beträgt 10,9 Prozent; pro Arbeitsstunde müssen knapp sieben Minuten für diesen Bereich gearbeitet werden. Allein für die Funktionen Alter, Hinterbliebene und Gesundheit zusammengenommen müssen ca. 14 Minuten pro Arbeitsstunde und damit mehr als ein Fünftel der täglichen Arbeitszeit aufgebracht werden.

Sozialbudget 2003: Leistungen nach Funktionen (absolut und in v. H. des Sozialbudget)

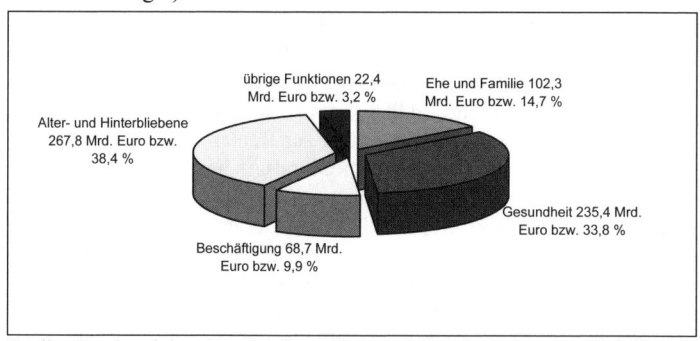

Quelle: Bundesministerium für Gesundheit und Soziale Sicherung: Sozialbericht 2005, Berlin 2005, S. 132.

Die Ausgaben für *Ehe und Familie* sind trotz geringerer Kinderzahl, unzureichender Anpassung des Kindergeldes und der wachsenden Zahl Nichtverheirateter seit 1991 von 59,8 Mrd. Euro kontinuierlich auf 102,3 Mrd. Euro im Jahr 2003 angestiegen.

Besonders auffallend ist die (absolute) Kostenentwicklung im Bereich *Beschäftigung*. Wurden im Jahr 1991 noch 41,1 Mrd. Euro zur direkten Bewältigung von Arbeitslosigkeit, für berufliche Bildung und Mobilitätsförderung aufgebracht, stieg dieser Anteil bis 2003 auf 68,7 Mrd. Euro (9,9 Prozent des Sozialbudgets). Hier schlagen sich über die lang anhaltende Massenarbeitslosigkeit in Westdeutschland insbesondere auch die enormen Kosten für die Bewältigung der ökonomischen Umstrukturierung in Ostdeutschland nieder.

Die *übrigen Funktionen* (*Folgen politischer Ereignisse, Wohnen, Sparen/Vermögensbildung, Allgemeine Lebenshilfe*) haben gemessen an ihrem Anteilswert von 3,2 Prozent am Sozialbudget eine eher geringe Bedeutung, wenngleich sie bei einzelnen Trägern, etwa den Kommunen, sehr wohl ein erhebliches Gewicht haben.

Finanzierung

Die Sozialleistungen werden über Beiträge, Zuweisungen aus Steuermitteln und sonstige Einnahmen (etwa Zinsen) finanziert. Im hohen
Anteil der *Beiträge* an den Gesamteinnahmen (2003: 59,9 Prozent)
kommt der Grundsatz der Selbstverantwortung der am Erwerbsleben
Beteiligten zum Tragen. Die Beiträge zur Renten-, Kranken- und Arbeitslosenversicherung werden vom Grundsatz her von den versicherten Arbeitnehmern und den Arbeitgebern paritätisch, d.h. je zur Hälfte
aufgebracht. Dieses Prinzip wird in der Gesetzlichen Krankenversicherung durch die Ausweitung der Zuzahlungsregelungen und Selbst-
behalte zunehmend aufgeweicht. Eingeführt zur Konsolidierung der
Gesetzlichen Krankenversicherung werden sie nur von den Versicherten finanziert und verschieben dabei die Beitragslast zu Ungunsten der
Beschäftigten. Vollends aufgegeben wurde die paritätische Mittelaufbringung in der Sozialversicherung bei Einführung der Gesetzlichen
Pflegeversicherung. Hier wurde der Kostenanteil der Arbeitgeber
durch die Streichung eines gesetzlichen Feiertages kompensiert. Die
Beiträge zur Unfallversicherung werden in vollem Umfange von den
Arbeitgebern getragen.

Zur Krankenversicherung zahlen auch die Rentner Beiträge. Selbständige können in der gesetzlichen Sozialversicherung Mitglied werden. Sie müssen aber ihre Beiträge dann alleine aufbringen. Und
schließlich leisten die einzelnen Sozialversicherungsträger Zahlungen
an andere Träger (so z.B. die Bundesanstalt für Arbeit an die Renten-
und Krankenversicherung für Bezieher von Arbeitslosengeld I und II.
Neben diese tatsächlichen Beiträge treten so genannte *unterstellte Beiträge* der Arbeitgeber.[9]

Finanzielle Zuweisungen erfolgen im Wesentlichen aus öffentlichen
Haushalten. Als Erstes ist hier der *Bundeszuschuss* an die Rentenversicherung zu nennen, der als Ausgleich für ihr vom Gesetzgeber übertra-
gene Aufgaben gedacht ist, für die es keine Beitragseinnahmen gibt: So

---

9   Dies meint den Gegenwert für Leistungen, die Arbeitnehmer oder sonstige Berech-
     tigte von den Arbeitgebern direkt erhalten, wenn für gleichartige Leistungen ein bei-
     tragsorientiertes System besteht. Das heißt: Arbeitgeber könnten zur Absicherung
     der ihnen gesetzlich auferlegten Pflichten auch in ein beitragsfinanziertes System
     einzahlen, sie können aber auch die Leistungen direkt übernehmen. Während etwa
     kleine Unternehmen zur Absicherung der Lohnfortzahlung tatsächlich in einen ge-
     meinsamen Fond einzahlen, übernehmen mittlere und größere Betriebe diese Aus-
     gaben direkt.

wurde beispielsweise ein Teil der Folgekosten des II. Weltkrieges in Gestalt von Renten abgefedert; heute sind es die Folgen der Herstellung der deutschen Einheit, der Zuwanderung deutschstämmiger Übersiedler und andere politisch festgelegte Tatbestände (Kindererziehungszeiten etc.). Zu nennen sind hier auch Zuweisungen der Länder für Sach- und Dienstleistungen der Kommunen im Rahmen der Sozial- und Jugendhilfe.

Einnahmen des Sozialbudgets nach Finanzierungsquellen

	1997	1998	1999	2000	2001	2002p	2003p
				Anteile in %			
Unternehmen	28,9	28,5	27,6	29,0	28,6	27,5	26,8
Staat	41,8	42,5	44,1	43,1	43,5	44,8	45,5
Bund	20,5	21,5	22,8	21,9	22,2	23,3	24,0
Länder	11,3	11,2	11,4	11,4	11,5	11,8	11,8
Gemeinden	9,6	9,5	9,5	9,4	9,4	9,4	9,4
Sozialversicherung	0,4	0,3	0,4	0,4	0,4	0,3	0,3
Private Haushalte	27,7	27,4	26,8	26,3	26,3	26,1	26,2
Private Organisationen	1,6	1,5	1,5	1,5	1,5	1,5	1,5
Übrige Welt	0,1	0,0	0,0	0,1	0,1	0,1	0,0
Einnahmen insgesamt	**100,0**	**100,0**	**100,0**	**100,0**	**100,0**	**100,0**	**100,0**

Bundesministerium für Gesundheit und Soziale Sicherung: Sozialbericht 2005, Deutscher Bundestag, Drucksache 15/5955, Berlin 11.08.2005, *S.* 141; p: vorläufige Ergebnisse

Ordnet man nach *Quellen*, so tragen die Unternehmen nach den vorläufigen Ergebnissen für das Jahr 2003 26,8 Prozent, der Staat 45,5 Prozent (davon Bund: 24,0 Prozent, Länder 11,8 Prozent, Gemeinden 9,4 Prozent, Sozialversicherung 0,3 Prozent), die privaten Haushalte 26,2 Prozent und private Organisationen (etwa die Wohlfahrtsverbände) 1,5 Prozent aller Einnahmen am Sozialbudget.

Im Ergebnis sind in den letzten Jahren insbesondere die Unternehmen – relativ gesehen – entlastet worden, deren Anteil an den Gesamtausgaben des Sozialbudget ist von 1991 - 2003 um ca. 6 Prozent zurückgegangen. Der Staat, insbesondere der Bund dagegen sind stärker zur Finanzierung des Sozialbudgets herangezogen worden. Als Ursache sind hier insbesondere steigende Zahlungen an die zentralen Sicherungssysteme wie Rentenversicherung (einschließlich steigender Pensionslasten) und Arbeitslosenversicherung anzuführen. Bei der Bewertung des staatlichen Anteils muss weiterhin untersucht werden, wie sich das Steueraufkommen insgesamt in den letzten Jahren quantitativ und qualitativ entwickelt hat, inwieweit etwa die steuerliche Belastung eher zu Lasten aller privaten Haushalte oder eher zu Lasten der höheren Einkommen, der Unternehmen und der Kapitalerträge erfolgt ist.

Organisation und Träger

Träger der Sozialpolitik in Deutschland sind staatlich und nichtstaatlich. Der Staat seinerseits ist föderal gegliedert: *Bund* und *Länder*; die *Kommunen* ihrerseits sind mit dem Recht auf Selbstverwaltung ausgestattet. Parallel zu diesen staatlichen bzw. kommunalen Akteuren gibt es eine *para*staatliche Handlungsebene, nämlich die der öffentlich-rechtlichen *Sozialversicherungen*, die in eigener Verantwortung durch ihre Organe handeln. Neben den öffentlichen Einrichtungen für soziale Dienstleistungen gibt es mit Selbsthilfeinitiativen, gemeinnützigen Vereinen und Stiftungen auch private Handlungsträger, die zumeist in einem der sechs *Wohlfahrtsverbände* organisiert sind. Es etablieren sich auch von diesen Dachverbänden unabhängige Organisationsformen zivilgesellschaftlichen Engagements. Schließlich sind die *Arbeitgeber*, private als auch öffentliche, ebenfalls Akteure der Sozialpolitik, da sie teils gesetzlich vorgeschriebene Leistungen (Mitfinanzierung der Sozialversicherung, Lohnfortzahlung im Krankheitsfall, Beschäftigung von Schwerbehinderten bzw. das Zahlen einer Ausgleichsabgabe etc.), teils freiwillige soziale Leistungen erbringen. Gewinnorientierte Unternehmen treten auch als Anbieter sozialer Leistungen auf dem „*Sozialmarkt*" auf und konkurrieren hier – im Bereich Pflege, der Kinder- und Jugendhilfe – zum Teil mit den Trägern der freien Wohlfahrtspflege, sei es um Klienten oder um den Zuschlag bei öffentlichen Aufträgen etwa im Bereich beschäftigungsfördernder Maßnahmen.

Hierauf reagierend gliedern Wohlfahrtsverbände Angebote zum Teil aus ihren verbandlichen Strukturen in (gemeinnützige) GmbH´s aus (*Outsourcing*). Deutlich befördert hat diese Entwicklung erstens die faktische Abkehr von dem in der in der Jugend- und Sozialhilfe (SGB VIII, SGB XII) verankerten Vorrang freier Träger (sog. *Subsidiaritätsprinzip*) und die Konstruktion der Pflegeversicherung (SGB XI). Zweitens regeln öffentliche Träger ihre Zusammenarbeit mit Wohlfahrtsverbänden heute vielfach über befristete Leistungsverträge. Diese bauen nicht mehr auf dem *Selbstkostendeckungsprinzip* zur Garantie sozialer Infrastruktur auf, sondern auf festen Budgets und Fallpauschalen. Drittens verlangen Vorgaben der Europäischen Union auch bei größeren Aufträgen zur Erfüllung sozialer Aufgaben ein Vergabeverfahren über europaweite Ausschreibungen. Diese teilweise Vermarktlichung des Sozialbereiches setzt die Organisation und das Selbstverständnis der Wohlfahrtsverbände (freie und gemeinnützige Vereine) unter einen je nach Arbeitsgebiet (Obdachlosenhilfe, Jugendhilfe, ambulante Pflege etc.) unterschiedlich starken Veränderungsdruck. Gleichwohl bleibt der „Sozialmarkt" politisch stark reguliert. Er wird nach Art und Umfang erst sozialpolitisch durch die EU, Bund, Länder, Gemeinden und die selbstverwalteten Sozialversicherungen konstituiert und ist damit gestaltungsfähig und -bedürftig. Teilbereiche sozialer Geld-, Sach- und Dienstleistungen entziehen sich auch prinzipiell (etwa hoheitliche Aufgaben) oder de facto (etwa Obdachlosenhilfe) einer marktmäßigen Organisation.

Der Bund hat insgesamt Kompetenzen bei den großen Leistungssystemen. Er bestimmt deren rechtliche Normierung, teils alleine, teils unter Einschluss der Bundesländer. Finanziell ist er im Wesentlichen bei Sozialleistungen beteiligt, die allgemeiner Natur sind, wie etwa über den Bundeszuschuss zur gesetzlichen Rentenversicherung oder Leistungen der Bundesagentur für Arbeit. Er selbst hat aber – von Ausnahmen wie der Bundeswehr, der Außenpolitik etc. abgesehen – im Regelfall keine eigene Verwaltung zur Umsetzung seiner politischen Entscheidungen. Die Bundesländer nehmen deshalb im Auftrage des Bundes diese Aufgaben wahr, zugleich legen sie – durch ihre Beteiligung beim Bundesgesetzgebungsverfahren über den Bundesrat – fest, welche Aufgaben von den *kommunalen* bzw. den *überörtlichen Trägern* der Sozial- und Jugendhilfe (beispielsweise Landschaftsverbände in NRW, Landesjugendamt in Hessen etc.) übernommen werden sollen. In den einzelnen *Bundesländern* weichen Detailregelungen voneinander ab. In den Gesetzgebungsverfahren versuchen die Kommunen dabei nicht nur über ihre Länder Einfluss im Bundesrat zu nehmen, sondern agieren auch über ihre drei *kommunalen Spitzenverbände*. Dabei vertritt der Deutsche Städtetag die großen kreisfreien Städte, während die kreisangehörigen Kommunen durch den Deutschen Städte- und Gemeindebund repräsentiert werden. Die Landkreise ihrerseits sind im Deutschen Landkreistag organisiert.

Insgesamt kommt den Bundesländern eine *Scharnierfunktion* zwischen dem zentralen und dem kommunalen Sozialstaat zu, ohne selbst allzu viel eigenständige Kompetenzen auf diesem Gebiet zu haben. Die Länder und die Kommunen können neben den ihnen jeweils obliegenden Pflichtaufgaben im Rahmen ihrer Zuständigkeit auch zusätzliche soziale Leistungen auf freiwilliger Basis übernehmen. Angesichts der steigenden Belastungen durch gesetzlich vorgeschriebene Aufgaben schwindet allerdings dafür zunehmend der finanzielle Spielraum.

Die quasi-staatliche Ebene der Sozialversicherungen in Deutschland hat sich geschichtlich entwickelt. In Analogie etwa zum kommunalen Recht auf Selbstverwaltung hat schon die Bismarcksche Gesetzgebung den Sozialversicherungen das Recht auf Selbstverwaltung zugesprochen. Dabei gibt es Versicherungszweige wie etwa die Allgemeinen Ortskrankenkassen (AOK), die Betriebskrankenkassen (BKK) etc., in denen es eine paritätische, von Arbeitgebern und Arbeitnehmern gleichermaßen getragene Selbstverwaltung gibt. Bei den Ersatzkassen hingegen bestimmen nur die Versicherten in der Selbstverwaltung, während umgekehrt die allein von den Arbeitgebern finanzierte Unfallversicherung auch nur von den Arbeitgebern verwaltet wird. Die Versicherten bzw. zur Selbstverwaltung Befugten wählen alle sechs Jahre in einer Urwahl ihre Vertreter für die Vertreterversammlung (bei der Rentenversicherung) bzw. den Verwaltungsrat (bei der Krankenversicherung), dort wo eine paritätische Besetzung vorliegt in getrennten Verfahren. Aus diesen Vertretungsorganen werden dann die Leitungen der jeweiligen Sozialversicherung bestimmt. Je nachdem, ob eine paritätische oder keine paritätische Selbstverwaltung vorliegt, setzen sich die Vorstände unterschiedlich zusammen. Die Vertreterversammlung bzw. der Verwaltungsrat entscheidet in Haushaltsfragen, die Vorstände sind diesen rechenschaftspflichtig. Die jeweiligen Kompetenzen dieser Organe sind gesetzlich bestimmt, zugleich ist festgelegt, wo Handlungsspielräume bestehen. Bei der *Bundesagentur für Arbeit* liegt eine Sonderform der Selbstverwaltung vor. Dem zentralen Gewicht der Arbeitsmarktpolitik sowie dem hohen finanziellen Engagement des Staates Rechnung tragend, setzen sich deren Leitungsorgane aus drei Teilgruppen zusammen: den Vertretern der Gewerkschaften, den Arbeitgebervertretern und denen der öffentlichen Körperschaften. Diese Vertreter werden nicht durch Wahl bestimmt, sondern von den jeweiligen Institutionen benannt. Alle Sozialversicherungen unterliegen der *Rechtsaufsicht des Staates*, wobei dem Bund die über die zentralen Institutionen zufällt (etwa Deutsche Rentenversicherung, Bundesagentur für Arbeit, Barmer Ersatzkrankenkasse etc.), während den Ländern die Kontrolle über regional agierende Institutionen (etwa regionale Krankenversicherungen) bzw. den kommunalen Versicherungsämtern die über lokale Krankenkassen zukommt.

Die Wohlfahrtsverbände sind zunächst auf der örtlichen und Kreisebene verfasst und unterhalten dort eigene Einrichtungen und Dienste. Auf der Ebene der Bezirke, Bistümer, Landeskirchen oder Bundesländer besitzen die jeweiligen Orts- und Kreisverbände Dachorganisationen. Verbandsübergreifend kooperieren sie hier wie auf der örtlichen Ebene in sog. Landesarbeitsgemeinsschaften (LAG) oder Ligen der Freien Wohlfahrtspflege (Liga). Auf Bundesebene bildet diesen Zusammenschluss die *Bundesarbeitsgemeinschaft der Freien Wohlfahrtspflege* (BAG FW). Mitglied sind hier die sog. Spitzenverbände der sechs Wohlfahrtsorganisationen. Mit religiöser Ausrichtung sind dies das Diakonische Werk (DW) der Evangelischen Kirche in Deutschland (gegr. 1848), der Deutsche Caritasverband (DCV) der Katholischen Kirche (gegr. 1897) und die Zentralwohlfahrtsstelle der Juden in Deutschland (ZWST, gegr. 1917). Als nicht konfessionelle Verbände kommen hinzu: der aus der Arbeiterbewegung stammende Arbeiterwohlfahrt Bundesverband (AWO, gegr. 1919), das der internationalen Rotkreuzbewegung verpflichtete Deutsche Rote Kreuz (DRK, gegr. 1921) sowie der Paritätische Wohlfahrtsverband (PARITÄT, gegr. 1924), als Dachverband unterschiedlicher sozialer Initiativen, Träger und Bewegungen.

Innerhalb und quer zur BAG FW existieren zahlreiche Fachverbände, in denen Vertreter der Wohlfahrtsverbände und zum Teil Vertreter der öffentlichen Hand sowie von jenseits der Wohlfahrtsverbände agierenden Selbsthilfeinitiativen ihren fachpolitischen Austausch und eine gemeinsame Interessenvertretung organisieren. Beispiele hierfür sind die Arbeitsgemeinschaft für Jugendhilfe (AGJ) und die Bundesarbeitsgemeinschaft Wohnungslosenhilfe (BAG-W). Besonderes Gewicht kommt dem *Deutschen Verein für öffentliche und private Fürsorge* (DV) zu, mit dem sich die öffentliche und private Wohlfahrtspflege eine gemeinsame Plattform geschaffen haben, die weniger konkrete Entscheidungen trifft, sondern vielmehr eine Clearingstelle für gemeinsame Interessen und die Fortentwicklung von professionellen Standards darstellt.

Die Einbindung starker sozialer Interessen – etwa organisiert in den Arbeitgeberverbänden, den Gewerkschaften, den großen Wohlfahrtsverbänden sowie deren Spitzenorganisationen bis hin zum Deutschen Verein – bestimmt den *korporatistischen Charakter* deutscher Sozialpolitik. Auf allen Ebenen sozialpolitischen Handelns – vom Gesetzgebungsverfahren bis zur Umsetzung durch die selbstverwalteten Organe der Sozialversicherung bzw. der örtlichen und der überörtlichen Träger der Jugend- und Sozialhilfe einschließlich der Aufteilung zwischen staatlichen, kommunalen und freien Trägern – sind diese großen Interessenträger beteiligt, suchen Einfluss zu nehmen und teilen ihre Zuständigkeiten untereinander auf. Die Einbindung dieser sozialen Interessenträger wird ebenso verteidigt wie kritisiert. Einerseits wird die flächendeckende und professionelle Versorgung mit sozialen Leistungen hervorgehoben, andererseits werden institutionelle Eigeninteressen und die Verdrängung kleinerer Interessenvertretungen kritisch hervorgehoben.

Schließlich gibt es mit den *Sozialgerichten* einen eigenständigen Zweig innerhalb des deutschen Rechtswesens. Besetzt mit hauptamtlichen und Laienrichtern bzw. -richterinnen werden hier in gestuften Verfahren von den Sozialgerichten über die Landessozialgerichte bis hin zum Bundessozialgericht Rechtsstreitigkeiten aus dem öffentlich-rechtlich normierten Bereich der sozialen Sicherung ausgetragen.

3.3 Problemlagen und Lösungen

Sozialpolitik stellt den Versuch dar, vorfindliche Problemlagen zu erkennen und zu definieren, um dann zu entscheiden, ob und wie auf diese Problemlagen reagiert werden kann bzw. soll. Angesichts des institutionell zerklüfteten Systems der sozialen Sicherung in Deutschland, bei gleichzeitigem Ineinandergreifen unterschiedlicher Sicherungssysteme und anderer Teilpolitiken ist danach zu fragen, wie die einzelnen Lebensbereiche bzw. Problemlagen

- in das gesamte gesellschaftliche System einzuordnen sind, welcher systematische Stellenwert ihnen zukommt,
- wie sich die einzelnen Bereiche ausdifferenziert haben und welche gesellschaftspolitischen Implikationen damit verknüpft sind,
- welche aktuellen Ausprägungen sozialer Defizite zu erkennen sind,
- wie staatliche Politik bislang darauf reagiert und
- wie schließlich die zukünftige Entwicklung einzuschätzen ist.

Soziale Problemlagen unterliegen Veränderungen, sie bestimmen die Lebenslage konkreter Menschen und sozialer Gruppen. Sozialpolitik ist daran zu messen, inwieweit sie diese Dynamik erfasst und welche

Antworten sie darauf findet. Damit gehen Wertvorstellungen darüber in die Sozialpolitik ein, welches Menschenbild, welches Verständnis von Selbst- und Fremdbestimmung sozialpolitischem Handeln letztlich zu Grunde liegt.

Dabei werden als zentrale Problembereiche abgehandelt:

- Arbeit und Arbeitsschutz
- Einkommen
- Familie und Haushalt
- Gesundheit und Pflege
- Alter

Angesichts des seit Bismarck zentralen Stellenwerts der Erwerbsarbeit für das gesamte System der sozialen Sicherung und darüber hinaus der Sozialpolitik weicht die hier gewählte Gliederung in einem entscheidenden Punkt von vergleichbaren anderen Einführungen ab und beginnt bei der Sachdarstellung der sozialen Problemlagen und -felder mit der Arbeit.

3.3.1 Arbeit und Arbeitsschutz

a. Systematischer Stellenwert von Arbeit

Der Arbeitsmarkt ist ein tief in die Lebenszusammenhänge des Individuums greifendes soziales System, in dem im Wesentlichen ökonomische Verwertbarkeitskriterien den (Stellen-)Wert des Einzelnen definieren. Die Bedingungen und die Gestalt der Arbeit hängen in hohem Maß vom gesellschaftlichen Entwicklungsstand ab. Der zentrale Stellenwert, der der Arbeit im Leben eines Menschen zugeschrieben wird, symbolisiert sich augenfällig, wenn die Vereinten Nationen in die allgemeine Erklärung der Menschenrechte das *Recht auf Arbeit* aufnehmen. Der Zugang zum Arbeitsmarkt ist für die Berufstätigen und die von ihm abhängigen (Familien-)Angehörigen *der* zentrale Faktor, der über die persönlichen Entfaltungsmöglichkeiten, die soziale Stellung und den Spielraum zur Entwicklung und Realisierung der Lebenschancen insgesamt entscheidet. Erwerbsarbeit übt eine positive soziale Platzierungs- und Sozialisationsfunktion aus.

In einem allgemeinen Verständnis bezeichnet der *Arbeits*begriff dabei zunächst den auf ein bestimmtes Ziel gerichteten Einsatz von physischen und geistigen (Human-)Ressourcen. Ergebnis von Arbeit, die in unserem Wirtschaftssystem in der Regel unter Mithilfe von Produktionsmitteln – also dem Einsatz von Kapital – erfolgt, sind Waren und Dienstleistungen. Im Arbeitsprozess macht sich der Mensch die natürlichen Ressourcen seiner Umwelt nutzbar und schafft über die Arbeitsergebnisse nicht nur die Voraussetzungen für den Erhalt der individuellen Existenz, sondern auch die Basis für das menschliche Zusammenleben insgesamt.

Wenn in einer arbeitsteiligen Industriegesellschaft Erwerbsarbeit also mehr als reine Existenzsicherung gewährleistet, leiten sich aus diesem Anspruch auch *Qualitätskriterien* für die Arbeitsverhältnisse ab. So muss Arbeit idealer Weise allgemein zugänglich, dauerhaft angelegt, ausreichend entlohnt, mit geringen gesundheitlichen Belastungen behaftet und auf die Erfordernisse eines Familienlebens ausgerichtet sein. Tatsächlich unterliegt ihr Angebot aber zum einen zyklisch auftretenden *Knappheitsbedingungen*, weshalb der Zugang zur Erwerbsarbeit sowohl von der politischen Gestaltung der arbeitsmarkt- und gesellschaftspolitischen Rahmenbedingungen als auch den individuellen Voraussetzungen der Beschäftigten bzw. Beschäftigungssuchenden abhängt. Zum anderen steht sozialpolitisch Wünschenswertes nicht zuletzt häufig im Gegensatz zu den Kapitalinteressen der (privaten) Unternehmen und stößt so nicht selten auf Grenzen der Durchsetzbarkeit. Der emanzipativen Funktion von Arbeit begegnet damit immer auch ein mehr oder weniger restriktives gesellschaftliches Machtverhältnis.

Staatliche Gesetzgebung sowie die zwischen Arbeitgeber- und Arbeitnehmervertretungen (*Tarifparteien*) ausgehandelten Regulationen versuchen, diese konfliktorische Machtfrage in gesellschaftlichen Konsens bzw. Kompromiss zu überführen. Art und Umfang, aber vor allem auch die realen Durchsetzungschancen von sozial- und arbeitsrechtlichen Schutzbestimmungen sowie Entlohnungsbedingungen definieren den Grad des erreichbaren Interessenausgleichs. Die Vertretungsmacht, die die einzelnen Tarifparteien in diese Auseinandersetzung einbringen können, steht in direkter Abhängigkeit mit der beschäftigungspolitischen Situation. Insofern ist der tarifparteiliche Kompromiss nie ein statisches Konstrukt, sondern schwingt wie ein Pendel immer wieder zwischen den beiden Lagern hin und her.

Vor allem in arbeitsteiligen Gesellschaften wie der Bundesrepublik Deutschland ist die Sicherung der Existenz für die meisten Menschen ohne Erwerbsarbeit kaum realisierbar. Durch die Beteiligung am Produktionsprozess werden die für den Lebensunterhalt nötigen finanziellen Mittel verteilt (*primäre Einkommensverteilung*). Aber auch das Niveau der individuellen Sozialleistungsansprüche (*sekundäre Einkommensverteilung*) bemisst sich in der Regel direkt oder indirekt an dem zuvor erzielten Erwerbseinkommen. Die Sozialpolitik kennt unterschiedliche Formen der Erwerbsarbeit:

- (*abhängige*) *Erwerbsarbeit* zur Sicherstellung eines (Familien-) Einkommens. In modernen Industriegesellschaften dominiert die *abhängige* Erwerbsarbeit, bei der die Beschäftigten am Arbeitsmarkt ihre individuelle Arbeitskraft einem Arbeitgeber, als Besitzer von Produktionsmitteln, anbieten.[10] Aus diesem Verhältnis von Arbeit und Kapital sowie der Tatsache, dass die industrielle Produktionsweise sehr stark arbeitsteilig (*Taylorismus*), zugleich über den Einsatz produktivitätssteigernder Maschinen hochtechnisiert (*Fordismus*) angelegt ist, resultiert, dass vor allem die industrielle Erwerbsarbeit kaum selbstbestimmten, schöpferischen Charakter trägt (*Entfremdungscharakter der Erwerbsarbeit*). Auch wenn in lang andauernden tarif- und allgemeinpolitischen Auseinandersetzungen Mitbestimmungs- und Schutzrechte der Beschäftigten in den Betrieben durchgesetzt werden konnten, so ist die kapitalistisch organisierte Arbeitswelt letztlich strukturell nicht nach demokratischen, auf Mitbestimmung basierenden Prinzipien organisiert, sondern beschreibt ein ungleichgewichtiges Abhängigkeitsverhältnis der Arbeit vom Kapital. Insofern steht die kapitalistische Produktionsweise nicht nur durch das individuelle Ausschlussrisiko (*Arbeitslosigkeit*), sondern auch durch ihre immanente Systemlogik in einem steten Spannungsverhältnis zu den Verwirklichungsbedingungen der Menschenwürde. Andererseits schafft Erwerbsarbeit aber auch materielle Unabhängigkeit. In vielen Fällen bietet sie Chancen zur Entwicklung und Umsetzung von Kenntnissen, Fähigkeiten, individuellen Neigungen und Interessen. Der Zugang zur Erwerbsarbeit und ihre Qualität entscheiden damit in besonderem Maß über die soziale Stellung eines Menschen.

- Der vornehmlich von Männern geleisteten (bezahlten) Erwerbsarbeit steht die überwiegend von Frauen erbrachte *Familienarbeit* gegen-

---

10 Nach Angaben des Statistischen Bundesamtes waren im Jahr 2003 von allen Erwerbstätigen 52,3 Prozent Angestellte, 29,4 Prozent Arbeiter/-innen, 6,5 Prozent Beamte/-innen, 1,2 Prozent mithelfende Familienangehörige. 10,6 Prozent übten eine selbstständige Tätigkeit aus. Zugleich bestreiten aber als Folge des demographischen Wandels und der Massenarbeitslosigkeit nur noch 39,9 Prozent der Menschen ihren Lebensunterhalt aus Erwerbstätigkeit (1991: 44,5 Prozent). Statistisches Bundesamt (Hg.): Datenreport 2004, Bonn 2005, *S.* 98, 105

über, die auf die Reproduktion der Familienmitglieder (Haushaltsführung, Kindererziehung und Pflegeleistungen) gerichtet ist und in der Regel unentgeltlich erfolgt. Organisation und Aufteilung der Erwerbsarbeit bestimmen sich in unserer Gesellschaft durch traditionelle Norm- und Wertvorstellungen. Generationen übergreifende Sozialisationsmuster determinieren so geschlechtspezifische Erwerbs(arbeits)muster. Dabei sorgen vor allem ungelöst gebliebene politische, ökonomische, rechtliche und gesellschaftliche Probleme bei der Vereinbarkeit von Familie und Beruf bis heute für eine hohe Abhängigkeit der Frau vom vollerwerbstätigen Mann (*Versorgerehe*). Gleichwohl hat der gesellschaftliche Wandel zu einem veränderten Beschäftigungsverhalten der Frauen geführt. Vor allem aufgrund der demographischen Entwicklung (Geburtenrückgang), gewandelter Rollenbilder sowie verbesserter Qualifikationsmöglichkeiten für Frauen ist deren Erwerbsquote in den letzten Jahrzehnten deutlich angestiegen. Dies betrifft vor allem die verheirateten Frauen. Waren noch 1950 nur 25 Prozent der Ehefrauen erwerbstätig, waren es im Jahr 2003 53,6 Prozent. Damit liegt ihr Anteil um 10,5 Prozent höher als die Erwerbsquote der Frauen insgesamt. Generell ist der Anteil der Erwerbspersonen unter den verheirateten Frauen in den neuen Ländern mit 62,2 Prozent deutlich höher als in den alten Bundesländern mit 51,7 Prozent. Allerdings bleibt die Erwerbstätigkeit von Frauen häufig wenig qualifizierte und damit unterbezahlte (Teilzeit-)Beschäftigung. Aus sozialversicherungsrechtlicher Sicht ist diese Entwicklung insofern problematisch, als dadurch nur geringfügige Ansprüche auf (materielle) Sozialleistungstransfers wie Kranken- und Arbeitslosengeld sowie Rentenzahlungen erworben werden. Damit übertragen sich die in der Erwerbsarbeit angelegten Abhängigkeitsverhältnisse in das System der sozialen Sicherung, was noch immer zu einer strukturellen materiellen Abhängigkeit von Frauen gegenüber Männern führt.[11]
Obgleich die bestehenden geschlechtsspezifischen Unterschiede in den Beschäftigungschancen und im Lohnniveau die Rollenverteilung nach wie vor prägen – insbesondere nach der Geburt eines oder mehrerer Kinder –, wächst mit dem steigenden Anteil von gut qualifizierten Frauen, die trotz (phasenweiser) Teilzeitbeschäftigung (bzw. nach Beendigung einer kinderbedingten Pause) einen signifikanten Beitrag zum materiellen Lebensunterhalt der Familie

---

11   Statistisches Bundesamt (Hg.): Datenreport 2004, Bonn 2005, S. 100

beitragen können, jedoch der beschäftigungsmäßige Gestaltungsspielraum zwischen Mann und Frau. Gesetzliche Regelungen wie
das *Teilzeit- und Befristungsgesetz*, das zum 1. Januar 2001 in Kraft
getreten ist, sollen einen Beitrag dazu leisten, dass über die gleichzeitige Teilzeitarbeit beider Partner sowohl Lebensstandardsicherung wie zeitlicher Freiraum für eine partnerschaftliche Familienarbeit möglich werden. Gleichwohl weisen die traditionellen Sozia-
lisations- und Verhaltensmuster bezüglich der rollenbedingten Aufteilung der familiären Reproduktionsarbeit eine beachtliche Per-
sistenz auf. Während früher die weibliche Alternativrolle zwischen
Erwerbstätigkeit und Hausfrauendasein bestand, kombinieren Frau-
en heute zunehmend Erwerbs- und Familienarbeit, allerdings bei
oft restriktiven Betreuungsmöglichkeiten.

– In der Diskussion über die Veränderung der Arbeitsgesellschaft
und die Neuorientierung des Verhältnisses zwischen Gesellschaft
und Staat gewinnt zunehmend die *ehrenamtliche Arbeit* bzw. das
bürgerschaftliche Engagement als beschäftigungspolitisches Instrument einerseits und gesellschaftsstiftende Beteiligungsform andererseits an Bedeutung. Damit tritt neben die auf den Einzelnen
und dessen familiären Kontext bezogenen Formen von Arbeit eine
auf den gesellschaftlichen Rahmen zielende unentgeltliche Arbeit.

Geht vom Zugang zur Arbeit also eine wichtige soziale *Inklusions*-
funktion aus, birgt vor allem dauerhafte Erwerbslosigkeit im Umkehrschluss ein hohes Risiko individueller sozialer *Exklusion*.[12] Tritt sie
zudem als Massenphänomen auf, kann sie darüber hinaus die gesamte
politische und soziale Ordnung eines Gemeinwesens gefährden. Sie
wirkt nicht nur auf den einzelnen Menschen psychosozial desintegrativ sondern, da sie über die Realisierungsbedingungen materieller und
immaterieller Teilhabe die Funktionsfähigkeit der gesamten Gesellschaft an einem konstitutionellen Grundpfeiler angreift, in einem umfassenden Sinne unsozial.

---

12 Diese Terminologie schließt an die von der Europäischen Kommission entwickelte
    Begrifflichkeit von sozialer Ausgrenzung (social exclusion) bzw. sozialer Eingren-
    zung (social inclusion) an.

b. Beschäftigungspolitische Herausforderungen und Zielsetzungen

Theoretische Schulen im Widerstreit: Ursachen von Unterbeschäftigung

In der Vorstellungswelt der klassischen Wirtschaftswissenschaften schafft sich die Produktion von Gütern und Dienstleistungen ihre eigene volkswirtschaftliche Nachfrage (*Saysches Theorem*). Durch den Einsatz von Kapital bzw. Arbeitskraft wird nicht nur produziert, es wird auch gleichzeitig Einkommen geschaffen, das zusätzliche Nachfrage und damit weitere Produktion zu deren Befriedigung erzeugt, was schließlich in einem Kreislauf zu neuer Beschäftigung führt. Dieser simple globalwirtschaftliche Steuerungsmechanismus unterliegt nun aber offensichtlich internen wie externen Einflüssen, die verhindern, dass sich unter den heute gegebenen Bedingungen am Arbeitsmarkt ein Gleichgewicht zwischen Arbeitsangebot und Arbeitsnachfrage auf hohem Niveau (*Vollbeschäftigung*) einstellen kann. Über die Ursachen von Arbeitslosigkeit und Möglichkeiten ihrer Überwindung wird in der beschäftigungspolitischen Debatte immer wieder heftig gestritten. Dabei geht es darum, mit welchen unterschiedlichen Instrumenten die Zahl der Arbeitsplätze dem Bedarf an Arbeit angepasst werden kann. In Deutschland ist die staatliche Politik mit dem *Stabilitäts- und Wachstumsgesetz* von 1967 auf die Sicherung eines hohen Beschäftigungsniveaus festgelegt worden. Die dabei zu nutzenden Instrumente und Politikfelder sowie deren Mischungsverhältnis werden jedoch sehr kontrovers eingeschätzt. Die gebräuchlichen Argumentationsraster lassen sich auf drei Grundformen reduzieren:

– *Angebotsorientierte Ansätze* (*Neoklassik*, heute vor allem in Gestalt *neoliberaler Ausprägungen*) unterstellen, dass es aufgrund einer gestörten Preisbildung für die Ware Arbeitskraft nicht lohnt, in Beschäftigung zu investieren. Arbeitslosigkeit entsteht also immer dann, wenn Arbeit zu teuer ist. Der Tariflohn und lohnrelevante Nebenkosten wie gesetzliche Sozialleistungen werden so zu den zentralen Steuerungsgrößen am Arbeitsmarkt. (Massen-)Arbeitslosigkeit ist demnach in erster Linie einer verfehlten Lohnpolitik der Gewerkschaften bzw. der staatlichen (Sozial-)Gesetzgebung geschuldet, weil diese verhindern, dass sich in wirtschaftlichen Krisenzeiten die Entlohnungsbedingungen frei nach unten auf ein be-

schäftigungswirksames Niveau einpendeln können. Der materielle
Verteilungsspielraum zur Lohnfindung bemisst sich in diesem Modell an der Entwicklung der Arbeitsproduktivität. Solange diese
sich auf dem Niveau der (tarif-)vertraglich vereinbarten Lohnzu-
wächse bewegt, erhöhen sich nämlich die Lohnstückkosten nicht –
eine Lohnsteigerung bleibt mindestens kostenneutral. Wird dieser
Verteilungsspielraum jedoch überschritten, dann kompensieren die
Unternehmen die Kostenbelastungen durch den Abbau von Beschäftigung. So kann ein zurückgehender Gewinnanteil die Investi-
tionsnachfrage der Unternehmen reduzieren, was letztlich Rückwirkungen auf die Gesamtwachstumsraten hat und mit einem negativen Beschäftigungseffekt einhergeht. Rationalisierungsmaßnah-
men können ebenfalls zur Senkung der Produktionskosten und der
Beschäftigung beitragen. Und schließlich können Kostensteigerungen auch über Preiserhöhungen an die Verbraucher weitergegeben
werden, allerdings mit einem möglicherweise negativen Effekt auf
die Entwicklung der allgemeinen Nachfrage.

– Für Vertreter *nachfrageorientierter Ansätze* (klassisch im *Keynesi-
  anismus*) spielt die Höhe der Löhne und Sozialabgaben für die Investitionsentscheidungen der Unternehmen nur eine nachgelagerte
  Rolle. Sie betonen dagegen die Abhängigkeit der Beschäftigung
  von der Höhe der gesamtwirtschaftlichen Nachfrage und unterstellen, dass der Einsatz von Kapital sich vor allem an den Absatz- und
  Gewinnerwartungen und nicht an den Produktionskosten orientiert.
  Damit hängt die Entscheidung, ob Arbeitskräfte entlassen oder eingestellt werden, in erster Linie vom Verhältnis der gesamtwirtschaftlichen Nachfrage zu den gesamtwirtschaftlichen Produktions-
  möglichkeiten ab. Treten nun Nachfrageausfälle auf, wird dies seitens der Unternehmen mit dem Abbau von Produktionskapazitäten
  und damit von Beschäftigung beantwortet. Dies führt zu einem
  Rückgang der Investitionstätigkeit, weil sich die Absatzchancen der
  Produktion verschlechtern, gleichzeitig zieht der Beschäftigungs-
  abbau Kaufkraftverluste in der Bevölkerung nach sich, was vor allem über eine nachlassende Konsumgüternachfrage auf die Investi-
  tionen und die Gesamtproduktion zurückschlägt. In der nachfrageorientierten Betrachtung sind diese konjunkturellen Schwankungen
  systemimmanente Merkmale der Marktwirtschaft. Sie treten in un-
  regelmäßigen Abständen auf und erfordern ein aktives staatliches
  Handeln. Schuldenfinanzierte staatliche Investitions- und Beschäftigungsprogramme sollen in einer ökonomischen Schwächephase

diese Dynamik durchbrechen und den privaten Nachfrageausfall kompensieren. In der dann zu erwartenden konjunkturellen Aufschwungphase soll ein erhöhtes Steueraufkommen die Schuldentilgung ermöglichen (*deficit spending*).

– *Arbeitslosigkeit als Folge strukturellen Wandels*: Der politische wie wissenschaftliche Streit um die Richtigkeit nachfrage- bzw. angebotsorientierter Analyse und Rezeptur erfährt in der Diskussion um die Bewertung *struktureller Faktoren* am Arbeitsmarkt eine Präzisierung der Analyseebenen. Denn im Gegensatz zu den Ansätzen der Globalsteuerung erfassen sie den Arbeitsmarkt in seiner Funktionsweise nicht als Ganzes, sondern beziehen sich immer nur auf bestimmte Segmente des Arbeitsmarktes. Ein Überschuss bzw. Mangel an Arbeitskräften resultiert immer dann, wenn es nicht gelingt, den gesellschaftlichen bzw. ökonomischen *Strukturwandel* mit dem dafür notwendigen Arbeitskräfteangebot zu vereinen. Die *demografische Entwicklung, Wanderungsbewegungen*, Veränderungen der (gesamtwirtschaftlichen) *Investitions- und Konsumgüternachfrage, sektorale Verschiebungen* zwischen Landwirtschaft, Industrie und Dienstleistungen, sich ändernde *Qualifikationsprofile bzw. -angebote, internationale Konkurrenz* und *technologische Produktionsinnovationen* haben dabei direkten Einfluss auf den allgemeinen Beschäftigungsstand. Sie wirken sich auf den unterschiedlichen Teilarbeitsmärkten aber unter Umständen völlig unterschiedlich aus, weshalb das Auftreten hoher branchenspezifischer Arbeitslosigkeit bei gleichzeitigem Fachkräftemangel in anderen Wirtschaftszweigen nicht nur keinen Widerspruch darstellt, sondern im Gegenteil in der Konsequenz ein sehr differenziertes und eben nicht global wirkendes arbeitsmarktpolitisches Instrumentarium erfordert.

In Deutschland hat die Bekämpfung struktureller Arbeitslosigkeit mit der *Wiedervereinigung* eine völlig neue Dimension gewonnen. Nahezu alle konstitutionellen Gegebenheiten der vormaligen ostdeutschen Planwirtschaft sind über Nacht einem radikalen Wandel unterzogen worden. Trotz hoher Transferleistungen sind die strukturellen Defizite am ostdeutschen Arbeitsmarkt so deutlich zu spüren, dass bis dato kein selbsttragender wirtschaftlicher Wachstums- und Gesundungsprozess stattgefunden hätte. Im Ergebnis leiden die gesamtdeutsche Ökonomie sowie die sozialen Sicherungssysteme unter einer nachhaltigen marktwirtschaftlichen Adaptionskrise.

Beschäftigungspolitische Strategien

Bei der Frage, für wie viele Menschen in einer Gesellschaft Erwerbsarbeit bereitzustellen ist, spielen *normative Entscheidungen* wer in einer Gesellschaft arbeiten *soll, muss* oder *darf* ebenso eine Rolle wie
schlichte *materielle Notwendigkeiten*, die sich vor allem durch den
Grad der sozialen Sicherung ergeben. Eine zentrale Bedeutung kommt
dabei den Jahrgängen im erwerbsfähigen Alter zu, denn sie bestimmen
maßgeblich die Höhe des *Erwerbspersonenpotenzials* einer Gesellschaft. Unterschiedliche Faktoren wirken auf Zusammensetzung und
zahlenmäßige Entwicklung ein:

- die demografische Entwicklung als Saldo zwischen Geburten- und
  Sterberate,
- die Migrationbilanz als Saldo der Zu- und Abwanderung in einer
  Periode,
- der Zugang von Frauen zum Arbeitsmarkt (Frauenerwerbsquote),
- Anforderungen und Dauer der allgemeinschulischen und beruflichen (Aus-)Bildung,
- die Altersgrenzenpolitik zur Steuerung der Erwerbsbeteiligung unterschiedlicher Altersgruppen.

In Deutschland wird das Erwerbspersonenpotenzial mittelfristig bis
zum Jahr 2015 leicht steigen, um dann zwischen 2020 bis 2040 deutlich abzusinken. Zugleich steht der heute niedrigeren Geburtenrate ein
sinkendes gesamtwirtschaftliches *Arbeitsvolumen* (gemessen in bezahlten Arbeitsstunden) gegenüber, so dass mittelfristig nicht mit einer
demografischen Entlastung am Arbeitsmarkt zu rechnen ist. Beschäftigungspolitische Herausforderungen bleiben damit auch zukünftig das
unzureichende Arbeitsangebot, die Alterung des Erwerbspersonenpotenzials sowie die Erhöhung der Frauenerwerbsquote.[13]
   Aus der Funktionslogik des Arbeitsmarktes lassen sich zwei gene-
relle Ansätze zur Bewältigung der Arbeitslosigkeit ableiten.

1) Regulation des Arbeitskräfteangebots: Hierzu zählen alle Maßnahmen, die darauf ausgerichtet sind, das Erwerbspersonenpotenzial zu
verkleinern. Unterschiedliche politische Strategien und gesetzliche
Regelungen sind hier möglich:

---

13 Lutz Bellmann u.a.: Herausforderungen des demografischen Wandels für den Arbeitsmarkt und die Betriebe, in: Mitteilungen aus der Arbeitsmarkt- und Berufsforschung, Heft 2/2003, *S.* 133ff.

– Steuerung der Zuwanderung

In der wirtschaftlichen Boomphase zwischen 1960 - 1970 war der Bedarf der deutschen Wirtschaft an Arbeitskräften so hoch, dass im (europäischen) Ausland gezielt Arbeitskräfte (*Gastarbeiter*) angeworben werden mussten. Mit dem *Anwerbestopp* im Jahr 1970 vollzog sich hier ein deutlicher Kurswechsel. Beschäftigungspolitik zielte nun vor allem auf Maßnahmen zur Begrenzung von Zuwanderung. Hier ordnet sich in der Folge die Abschaffung des alten Asylrechts nach Art. 16 Abs. 2 Satz 2 GG aus dem Jahr 1993 zu, die den Zuwanderungssaldo deutlich reduzierte. Sieht man von eng definierten, zeitlich limitierten und branchenspezifischen Anwerbeversuchen (Greencard-Initiative für IT-Spezialisten) ab, dreht sich der (partei-)politische Streit über die Ausgestaltung des Zuwanderungsrechts immer wieder um die Frage, wie viel Zuwanderung unter gegebenen arbeitsmarktpolitischen Rahmendaten gesellschaftlich vertretbar ist.

– Steuerung der Lebensarbeitszeit

Neben dem Asyl- und Ausländerrecht kann das Arbeitskräfteangebot vor allem über die *staatliche Altersgrenzenpolitik* beeinflusst werden. Ziel ist eine Umverteilung des vorhandenen Arbeitsvolumens durch die Steuerung der *Erwerbsbeteiligung* der unterschiedlichen Altersgruppen. Hier werden vor allem rentenpolitische Regelungen zur Beschäftigungspolitik genutzt. In den verteilungspolitisch goldenen Zeiten der 1970er und frühen 1980er Jahre wurden dabei vornehmlich soziale bzw. gesundheitspolitische Ziele verfolgt. Durch die Verstetigung der (Massen-)Arbeitslosigkeit im Laufe der 1980er Jahre und die Folgen der Wiedervereinigung Deutschlands wurde die Altersgrenzenpolitik zunehmend für die Bewältigung des ökonomischen Strukturwandels in Krisenregionen genutzt. Die bis zum 31. Dezember 1992 befristete *Altersübergangsgeldregelung* – betriebliche und tarifvertragliche Vereinbarungen zur Frühverrentung, die Regelung nach Paragraph 428 Sozialgesetzbuch III (erleichterter Arbeitslosengeldbezug ab 58 Jahren) sowie Altersteilzeitmodelle – erleichterten vielen Beschäftigten bzw. Arbeitslosen ab 55 Jahren das Ausscheiden aus den Betrieben bzw. den Übergang in die Rente. Im Ergebnis nimmt heute die große Mehrheit der Männer und Frauen über sechzig Jahren nicht mehr am Erwerbsleben teil.

Hier ergibt sich ein sozialpolitischer Zielkonflikt. Der Entlastung des Arbeitsmarktes durch Frühverrentung steht zugleich eine Belastung der Gesetzlichen Rentenversicherung und damit der sozialversicherungspflichtig Beschäftigten als Beitragszahler gegenüber. Der aus dem wachsenden Ungleichgewicht zwischen Rentenempfängern und Beitragszahlern resultierenden Refinanzierungsproblematik begegnet die Politik seit dem Jahr 1992 mit mehreren *Rentenreformgesetzen*. So werden die Altersgrenzen für den Rentenbezug sukzessive angehoben, der dennoch mögliche vorzeitige Renteneintritt dagegen mit Abschlägen in den Rentenzahlbeträgen sanktioniert. Aktuell soll nach dem Willen der Großen Koalition eine schrittweise Anhebung der Regelaltersgrenze für den Rentenbeginn erfolgen. Beginnend mit dem Jahr 2012 soll sie bis 2029 von 65 auf 67 Jahre ansteigen. Damit wäre der Geburtsjahrgang 1964 als erster von der vollen Anhebung betroffen. Zwei Effekte sind bei einer Politik zur Anhebung der Lebensarbeitszeit zu erwarten: Zum einen wird sich bei einem Teil der Betroffenen die Erwerbsphase de facto verlängern. So ist die Erwerbsquote älterer Arbeitnehmer zwischen 1993 und 2003 bereits von 40,2 auf 43,1 Prozent gestiegen und liegt damit im EU-europäischen Mittelfeld.[14] Zum zweiten werden die Personen, die nicht bis zum Erreichen der Regelaltersgrenze arbeiten können oder wollen Abschläge bei der Rentenhöhe verzeichnen und/oder wird sich die durchschnittliche Rentenbezugsdauer durch den späteren Renteneintritt verkürzen. Dadurch sinkt die durchschnittliche Rentenleistung als Gegenwert zu den eingezahlten Beiträgen. Im Ergebnis ist bereits zwischen den Jahren 1991 bis 2002 die Zahl der Erwerbstätigen in der Altersgruppe von 55-60 Jahren um 3,8 und bei den 60- bis 65-jährigen um 53,2 Prozent gestiegen.[15]

– Steuerung der Erwerbstätigkeit von Frauen

Eine erneute Verringerung der Erwerbstätigkeitsquote von Frauen verfolgt derzeit keine im Bundestag vertretene Partei. Implizit sorgt jedoch noch immer insbesondere eine mangelnde Kinderbetreuungsinfrastruktur im Westen dafür, Frauen vom Arbeitsmarkt zumindest zeitweise auszugrenzen. Sowohl die Bundesregierung als auch die Politik auf europäischer Ebene streben eine Erhöhung der Erwerbsbeteiligung von Frauen an und setzen dabei vor allem auf den Ausbau von Krippen, Tageseinrichtungen und Tagespflege auch für Kinder unter drei Jahren sowie auf Hilfen beim Wiedereinstieg in den Beruf und eine familienfreundliche Arbeitsplatz- und Arbeitszeitgestaltung.

---

14 Jutta Allmendinger, Werner Eichhorst und Ulrich Walwei (Hg.): IAB Handbuch Arbeitsmarkt. Analysen, Daten, Fakten, Frankfurt a.M./New York 2005
15 Statistisches Bundesamt (Hg.): Leben und Arbeiten in Deutschland. Mikrozensus 2002, Wiesbaden 2003

2) Regulation der Arbeitskräftenachfrage: Hierzu zählen alle Maßnahmen, die geeignet sind, das vorhandene Arbeitsvolumen auf eine größere Anzahl von Beschäftigten zu verteilen, bzw. neue Beschäftigungschancen zu erschließen. Beschäftigungspolitische Instrumente können sein:

– Stimulierung des Wirtschaftswachstums

Je nach wirtschaftspolitischer Ausrichtung können hierbei über eine
angebots- oder nachfrageorientierte Wirtschafts- und Sozialpolitik
Impulse für ein beschäftigungsförderndes Wirtschaftswachstum gesetzt werden. Die Erhöhung von Produktion und Konsum soll idealerweise ein erhöhtes Beschäftigungsniveau nach sich ziehen. Arbeitsmarkt und Wirtschaftswachstum können sich in ihrer Wechselwirkung
aber entkoppeln, wenn der *Produktivitätsanstieg* vorwiegend durch
Rationalisierung, Prozessinnovation und den Einsatz neuer Technolo-
gien erzielt wird. Denn wenn immer weniger Menschen in der Lage
sind, immer mehr Wohlstand zu produzieren, kann selbst durch ein
hohes gesamtwirtschaftliches Wachstum die Arbeitsmarktbilanz nicht
verbessert werden (*Krise der Erwerbsarbeitsgesellschaft*).

– Arbeitszeitverkürzungen

Mitte der 1980er Jahre führten die Gewerkschaften in Deutschland
harte Tarifauseinandersetzungen um die Einführung der 35-Stunden-
Woche. Durch die Reduzierung der Arbeitszeit sollte der Personalbe-
darf insgesamt erhöht werden. Arbeitsmarktuntersuchungen zeigen,
dass sich durch die Verkürzung der Arbeitszeit das Beschäftigungsniveau zwar insgesamt stabilisiert hat, zugleich die Unternehmen jedoch
weniger in kompensatorische Neueinstellungen als vielmehr in arbeits-
platzsparende Rationalisierungen investieren bzw. der Arbeitsdruck
auf den einzelnen Beschäftigten deutlich zugenommen hat.[16] Im Zuge
von (betrieblichen) Kostensenkungsstrategien sind in den letzten Jahren wieder Vereinbarungen zur Anhebung der wöchentlichen Arbeitszeit getroffen worden (Siemens, Daimler Chrysler, öffentlicher Dienst
West). Insgesamt zeichnet sich ab, dass die Arbeitszeitpolitik zukünftig vor allem darauf abzielen wird, die Spielräume einer flexiblen (betrieblichen) Umsetzung zu erweitern (breitere Korridore, längere Aus-
gleichszeiträume, Lebensarbeitszeitkonten, etc.).

---

16 vgl. Bundesagentur für Arbeit (Hg.): IAB Zahlenfibel, Übersicht 2.1, Stand:
      25.11.2002

– Gestaltung der Entlohnungsbedingungen (*Niedriglohnsektor*)

Ausgehend von der These, dass die Höhe der Sozialleistungen (v.a.
durch das SGB II und das SGB XII) die Anreize zur Aufnahme von
niedrigqualifizierter und damit in der Regel auch niedrig entlohnter
Erwerbsarbeit hemmt, wird immer wieder die Frage diskutiert wie die
Entlohungsbedingungen im Niedriglohnsektor so gestaltet werden
können, dass sie einer Arbeitsaufnahme nicht im Wege stehen. Seit
dem 1. April 2003 gilt in Deutschland eine Neuregelung bei geringfügiger Beschäftigung. Damit gilt für die sog. *Mini-Jobs* nunmehr eine
Verdienstgrenze von 400 EUR pro Monat, bis zu der für den Arbeitnehmer keine und den Arbeitgeber pauschale Steuern und Sozialabgaben – allerdings nur für die Gesetzliche Kranken- und Rentenversicherung – in Höhe von 25 Prozent anfallen (nach Beschluss des Bundesrates im Juni 2006 künftig 30 Prozent). Bei haushaltsnahen Dienstleistungen gilt ein ermäßigter Satz. Zugleich wurde für geringfügige Beschäftigungsverhältnisse eine Gleitzone von 400,01 bis 800 EUR monatliches Einkommen eingeführt innerhalb der der Arbeitgeber den
vollen Sozialversicherungsabgabenanteil bezahlen muss (*Midi-Jobs*).
Der Anteil des Arbeitnehmers dagegen steigt linear um vier Prozent
bis zum vollen Arbeitnehmeranteil (auf alle Zweige der Sozialversicherung). Damit soll der Übergang von einem Mini-Job in eine Beschäftigung im Niedriglohnbereich zum Beispiel durch neue Dienst-
leistungsangebote in Industrie, Kommunen und Haushalten sowie bei
der Kinderbetreuung attraktiver gemacht werden.

In diesem Kontext zählen auch *Kombilohnmodelle*, die vor allem
die Beschäftigungschancen von gering qualifizierten Personen verbessern sollen. Unterschiedliche Varianten kommen hierbei zum Einsatz.
Im Prinzip soll über die Gewährung (zeitlich befristeter) *Lohnkosten-
zuschüsse* an Arbeitgeber und/oder Arbeitnehmer ein Anreiz geschaffen werden vor allem Personen, die zu den Problemgruppen am Arbeitsmarkt zählen, dauerhaft einzustellen. Kombilohnmodelle ergänzen bereits seit Jahren bestehende Fördermöglichkeiten der Bundesagentur für Arbeit. Hierzu zählen vor allem die *Eingliederungszuschüsse* mit max. zwölf Monaten Laufzeit und Übernahme von bis zu
50 Prozent der Lohnkosten sowie des Arbeitnehmeranteils am Ge-
samtsozialversicherungsbeitrag und die *Einstellungszuschüsse* für
Existenzgründer, die arbeitslose Personen einstellen. Während die
Bundesagentur für Arbeit von einer Weiterbeschäftigungsquote von
ca. 60 Prozent ausgeht, werden die Erfolgsaussichten von Kombilohn-
Modellen wegen der möglichen Mitnahmeeffekte vor allem von Ge-

werkschaftsseite skeptisch beurteilt. So sei kaum zu beurteilen inwieweit derartige Modelle tatsächlich zusätzliche Arbeit schaffen würden.
    Diskussionen um die Angemessenheit der Leistungen nach SGB II
und SGB XII zielen immer auch auf die Gestaltungsspielräume der
untersten Lohngruppen und umgekehrt. Denn über das *Lohnabstandsgebot* nach Paragraph 28 Abs. 4 SGB XII stehen Sozialleistungen und
die durchschnittlichen Einkommen im unteren Einkommensbereich in
einem direkten Wechselverhältnis. Lohnsenkungen im Niedriglohnbereich lassen sich also nur über eine Anpassung der Leistungen nach
SGB XII bzw. des SGB II erreichen, das zwar kein explizites Lohnabstandsgebot kennt, in der Logik der Leistungserbringung aber dem
SGB XII folgt. Umgekehrt ist der Spielraum für Leistungsanpassun-
gen im SGB XII und SGB II eng an die Entwicklung der unteren
Lohngruppen gekoppelt.
    Um diese nach unten zu begrenzen wird immer wieder erwogen,
auch in Deutschland flächendeckend gesetzliche *Mindestlöhne* einzu-
führen (diese gibt es bereits in 18 der 25 EU-Staaten, daneben auch
etwa in den USA). Derzeit bestehen in Deutschland auch tarifliche
„Leichtlohngruppen", die mit etwa fünf Euro pro Stunde deutlich unterhalb armutsfester Mindestlöhne liegen, wenn man die verschiedenen Niedriglohngrenzen oder etwa die gesetzlichen Pfändungsfrei-
grenzen für Arbeitseinkommen zugrunde legt. In mehreren europäischen Nachbarländern liegt der gesetzliche Mindestlohn dagegen bei
gut sieben Euro pro Stunde (etwa in Belgien, den Niederlanden,
Frankreich und im Vereinigten Königreich). In diesen Staaten scheinen sich auch Befürchtungen, Mindestlöhne vernichteten systematisch
Arbeitsplätze mit geringer Produktivität und für gering Qualifizierte,
gefährdeten die internationale Wettbewerbsfähigkeit und erhöhten die
Arbeitslosigkeit, nicht bestätigt zu haben. In Deutschland gelten Mindestlöhne bislang nur in wenigen Branchen (Gebäudereinigung, Baugewerbe, Maler- und Lackierer- sowie Dachdeckerhandwerk).

– Gestaltung der Arbeitsbedingungen (*Flexicurity*)

Konzepte der Flexicurity verstehen sich als eine Alternative zur reinen
Flexibilisierung und Deregulierung etablierter arbeitsmarktpolitischer
Standards wie etwa Kündigungsschutz- und Arbeitszeitregelungen.
Mitte der 1990er Jahre vor allem in Dänemark und den Niederlanden
entstanden, wollen derartige Konzepte Flexibilität und soziale Sicherheit miteinander in ein neues Mischungsverhältnis bringen. Gegenüber
einem reinen Abbau von Schutzrechten und Tarifstandards sollen da-

mit einerseits durch eine flexiblere Gestaltung der Arbeitsbedingungen neue Beschäftigungsmöglichkeiten und -formen entstehen, zugleich ein hohes Maß an sozialer Absicherung erhalten bleiben. Flexicurity-Konzepte setzen voraus, dass Arbeitsmarktpolitik und Soziale Sicherung integrativ, als sich gegenseitig bedingend, verstanden und konzeptioniert werden. Bausteine von Flexicurity sind *Übergangsarbeitsmärkte*, die z.B. durch Teilzeitarbeit und befristete Verträge einen fließenden Wechsel zwischen Beschäftigung und Nichtbeschäftigung erlauben, die Stärkung *innerbetrieblicher Flexibilität* z.B. durch Öffnungsklauseln oder betriebliche Bündnisse für Arbeit sowie Konzepte des *lebenslangen Lernens*, um die Beschäftigungsfähigkeit der Arbeitnehmerinnen und Arbeitnehmer zu verbessern (*Employability*). Da das soziale Sicherungssystem in Deutschland (insbesondere bei den materiellen Transfers für Arbeitslosigkeit, Alter und Krankheit) auf dem Normalarbeitsverhältnis beruht, besteht hier ein paralleler Reform- und Ergänzungsbedarf einer bedarfsgerechten Absicherung atypischer Beschäftigung. Flexicurity-Konzepte greifen so tief in die Funktionslogik des bestehenden Sozialversicherungssystems ein.[17]

– Neue Formen gesellschaftlicher Arbeit

In eine andere Richtung zielt die Aktivierung gesellschaftlich wichtiger Arbeit durch eine Aufwertung des Non-Profit-Bereichs. Diese „Globalisierung des Dritten Sektors" (*Jeremy Rifkin*) fragt nach der arbeitsmarkt- wie gesellschaftspolitischen Notwendigkeit zur Ausweitung von personenbezogenen Dienstleistungen, die zur Zeit entweder noch gar nicht oder aber in weitgehend ehrenamtlicher Tätigkeit erbracht werden. Durch einen neuen Verteilungsmodus für den wachsenden ökonomischen Wohlstand soll diese gesellschaftlich nützliche Arbeit in neue Formen der Erwerbsarbeit transformiert werden. Letztlich zielen derartige Ansätze auf eine Ausweitung der öffentlichen Wohlfahrtsproduktion, ohne allerdings eine Ausweitung des Öffentlichen Dienstes fordern zu wollen. Die Idee liegt, wie etwa im *Konzept der Bürgerarbeit* der Kommission für Zukunftsfragen der Freistaaten Bayern und Sachsen entwickelt, in der Stärkung zivilgesellschaftlichen Engagements als Ersatz für die knapper werdende Erwerbsarbeit. Bürgerarbeit versteht sich dabei als komplementäre arbeitsmarkt- und gesellschaftspolitische Strategie, die einerseits das Arbeitskräfteange-

---

17 Berndt Keller und Hartmut Seifert: Flexicurity – Wie lassen sich Flexibilität und soziale Sicherheit vereinbaren?, in: Mitteilungen aus der Arbeitsmarkt- und Berufsforschung, Heft 1/2002

bot reduzieren, anderseits das bisherige Verständnis von „Arbeit und Leben" verändern soll. Ungeklärt ist bislang vor allem, in welchem Verhältnis bürgerschaftliches Engagement und Entlohnung stehen können und ob es tatsächlich Ersatzfunktion für Erwerbsarbeit übernehmen kann, ohne nicht dabei grundsätzlich seinen originären Charakter zu verlieren. Letztlich, so ein wichtiger Einwand, würde bürgerschaftliches Engagement durch die Nähe zur Erwerbsarbeit nur eine weitere Form derselben.[18]

c. *Zielsetzungen und Instrumente der Arbeitsmarktpolitik*

Formen und Ausmaß der Arbeitslosigkeit

Arbeitslosigkeit tritt in unterschiedlichen Formen auf und ist somit in ihren Konsequenzen für die Betroffenen von unterschiedlicher Qualität:

- *friktionelle* Arbeitslosigkeit bezeichnet eine kurze Phase der Beschäftigungslosigkeit, die zwischen der Beendigung des einen und der Aufnahme eines anderen Beschäftigungsverhältnisses entstehen kann;
- *strukturelle* Arbeitslosigkeit entsteht immer dann, wenn durch veränderte Wettbewerbsbedingungen ganze Branchen in eine krisenhafte wirtschaftliche Lage geraten (z.B. die Schließung von Industriezweigen wie in der Stahlindustrie, im Schiffs- oder Bergbau); einen Sonderfall stellt die Systemtransformation der ostdeutschen Plan- in eine Marktwirtschaft dar;
- *konjunkturelle* Arbeitslosigkeit beschreibt einen durch Nachfrageschwankungen im Konsum- und Investitionsgüterbereich ausgelösten Stellenabbau;
- *Kurzarbeit* ist eine besondere Form der Arbeitslosigkeit. Wenn ein nur vorübergehender Arbeitsausfall zu erwarten und nach Überwindung der Schwierigkeiten mit einer Weiterbeschäftigung der Arbeitnehmer zu rechnen ist, kann sie vom Arbeitgeber bei der Arbeitsagentur gemeldet werden. Der Arbeitnehmer hat dann Anspruch auf Leistungen nach Sozialgesetzbuch III (*Kurzarbeitergeld*).
- *erzwungene Teilzeitbeschäftigung* stellt ebenfalls eine Form der Unterbeschäftigung dar. Sie liegt vor, wenn das Arbeitsangebot

---

18 Enquête-Kommission „Zukunft des Bürgerschaftlichen Engagements" – Bürgerschaftliches Engagement und Zivilgesellschaft, hg. von: Deutscher Bundestag, 2002, *S.* 441f.

keine Vollzeitbeschäftigung erlaubt, auch wenn dies vom Arbeitnehmer selbst gewünscht wird.

Deutschland ist nach wie vor eines der reichsten Länder der Erde. Bezogen auf das Jahr 2000 (Index = 100) wuchs das *Bruttoinlandsprodukt* trotz schwieriger gesamtwirtschaftlicher Rahmenbedingungen auf 103,75 im Jahr 2005.[19] Gerechnet in jeweiligen Preisen war dies ein Anstieg um 185 Mrd. auf 2.247,4 Mrd. EUR. Stellt man die Entwicklung am Arbeitsmarkt gegenüber zeigt sich, dass diese wirtschaftliche Dynamik und Wohlstandsmehrung jedoch nicht ausreicht, um die *Beschäftigungsschwelle*, also den Punkt, an dem Wirtschaftswachstum zu mehr Beschäftigung führt, nachhaltig zu überspringen. So waren im Jahresdurchschnitt 2005 erneut 4,86 Millionen Menschen arbeitslos gemeldet (West: 3,25 Millionen; Ost: 1,61 Millionen). Die durchschnittliche (saisonbereinigte) *Arbeitslosenquote* lag bei 13 Prozent (West: 11 Prozent; Ost: 20,6 Prozent).[20]

Dabei hat sich die Massenarbeitslosigkeit unabhängig von der jeweiligen Regierungskonstellation seit fast dreißig Jahren als Dauerproblem etabliert. Vollbeschäftigungsverhältnisse herrschten zuletzt Anfang der 1970er Jahre. Nachdem die Zahl der Arbeitslosen im Jahr 1975 erstmals seit 1955 wieder im Jahresdurchschnitt die magische Grenze von einer Million Betroffenen überschritt, entwickelt sie sich seitdem wie eine Fieberkurve mit insgesamt steigender Tendenz.

---

19 Das Bruttoinlandsprodukt (BIP) ist ein Maß für die in einem bestimmten Wirtschafts- (z.B. Deutschland) und Zeitraum (z.B. Kalenderjahr) erbrachte gesamtwirtschaftliche Leistung. Es kann auf der Entstehens-, Verwendungs- und Verteilungsseite gemessen werden.

20 Bundesagentur für Arbeit (Hg.): Arbeitsmarkt in Zahlen. Aktuelle Daten – Jahreszahlen 2005, Nürnberg 2006

Entwicklung der Arbeitslosigkeit (ausgewählte Jahresdurchschnitte)

Jahr	Gesamt	Quote	West	Quote	Ost	Quote
1970	148.846	0,7	--	--	--	--
1975	1.074.217	4,7	--	--	--	--
1983	2.258.235	9,1	--	--	--	
1991	2.602.203	7,3	1.689.365	6,3	912.838	10,3
1993	3.419.141	9,8	2.270.349	8,2	1.148.792	15,8
1994	3.698.057	10,6	2.555.967	9,2	1.142.090	16,0
1997	4.384.456	12,7	3.020.900	11,0	1.363.556	19,5
1999	4.099.209	11,7	2.755.527	9,9	1.343.682	19,0
2000	3.888.652	10,7	2.529.374	8,7	1.359.278	18,8
2002	4.060.317	10,8	2.648.837	10,8	1.411.480	19,5
2003	4.380.492	10,7	2.757.460	9,3	1.623.031	20,1
2004	4.387.497	11,7	2.787.392	9,5	1.600.105	20,1
2005	4.860.876	13,0	3.246.727	11,0	1.614.149	20,5
1-5/2006	4.872.174	13,1	3.259.033	11,1	1.613.161	20,7

Anmerkungen: Alle Angaben bis 1990 nur Bundesgebiet West. *Arbeitslosenquote* in Prozent der abhängig beschäftigten zivilen Erwerbspersonen bis März 1989 nach dem Mikrozensus (1985 bis Februar 1987 nach EG-Arbeitskräftestichprobe); ab April 1989 nach der Volkszählung Mai 1987, ab Januar 1990 sozialversicherungspflichtig und geringfügig Beschäftigte, Beamte, Arbeitslose; 2003 bis Mai 2006 Daten aus dem IT-Fachverfahren der BA. Durchschnittswerte 2006 nur für Januar bis Mai. Vorjahresvergleiche wegen gesetzlicher Änderungen eingeschränkt.

Quelle: Bundesagentur für Arbeit, z.T. eigene Berechnungen

Zugleich verkürzen sich die Zeiträume, innerhalb derer die jeweils nächste Millionengrenze erreicht wird: Im Jahr 1983 sind zwei Millionen, 1993 drei Millionen und schließlich 1997 mehr als vier Millionen Menschen arbeitslos gemeldet. Im Jahr 2005 liegt die Arbeitslosigkeit im Schnitt zwar unterhalb der psychologisch wichtigen 5-Millionen-Grenze, gleichwohl wird diese in den Wintermonaten erstmals in der Nachkriegsgeschichte Deutschlands offiziell überschritten. Insgesamt hat sich die Arbeitslosigkeit mit Ausnahme der Jahre 2000 und 2001 in den letzten zehn Jahren jenseits der 4-Millionen-Grenze eingependelt. Abgesehen von den Jahren 2000 bis 2002 unterschreitet damit auch die *Arbeitslosenquote*, die den Anteil der registrierten Arbeitslosen an der Gesamtzahl der abhängig Erwerbstätigen misst, nicht mehr die 10-Prozent-Grenze.

Auf den ersten Blick suggerieren diese Zahlen eine empirisch exakte Erfassung der Arbeitslosigkeit. Dabei ist allerdings zu beachten, welche Parameter zu ihrer Feststellung verwandt werden und welche

Personenkreise damit tatsächlich Beachtung finden.[21] Seit dem 1. Januar 2004 wurde mit dem *Dritten Gesetz für moderne Dienstleistungen am Arbeitsmarkt* der Paragraph 16 SGB III ergänzt. Nunmehr gelten Teilnehmerinnen und Teilnehmer in Maßnahmen der aktiven Arbeitsmarktpolitik grundsätzlich nicht mehr als arbeitslos. Andere Personenkreise können gar nicht oder nur zum Teil erfasst werden (*verdeckte Arbeitslosigkeit*). Hierzu zählen zum einen Menschen, die eigentlich eine Erwerbstätigkeit aufnehmen würden, sich aber nicht als Arbeit suchend melden bzw. aufgrund einer ungünstigen Arbeitsmarktlage vorübergehend die Arbeitsplatzsuche aufgegeben haben (*Stille Reserve im engeren Sinn*). In Deutschland waren das im Jahr 2004 ca. 1,8 Millionen Personen. Zum zweiten werden Personen erfasst, die in arbeitsmarktpolitischen Maßnahmen betreut werden und dem Arbeitsmarkt nicht unmittelbar zu Verfügung stehen (*Stille Reserve in Maßnahmen*). Im Jahr 2004 waren das ungefähr 900.000 Menschen. Addiert man die offiziell registrierten Arbeitslosen hinzu hatten im Jahr 2004 ca. sieben Millionen potenzielle Erwerbspersonen keinen Arbeitsplatz.[22]

Die Zunahme der Arbeitslosigkeit bedeutet für sich alleine genommen allerdings nicht automatisch, dass keine neue Beschäftigung entsteht. Der Arbeitsmarkt kann sich also trotz Arbeitslosigkeit dynamisch entwickeln. So ist in den 1980er Jahren die Zahl der Erwerbstätigen um etwa vier Millionen angestiegen. Da allerdings zwischen 1970 bis 1991 auch das Erwerbspersonenpotenzial durch die gestiegene Erwerbsbeteiligung vor allem verheirateter Frauen sowie die Zuwanderung von Übersiedlern, Aussiedlern und Ausländern um ca. sieben Millionen Personen gestiegen ist, fehlten im Saldo gleichwohl fast drei Millionen Arbeitsplätze. Seit der Wiedervereinigung, die in Ostdeutschland den Verlust von rund einem Drittel aller Arbeitsplätze

---

21 So liegen die von der Europäischen Union erhobenen Erwerbslosenquoten für Deutschland immer unter den nationalen Zahlen der Bundesagentur für Arbeit, weil das SGB III den Begriff der Arbeitslosigkeit enger fasst. Im Gegensatz zu den EU-Richtlinien ist nach SGB III eine Person noch als arbeitslos zu registrieren, die bis zu 15 Stunden wöchentlich arbeitet. D.h. *erwerbslos* ist eine Person, die tatsächlich nicht arbeitet, eine *arbeitslose Person* kann hingegen in gewissem Umfang erwerbstätig sein. Insbesondere Länder mit hohen Teilzeitbeschäftigungsquoten (z.B. Niederlande) haben durch derartige Abgrenzungsfragen einen statistischen Vorteil. Hinzu kommt, dass der Anteil der zu erfassenden Erwerbstätigen als Bestandteil der Bezugsgröße nicht einheitlich geregelt ist.

22 Johann Fuchs, Ulrich Walwei und Brigitte Weber: Die „Stille Reserve" gehört ins Bild vom Arbeitsmarkt, in: IAB-Kurzbericht Nr. 21 vom 14.11.2005

nach sich zog, hat sich der Beschäftigungsaufbau über die gesamten 1990er Jahre massiv verlangsamt. Der Anstieg seit dem Jahr 2003 ist im Wesentlichen auf die schnelle Zunahme der geringfügigen Beschäftigung zurückzuführen (Mini- und Midi-Jobs) und schafft damit keine echte Entlastung sondern fördert das Entstehen neuer sozialer Problemgruppen, die trotz Erwerbsarbeit keine Existenzsicherung erreichen (*working poor*).[23]

Regionale Verteilung der Arbeitslosigkeit

Arbeitslosigkeit verteilt sich nicht gleichmäßig über die Bundesrepublik Deutschland. Schon vor der Wiedervereinigung zeigte sich in den alten Bundesländern eine regionale Ungleichverteilung des Beschäftigungsrisikos. Die am 3. Oktober 1990 vollzogene Wiedervereinigung verschärfte die regionale Segregation allerdings noch einmal deutlich. Trotz anhaltend hoher Transferzahlungen in die neuen Bundesländer sorgt die, gemessen an den Arbeitsmarktdaten, misslungene Transformation der ostdeutschen Plan- in eine funktionierende Marktwirtschaft für eine strukturelle Beschäftigungskrise. So liegt im Jahresdurchschnitt 2005 die Arbeitslosenquote in Ostdeutschland mit 18,7 Prozent auf einem durchgängig hohen Niveau. Die Werte oszillieren dabei zwischen 17,1 Prozent in Thüringen und 20,3 Prozent in Mecklenburg-Vorpommern. Aber auch in den alten Bundesländern zeigen sich starke regionale Gefälle. So verzeichnet Baden-Württemberg mit einer jahresdurchschnittlichen Quote von sieben Prozent den niedrigsten und Berlin mit 19 Prozent den höchsten Arbeitslosenanteil.

Ganz offensichtlich tragen unterschiedliche Siedlungs- und Wirtschaftsstrukturen zu einem differenzierten Muster der ökonomischen Leistungsfähigkeit bei. Dies bezieht sich nicht nur auf das Verhältnis zwischen den einzelnen Bundesländern sondern zeichnet sich auch innerhalb eines Landes ab. So weist in Mecklenburg-Vorpommern im Bereich der Arbeitagentur Schwerin im Jahresdurchschnitt 2005 eine Arbeitslosenquote von 16,1 Prozent aus, der Bezirk Neubrandenburg dagegen 24 Prozent. In Baden-Württemberg waren ebenfalls bezogen auf alle zivilen Erwerbspersonen zum gleichen Zeitpunkt bei der Arbeitsagentur Ludwigsburg 5,5 und in Mannheim 10,2 Prozent arbeitslos gemeldet. In Bayern mit einem Landesdurchschnitt von 7,8 Pro-

---

23 Jutta Allmendinger, Werner Eichhorst und Ulrich Walwei (Hg.): IAB Handbuch Arbeitsmarkt. Analysen, Daten, Fakten, Frankfurt a.M./New York 2005, S. 17ff

zent fielen die Unterschiede zwischen Freising mit 4,3 und Hof mit 11,7 Prozent noch deutlicher aus.[24]

Wandel der Beschäftigungsformen

Gleichzeitig verändert sich auch das *Erwerbsverhalten*. Zunächst erhöht sich in Folge des demografischen Wandels das durchschnittliche Lebensalter der Erwerbstätigen. Damit einher geht, dass sich der Berufseintritt junger Menschen aufgrund längerer Ausbildungszeiten nach hinten verschiebt. Auf der anderen Seite ist diese Entwicklung mit einer steigenden Akademisierung der Erwerbstätigen verbunden. Im März 2004 verfügten 15 Prozent aller Erwerbstätigen über einen Hochschulabschluss (April 1991: 12 Prozent). Ein höherer Bildungsstand garantiert jedoch nicht automatisch einen erleichterten Einstieg in das Berufsleben. Denn unabhängig vom Qualifikationsgrad sind es Berufsanfänger und junge Menschen, die den Einstieg in den Arbeitsmarkt zunehmend nur noch über *befristete Arbeitsverträge* realisieren können. Hatten im Jahr 1995 nur 20,9 Prozent der 20-25-jährigen ein befristetes Arbeitsverhältnis, so stieg der Anteil bis 2003 auf 43,2 Prozent. Bei den 25-30-jährigen betrug der Anstieg immerhin noch 6,4 Punkte auf 16,6 Prozent.

Neben der Befristung von Arbeitsverträgen trägt insbesondere die Ausweitung der *Teilzeitbeschäftigung* zu einer Erosion des traditionellen *Normalarbeitsverhältnisses* bei. Teilzeitarbeit hat in den zurückliegenden Jahren eine deutliche Ausweitung erfahren. Zwischen April 1991 und März 2004 ist sie um 51 Prozent oder 2,4 Millionen Arbeitsverhältnisse angewachsen. Damit sind mehr als ein Fünftel aller Erwerbstätigen in Teilzeit beschäftigt (22,8 Prozent). Ausweislich der Ergebnisse des Mikrozensus 2004 sank gleichzeitig der Anteil der Vollzeitbeschäftigten von 86 auf 77,2 Prozent. Dies ist ein Minus von fast fünf Millionen Stellen. Auch wenn die Zahl der männlichen Teilzeitbeschäftigten zwischen 1991 und 2004 in etwa um das Zweieinhalbfache auf etwas mehr als eine Million gestiegen ist, bleibt dieser Beschäftigungssektor eine weibliche Domäne: 85 Prozent der insgesamt 7,2 Millionen Teilzeitbeschäftigten sind Frauen, die überwiegend in Handel und Gastronomie sowie in öffentlichen und privaten Dienstleistungen (ohne öffentliche Verwaltung) Beschäftigung finden.

---

24 Bundesagentur für Arbeit (Hg.): Arbeitsmarkt in Zahlen. Arbeitslosenquoten Monats-/Jahreszahlen 2005, Nürnberg 2005

Parallel zur Ausweitung der Teilzeitarbeit findet auch eine Verlagerung bzw. *Flexibilisierung der Arbeitszeiten* statt. Zunehmend wird zu üblicherweise arbeitsfreien Zeiten wie Wochenenden, Feiertagen bzw. in Nacht- und Wechselschichten gearbeitet. Mit dieser erhöhten Arbeitszeitflexibilität sind häufig *selbstständige Erwerbstätigkeiten* verbunden. Nachdem die Zahl der Selbstständigen und mithelfenden Familienangehörigen bis Mitte der 1990er Jahre zurückgegangen ist, steigt sie seitdem wieder kontinuierlich an, wobei insbesondere Ein-Personen-Betriebe überdurchschnittlich an Bedeutung gewinnen.[25]

Positiv formuliert zeichnet sich in diesen Ausdifferenzierungen von Beschäftigung eine größere Flexibilität des Arbeitsmarktes für sich individualisierende Lebensentwürfe ab. Kritisch reflektiert, hat eine Spaltung des Arbeitsmarktes in eine *Kernarbeitnehmerschaft* mit Vollzeitarbeitsplatz und umfassendem Sozialversicherungsschutz sowie einer (bestenfalls) teilzeitbeschäftigten *Reservearmee* stattgefunden, mit der im produzierenden Gewerbe flexible Anpassungserfordernisse an konjunkturelle und strukturelle Veränderungen der Produktionsbedingungen aufgefangen bzw. im Dienstleistungssektor prekäre Beschäftigungsverhältnisse abgeschlossen werden können. Unter den gegebenen sozialrechtlichen Bedingungen in Deutschland (*Dominanz des Versicherungs- und Äquivalenzprinzips*) birgt die Flexibilisierung in Teilzeitbeschäftigung und prekärer Selbstständigkeit die Gefahr, dass in diesem Segment zunehmend patch work-artige Erwerbsbiographien auftreten, die eine unklare Sicherung der materiellen Lebensbedingungen in der Erwerbsphase aufweisen sowie einen davon abgeleiteten lückenhaften Sozialschutz vor allem in der Arbeitslosigkeit und beim Rentenbezug nach sich ziehen.

Strukturen der Arbeitslosigkeit – Problemgruppen am Arbeitsmarkt

Die Risiken arbeitslos zu werden, bzw. die Chancen, sich wieder in den Arbeitsmarkt zu integrieren, sind nicht gleichmäßig über alle Bevölkerungsgruppen verteilt. Die Arbeitsmarktstatistiken der Bundesagentur für Arbeit und des Statistischen Bundesamtes weisen besondere Problemgruppen aus:

---

25 Statistisches Bundesamt (Hg.): Leben und Arbeiten in Deutschland. Ergebnisse des Mikrozensus 2004, Wiesbaden 2005; Statistisches Bundesamt, Fachserie 1, Reihe 4.1.1, Wiesbaden

Strukturmerkmale der Arbeitslosigkeit in Deutschland 1998-2003 (Jahresdurchschnittszahlen)

Merkmal	Prozentanteile an allen Arbeitslosen jeweils Ende September					
	2003	2002	2001	2000	1999	1998
Arbeitslose insgesamt	**100**	**100**	**100**	**100**	**100**	**100**
Männer	54,6	54,1	52,4	51,5	51,1	51,6
Frauen	45,4	45,9	47,6	48,5	48,9	48,4
Deutsche	87,4	87,5	87,6	88,1	87,8	87,3
darunter: Aussiedler	1,4	1,5	1,7	2,0	2,3	2,9
Ausländer	12,6	12,5	12,1	11,9	12,2	12,7
Angestellte	40,1	39,3	39,1	39,2	39,6	39,0
Arbeiter (übrige Berufe)	59,9	60,7	60,9	60,8	60,4	61,0
Berufsausbildung						
ohne abgeschlossene Berufsausbildung	34,4	35,4	37,0	37,8	37,6	38,6
mit abgeschlossener Berufsausbildung	65,6	64,6	63,0	62,2	62,4	61,4
darunter:						
betriebliche Ausbildung	54,8	54,1	53,1	52,1	51,9	50,8
Berufsfach-/Fachhochschule	4,8	4,8	5,0	5,2	5,5	5,6
Fachhochschule	2,1	1,9	1,4	1,4	1,4	1,4
Universität	4,0	3,8	3,4	3,4	3,6	3,6
Alter						
unter 20 Jahre	2,2	2,9	3,1	3,3	3,1	3,2
20 bis unter 30 Jahre	20,1	19,6	18,2	17,3	17,0	18,2
30 bis unter 40 Jahre	25,9	25,6	24,9	24,0	24,1	24,2
40 bis unter 50 Jahre	27,4	25,3	24,1	23,0	22,3	21,3
50 bis unter 60 Jahre	22,6	23,3	25,5	28,1	29,8	29,8
60 bis 65 Jahre	1,9	3,2	4,1	4,3	3,8	3,3
Dauer der Arbeitslosigkeit						
unter ein Monat	11,1	12,3	12,0	12,2	11,5	11,7
ein bis unter drei Monate	17,3	19,2	19,5	18,6	18,3	18,9
drei bis unter sechs Monate	14,6	16,0	15,7	14,7	16,3	14,4
sechs bis unter zwölf Monate	20,6	19,4	19,4	18,1	18,9	18,2
zwölf bis unter 24 Monate	18,7	16,7	15,3	17,5	15,8	18,1
24 Monate und länger	17,7	16,4	18,2	18,9	19,2	18,6
Gesundheitliche Einschränkungen	23,7	24,5	26,0	26,1	25,0	24,0
darunter:						
Schwerbehinderte	4,0	3,8	4,4	4,9	4,8	4,8
Familienstand						
Verheiratet	46,7	48,4	50,6	52,5	54,0	54,1
Ledig	53,3	51,6	49,4	47,5	46,0	45,9

Quelle: Bundesanstalt für Arbeit (Hg.): Arbeitsmarkt in Zahlen. Strukturanalyse Arbeitslose, Nürnberg 2004

– *Ausländische Wohnbevölkerung*: Ihr Anteil an den Arbeitslosen liegt im Jahresdurchschnitt 2005 mit ca. 14 Prozent deutlich über ihrem Anteil an der Gesamtbevölkerung von ca. neun Prozent.[26] Sie tragen damit ein deutlich höheres Risiko arbeitslos zu werden als deutsche Staatsbürgerinnen und -bürger. Mangelnde Sprachkenntnisse und ein im Durchschnitt nach wie vor niedriges Qualifikationsniveau gelten als Hauptursachen für verringerte Einstellungschancen bei gleichzeitig erhöhtem Arbeitsplatzrisiko und schlechterer Qualität der Arbeitsplätze.

– *Junge Menschen unter 25 Jahren*: Für junge Menschen hat die Integration in den Arbeitsmarkt besondere Bedeutung, da die Erwerbsarbeit einerseits eine Gratifikation für erbrachte Ausbildungsleistungen darstellt, zugleich die Möglichkeiten zur eigenständigen Lebensführung und sozialen Integration bestimmt. Ein (dauerhafter) Ausschluss vom Arbeitsmarkt führt deshalb vor allem bei jungen Menschen häufig zu Perspektivlosigkeit bis hin zu deviantem und/oder selbstzerstörerischem Verhalten. Dabei müssen junge Menschen in der Regel zwei Hürden überwinden: Zunächst müssen sie im Rahmen des dualen Ausbildungssystems einen Ausbildungsplatz finden (*erste Schwelle*), im zweiten Schritt dann nach Abschluss der beruflichen Ausbildung eine Anstellung (*zweite Schwelle am Arbeitsmarkt*). Im Mai 2006 betrug die sog. *Ausbildungsplatzlücke* als Differenz zwischen der Anzahl der Bewerberinnen und Bewerber und der Zahl der angebotenen Lehrstellen etwa 220.000 Stellen. Aufgrund der Erfahrungen der letzten Jahre schätzt die Bundesagentur für Arbeit die wahrscheinliche Anzahl für den Beginn des Lehrjahres im September 2006 auf dann 30.000 unversorgte Jugendliche. Sollte zudem der Nationale Pakt für Ausbildung in ähnlicher Weise wie im Jahr 2004 greifen, könnte sich diese Zahl auch noch einmal halbieren. Die Situation in den neuen Bundesländern ist hier trotz eines Lehrstellenzuwachses deutlich problematischer als in den alten Bundesländern, wird allerdings durch ein besonderes (außerbetriebliches) *Ausbildungsprogramm Ost* auch vorrangig bekämpft.[27] Die Probleme mit dem Einstieg ins Berufsleben hängen in vielen Fällen, aber eben nicht nur, vom Qualifikationsniveau der jungen Menschen ab. Denn trotz deutlich niedriger Erwerbslosenquote haben zunehmend auch Akademikerinnen und Akademiker Schwierigkeiten mit der (dauerhaften) Berufseinmündung.

---

26 Bundesagentur für Arbeit (Hg.): Arbeitsmarkt in Zahlen. Aktuelle Daten – Jahreszahlen 2005, Nürnberg 2006

27 Bundesagentur für Arbeit (Hg.): Der Arbeits- und Ausbildungsmarkt in Deutschland. Monatsbericht Mai 2006, Nürnberg 2006, S. 7f.

Insbesondere die jungen Menschen in Ostdeutschland erfahren über den Arbeitsmarkt vermittelte soziale Ausgrenzung. Hier waren im März 2004 21,6 Prozent (1991: 10,5 Prozent) der 20-24-jährigen und 19,4 Prozent (1991: 9,8 Prozent) der 25-29-jährigen Erwerbspersonen erwerbslos (einschließlich Berlin-Ost).[28] In den alten Bundesländern liegen die entsprechenden Quoten mit 12,1 und 10,4 Prozent zwar deutlich niedriger, sind aber gegenüber 1991 mit 3,5 und 3,9 Prozent in den letzten 15 Jahren massiv angestiegen. Besonders gravierend für die Zukunftschancen dieser Jugendlichen ist das niedrige Qualifikationsniveau, das in diesen Altersgruppen gehäuft auftritt. Angesichts der wachsenden Bedeutung von (Aus-)Bildung in der medialen Wissensgesellschaft droht hier langfristig der Ausschluss von der Erwerbsarbeit. Im März 2004 lag der Anteil der 20-25-jährigen an den Erwerbslosen ohne Berufsabschluss bei 16 Prozent. Ausbildung und Qualifikation sind allerdings längst keine Garantien mehr für einen erfolgreichen Einstieg ins Berufsleben. So haben in den neuen Bundesländern nur 24,5 Prozent der erwerbslosen 20-25-jährigen keinen Berufsabschluss (West: ca. 44 Prozent), dafür aber zwei Drittel eine Lehrausbildung (West: ca. 44 Prozent). Eine Ausbildung schützt hier also deutlich weniger vor Erwerbslosigkeit; was sicher auch eine Folge der relativ hohen Quote außerbetrieblicher, maßnahmegetragener Ausbildung und einer deshalb geringeren Betriebsbindung ist.

– *Langzeitarbeitslosigkeit* liegt vor, wenn eine Person länger als zwölf Monate arbeitslos ist. Laut Statistischem Bundesamt suchte im Frühjahr 2004 in Deutschland etwa jeder Zweite seit mindestens einem Jahr einen Arbeitsplatz (1991: 32 Prozent). Gleichzeitig stieg auch der Anteil der Personen, die schon länger als zwei Jahre eine Erwerbstätigkeit suchen von 18 auf 32 Prozent an. Arbeitslosigkeit wird für eine zunehmende Anzahl von Betroffenen zum Dauerproblem. An der Struktur der Langzeitarbeitslosigkeit zeigt sich die Spaltung des deutschen Arbeitsmarktes: In den alten Bundesländern ist im Frühjahr 2004 ein Drittel der Erwerbslosen weniger als sechs Monate und 26 Prozent mehr als 24 Monate lang arbeitslos. Im Osten Deutschlands liegen die entsprechenden Quoten bei 24

---

28 In Abweichung zur Arbeitsmarktstatistik der Bundesagentur für Arbeit, gelten im Mikrozensus des Statistischen Bundesamtes die Personen als erwerbslos, die sich innerhalb der letzten drei Wochen vor Berichtserhebung aktiv um Arbeit bemüht haben und dem Arbeitsmarkt innerhalb von max. zwei Wochen zur Verfügung stehen können.

und 42 Prozent. Weil sich das individuelle Qualifikationsniveau mit zunehmender Dauer der Arbeitslosigkeit reduziert, sinken bei langzeitarbeitslosen Menschen die Chancen deutlich, überhaupt wieder in den Arbeitsmarkt integriert zu werden. Sozialmedizinische Studien verweisen zudem auf die potentiellen psychischen und physischen Krankheitsfolgen der Arbeitslosigkeit, die dann wiederum als eigenständige Faktoren beschäftigungshemmend wirken können. Ältere Arbeitnehmerinnen und Arbeitnehmer tragen dabei nicht nur ein besonderes Risiko langzeitarbeitslos zu werden; sie werden auch überproportional oft (unfreiwillig) vom Arbeitsmarkt ausgeschlossen. Im Frühjahr 2004 gaben in der Altersgruppe der 45-54-jährigen Erwerbslosen 71 Prozent als Grund ihrer Arbeitssuche der Erhalt der Kündigung an.[29]

Anteile der Ausgrenzungsrisiken Alter, Gesundheit, Qualifikation und Dauer der Arbeitslosigkeit unter den Arbeitslosen (1998 und 2004)

Art der Einschränkung	1998	2004	1998	2004
	Anteil an den Arbeitslosen		davon: Arbeitslosigkeit länger als 12 Monate	
Ohne Ausbildung	23,8	23,6	27,7	36,1
Ohne Ausbildung und älter als 55	4,9	2,0	63,2	60,7
Ohne Ausbildung, älter als 55 und gesundheitliche Beeinträchtigungen	3,5	1,6	64,5	65,7
Gesundheitliche Beeinträchtigungen	8,9	12,1	39,0	48,0
Gesundheitliche Beeinträchtigungen und älter als 55	5,1	2,7	58,0	59,0
Gesundheitliche Beeinträchtigungen und ohne Ausbildung	6,4	7,0	45,6	53,3
älter 55 Jahre	9,7	4,8	56,5	55,5
ohne die genannten Einschränkungen	37,6	46,1	26,2	34,0

(Überschneidungen berücksichtigt)

Quelle: Bundesanstalt für Arbeit (Hg.): IAB-Zahlenfibel Übersicht 3.5.2.1, Nürnberg, Stand 14. Dezember 2004

Die Chancen auf (Re-)Integration in den Arbeitsmarkt sind individuell sehr unterschiedlich. Allerdings gilt beim Zusammentreffen der Faktoren Langzeitarbeitslosigkeit, fortgeschrittenes Lebensalter sowie gesundheitliche Beeinträchtigung und niedriges Qualifikationsniveau ein

---

29 Statistisches Bundesamt (Hg.): Leben und Arbeiten in Deutschland. Ergebnisse des Mikrozensus 2004, Wiesbaden 2005

deutlich erhöhtes Risiko der dauerhaften Ausgliederung aus dem Arbeitsmarkt.

Kosten der Arbeitslosigkeit

Arbeitslosigkeit ist nicht nur für die Betroffenen eine soziale Ausgrenzungserfahrung. Sie bedeutet auch eine erhebliche gesellschaftliche Kostenbelastung. Dabei sind nicht nur die direkten Transferzahlungen für Arbeitslosengeld I und II und Kosten für die aktive Beschäftigungspolitik sowie die Arbeitsverwaltung zu rechnen, sondern es entstehen über die Ausgliederung von beschäftigungsfähigen Menschen auch gesamtfiskalische Mindereinnahmen.[30]

Kosten der registrierten Arbeitslosigkeit

	2000	2002	2004
Registrierte Arbeitslose (in Millionen)	3,89	4,06	4,38
Kosten pro Arbeitslosen (in 1.000 EUR)	18,9	18,9	19,6
Gesamtfiskalische Kosten (in Mrd. EUR)	73,3	76,8	85,7
		in Mrd. EUR	
Kostenarten:			
Arbeitslosengeld	21,5	24,1	24,7
Arbeitslosenhilfe	12,3	13,4	16,9
Sozialhilfe	4,0	3,7	3,6
Wohngeld	1,0	0,9	0,9
Mindereinnahmen Steuern:			
Einkommensteuer	12,6	12,2	13,2
Indirekte Steuern	2,5	2,4	2,7
Mindereinnahmen Sozialbeiträge:			
Rentenversicherung (Saldo)	8,7	8,4	9,7
Krankenversicherung (Saldo)	4,9	5,6	7,1
Pflegeversicherung (Saldo)	0,8	0,8	0,9
Bundesanstalt für Arbeit	5,1	5,3	5,9
Verteilung nach Kostenträgern:			
Bundesanstalt für Arbeit	26,6	29,4	30,6
Bund	19,5	20,	24,5
Länder	6,7	6,5	7,0
Gemeinden	6,2	5,9	5,9
Rentenversicherung	8,7	8,4	9,7
Krankenversicherung	4,9	5,6	7,1
Pflegeversicherung	0,8	0,8	0,9

Quelle: IAB online Stand 21.3.2006, www.iab.de/iab/aktuell/info_KostenALO.htm

---

30 Aufgrund des Einkommensausfalls bei Arbeitslosen entstehen in den öffentlichen Kassen durch Ausgaben und Einnahmedefizite direkte bzw. indirekte gesamtfiskalische Kosten, die in einem statistischen Berechnungsverfahren errechnet werden können.

Durch die registrierte Arbeitslosigkeit, d.h. ohne Berücksichtigung der stillen Reserve, lagen die *gesamtfiskalischen Kosten* der Arbeitslosigkeit im Jahr 2004 bei 85,7 Mrd. EUR. Gegenüber dem Jahr 2002 ist dies ein Zuwachs von fast neun Mrd. EUR. Zu zwei Dritteln wurden diese durch den Bund sowie die Bundesagentur für Arbeit getragen. Aber auch andere Sozialversicherungsträger sowie die Länder und Gemeinden sind erheblich von den Kosten betroffen. Den größten Kostenblock stellen die Transferleistungen für Arbeitslosengeld, Arbeitslosenhilfe (bis 1. Januar 2005, danach Arbeitslosengeld II) sowie Sozialhilfe und Wohngeld dar (53,3 Prozent), aber auch die Einnahmeausfälle summieren sich auf einen Anteil von 46,7 Prozent.[31]

Dabei sind die indirekten Kosten der (Langzeit-)Arbeitslosigkeit, die durch das volkswirtschaftlich nicht genutzte Humankapital entstehen, noch nicht mitgerechnet. Statistisch kaum erfassbar, ist jedoch offensichtlich, dass sich in der Gesellschaft – u.a. durch Dequalifizierung, beruflichen Abstieg, psychosoziale und gesundheitliche Belastungen, die Auswirkungen der Arbeitslosigkeit auf den familiären Sozialisationskontext, die Vorenthaltung sozialer Gratifikation am Arbeitsmarkt auch und gerade bei Jugendlichen – langfristig desozialisierende Prozesse abspielen, die in ganz anderen Zusammenhängen wieder zu erheblichen gesellschaftlichen und materiellen Kosten führen können.

Felder und Leistungen der Arbeitsmarktpolitik: Die Gesetzliche Arbeitslosenversicherung (SGB III Arbeitsförderungsgesetz)

Die Arbeitsmarktpolitik hat die Gestaltung des unmittelbaren Geschehens auf dem Arbeitsmarkt und dessen Rahmenbedingungen zum Inhalt. Neben allgemeinen Instrumenten der Wirtschaftspolitik sind zahlreiche sozialpolitische Regelungen diesem Aufgabenfeld verpflichtet. In der Arbeitsmarktpolitik findet sich neben den Akteuren aus Bund, Ländern und Kommunen auch die europäische Ebene als Einflussfaktor wieder.

Kernstück der Arbeitsmarktpolitik sind die Regelungen des SGB III *Arbeitsförderungsgesetz*. Grundsätzlich unterscheidet das Gesetz zwischen Regelungen, die

– sich auf den Bereich Beschäftigung und Arbeitsmarkt,

---

31 Nach der Zusammenlegung der Arbeitslosen- und Sozialhilfe zum 1. Januar 2005 wird zukünftig der Kostenblock der Sozialhilfe durch die Ausgaben für das Arbeitslosengeld II/Sozialgeld zu ersetzen sein.

- auf Leistungen zum Erhalt und zur Schaffung von Arbeitsplätzen, sowie
- auf Leistungen bei Arbeitslosigkeit bzw. Zahlungsunfähigkeit des Arbeitgebers

beziehen. Zur Zielerreichung dienen die *aktiven* und *passiven* Instrumente der Arbeitslosenversicherung, wobei die aktiven Leistungen mit Ausnahme von Arbeitslosen-, Teilarbeitslosen- und Insolvenzgeld alle Leistungen der Arbeitsförderung nach SGB III umfassen. Während die (passiven) Geldleistungen primär auf die Einkommenssicherung während Phasen der Arbeitslosigkeit zielen, sollen die aktiven Leistungen der Überwindung der Arbeitslosigkeit selbst dienen. Gleichwohl sind auch an die Geldleistungen Anreiz- und Sanktionsmechanismen gebunden (*Konstitutionsfunktion*), die zur Überwindung von Arbeitslosigkeit beitragen sollen. Im Übrigen können auch einkommensichernde Leistungen über ihre armutsbekämpfende Funktion als Voraussetzung für den Erhalt der Berufsfähigkeit gelten.

Leistungsempfänger nach Paragraph 3 SGB III sind zum ersten (versicherte) Arbeitnehmerinnen und Arbeitnehmer. Sie haben Anspruch auf Beratungsleistungen, Berufsvorbereitungs- und Weiterbildungsmaßnahmen, Mobilitätsbeihilfen und materielle Transferleistungen wie das *Arbeitslosengeld* (ALG I) oder *Kurzarbeitergeld*. Zum zweiten können Arbeitgeber Beratungsleistungen beanspruchen. Wichtigstes Instrument sind hier die unterschiedlichen Zuschüsse zu den Arbeitsentgelten und/oder Sozialbeiträgen. Drittens erhalten die Träger von Arbeitsförderungsmaßnahmen je nach Art der angebotenen Maßnahme vollen Kostenersatz, Zuschüsse und/oder Darlehn für die Durchführung von Programmen der Aus- und Weiterbildung sowie beruflichen Rehabilitation.

Verwaltet werden die Leistungen durch die *Bundesagentur für Arbeit* als rechtsfähige, bundesunmittelbare Körperschaft des öffentlichen Rechts mit Sitz in Nürnberg. Ihre Leistungen werden durch *Beiträge* finanziert, die von den Versicherten und Arbeitgebern hälftig getragen werden. Der Beitragssatz liegt derzeit bei 6,5 Prozent des Bruttoeinkommens, wobei die *Beitragsbemessungsgrenze* der Gesetzlichen Rentenversicherung gilt. Mit der Erhöhung der Mehrwertsteuer zum 1. Januar 2007 ist eine Senkung des Beitragssatzes beschlossen. Daneben werden für bestimmte Transferleistungen (*Winterbaugeld* und *Insolvenzgeld*) *Umlagen* bei den Arbeitgebern der Bauwirtschaft bzw. bei den Unfallversicherungsträgern erhoben. Und schließlich übernimmt der Bund für die Aufgaben die Kosten, die er der Bundes-

agentur für Arbeit überträgt. Hierzu zählt im Wesentlichen die Auszahlung des Arbeitslosengeldes II/Sozialgeld nach SGB II *Grundsicherung für Arbeitssuchende* einschließlich der Verwaltungskosten,
soweit sie durch die Bundesagentur verursacht sind. Darüber hinaus
stellt der Bund per Gesetz die Liquidität der Bundesagentur für Arbeit
sicher. Dies geschieht zunächst auf Darlehnbasis, sollten die Mittel am
Ende des Jahres aber nicht aus dem Haushalt der Bundesagentur rück-
führbar sein, wandelt sich das Darlehn in einen *Bundeszuschuss*.

In der Arbeitslosenversicherung besteht eine *Versicherungspflicht* für
alle Personen, die einer sozialversicherungspflichtigen, abhängigen Erwerbsarbeit nachgehen oder zum Zwecke der Berufsausbildung beschäftigt werden. Die Versicherungspflicht besteht auch in der Elternzeit für
Mütter (und Väter) mit Kindern bis zum dritten Lebensjahr, wenn sie
unmittelbar vor der Geburt eine sozialversicherungspflichtige Beschäftigung ausgeübt oder im Leistungsbezug nach SGB III gestanden haben.
Dies ist insofern von Bedeutung, als sie damit Anspruch auf Maßnahmen zur Wiedereingliederung in den Arbeitsmarkt erwerben. Ausgenommen aus der Arbeitslosenversicherung sind hingegen u.a. Beamte,
Richter und Zeitsoldaten.

Aktive Arbeitsmarktpolitik im SGB III
Arbeitsförderungsgesetz

Die Besonderheit des SGB III ist seine konzeptionelle Ausrichtung auf
eine *präventive, final orientierte* Beschäftigungspolitik: Arbeitslosigkeit soll durch *aktive Leistungen* der Bundesagentur für Arbeit verhindert werden, bevor sie entstehen kann. Damit wird auch der Förderung
beruflicher Mobilität, der Überwindung geschlechts- und altersspezifi-
scher sowie struktureller Barrieren auf dem Arbeitsmarkt Vorrang vor
der Einkommenssicherung bei Arbeitslosigkeit eingeräumt. Weitere
Elemente sind die Arbeitsvermittlung, Berufsberatung, berufliche
Aus- und Fortbildung sowie Umschulung, die Förderung der Arbeitsaufnahme (auch als Selbstständigkeit), Leistungen zur Rehabilitation sowie die Eingliederung von Ausländern. Über das Instrument der
Arbeitsbeschaffungsmaßnahmen (ABM) bzw. die Förderung von Beschäftigung schaffenden Strukturanpassungsmaßnahmen (SAM) können
schließlich auch bereits arbeitslos Gewordene durch öffentlich finanzierte Arbeitsangebote (*zweiter Arbeitsmarkt*) wieder (befristet) in das
Arbeitsleben eingegliedert werden.

Übersicht: Leistungen der aktiven Arbeitsförderung nach SGB III

SGB III	Art der Leistung	Instrumente / Durchführung

I. Leistungen für arbeitslose, versicherte Arbeitnehmerinnen und Arbeitnehmer

SGB III	Art der Leistung	Instrumente / Durchführung
§§ 29 - 34	(Berufs-)Beratung	Beratungsangebot Berufsorientierung Arbeitsmarktberatung
§§ 35 - 40	Vermittlung	Vermittlungsangebot mit der Verpflichtung zur frühzeitigen Arbeitssuche Eingliederungsvereinbarung Beauftragung Dritter mit der Vermittlung Personal-Service-Agenturen (PSA) Beratung der Arbeitgeber
§§ 45 - 47	Unterstützung der Beratung und Vermittlung	Bewerbungskosten Reisekosten
§§ 48 - 52	Verbesserung der Eingliederungsaussichten	Maßnahmen zur: Eignungsfeststellung Trainingsmaßnahmen
§§ 53 - 55	Förderung der Beschäftigungsaufnahme	Mobilitätshilfen als: Übergangsbeihilfe bis zur Lohnzahlung Ausrüstungsbeihilfe für Arbeitskleidung und Arbeitsgerät Umzugsbeihilfe Fahrt-/Reise-/Trennungskostenbeihilfe
§§ 57 - 58	Förderung selbstständiger Tätigkeit	Überbrückungsgeld
§§ 59 - 76	Förderung der Berufsausbildung	Berufsausbildungsbeihilfe berufsvorbereitende Bildungsmaßnahmen
§§ 77 - 87	Förderung der beruflichen Weiterbildung	Übernahme von: Weiterbildungs- und Lehrgangskosten Fahrt- und Unterbringungskosten Kinderbetreuungskosten
§§ 97 - 111	Förderung der Teilhabe behinderter Menschen	*Allgemeine Leistungen*: Mobilitätshilfen (wie nichtbehinderte Personen) schulische Ausbildung Aus- und Weiterbildungsmaßnahmen Berufsausbildungsbeihilfe *Besondere Leistungen*: Übergangsgeld Ausbildungsgeld Übernahme von Teilnahmegebühren und Unterkunftskosten

II. Leistungen für Arbeitgeber

SGB III	Art der Leistung	Instrumente / Durchführung
§§ 217 - 233	Eingliederung von Arbeitnehmern	Eingliederungszuschüsse Einstellungszuschuss bei Neugründungen Förderung beruflicher Weiterbildung durch Kostenübernahme einer Vertretung
§§ 235 - 239	Berufliche Aus- und Weiterbildung sowie Leistungen zur Teilhabe am Arbeitsleben	Zuschüsse zu Ausbildungsvergütung von (behinderten) Leistungsberechtigten Erstattung von Praktikumsvergütungen Arbeitshilfen und Probebeschäftigung behinderter Leistungsberechtigter

III. Leistungen an Träger

§§ 240 - 247	Ausbildungs- und beschäftigungs- begleitende Eingliederungshilfen	Übernahme von Kosten zur Durchführung von Maßnahmen der betrieblichen Ausbildung: Zuschüsse zur Ausbildungsvergütung und zum Gesamtsozialversicherungsbeitrag Maßnahmekosten des Trägers sonstige Kosten
§§ 248 - 251	Förderung von Einrichtungen der beruflichen Aus- und Weiterbil- dung und Rehabilitation	Zuschüsse und Darlehn für Aufbau, Erweiterung und Ausstattung von Einrichtungen Kosten der fachlichen Weiterentwicklung
§§ 252 - 253	Förderung von Jugendwohn- heimen	Zuschüsse und Darlehn für Aufbau, Erweiterung und Ausstattung von Einrichtungen
§§ 260 - 279a	Arbeitsbeschaffungs- und beschäftigungsschaffende Infra- strukturmaßnahmen (ABM / SAM)	Zuschüsse zu den Lohnkosten bei zusätzlicher und im öffentlichen Interesse liegenden Arbeiten

IV. Sonderregelungen

§ 417	Förderung beschäftigter Arbeitnehmer	Übernahme von Weiterbildungskosten (Maßnahmebeginn bis 31. Dezember 2006)
§ 421g	Vermittlungsgutschein	Inanspruchnahme privater Vermittlungsdienste (gültig bis 31. Dezember 2006)
§ 421k	Förderung von Arbeitnehmern über 55 Jahre	Übernahme des Beitragsanteils zur Arbeitslosen- versicherung des Arbeitgebers (befristet bis 1. Januar 2008)
§ 421l	Existenzgründungszuschuss	Monatlicher Zuschuss bei Existenzgründung für max. 36 Monate (Ich-AG) (bis 1. Juli 2006)
§ 421m	Sozialpädagogische Begleitung	Kostenübernahme einer sozialpädagogischen Betreuung für den Arbeitgeber während einer Berufsausbildungsvorbereitung nach Berufsbil- dungsgesetz (befristet bis 31. Dezember 2007)

Die Teilnahme an Maßnahmen der aktiven Arbeitsmarktpolitik ist allerdings nur bedingt freiwilliger Natur. So sind einem Arbeitslosen alle Qualifizierungs- und Beschäftigungsangebote zumutbar, soweit dem nicht allgemeine oder personenbezogene Gründe entgegenstehen. Auch besteht kein besonderer Berufsschutz, der im Falle der Arbeitslosigkeit vor einer Dequalifizierungsspirale schützen kann. Durch die gesetzlichen Änderungen zum Jahresbeginn 2003 wurde zusätzlich festgelegt, dass von einem Arbeitslosen grundsätzlich auch ein Umzug zur Aufnahme einer Beschäftigung verlangt werden kann. Ausnahmen bestehen hier nur für Arbeitslose mit familiären Bindungen und Personen, die voraussichtlich innerhalb der ersten drei Monate als Tagespendler zu vermitteln sein werden.

Aktive Arbeitsmarktpolitik im SGB II Grundsicherung für Arbeitssuchende

Durch die Arbeitsmarktreformen (vor allem die sog. Hartz I-IV-Gesetze) haben auch die Empfängerinnen und Empfänger von Leistungen nach SGB II *Grundsicherung für Arbeitssuchende* Anspruch auf einen Großteil der Leistungen zur Eingliederung in Arbeit (Paragraph 16 SGB II). Die Leistungsgewährung steht allerdings im Ermessen des jeweiligen Leistungsträgers und zwar auch in den Fällen, in denen es sich nach SGB III um Pflichtleistungen handelt. Die Leistungsempfänger müssen sich aktiv an allen Maßnahmen zur Eingliederung in den Arbeitsmarkt beteiligen. Vorrangig sollen solche Hilfen gewährt werden, die der direkten Eingliederung in den Arbeitsmarkt dienen. Darüber hinaus können aber weitere unterstützende Leistungen erbracht werden, wenn sie geeignet sind, die Eingliederungschancen der Betroffenen zu verbessern. Im Sinne eines Case Managements sollen die Fallmanager der Arbeitsagentur dabei die individuellen Lebensumstände der betroffenen Person einbeziehen und so individuelle Eingliederungshilfen zusammenstellen. Zu diesen Hilfen gehören nach Paragraph 16 Abs. 2 SGB II vor allem:

- Betreuung minderjähriger oder behinderter Kinder
- Häusliche Pflege von Angehörigen
- psychosoziale Betreuung
- Suchtberatung
- Schuldnerberatung
- Leistungen nach Altersteilzeitgesetz
- Einstiegsgeld nach Paragraph 29 SGB II als Zuschuss zum ALG II

Mit Paragraph 16 Abs. 3 SGB II haben die lokalen Träger des SGB II zusätzlich die Möglichkeit, Hilfeempfänger in *Arbeitsgelegenheiten* (sog. 1-Euro-Jobs) zu vermitteln. Hierbei handelt es sich um im öffentlichen Interesse liegende zusätzliche Arbeiten, die jedoch kein Arbeitsverhältnis im Sinne des Arbeitsrechts begründen. Für die Teilnahme an einer Arbeitsgelegenheit erhalten die Betroffenen ergänzend zum ALG II eine Mehraufwandsentschädigung.

Der Umfang der zu erbringenden Hilfen wird nach Paragraph 15 SGB II für jeden Hilfeempfänger individuell festgelegt und dann in einer für jeweils sechs Monate gültigen *Eingliederungsvereinbarung* festgehalten. Diese Eingliederungsangebote sind von Sanktionsdrohungen begleitet. Wird ein zumutbares legales Arbeitsangebot oder

eine Eingliederungsmaßnahme abgelehnt bzw. gewinnt der lokale
Träger den Eindruck, der Arbeitslose zeige zu wenig Eigeninitiative
bei der Überwindung seiner Situation, kann die Regelleistung in einem
ersten Schritt um 30 Prozent (etwa 90 EUR) gekürzt werden. Verweigern sich erwerbsfähige Hilfebedürftige unter 25 Jahren, kann dies für
die Dauer von drei Monaten zur völligen Löschung der Ansprüche aus
dem Arbeitslosengeld II und aller weiteren nachgelagerten Sicherungssysteme führen. Allerdings hat diese Personengruppe auch einen
besonderen Beschäftigungsanspruch, denn sie sind bevorzugt in eine
Beschäftigung, Ausbildung oder Arbeitsgelegenheit zu vermitteln.

Im Gegensatz zum SGB III, das in der Verantwortung der Bundesagentur für Arbeit liegt, wurden für das SGB II unter hohem Zeitdruck
neue Trägerstrukturen geschaffen. Ursprünglich wollten Bund, Länder
und Kommunen dabei die Zuständigkeit bei der Mindestsicherung für
Arbeitssuchende durch die Zusammenlegung der Arbeitslosenhilfe
und Sozialhilfe vereinfachen. Bedürftige sollten lediglich eine Anlauf-
stelle für den Erhalt notwendiger Hilfen aufsuchen. Da sich im Ge-
setzgebungsprozess die damalige rot-grüne Bundesregierung und konservative Landesregierungen jedoch nicht auf den Ort der Ansiedlung
der neuen Leistung bei der Arbeitsagentur (und damit dem Bund; favorisiert von der Bundesregierung) oder den Kommunen (favorisiert
von konservativen Landesregierungen) einigen konnten, ließ sich dieser Anspruch letztlich nicht aufrechterhalten. Im Ergebnis sind nunmehr drei unterschiedliche Trägerkonstrukte möglich:

- Arbeitsgemeinschaft der örtlichen Arbeitsagentur und der Kommune (ARGE), die gemeinsam die Geld-, Sach- und Dienstleistungen
  erbringt. Hierfür haben sich 362 kommunale Träger in 356 Arbeitsgemeinschaften entschieden.
- Getrennte Aufgabenwahrnehmung durch die beiden Leistungsträger Kommune und Agentur für Arbeit. Hierfür haben sich 19
  Kommunen entschieden.
- Alleinige Trägerschaft der Kommune zur Umsetzung des SGB II
  (*Optionsgesetz*) in 69 Kommunen (zunächst für sechs Jahre befristet).

Hintergrund der Verortung der neuen Leistung in gemeinsamer Zuständigkeit von Arbeitsagenturen und kommunaler Sozialverwaltung
war neben ihrem Kompromisscharakter die Einsicht, dass beide Partner spezifische Kompetenzen in den Hilfeprozess für Bedürftige einzubringen haben. Gleichwohl stellt dieses Gemeinschaftskonstrukt

kommunaler und bundesstaatlich verankerter Institutionen ein Novum in der deutschen Sozialpolitik dar, das verfassungsrechtlich umstritten ist. Eine noch nicht abschließend geklärte Frage stellt die *Fachaufsicht* über die Tätigkeit der Arbeitsgemeinschaften dar. Auch die bloße organisatorische Umsetzung von Hartz IV ist noch nicht abgeschlossen. In alledem spiegelt sich der enorme zeitliche Druck wider, unter dem die Arbeitsmarktgesetze nach ihrem grundsätzlichen Beschluss im Einzelnen zwischen Bund, Ländern, der Arbeits- und Sozialhilfeverwaltung ausgehandelt und implementiert wurden.

Insgesamt waren 444 Organisationseinheiten (neu) zu schaffen. Hier haben sich große Verzögerungen ergeben. Obwohl das SGB II zum 1. Januar 2005 in Kraft getreten ist, wurden ca. 80 Prozent der Arbeitsgemeinschaften (absolut: 282) erst im vierten Quartal 2004, also unmittelbar vor in Krafttreten des Gesetzes gegründet. Der Zeitdruck zeigt sich auch darin, dass 100 Verträge in den letzten 14 Tagen des Jahres 2004 abgeschlossen wurden. 28 Gründungsverträge kamen im 1. Halbjahr 2005 und weitere vier im 2. Halbjahr 2005 hinzu. Damit fehlten aber ausweislich des Halbjahresberichtes der Bundesagentur für Arbeit im Laufe des Jahres 2005 immer noch 42 Arbeitsgemeinschaften bzw. befanden sich nach wie vor in Gründung.[32]

Lohnersatzleistungen als passive Arbeitsmarktpolitik nach SGB III und SGB II

Die wichtigsten *passiven Leistungen* sind die Zahlung des *Arbeitslosengeldes I* (nach SGB III) und des *Arbeitslosengeldes II* (nach SGB II). Daneben bestehen drei weitere Lohnersatzleistungen: *Kurzarbeitergeld* und *Insolvenzgeld* dienen dem Ausgleich von Lohnansprüchen, wenn sich Unternehmen in einer schwierigen wirtschaftlichen Lage bzw. nach einem Konkurs bereits in Auflösung befinden. Das *Übergangsgeld* wird an behinderte Menschen im Kontext der Teilnahme an Maßnahmen der Berufs(aus)bildung und Berufsvorbereitung ausbezahlt.

– Das *Arbeitslosengeld I (ALG I) nach Paragraphen 117 - 152 SGB II* ist eine Versicherungsleistung, deren Bezugsdauer von der Beschäftigungsdauer und vom Alter des Empfängers abhängt und die aus den Versicherungsbeiträgen der Arbeitgeber wie Arbeitnehmer

---

32 Bundesagentur für Arbeit (Hg.): SGB II Sozialgesetzbuch Zweites Buch. Zahlen Daten Fakten. Halbjahresbericht 2005, 2006 Nürnberg

finanziert wird. Für den Leistungsanspruch muss innerhalb einer Rahmenfrist von zwei Jahren eine Anwartschaftszeit von mindestens zwölf Monaten erbracht worden sein, in der ein sozialversicherungspflichtiges Beschäftigungsverhältnis bestanden haben muss. Die Leistungsdauer ist dann abhängig von der Dauer der vorangegangenen sozialversicherungspflichtigen Beschäftigung und vom Alter der arbeitslosen Person. Die konkrete Bezugsdauer liegt zwischen mindestens sechs und zwölf Monaten, für Personen über 55 Jahren und mindestens 36 Monaten versicherungspflichtiger Beschäftigung bei 18 Monaten. Das Arbeitslosengeld wird maximal bis zum 65. Lebensjahr bezahlt. Der Arbeitslose muss dem Arbeitsamt für Vermittlungsbemühungen und damit dem Arbeitsmarkt zu Verfügung stehen. Auch muss die Meldung über die Arbeitslosigkeit rechtzeitig beim Arbeitsamt eingehen, ansonsten drohen Leistungskürzungen (*Sperrzeiten*). Die Höhe des Arbeitslosengeldes errechnet sich nach dem Äquivalenzprinzip und ist vom durchschnittlichen Nettoverdienst in den letzten zwölf Monaten vor Eintritt der Arbeitslosigkeit abhängig. Der (wöchentliche) Leistungssatz beträgt 60 Prozent des pauschalierten Nettoentgeltes (Leistungsentgelt). Ein erhöhter Leistungssatz von 67 Prozent wird gewährt, wenn der/die Leistungsbezieher/-in bzw. der nicht dauernd getrennt lebende – ebenfalls unbeschränkt einkommensteuerpflichtige – Ehe- oder Lebenspartner mindestens ein Kind hat. Weitere Kinder erhöhen das Arbeitslosengeld nicht.

Das Leistungsrecht der Arbeitslosenversicherung ist in den letzten Jahren Objekt vielfältiger Veränderungsbemühungen gewesen. Aktivierende Elemente sollen über die verstärkte Mitwirkungspflicht des Einzelnen den individuellen Anreiz zur Arbeitsaufnahme stimulieren. Der Gesetzgeber zielt hierbei vor allem mit den Veränderungen zu den *Sperrzeiten*regelungen auf eine schnellere Arbeitsvermittlung. So kann das Arbeitslosengeld gesperrt werden, wenn der Arbeitslose sich bei der Ablehnung einer seitens der Agentur für Arbeit als zumutbar angesehenen Qualifizierungsmaßnahme oder angebotenen Arbeitsstelle nicht auf einen wichtigen Grund berufen kann. Zudem muss künftig im Streitfall der Arbeitslose und nicht mehr die Arbeitsagentur beweisen, dass er sich nicht versicherungswidrig verhalten hat. Damit findet eine Umkehr der Beweislast statt. Gleichzeitig sind die Sperrzeitenregelungen wegen Arbeitsablehnung und Ablehnung oder Abbruch einer beruflichen Eingliederungsmaßnahme flexibler gestaltet worden. Galten bislang generell Sperrzeiten von zwölf Wochen, so können nun bei einem ersten Verstoß gegen versicherungsrechtliche Auflagen drei Wochen, im Wiederholungsfall sechs Wochen sowie bei weiteren Verstößen grundsätzlich zwölf Wochen Leistungssperre bzw. -kürzung verhängt werden.

– *Arbeitslosengeld II / Sozialgeld nach Paragraphen 19 - 32 SGB II* (*ALG II*): In der Bundesrepublik Deutschland wurde immer wieder die Notwendigkeit einer Novellierung des Bundessozialhilfegesetzes und eine Zusammenführung der Sozial- mit der Arbeitslosenhilfe bzw. eine engere Kooperation zwischen Sozial- und Arbeitsamt diskutiert. Das *Vierte Gesetz für moderne Dienstleistungen am Arbeitsmarkt* (Hartz IV) hat mit der Einführung der *Grundsicherung für Arbeitssuchende* (*Arbeitslosengeld II/Sozialgeld*) zum 1. Januar 2005 eine neue Dynamik in die Diskussion um eine Reform der Arbeitslosen- und Sozialhilfe gebracht. Damit wird nach einer Übergangsphase am 31. Dezember 2006 die bisherige Trennung in Sozial- und Arbeitslosenhilfe endgültig aufgehoben sein. Die Zusammenlegung folgt durchaus einer sozialpolitischen Logik, haben doch in Vergangenheit rund 1,5 Millionen Arbeitslosenhilfe- und ca. 900.000 erwerbsfähigen Sozialhilfebezieher/-innen trotz vergleichbarer Lebensumstände unterschiedlich hohe materielle und immaterielle Sozialleistungen durch den Bund bzw. die Kommunen erhalten.

Das ALG II / Sozialgeld ist eine *steuerfinanzierte Fürsorgeleistung*. Die Kosten des ALG II und Sozialgeld trägt der Bund, die Unterkunfts- und Mietnebenkosten verbleiben bei den Kommunen als Träger der Sozialhilfe bzw. Durchführungsstelle des von Bund und Ländern finanzierten *Wohngeldes*. Das Arbeitslosengeld II kann im Prinzip zeitlich unbegrenzt bis zum 65. Lebensjahr gezahlt werden. Anspruch auf ALG II / Sozialgeld haben Personen zwischen dem 15. und 65. Lebensjahr, die erwerbsfähig und hilfebedürftig sind und ihren gewöhnlichen Aufenthalt in Deutschland haben. Ausländerinnen und Ausländer haben Anspruch, wenn ihnen die Aufnahme einer Beschäftigung erlaubt ist bzw. erlaubt werden könnte. Anspruchberechtigt sind weiterhin Personen, die mit einem erwerbsfähigen Hilfebedürftigen in einer *Bedarfsgemeinschaft* leben. Das können der Ehegatte oder Lebensgefährte (eheähnliche Gemeinschaft) ebenso sein wie minderjährige Kinder. *Erwerbsfähig* ist eine Person dann, wenn sie in der Lage ist, mindestens drei Stunden täglich erwerbstätig sein, wobei es keine Rolle spielt, ob der Arbeitsmarkt entsprechende Angebote bereit hält (Paragraph 8 SGB II). *Hilfebedürftig* ist eine Person, die ihren Lebensunterhalt nicht aus eigenen Kräften (Aufnahme einer Erwerbsarbeit, Einkommen und/ oder Vermögen) bestreiten kann. Um die Integration in den Arbeitsmarkt zu gewährleisten, ist nach Paragraph 10 SGB II im Prinzip jede Arbeit geeignet. Ausnahmen bestehen nur, wenn eine Arbeit körperlich, seelisch oder geistig nicht zumutbar ist oder durch die Arbeitsaufnahme die Erziehung eines Kindes gefährdet würde. Allerdings sollen die kommunalen Träger der Grundsicherung in derartigen Fällen auf die Bereitstellung von Angeboten zur Tagesbetreuung für Kinder hinwirken. Die Pflege eines Angehörigen kann ebenfalls Grund für die Unzumutbarkeit einer Arbeit sein. Ungünstigere Arbeitsbedingungen, weitere Entfernungen zum Arbeitsplatz, geringe Qualität des Arbeitsangebotes sind dabei ausdrücklich keine Ablehnungsgründe.

Im Rahmen einer *Bedürftigkeitsprüfung* werden das Einkommen und Vermögen des Hilfebedürftigen sowie seines Lebenspartners und der minderjährigen Kinder in die Berechnung des Leistungsanspruches einbezogen, wobei Freigrenzen berücksichtigt werden. So gilt für eigenes Vermögen eine Schongrenze von 200 EUR pro Lebensjahr (min. 4.100 und max. 13.000 EUR). Ein angemessener Hausrat, ein Auto sowie eine Altersvorsorge nach den Riester-Kriterien bleiben ebenfalls unberührt.

Das Arbeitslosengeld II umfasst als *Regelleistung zur Sicherung des Lebensunterhaltes* pauschal die Kosten für Ernährung, Kleidung, Körperpflege, Hausrat, Bedarfe des täglichen Lebens sowie in begrenztem Umfang zur Teilnahme am gesellschaftlichen Leben. Sie setzt sich damit inhaltlich wie der bisherige Regelsatz der Sozialhilfe nach SGB XII zusammen. Für Schwangere, allein Erziehende sowie Personen, die aus medizinischen Gründen eine kostenaufwändige Ernährung benötigen, sind zusätzlich zur monatlichen Regelleistung von 345 EUR *Mehrbedarfszuschläge* möglich. In besonderen Fällen (z.B. Drogensucht) kann die Regelleistung auch als Sachleistung erbracht werden. Leistungen für die Erstausstattung einer Wohnung, für Bekleidung und bei Schwangerschaft sowie für mehrtägige Klassenfahrten sind nicht durch die Regelleistung erfasst. Hierfür können *einmalige Leistungen* beantragt werden. Um die materiellen Folgen beim Übergang in den ALG II-Bezug etwas abzufedern, sieht Paragraph 24 SGB II einen maximal auf zwei Jahre *befristeten Zuschlag nach Bezug von Arbeitslosengeld* vor, der bei Alleinstehenden max. 160 EUR, bei nicht getrennt lebenden (Ehe-)Partnern 320 EUR und pro minderjährigem Kind 60 EUR beträgt und nach zwölf Monaten halbiert wird. Für die nicht erwerbsfähigen Angehörigen eines Leistungsbeziehers wird, sofern kein Anspruch auf die Grundsicherung im Alter oder bei Erwerbsminderung besteht, das sog. *Sozialgeld* bezahlt. Bis zur Vollendung des 14. Lebensjahres beträgt es 60 Prozent, danach 80 Prozent der Regelleistung. Hinzu kommen die pauschalierten einmaligen Leistungen, die 20 Prozent (bis 14 Jahre) und dann 16 Prozent (ab 15 Jahre) betragen. Darüber hinaus werden die angemessenen Kosten für Unterkunft und Heizung übernommen. Erwerbsfähige Hilfebedürftige werden weiterhin in der gesetzlichen Kranken- und Pflegeversicherung pflichtversichert. In der gesetzlichen Rentenversicherung sind sie im Gegensatz zur früheren Sozialhilfe ebenfalls versichert und zwar auf der Basis des Mindestbeitrags. Wer von der Versicherungspflicht befreit ist, erhält einen Zuschuss zu den Beiträgen, die während des Leistungsbezuges freiwillig an die gesetzliche Rentenversicherung oder eine private Altersvorsorge bezahlt werden.

Zeitgleich mit der Zusammenlegung von Arbeitslosen- und Sozialhilfe ist das *Bundeskindergeldgesetz* um einen pauschalierten, einkommensabhängigen *Kinderzuschlag* ergänzt worden. Dieser soll verhindern, dass gering verdienende Eltern, die aus ihrem Einkommen zwar ihren eigenen Unterhalt, nicht aber den der Kinder decken können, in den Leistungsbezug nach ALG II rutschen. Der monatliche Kinderzuschlag beträgt maximal 140 EUR pro Kind und wird für höchstens drei Jahre ausbezahlt. Liegt das Einkommen der Eltern über dem ALG II-Anspruch, werden pro zehn EUR übersteigendem Einkommen sieben EUR vom Kinderzuschlag abgezogen (siehe auch Kapitel 3.3.2 Einkommen).

Entwicklung des Leistungsbezuges im Falle der Arbeitslosigkeit

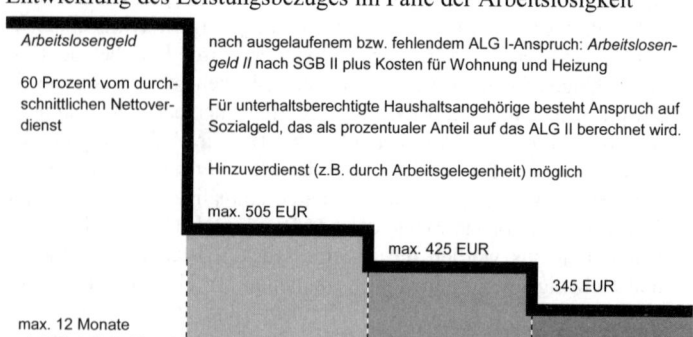

Arbeitslosengeld

60 Prozent vom durch-
schnittlichen Nettover-
dienst

nach ausgelaufenem bzw. fehlendem ALG I-Anspruch: *Arbeitslosengeld II* nach SGB II plus Kosten für Wohnung und Heizung

Für unterhaltsberechtigte Haushaltsangehörige besteht Anspruch auf
Sozialgeld, das als prozentualer Anteil auf das ALG II berechnet wird.

Hinzuverdienst (z.B. durch Arbeitsgelegenheit) möglich

max. 505 EUR

max. 425 EUR

345 EUR

max. 12 Monate
ab 55 Jahre: 18 Monate

12 Monate

weitere 12 Monate

nach 24 Monaten

Alle Angaben für eine(n) Alleinstehende(n)

Erste Untersuchungen zu den finanziellen Auswirkungen der Umstellung von Arbeitslosenhilfe/Sozialhilfe auf Arbeitslosengeld II/Sozial-
geld zeigen, dass sich im Schnitt etwa 40 Prozent der ehemaligen Arbeitslosenhilfebezieher verbessert, 60 Prozent aber verschlechtert haben. Vor allem die neuen Regelungen zur gegenseitigen Unterhaltspflicht hat insbesondere bei Paarhaushalten finanzielle Einbußen zur
Folge, die aufgrund der höheren Erwerbsbeteiligung von Frauen ausgerechnet in Ostdeutschland überproportional zu Buche schlagen. Andererseits stehen den ehemaligen BSHG-Beziehern nunmehr die Instrumente der aktiven Arbeitsmarktpolitik offen und in Kombination
von ALG II und Arbeitsgelegenheit sind je nach Haushaltskonstellation Haushaltseinkommen bis 2.000 EUR pro Monat erreichbar.[33]

Sonderregelungen für Menschen mit Behinderungen

In der Bundesrepublik leben ca. sechs Millionen Menschen mit schweren Behinderungen, davon stehen über fünf Millionen nicht im Arbeitsleben, eine knappe Million dagegen ist in Betrieben und Dienst-

---

33 Richard Hauser und Irene Becker: Auswirkungen der Hartz IV – Reform auf die
    personelle Einkommensentwicklung. Studie im Auftrag der Hans-Böckler-Stiftung,
    Düsseldorf 2006. Anne Cichorek, Susanne Koch und Ulrich Walwei: Erschweren
    „Zusatzjobs" die Aufnahme einer regulären Beschäftigung? Das Gesamteinkommen
    von ALG II-Empfängern in einer Arbeitsgelegenheit bewegt sich nahe der Niedrig-
    lohnschwelle, in: IAB Kurzbericht Nr. 8, Nürnberg 2005

stellen beschäftigt, ca. 150.000 arbeiten in Werkstätten für Behinderte, knapp 200.000 sind arbeitslos gemeldet. Dieser Personenkreis, dessen Behinderungsgrad mehr als 50 Prozent beträgt, wird ergänzt durch die statistisch nicht ausgewiesene Zahl derjenigen, deren Behinderungsgrad weniger als 50 Prozent umfasst. Für diesen Personenkreis gibt es unterschiedliche Förderungsmöglichkeiten der medizinischen und der schulischen Rehabilitation, daneben vor allem berufsfördernde Leistungen. Insbesondere über das *Schwerbehindertengesetz* soll erreicht werden, dass Betriebe genügend Arbeitsplätze für Behinderte zur Verfügung stellen: So müssen seit dem 1. Januar 2004 Arbeitgeber mit durchschnittlich mindestens 20 Beschäftigten pro Monat wenigstens sechs Prozent der Arbeitsplätze mit Schwerbehinderten besetzen. Ist dieses nicht der Fall, müssen sie monatlich für jeden nicht besetzten Pflichtplatz eine Ausgleichsabgabe entrichten, deren Höhe zwischen 105 bis 260 EUR schwankt und sich nach dem erreichten Beschäftigungsgrad richtet. Diese Mittel werden zum einen dafür verwendet, Betrieben bei der Arbeitsplatzgestaltung für Behinderte behilflich zu sein, sowie insgesamt das Arbeits- und Ausbildungsplatzangebot zu fördern. Nachdem die Bundespolitik in den letzten Jahren einen besonderen Schwerpunkt auf die berufliche Integration von Schwerbehinderten gelegt hat, greifen die Maßnahmen deutlich besser. Gleichwohl erfüllen nach wie vor die meisten öffentlichen und privaten Arbeitgeber nicht ihre Pflicht, die geforderte Anzahl von Arbeitsplätzen zur Verfügung zu stellen.

„Fördern und Fordern" – Neue Steuerung am Arbeitsmarkt?

Art und vor allem Umfang der Arbeitsförderbestimmungen unterliegen ständigen Veränderungen. Diese können strukturpolitische Entscheidungen ebenso zur Ursache haben wie fiskalpolitische Einsparziele. Eine erste systematische Neuordnung erfuhr die Arbeitsförderung im Jahr 1969 mit der Umsetzung des *Arbeitsförderungsgesetzes* (AFG). Es hatte vor allem im Bereich der präventiven Leistungen eine deutliche Ausweitung des Leistungsangebotes zur Folge. Bis heute unterliegen die Regelungen des AFG immer wieder gesetzlichen Anpassungen. So konzentrierte sich nach der Übernahme der Regierungsverantwortung durch die christlich-liberale Koalition im Jahr 1982 der Rückschnitt von Sozialleistungen (*Sozialabbau*) vor allem auf die Arbeitsmarktpolitik. In der Folge wurden mehrfach Leistungshöhe und Anspruchsdauer für den Arbeitslosengeld- und die Arbeitslosenhilfebezug verändert. Im Jahr 1997 wurde das AFG schließlich durch das *Arbeitsförderungsreformgesetz* (AFRG) ersetzt und in das Sozialge-setzbuch als SGB III integriert. Nur zwei Jahre später erfolgte mit dem *Zweiten SGB III-Änderungsgesetz* der Einstieg in eine neue Verände-rungsrunde. Zunächst noch auf Leistungsverbesserungen angelegt – vor allem durch erleichterte Förderungsbedingungen älterer Arbeit-nehmer sowie erweiterte Förderungsmöglichkeiten in Arbeitsbeschaf-fungs- (ABM) und Strukturanpassungsmaßnahmen (SAM) – wurden gleichzeitig auch materielle Einschnitte vorgenommen. So hatte das *Dritte SGB III-Änderungsgesetz* mit Wirkung zum 1. April 2000 die ersatzlose Streichung der sog. *originären Arbeitslosenhilfe* zu Folge.

Im Jahr 2002 hat die rot-grüne Bundesregierung durch Berufung einer Expertenkommission versucht, den lähmenden sozialwissen-schaftlichen wie politischen Streit zwischen nachfrage- und angebots-orientierter Arbeitsmarktpolitik von einer Entweder-oder- in eine So-wohl-als-auch-Politik zu überführen. Die nach ihrem Vorsitzenden *Pe-ter Hartz* (ehemaliger Personalvorstand der Volkswagen AG) benann-te Kommission hat Vorstellungen entwickelt, wie mit einem Pro-gramm des „Fördern und Forderns" Vermittlungsprozesse auf dem Arbeitsmarkt beschleunigt, einzelne Maßnahmen der Weiterqualifizie-rung, der vorübergehenden Beschäftigung u.a.m. enger miteinander verzahnt werden können. Außerdem wurden Vorschläge zur Neuord-nung der finanziellen Leistungen der Arbeitslosenverwaltung und der Sozialhilfe ausgearbeitet, wonach arbeitslos Gemeldete, die der Ver-mittlung auf dem Arbeitsmarkt nicht zur Verfügung stehen, letztlich nur noch Sozialhilfe nach SGB XII beziehen, während arbeitsfähige Sozialhilfeempfänger dem neu geschaffenen *Arbeitslosengeld II* nach SGB II zugeordnet werden und auch die bislang vorenthaltenen Leis-tungen der Arbeitsverwaltung wie Weiterqualifizierung und Vermitt-lung in den Arbeitsmarkt in Anspruch nehmen sollten.

Die Umsetzung der Kommissionsvorschläge in reale Politik ver-längert letztlich einen Politikwechsel, der bereits zum 1. Januar 2002 mit der Einführung des *Job-AQTIV-Gesetzes* begonnen wurde. Die Abkürzung steht für *Aktivieren, Qualifizieren, Trainieren, Investieren und Vermitteln.* Im Kern geht es darum, die vorwiegend reaktive An-wendungspraxis des SGB III durch präventiver wirkende Ansätze vor allem im Bereich der Vermittlung und Beratung zu ergänzen. Im Zuge des Job-AQTIV-Gesetzes wurden deshalb vor allem die Mitwirkungs-pflichten der von Arbeitslosigkeit bedrohten Personen verstärkt. Frühzei-tige Meldung bei der lokalen Agentur für Arbeit soll zur verbesserten

Betreuung und damit schnelleren Reintegration in den Arbeitsmarkt führen.

Die Umsetzung der Kommissions-Vorschläge begann zum 1. November 2002 mit dem Programm *Kapital für Arbeit*, dem am 1. Januar 2003 das *Erste und Zweite Gesetz für moderne Dienstleistungen am Arbeitsmarkt* (Hartz I und II) folgten. Hierdurch wurden vor allem neue Fördermöglichkeiten für Existenzgründungen (*Ich-AG*), die Umwandlung der Arbeitsämter in *JobCenter*, in denen vor allem Beratungs- und Vermittlungsleistungen erbracht werden sollen und die Einrichtung so genannter *PersonalServiceAgenturen (PSA)* beschlossen, in denen Arbeitslose zu Qualifizierungs- und Vermittlungszwecken als Leiharbeiter angestellt werden. Zum 1. April 2003 hat die Bundesregierung mit den Neuregelungen für die sog. *Mini-Jobs* und *Midi-Jobs* die Beschäftigung im Niedriglohnbereich neu geordnet. Im Oktober 2003 hat der Bundestag schließlich das *Dritte und Vierte Gesetz für moderne Dienstleistungen am Arbeitsmarkt* und damit die Reform der Bundesagentur für Arbeit und die Zusammenlegung der Arbeitslosen- und Sozialhilfe zum 1. Januar 2005 beschlossen.

Angesichts der nach wie vor durch Massenarbeitslosigkeit geprägten Lage am Arbeitsmarkt ist der aktuelle Versuch, neue Steuerungsmodelle zu erproben, politisch wie gesellschaftlich sinnvoll. Stand historisch gesehen mit dem AVAVG von 1927 zunächst die Sicherstellung der materiellen Basis im Falle von Arbeitslosigkeit im Vordergrund, war das AFG von 1969 der Versuch, präventive Elemente zur Sicherung von Qualifikation und Beschäftigung zu implementieren. Beide, AVAVG und AFG, sind dabei – in unterschiedlichen politischen wie gesellschaftlichen Kontexten – offensichtlich immer wieder an historische Grenzen gestoßen. Insofern ist der Versuch, die Instrumente der Arbeitsmarktpolitik angesichts des bisherigen Versagens neu zu justieren, kein sozialpolitischer Tabubruch. Job-AQTIV und Hartz-Gesetze stellen vielmehr ein Kontinuum in der Anpassung der Arbeitsmarktpolitik dar. Aktivierende, präventive und passive Leistungen sollen in ein neues Verhältnis gebracht werden. Die Frage, ob mit der bisherigen Politik auch schon die richtige Mischung zwischen Fördern und Fordern gefunden werden konnte, ist damit allerdings noch lange nicht beantwortet.

Zum Kerntopos der neuen (alten) Arbeits*förderungs*politik wird die per Arbeit vermittelte soziale Integration (*workfare statt welfare*). Der Förderung der Beschäftigungsfähigkeit durch Beratung und Qualifizierung wird höchste Priorität eingeräumt. Personen, die sich nicht ausreichend um Vermittlung bemühen, werden mit Sanktionen belegt. Zur Messlatte macht diese Politik nicht Art und Umfang der Einkommenssicherung, sondern – *output*orientiert – die Höhe des Beschäftigungsniveaus. Erste Erkenntnisse zur Wirksamkeit der neuen Strukturen und *Förder*instrumente liefert der auf Beschluss des Bundestages vom 14. November 2002 beauftragte und im Januar 2006 von der Bundesregierung vorgelegte Zwischenbericht „Die Wirksamkeit moderner Dienstleistungen am Arbeitsmarkt".[34] Demzufolge haben sich einige arbeitsmarktpolitische Instrumente als erfolgreich in der bisherigen Umsetzung erwiesen. Vor allem mittels der Eingliederungszuschüsse, der Existenzgründungsförderung (Überbrückungsgeld und Existenzgründungszuschuss für Ich-AG) und der beruflichen Weiterbildung sei eine schnellere Integration in den Arbeitsmarkt herbeigeführt worden. Die Reform des Niedriglohnsektors durch die Einführung der Mini- und Midi-Jobs habe die Rahmenbedingungen niedrigqualifizierter Arbeit weiter flexibilisiert und im Ergebnis bis Mitte 2005 zu 1,8 Mio. zusätzlichen Mini-Jobbern geführt.

Schlechte Erfahrungen wurden hingegen mit den Personal Service Agenturen (PSA) als Anbieter von Leiharbeit gemacht. Diese Agenturen verschlechterten die Integrationschancen sogar. Als Reaktion hierauf hat die Bundesregierung beschlossen, dass mit dem 1. Januar 2006 die örtlichen Arbeitsagenturen nicht länger verpflichtet sind, eine PSA zu betreiben. Ebenfalls keine messbaren Erfolge brachte die Aufweichung des Vermittlungsmonopols der Arbeitsagenturen. Die Beauftragung Dritter durch die Vergabe von Vermittlungsgutscheinen hat keine nennenswerten Integrationserfolge erzielt. Die traditionellen Arbeitsbeschaffungsmaßnahmen als Instrument des öffentlich geförderten zweiten Arbeitsmarktes gelten dem Bericht zufolge ebenfalls als Integrationshindernis. Und schließlich zeigten sich die Reformelemente, die auf eine bessere Vermittlung älterer Menschen abzielten, bislang ebenfalls als weitgehend ohne Effekt.

Fällt die Bilanz also bislang eher durchwachsen aus, bilden sich zugleich durch die Umsetzungspraxis neue Problemfelder ab. So ist absehbar, dass die schroffe Teilung zwischen denen, die mindestens drei Stunden am Tag dem Arbeitsmarkt zur Verfügung stehen (SGB II), und denjenigen, bei denen dieses nicht der Fall ist, bzw. auf Grund

---

34 Bundesregierung (2006): Die Wirksamkeit moderner Dienstleistungen am Arbeitsmarkt. Bericht 2005 der Bundesregierung zur Wirkung der Umsetzung der Vorschläge der Kommission Moderne Dienstleistungen am Arbeitsmarkt (Ohne Grundsicherung für Arbeitsuchende), Berlin.

des Alters kein Kriterium darstellt (SGB XII), zu grob ist. Es gibt eine wachsende Zahl von Personen, die der Sache nach sowohl dem SGB II als auch dem SGB XII zuzuordnen sind und die nun weder über das eine, noch über das andere System allein angemessen integriert werden. Weiterer Forschungsbedarf besteht in der Frage nach der Nützlichkeit der Arbeitsgelegenheiten (1-Euro-Jobs), mit deren Hilfe vor allem langzeitarbeitslose Menschen eine Chance auf Wiedereingliederung in den ersten Arbeitsmarkt erhalten sollen. Systematische Auswertungen liegen hierzu noch nicht vor. Der deutsche Caritasverband hat allerdings im Jahr 2005 eine erste Zwischenbilanz vorgelegt, der zu Folge lediglich fünf Prozent der Betroffenen den Wiedereinstieg geschafft hätten. Vor allem Menschen, die länger als zwei Jahre arbeitslos und niedrigqualifiziert sind, haben nach diesen Erfahrungen keine Chancen mehr auf Reintegration in Arbeit. Bemängelt wird von der Caritas zudem die nicht ausreichende Betreuung der Betroffenen in den Jobcentern. Auch der von der Bundesregierung eingesetzte *Ombudsrat* hat in seinem Abschlussbericht vom Juni 2006 insbesondere Vollzugsdefizite bei der Beratung und Vermittlung Langfristarbeitsloser angemahnt.

Die *Forder*instrumente, wie die verschärfte Zumutbarkeitsregelung, nach der Arbeitslose jede legale Arbeit annehmen müssen, wenn sie ihre Leistungsansprüche erhalten wollen, oder verschärfte, eindimensional am Eingliederungserfolg und nicht an der (personalen) Zusammensetzung einer Maßnahme bemessene Refinanzierungsbedingungen für die Träger von Aus-, Fort- und Weiterbildungsmaßnahmen, die dazu führen, dass vorrangig Arbeitslose mit geringen Vermittlungshemmnissen und damit hohen Vermittlungschancen in beschäftigungsfördernde Maßnahmen aufgenommen werden (*creaming the poor*), zeigen hingegen nicht nur sofort ausgabensenkende Wirkung – um ihre Ausweitung und Verschärfung ist ein regelrechtes politisches Wettrennen ausgebrochen. Hier entsteht eine Asynchronie, die für viele Betroffene die Ausgliederung aus dem Arbeitsmarkt bzw. Leistungskürzungen zur Folge haben kann. Ohne ein wirklich abgestimmtes Methodensetting bleibt der Anspruch des Fördern und Fordern-Ansatzes, nämlich Hilfe zur Selbsthilfe zu ermöglichen, letztlich aber nur Legitimation für Sanktionen und Leistungseinschränkungen. So bleibt in der öffentlichen Wahrnehmung der neuen Gesetzgebung das Dilemma bestehen, dass nicht klar wird, über welchen Mechanismus hiermit letztlich neue Beschäftigungsmöglichkeiten für arbeitslose Menschen geschaffen werden sollen.

Insgesamt bleiben nach gut 18 Monaten des verstärkten Fördern und Forderns einige Fragestellungen als Desiderate für zukünftige Untersuchungen: So ist fraglich, ob der Ausbau des Niedriglohnbereiches geeignet ist, besonders benachteiligte Zielgruppen am Arbeitsmarkt zu fördern. Migranten, Jugendliche ohne Schulabschluss, Suchtkranke, behinderte Menschen und andere Gruppen mehr benötigen zielgerichtete Hilfsangebote, nicht Ausgrenzung als potentielle *working poor*. Die Ausweitung von nicht existenzsichernd entlohnten Beschäftigungsverhältnissen zielt in erster Linie auf die einen Zuverdienst erbringende Ehe- bzw. Hausfrau und nicht auf eine zielgruppenorientierte Reintegration von Menschen mit besonderen Beschäftigungshemmnissen oder gar auf eine Neuorientierung bzw. Neudefinition des Normalarbeitsverhältnisses. Damit ist sie aber auch kein Beitrag für die Gestaltung einer familien- und frauengerechten Arbeitswelt. Im Gegenteil, frauendominierte Niedriglohnjobs zementieren die Abhängigkeit der Frau in der Versorgerehe. Zugleich werden keine oder nur am Sozialhilfeniveau orientierte Sozialleistungsansprüche erzielt. Damit ist eine soziale Ausgrenzungswirkung – vor allem wieder für Frauen – im Alter vorprogrammiert. Die Regelungen zu den Mini- und Midi-Jobs setzen der weiteren Erosion von normalen Beschäftigungsverhältnissen mit den negativen Folgen für die Einnahmen der Sozialversicherungen zumindest eine erste Barriere entgegen; gleichwohl bleibt hier ein Regelungsbedarf einerseits auf der Seite der Versicherungen, denen nur ein Teil der ihnen eigentlich zustehenden Beiträge zugeführt wird, zum anderen auf Seiten der Beschäftigten, deren Leistungen bis auf den Krankheitsfall sehr unbefriedigend bleiben.

Die Zusammenlegung der Arbeitslosen- und Sozialhilfe war ein lange auch schon von Sozialexperten gefordertes Projekt, überwindet es doch das der deutschen Sozialbürokratie eigene Festhalten am Kausalprinzip, das Hilfeempfänger nicht nach Bedarf, sondern nach Kategorie behandelt. Aber es stellt sich pointiert die Frage, wie Lohnersatzleistungen (Arbeitslosengeld I und II), Sozialhilfe sowie soziale Dienstleistungen quantitativ als auch qualitativ organisatorisch und inhaltlich in Zukunft aufeinander bezogen werden sollen. Ob der umfassenden Vermittlungsansatz des Hartz-Konzeptes jemals von der Bundesagentur für Arbeit oder von kommunalen Strukturen umsetzbar sein wird, muss nach den bisherigen Erfahrungen mehr denn je fraglich bleiben.

Arbeitsmarktpolitik auf europäischer Ebene

Die Rahmenbedingungen nationaler Arbeitsmarktpolitik unterliegen in zunehmendem Maß auch dem Einfluss der Europäischen Union. Dies betrifft insbesondere Bestimmungen zum Schutz von Frauen und EU-Bürgern vor Diskriminierungen im Beschäftigungs- und Sozialsystem aber auch Arbeitsschutzregeln. Neben dieser normativen Komponente verteilt die Europäische Union über den im Jahr 1957 gegründeten *Europäischen Sozialfonds* (ESF) auch materielle Hilfen in die Mitgliedstaaten.

Auf dem Europäischen Rat von Amsterdam im Juni 1997 einigten sich die Mitgliedsstaaten auf eine bessere Koordinierung der nationalen Arbeitsmarktpolitiken. Im November des gleichen Jahres wurde dann vom Europäischen Rat in Luxemburg die *Europäische Beschäftigungsstrategie* (EBS) verabschiedet. Damit wurde ein Prozess in Gang gesetzt, der die Europäische Union in der Dekade 2000 - 2010 zum wettbewerbsfähigsten und dynamischsten Wirtschaftsraum der Welt machen soll (sog. *Lissabon-Strategie*). Über wirtschaftliches Wachstum und ein hohes Beschäftigungsniveau zielt die Union darauf ab, auch den sozialen Zusammenhalt in ihren Mitgliedsländern zu fördern, die Angewiesenheit auf soziale Transferleistungen zu reduzieren und die Unterschiede im Lebensstandard zwischen den Regionen zu verkleinern. Diese Strategie ist nach einer Halbzeitbewertung des Lissabon-Prozesses noch einmal akzentuiert worden. Statt eines Dreiklangs aus Wachstum, Beschäftigung und sozialem Zusammenhalt stehen nunmehr Wachstum und Beschäftigung eindeutig im Zentrum.

Der Europäische Sozialfonds (ESF) ist das wichtigste Finanzierungsinstrument, mit dem die beschäftigungspolitischen Zielsetzungen umgesetzt werden sollen. Er fördert Maßnahmen zur Vermeidung und Bekämpfung von Arbeitslosigkeit, zur Erweiterung des Ausbildungsangebotes, für eine verbesserte Funktionsweise des Arbeitsmarktes sowie zum Abbau von (u.a. geschlechtsspezifischen) Diskriminierungen beim Arbeitsmarktzugang. Hierzu steht im Rahmen des ESF das Programm EQUAL zur Verfügung, aus dem Projekte zur Verbesserung der Beschäftigungsfähigkeit bestimmter Gruppen (z.B. Berufsrückkehrer/-innen, Migranten/-innen), zur Entwicklung der Chancengleichheit im Beruf oder zur Vereinbarkeit von Familie und Beruf sowie zur sozialen und arbeitsmarktbezogenen Integration von Asylbewerbern finanziert werden können. In der Förderperiode 2000 - 2006 werden in Deutschland insgesamt 80 Mrd. EUR zur Unterstützung von Personen und Projekten zu Verfügung gestellt. Die Mittel können grundsätzlich nur zur Ko-Finanzierung von Projekten eingesetzt werden (nicht für Regelleistungen); durch die Maßnahmeträger sind Eigenanteile zu erbringen. Damit soll verhindert werden, dass sie lediglich zur Ersatzfinanzierung anderer nationaler Förderungen instrumentalisiert werden.

In der Vergangenheit kam der Großteil der ESF-Mittel des Bundes über die Anbindung an die Leistungen des SGB III der aktiven bzw. präventiven Arbeitsmarktpolitik der Bundesagentur für Arbeit (ESF-BA-Programm) zu Gute. Auf diese Weise konnten zum einen Arbeitslose in die berufliche Qualifizierung eingebunden werden, die sonst aufgrund fehlender leistungsrechtlicher Voraussetzungen keinen Anspruch auf Förderung gehabt hätten. Zum anderen werden durch die ESF-BA-Mittel spezifische Maßnahmen bzw. Module für alle Teilnehmer/-innen in Arbeitsfördermaßnahmen finanziert, die über das SGB III nicht bezuschussbar wären. Hierzu zählen z.B. Qualifizierungsangebote bei Kurzarbeit, besondere Weiterbildungsmodule in der regulären beruflichen Weiterbildung, Existenzgründerseminare oder sozialpädagogische Betreuung in der beruflichen Weiterbildung bzw. in berufsvorbereitenden Maßnahmen. Das ESF-BA-Programm setzt so bei ausgesuchten Förderlücken des SGB III an und erweitert den von der Arbeitsförderung erreichbaren Personenkreis. Insofern wirkt es als qualitatives und quantitatives Ergänzungsprogramm zum Arbeitsförderungsgesetz.

Regionale und kommunale Arbeitsmarktpolitik

Die Bundesländer übernehmen ebenso wie der Bund gesetzliche Aufgaben im Bereich der Beschäftigungsförderung und Arbeitsmarktpolitik. Aufgrund der föderativen Aufgabenzuweisung lässt sich dabei eine Vielzahl unterschiedlicher Arbeitsmarktprojekte auf regionaler Ebene beobachten. So existieren auf Länderebene sowohl eigene Haushaltsmittel für die Beschäftigungsförderung als auch Aufstockungen von Bundesmitteln der Bundesagentur für Arbeit nach SGB III. Und schließlich spielen auch auf Länderebene die Ko-Finanzierungen durch die europäischen ESF-Mittel eine Rolle. In der Regel sind die arbeitsmarktpolitischen Landesprogramme eng mit regional- und strukturpolitischen Entwicklungsprojekten verbunden und dienen der Flankierung des Strukturwandels. Das Spektrum der geförderten aktiven Arbeitsmarktprojekte umfasst Maßnahmen zur Begleitung des sektoralen Strukturwandels, zur Qualifizierung und Weiterbildung bestimmter

(Problem-)Gruppen am Arbeitsmarkt, Beschäftigungsprogramme sowie den Aufbau von Beratungs- und Informationsstellen.

Im Gegensatz zu den Ländern gehört die Beschäftigungsförderung nicht zu den gesetzlichen Pflichtaufgaben der Kommunen. Dennoch erbringen die Kommunen hier zahlreiche freiwillige Leistungen. Hintergrund dieser Aktivitäten ist, dass vor der Einführung des SGB II die kommunal finanzierte Sozialhilfe immer stärker zum Ausfallbürgen für den Lebensunterhalt von (Langzeit-)Arbeitslosen wurde. Auf diese Weise wurden Versorgungslücken in der Arbeitslosenversicherung, die in der Verantwortung des Bundes ressortiert, auf die kommunalen Ebene übertragen, ohne dass dafür ausgleichende Finanztransfers – etwa für arbeitsfähige Sozialhilfeempfänger – vorgesehen waren. Auch nach der Neuordnung der passiven und aktiven Arbeitsmarktpolitik bleiben die Kommunen im Rahmen ihrer Gestaltungspflicht für die lokalen Lebenswelten ihrer Einwohnerschaft Akteure lokaler Beschäftigungspolitik. Qualität und Quantität der kommunalen Beschäftigungspolitik können dabei stark zwischen den einzelnen Kommunen in den einzelnen Bundesländern variieren, was nicht zuletzt auf die unterschiedlichen Trägerstrukturen zurückzuführen ist, die mit der Einführung des SGB II verbunden sind (ARGE, Optionsmodell, getrennte Zuständigkeit von Sozialhilfeträger und Job Center). Zusätzlich sind sowohl auf kommunaler als auch auf Länderebene in den letzten Jahren verstärkt Bemühungen zu verzeichnen, die Akteure der Arbeitsmarktpolitik in sog. lokalen *Bündnissen für Arbeit* an einen Tisch zu bekommen, um gemeinsam Ziele zu formulieren und Absprachen zu treffen. Diese in anderen europäischen Ländern erfolgreichen Versuche, im Konsensverfahren Blockaden auf dem kommunalen bzw. regionalen Arbeitsmarkt zu überwinden, hat sich in Deutschland bislang – von Ausnahmen abgesehen – allerdings als nicht sonderlich erfolgreich erwiesen.

d. Krise der Erwerbsgesellschaft?

Haben weder angebots- noch nachfrageorientierte Positionen in den letzten dreißig Jahren einen Weg aus der Beschäftigungskrise weisen können, so trennen sie sich doch klar in der Zuteilung der Schuld an der bestehenden Arbeitslosigkeit. Angebotstheoretiker sehen ein Kartell von Gewerkschaften und Arbeitsplatzbesitzern am Werk, das durch ein zu hohes Lohnniveau den Marktzutritt der Arbeitslosen verhindert. Die verfassungsrechtlich gesicherte Tarifautonomie beinhaltet nach dieser Lesart die Gefahr einer *korporatistischen Schließung*. Damit werden die Interessen abhängig Beschäftigter, deren Arbeitsplätze angesichts globalisierter Ökonomie unsicherer denn je sind und es noch mehr werden sollen, bzw. deren Realeinkommen in der Bundesrepublik Deutschland seit fast zwanzig Jahren mehr oder weniger stagnieren, zu starken sozialen Interessen umdefiniert. Die Verantwortung für eine nicht näher bestimmte, in jedem Falle aber als zu gering eingestufte Flexibilisierung der Primäreinkommen im Niedriglohnsegment nach unten – und damit die Verantwortung für die hohe Massenarbeitslosigkeit – wird so aus dem Machtbereich der Unternehmen auf eine Marktmacht der abhängig Beschäftigten verlagert. Zugleich werden problematische Folgen einer zunehmenden ökonomischen Verflechtung durch transnationale und -kontinentale Freihandelszonen wie die Europäische Union oder die Welthandelsorganisation WTO für die Lage in den nationalen Arbeitsmärkten nicht expliziert, bzw. unter Verweis auf einen allgemein zu erwartenden Wohlfahrtsgewinn marginalisiert. Dabei liegt es in der Logik angebotsorientierter Szenarien, dass durch die Transzendierung ökonomischer und politischer Grenzen die politische Gestaltungsmacht der Arbeitsbeziehungen immer stärker bagatellisiert wird. Damit geraten aber höhere Standards in den Arbeits- und Entlohnungsbedingungen im Vergleich zu denen anderer Länder automatisch in eine ökonomische Legitimationskrise, die einen Senkungswettlauf bis hin zur Verlagerung ganzer Produktionsstätten in Niedriglohnländer auslöst. Zu Ende gedacht führt eine rein auf dem (Lohn-)Kostenargument aufbauende Wettbewerbslogik im regionalen, nationalen und internationalen Verhältnis für alle Beteiligten zu einem *race to the bottom*.

Nachfragetheoretiker weisen grundsätzliche Infragestellungen der Tarifpartnerschaft und der sozialen Sicherungssysteme mit dem Hinweis auf die positiven Effekte für die Massenkaufkraft zurück. Sie bewerten die Beschneidung von Löhnen und Sozialtransfers als Katalysator für eine weitere Verschlechterung der wirtschaftlichen Gesamtsituation. Aber auch ihre Konzepte brechen sich offensichtlich an den ökonomischen Realitäten. Konnte Ende der 1960er Jahre ein kurzfristiger konjunktureller Einbruch mit einer damals als besorgniserregend empfundenen Arbeitslosenquote von 2,1 Prozent noch mit dem *Stabilitätsgesetz* vom 8. Juni 1967 erfolgreich durch eine globale Nachfragesteuerung überwunden werden, zeigen sich spätestens Ende der 1970er bzw. Anfang der 1980er Jahre die Grenzen dieser Beschäftigungspolitik. Trotz staatlicher

Nachfragepolitik kommt es zu stetig steigenden Arbeitslosenzahlen, das Beschäftigungsniveau der jeweils vorangegangenen Jahre ist auch bei einer dauernden Erhöhung der Staatsverschuldung nicht mehr zu erreichen. Im Gegenteil, denn begreift man die über die öffentlichen und Sozialversicherungshaushalte finanzierte Wiedervereinigung Deutschlands als ein groß angelegtes keynesianisches Konjunkturprogramm, so muss man feststellen, dass die Nachfragewirkung am Arbeitsmarkt nicht den Erwartungen entspricht. Nach einem kurzen Wiedervereinigungsboom Anfang der 1990er Jahre und einer leichten Erholung des Arbeitsmarktes zwischen 1998 und 2001 eilen die Arbeitslosenzahlen wieder von Rekordmarke zu Rekordmarke und übertreffen die Vorjahreszahlen jeweils deutlich. Gleichwohl schreiben die Nachfragetheoretiker den Status quo ante fort. Die Wirkung staatlicher Nachfrageimpulse lässt sich aber unter Geltung des Freihandelsprinzips kaum noch auf enge regionale Arbeitsmärkte begrenzen. So versanden im Zuge der internationalen Arbeitsteilung die staatlich gesetzten Nachfrageimpulse, denn die zunehmende innereuropäische Handelsverflechtung hat zur Folge, dass national geschaffene Nachfrage auf ein internationales Angebot von Leistungserbringern trifft. Was zurück bleibt, ist eine wachsende Verschuldung der öffentlichen Haushalte, die deren Handlungsfähigkeit auch bei aufgebesserter konjktureller Lage beschränkt.

Die zunehmende Integration der europäischen wie globalen Ökonomie schafft neue Rahmenbedingungen, an denen sich nicht nur der Steuerungsoptimismus der späten 1960er Jahre bricht. Mit der Entgrenzung der Sozialräume lassen sich die Angebotsbedingungen nationaler Arbeitsmärkte nahezu beliebig gegeneinander ausspielen. Es liegt in der Logik des Marktes, dass sich Unternehmen nicht in erster Linie den Beschäftigungsbedingungen in einer Nationalökonomie verpflichtet fühlen. Dennoch zeigt sich spätestens seit dem Ende der sowjetsozialistischen Systeme in Osteuropa eine neue Qualität in der unternehmerischen *Verantwortungskultur*. Es scheint, als löse sich in der bundesdeutschen Gesellschaft der ideelle Grundkonsens, der in den vier ersten Nachkriegsjahrzehnten trotz oder wegen (partei-)politischer Auseinandersetzungen von einem gemeinsamen Aufbau- und Gestaltungswillen der Sozialordnung geprägt war, mit wachsender Geschwindigkeit auf. Was auf privater Ebene hochspekulative Aktiengeschäfte und Versuche halblegaler und illegaler Steuerverkürzung sind, ist in der Wirtschaft eine Unternehmensphilosophie, in der die Interessen des Wirtschaftsstandortes Deutschland nur so lange eine Rolle zu spielen scheinen, wie sie den strategischen Gewinn- und Absatzerwartungen im Welthandel nicht entgegenstehen. Begriffe wie der des „casino capitalism" (*Susan Strange*), der den Vorrang des spekulativen Charakters von Kapital vor dem investiven fassen will, oder die Shareholder-value-Ideologie der 1990er Jahre beschreiben eine Entwicklung, in der sich unternehmerisches Handeln immer stärker von der Produktion abkoppelt. Unternehmenspolitik ist weniger an einer nachhaltigen Entwicklung der eigenen Standorte orientiert, sondern an einem mittelfristigen Risikomix internationaler Produktionsstandorte bei auf immer kurzfristigere Zeiträume zielender Gewinnmaximierung. Die zunehmende Zahl der Insolvenzen und Geschäftsaufgaben geben allerdings einen Hinweis darauf, dass sich diese „Kraft der schöpferischen Zerstörung" (*Joseph Schumpeter*, 1883-1950) immer stärker auch gegen die Unternehmen selbst richtet. Damit wird die Logik der globalen Konzentration begleitet von einer Logik der regionalen Destruktion.

Jenseits des theoretischen Streits über den richtigen Weg der Globalsteuerung ist Ende der 1980er Jahre eine Debatte über einen nachhaltigen Umgang mit den natürlichen Ressourcen und die Notwendigkeit einer „ökologischen Realpolitik" begonnen worden (*Ernst Ulrich von Weizsäcker*). Angesichts zunehmender ökologisch negativer Folgewirkungen eines unbegrenzten Wachstums werden die Möglichkeiten einer immer auf ein Mehr an Produktion und Konsum zielenden Globalsteuerung zunehmend kritisch in Frage gestellt. Diese Fragen werden in einen globalen Kontext gestellt, denn die zunehmende (internationale) Arbeitsteilung (Globalisierung, Europäisierung) und der technologische Fortschritt haben die Erwartungen an eine allgemeine Humanisierung der Arbeitswelt nicht erfüllen können. Die wachsende Bedeutung der internationalen Konkurrenzfähigkeit führt auf der betrieblichen Ebene zu einer restriktiven Unternehmenspolitik, die in der Beschneidung von Arbeitnehmerrechten die Steigerung von Produktivität, Rentabilität und Gewinn sucht. Auf dem Arbeitsmarkt schlagen sich diese Entwicklungen seit den 1980er Jahren in stetig steigenden Arbeitslosenzahlen nieder. Im Verlauf der letzten zwanzig Jahre hat sich die Entwicklung am Arbeitsmarkt zu einer chronischen Beschäftigungskrise entwickelt, deren Tendenz auch durch zwischenzeitliche gesamtwirtschaftliche Wachstumsphasen nicht gebrochen werden konnte. Das strukturelle Problem der Arbeitsgesellschaft liegt mithin darin, dass immer weniger Menschen in der Lage sind, wachsenden Wohlstand zu produzieren (*jobless growth*). Damit erfährt auf der Kapitalseite die Erwerbsarbeit einen Bedeutungsverlust, während auf der

Arbeitnehmerseite der Zugang zum knapper werdenden Arbeitsangebot nach wie vor über die Ergebnisse der primären wie sekundären
Einkommensverteilung entscheidet.

Auch im globalen Maßstab hat die internationale Arbeitsteilung
nicht zu einem gerechteren Verteilungsergebnis des Wohlstandes geführt. Im Gegenteil, denn der Export arbeitsintensiver, häufig umwelt-
und gesundheitsbelastender Produktion in billige Drittländer ist weniger auf einen echten wirtschaftlichen Aufholprozess der Zielländer
angelegt, als auf die Sicherung eigener Einflussnahme und die Verteidigung von Gewinninteressen. Neben der Sicherung eines originären
Marktzugangs bedeutet er in erster Linie das Unterlaufen von Entloh-
nungs-, Arbeitsschutz- und Umweltstandards. Dies hat unmittelbar eine globale Polarisierung der Wohlstandspositionen zwischen den Nationen und Regionen zu Folge, zugleich werden soziale Konflikte
transportiert, die – wie die Welle der terroristischen Gewalt am Übergang zum 21. Jahrhundert zeigt – jederzeit auch wieder auf die westlichen Industriestaaten zurückschlagen können.

Dagegen klagen keineswegs bloß Arbeitnehmervertreter, Umwelt-
gruppen und globalisierungskritische neue soziale Bewegungen ar-
beits- und sozialrechtliche Mindeststandards etwa zum Verbot von
Kinderarbeit oder zum Schutz bestimmter Personenkreise in den Ländern des WTO-Abkommens an. Dieses stößt insbesondere bei den
Schwellenländern auf Widerstand. Aber auch innerhalb der Europäischen Union und zwischen einzelnen Mitgliedsstaaten der EU wird die
Lohnspreizung sowie die Differenzierung der Sozialstandards zum
Problem. Mit dem *Entsendegesetz* von 1996 wurde in Deutschland
erstmals eine Regelung getroffen, Arbeitskräften aus dem Raum der
EU, die vermittelt über Firmen aus Ländern der EU mit deutlich niedrigeren absoluten Löhnen und Sozialleistungen in Deutschland arbeiten,
hier eine Art Mindestlohn zu garantieren, so dass deren Wettbewerbs-
vorteil gegenüber deutschen Firmen und Arbeitnehmern begrenzt wird.
Doch zeigte schon die Kontroverse bei Verabschiedung dieses Gesetzes,
dass auch in Deutschland gerade der Beschäftigungseinsatz ausländischer Firmen stärker als willkommener Hebel zum Lohn- und Sozialabbau insgesamt genutzt werden sollte, denn zur Sicherung bestehender
Sozialstandards.

e. Der Schutz der Arbeitskraft

Arbeitsschutz

Angesichts der aktuellen und auf absehbare Zeit fortdauernden hohen
Unterbeschäftigung in Deutschland ist das vierte eingangs angeführte
Kriterium für die Qualität von Arbeitsverhältnissen – nämlich eine geringe gesundheitliche Belastung – auch in der öffentlichen Diskussion
etwas in den Hintergrund getreten. Die Folgen europäisierter und teilweise globalisierter Entwicklungen auf den nationalen Arbeitsmärkten
bestimmen nicht nur die Quantität der Arbeitsplätze und die Qualität
der tariflichen Ausgestaltung der Arbeitsverhältnisse, sondern zunehmend auch die Arbeitsbedingungen selbst. Damit kommt dem nationalen wie europäischen Arbeitsschutz mehr denn je eine wichtige Bedeutung zu.

Ziel des Arbeitsschutzes in Deutschland war und ist die Reduktion
gesundheitlicher Risiken am Arbeitsplatz (*Prävention*) bzw. die Bereitstellung kurativer und rehabilitativer Leistungen, wenn *Unfälle*
bzw. *Berufskrankheiten* die Erwerbsfähigkeit eines Versicherten bedrohen bzw. reduzieren. Neben der *Gesetzlichen Unfallversicherung*
(*SGB VII*) gibt es in der Bundesrepublik Deutschland hierfür eine
Vielzahl *tariflicher Vereinbarungen*, die Regelungen zur Gestaltung
der Arbeitszeit, ihrer Inhalte und Organisation sowie zu den Lohnbe-
dingungen festlegen. Daneben bilden die staatlichen Arbeitschutz- und
Unfallverhütungsvorschriften der Berufsgenossenschaften ein *duales
System des Arbeitsschutzes*, das sich u.a. auf Geräte- und Arbeitsplatz-
sicherheit, Hygiene- und Lärmschutzvorschriften aber auch auf die
Arbeitszeit- und Schutzregelungen für besondere Personen- und/oder
Berufsgruppen (z.B. Ladenschlussgesetz, Jugendliche, Auszubildende,
Schwerbehinderte etc.) bezieht.

Die Gesetzliche Unfallversicherung (SGB VII)

Die im Jahr 1884 mit dem *Unfallversicherungsgesetz* ins Leben geru-
fene und 1996 als *Gesetzliche Unfallversicherung* (GUV) in das SGB
VII integrierte Sozialleistung ist nach der Gesetzlichen Krankenversicherung (GKV, SGB V) der zweitälteste Sozialversicherungszweig in
Deutschland. Sie verpflichtet die Unternehmer zur Bildung von *Berufsgenossenschaften*, die bei Betriebsunfällen den geschädigten Arbeitnehmern Schadensersatz leisten. In der Unfallversicherung ist es

unerheblich, wer an einem Arbeitsunfall schuld ist (*Prinzip der Gefährdungshaftung*). Sie erbringt die Versicherungsleistung in jedem Fall. Die GUV stellt damit eine *Unternehmerhaftpflicht* für das allgemeine Betriebsrisiko dar, das von einer Produktionsanlage ausgeht. Dies betrifft das Verhältnis zwischen Unternehmer und Beschäftigten ebenso wie das der Beschäftigten untereinander.

Träger der Unfallversicherung sind die 35 gewerblichen und 10 landwirtschaftlichen Berufsgenossenschaften sowie die Unfallversicherungsträger der öffentlichen Hand. Jeder Arbeitnehmer sowie Auszubildende ist unabhängig von der Höhe des Lohnes kraft Gesetz unfallversichert. Darüber hinaus sind Landwirte, Kinder in Kindertagesstätten, Schüler und Studierende, Helfer bei Unglücksfällen, Zivil- und Katastrophenschutzhelfer sowie Blut- und Organspender in die Versicherung eingeschlossen.

Die Träger der gewerblichen Unfallversicherung finanzieren sich im *Umlageverfahren* aus den laufenden Beiträgen der Unternehmen. Die landwirtschaftlichen Unfallkassen erhalten darüber hinaus einen *Bundeszuschuss*. Die Höhe der Beiträge richtet sich nach der Summe der jährlichen Lohnzahlungen und dem Grad der Unfallgefahr in dem entsprechenden Wirtschaftszweig. Die Versicherten bezahlen keine eigenen Beiträge.

Versicherungsfälle, die zu einem Leistungsanspruch in der GUV führen können, sind:

— *Arbeitsbedingte Erkrankungen*, die durch bestimmte berufs- und tätigkeitsspezifische Einflüsse hervorgerufen werden. Allerdings ist nur ein kleiner Teil dieser Erkrankungen tatsächlich auch sozialversicherungsrechtlich als *Berufskrankheit* anerkannt. Die offizielle *Berufskrankheitenliste* ist in der *Berufskrankheiten-Verordnung* (BKV) vom 31. Oktober 1997 festgelegt. Sie umfasst Krankheitsbilder, die durch chemische und physikalische Einwirkungen bzw. durch Infektionserreger oder Parasiten verursacht wurden sowie Erkrankungen der Atemwege und der Haut. Der Liste liegt ein striktes naturwissenschaftliches *Verursachungsmodell* zu Grunde. Eine Berufskrankheit kann deshalb nur dann anerkannt werden, wenn sie durch besondere Einwirkungen verursacht ist, denen eine Person durch ihre Berufsausübung in erheblich höherem Umfang als die übrige Bevölkerung ausgesetzt ist und sich daraus die krankmachende Wirkung zweifelsfrei feststellen läßt.

- *Arbeitsunfälle*, die in Zusammenhang mit der Berufsausübung stehen. Dabei sind auch die direkten Wege von und zur Arbeitsstelle in die Versicherung eingeschlossen (*Wegeunfälle*).

Das Leistungsspektrum der Gesetzlichen Unfallversicherung

Das Ziel der Unfallversicherung besteht darin, durch *präventive Maßnahmen* zur Unfallverhütung und Vermeidung von Berufskrankheiten beizutragen (z.B. durch *Unfallverhütungsvorschriften* und deren Überwachung) bzw. die Folgen von Arbeitsunfällen und Berufskrankheiten

- durch *kurative* und *rehabilitative* Leistungen zu begrenzen,
- die Erwerbsfähigkeit wiederherzustellen (*Wiedereingliederungsziel*) und
- die Betroffenen bzw. deren Hinterbliebene ggf. mit *Geldleistungen* zu entschädigen.

Die wichtigsten materiellen Leistungen der Gesetzlichen Unfallversicherung, auf die Versicherte bzw. deren Angehörige Anspruch haben, sind:

- *Heilbehandlung einschließlich Leistungen zur medizinischen Rehabilitation*: Die GUV übernimmt die Kosten für die ärztliche Behandlung, die erforderlichen Arznei-, Verbands-, Heil- und Hilfsmittel sowie für die Krankenhausaufenthalte und ggf. notwendige Rehabilitationsmaßnahmen. Die Dauer der Leistung richtet sich dabei allein an den medizinischen Erfordernissen aus.
- *Verletztengeld*: wird, soweit und solange keine Entgeltfortzahlung im Krankheitsfall erfolgt, während einer Heilbehandlung gezahlt. Die Bezugsdauer beträgt maximal 78 Wochen, die Höhe der monatlichen Zahlung beträgt 80 Prozent des Bruttoeinkommens, jedoch nicht mehr als das Nettoentgelt. Erwerbseinkommen bzw. Sozialtransfers (z.B. Arbeitslosengeld I oder II) wird auf das Verletztengeld angerechnet.
- *Leistungen zur Teilhabe am Arbeitsleben*: Wenn ein Versicherter nach einem Arbeitsunfall oder in Folge einer Berufskrankheit nicht mehr in seinem bisherigen Beruf tätig sein kann, besteht Anspruch auf Leistungen, die geeignet sind, den alten Arbeitsplatz zu erhalten bzw. einen neuen zu finden (z.B. Zuschuss an den Arbeitgeber, Finanzierung einer Probebeschäftigung oder der behindertengerechten Umgestaltung des Arbeitsplatzes, Umschulungen). Für die Dauer der Teilnahme an Maßnahmen zur Reintegration in den Ar-

beitsmarkt besteht Anspruch auf *Übergangsgeld,* das in gleicher Höhe wie das Verletztengeld bezahlt wird.

- *Leistungen zur Teilhabe am Leben in der Gemeinschaft und ergänzende Leistungen*: Hierzu zählen vor allem der Anspruch auf Kraftfahrzeug-, Wohnungs- und Haushaltshilfe sowie Kinderbetreuungskosten, psychosoziale Betreuung und Rehabilitationssport.
- *Anspruch auf Unfallrente*: Dieser setzt ein, wenn auch nach 26 Wochen eine Minderung der Erwerbsfähigkeit von mindestens zwanzig Prozent vorliegt und dies ursächlich auf einen Arbeitsunfall oder eine Berufskrankheit zurückzuführen ist. Die Rentenhöhe richtet sich nach dem Grad der Erwerbsminderung und dem Einkommen. Bei vollständigem Verlust der Arbeitskraft wird eine *Vollrente* in Höhe von zwei Dritteln des letzten Jahresarbeitsverdienstes gezahlt. Bei einer Minderung der Erwerbsfähigkeit wird eine *Teilrente* bezahlt, deren Anteil von der Vollrente dem Grad der Erwerbsminderung entspricht.
- *Pflegegeld*: Wird ein Versicherter pflegebedürftig, können neben einer Unfallrente auch Pflegeleistungen bzw. Pflegegeld oder stationäre Pflegeleistungen in Anspruch genommen werden.
- *Hinterbliebenenrenten und Sterbegeld*: Stirbt ein Versicherter in Folge eines Versicherungsfalls hat der Ehegatte Anspruch auf eine *Hinterbliebenen-,* die unterhaltsberechtigten Kinder auf eine *(Voll-) Waisenrente.*

Die Höhe der *Hinterbliebenenrente* richtet sich nach dem Alter, der Erwerbs- bzw. Berufsfähigkeit und der Kinderanzahl. Ein Ehegatte, der älter als 45 Jahre oder erwerbsgemindert ist oder mindestens ein unterhaltsberechtigtes Kind erzieht, erhält eine Rente in Höhe von 40 Prozent des Jahresarbeitsverdienstes des Verstorbenen. Bei Wiederheirat entfällt der Rentenanspruch. Eigenes Einkommen wird unter Anerkennung dynamisierter (Kinder-)Freibeträge mit vierzig Prozent auf die Hinterbliebenenrente angerechnet.

Als *Waisenrente* werden bis zum 18. Lebensjahr zwanzig (Halbwaise) bzw. dreißig Prozent (Vollwaise) des Jahresarbeitseinkommen des Verstorbenen ausbezahlt. Die Rente kann bis zum 27. Lebensjahr bezahlt werden, wenn sich das Kind in Schul- oder Berufsausbildung befindet, Wehr- oder zivilen Ersatzdienst und/oder ein freiwilliges soziales oder ökologisches Jahr leistet bzw. sich wegen körperlicher, geistiger oder seelischer Behinderung nicht selbst unterhalten kann. Bei der Waisenrente wird eigenes Einkommen ebenfalls auf die Leistung der Unfallkasse angerechnet.

Insgesamt kann die Unfallversicherung als erfolgreiches Instrument zur Bekämpfung von Arbeitsunfällen gelten. Seit den 1960er Jahren geht deren Anzahl kontinuierlich zurück, zugleich sind die Ausgaben für die Prävention deutlich gestiegen. Strittiger ist die Einschätzung des Sicherungsgrades gegenüber Berufskrankheiten. Insbesondere die Abgrenzungsschwierigkeiten, ob eine Erkrankung hauptursächlich auf berufsbedingte Faktoren zurückzuführen ist und die Unbestimmtheit des Erwerbsunfähigkeitsbegriffs führen immer wieder zu arbeits- und sozialrechtlichen Streitigkeiten.

Neben nationalem Recht gehört die Sicherheit am Arbeitsplatz mit zu den sozialen Rechten, die seit Gründung der Europäischen Wirtschaftsgemeinschaft von den Europäischen Institutionen einheitlich für die EU mitgestaltet werden. Zumindest bis jetzt hat dieses nicht zu einer Absenkung der Sozialstandards geführt, auch wurden über europäisches Recht hinausgehende nationale Regelungen nicht zurückgeführt. Nicht zuletzt das Verlangen nach vergleichbaren Wettbewerbsbedingungen in der Union hat hier bislang zu weit reichenden europäischen Regelungen geführt.

3.3.2 Einkommen und Verteilung

a. Systematischer Stellenwert von Einkommen und Verteilung

Mit dem Übergang von der *Naturaltausch-* zur *Geldwirtschaft* hat der Erwerb von Geldeinkommen einen zentralen Stellenwert zur Sicherstellung der Lebensgrundlagen gewonnen. Heute ist die Verfügbarkeit von Einkommen ein entscheidender Parameter für den individuellen *Lebensstandard.* Die Höhe des Einkommens bestimmt im Wesentlichen die *Lebenslage* eines Menschen, wenngleich damit noch keine abschließende Aussage über die Lebens*qualität* getroffen werden kann.

Einkommen entsteht zunächst – ökonomisch betrachtet – über den Einsatz der Faktoren Arbeit und Kapital aus

– abhängiger Erwerbsarbeit
– selbstständiger Tätigkeit
– Vermögen und Gewinnen.

Dieser *primären* Verteilung von Einkommen stehen die *Sozialeinkommen* als Ergebnis *sekundärer* staatlicher Umverteilung über das Steuer- bzw. soziale Sicherungssystem gegenüber. Danach schließt sich eine private, *innerfamiliäre* Verteilung bzw. ein Ausgleich innerhalb von Haushalten an, in der das erwirtschaftete Haushaltseinkommen entsprechend den Belangen der Haushaltsmitglieder bzw. gemeinsamer oder widerstreitender Zielvorstellungen verteilt wird. Dabei greifen einerseits Unterhaltsverpflichtungen gegenüber Ehegatten und Kindern ebenso wie ‚moralische' Verpflichtungen gegenüber anderen privaten Personen.

Über den Bezug bzw. die Verteilungslogik dieser Einkommensarten bilden sich gesellschaftliche Abhängigkeitsverhältnisse heraus. So hat nicht allein die Höhe, sondern auch die Art, wie das Einkommen erzielt wird, entscheidenden Einfluss auf die soziale Stellung eines Menschen. Es ist mit unterschiedlicher gesellschaftlicher Wertschätzung belegt, ob Einkommen aus kontinuierlicher Erwerbsarbeit, aus Kapitalvermögen bzw. -besitz oder aus Unterhaltsleistungen resultiert. Auch ist der mit einem Rechtsanspruch gesicherte und auf vorangegangener Erwerbsarbeit gestützte Sozialtransfer (z.B. Renten und Pensionen) anders zu bewerten als auf privater und/oder öffentlicher Wohltätigkeit basierende Unterstützungsleistungen.

In einer Gesellschaft, die sich über Markteinkommen vermittelt, gibt es bestimmte *Einkommensrisiken*. So muss zum einen Erwerbstätigkeit alleine noch kein ausreichendes Einkommensniveau sichern, vielmehr können niedrige Löhne bzw. diskontinuierliche Einnahmen ‚kleiner' Selbständiger und/oder auch durchaus mittlere Einkommen in Kombination mit bestimmten familiären Haushaltskonstellationen gleichwohl immer noch zu Unterversorgung führen (*working poor*). Hinzu kommt, dass bestimmte soziale Risiken wie Arbeitslosigkeit, Krankheit und Berufs- bzw. Erwerbsunfähigkeit unmittelbare Auswirkungen auf die Möglichkeit haben, ein ausreichendes Erwerbseinkommen zu erarbeiten. Da finanzielle Sozialtransfers etwa im Falle von Arbeitslosigkeit, Krankheit, Invalidität und Alter in hohem Maße vom Niveau des zuvor erzielten individuellen Markteinkommens abhängen, schlagen sich drittens unzureichende Einkommen auch in einem niedrigen Niveau daran gekoppelter Sozialtransfers nieder. Und schließlich hängen die innerfamiliären Transfers letztlich davon ab, dass die Familie/der Haushalt insgesamt ein ausreichendes Markt- bzw. Sozialeinkommen erzielt. Hinzu kommt die Frage, ob und wie die innerfamiliären Verteilungsvorgänge den unterschiedlichen Bedürfnissen und Interessen der Angehörigen dieser Bedarfsgemeinschaft Rechnung tragen.

Die Einkommenspolitik wirkt nicht nur auf die individuellen materiellen Sicherungsspielräume ein. Die Frage, wie Einkommen in einer Gesellschaft entsteht und in welchem Umfang es (um)verteilt wird, ist immer auch normativ besetzt. In diesem Kontext müssen Antworten auf Fragen gesucht werden, ob und wie die Höhe einer individuellen Entlohnung mit der familiären und sozialen Situation des Einkommensbeziehers zusammenpasst bzw. welche Umstände hier einen regulierenden sozialpolitischen Eingriff definieren können. Auch muss geklärt werden, ob und wann eine Entlohnung leistungsgerecht erfolgt. Letzteres ist vor allem im Hinblick auf die nach wie vor unterschiedlichen Einkommensniveaus zwischen männlicher und weiblicher Erwerbsarbeit ein sozialpolitisches Steuerungsproblem.

b. Instrumente von Einkommens- und Umverteilungspolitik in Deutschland

Auf die Verteilung der Einkommen wirken in Deutschland unterschiedliche Instrumente und Akteure ein. Hierzu zählen

– die Tarifpolitik der Arbeitgeberverbände und Gewerkschaften,
– die staatliche Steuer- und Abgabenpolitik sowie
– das System der sozialen Sicherung.

Die Rolle der Tarifpolitik

In Deutschland gibt es im Gegensatz zu anderen europäischen Staaten (noch) keinen gesetzlich fixierten *Mindestlohn.* Die Regulierung der primären Einkommensverteilung erfolgt im Wesentlichen im Rahmen der durch Paragraph 9 Absatz 3 des Grundgesetzes geschützten *Tarifautonomie.* Ohne staatlichen Eingriff legen die *Arbeitgeberverbände* als Interessensvertretung der Unternehmer sowie die *Gewerkschaften* als Arbeitnehmervertretung in kollektiv wirksamen *Tarifverträgen* nach *Tarifvertragsgesetz (TVG)* die Mindestbedingungen zur Regulation der Arbeits- und Entlohnungsbedingungen fest. Die Tarifverträge können dabei gesetzliche Mindestvorschriften, etwa im Bereich der Arbeitsbedingungen (z.B. Arbeitszeitregelungen) und der Regulation der Arbeitsverhältnisse (z.B. Kündigungsschutz) sowie der sozialen Sicherung (z.B. durch betriebliche Zusatzversorgungen), ergänzen.

Mit dem sog. *Entsendegesetz* von 1996 hat allerdings erstmalig der Gesetzgeber bestimmt, dass ausländische Arbeitgeber im Baugewerbe, die Arbeitskräfte nach Deutschland ‚entsenden', nicht die niedrigeren Entlohnungsbedingungen ihrer Herkunftsländern anwenden dürfen, sondern vielmehr die in Deutschland gültigen tarifvertraglichen Mindeststandards beachten müssen. Insofern stellt dieser Eingriff keine Schwächung der Tarifautonomie dar, sondern zielt im Gegenteil auf den Schutz tariflicher Lohnstandards.

Sozialpolitik als Einkommensumverteilungspolitik: Steuerpolitik und Sozialtransfers

Die Regulation der Einkommensverteilung ist eine wichtige sozialpolitische Aufgabenstellung. Sozialpolitik ist dabei vor allem *Einkommensumverteilungspolitik,* bei der über die Bereitstellung von Sozialeinkommen korrigierend auf die Markteinkommen eingewirkt wird. Der *Steuerpolitik* sind zur Erreichung sozialpolitischer Zielsetzungen Grenzen gesetzt. Denn ihre Wirksamkeit setzt das Vorhandensein von (Markt-)Einkommen voraus, das dann steuerlich begünstigt werden kann. Damit erreichen Steuervergünstigungen die Bezieher von Sozialeinkommen nur unzureichend.[35] Und schließlich liegt es in der Logik relativ bemessener Steuervorteile, so sie nicht streng degressiv gewährt werden, dass diese im hohen Einkommensbereich zu einer stärkeren absoluten Steuerersparnis führen als im mittleren und unteren Bereich.

Gleichwohl kennt das Steuerrecht eine ganze Anzahl von sozialpolitisch motivierten Steuererleichterungen. Dabei stellt sich durchaus die Frage, ob es sich hierbei um steuerliche Begünstigungen handelt oder ob nicht vielmehr dadurch eine größere Steuergerechtigkeit hergestellt wird, indem die Kosten bestimmter gesellschaftlich wünschenswerter Lebenslagen bzw. -leistungen (Kindererziehung, Ausbildungszeiten, Unterhaltsleistungen, etc.) bei der Einkommens- bzw.

---

35 Modelle einer *negativen Einkommensteuer* (Bürgergeld) greifen dieses Problem auf. Das Grundprinzip besteht darin, die bisherigen Sozialtransfers bzw. einen Teil davon in einem (normativ) zu bestimmenden Existenzminimum zusammenzufassen und über die Einkommensteuer gesellschaftlich umzuverteilen. Wird Einkommen oberhalb der Grenze erzielt, greift das Steuersystem, bei Einkommen unterhalb dieser Grenze (negatives Einkommen), soll – so die Vorstellung – etwa über die Finanzverwaltung die Auszahlung des Differenzbetrages erfolgen.

Steuerermittlung berücksichtigt werden. Zu den wichtigsten steuerlichen Freibeträgen und Vergünstigungen gehören:

- Kinder- und Freibeträge bei der auswärtigen Unterbringung von Kindern während der Berufsausbildung,
- die Anrechenbarkeit von Aufwendungen für die Berufsausübung (z.b. Werbungskosten für Fahrten zur Arbeitsstelle oder Arbeitsmittel) und den Erhalt der Beschäftigungsfähigkeit (z.b. Fort- und Weiterbildungskosten)
- die steuerliche Anrechenbarkeit erhöhter Sonderausgaben bzw. außergewöhnlicher Belastungen, z.b. durch hohe Krankheitskosten, Unterhaltsleistungen, Betreuungskosten etc.,
- steuerliche Begünstigungen zur Altersvorsorge (z.b. Steuerfreiheit der Zinserträge aus Kapitallebensversicherungen, Entgeltumwandlung und Riester-Rente).

Die gesellschaftspolitischen Wirkungen von Steuererleichterungen können normativ stark umstritten sein. So tauchen in der sozialpolitischen Diskussion immer wieder Forderungen auf, die steuerliche Privilegierung der Ehegatten (*Ehegattensplitting*) aufzuheben. Auch Art und Umfang der Werbungskosten oder der Umfang der Steuerfreiheit für Nachtdienst- und Schichtzuschläge sind unter dem Schlagwort des *Subventionsabbaus* gerade vor dem Hintergrund der Bemühungen der Bundesregierung zur Haushaltskonsolidierung immer wieder in der politischen Diskussion.

Wenngleich zum 1. Januar 2007 die Mehrwertsteuer um drei Prozent erhöht werden soll, so zielte die steuerpolitische Diskussion der letzten Jahre gleichwohl insgesamt auf eine Verringerung der Steuerbelastung der Bürgerinnen und Bürger – mit allerdings sehr unterschiedlichen Verteilungswirkungen. Im längeren Trend zeigt sich bei der Zusammensetzung des Gesamtsteueraufkommens eine deutliche Verschiebung zu Lasten der Lohnsteuerzahler bei gleichzeitiger Entlastung der Gewinnsteuern. Hatten die Gewinnsteuern (Körperschaftsteuer für Kapitalgesellschaften und veranlagte Einkommensteuer für Personengesellschaften und Familienbetriebe) im Jahr 1960 noch einen Anteil von 34,6 Prozent am gesamten Steueraufkommen, so sank dieser in Etappen bis 1980 auf 24,7 Prozent, bis 1990 auf 20,5 Prozent und bis 2002 auf 10,9 Prozent. Parallel dazu ist der Anteil der Lohnsteuer von 1960 bis 2002 von 11,8 über 30,6 (1980) und 32,9 (1990) auf schließlich 34,8 Prozent (2002) angestiegen. Als Folge des starken Anstiegs der Gewinne bei gleichzeitig rückläufiger Lohnentwicklung (bereinigte Lohnquote) liegt der Anteil der Gewinnsteuern am Gesamtsteuereinkommen im Jahr 2005 bei 15,8 Prozent, während die Lohnsteuern nunmehr 31,4 Prozent zum gesamten Steueraufkommen beitragen.

Lohn- und Gewinnsteuern 1960 - 2005

Quelle: Statististisches Bundesamt, Berechnung Dieter Eißel

Dies hat unterschiedliche Rückwirkungen auf die Entwicklungsperspektiven des Sozialen Sicherungssystems. So sollen betriebliche und private Steuererleichterungen die gesamtwirtschaftliche Lage stabilisieren und zu einem insgesamt höheren Steueraufkommen durch Wirtschaftswachstum führen. Bislang gibt es wenig Anzeichen dafür, dass die Steuererleichterungen tatsächlich zu einer konjunkturellen Erholung geführt hätten. Denn es muss in Rechnung gestellt werden, dass Haushalte Mehreinkommen häufig nicht konsumieren, sondern aufgrund unterschiedlicher Motive sparen (*Sparquote*). Gleichzeitig führen Steuererleichterungen zu Mindereinnahmen des Staates. Da zugleich im Rahmen der Europäischen Wirtschafts- und Währungsunion die Möglichkeiten der Verschuldung der öffentlichen Haushalte eng begrenzt sind (*Defizitkriterium des Maastricht-Vertrages*), erzwingt eine Steuersenkungspolitik gesamtsstaatliche Ausgabenkürzungen, die in der Regel vor allem den Sozialbereich betreffen, was dann wieder auf die privaten Haushalte zurück schlägt.

Sozialtransfers weichen die alleinige Abhängigkeit eines Individuums von der Erwerbsarbeit auf. Zum Teil gleichen sie – wie beim Kindergeld – auch aus, dass der steuerliche Entlastungseffekt bei niedrigen und mittleren Einkommen zu gering ausfällt, so dass diese steuerliche Ermäßigung durch geldliche Leistungen ‚aufgestockt' wird. Allerdings bleibt in einem auf das Äquivalenzprinzip ausgerichteten Sozialversicherungssystem, wie es die Bundesrepublik Deutschland auszeichnet, insgesamt der Lebensstandard im Wesentlichen eine einkommensabhängige Größe, denn vor allem die Höhe des (sozialversicherungspflichtigen) Einkommens bestimmt den Zugang zu und die Höhe von Sozialleistungen.

Das Sozialeinkommen wird überwiegend durch direkte Geldtransfers zur Verfügung gestellt. Daneben gehen auch von den sozialstaatlichen Sach- und Dienstleistungen Einkommenswirkungen aus. So entstehen durch die Inanspruchnahme des Gesundheitswesens geldwerte Vorteile, wenn außer für die Versicherten auch für deren familienversicherte Angehörige Behandlungskosten übernommen werden.

Allgemeine sozialpolitische Folgewirkungen der Einkommensdifferenzierung

Die Bundesrepublik Deutschland weist insgesamt eine breit gefächerte Lohn- und Gehaltsstruktur auf. Die Löhne und Gehälter unterliegen dabei einer

- intersektoralen (z.B. Tarifdifferenz zwischen Metall- und Textilindustrie),
- interregionalen (z.B. reales Lohngefälle zwischen Ost- und Westdeutschland),
- qualifikationsbezogenen (z.B. Eingruppierungsunterschiede nach unterschiedlichen Bildungsabschlüssen) sowie einer
- geschlechtsspezifischen (unterschiedliche Entlohnung von Männern und Frauen)

Differenzierung. Während sich die intersektorale, interregionale und qualifikationsbezogene Lohndifferenzierung vor allem auf ökonomi-

sche Zusammenhänge zurückführen lässt, resultiert die geschlechts-
spezifische Verteilung der Arbeitseinkommen im Wesentlichen aus
einer versteckten, in den Lebenszusammenhängen der Frauen liegenden Diskriminierung am Arbeitsmarkt. Die zu konstatierende überpro-
portionale Frauenerwerbsquote im Niedriglohnsektor hängt damit zusammen, dass Frauen

- über frauentypische Berufsmuster bei der Erstausbildung behindert,
- durch die Familienarbeit an einer kontinuierlichen Erwerbsbiographie gehindert, sowie
- in Leitungspositionen unterrepräsentiert sind.

Traditionelle Rollenmuster führen häufig dazu, dass die Frauenerwerbstätigkeit vor allem auf den *Zuverdienst* zum männlichen Erwerbseinkommen (*Familieneinkommen*) ausgerichtet ist.

Die Einkommensverteilungspolitik im Sozialversicherungssystem
soll den Ausfall von Erwerbseinkommen ausgleichen (*Kompensati-
onsfunktion*). Dabei werden die Statusunterschiede während des Erwerbslebens im Sozialfall fortgesetzt. Vor allem der dauerhafte Ver-
bleib im Niedriglohnbereich zieht problematische Versorgungslagen
im Leistungsfall nach sich. Und es sind wieder insbesondere die Frau-
en, die diskontinuierliche Erwerbsverläufe und damit ein deutlich re-
duziertes Lebenseinkommen aufweisen. Denn aus sozialversiche-
rungstechnischer Sicht begründet die hauptsächlich von ihnen erbrachte unentgeltliche Familienarbeit – sieht man von der Anrechnung der
Kindererziehungszeiten in der Rentenversicherung, der beitragsfreien
Familienversicherung nicht erwerbstätiger Ehefrauen sowie den Regelungen der Pflegeversicherung für private Pflegepersonen einmal ab –
keinen Anspruch auf materielle Unterstützung. Etwaige Sozialversi-
cherungsansprüche der Frauen materialisieren sich so entweder in Abhängigkeit vom Erwerbseinkommen des Ehegatten oder sie resultieren
aus dem durchschnittlich deutlich niedrigeren eigenen Erwerbseinkommen. Damit ergeben sich vor allem im Geldleistungsbezug
(Rente, Kranken- und Arbeitslosengeld) deutliche geschlechtsspezifi-
sche Nachteile.

c. Verteilung in Deutschland: Prozesse und Ergebnisse

Einkommen und soziale Ausgrenzung

Vermittelt über die Erwerbsarbeit partizipiert ein großer Teil der Wohnbevölkerung in Deutschland am erwirtschafteten Wohlstand. Allerdings bleiben vor allem als Folge der nun schon lange Zeit anhaltenden Massenarbeitslosigkeit zunehmend Menschen dauerhaft von der materiellen Teilhabe in unserer Gesellschaft ausgeschlossen. Auch bestimmte Lebensphasen wie z.B. Erziehungs- oder Ausbildungszeiten sind häufig mit einer prekären Einkommenssituation verbunden. Damit stellt sich die Frage, welche bzw. wie viele Menschen aus diesem Wohlstandsmodell warum und mit welchen Perspektiven ausgegrenzt sind. Die Armutsforschung versucht, zur Beantwortung dieser Fragen Kriterien herauszubilden.

Konzeptionen zur Erfassung von Armut und sozialer Ausgrenzung

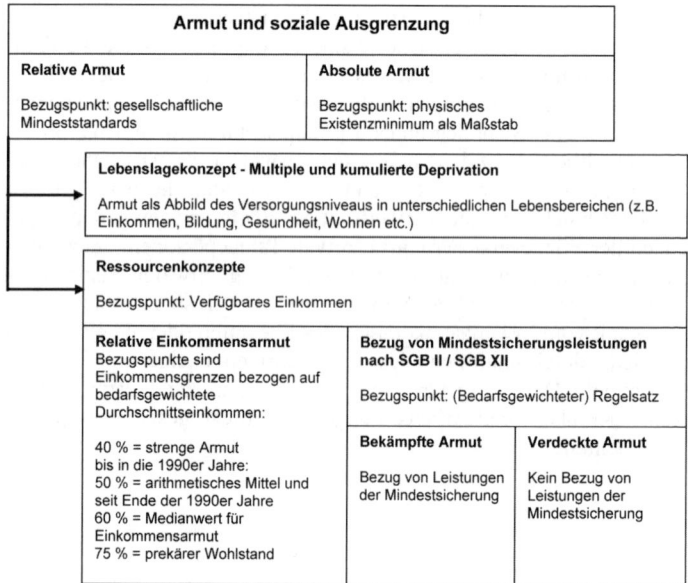

Quelle: eigene Zusammenstellung

Die *absolute Armutsgrenze* definiert einen minimalen Überlebensstandard, der zur Sicherung der physischen Existenz eines Menschen unabdingbar ist. Im Allgemeinen wird dieser Grenze in der Bundesrepublik wenig Bedeutung beigemessen, wenngleich nicht außer Acht gelassen werden sollte, dass Vertreterinnen und Vertreter von Betroffeneninitiativen immer wieder auf einen zunehmenden Anteil von Menschen aufmerksam machen, die von keinem (öffentlichen) Hilfsangebot mehr erreicht werden, am Rande der physischen Existenz leben und sich größtenteils einer statistischen Erfassung entziehen. Derartige Lebenslagen können dann durchaus im Widerspruch zum grundgesetzlichen Auftrag zur Sicherung der Menschenwürde stehen.

Im Mittelpunkt der Debatte steht ein *relativer Armutsbegriff*, der Armut als eine Form sozialer Ausgrenzung definiert und in Bezug zum durchschnittlichen Lebensstandard der Gesellschaft setzt. Hier kann auf die Armutsdefinition der Europäischen Union zurückgegriffen werden. Als arm galt lange Zeit derjenige Haushalt, dessen Einkommen – nach Haushaltsgröße gewichtet – 50 Prozent des arithmetischen nationalen Mittelwertes aller Haushaltseinkommen unterschritt. Davon wurden dann zwei weitere Grenzwerte abgesetzt, einmal nach oben – bei 60 Prozent – die *milde Armut* bzw. nach unten – 40 Prozent – die *strenge Armut*. Bei dem arithmetischen Mittel bewirken die hohen Einkommen allerdings, dass ca. 60 Prozent der Haushalte unterhalb dieses Durchschnittswertes liegen. Deshalb verwendet die Europäische Kommission nunmehr als Armutsgrenze die 60-Prozent-Marke des nationalen, nach Haushaltsgröße gewichteten *Median*einkommens. Dieser Wert liegt genau in der Mitte zwischen der unteren und der oberen Hälfte aller Bezieher eines Haushaltseinkommens.

Die Frage, ob in Deutschland auf dieser statistischen Basis Armut existiert, wird sozialpolitisch kontrovers diskutiert. Im politischen Raum weisen in erster Linie die Vertreter der jeweiligen Regierungsparteien darauf hin, dass die Leistungen der *Sozialhilfe*, die gemäß Paragraph 1 Absatz 2 SGB XII „die Führung eines Lebens (...) ermöglichen, das der Würde des Menschen entspricht", ein *soziokulturelles Existenzminimum* sichern. Armut wird in diesem Kontext als *bekämpfte Armut* verstanden. Im SGB II *Grundsicherung für Arbeitssuchende* fehlt eine derartige gesetzliche Selbstverpflichtung. Da das SGB XII aber auch für das nach SGB II geleistete Arbeitslosengeld II/Sozialgeld als Referenzsystem gilt, kann hier implizit der gleiche Bedarfsdeckungsanspruch unterstellt werden. Die parlamentarischen Oppositi-

onsparteien gleich welcher Couleur neigen hingegen dazu, Vertei-
lungsdefizite zu benennen, um daraus politisches Kapital zu schlagen.
Empirisch betrachtet, unterstellt die Interventionsschwelle des SGB
XII – damit auch des SGB II – gleichwohl einen relativen Armutsbegriff, denn je nach Haushaltsgröße oszillieren die Leistungen des Sozialamtes bzw. der Träger der Grundsicherung nach SGB II um die alte
50-Prozent-Grenze; bei kleineren Haushalten darunter, bei größeren
Haushaltseinheiten knapp darüber. Allerdings macht der Streit um bekämpfte oder nicht-bekämpfte Armut im Zusammenhang mit den
Leistungen des SGB XII und SGB II schon deshalb keinen Sinn, wäre
doch jemand, der nur über einen Euro weniger als beim Sozialhilfesatz
bzw. Arbeitslosengeld II verfügt, dann als arm einzustufen – arm oder
nicht-arm – eine Frage der Differenz von einem Euro?

Diese definitorischen Auseinandersetzungen weisen aber noch auf
einen anderen Punkt. In unserer Gesellschaft bestimmen offenbar
nicht allein die finanziellen Ressourcen die Partizipationsmöglichkei-
ten eines Individuums. Vielmehr determiniert die Ausstattung in unterschiedlichen Lebensbereichen den Grad der gesellschaftlichen Teilhabe. *Gerhard Weißer* versuchte bereits im Jahr 1956 diesem erweiterten Armutsverständnis mit dem Entwurf eines *Lebenslagekonzeptes*
Rechnung zu tragen, woraus sich in der Zwischenzeit das Konzept der
multiplen bzw. *kumulierten Deprivation* entwickelt hat. Armut und soziale Ausgrenzung definieren sich damit über ökonomische, ökologische, politische, soziale, kulturelle, psychische und physische Bedingungen, die letztlich die Lebensqualität bestimmen. Während also der
materielle Aspekt von Armut bzw. sozialer Ausgrenzung über relative
Armutskonzepte zu erfassen ist, bestimmt sich die gesamte – *materielle und immaterielle* – Teilhabe am:

– *Versorgungs- und Einkommensspielraum* als Grad der Versorgung
  mit Gütern und Dienstleistungen;
– *Kontakt- und Kooperationsspielraum* als Möglichkeit zur (sozialen)
  Kommunikation und Interaktion;
– *Lern- und Erfahrungsspielraum* als Möglichkeit zur Entwicklung
  und Entfaltung von individuellen (Bildungs-)Interessen in Abhängigkeit von häuslicher, schulischer und beruflicher Sozialisation
  und sozialer und räumlicher Mobilität;
– *Muße- und Regenerationsspielraum* als Möglichkeit zum Ausgleich
  psychischer und/oder physischer Belastungen durch Arbeits-,
  Wohn- und Umweltbedingungen;

– *Dispositions- und Partizipationsspielraum* als Grad der Teilnahme, Mitbestimmung und Mitentscheidung in beruflichen wie privaten Lebensbereichen.

Armut und soziale Ausgrenzung scheinen am Individuum bzw. bei einzelnen Haushaltsgruppen auf, haben aber häufig soziale Ursachen bzw. stehen in gesamtgesellschaftlichen Zusammenhängen. Auch soziale Gruppen können sozialer Diskriminierung ausgesetzt sein, soziale Isolierung erfahren und damit eine Schwächung traditioneller Formen des sozialen Zusammenhaltes (Familie, Nachbarschaft, soziale Netzwerke) erleiden. Egal welcher Zugang bzw. welche Kombinationsmöglichkeit der unterschiedlichen Konzepte gewählt wird, bleibt das Verständnis in hohem Maß von unterschiedlichen Werturteilen abhängig. Jede *Armutsdefinition* ist damit letztlich politisch-normativer Natur.

Funktionelle und personelle Einkommensverteilung

Einkommensverteilung bzw. -umverteilung ist ein stetiger Prozess, der nie abgeschlossen ist, sich vielmehr regelmäßig in Tarifrunden, gesetzgeberischen Entscheidungen im Sozial- und Steuerrecht sowie in der Anwendung dieser rechtlichen Grundlagen bzw. bei der Gewährung freiwilliger Leistungen fortschreibt. Da die sozialstatistischen Daten der realen Entwicklung im Regelfall stark hinterher hinken, stellen Aussagen zur Verteilungswirkung bzw. zum Verteilungsstand immer nur Momentaufnahmen dar. Umgekehrt sind die hier im Regelfall angesprochenen Verteilungsvorgänge in wichtigen Sektoren doch wieder recht stabil, zumindest über einen mittleren Zeitraum.

Die *funktionelle Einkommensverteilung* beschreibt die Aufteilung zwischen den Faktoren Lohnarbeit und Kapital als Ergebnis der primären Verteilung. Die *tatsächliche Bruttolohnquote* gibt an, welcher prozentuale Anteil vom zu verteilenden *Volkseinkommen* über die Bruttoeinkommen (inklusive der Arbeitgeberanteile zur Sozialversicherung) an die abhängig Beschäftigten verteilt wurde. Da sich allerdings die Zusammensetzung der Erwerbstätigen im Laufe der Jahre verändert, verfolgt die Sozialstatistik vor allem die *strukturbereinigte* Bruttolohnquote. Hierbei wird die *Arbeitnehmerquote*, also der Anteil der abhängig Beschäftigten an den Erwerbstätigen insgesamt, konstant gehalten (1970 für die alten Bundesländer bzw. 1991 für Gesamtdeutschland). Dies trägt dem Umstand Rechnung, dass die Zahl der abhängig Beschäftigten zu-, die der Selbständigen abnimmt.

In den alten Bundesländern konnten die abhängig Beschäftigten in den 1970er Jahren demnach ihren Anteil am Volkseinkommen ausweiten, doch wurde dieser relative Zuwachs im Verlauf der 1980er Jahren wird zurückgefahren. Zum Zeitpunkt der Wiedervereinigung der alten mit den neuen Bundesländern standen die abhängig Beschäftigten in Westdeutschland wieder an dem gleichen Punkt wie im Jahr 1960, bevor die Marktwirtschaft in (West-)Deutschland begann, auch für die breiten Einkommensbezieher ‚sozial' zu werden.

Nach Herstellung der deutschen Einheit vergrößerte sich die Arbeitnehmerquote, insgesamt konnten die abhängig Beschäftigten ihren Anteil am Verteilungskuchen – vor allem in Ostdeutschland – vergrößern, 1993 mit dem Spitzenwert von 73,2 Prozent bei der bereinigten Bruttolohnquote. Doch seitdem sinkt diese im Trend wieder, wenn auch nicht kontinuierlich. Dieses heißt: Während der primäre Verteilungsprozess in den alten Bundesländern den Anteil der abhängig Beschäftigten am zur Verfügung stehenden Volkseinkommen in den letzten beiden Jahrzehnten nach unten korrigiert hat, konnten die ostdeutschen abhängig Beschäftigten die Gesamtverteilung zu ihren Gunsten verbessern, doch zeichnen sich aber nunmehr insgesamt Rückgänge ab.

Bruttolohnquote in Deutschland 1960-2005
(alle Angaben in Prozent)

Jahr	Tatsächliche Bruttolohnquote - alte Bundesländer -	Arbeitnehmerquote	Strukturbereinigte Bruttolohnquote
1960	60,1	77,2	65,0
1970	67,3	83,4	67,3
1980	75,2	88,3	71,0
1990	69,8	89,6	65,0
1991	70,0	89,6	65,2
- alte und neue Bundesländer -			
1991	71,0	90,9	71,0
1993	72,9	90,3	73,2
1995	71,4	90,0	72,1
1997	70,3	89,8	71,2
1999	71,2	90,0	71,9
2001	71,8	89,9	72,6
2002	71,4	89,8	72,3
2003.	70,7	89,5	71,8
2004	68,4	89,1	69,8
2005, 1 Hj.	65,7	88,8	67,2

Angaben für 2002 bis 2005 vorläufige Ergebnisse, Stand August 2005

Quelle: Volkswirtschaftliche Gesamtrechnung, nach: Claus Schäfer, in: WSI Mitteilungen Heft 11/2005, *S.* 604

Die *personelle Einkommensverteilung* spiegelt das Ergebnis der Verteilungsvorgänge auf der *individuellen* und der *Haushaltsebene* wider. Dabei können sowohl die Bruttoeinkommen als auch Nettoeinkommen, Bruttohaushaltseinkommen als auch Nettohaushaltseinkommen und die jeweiligen Werte für die sozialen Gruppen miteinander verglichen und auch *intertemporal* – im Längsschnitt – betrachtet werden. Um die Einkommenssituation von Haushalten unterschiedlicher Größe miteinander vergleichbar zu machen, werden in der Statistik *Äquivalenzziffern* eingeführt. Damit können unterschiedliche altersbedingte Bedarfe ebenso differenziert berücksichtigt werden wie die Haushaltsersparnis, die sich bei mehrköpfigen Haushalten durch Synergieeffekte in der Haushaltsführung ergibt.

Zusammensetzung der Haushaltseinkommen 1991 und 2004 in Prozent

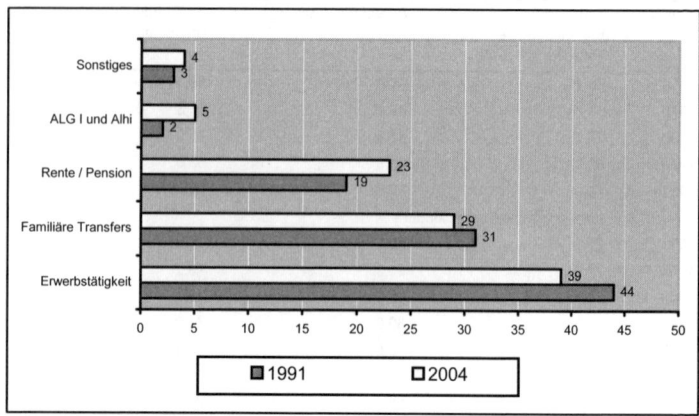

Sonstige Einkommen resultieren aus Vermietung und Verpachtung, Zinsen, sonstiges Vermögen, Sozialhilfebezug nach BSHG, BAföG etc.). Rundungsbedingte Differenzen.

Quelle: Statistisches Bundesamt, eigene Darstellung

Zwischen den Jahren 1991 und 2004 hat sich in Deutschland die Zusammensetzung der Haushaltseinkommen deutlich verändert. So ist zum einen die Bedeutung der Erwerbsarbeit für die Sicherstellung des Haushaltseinkommens rückläufig, während sich gleichzeitig die Abhängigkeit von Sozialtransfers (Arbeitslosengeld und der vor Einführung des ALG II noch ausbezahlten Arbeitslosenhilfe) deutlich erhöht hat. Hier spiegelt sich die Zunahme der Arbeitslosigkeit wider. Die Frühverrentungspolitik zur Bewältigung des Strukturwandels in West-, vor allem aber in Ostdeutschland schlägt sich im Bedeutungszuwachs der Renten und Pensionszahlungen ebenso nieder wie die folgenden des demografischen Wandels mit einer zunehmenden Alterung der Bevölkerung. Und schließlich sinkt aufgrund der allgemeinen Beschäftigungssituation einerseits die Fähigkeit der Haushalte kompensierende Familientransfers aufzubringen. Andererseits verbergen sich auch gesellschaftliche Trends, wie eine wachsende Erwerbsbeteiligung der Frauen, eine sinkende Geburtenrate und eine Abnahme von Eheschließungen, was insgesamt zu einem Rückgang der familiären Unterhaltsleistungen beiträgt.

Haushaltsnettoeinkommen der privaten Haushalte in Deutschland
(Mittelwert in Euro)

	1991	1994	1997	2000	2003	2004	2005
Äquivalenzeinkommen im Monat[1]							
Nominal (Mean)	946	1120	1195	1304	1396	1407	1416
Real (Mean)	1116	1205	1229	1304	1333	1319	1298
Steigerungsrate real (in %)[2]		8,0	2,0	6,1	2,2	-1,1	-1,6
Real (Median)	991	1098	1110	1176	1194	1173	1154
Preisindizes[4]							
Alte Bundesländer	83,7	92,6	97,1	100,0	103,4	106,2	108,3
Neue Bundesländer	70,4	91,5	97,2	100,0	103,4	106,2	108,3

[1]Vorläufige Berechnungen für 2005
[2]Prozentuale Steigerungsrate gegenüber dem in der Vorspalte angegebenen Zeitpunkt. Quelle: Destatis 2003.
[3]Preisindizes jeweils bezogen auf das Einkommensjahr (Vorjahr).
[4]Quelle: Destatis 2006.
Mean: arithmetisches Mittel, Median: Wert der die untere Hälfte der Einkommensbezieher von der oberen trennt.
Datenbasis: SOEP 1991–2005. Jan Goebel, Roland Habich, Peter Krause: SOEP 1991-2005, zit. n. Statistisches Bundesamt: Datenreport 2006, Wiesbaden 2006

Die verfügbaren durchschnittlichen Nettoäquivalenzeinkommen der privaten Haushalte sind monatlich nominal von 946 EUR im Jahr 1991 auf 1.407 im Jahr 2004 gestiegen, Schätzungen belaufen sich für 2005 auf 1.416 EUR. Dabei hat es in den 1990er Jahren durchaus noch z.T. beachtliche Zuwachsraten gegeben, doch sinken die realen Einkommen seit 2004. Nimmt man den Median-Wert, so ist das monatliche Nettoäquivalenzeinkommen real von 2003 bis 2005 pro Haushalt um 40 EUR gesunken. Dabei haben sich die Preisindizes zwischen den alten und den neuen Bundesländer seit Ende er 1990er Jahre angeglichen und entwickeln sich seitdem parallel.

Betrachtet man die Verteilung der Einkommensgruppen, so zeigt sich im zeitlichen Ablauf zunächst eine insgesamt relativ konstante Entwicklung der Einkommensungleichheit. Das bedeutet, dass sich die Einkommensanteile zwischen den einzelnen Einkommensgruppen nur geringfügig verschoben haben.

Einkommensungleichheit in Deutschland

	1991	1994	1997	2000	2003	2004	2005
Äquivalenzeinkommen im Monat (real)[1]							
Einkommensanteile in der Bevölkerung							
Ärmste 20%	9,7	9,9	10,1	10,0	9,4	9,5	9,4
Reichste 20%	35,2	35,2	34,4	34,7	36,1	35,8	35,9
Gini	0,26	0,25	0,24	0,25	0,26	0,26	0,26
Äquivalenzeinkommen im Vorjahr (real)							
Gini (Markteinkommen und Renten im Haushalt)		0,34	0,35	0,35	0,36	0,37	
Gini (Haushaltsnettoeinkommen)		0,27	0,27	0,27	0,28	0,28	
Gini-Verminderung durch Umverteilung (in %)		19,9	23,4	23,3	21,8	23,4	

[1]Vorläufige Berechnungen für 2005

Datenbasis: SOEP 1991 – 2005.

Quelle: Jan Goebel, Roland Habich und Peter Krause: SOEP 1991-2005, zit. n. Statistisches Bundesamt: Datenreport 2006, Wiesbaden 2006

Die Tabelle weist auf eine deutliche Spreizung der Einkommensanteile hin, die trotz der Umverteilungswirkungen der Sozialtransfers nicht überwunden werden kann. So können im Jahr 2005 die ärmsten 20 Prozent der Bevölkerung lediglich einen unterproportionalen Anteil von 9,4 Prozent am Gesamteinkommen auf sich vereinen. Demgegenüber weisen die 20 Prozent der reichsten Haushalte einen überproportionalen Einkommensanteil von 35,9 Prozent auf. Allerdings hat sich die Ungleichheit nicht weiter verschärft. Dabei ist allerdings zu bedenken, dass der Gini-Koeffizient als Ungleichheitsmaßstab nur dann gleich bleibt, wenn sich die fortlaufende Verteilung entsprechend der zuvor bestehenden Ungleichheit weiterentwickelt, sich folglich in absoluten Zahlen die Spanne zwischen den unteren und der oberen Einkommen sehr wohl weiter öffnet.

Eine Betrachtung der Verteilung nach *sozialen Gruppen* zeigt, dass sich die Selbständigenhaushalte verteilungspolitisch immer deutlich von den abhängig Beschäftigten absetzen und dass sie trotz eines Rückgangs ihres verteilungspolitischen Vorsprungs in der ersten Hälfte der 1990er Jahre nunmehr den Ausgangspunkt mehr als überschritten haben. Die Angestellten und Beamtenhaushalte haben sich knapp oberhalb des Haushaltsdurchschnitts unter geringfügigen Schwankungen halten können. Die Rentner haben leichte Verluste hinnehmen müssen. Die Einkommen der Arbeiterhaushalte haben sich unter der 100-Prozentgrenze eingependelt. Deutliches Schlusslicht bilden die Arbeitslosen- und die Haushalte der Sozialhilfeempfänger. Beide haben verteilungspolitisch gesehen sogar noch Abstriche hinnehmen müssen, wobei die Sozialhilfehaushalte die (alte) Armutsgrenze von 50 Prozent insgesamt unterschreiten.

Abb.: Relative Einkommenspositionen des gewichteten Nettoeinkommens privater Haushalte in Deutschland alte OECD Skala[1] in Prozent [2]

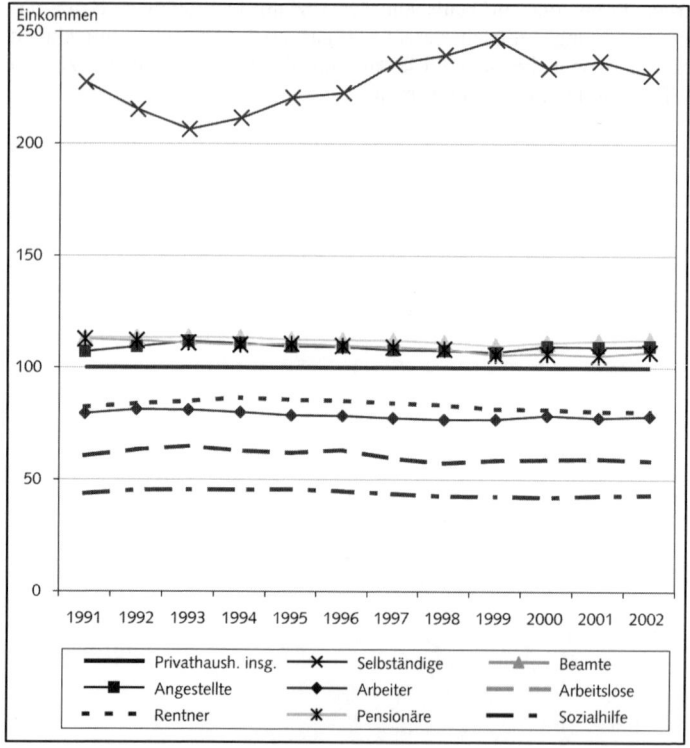

1) Zugrunde gelegt wird das durchschnittliche äquivalenzgewichtete Nettoeinkommen der Haushaltsgruppen: Um deren Einkommen trotz unterschiedlicher Personenzahl und Altersstruktur in den Haushalten vergleichbar zu machen, werden die Haushaltseinkommen nach dem sog. „alten" Vorschlag der OECD gewichtet: 1,0 für den ersten Erwachsenen im Haushalt, d.h. die Person mit dem größten individuellen Beitrag zum Haushaltseinkommen, 0,7 für jede weitere Person ab 15 Jahren und 0,5 für Kinder unter 15 Jahren.
2) Für das gewichtete Nettoeinkommen jeder Haushaltsgruppe wird das durchschnittliche Nettoeinkommen aller privaten Haushalte in jedem Jahr als Referenzwert = 100% zugrunde gelegt. Dieser Referenzwert entspricht der waagerechten 100%-Linie in der Grafik.

Quelle: Statistisches Bundesamt – Berechnungen Claus Schäfer, WSI-Mitteilungen Heft 11/2004, *S.* 590

Die Einkommenspositionen lassen sich auch relativ bezogen auf Einkommenssegmenten bestimmen. Das Sozio-Ökonomische Panel ermöglicht eine zeitnahe Darstellung und Bewertung.

Schichtung der Bevölkerung nach relativen Einkommenspositionen
(Bevölkerungsanteile in Prozent)

	Monatliches Haushaltsnettoeinkommen, äquivalenzgewichtet						
	1991	1994	1997	2000	2003	2004	2005
	in Prozent						
Höherer Wohlstand (>200 %)	4,0	3,9	3,4	3,3	4,4	4,3	4,2
Relativer Wohlstand (150-200%)	8,2	8,3	7,6	8,9	8,1	7,8	8,4
Gehobene Einkommenslage (125-150%)	10,9	9,6	10,1	10,9	9,6	9,9	10,1
Mittlere bis gehobene Einkommenslage (100-125%)	17,1	18,0	18,3	15,1	17,6	16,9	16,7
Untere bis mittlere Einkommenslage (75-100%)	25,0	27,4	28,8	30,3	25,7	26,7	26,3
Prekärer Wohlstand (50-75%)	25,4	24,6	23,9	22,7	23,7	23,7	23,8
Relative Armut (0-50%)	9,3	8,3	7,9	8,8	10,8	10,6	10,6

Datenbasis: SOEP 1991–2005.

Haushalte mit einem höheren Wohlstand, auch als *Reichtumsgrenze* gefasst, verfügen über mehr als das Doppelte des durchschnittlichen nach Haushaltsgröße gewichteten Nettoeinkommens. Sie machen zusammengenommen einen Anteil von ca. vier Prozent an der Wohnbevölkerung aus. Die relative Armut, hier umschrieben mit der Hälfte des äquivalenzgewichteten Haushaltsnettoeinkommens ist in den letzten Jahren angestiegen und hat sich seit 2003 bei einem Wert von gut 10 Prozent eingependelt. Deutlich wird auch, dass diese Quote im Jahr 2005, anders als befürchtet, als Folge der Hartz-Gesetzgebung bislang nicht angestiegen ist. Hartz IV hat die Armut in der Gesellschaft nur sichtbarer gemacht, die Armutsquote selbst aber nicht angehoben. Sicher aber ist auch, dass ein Absenken von Leistungen des SGB II bzw. eine der Preisentwicklung hinter her hinkende Anpassung die Armutsquote in Zukunft sehr wohl ansteigen lassen könnte.

Ökonomie der Armut – Zum Ausmaß sozialer Ausgrenzung

Die bundesdeutsche Gesellschaft ist reich, Reichtum ist sozial gesehen durchaus ein Massenphänomen. Dabei prägen nicht in erster Linie die offiziellen Einkommensmillionäre das Bild vom Reichtum in Deutschland sondern im Jahr 2003 ca. 2,5 Millionen Haushalte mit 3,6 Millionen Menschen, die über ein monatliches Nettoeinkommen von mehr als 5.000 EUR verfügen. Allerdings liegen etwa zwei Drittel dieser Haushalte im Einkommensbereich zwischen 5.000 - 6.500 EUR. Nimmt man die von *Richard Hauser* und *Irene Becker* veröffentlichten Zahlen, wonach zum Reichtum nicht nur ein Leben oberhalb der 200-Prozent-Grenze beim Einkommen, sondern auch beim Vermögen gehört, so waren 2003 in Deutschland 1,2 Millionen Haushalte mit zwei Millionen Menschen diesem ohne Zweifel als reich einzustufenden Personenkreis zuzuordnen.

Gleichzeitig zum stetig steigenden Wohlstand nimmt in Deutschland allerdings auch die Zahl der Personen zu, die ohne staatliche Hilfe ihr Auskommen nicht gewährleisten können. Damit hat sich die *Verteilungsschieflage* in den letzten Jahren aber insgesamt deutlich zugespitzt. Bis zur Zusammenlegung der Arbeitslosen- und der Sozialhilfe zum 1. Januar 2005 wurde im Kontext der relativen Einkommensarmut vor allem auf die Entwicklung der Sozialhilfestatistik zurückgegriffen. Zukünftig wird sich die Betrachtung an der Entwicklung des ALG II / Sozialgeldbezuges orientieren. Zugleich ist davon auszugehen, dass das Ausmaß der (Einkommens-)Armut in Deutschland zukünftig klarer abgebildet wird. Die vom Arbeitsmarkt ausgegrenzten Personen sind statistisch gesehen nicht mehr über unterschiedliche Hilfesysteme verteilt, sondern werden durch das SGB II erfasst. Da sich zudem die materiellen Leistungen des ALG II am SGB XII und damit an der bisherigen Sozialhilfe orientieren, haben die strukturellen Aussagen, die sich aus den bis Ende 2004 registrierten Sozialhilfezahlen ableiten lassen, auch für aktuelle Entwicklungen der Einkommens- und Armutsrisiken Aussagekraft.

Am Jahresende 2004 haben in Deutschland ca. 2,9 Millionen Personen Sozialhilfe bezogen. Dies stellt insbesondere in Westdeutschland eine beachtliche Steigerung gegenüber 1973 dar, dem letzten Jahr mit Vollbeschäftigung. Um diese brisante Entwicklung ,abzumildern‘, beschloss die vormalige CDU/CSU/FDP – Bundesregierung im Jahr 1994 eine Umstellung der Sozialhilfestatistik. Seitdem werden nicht mehr alle Personen eines Jahres, die ein- oder auch mehrmals Sozialhilfe beziehen, sondern nur die erfasst, die am 31. Dezember des jeweiligen Jahres im Leistungsbezug stehen. Durch diesen ,Kunstgriff‘ gelang zwar eine statistische Neubewertung des Problems, was die absolute Höhe angeht, der Trend der Entwicklung lässt sich aber nach wie vor nicht verdecken. Auch mit der veränderten Erfassungsmethode zeigt sich der weiter wachsende Anteil von Menschen, die zumindest zeitweilig auf (ergänzende) Leistungen nach dem SGB XII angewiesen sind. Von 1994 bis 2004 ist – entsprechend dieser jeweiligen Jahresendzahlen – die Anzahl der Empfängerinnen und Empfänger von Hilfe zum Lebensunterhalt im Rahmen des SGB XII insgesamt um 29,7 Prozent gestiegen, bei den deutschen Empfängern war ein Plus von 26,2 Prozent und bei den ausländischen eines von 44,2 Prozent zu verzeichnen. Stärker als der Anstieg bei allen Hilfeempfängern war der Zuwachs bei den 18-21-Jährigen (+74,0 Prozent) und bei den 21-25-Jährigen (+71,3 Prozent). Bei den 18-21-Jährigen war der Anstieg bei den deutschen Hilfeempfängern mit 91,9 % sogar größer als bei den ausländischen (21,3 Prozent). Insgesamt bezogen 2004 744.389 Kinder unter elf Jahren und 376.565 Kinder bzw. Jugendliche zwischen elf und 18 Jahren, damit insgesamt mehr als 1,1 Million Kinder und Jugendliche bis 18 Jahren Hilfen zum Lebensunterhalt. Hinzu kommt: Nur ein Teil der Hilfebedürftigen löst aus Scham, aus Unkenntnis oder aus Angst vor dem Bewilligungsverfahren seinen Anspruch beim Sozialamt ein. Wolfgang Strengmann-Kuhn hat errechnet, dass auf 100 Sozialhilfeempfängerinnen und -empfänger noch einmal 146 kommen, die ebenfalls einen Anspruch auf laufende Unterstützung durch das Sozialamt hätten; nimmt man die einmaligen Leistungen hinzu, so sind es sogar 234 zusätzliche Hilfeberechtigte (*Dunkelziffer*).

Empfänger/-innen laufender Hilfe zum Lebensunterhalt jeweils am 31.12. eines Jahres nach Alter, Staatsangehörigkeit und Geschlecht

Alter / Jahr	1994	1996	1998	2000	2002	2004	1994-2004 Index
0-11 Jahre	588.643	690.142	727.139	668.631	680.791	744.389	126,5
dar. Deutsche	471.322	528.087	565.177	534.507	554.075	616.953	130,8
dar. Ausl.	117.321	162.055	161.962	134.124	126.716	127.436	108,6
11-15 Jahre	166.339	194.978	213.028	203.174	207.890	222.406	133,7
dar. Deutsche	130.957	147.492	162.917	155.927	158.923	169.461	129,4
dar. Ausländer	35.382	47.486	50.111	47.247	48.967	52.945	149,6
15-18 Jahre	103.049	127.237	135.113	120.961	130.037	154.159	149,6
dar.Deutsche	78.544	92.380	100.663	91.251	98.083	116.994	148,9
dar. Ausl.	24.505	34.857	34.450	29.710	31.954	37.165	151,4
18-21 Jahre	74.395	99.669	113.296	104.814	108.180	129.466	174,0
dar. Deutsche	55.515	74.652	87.789	83.791	87.835	106.561	191,9
dar. Ausl.	18.880	25.017	25.507	21.023	20.345	22.905	121,3

21-25 Jahre	120.880	149.975	162.888	152.968	174.815	207.097	*171,3*
dar. Deutsche	91.993	109.729	125.991	124.902	145.233	174.299	*189,5*
dar. Ausl.	28.887	40.246	36.897	28.066	29.582	32.798	*113,5*
25 – 65 Jahre	1.023.653	1.265.080	1.363.699	1.247.143	1.277.247	1.384.738	*135,3*
dar. weiblich	613.776	746.777	798.934	736.703	735.477	803.531	*130,9*
dar. männlich	409.877	524.303	564.735	510.440	529.558	581.207	*141,8*
Über 65 Jahre	178.416	184.314	188.147	195.836	196.857	83.802	*46,9*
dar. weiblich	135.499	137.026	134.871	134.244	128.100	49.569	*36,6*
dar. männlich	42.917	47.288	53.276	61.592	68.749	34.233	*79,8*
Gesamtzahl	**2.255.375**	**2.717.395**	**2.903.280**	**2.693.527**	**2.775.817**	**2.926.057**	***129,7***
dar. Deutsche	1.813.827	2.079.268	2.237.168	2.098.589	2.159.131	2.289.491	*126,2*
dar. Ausl.	441.548	638.127	666.112	594.938	616.686	636.566	*144,2*
dar. weiblich	1.294.539	1.532.774	1.631.762	1.519.790	1.551.046	1.604.055	*123,9*
dar. männlich	960.836	1.184.621	1.271.518	1.173.737	1.224.771	1.322.002	*137,6*

Quelle: Statistisches Bundesamt, Sozialhilfe. Jahrgänge. 1994 – 2004

Es ist kaum begründungsbedürftig, dass sich der finanzielle Spielraum von Familien mit Kindern gegenüber kinderlosen deutlich verringert. Dies kann insbesondere bei steigendem Alter der Kinder problematisch werden, wenn deren (materielle) Bedürfnisse zunehmen oder aber wenn externe Faktoren das Familienbudget einschränken. Bezogen auf Haushaltstypen ist das Armutsrisiko von Ehepaaren ohne Kinder niedrig, auch bei Ehepaaren mit Kindern nur unterdurchschnittlich (0,8 und 2,5 Prozent). Die höchste Abhängigkeit von der Sozialhilfe ist bei den alleinerziehenden Frauen anzutreffen: Jeder vierte Haushalt ist hier auf Hilfen des Sozialamtes angewiesen (26,1 Prozent; bei weiblichen Alleinerziehenden mit drei und mehr Kindern: 49,1 Prozent).

In Folge dessen sind besonders Kinder und Jugendliche von Armut betroffen. So lebt ca. jedes siebte Kind bzw. jeder siebte Jugendliche unter 18 Jahren in Deutschland unter der Armutsgrenze (50 Prozent-Grenze). Die *Sozialhilfequote*, also der Anteil der Sozialhilfeempfänger an der Gesamtbevölkerung, liegt bei der Gruppe der bis siebenjährigen mit 9,9 Prozent fast dreimal so hoch wie die aller Sozialhilfebezieher (3,5 Prozent), bei Kindern und Jugendlichen unter 18 Jahren ist sie fast doppelt so hoch wie beim Durchschnitt aller (6,2 Prozent). Zwischen 1994 und 2004 hat die Zahl der 0-18-jährigen Sozialhilfeempfänger um fast ein knappes Drittel (30,6 Prozent) zugenommen. Für das Alterssegment der im Erwerbsalter Befindlichen stellt Arbeitslosigkeit das gravierendste Armutsrisiko dar, oft kann es aber auch in diesem Lebensalter bei Beziehern geringerer und auch mittlerer Einkommen schon genügen, wenn der Vermieter regelmäßig die gesetzlichen Spielräume für Mieterhöhungen ausnutzt, um in den Sozialhilfebezug zu rutschen.

Auch wenn die Armutspopulation nicht immer die gleiche Personengruppe umfasst, sondern eine *Dynamik* zwischen den Einkommenspositionen besteht, weisen derartige Steigerungen daraufhin, dass das Erleben von Armut für viele Kinder und Jugendliche eine Alltagserfahrung ist.

Lange Zeit galt *Altersarmut* als wesentliche Ursache von relativer Einkommensarmut. Hier haben sich gegenüber den 1960er und 1970er Jahren deutliche sozialpolitische Verbesserungen ergeben, insbesondere aufgrund der *Rente nach Mindesteinkommen*, wodurch jahrelange Lohndiskriminierungen von Frauen ausgeglichen wurden. Hinzu kommen bei nicht wenigen Rentnerinnen und Rentner neben der gesetzlichen Rente zusätzliche Einkommen (z.B. Kapitalerträge, Wohneigentum, betriebliche Zusatzversorgung), auf die sie zurückgreifen können. Im Jahr 2004 betrug die Sozialhilfequote bei Empfängerinnen und Empfängern älter als 65 Jahre denn auch weniger als sechs Prozent.

Insgesamt lassen sich signifikante Häufungen bei der Betroffenheit von Armut feststellen, die eher für soziale denn für individuelle Entstehungsursachen von prekären Lebenssituationen bei Einzelpersonen sowie Familien und damit auch den Kindern und Jugendlichen sprechen. Die sich verschärfende Armutsproblematik ist dabei weniger auf strukturelle Änderungen – also einen steigenden Bevölkerungsanteil armutsgefährdeter Personengruppen – zurückzuführen, sondern auf eine „zunehmende Verarmung einzelner der gefährdeten Teilgruppen."[36]

d. Die Mindestsicherungssysteme in Deutschland

In der Bundesrepublik Deutschland existieren unterschiedliche Instrumente zur Mindestsicherung, die auf erwerbstätige bzw. auf aus unterschiedlichen Gründen nicht erwerbstätige (Alter, Behinderung, Arbeitslosigkeit) Personengruppen ausgerichtet sind. Neben der steuerlichen Freistellung des Existenzminimums bei Einkommen unterscheidet man drei Arten der Mindestsicherung:

– Verbindung von Mindestsicherung und der (Re-) Integration in das Erwerbsleben (SGB II *Grundsicherung für Arbeitsuchende*)
– Sicherung von geldlichen Mindestleistungen ohne eine erwerbsarbeitsbezogene Mitwirkungspflicht (SGB XII *Sozialhilfe*)
– Sicherung des Existenzminimums von Asyl suchenden Personen (*Asylbewerberleistungsgesetz*).

---

36 Irene Becker: Die Entwicklung von Einkommensverteilung und Einkommensarmut in den alten Bundesländern von 1962 bis 1988, in: Irene Becker und Richard Hauser (Hg.): Einkommensverteilung und Armut. Deutschland auf dem Weg zur Vierfünftel-Gesellschaft?, Frankfurt am Main und New York, 1997, *S.* 59

Überleitung der Mindestsicherungsleistungen im Sozialrecht nach SGB XII und SGB II bei Arbeitslosigkeit und Bedürftigkeit

Sozialrechtliche Zuständigkeiten und leistungsrechtliche Ansprüche bei Arbeitslosigkeit und Bedürftigkeit bis zum 31. Dezember 2004

SGB III	BSHG		GSiG	AsylbLG
Arbeitslosengeld	Hilfe zum Lebensunterhalt	Hilfe in besonderen Lebenslagen	Grundsicherung im Alter und bei Erwerbsminderung (GSiG)	Leistungen für Asylbewerber/innen
Arbeitslosenhilfe				

HzL-Empfänger/innen werden aufgeteilt in:

Erwerbsfähige und Angehörige	Nicht Erwerbsfähige und Angehörige

Sozialrechtliche Zuständigkeiten und leistungsrechtliche Ansprüche bei Arbeitslosigkeit und Bedürftigkeit seit dem 1. Januar 2005

SGB III	SGB II	SGB XII			AsylbLG
Arbeitslosengeld (ALG I)	Grundsicherung für Arbeitssuchende und ihre Angehörigen (ALG II / Sozialgeld)	Hilfe zum Lebensunterhalt	Hilfen in besonderen Lebenslagen	Grundsicherung im Alter und bei Erwerbsminderung	überwiegend Sachleistungen sowie monatliches Taschengeld

Anspruchsberechtigt sind u.a.:

SGB III	SGB II	SGB XII	AsylbLG
In der Arbeitslosenversicherung versicherte, abhängig beschäftigte Personen	Erwerbsfähige Personen ab dem 15. bis zum 65. Lebensjahr. Teilweise erwerbsgeminderte Personen, die drei bis unter sechs Stunden erwerbstätig sein können	Personen, die nicht in der Lage sind, ihren notwendigen Lebensunterhalt selbst zu bestreiten und keinen Anspruch auf Leistungen nach SGBII, SGB III oder GSiG haben, bzw. denen die Aufbringung der Mittel für die Hilfen in besonderen Lebenslagen nicht zu zumuten ist.	Asylsuchende im Asylantragsverfahren. Personen mit Aufenthaltsbefugnis bzw. Duldung (§ 32 u. 55 Ausländergesetz. Bei Abschiebungsandrohung.
		Personen ab dem 65. Lebensjahr. Dauerhaft voll erwerbsgeminderte Personen Volljährige behinderte Personen, die nicht erwerbstätig sein können.	

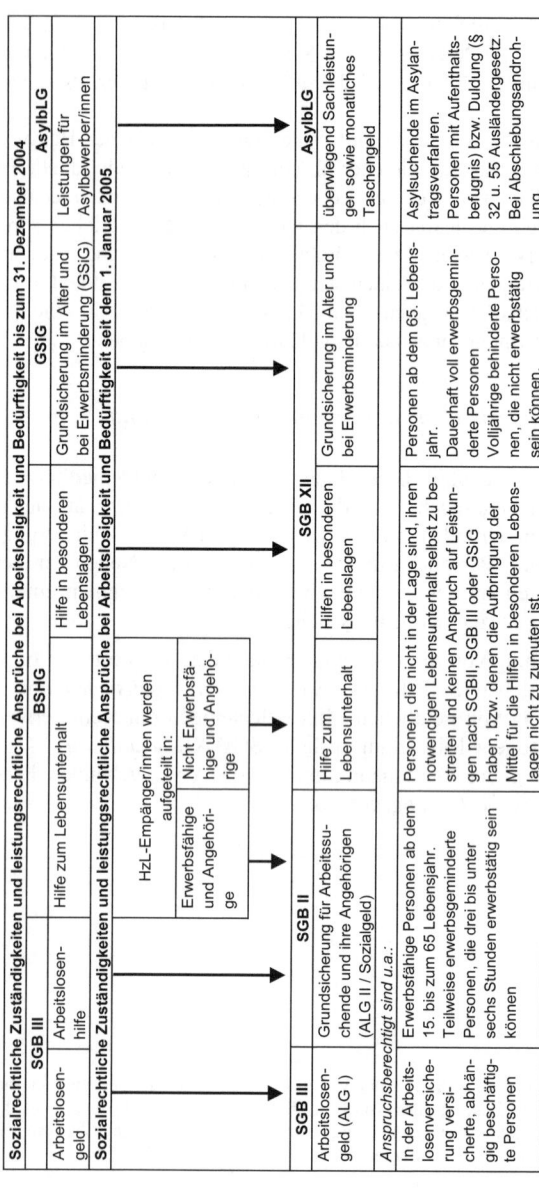

Quelle: eigene Darstellung nach Jonny Bruhn-Tripp und Gisela Tripp: Soziale Grundsicherung im Alter und bei Erwerbsminderung. Materialien zum Sozialrecht, Dortmund 2004, S. 15 und Peter-Christian Kunkel: Existenzsicherung in SGB II und SGB XII, in: Sozialrecht in Deutschland und Europa, Heft 5/2004, Starnberg 2004, S. 280

Das steuerrechtliche Existenzminimum

Um zu vermeiden, dass die steuerliche Belastung der Einkommen im Niedriglohnbereich einen Anspruch auf existenzsichernde Mindestsicherungsleistungen nach sich zieht, existiert für alle Steuerpflichtigen eine steuerrechtlicher Schutz des Existenzminimums. Nach Rechtsprechung des Bundesverfassungsgerichtes darf die steuerliche Belastung der Einkommen demnach nicht den notwendigen Lebensunterhalt einer einkommensteuerpflichtigen Person und ihrer Familie gefährden. Die Höhe des steuerlich zu verschonenden Existenzminimums kann der Gesetzgeber nach eigener Einschätzung festgelegen. In der Praxis orientiert er sich dabei an den Leistungen des Sozialhilferechts nach SGB XII als Referenzsystem. Dies gilt auch nach der Zusammenlegung von Arbeitslosen- und Sozialhilfe im SGB II.

Durch Beschluss des Bundestages vom 2. Juni 1995 muss die Bundesregierung alle zwei Jahre einen Bericht über die Höhe des Existenzminimums von Erwachsenen und Kindern vorlegen. Hierbei wird überprüft, ob die Freibeträge des Einkommensteuerrechtes das Existenzminimum ausreichend berücksichtigen. Die Berechnung des steuerlichen Existenzminimum umfasst die Kosten für den notwendigen Lebensunterhalt des Steuerpflichtigen und seiner Familienangehörigen (berechnet auf Basis der Regelsätze nach SGB XII), der Unterkunft (berechnet auf Basis der Wohngeldstatistik des Statistischen Bundesamtes), der Heizung (berechnet auf Grundlage der Einkommen- und Verbrauchstichprobe) sowie des Betreuungs- und Erziehungs- oder Ausbildungsbedarfes der Kinder (bemessen an den Freibeträgen des Einkommensteuerrechtes).

Sächliche Existenzminima und steuerliche Freibeträge (in Euro)

	Alleinstehende	Ehepaare	Kinder
Lebensunterhalt	4.164	7.488	2.688
Miete	2.592	3.984	804
Heizkosten	600	768	156
sächliches Existenzminimum analog Vorgaben nach SGB XII	7.356	12.240	3.648
steuerlicher Freibetrag nach aktuellem Einkommensteuerrecht	**7.664**	**15.329**	**3.648**

Quelle: Deutscher Bundestag: Bericht über die Höhe des Existenzminimums von Erwachsenen und Kindern für das Jahr 2005 (Fünfter Existenzminimumbericht), Drucksache 15/2462, Berlin 2004, *S.* 5.

Die Sozialhilfe nach SGB XII

Das *Bundessozialhilfegesetz* (BSHG) – verabschiedet 1961, in Kraft
getreten 1962 – leistet zum einen über die Gewährung der *Hilfe zum
Lebensunterhalt* (HzL) einen Einkommensersatz, zum anderen *Hilfen
in besonderen Lebenslagen* (HbL), etwa bei Behinderung, Pflegebedürftigkeit oder bei besonderen sozialen Schwierigkeiten etc. Sie stellt
eine steuerfinanzierte Fürsorgeleistung dar, die der kommunale Sozialstaat (zusammen mit den Leistungen des SGB II) als letztes Auf-
fangnetz im System der sozialen Sicherung bereitstellt. Bis zur Zusammenlegung der Sozial- und Arbeitslosenhilfe war das BSHG das
alleinige ,letzte Netz' der sozialen Sicherung. Das BSHG selbst wurde
am 1. Januar 2005 als Zwölftes Buch in das Sozialgesetzbuch integriert. Gleichzeitig wurde die bisherige systematische Aufteilung von
Leistungen in *Hilfen zum Lebensunterhalt* und *Hilfen in besonderen
Lebenslagen* aufgegeben, die Leistungsinhalte sind der Sache nach jedoch weitgehend erhalten geblieben. Das SGB XII ist zugleich *Referenzsystem* für viele, in der Regel steuerfinanzierte Fürsorgeleistungen, wie etwa das Arbeitslosengeld II.

Mit der Eingliederung ist der Kreis der Anspruchberechtigten stark
eingeschränkt worden. In den Geltungsbereich fallen nur noch nicht-
erwerbsfähige Personen und deren Angehörigen und nach der Eingli-
derung der Grundsicherung im Alter und bei Erwerbsminderung als
Viertes Kapitel in das SGB XII Personen über 65 Jahre sowie dauerhaft voll erwerbsgeminderte (behinderte) Personen. Damit ist die Zahl
der Bezieherinnen und Bezieher von Sozialhilfe gegenüber der alten
Gesetzeslage um ca. 90 Prozent gesunken. Das SGB XII hat jetzt wieder seine ursprüngliche Funktion als einzelfallbezogene Sonderleis-
tung in kommunaler Trägerschaft und Finanzierung übernommen.

Nach Paragraph 1 SGB XII ist es Aufgabe der Sozialhilfe, dem
Empfänger „die Führung eines Lebens zu ermöglichen, das der Würde
des Menschen entspricht." Die Hilfeleistung soll eine kurzfristige
Nothilfe sein und die Bezieher dabei unterstützen, „unabhängig von
ihr zu leben", zugleich ist damit die Aufforderung an den Leistungsbezieher verbunden, darauf „nach ihren Kräften hinzuarbeiten." Das
SGB XII sichert Menschen ab, die ihren Lebensunterhalt nicht durch
eigene Erwerbsarbeit bestreiten können. Seinem Wesen nach schafft
es dabei für all die sozialen Risiken eine Absicherung, die nicht durch
andere Systeme aufgefangen werden, etwa durch die Sozialversicherung, staatliche Versorgungssysteme oder Ansprüche an private Per-

sonen (*Nachrangigkeitsprinzip*). Vor der Leistungserbringung durch
den örtlichen Träger der Sozialhilfe erfolgt eine *Bedürftigkeitsprüfung*. Hier werden auch die Ansprüche gegenüber Unterhaltspflichtigen geprüft: der Eltern gegenüber den Kindern und umgekehrt. Bei
diesen Verpflichtungen im Rahmen der *Familiensubsidiarität* gibt es
zwar keine altersmäßige, aber neuerdings durch höchstrichterliche
Rechtssprechung vom finanziellen Volumen her eine Begrenzung.
Vorhandenes Vermögen muss vor Inanspruchnahme der Hilfen eingesetzt werden, wobei sowohl im Fall der HzL wie auch bei der HbL ein
Schonvermögen zurück behalten werden darf. Dabei muss die Sozialhilfe nicht beantragt werden, denn sie ist zu gewähren, sobald dem
Träger der Sozialhilfe der Bedarfsfall bekannt wird. Sozialhilfe kann
auch im Ausland gewährt werden, allerdings nur für Angehörige von
nicht transportfähigen Personen, Opfer hoheitlicher Gewalt im Ausland und emigrierte Opfer des Nationalsozialismus.

Die ‚klassische' Sozialhilfe – Hilfe zum Lebensunterhalt

Anspruch auf Hilfe zum Lebensunterhalt besteht nach Paragraph 19
Absatz 1 SGB XII, wenn Personen ihren „notwendigen Lebensunterhalt nicht oder nicht ausreichend aus eigenen Kräften und Mitteln,
insbesondere aus ihrem Einkommen und Vermögen, beschaffen können." Art, Form und Umfang der Hilfeleistung richten sich immer
nach dem Einzelfall (*Individualisierungsprinzip*). Der notwendige Lebensunterhalt umfasst dabei insbesondere die Aufwendungen für Ernährung, Wohnung, Kleidung, Körperpflege, Hausrat, Heizung und
die Bedürfnisse des täglichen Lebens, was laut Gesetz ausdrücklich
auch eine angemessene Teilhabe am kulturellen Leben einschließt
(*Bedarfsdeckungsprinzip*).

Die Hilfe wird in Form des sog. (*Eck-*)*Regelsatzes* gewährt. Dieser
wird jährlich von den Landesregierungen zum 1. Juli durch Rechts-
verordnung festgesetzt. Die Datengrundlage bilden dabei die Ergebnisse der Einkommens- und Verbrauchsstichprobe (EVS). Dabei können regionale Unterschiede mitberücksichtigt werden. Auf der Basis
der EVS 2003 wurden die Regelsätze im Mai 2006 bundesweit auf
345 EUR festgelegt. Zugleich wurden die Regelsätze inhaltlich neu
gefasst und enthalten nunmehr in pauschalierter Form den Großteil der
bisherigen *einmaligen Leistungen*. Hierdurch fällt für die Hilfebezieher der bis dato notwendige Gang zum Sozialamt für die Beantragung
einzelner Hilfen weg. Haushaltsangehörige erhalten bis zum 14. Le-

bensjahr 60 Prozent und ab dem 15. Lebensjahr 80 Prozent des Eckregelsatzes des Haushaltsvorstandes. Hieraus ergibt sich gegenüber der alten Regelung eine materielle Verbesserung für Kinder bis zum siebten Lebensjahr und eine Verschlechterung für Kinder zwischen acht bis 18 Jahren. Für besondere Lebensumstände besteht nach Paragraph 30 SGB XII Anspruch auf *Mehrbedarfe* (z.B. bei besonderer Ernährung, Schwangerschaft, Alleinerziehende). Und schließlich sieht Paragraph 31 SGB XII die Gewährung einmaliger Hilfen für besondere Anlässe vor (z.B. Erstausstattung für Wohnung und Bekleidung). Eheähnliche Lebensgemeinschaften werden den Haushalten von Verheirateten gleichgestellt.

Nach Paragraph 29 SGB XII werden die *Kosten für die Unterkunft* übernommen, allerdings im Regelfall nur innerhalb der Grenzen, die sich aus dem *Wohngeldgesetz* ergeben. Zwar sind mit der Einführung des SGB II die bis dahin möglichen *Hilfen zur Arbeit* aus dem SGB XII herausgenommen, gleichwohl kann im Rahmen der Mitwirkungspflichten das Sozialamt Hilfeempfänger auch dazu anhalten, zu arbeiten bzw. sich an berufsvorbereitenden Maßnahmen zu beteiligen. Wenn Leistungsberechtigte durch die Aufnahme einer zumutbaren Tätigkeit eigenes Einkommen erzielen können, sind sie zur Beschäftigungsaufnahme sogar verpflichtet. Um die Leistungsempfänger bei der Überwindung der Bedürftigkeit zu unterstützen, werden im Sinne des Fördern und Forderns die *Aktivierungselemente* durch bessere Beratungsleistungen, gegenseitige schriftliche Vereinbarungen (Förderplanverfahren) und die Bereitstellung von Tagesbetreuungsplätzen für die Kinder Alleinerziehender gestärkt (Paragraph 11 SGB XII). Andererseits können nach Paragraph 39 SGB XII die Leistungen auch in Stufen von 25 Prozent gekürzt werden, wenn die Hilfeempfänger entgegen ihrer Verpflichtung die Aufnahme einer Tätigkeit oder die Teilnahme an einer vorbereitenden Maßnahme ablehnen.

Die Grundsicherung bei Alter und dauerhafter Erwerbsunfähigkeit

Das Grundsicherungsgesetz (GSiG) wurde im Jahr 2003 beschlossen, um durch eine Erhöhung der Grenzen für den Rückgriff auf die Einkommen der Kinder bzw. der Eltern auf 100.000 Euro im Jahr einerseits vor allem ältere Menschen mit kleinen Rentenzahlungen aus der *‚verschämten Armut'* zu holen und andererseits behinderte Menschen gegenüber deren Eltern bzw. der öffentlichen Hand eine eigenständigere Rechtsposition zu geben. Das Gesetz ist seit dem 1. Januar 2005 in inhaltlich unveränderter Form als Viertes Kapitel in das Zwölfte Sozialgesetzbuch integriert. Damit gibt es keinen eigenen Träger der Grundsicherung mehr, für die Erbringung ist der örtliche Sozialhilfeträger zuständig. Die Höhe der Leistungen folgt den Regeln der Sozialhilfe nach SGB XII. Nach den aktuellen Zahlen des Statistischen Bundesamtes erhielten am 31. Dezember 2004 ca. 526.000 Menschen Leistungen aus dem GSiG. Das entspricht gegenüber dem Jahr 2003 einem Zuwachs von etwa 20 Prozent. Ungefähr 233.000 Menschen im Alter zwischen 18 und 64 Jahren haben wegen ihrer dauerhaften Erwerbsunfähigkeit die neue Leistung bezogen (44 Prozent der Gesamtempfänger); 293.000 Menschen waren bereits im Rentenalter. Damit bezogen im Jahr 2004 1,9 Prozent aller Menschen über 65 Jahren Leistungen nach GSiG.

Weitere Hilfen nach SGB XII Sozialhilfe

Mit der Eingliederung des BSHG in das Sozialgesetzbuch ist die eigenständige Darstellung der Hilfen in besonderen Lebenslagen weggefallen. Nach wie vor können die Leistungsempfänger jedoch auf folgende Hilfen zurückgreifen:

Im Rahmen der *Hilfen zur Gesundheit* nach den Paragraphen 47 bis 52 SGB XII werden für Personen, die nicht dem Schutz der Gesetzlichen oder Privaten Krankenversicherung unterliegen Hilfen gewährt, die entweder präventiv oder kurativ geeignet sind, eine Krankheit oder sonstigen gesundheitlichen Schaden abzuwenden. So können z.B. die Kosten für Vorsorgeuntersuchungen oder Kuren bzw. einer stationären oder ambulanten ärztlichen und zahnärztlichen Behandlung übernommen werden. Auch die Kosten für notwendige Medikamente bzw. sonstige medizinische Hilfsmittel sind erstattungsfähig. Nach Paragraph 48 SGB XII und Paragraph 264 SGB V (Gesetzliche Krankenversicherung) werden die Leistungen zur Gesundheits- und Krankenhilfe seit dem 1. Januar 2004 nur noch nachrangig gegenüber der GKV gewährt, denn Sozialhilfebezieher/-innen müssen nunmehr in eine gesetzliche Krankenkasse aufgenommen werden. Damit unterstehen sie wie jede(r) Pflichtversicherte dem Leistungsspektrum der GKV und erhalten eine eigene Versichertenkarte.

Die *Eingliederungshilfen für behinderte und pflegebedürftige Menschen* nach den Paragraphen 53 bis 60 SGB XII richten sich im Umfang nach den Bestimmungen des SGB IX (Rehabilitation und Teilhabe behinderter Menschen). Mit Paragraph 57 SGB XII ist die Möglichkeit geschaffen worden, die Leistungen in Form eines trägerübergreifenden *Persönlichen Budgets* zu erhalten. Hierbei handelt es sich um eine Geldleistung, mit der bestimmte Betreuungsleistungen individuell ausgestaltet und bezahlt werden können. Dieses Instrument soll bis Ende 2007 erprobt und dann ab 2008 Rechtsanspruch werden.

Im Rahmen der *Hilfe zur Pflege* werden nach den Paragraphen 61 bis 66 SGB XII für die Personen, die nicht durch die Gesetzliche Pflegeversicherung erreicht werden, analoge Hilfeleistungen (ambulante bzw. (teil-)stationäre Pflege) zur Verfügung gestellt.

Nach den Paragraphen 67 bis 69 SGB XII werden *Hilfen zur Überwindung besonderer sozialer Schwierigkeiten* erbracht. Sie richten sich an Personen, bei denen besondere Lebensverhältnisse mit sozialen Schwierigkeiten verbunden sind. Zum Hilfeangebot gehören Maßnahmen zur Ausbildung, Erlangung und Sicherung eines Arbeitsplatzes. Hierzu zählen z.B. Arbeitsmittel, die dem Aufbau bzw. der Sicherung des Lebensunterhaltes dienlich sind. Allerdings sind die Leistungen des *Arbeitsförderungsgesetzes* (*AFG*) vorrangig auszuschöpfen. Außerdem können Leistungen zur Erhaltung bzw. Beschaffung einer Wohnung gewährt werden.

Die Paragraphen 70 bis 74 SGB XII regeln die *Hilfen in anderen Lebenslagen*. Hierzu zählt die Altenhilfe, die die Teilhabe älterer Menschen am gesellschaftlichen Leben sichern, eine altersgerechte Ausstattung der Wohnung ermöglichen sowie durch ein umfassendes Beratungsangebot den Zugang zu altersgerechten Dienstleistungen unterstützen soll. Die Leistungen im Rahmen der *Blindenhilfe* werden hier ebenso geführt wie die *Übernahme der Bestattungskosten*.

Das Asylbewerberleistungsgesetz

Durch das Asylbewerberleistungsgesetz als Sondersystem der Mindestsicherung ist der Zugang zu Mindestsicherungsleistungen für Asylbewerber in den ersten drei Jahren ihres Aufenthaltes in Deutschland seit 1993 deutlich eingeschränkt (Paragraph 2 Abs. 1 AsylbLG). Sie haben keinen Anspruch auf Leistungen nach SGB XII, sondern erhalten gekürzte Sachleistungen sowie ein Taschengeld. Als Grundversorgung werden Sachleistungen für den notwendigen Bedarf an Nahrungsmitteln, Unterkunft, Kleidung und Hygieneartikeln gewährt. Die Erbringung dieser Leistungen als Geldzahlung bzw. Wertgutschein ist nur in Ausnahmefällen möglich. Die medizinische Versorgung ist auf

akute Erkrankungen und Schmerzzustände beschränkt. Für arbeitsfähige, nicht erwerbstätige Leistungsbezieher besteht die Pflicht zur Annahme einer angebotenen Arbeitsgelegenheit ohne arbeitsvertragliche
Grundlage. Und schließlich muss eventuell verfügbares Einkommen
(unter Berücksichtigung von Freibeträgen) und Vermögen vor Inanspruchnahme des Asylbewerberleitungsgesetzes zur Sicherung des eigenen Lebensunterhaltes eingesetzt werden.

Die Zahl der Leistungsbezieher nach dem Asylbewerberleistungsgesetz geht seit Jahren kontinuierlich zurück, bundesweit um 12,9
Prozent. Das sind im Jahr 2004 absolut 230.107 Leistungsempfängern
gegenüber 264.240 im Jahr 2003. Gegenüber dem Höchststand im Jahr
1996 mit 460.000 Leistungsbeziehern hat sich in den letzten acht Jahren deren Anzahl also genau halbiert. Parallel zur Entwicklung der
Zahl der Empfängerinnen und Empfänger verläuft die Kostenentwicklung. Lagen die Bruttoausgaben (ohne Erstattungen anderer Sozialleistungsträger) im Jahr 1996 noch bei 2,9 Mrd. Euro, so sanken diese im
Jahr 2004 auf 1,31 Mrd. Euro ab. 970 Mio. Euro davon wurden für die
Regelleistungen, 340 Mio. Euro für besondere Leistungen (v.a. Leistungen für Krankheit, Schwangerschaft, Geburt) aufgewendet.

Das Arbeitslosengeld II / Sozialgeld nach SGB II

Auch nach der am 1. Januar 2005 in Kraft getretenen Neuordnung der
Sozial- und Arbeitslosenhilfe für Personen, die über kein existenzsi-
cherndes Einkommen verfügen, ist der Zugang zu den Mindestsicherungsleistungen weiterhin generell gewährleistet. Während aber bislang die kommunal getragene Sozialhilfe immer mehr Auffangbecken
für die Personen wurde, die keine oder nicht länger Ansprüche aus der
Arbeitslosenversicherung realisieren konnten, differenziert das neue
Leistungsrecht im Bereich der Mindestsicherung nun anhand der
grundsätzlichen Erwerbsfähigkeit einer Person und nicht länger nach
leistungsrechtlichen Anwartschaften in der Arbeitslosenversicherung.
Unabhängig von der Frage, ob die neue Grundsicherung für Arbeitssuchende nach SGB II eine ausreichende materielle Unterstützung darstellt und für eine rasche Integration in den Arbeitsmarkt geeignet ist,
bleibt gleichwohl festzuhalten, dass jetzt die Folgekosten der langanhaltenden Massenarbeitslosigkeit nicht länger in den kommunalen
(Sozialhilfe-)Haushalten aufgefangen werden müssen. Durch die Finanzierung des ALG II aus dem allgemeinen Steueraufkommen des

Bundes ergibt sich hier eine breitere gesellschaftliche Lastenverteilung.

Dem Ansatz der Aktivierung und des Fördern und Forderns staatlicher Sozialpolitik folgend, haben jetzt auch die Personengruppen Anspruch auf Leistungen der aktiven Arbeitsmarktpolitik nach dem SGB
III, die bislang durch die Zuordnung in die Sozialhilfe (BSHG/SGB
XII) von diesen Instrumenten ausgeschlossen und allein auf kommunale Beschäftigungsförderung verwiesen waren. Zugleich ist die materielle Leistungserbringung durch Pauschalisierungen des Regelsatzes
übersichtlicher und einfacher, in nicht wenigen Fällen früherer Arbeitslosenhilfebezieher aber auch niedriger geworden (zu den Detailregelungen vgl. Kap. 3.3.1 Arbeit und Arbeitsschutz). Dies gilt insbesondere in den Fällen, in denen wegen des Partnereinkommens kein
Anspruch auf die neue Mindestsicherungsleistungen für Erwerbsfähige und deren Angehörige nach SGB II (ALG II) besteht.

Mit der Zusammenlegung der Arbeitslosen- und Sozialhilfe zum 1.
Januar 2005 bekommt die Mindestsicherung für Arbeitssuchende und
ihre Angehörigen (ALG II) einen besonderen Stellenwert. Bezogen
auf die Zahl der Empfängerrinnen und Empfänger stellt sie nunmehr
die Transferleistung mit dem am Abstand größten Wirkungskreis dar.
War in der Vergangenheit in der Armutsforschung die Entwicklung
der Sozialhilfe nach BSHG ein zentraler Indikator zur Bewertung sozialer Ausgrenzungstatbestände, wird hier in Zukunft die Inanspruchnahme von Arbeitslosengeld II und Sozialgeld im Mittelpunkt stehen.

Zur Angemessenheit der Mindestsicherungsleistungen

Nach Paragraph 1 SGB XII ist es Aufgabe der Sozialhilfe, „den Leistungsberechtigten die Führung eines Lebens zu ermöglichen, das der
Würde des Menschen entspricht." Gleichwohl wird die Frage, ob die
Höhe der Regelsätze und Sonderbedarfe tatsächlich geeignet sind, soziale Inklusion zu gewährleisten, immer wieder kontrovers diskutiert.
So hat der Deutsche Paritätische Wohlfahrtsverband (DPWV) im Zuge der Zusammenlegung der Arbeitslosenhilfe und der Sozialhilfe zum
Arbeitslosengeld II in mehreren Expertisen und Stellungnahmen darauf hingewiesen, dass zum einen die Regelsätze des ALG II (und damit auch der Sozialhilfe nach SGB XII) zu niedrig bemessen sind, um
das soziokulturelle Minimum zu gewährleisten. Ausgehend vom aktuellen Eckregelsatz von 345 Euro errechnet der DPWV eine Unterdeckung von 67 Euro oder 19 Prozent. Die Bundestagsfraktion „Die

Linke" hält sogar eine Anhebung um 75 Euro für erforderlich. Bei einer Anhebung würden sich zumindest für die Sozialhilfe Konflikte mit dem Lohnabstandsgebot nach Paragraph 28 Abs. 4 SGB XII ergeben, weil deren Leistungen dann über den durchschnittlichen Einkommen unterer Lohn- und Gehaltsgruppen (West) liegen würden. Das Arbeitslosengeld II nach SGB II kennt zwar keine Lohnabstandsregelung, da das SGB XII aber als Referenzsystem gilt, greift die gleiche Logik. Im Ergebnis führt der Weg zu höheren Regelsätzen also nur über eine geänderte Lohnpolitik der Tarifpartner, eine Aufweichung des Lohnabstandsgebotes und/oder eine Mindestlohngesetzgebung.

Zum anderen hat nach Einschätzung des DPWV die Einführung des ALG II in der ersten Jahreshälfte 2005 zu einer drastischen Zunahme der Zahl der Personen geführt, die auf dem Niveau der Mindestsicherung leben müssen: von ca. drei Mio. auf 6,16 Mio. Bezieher. Bei den Kindern unter 15 Jahren hat der Verband für denselben Zeitraum eine Zunahme von ca. 750.000 auf 1,7 Mio. Kinder errechnet. Hierbei ist zu beachten, dass sich für die von der Arbeitslosenhilfe in das ALG II übergeleiteten Personen in zweifacher Hinsicht Leistungskürzungen ergeben konnten. So kann erstens das ALG II niedriger sein, als die vormals bezogene Arbeitslosenhilfe, deren Höhe Bezug zum ursprünglichen Nettoverdienst hatte. Zweitens wurden die Bestimmungen zur Anrechung des Partnereinkommens bei der Gewährung von ALG II verschärft, mit der Folge, dass in nicht wenigen Fällen ein eigener Leistungsanspruch auf ALG II zumindest teilweise verfallen ist.

Eine aktuelle Studie im Auftrag der gewerkschaftsnahen Hans-Böckler-Stiftung bestätigt die Verteilungsfolgen dieser Zusammenhänge und kommt zu dem Ergebnis, dass durch die Zusammenlegung der beiden Transferleistungen vor allem eine Umverteilung „von unten nach ganz unten" zustande komme. Das ALG II verteile demnach Einkommen zwischen den ärmsten Haushalten um. Im Ergebnis stellten sich etwa 40 Prozent der Haushalte besser (durchschnittliche Erhöhung des Haushaltseinkommens zwischen 18 – 30 Prozent) und 60 Prozent schlechter (durchschnittliche Absenkung des bedarfsgewichteten Haushaltseinkommen um 20 Prozent) als vor der Reform. Durch die Besserstellung werden vor allem die Personengruppen erreicht, die vorher in verdeckter Armut gelebt hatten, weil sie ihre niedrigen Arbeitslosenhilfen nicht durch ergänzende Sozialhilfe aufgestockt haben. Auf der Verliererseite stellen sich die Effekte vor allem durch die verschärfte Anrechnung des Partnereinkommens ein, was vor allem arbeitslose Frauen im Arbeitslosenhilfebezug betrifft.

Zwar teilt die Bundesregierung nicht die Kritik des DPWV an der Berechnung und Höhe der Regelsätze in SGB XII und SGB II, gleichwohl lässt sich auch auf regierungsamtlicher Ebene ein Einstellungswandel bezogen auf die soziale Integrationskraft der Mindestsicherungsleistungen nach SGB XII und SGB II feststellen. Galt vor allem in den 1970er und 1980er Jahren der Bezug von Sozialhilfe noch als „bekämpfte Armut", so stellt der 2. Nationale Armuts- und Reichtumsbericht in dem Eingeständnis, dass „Armutsrisiken auch die Mitte der Gesellschaft bedrohen können", soziale Ungleichheit „eine Tatsache" und „in manchen Bereichen in den letzten Jahren gewachsen" klar heraus, dass Mindestsicherungsleistungen vor allem auf die Überwindung kurzfristiger Notlagen ausgerichtet sind, ihr längerfristiger Bezug jedoch Armut und soziale Ausgrenzung nur unzureichend entgegenwirken kann.

Kostenentwicklung im SGB XII Sozialhilfe und SGB II Grundsicherung für Arbeitssuchende

Die *Kosten der Sozialhilfe* müssen im Wesentlichen von den Kommunen aufgebracht werden. Zum 1. Januar 2005 sind mit der Zusammenlegung von Teilen der Sozialhilfe und der Arbeitslosenhilfe im Arbeitslosengeld II gravierende Veränderungen vorgenommen worden. Retrospektiv für die Zeit bis 2004 lässt sich festhalten,, dass seit dem Jahr 1980 die Kosten für die Hilfe zum Lebensunterhalt stärker als die kommunalen Einnahmen angestiegen sind und viele Gemeinden versuchten, den Anstieg durch rigidere Vergabepraktiken und den abschreckenden Einsatz von „Hilfen zur Arbeit" abzumildern. Im Zusammenspiel mit gesetzlichen Leistungseinschnitten (*Asylbewerberleistungsgesetz*) bzw. durch die (stufenweise) Einführung der Sozialen Pflegeversicherung (Sozialgesetzbuch XI) im Jahr 1995 ist es in der Vergangenheit zwar zu Einspareffekten gekommen. Sieht man aber von einer rückläufigen Ausgabenentwicklung bei den Hilfen zum Lebensunterhalt in den Jahren 1994 sowie zwischen 1999 bis 2001 und bei den Hilfen in besonderen Lebenslagen zwischen den Jahren 1995 bis 1998 ab, so ist insgesamt der Trend steigender Ausgaben seit Einführung des Bundessozialhilfegesetzes nie wirkungsvoll durchbrochen worden. Im Jahr 2004 wurden in Deutschland insgesamt 26,351 Mrd. EUR (brutto) für die Leistungserbringung im damaligen BSHG aufgewendet. Dem standen Einnahmen in Höhe von 3,376 Mrd. EUR gegenüber, die den Sozialhilfeträgern im Wesentlichen von anderen Sozialleistungsträgern zu geflossen sind. Netto beliefen sich die gesam-

ten Ausgaben damit auf 22,974 Mrd. EUR. Von den gesamten Sozialhilfeausgaben (brutto) entfielen im Jahr 2004 etwa 9,980 Mrd. EUR
auf die laufende Hilfe zum Lebensunterhalt. Den nach wie vor größten
Kostenblock belegen die Hilfen in besonderen Lebenslagen. Im Jahr
2004 beliefen sich die Bruttoausgaben auf 16,370 Mrd. EUR. Dabei
nehmen insbesondere die Eingliederungshilfen für behinderte Menschen mit 11,486 Mrd. EUR eine dominierende Stellung ein. Die Hilfen in besonderen Lebenslagen werden im Gegensatz zur Hilfe zum
Lebensunterhalt zum überwiegenden Teil (85 Prozent) an Menschen
innerhalb von Einrichtungen gezahlt. Hierzu zählen Alten- und Pflegeheime bzw. Werkstätten für behinderte Menschen. Die Kostenstruktur der Sozialhilfe wird sich zukünftig deutlich ändern. So werden die
Anteile der Hilfen zum Lebensunterhalt zurückgehen. Für die Leistungen in besonderen Lebenslagen ist dieser Rückgang nicht zu erwarten, denn insbesondere die Eingliederungshilfen für behinderte Menschen bleiben von der Zusammenlegung unberührt.

Während im SGB XII die Kosten tendenziell sinken werden, ist im
SGB II eine gegenläufige Entwicklung zu beobachten. Seit der Zusammenlegung steigen die Zahlen der Hilfeempfänger kontinuierlich
an. Das ist keine Folge des neuen Fürsorgesystems, es ist vielmehr ein
Indiz für das Versagen der Förderinstrumente angesichts eines Arbeitsmarktes, der die Grenze seiner Aufnahmefähigkeit offenbar gerade für die Problemgruppen am Arbeitsmarkt längst erreicht hat.

Leistungsempfänger nach SGB III und SGB II

Gesamtdeutschland	April 2006	Mai 2006
SGB III		
Arbeitslosengeldempfänger (ALG I)	1.672.000	1.567.000
davon arbeitslose Empfänger	1.359.000	1.264.000
SGB II		
Arbeitslosengeld II Empfänger	5.202.000	5.247.000
davon arbeitslose Empfänger	2.979.000	2.919.000
davon Sozialgeld Empfänger	1.859.000	1.876.000
Bedarfsgemeinschaften	3.918.000	3.960.000
darin lebten	7.061.000 Personen	7.120.000 Personen

Quelle: Bundesagentur für Arbeit: Der Arbeits- und Ausbildungsmarkt in Deutschland. Monatsbericht Mai 2006, Nürnberg 2006, S. 5 (Angaben gerundet)

Parallel zur Zahl der Empfänger steigen auch die damit verbundenen
Kosten: Entgegen den ursprünglichen Berechnungen mussten im Jahr
2005 statt der veranschlagten 14 Mrd. EUR rund 25 Mrd. EUR auf-

gewendet werden. Addiert man die Kosten für Unterkunft, Integration und Verwaltung hinzu, ergeben sich Gesamtausgaben in Höhe von 44,4 Mrd. EUR. Im laufenden Jahr 2006 werden weitere Kostenanstiege erwartet.

Kosten der Arbeitslosigkeit nach altem und neuem Fürsorgerecht in Mrd. EUR

	2004	2005
	Altes Recht	Neues Recht
Wohngeld für Erwerbsfähige	4,0	12,1
Verwaltungskosten	2,5	3,5
Arbeitslosenhilfe	18,8	---
Sozialhilfe für Erwerbsfähige	7,8	---
Arbeitslosengeld II	---	25,0
Eingliederungsleistungen	5,5	3,6

Quelle: Angaben der Bundesregierung nach DER SPIEGEL Heft 22/2006, *S.* 31

Nach Angaben der Bundesregierung betrugen die Kosten der Arbeitslosen- und Sozialhilfe im Jahr 2004 zusammen 26,6 Mrd. EUR für jahresdurchschnittlich 4,4 Mio. Arbeitslose. Im Jahr 2005 wurden trotz höherer jahresdurchschnittlicher Arbeitslosigkeit von 4,9 Mio. Personen aber nur 25 Mrd. EUR verausgabt. Wären die Betroffenen also nach altem Recht zu bezahlen, wären die Kosten noch weitaus stärker gestiegen, als dies nun aufgrund der zunehmenden Arbeitslosigkeit der Fall. Zugleich fällt die Verdreifachung der Unterkunftskosten auf. Dahinter verbirgt sich die zunehmende Zahl von Bedarfsgemeinschaften. Und schließlich drittens ist festzustellen, dass trotz des Anspruches auf verstärktes Fördern, die Ausgaben für Eingliederungsleistungen um 1,9 Mrd. EUR zurück gefahren wurden.

Noch keine zwei Jahre in Kraft hat die *Kostenentwicklung beim Arbeitslosengeld II / Sozialgeld* in der Politik so bereits zu hektischen Reaktionen geführt. Auf Grundlage einer nicht-repräsentativen Telefonumfrage der Bundesagentur für Arbeit und animiert von Medienberichten über Sozialleistungsmissbrauch im Bereich des SGB II veröffentlichte das damals noch in der Verantwortung von Wolfgang Clement stehende Bundesministerium für Wirtschaft und Arbeit (BMWA) in diesem Kontext im August 2005 einen Report mit dem Titel „Vorrang für die Anständigen – Gegen Missbrauch, „Abzocke" und Selbstbedienung im Sozialstaat". Darin wird auf der Basis von Einzelfallschilderungen der Eindruck erweckt, vor allem massenhafter Sozialbetrug sei verantwortlich für Kostenexplosion und Umsetzungs-

schwierigkeiten im Zuge der ALG II-Einführung. Nicht nur Wohlfahrtsverbände wie das Diakonische Werk auch Träger des SGB II
wie das Rhein-Main Jobcenter konterten den Vorwurf des BMWA,
dass 20 Prozent der Kosten auf Leistungsbetrug zurück zu führen sei-
en mit dem Hinweis, dass diese vor allem aus Lücken im Gesetzgebungsverfahren resultierten. So hat die weit gefasste Regelung zur Arbeitsfähigkeit dazu geführt, dass die Kommunen als vormalige Träger
der Sozialhilfe deutlich mehr Personen in das SGB II überführt haben
als erwartet – darunter auch schwer zu vermittelnde Personen mit
Multiproblemlagen wie Obdachlosigkeit, Suchtproblematiken und
psychischen Problemen. Also Personengruppen, die eigentlich originär
in den Wirkungskreis des SGB XII gehören würden. Zugleich ist festzustellen, dass vom Bezug des ALG II offensichtlich eine niedrigere
stigmatisierende Wirkung ausgeht als von der alten Sozialhilfe. So haben sich wohl eine Vielzahl von Personen mit ergänzenden Ansprüchen bei den Träger der Grundsicherung gemeldet, die vorher nicht
bei den Sozialämtern vorstellig wurden. Auch haben unerwartet viele
Bezieher von Niedrigeinkommen aufstockende Hilfen beantragt. Statt
der erwarteten 200.000 machten fast eine Million Personen ihre Ansprüche geltend.

Ein weiterer Grund für die Kostensteigerungen im letzten Jahr
wurde in der für unter 25-Jährige im Vergleich zur alten Sozialhilfe
großzügigeren Regelung zur Gründung einer eigenen Bedarfsgemeinschaft vermutet. Tatsächlich stieg die Zahl der Bedarfsgemeinschaften
zwischen Januar und September 2005 bundesweit um 16,1 Prozent.
Gleichzeitig stieg auch die Zahl der Ein-Personen-Haushalte um 19,2
Prozent an. Unbekannt ist allerdings, inwieweit dieser Zuwachs auf
Jugendliche unter 25 Jahren zurück zu führen ist, die den elterlichen
Haushalt verlassen wollten. Gleichwohl hat die Bundesregierung reagiert und faktisch die Wiedereinführung der Unterhaltspflicht von Eltern analog zur alten Sozialhilfe beschlossen. Demnach haben junge
Arbeitslose unter 25 Jahren ohne abgeschlossene Berufsausbildung
keinen Anspruch auf SGB II, wenn sie von zu Hause ausziehen wollen. Ausnahmen kann der Träger der Grundsicherung gewähren, es
gibt aber keinen originären Rechtsanspruch mehr.

3.3.3 Familie, Haushalt und Lebensgemeinschaft

*a. Systematischer Stellenwert von Familie, Haushalt und
       Lebensgemeinschaft*

Nicht nur in konservativen Familienbildern gilt die intakte eheliche,
heterosexuelle Lebensgemeinschaft mit Kindern als Synonym für *Familie* und als *Keimzelle des Staates*. In dieser Vorstellung ist die Familie der Ort, an dem Kinder geboren werden sowie die physische und
psychische Gesundheit der Familienangehörigen sichergestellt werden
soll. Sie ist damit der zentrale Ort für *Regeneration* und *Reproduktion*,
der den gesellschaftlichen Status quo garantiert. Aufgrund dieser zentralen gesellschaftlichen Bedeutung stellt das Grundgesetz der Bundesrepublik die Familie unter einen besonderen staatlichen Schutz.
Zugleich gehört es zu unserem Wertekanon, dass die Pflege und Erziehung der Kinder „das natürliche Recht" und die „zuvörderst obliegende Pflicht" der Eltern ist (Artikel 6 Absatz 2 GG). In Absatz 3 wird
ausdrücklich den Müttern zudem der „Anspruch auf den Schutz und
die Fürsorge der Gemeinschaft" garantiert. Das Grundgesetz schützt
die elterlichen Rechte gegenüber dem Kind, bindet diese aber an das
Kindeswohl und behält dem Staat eine Kontrollfunktion (*Wächteramt*)
vor. Ein ausdrückliches originäres Recht der Kinder auf eine umfassende kindergerechte Entwicklung enthält es allerdings nicht.

Aus dem Grundgesetz leiten sich gesellschaftliche Funktionszu-
schreibungen an die Familie ab. Übertragen in ein erweitertes famili-
enpolitisches Verständnis sind damit die wichtigsten Funktionen der
Familie definiert als:

– Sozialisationsfunktion durch Erziehungsleistungen

Familie ist eine wichtige Erziehungsinstanz in der Gesellschaft. In ihr
werden Normen, Werte, Einstellungen und Verhaltensmuster transportiert. In der (schichtspezifischen) Vermittlung kognitiver, emotionaler,
materieller und kultureller Ressourcen beeinflusst die familiäre Sozialisation entscheidend die Lebenschancen der Kinder.

– intrafamiliäre und intergenerative Versorgungs- und Sicherungsfunktion

Familiäre Strukturen gewährleisten nicht nur die Betreuung und Erziehung der Kinder, in ihnen werden auch zwischen den Generationen
vielfältige wechselseitige Pflege-, (materielle) Unterstützungs- und

Betreuungsleistungen erbracht. Familiäre Netzwerke ersetzen damit nicht selten fehlende oder unzureichende öffentliche Hilfs- und Betreuungsangebote (z.B. Kinderbetreuung) bzw. werden bewusst als Alternative zu sozialen Dienstleistungen aktiviert.

– Ort der physischen und psychischen Regeneration

Gegenüber der durchrationalisierten Arbeitswelt soll die Familie ein regenerativer Rückzugsraum sein, der emotionale Entlastung und Geborgenheit gewährt. Reale familiäre Lebensbedingungen (Wohnungsgröße, Einkommen, Umwelt) stehen nicht selten dieser Anforderung entgegen, weshalb Partnerschaftskonflikte zu einer zusätzlichen emotionalen und physischen Belastung werden können.

– Sicherung der demographischen Basis der Gesellschaft

Zusammen mit den *Migrationsbewegungen* gilt die *Geburtenrate* als wichtige Grundlage für eine ausgewogene Zusammensetzung der Altersstruktur einer Gesellschaft. Ob allerdings eine konstante Bevölkerungsgröße als anzustrebendes Optimum anzusehen ist, bleibt umstritten. Prägend für die reale demografische Entwicklung Deutschlands waren in den vergangenen zwei Jahrhunderten beides: Zunahme durch Migration und Geburtenzuwachs sowie Einbrüche innerhalb einzelner Geburtskohorten und der Bevölkerungsgröße insgesamt.

Aufgrund der konstitutiven Bedeutung von Familie für die gesamte Gesellschaft ist deren Schutz und Förderung eine zentrale sozialpolitische Aufgabenstellung. Familienpolitik zielt dabei auf eine Sicherung und Stärkung der materiellen und sozialen Ressourcen von Familien, Kindern und Jugendlichen. Sie muss sich dabei auf unterschiedliche Lebensphasen, Lebenslagen und Familienformen einstellen. Gleichzeitig bewegt sie sich in einem Interessensgeflecht, das durch die Bedürfnisse der Lebenspartner sowie der Kinder geprägt ist, wobei zu beachten ist, dass die Interessenslagen zwischen den Familien bzw. unter den Familienmitgliedern nicht immer deckungsgleich sein müssen.

Familienpolitik ist damit aber weder ein inhaltlich noch institutionell oder sozialpolitisch klar eingrenzbares Politikfeld. Sie ist sowohl explizite Fachpolitik (etwa im Familienrecht), als auch ein gesellschaftspolitisches *Querschnittsthema*, das in vielfältige Lebens- und Sicherungsbereiche einwirkt (z.B. in den Bereichen Einkommen, Wohnen, Bildung).

Bedeutungswandel von Familie

Die familienpolitische Debatte der letzten zwanzig Jahre beschäftigte sich u.a. mit der Frage, inwieweit sich durch den gesellschaftlichen Wandel die Strukturen familiären Zusammenlebens verändern. Stichworte wie *Risikogesellschaft* (*Ulrich Beck*) oder *Erlebnisgesellschaft* (*Gerhard Schulze*) sollen einen Modernisierungsprozess beschreiben, in dem sich die Konturen der Industriegesellschaft zunehmend auflösen und ein neuer „*Modus der Vergesellschaftung*"[37] gedacht werden muss. Dieser zeichnet sich durch eine Neudefinition des Verhältnisses von Individuum und Gesellschaft aus, indem sich traditionelle Formen des Zusammenlebens in einer Welle des Hedonismus, als der Suche nach individuellem Glück, auflösen. Bei dieser Sichtweise wird die Familie häufig systematisch ausgeblendet. Denn der Bedeutungswandel der Familie lässt sich nicht allein in individualisierender Weise auf geänderte Präferenzen der Menschen zurückführen, sondern ist auch durch eine *strukturelle Rücksichtslosigkeit* der Gesellschaft gegenüber der Familie bedingt. Sowohl die Arbeitswelt, als auch staatliche Institutionen sowie Bedingungen des öffentlichen Lebens betrachten den Umstand, dass Menschen auch in familiäre Kontexte eingebunden sind, häufig als reine Privatsache. Kennzeichnend hierfür ist eine auf Familienbelange keine Rücksicht nehmende Ausgestaltung von Arbeitsbedingungen und Individuallöhnen ohne familienbezogene Bestandteile oder hinreichende sozialstaatliche Äquivalente (etwa Kindergeld) ebenso wie eine auf das Individuum zentrierte Schul- und Kinderbetreuungsinfrastruktur, die auf Zeitbedarfe von Eltern keine Rücksicht nimmt. Insgesamt sind die gesellschaftlichen Verhältnisse zunehmend so angelegt, dass sie Kinder und Senioren in Sonderumwelten wie Spielplätze und spezielle Einrichtungen verweisen. Die gesellschaftliche Indifferenz gegenüber familiären Belangen erschwert so die Gründung und Lebensführung von Familien ebenso, wie die einseitige Delegation familiärer Lasten und Leistungen an Frauen.[38]

Gleichzeitig bleiben familiäre Strukturen aber der wichtigste *soziale Nahraum* für Erwachsene ebenso wie für Kinder und Jugendliche.

---

37 vgl. Ulrich Beck: Risikogesellschaft. Auf dem Weg in eine andere Moderne, Frankfurt am Main 1986, S. 205; Gerhard Schulze: Erlebnisgesellschaft, Frankfurt am Main und New York 1992

38 Bundesministerium für Familie, Senioren, Frauen und Jugend (Hg.): Fünfter Familienbericht: Familien und Familienpolitik im geeinten Deutschland – Zukunft des Humanvermögens, Bonn 1995

Diese Nahräume weisen durchlässige Grenzen auf. Auch kann sich im zeitlichen Verlauf die Bedeutung zwischen den einzelnen Netzwerkstrukturen für das Individuum verändern.

Netzwerkstruktur sozialer Nahräume

organisierte Netzwerke

informelle Netzwerke

Familie

Nachbarn, Freunde

Schule, Betreuungseinrichtungen, (Beruf)

Quelle: eigene Darstellung, vgl. BMFSFJ (Hg.): 11. Kinder- und Jugendbericht. Bericht über die Lebenssituation junger Menschen und die Leistungen der Kinder- und Jugendhilfe, Berlin 2002

Mit zunehmendem Alter wächst die Anzahl und Dichte der sozialen Nahräume und deren Ortsgebundenheit verliert durch zunehmende Mobilität(-serfordernisse) an Bedeutung.

Gesellschaftliche Veränderungsprozesse, die zu einer Ausdifferenzierung und Pluralisierung von Lebensstilen führen, wirken selbstverständlich auf die Struktur der sozialen Nahräume ein. Auch erleben die Menschen durch nationale wie internationale Migration das Aufeinandertreffen unterschiedlicher Funktionslogiken in den sozialen Umfeldern. Unterschiedliche kulturelle Erfahrungen, Sozialisations- und Wertmuster können sehr unterschiedliche Binnenstrukturen in den Nahräumen nach sich ziehen. In der Folge haben sich auch für das Verständnis von Familie Veränderungen ergeben. Die klassische mittelschichtorientierte, vierköpfige Familie mit traditionellem Erwerbsmuster und Rollenverhalten hat an gesellschaftsprägendem Einfluss verloren. Sie ist durch vielfältige Formen des Zusammenlebens von Eltern und Kindern ergänzt worden: (Ehe-)Paare mit ein oder mehre-

ren Kindern, Haushalte allein Erziehender, Drei- und Viergeneratio-
nenhaushalte, gleichgeschlechtliche Partnerschaften mit oder ohne
Kinder, *Patch-work*-Familien, bei denen Eltern neue Beziehungen
eingehen und ihre Kinder ‚einbringen‘, gemischtnationale Familien,
Familien mit Migrations- und/oder Fluchterfahrungen.

Die Aufzählung zeigt bereits, dass sich mit diesen pluralisierten
Lebensformen das Familienmodell als Organisationsform gesellschaftlichen Zusammenlebens offenbar keineswegs überholt hat. Individualisierung und Hedonismus in der Erlebnisgesellschaft haben bislang
nicht zu einer *Single*-isierung der Gesellschaft geführt. Zwar unterliegen die Formen des Zusammenlebens zunehmend einem in den situativen Lebenszusammenhängen begründeten Wandel, aber nach wie
vor lebt die überwiegende Mehrzahl der Menschen in Deutschland
zumindest zeitweise in Partnerschaften und Ehen.

Im Jahr 2005 lebten immerhin noch 78,1 Prozent der minderjährigen Kinder im Haushalt mit ihren verheirateten Eltern bzw. Stiefeltern
zusammen. Damit wachsen nach wie vor gut drei Viertel aller Kinder
und Jugendlichen in einer mehr oder weniger traditionellen Familienform auf. Von allen Kindern unter 18 Jahren leben weiterhin nur ca.
ein Viertel ohne weitere Geschwister im Haushalt, etwa die Hälfte
hingegen mit einem Geschwister und ein weiteres Viertel mit zwei
und mehr Geschwistern. Auch der Zusammenhalt zwischen den Generationen löst sich nicht strukturell auf. So lebten im Jahr 2005 zwar
nur in sieben Prozent der Haushalte Senioren gemeinsam mit Jüngeren
und nur in einem Prozent der Haushalte drei oder mehr Generationen
zusammen, doch Befragungen zu Wohnentfernungen zeigen, dass ü-
ber die Hälfte der erwachsenen Kinder und Eltern im gleichen Ort, in
der Nachbarschaft oder sogar im selben Haus leben. Und schließlich
haben noch immer etwa 70 Prozent der Frauen sowie ca. 50 Prozent
der Männer im Alter von 30 bis 34 Jahren bereits geheiratet.

Allerdings ändern sich Inhalt und Form des familiären Zusammen-
seins. Inzwischen leben in weniger als der Hälfte der Ehen aktuell
auch Kinder mit im Haushalt. Im Jahr 2005 wohnten in ganz Deutschland 15,3 Prozent der minderjährigen Kinder in Haushalten allein Erziehender und 6,7 Prozent bei nichtehelichen oder gleichgeschlechtli-
chen Lebensgemeinschaften. Familie und auch Ehe sind zunehmend
transitorische Zustände. So werden nicht nur etwa 30 Prozent der
Ehen in Deutschland wieder geschieden, auch nimmt in Ostdeutschland die Zahl allein Erziehender sowie von Familien mit lediglich einem Kind deutlich zu. Damit verändert sich auf lange Sicht auch die

Gestalt familiärer Netzwerkbeziehungen insgesamt, der
Geschwister sind, da gibt es später auch keine Tanten und
gesichts dieser Vielfalt und Verläufe von Familie kann Fa
einseitig als „Institution" (Familienpolitik als Institutionenpolitik)
begriffen, noch darf der Blick lediglich auf einzelne Mitglieder von
Familien (Familienpolitik als Familienmitgliederpolitik) gerichtet
werden. Familie ist heute in erster Linie *als alltägliche Herstellungs-
leistung* und *Prozess* angemessen zu begreifen.[39]

Die Heterogenisierung der familiären Lebensformen befördert einerseits einen Bedeutungsverlust der familiären Herkunft für die soziale Stellung von Kindern und Jugendlichen in der Gesellschaft. Lebensformen, die vor zwanzig Jahren noch gesellschaftlich stigmatisiert
waren, gehören heute zum akzeptierten Erlebensalltag. Andererseits
weisen empirische Untersuchungen auf den entscheidenden Einfluss
gerade der Familie auf die Ausbildung der ökonomischen, sozialen
und kulturellen Ressourcen von Kindern und Jugendlichen hin. Vor
allem das Bildungsmilieu der Herkunftsfamilie determiniert die Lebenschancen der Kinder und zwar in unterschiedlichsten Lebensbereichen. So ist mit der Bildungspartizipation auch der Gesundheitsstatus
und das individuelle Gesundheitsverhalten schichtenspezifisch ausgeprägt.

Auch wenn die eheliche Kleinfamilie als Familienform an gesellschaftlicher Dominanz verliert, so erfüllen die familiären Lebensformen
nach wie vor ihre soziale Funktion in der Erziehung und Sozialisation
von Kindern und Jugendlichen. Aufgrund des gesellschaftlichen Wandels haben die Familien dabei aber eher einen höheren als niedrigeren
Unterstützungs- und Ergänzungsbedarf. Erwartungen, dass die Sorgeberechtigten naturgegeben und ohne weitere Voraussetzungen ihrer Elternrolle gerecht werden könnten, brechen sich an der Lebensrealität vieler
Familien. Zerrüttete, von Auflösung bedrohte Familien, Gewalt gegen
Ehepartner und Kinder, sexueller Missbrauch, die Flucht von Kindern
und Jugendlichen aus ihren Elternhäusern (*Strassenkinder*), Drogenkon-
sum und Delinquenz, Schulschwänzen und Leistungsverweigerung sind
Schlaglichter auf soziale Problemlagen, die die Lösungskompetenzen
vieler Familien in komplexer und sich immer schneller verändernden
Lebenswelten offensichtlich überfordern. Familien mit strukturellen Er-

---

[39] Bundesministerium für Familie, Senioren, Frauen und Jugend (Hg.): Siebter Familienbericht: Familie zwischen Flexibilität und Verlässlichkeit – Perspektiven für eine
lebenslaufbezogene Familienpolitik, Berlin 2006

ziehungsdefiziten bzw. situativen Überforderungssyndromen brauchen ergänzende Bildungs- und Beratungsleistungen und umfassend unterstützende Kinder- und Jugendhilfeangebote.

Aber auch Familien ohne diese besonders gravierenden Schwierigkeiten sind auf staatliche Unterstützungsleistungen angewiesen. Dies gilt insbesondere für die Ausstattung mit Betreuungsplätzen zur besseren Vereinbarkeit von Familie und Beruf, aber auch für Einkommen ergänzende (insbesondere Kindergeld) bzw. ersetzende Leistungen bei Geburt eines Kindes, wenn dadurch ein Teil das Familieneinkommens vorübergehend wegfällt (Erziehungs- bzw. Elterngeld).

b. Familienpolitik als Aufgabe der Sozialpolitik

Familienpolitische Sicherungsleistungen beziehen sich im Wesentlichen auf *ehebezogene* sowie im weitesten Sinne *familien- bzw. kinderbezogene* Dienst-, Sach- und Geldleistungen.

Ehebezogene Leistungen

Das soziale Sicherungssystem in Deutschland basiert in seiner Logik bis heute auf der Vorstellung einer traditionellen Arbeitsteilung zwischen Mann und Frau. Während der Mann den Familienlohn durch eine kontinuierliche Vollzeitbeschäftigung verdient, ist die nicht berufstätige Ehefrau für Haushalt und Kindererziehung zuständig. Damit erwirbt aber nur der Ehemann einen umfassenden sozialversicherungsrechtlichen Schutz. Die Frau ist abhängig von den *Unterhaltsleistungen* des Ehemanns, womit deren Existenzsicherung abhängig vom Arbeits- und Sozialeinkommen des Mannes ist.

Obwohl Ehe und Familie heute nicht mehr in eins gesetzt werden können, geht die Sozial- und Familienpolitik bei wichtigen Regelungen immer noch von diesem Konstrukt aus. So besteht in der Familien- und Steuerpolitik:

– Anspruch auf *Witwen- und Witwerrente*: Stirbt der Ehepartner, so kann die Witwe/der Witwer bei fehlenden/geringen eigenen Einkünften aus der Gesetzlichen Rentenversicherung eine Hinterbliebenenrente in Höhe von 55 Prozent der Rentenansprüche des Ehepartners sowie einen Zuschlag für erzogene Kinder erhalten, je nach Sachlage von der Alters- oder von der Berufsunfähigkeitsrente (Große und Kleine Witwen-/Witwerrente). Damit resultieren die Ansprüche kaum aus der Anerkennung kindbedingter Nichterwerbstätigkeit, sondern aus dem Status der (Versorger-)Ehe und den Anwartschaften, die der sozialversicherungspflichtig beschäftigte Lebenspartner erworben hat.

– Anspruch auf *Familienversicherung*: Nicht oder nur geringfügig erwerbstätige Ehepartner sind über die Gesetzliche Kranken- und Pflegeversicherung des sozialversicherungspflichtig beschäftigten Ehepartners kostenlos kranken- und pflegeversichert. Sie haben Anspruch auf alle Leistungen außer dem (lohnabhängigen) Krankengeld.

– Anspruch auf *Ehegattensplitting*: Verheiratete werden mit ihren Einkommen bei der Einkommensteuer nicht individuell, sondern gemeinsam veranlagt. Dabei wird unterstellt, dass jeder Ehepartner genau die Hälfte des Gesamteinkommens aufbringt. Diese Einkommenshälften werden dann mit dem entsprechenden Steuersatz für Ledige belegt. Je größer die Einkommensdifferenz zwischen den Ehepartnern ist, um so größer die steuerliche Ersparnis.

Alle drei Regelungen zielen de facto vor allem auf voll erwerbstätige Ehemänner und nicht, kaum oder lediglich phasenweise erwerbstätige Ehefrauen. Diese Rollenverteilung hat empirisch und auch normativ in den Wünschen vor allem der Bevölkerung jüngeren und mittleren Alters mittlerweile deutlich an Bedeutung abgenommen. Ihre Prägekraft für Einkommens- und soziale Sicherungsverläufe wirkt allerdings insbesondere in Westdeutschland in den Biografien der älteren Bevölkerung fort.

Für die ehebezogenen Leistungen werden beträchtliche finanzielle Mittel aufgewendet. So zahlen die Beitragszahler für die beitragsfreie Mitversicherung von Ehepartnern in der Gesetzlichen Krankenversicherung etwa 8 Mrd. EUR und für die Witwen-/Witwerrente in der Gesetzlichen Rentenversicherung ca. 30 Mrd. EUR jährlich. Insgesamt stellt sich angesichts der Tatsache, dass erstens die Zahl allein Erziehender sowie nichtehelicher Lebensgemeinschaften mit Kindern steigt, zweitens heute deutlich mehr verheiratete Frauen kinderlos bleiben als in früheren Jahrzehnten und drittens sich für berufstätige Mütter die Phase der Kindererziehungszeiten tendenziell verkürzt, die Frage nach der Sinnhaftigkeit lediglich an den Status der Ehe anknüpfender familienpolitischer Leistungen. Es wird problematisiert, dass heute sozialversicherungspflichtig beschäftigte Ehefrauen und Mütter Leistungen

an nicht erwerbstätige, nicht (mehr) kindererziehende Frauen aus ihren
Beiträgen mitfinanzieren.

Ebenfalls normativ stark umstritten ist das *Ehegattensplitting*. Insgesamt gehen dem Staat durch die Subventionierung der Ehe jährlich
etwa 22 Mrd. EUR an Steuereinnahmen verloren. Bis in die 1950er
Jahre wurde in der Einkommensteuer das Einkommen beider Ehepartner addiert und diese (progressionsrelevant höhere) Gesamtsumme in
grundgesetzwidriger Weise gemeinsam versteuert, da sie verheiratete
gegenüber ledigen Paaren benachteiligte. Umgesetzt wurde die vom
Bundesverfassungsgericht der Politik auferlegte Änderung des Steuer-
rechts in Form des heute geltende Ehegattensplittings. Dies stellt allerdings eine Überkompensation der vormaligen Benachteiligung dar.
Das Splitting wirkt umso mehr, je höher das Einkommen ist und je
ungleicher dabei die Einkommensverhältnisse von Mann und Frau
sind. Das Splitting führt zwar dazu, dass verheiratete Doppelverdiener
nicht länger gegenüber unverheirateten benachteiligt sind, es führt a-
ber auch dazu, dass es für ein besonders gut verdienendes Paar, in der
vornehmlich oder nur *ein* Partner das Einkommen erzielt, nun nicht
etwa nur unerheblich wäre, ob es verheiratet ist oder nicht. Der Ehe-
status wirkt sich nun vielmehr steuerlich besonders günstig aus.

Reformvorschläge zielen daher auf eine individuelle Besteuerung
auch bei Ehepartnern, bei der allerdings ein doppelter übertragbarer
Grundfreibetrag anstelle des Splittings dem Umstand Rechnung zu tragen hätte, dass beide Ehepartner einander unbedingt zum Unterhalt verpflichtet sind. Derartige Änderungen könnten erhebliche Summen etwa
für die staatliche Förderung von Angeboten für Kinder freimachen, die
es de facto insbesondere Frauen besser ermöglichen, Familien- und Erwerbsarbeit so zu kombinieren, dass eine eigenständige materielle Existenzsicherung erreicht werden kann. Befürworter der Ehegattensplittings
argumentieren hingegen, dass sich die Verteilung der Erwerbstätigkeit
unter den Ehepartnern nicht steuerlich auswirken soll, die Alleinverdie-
nerehe über das Splitting also einer Doppelverdienerehe gleichen Gesamteinkommens steuerlich gleichgestellt werden soll.

Familien- bzw. kinderbezogene Leistungen

Familien erbringen in der Erziehung der Kinder für die Gesellschaft
wichtige *Leistungen*, für die ihnen andererseits wiederum (materielle)
Lasten entstehen: Eingeschränkte Verdienstmöglichkeiten bei Kindererziehung, erhöhte Ausgaben für den Lebensunterhalt, andere Ansprü-

che an das Wohnumfeld, Kosten für Schule und Ausbildung, Kosten für die Kinderbetreuung und andere Dinge mehr. Gerade im unteren Einkommensbereich können diese Aufwendungen und Einschränkungen (materielle) Unterversorgungslagen hervorrufen, für deren teilweise Kompensation unterschiedliche Geld-, Sach- und Dienstleistungen bereitgestellt werden:

Im weiteren Sinne können unter *Familienlastenausgleich* alle Steuerermäßigungen und sozialpolitischen Leistungen subsummiert werden, die als Ausgleich für die finanziellen Lasten für Unterhalt, Betreuung, Erziehung und Ausbildung von Kindern gewährt werden. Da all diese Lasten zugleich Leistungen der Familien für die Gesellschaft darstellen, wird auch vom *Familienleistungsausgleich* gesprochen. Im engeren Sinn wird mit dem Familienlastenausgleich das System aus *Kindergeld* und *steuerlichen Kinderfreibeträgen* erfasst. Hiermit soll zwei Gerechtigkeitsprinzipien Geltung verschafft werden:

- Das Bundesverfassungsgericht hat sich mehrfach für einen *horizontalen Lastenausgleich* ausgesprochen: Es soll erreicht werden, dass innerhalb gleicher Einkommensgruppen ein Ausgleich der durch Kinder verursachten Schwächung der wirtschaftlichen Leistungskraft erreicht wird. Dem entsprechen steuerliche Freibeträge (*Steuergerechtigkeit*). Dabei hat das Bundesverfassungsgericht den Gesetzgeber verpflichtet, das Existenzminimum von Kindern nicht nur sächlich zu definieren, sondern auch den Betreuungs- und Erziehungs- sowie den Ausbildungsbedarf mit einzubeziehen.
- Daneben gibt es den Grundsatz des *vertikalen Lastenausgleichs* zwischen Familien unterschiedlicher Einkommenslage: Die hier angestrebte *Bedarfsgerechtigkeit* des Familienlastenausgleichs kann über Steuerfreibeträge nicht erreicht werden. Ihr entsprechen vielmehr ein für alle Kinder gleich hohes Kindergeld sowie ggf. ein *Kindergeldzuschlag* für gering verdienende Familien.

Mit der Neuregelung des Familienlastenausgleichs im Jahr 1996 sind diese Elemente zusammengeführt worden, zumal das Bundesverfassungsgericht eine Diskriminierung der besser gestellten Haushalte untersagt hat: Kindergeld und Kinderfreibeträge werden entsprechend dem *Günstigkeitsprinzip* gegeneinander aufgerechnet, damit die für den einzelnen Haushalt beste Entlastung herauskommt. Tatsächlich erhält die weit überwiegende Zahl der Eltern nur das Kindergeld, weil sich die steuerlichen Entlastungen nur für die höheren Einkommensbezieher rechnen.

Das Kindergeld nach *Bundeskindergeldgesetz* (BKGG) beträgt pro Monat für die ersten drei Kinder 154 EUR und 179 EUR für das vierte und jedes weitere Kind. Der Kinderfreibetrag liegt bei 3.648 EUR im Jahr. Daneben fasst ein weiterer Freibetrag in Höhe von 2.160 EUR pro Jahr Aufwendungen der Haushalte für Betreuung und Erziehung bzw. Ausbildung zusammen. Entsprechend dem *Günstigkeitsprinzip* werden die tatsächlichen Steuerersparnisse mit dem Kindergeld verrechnet.

Die Kosten für die Ausbildung der Kinder sind in den Freibetrag für Betreuung und Erziehung einbezogen. Nur bei auswärtiger Unterbringung volljähriger Kinder wird ein steuerlicher Freibetrag von 924 EUR pro Jahr gewährt, der nicht dem allgemeinen Familienlastenausgleich zugerechnet und deshalb auch nicht mit dem Kindergeld verrechnet wird.

Um die Erwerbstätigkeit von Frauen zu fördern und Privathaushalte als Arbeitgeber für regulär beschäftigte Tageseltern zu gewinnen, sind seit 2006 außerhalb des Familienlastenausgleichs zusätzlich erwerbsbedingte Kinderbetreuungskosten bis zum 14. Lebensjahr eines Kindes zu zwei Dritteln von maximal 6.000 EUR jährlich steuerlich absetzbar.

Der Familienlastenausgleich kennt keine automatische Dynamisierung des Kindergeldes bzw. der Steuerfreibeträge. Die Anpassung der Leistungen erfolgt per Bundesgesetz. Die Höhe des Kindergeldes ist sozialpolitisch umstritten, da sie nur einen Teil der Mindestunterhaltskosten abdeckt. Dabei kann nachgewiesen werden, dass das Kindergeld für die Vermeidung von Armut bei Kindern eine wichtige Rolle spielt,[40] die noch stärker greifen könnte, wenn das Kindergeld regelmäßig an die realen Ausgaben für Kinder angepasst werden würde. Der Deutsche Kinderschutzbund beziffert die aktuellen bei den Familien anfallenden Kosten pro Kind pro Monat auf im Schnitt 600 EUR und fordert ein Kindergeld in Höhe von 300 EUR, um so fünfzig Prozent der Kosten über den Staat aufzufangen. Damit würde mit Sicherheit gerade dem Armutsrisiko bei Kindern entgegengewirkt.

Das SGB VIII *Kinder- und Jugendhilfegesetz* als System inhaltlich gezielter und zeitlich begrenzter Förderleistungen

Das heutige im Juni 1990 eingeführte Kinder- und Jugendhilfegesetz wurde 1996 als Achtes Gesetzbuch in das Sozialgesetzbuch überführt.

---

40 Wolfgang Strengmann-Kuhn: Armut trotz Erwerbstätigkeit. Analysen und sozialpolitische Konsequenzen, Franfurt am Main und New York 2003, S. 178f.

Es basiert auf dem *Reichsjugendwohlfahrtsgesetz* (RJWG) vom 9. Juli 1922 bzw. auf dem *Jugendwohlfahrtsgesetz* (JWG) vom 11. August 1961. Das RJWG war insofern von entscheidender Bedeutung, als es erstens jedem Kind ein Recht auf Erziehung zusprach, zweitens Erziehungsrecht und -pflicht der Eltern im Verhältnis zur privaten Jugendhilfe und den Eingriffsrechten des Staates bestimmte und drittens den Aufbau der Jugendwohlfahrtsbehörden zur Folge hatte. Gleichwohl standen in der Ausführungspraxis des RJWG wie des JWG die ordnungsrechtlich fürsorgerischen Eingriffe in die Familien im Vordergrund.

Nach SGB VIII hat jeder junger Mensch ein Recht auf Förderung seiner Entwicklung und Erziehung zu einer eigenverantwortlichen und gemeinschaftsfähigen Person. Dabei ist es Aufgabe des Gesetzes, die individuelle und soziale Entwicklung der Kinder und Jugendlichen zu fördern und die Eltern bei der Erziehung zu beraten und zu unterstützen. Unter ausdrücklicher Einbeziehung der Wünsche der Kinder sollen die gesetzlichen Leistungen im Ergebnis dazu beitragen, positive Lebensbedingungen für junge Menschen und ihre Familien sowie eine kinder- und familienfreundliche Umwelt zu schaffen bzw. zu erhalten. Das SGB VIII ist über die Betonung der *Jugendarbeit* (außerschulische Jugendbildung sowie Sport-, Spiel- und Freizeitförderung bei freien Trägern, in Jugendverbänden und Jugendgruppen), der *Jugendsozialarbeit* (sozialarbeiterische bzw. pädagogische Betreuung zum Ausgleich sozialer Benachteiligungen bzw. individueller Beeinträchtigungen in verschiedenen Lebenslagen und Erziehungssituationen) sowie der *Familienbildung, -beratung und -erholung* stark präventiv ausgerichtet. Es bietet in erster Linie persönliche und erzieherische Dienstleistungen an, materielle Transfers stehen ebenso im Hintergrund wie ordnungspolitische Eingriffe in die Familien.

Die Jugendämter der Kommunen und Kreise sind zuständig für die Finanzierung und Leistungsbereitstellung, wobei die Angebote selbst in der Regel durch freie Träger erbracht werden. Rechtsansprüche bestehen nur für einige Leistungsbereiche wie die Versorgung mit Kindergartenplätzen oder die Hilfen zur Erziehung. Zwar besteht die Verpflichtung der öffentlichen Hand, Jugendhilfeleistungen bereit zu stellen, das SGB VIII sieht hierbei jedoch ausdrücklich landesrechtliche Vorbehalte vor, so dass Struktur, Qualität und Umfang der Angebote in der Bundesrepublik Deutschland stark variieren.

Die *Leistungen* ergeben sich aus § 2 Absatz 2 SGB VIII:

- Angebote der Jugendarbeit, der Jugendsozialarbeit und des erzieherischen Kinder- und Jugendschutzes,
- Angebote zur Förderung der Erziehung in der Familie,
- Angebote zur Förderung von Kindern in Tageseinrichtungen und in der Tagespflege,
- Hilfe zur Erziehung und ergänzende Leistungen,
- Hilfe für seelisch behinderte Kinder und Jugendliche und ergänzende Leistungen,
- Hilfe für junge Volljährige und Nachbetreuung.

Zu den *anderen Aufgaben* der Jugendhilfe gehören nach § 2 Absatz 3 SGB VIII vor allem Aufgaben zur Sicherung der Kinderrechte bzw. ordnungspolitische Eingriffe in die Rechte der Eltern. Dies umfasst u.a.

- die Inobhutnahme von Kindern und Jugendlichen,
- die Herausnahme des Kindes oder des Jugendlichen aus der Herkunftsfamilie ohne Zustimmung des Personensorgeberechtigten,
- die Mitwirkung in Verfahren vor den Vormundschafts- und den Familiengerichten,
- die Beratung und Belehrung in Adoptionsangelegenheiten,
- Amtspflegschaft und Amtsvormundschaft, Beistandschaft und Gegenvormundschaft des Jugendamtes.

Der Rechtsanspruch auf einen Kindergartenplatz

Die Vereinbarkeit von Familie und Beruf ist häufig vor allem ein Problem der ungelösten Kinderbetreuung. Eine umso größere familienpolitische Bedeutung kommt dem seit 1. Januar 1999 gültigen uneingeschränkten Rechtsanspruch auf einen Kindergartenplatz zu (§ 24 SGB VIII). Durch die gesetzliche Neuregelung hat nun jedes Kind vom vollendeten dritten Lebensjahr an bis zum Tag des Schuleintritts einen Anspruch auf Unterbringung in einer Tageseinrichtung, deren Auftrag gemäß dem SGB VIII nicht allein in der Betreuung, sondern auch in der Erziehung und Bildung der Kinder liegt. Allerdings sind die üblichen starren Öffnungszeiten der Kindergärten in der Regel nicht geeignet, einer vollen und häufig nicht einmal einer Teilzeitbeschäftigung nachzugehen.

Benötigt werden Ganztagsangebote auch für Kinder unter drei bzw. über sechs Jahren. Diese fehlen vor allem in Westdeutschland, während in den östlichen Bundesländern die zu DDR-Zeiten gut ausgebaute Betreuungsinfrastruktur bis heute (eingeschränkt) fortbesteht. Das KJHG nimmt die Träger der öffentlichen Jugendhilfe zwar insofern in die Pflicht, als es ihnen aufgibt, darauf hinzuwirken, die Angebote auch für diese Altersgruppen bedarfsgerecht auszubauen. Da sich hieraus aber kein Rechtsanspruch ergibt, bleibt die Umsetzung in der Verantwortung der dafür zuständigen Länder und Kommunen. Eine Novellierung des SGB VIII verpflichtet die Kommunen inzwischen allerdings dazu, bis zum Jahr 2010 ein tatsächlich bedarfsgerechtes Angebot an Tagespflege und institutioneller Kindertagesbetreuung auch für Kinder unter drei Jahren zu verwirklichen und – so noch nicht erreicht – in Ausbauplänen Schritte hierin vorzusehen. Sollte sich im Jahr 2008 abzeichnen, dass der Ausbau nicht flächendeckend erfolgt, strebt der Bund eine Herabsetzung des Mindestalters für den Rechtsanspruch auf zwei Jahre an.

Im Ergebnis zeigt sich, dass die neuen Bundesländer als Erbe aus DDR-Zeiten über ein vergleichsweise gut ausgebautes Betreuungsangebot verfügen, während die alten Bundesländer im nationalen wie internationalen Vergleich durch eine erhebliche Unterversorgung auffallen. Hier fördert die staatliche familienpolitische Infrastrukturpolitik bislang eher die klassische Rollenverteilung in der Familie bzw. werden das Betreuungsproblem und seine Kosten weitgehend privatisiert. Es hat sich deshalb konkurrierend zu öffentlichen Angeboten ein privater ‚Betreuungsmarkt' etabliert, der sozial sehr selektiv wirkt, weil er vor allem besserverdienende Eltern gegen privat aufzubringende Bezahlung von Betreuungsaufgaben entlastet.

Sondertatbestände in der sozialen Sicherung Alleinerziehender

Besondere gesetzliche Vorschriften zielen auf eine materielle Besserstellung allein erziehender Mütter und Väter. Mit dem Gesetz zur Sicherung des Unterhalts von Kindern alleinstehender Mütter und Väter durch Unterhaltsvorschüsse oder -ausfallleistungen (*Unterhaltsvorschussgesetz*) wird der Tatsache Rechnung getragen, dass nach einer Ehescheidung bzw. Trennung häufig der unterhaltspflichtige Partner seinen Zahlungsverpflichtungen gegenüber dem anspruchsberechtigen Kind nicht nachkommt. Um daraus resultierende finanzielle Belastungen zu mindern, kann Kindern bis zum 12. Lebensjahr für maximal 72 Monate ein *Mindestunterhalt* bezahlt werden. Dieser ergibt sich aus den Sätzen der sog. *Regelbetrag-Verordnung*. Mit Stand vom 1. Juli 2005 beträgt der Unterhaltsvorschuss hiernach monatlich

für Kinder unter sechs Jahren	127 EUR (alte Bundesländer)
	111 EUR (neue Bundesländer)
für Kinder zwischen 6-12 Jahren	170 EUR (alte Bundesländer)
	151 EUR (neue Bundesländer).

Zu diesen Beträgen addiert sich noch jeweils der hälftige Kindergeldanspruch. Finanziert vom Bund werden die Leistungen über die Unterhaltsvorschusskassen der kommunalen Jugendämter gewährt. Da das Unterhaltsvorschussgesetz den unterhaltspflichtigen Elternteil nicht aus der Leistungspflicht entlässt, gehört es auch zu deren Aufgaben, die geleisteten Zahlungen bei dem zahlungspflichtigen Elternteil wieder einzufordern (*Rückgriff*).

Der besonderen sozialen und materiellen Situation von Alleinerziehenden wird im SGB II *Grundsicherung für Arbeitssuchende* und im SGB XII *Sozialhilfe* durch gleichlautende Sondertatbestände Rechnung getragen:

– So ist die *Familiensubsidiarität* dadurch eingeschränkt, dass die Eltern von Alleinerziehenden bis zur Vollendung des sechsten Lebensjahres des Kindes nicht zu Unterhaltsleistungen herangezogen werden dürfen.

– Alleinerziehenden mit einem Kind unter 7 Jahren bzw. mit zwei oder drei Kindern unter 16 Jahren steht ein Mehrbedarfszuschlag von 36 Prozent auf den Regelsatz zu. Bei mehr oder älteren Kindern wird ein Zuschlag von 12 Prozent je Kind gezahlt (insgesamt max. 60 Prozent).

Da das *Erziehungsgeld* bei den ALG II und Sozialhilfebeziehern nicht als eigenes Einkommen und damit auf die Regelleistung angerechnet wird, ergibt sich gerade für allein Erziehende daraus für die Dauer der Erziehungsgeldzahlung ein relativ gesehen günstiges Einkommensniveau.

Diesen Sonderleistungen stehen auch Einschränkungen gegenüber. Nachdem das Bundesverfassungsgericht die Regelungen zu den *Haushaltsfreibeträgen* für Alleinerziehende als verfassungswidrig erklärt hat, wurden diese sukzessive abgeschmolzen. Dies soll durch die Entlastungen für Betreuung sowie Erziehung im Familienlastenausgleich kompensiert werden, was allerdings bei vielen Alleinerziehenden de facto aufgrund der hohen Sozialhilfeempfängerquote bzw. des niedrigen durchschnittlichen Haushaltseinkommens in dieser Zielgruppe fraglich erscheint.

Kindererziehungszeiten, Erziehungsgeld und Elternzeit nach Bundeserziehungsgeldgesetz

Seit dem Rentenreformgesetz 1992 werden *Kindererziehungszeiten* in der Gesetzlichen Rentenversicherung als Pflichtbeitragszeiten anerkannt. Für Kinder, die vor 1992 geboren wurden, wird ein Jahr, für Kinder ab 1992 werden drei Jahre in Höhe des Durchschnittsentgelts aller Versicherten als fiktives eigenes Einkommen angerechnet. Damit können wahlweise Mütter oder Väter Zeiten in ihrer Rentenbiographie ausgleichen, in denen sie wegen der Kindererziehung über ein geringeres bzw. kein Einkommen verfügten. Da die Kindererziehungszeiten additiv zu einem möglichen Erwerbseinkommen in diesen drei Jahren angerechnet werden, erhöhen sie später in jedem Fall den Rentenanspruch. Diese Regelung gilt auch für Frauen und Männer, die nicht verheiratet sind, aber Kinder erziehen, ebenso wie für Alleinerziehende.

Das seit 1986 bestehende *Erziehungsgeld* ist eine einkommensabhängige Leistung des Bundes mit dem Ziel, einen Beitrag zu den Kosten der Kindererziehung zu leisten. Es ist ausdrücklich keine Lohnersatzleistung und wirkt damit wie eine zeitlich befristete Aufstockung des Kindergeldes. Durch die Reform des Bundeserziehungsgeldgesetzes vom 1. Januar 2001 haben nun auch anerkannte Asylberechtigte und Flüchtlinge sowie eheähnliche Lebensgemeinschaften einen Leistungsanspruch.

Der ungekürzte Erziehungsgeldanspruch beträgt monatlich höchstens 300 EUR und kann bis maximal zum zweiten Geburtstag des Kindes bezahlt werden; alternativ können seit 2004 ein Jahr lang monatlich 450 EUR bezogen werden (Budget). Während die Höhe des Erziehungsgeldes seit seiner Einführung vor über 20 Jahren konstant bei 600 DM/307 EUR und nun 300 EUR blieb, sind die Einkommensgrenzen mehrfach angehoben und wieder gesenkt worden. Seit dem 1. Januar 2004 gestalten sie sich wie folgt:

in den ersten sechs Lebensmonaten:	30.000 EUR (Partner mit einem Kind)
	23.000 EUR (Alleinerziehende mit einem Kind)
ab dem siebten Lebensmonat:	16.500 EUR (Partner mit einem Kind)
	13.500 EUR (Alleinerziehende mit einem Kind)

Für jedes weitere Kind erhöht sich die Einkommensgrenze um einen Kinderzuschlag von 3.140 EUR. Übersteigt das Einkommen die Einkommensgrenzen, so entfällt in den ersten sechs Lebensmonaten der Anspruch ganz, ab dem siebten Monat reduziert er sich um 5,2 Prozent (beim Budget 7,2) des die Grenze übersteigenden Einkommens bis auf null.

Mit dem Reformgesetz aus dem Jahr 2001 sind gleichzeitig auch die Regelungen zur *Elternzeit* (vormals Erziehungsurlaub) modifiziert worden. Die neuen Bestimmungen sollen zu einer erleichterten Vereinbarkeit von Familie und Beruf führen sowie größere Spielräume für eine (gleichzeitige) Kinderbetreuung durch beide Elternteile eröffnen. Anspruch auf Elternzeit haben Mütter und Väter, die in einem Arbeitsverhältnis stehen. Die Elternzeit ist auf maximal drei Jahre pro Kind begrenzt. Während der Elternzeit kann der Arbeitgeber den Arbeitsvertrag nicht kündigen. Die Elternzeit kann zwischen den (berufstätigen) Eltern frei aufgeteilt, aber auch gemeinsam genommen werden. Im Extremfall können beide Elternteile damit gleichzeitig die vollen drei Jahre in Anspruch nehmen. Während der Elternzeit besteht zudem ein Rechtsanspruch auf Teilzeitarbeit im Umfang bis zu maximal 30 Stunden pro Woche. Im Anschluss an die Elternzeit besteht das Recht auf Rückkehr zu der Arbeitszeit, die vor Beginn der Elternzeit galt.

Am 16. Juni 2006 hat das Bundeskabinett den Gesetzentwurf zu einem neuen *Bundeselterngeld- und Elternzeitgesetz* (BEEG) verabschiedet, in dem die Regelungen zur Elternzeit weitgehend übernommen sind, beim Erziehungsgeld jedoch zum 1. Januar 2007 ein Systemwechsel vorgesehen ist. An die Stelle der Pauschalleistung mit engen Einkommensgrenzen soll ein Elterngeld nach skandinavischem Vorbild treten. Dieses knüpft für ein Jahr als Lohnersatzleistung an den konkreten Einkommensausfall bei Geburt eines Kindes an (analog zum ALG I mit 67 Prozent des letzten Gehalts), wobei sich der mögliche Bezugszeitraum auf 14 Monate ausweitet, wenn nicht nur ein Elternteil seine Erwerbstätigkeit auf höchstens 30 Stunden vermindert oder unterbricht. Konkrete Ausgestaltungsmerkmale stehen im parlamentarischen Verfahren noch zur Diskussion.

Wohngeld und sonstige Transfers

Das *Wohngeld* ist keine rein familienspezifische Sozialleistung. Gleichwohl zeigt sich gerade in mittleren und großen Städten, dass vor allem Familien mit Kindern Schwierigkeiten haben, einen angemessenen und zugleich bezahlbaren Wohnraum zu finden. Bei Haushalten mit niedrigen Sozial- bzw. Erwerbseinkommen zeigt sich zudem, dass hier der Anteil der Wohnkosten an den Gesamtausgaben des Haushaltes überdurchschnittlich hoch ist.

Die Leistungen des Wohngeldgesetzes richten sich nach Tabellenwerten, die die Größe des Haushaltes, die Höhe des Haushaltseinkommens und der bezuschussungsfähigen Miete berücksichtigen. Liegt das Einkommen unterhalb des nach den persönlichen Verhältnissen berechneten zumutbaren Höchstbetrages, wird ein Mietzuschuss gewährt. Im Jahr 2005 betrugen die Aufwendungen für Wohngeld circa 5,2 Mrd. EUR. Die Finanzierung erfolgt hälftig durch den Bund und die Länder. Die Durchführung obliegt den kreisfreien Städten und Landkreisen, die hierfür besondere Wohngeldstellen einrichten.

Insbesondere im Bereich der kinderbezogenen Leistungen existieren noch eine Vielzahl weiterer Bestimmungen für *sonstige Transferleistungen*:

- die beitragsfreie Familienversicherung für Kinder in der Gesetzlichen Kranken- und Pflegeversicherung sowie Zuzahlungsbefreiungen für Kinder im Krankheitsfall,
- die beitragsfreie, aus den Ansprüchen der Eltern abgeleitete Hinterbliebenenversorgung für Kinder in der Gesetzlichen Renten- und Unfallversicherung,
- der gesetzliche Unfallversicherungsschutz in Kinderbetreuung, Schule und (Hochschul-)Ausbildung,
- die Ausbildungsfinanzierung und -förderung nach Bundesausbildungsförderungsgesetz (BAföG),
- die Berücksichtigung von Kindern bei der Berechnung von Sozialleistungen, z.B. bei den Lohnersatzleistungen nach Sozialgesetzbuch III.

c. Grenzen der Familienpolitik

Immer wiederkehrend wird in Politik und Gesellschaft ein besonderer familienpolitischer Handlungsbedarf angemahnt, um der gesellschaftlichen wie (sozial-)politischen Geringschätzung der Sozialisationsleistung der Familien entgegenzuwirken. In den letzten zehn Jahren hat es zwar vor allem materielle Verbesserungen für Familien gegeben (Erhöhung von steuerlichen Freibeträgen und des Kindergeldes), nach wie vor wird aber wie selbstverständlich davon ausgegangen, dass Familien geradezu ontogenetisch, quasi aus sich selbst heraus, in der Lage sind, die vielfältigen Erziehungs- und Sozialisationsaufgaben, die der gesellschaftliche Wandel hervorruft, angemessen bearbeiten zu können. Die Herausforderungen, vor denen auch und gerade Familien mit Migrationshintergrund stehen, beschreibt der Elfte Kinder- und Jugendbericht des Bundesministeriums für Familie, Senioren, Frauen und Jugend (BMFSFJ) wie folgt:

– Vermittlung eines tragfähigen Werte- und Normensystems angesichts einer Pluralisierung von Wertvorstellungen,
– Vorbereitung auf einen kompetenten Umgang mit den Angeboten der Konsum- und Medienwelt im Kontext einer immer stärker medial geprägten und in Marktzusammenhängen eingebundenen Jugendphase,
– Schul- und Berufswahl vor dem Hintergrund eines Bedeutungszuwachses von Bildung bei gleichzeitig abnehmender Integrationskraft von Bildungsabschlüssen.[41]

Während also einerseits eine wachsende Verunsicherung über die Planbarkeit von Lebenswegen in einer sich entgrenzenden Welt konstatiert wird, fehlt es andererseits an einer Diskussion darüber, wie die Kompetenzen und Fähigkeiten, die zur Orientierung in der neuen Lebenswelt nötig sind, erworben werden können.

Ein Teufelskreis zeichnet sich ab, wenn fehlende familienpolitische Unterstützungsangebote bzw. mangelnde Nachfrage von bestehenden Hilfsangeboten Familien letztlich alleine lassen und damit die Kinder an die mit Familiengründung und verantwortungsbewusster Wahrnehmung der eigenen Elternrolle verbundenen Aufgaben und Herausforderungen nicht herangeführt werden.

Um bei den Familien ansetzend ein Stück mehr Chancengleichheit und soziale Gerechtigkeit zu schaffen, gilt nach wie vor, was im Zehnten Kinder- und Jugendbericht resümierend empfohlen wird: „Familien brauchen gesicherte und vorhersehbare Rahmenbedingungen für ein Leben ohne andauernde Sorge um eine Verschlechterung der familiären Existenzbedingungen. Gegen diesen Grundsatz ist in den vergangenen anderthalb Jahrzehnten immer wieder verstoßen worden, weil viele Änderungen (...) zu Lasten der Familie gegangen sind. Kinder und ihre Familien sind (...) eine Gruppe der Bevölkerung, die nicht etwas abzugeben hat, sondern in den Verteilungsprozessen massiv zu-

---

41 BMFSFJ (Hg.): Elfter Kinder- und Jugendbericht. Bericht über die Lebenssituation junger Menschen und die Leistungen der Kinder- und Jugendhilfe in Deutschland, Berlin 2002, S. 125

sätzlich berücksichtigt werden muß."[42] Dabei gilt allerdings, dass Familien keine homogene soziale Gruppe sind, sondern das Spektrum der Einkommens- und Lebenslagen der Gesamtbevölkerung spiegeln. Dies erklärt zum Teil den schwachen gesellschaftlichen Organisationsgrad von Familieninteressen und verweist darauf, dass auch bei der Formulierung familienpolitischen Reformbedarfs normative Werturteile und soziale Interessen widerstreiten.

3.3.4 Gesundheit und Pflege

a. *Systematischer Stellenwert von Gesundheit*

Fragen der Gesundheit sind in unserer Gesellschaft allgegenwärtig. Die Pharma- und medizintechnische Industrie unternimmt große Anstrengungen, immer neue bzw. modifizierte therapeutische Methoden und Arzneimittel, die geeignet sein sollen, das Leben der Menschen zu verbessern, auf dem Gesundheitsmarkt zu platzieren. Hierbei ergeben sich immer wieder gesundheits- und gesellschaftspolitische Kontroversen über das medizinisch Wünsch- bzw. Machbare einerseits und das ethisch Vertretbare andererseits. Diskutiert wird zum Beispiel der Einsatz der Gentechnik, der pränatalen Diagnostik, die Grenzen der Intensivmedizin, aber auch der Umgang mit passiver oder gar aktiver Sterbehilfe. Zugleich wird das Leitmotiv vom in allen Lebensphasen aktiven, dynamischen und gesunden Menschen als individuellem wie sozialem Sollzustand in Werbung, Funk und Fernsehen täglich propagiert. Gesundheit wird damit funktional zur Leistungs- und Arbeitsfähigkeit gesetzt. Ein gesundheitlich nicht beeinträchtigtes Leben gilt folglich auch den meisten Menschen als wichtigstes soziales Gut, ist es doch Basis für gesellschaftliche Integration, soziales Wohlergehen und individuelle Selbstentfaltung.

Dabei ist gar nicht so einfach zu definieren, was denn nun *Krank- bzw. Gesundsein* bedeutet. Beide Zustände sind wissenschaftlich nicht objektiv messbar. Definitionen von Krankheit bilden sich über medizinische Auffassungen bzw. unterschiedliche Lehrmeinungen über die Entstehung und Wirkungsweise von Krankheiten aus. Diese sind wiederum durch das jeweilige Normen- und Wertesystem geprägt, wes-

---

42   vgl. Deutscher Bundestag (Hg.): Bericht über die Lebenssituation von Kindern und die Leistungen der Kinderhilfen in Deutschland – Zehnter Kinder- und Jugendbericht –, Drucksache 13/11368, 13. Wahlperiode, Bonn 1998, S. 93

halb sich in unterschiedlichen Kulturkreisen sehr differenzierte Verständnisformen von Krankheit und folglich auch von Therapie zeigen. Aber auch innerhalb einer Gesellschaft ergibt sich durch Lebens- und Arbeitsbedingungen, soziales Umfeld und Bildungsstand ein schichtenspezifisch variierendes Krankheitsverständnis, was wiederum Ursachen und Auftretenshäufigkeit von Krankheit (*Morbidität*) bzw. Sterblichkeit (*Mortalität*) in spezifischer Weise beeinflusst.

Die Weltgesundheitsorganisation (WHO) hat ein sehr umfassendes Verständnis von Gesundheit formuliert: „Gesundheit ist ein Zustand vollständigen physischen, geistigen und sozialen Wohlbefindens und nicht die bloße Abwesenheit von Krankheit und Gebrechlichkeit. Der Genuss des höchsten erreichbaren Niveaus von Gesundheit ist eines der fundamentalen Rechte jedes Menschen ohne Unterschiede von Rasse, Religion, politischer Überzeugung, ökonomischer und sozialer Stellung." Gesundheit wird damit in den Rang eines Grundrechtes erhoben, es muss allerdings offen bleiben, wieweit dieses Recht etwa durch individuelles, durch soziales und/oder durch politisches Handeln realisiert werden kann bzw. was daraus folgt, wenn dieses nicht geschieht. Wichtig an dieser Definition aus dem Jahr 1948 ist allerdings in jedem Falle, dass Politik und Gesellschaft gehalten sind, eine Beeinträchtigung oder gar Gefährdung von Gesundheit im Rahmen ihrer Möglichkeiten abzuhalten und schon gar nicht bewusst herbeizuführen.

In Deutschland orientiert sich der Krankheitsbegriff an den von der Sozialrechtssprechung (*Bundessozialgericht*) in unterschiedlichen Urteilen der Jahre 1967, 1972 und 1975 entwickelten Kriterien. Ein Leistungsanspruch auf Krankenbehandlung im Sinne der Gesetzlichen Krankenversicherung nach Paragraph 27 (SGB V) liegt vor, wenn:

– ein regelwidriger körperlicher, geistiger oder seelischer Zustand eine (medizinische) Leistungserbringung erfordert, um Schmerzen oder Beschwerden zu verhindern, zu beheben oder zu lindern;
– eine Krankheit erkannt (Vorsorge, Prävention) bzw. die Beeinträchtigung der gesellschaftlichen Teilhabe durch eine Krankheit so gering wie möglich gehalten werden soll;
– die Arbeitsfähigkeit eines Versicherten wieder hergestellt, erhalten oder im Hinblick auf die Zukunft positiv beeinflusst werden soll.

Krankheit bzw. Kranksein ist die Folge komplexer Verursachungszusammenhänge zwischen individuellen Dispositionen (einschließlich lebensgeschichtlich erworbenen psychischen Erlebnis- und Verarbeitungsmöglichkeiten von psychosozialen Belastungen und Konflikten) sowie belastenden Umweltfaktoren aus den Lebens- und Arbeitsbedingungen. Individuelle Disposition und soziale Umweltfaktoren bestimmen die persönliche Lebensweise und wirken auf das Gesund- bzw. Kranksein zurück.

Gesundheitspolitik ist aber nicht nur eine Frage der Beseitigung bzw. Verhinderung von Krankheit. Der medizinische Fortschritt und die allgemein verbesserten Lebens- und Arbeitsbedingungen haben zur Folge, dass die Lebenserwartung kontinuierlich ansteigt (*Demografie*). Damit steigt allerdings auch das Risiko, aufgrund von Krankheit bzw. degenerativen Alterserscheinungen auf hauswirtschaftliche Versorgung bzw. (medizinische) Pflege angewiesen zu sein. Gleichzeitig nimmt die Zahl derer ab, die – sei es im familiären Verbund, sei es als Nachbarn – in der Lage sind, die Pflege gewissermaßen ‚nebenbei‘ mit zu erledigen. Daneben gibt es *behinderte Menschen*, die aufgrund ihres körperlichen oder geistigen Zustandes ebenfalls der (dauerhaften) Betreuung in Pflegeeinrichtungen bedürfen.

Angesichts der hohen Bedeutung, die *Gesundheit* und *menschenwürdige Pflege* im Alter und bei Behinderung für die Bürgerinnen und Bürger, aber auch für die Wirtschaft hat, ist staatliche Gesundheitspolitik gefordert, Maßnahmen zu ergreifen, die dem Erhalt oder der Wiederherstellung von Gesundheit, der Sicherung des materiellen Lebensunterhalts im Falle von Krankheit, Arbeitsunfähigkeit und Erwerbsunfähigkeit sowie der Absicherung gegen das Pflegerisiko dienen. Eine ausdifferenzierte *Gesundheitsberichterstattung* dient dabei als Grundlage der Entscheidungsfindung in gesundheitspolitischen Fragen. In einem umfassenderen Politikansatz bezieht die Gesundheitspolitik auch Fragen des *Arbeitsschutzes* und der *Umweltpolitik* ein.

b. Lebenslagen und gesundheitlicher Status in Deutschland

Die historische Betrachtung zeigt, wie sich die Krankheitsrisiken in einer Gesellschaft deutlich verschieben können. So hat sich in den letzten hundert Jahren das *Krankheitspanorama*, das die Häufigkeit einzelner Krankheiten und deren Bedeutung für die Sterblichkeit beschreibt, signifikant verändert. Im 19. Jahrhundert waren vor allem *Infektionskrankheiten* wie Tuberkulose, Diphtherie und Meningitis sowie Seuchen (Cholera und Pocken) für den Tod zahlreicher Menschen verantwortlich. Über präventive Maßnahmen wie verbesserte hygienische Bedingungen, Reihenimpfungen und schließlich die Entdeckung des Antibiotikums Penicillin haben diese Krankheiten ihren Schrecken verloren. An die Stelle von Infektionen, Mangelernährung und körperlicher Überlastung sind im 20. Jahrhundert die *chronisch-degenerativen Krankheitsfolgen* von Stoffwechsel-, Herz-Kreislauf- und Tumorerkrankungen sowie psychische Störungen getreten.

Die Verteilung von Morbidität und Mortalität ist regional, demografisch, und geschlechts- und schichtspezifisch stark differenziert. So zeigen sich in Ballungsräumen und Industriezentren höhere Gesundheitsgefährdungen. Mit steigendem Lebensalter nimmt das Risiko zu erkranken ebenfalls deutlich zu *(Multimorbidität)*. Und schließlich zeigt sich ein Zusammenhang von sozialer Lage und gesundheitlichen Risiken:

Schichtspezifische Lebenslagen und gesundheitliche Ungleichheit

Quelle: Bäcker, Gerhard, u.a.: Sozialpolitik und soziale Lage in Deutschland, Band 2, 3. Aufl., Wiesbaden 2000, *S.* 35

Die Lebenslage eines Individuums beeinflusst nicht nur die gesundheitliche Belastung – so ist der Krankenstand um so niedriger, je höher
die Qualifikation des Arbeitnehmers ist – auch das gesundheitsrelevante Verhalten ist von der materiellen Ausstattung und vom Bildungsstand abhängig. Insgesamt ist die Datenbasis in diesem Bereich
allerdings noch lückenhaft. Zwischen 1984 und 1991 wurden zwar
drei *Nationale Gesundheitssurveys* in Form repräsentativer Stichpro-
ben durchgeführt, die sich jedoch vor allem auf die Analyse der Herz-
Kreislauf-Erkrankungen spezialisierten. Erst im Jahr 1998 wurde der
erste umfassende Gesundheitsbericht für Deutschland vorgelegt und
mit der Forderung nach einer kontinuierlichen Fortsetzung (Monito-
ring) verbunden. Seit dem Jahr 2004 unterhält das Statistische Bundesamt eine umfassendes, datenbankgestütztes und über das Internet
zugängliches Informationssystem Gesundheitsberichterstattung, das
laufend ergänzt und erweitert wird.[43] Die Ergebnisse der Gesundheitsberichterstattung unterstützen die These der Abhängigkeit von Krankheit und sozialer Situation. Das deutsche Gesundheitswesen ist nach
wie vor in einem hohen Maße schichtenspezifisch und ethnisch vorgeprägt. Exemplarisch führt das letzte Jahresgutachten des Sachverstän-
digenrates zur Begutachtung der Entwicklung im Gesundheitswesen
aus, dass auf der Ebene der Symptomwahrnehmung, des Einsatzes
diagnostischer Mittel, der einzuschlagenden Therapien und der Nach-
sorge sozial selektive Momente wirksam sind mit dem Ergebnis eines
deutlich schlechteren gesundheitlichen Status und einer geringeren
Lebenserwartung im unteren sozialen Segment.[44] An konkreten
Krankheitsbildern zeigt sich beispielsweise:

– Auf die *Fettleibigkeit* (Adipositas), die als entscheidender Risiko-
  faktor für *Zivilisationskrankheiten* – wie Diabetes, Herz-Kreislauf-
  erkrankungen, Schlaganfall, Atemnot, mechanische Überbelastung,
  psychische Probleme bis hin zur sozialen Isolation – gilt, haben so-
  ziodemographische Merkmale einen entscheidenden Einfluss. Denn

---

[43] Gefördert durch die Bundesministerien für Gesundheit sowie Bildung und For-
      schung hat das Statistische Bundesamt in Zusammenarbeit mit dem Robert Koch-
      Institut die Datenbank als kontinuierliche Gesundheitsberichterstattung des Bunds
      aufgebaut (www.gbe-bund.de).
[44] Sachverständigenrat zur Begutachtung der Entwicklung im Gesundheitswesen: Ko-
      ordination und Qualität im Gesundheitswesen, Bonn 2005. Vgl. auch die Studie der
      Bertelsmannstiftung im Zusammenhang mit der Armuts- und Reichtumsberichter-
      stattung der Bundesregierung.

mit einem hohen Familiennettoeinkommen, einem hohen Schulabschluss sowie Berufstätigkeit tritt Fettleibigkeit weniger häufig auf.

- Der *Alkohol- und Tabakkonsum* stellen in Deutschland das herausragende Suchtproblem dar. Neben den körperlichen Gesundheitsfolgen wie Herz-Kreislauf- und Leberschädigungen, Atemwegs-sowie Tumorerkrankungen spielt hier vor allem die psychische Abhängigkeit eine besondere Rolle. Alkohol- und Tabakkonsum sind in allen Bereichen des gesellschaftlichen Lebens anzutreffen, gleichwohl lassen sich bestimmte Problemgruppen (z.B. Kinder und Jugendliche) und schichtspezifische Risikopotenziale erkennen, die eng mit den unterschiedlichen Bearbeitungs- und Kompensationsressourcen einzelner Bevölkerungsgruppen bzw. -schichten zusammenhängen.

- Die *Inanspruchnahme von Vorsorgeuntersuchungen* korreliert deutlich mit dem sozialen Status. Bei Kindern und Jugendlichen zeigen sich die Zusammenhänge von sozialer Herkunft und Krankheitsentwicklung in physischen, psychischen und kognitiven Entwicklungsverzögerungen, einem ungünstigen Gesundheitsverhalten und einem damit einhergehenden schlechteren Gesundheitszustand. Gleiches zeigt sich auch bei der *Zahngesundheit*, die ebenfalls milieutypische Verteilungsmuster aufweist.

- *Langzeitarbeitslosigkeit* und *materielle Unterversorgung* (Armut) zeitigen nicht nur soziale Folgen, sondern sind auch ursächlich für eine erhöhte Anfälligkeit bei Krankheiten des Kreislauf- und Verdauungssystems, vor allem aber bei psychischen und Verhaltensstörungen.

- *Alleinerziehende* sind gegenüber Paaren mit Kindern aufgrund der durchschnittlich schlechteren ökonomischen Situation sowie subjektiv höheren Belastungen durch die alleinige Haushaltsführung, Kindererziehung und Aufbringung des Lebensunterhaltes eine physisch und psychisch stark belastete gesellschaftliche Gruppe, die einen schlechteren Gesundheitszustand und ein stärker beeinträchtigtes subjektives Wohlbefinden aufweist. So leiden alleinerziehende Mütter deutlich häufiger an Migräne und psychischen Befindlichkeitsstörungen als verheiratete kindererziehende Frauen.

- Gesundes *Älterwerden* ist nicht allein eine Frage der körperlichen und seelischen Konstitution, sondern ein komplexer, multidimensionaler Prozess, auf den allgemeine gesellschaftliche Rahmenbedingungen, soziale Beziehungen, die materielle Ausstattung, Wohnbedingungen, ökologische und infrastrukturelle Faktoren einwirken.

Die Ausstattung in diesen Bereichen ist aber sehr stark von der vorangegangenen Erwerbsbiographie und dem Bildungsstand abhängig, sodass sich auch hier eine soziale Ungleichverteilung in der Ausstattung und damit ein schichtspezifisches Krankheits- und Ausgrenzungsrisiko ergibt.

c. Felder und Leistungen der Gesundheitspolitik

Die Vielschichtigkeit der Wirkebenen, die Komplexität der Ursachenzusammenhänge sowie die gesellschaftlich allumfassende Betroffenheit machen die Gesundheitspolitik zu einer *Querschnittsaufgabe*, die unterschiedliche Politikfelder einschließt. Im Mittelpunkt einer sozialpolitischen Betrachtung stehen dabei vor allem die Leistungsbereiche und Träger:

– Ambulantes, teilstationäres und stationäres Gesundheitsversorgungssystem

Die zentrale Aufgabe des Gesundheitswesens ist die Wiederherstellung der Gesundheit. Hierzu steht ein differenziertes System aus medizinischen Berufsgruppen und Einrichtungen zur Verfügung, das durch Kuration, Rehabilitation und Prävention Krankheit heilen, lindern bzw. in der Entstehung verhindern soll. Hauptzentren sind der *ambulante Sektor* mit den *niedergelassenen (Zahn-)Ärzten*, der *stationäre Bereich* der *Krankenhaus*versorgung sowie *teilstationäre Einrichtungen* (z.B. Tageskliniken). Daneben existieren Einrichtungen zur Rehabilitation (Kuranstalten) sowie für allgemeine soziale Dienstleistungen (z.B. Sozialstationen).

Träger der Gesundheitssicherung

– Gesetzliche Krankenversicherung (GKV, SGB V)

Insbesondere die GKV übernimmt wegen ihrer großen Reichweite als wichtigstes Finanzierungsinstrument im Gesundheitswesen eine zentrale Sicherungs- und Lenkungsfunktion bei der Bereitstellung der Geld-, Sach- und Dienstleistungen sowie der medizinischen Infrastruktur.

– Private Krankenversicherung (PKV)

Neben den gesetzlichen Krankenversicherung gibt es privatwirtschaftlich organisierte Versicherungsunternehmen mit abgestuften Versicherungstarifen, je nach gewünschter Absicherung einzelner gesundheitlicher Risiken.

– Gesetzliche Pflegeversicherung (SGB XI)

Da in der Krankenversicherung Pflegeleistungen nur dann finanziert werden, wenn sie mit medizinischen Behandlungsleistungen einhergehen, schließt die Pflegeversicherung hier eine wichtige Versorgungslücke. Denn durch die demografische Entwicklung (steigender Anteil alter Menschen) bei sich gleichzeitig verändernden familiären Hilfestrukturen, ist ein wachsender Anteil der Bevölkerung auch ohne akute medizinische Indikation auf pflegerische bzw. hauswirtschaftliche Leistungen zum Erhalt eines menschenwürdigen Daseins angewiesen. Aus der Pflegeversicherung wird die *ambulante Pflege*, die *privat* oder von *professionellen Pflegediensten* erbracht wird, sowie die *stationäre Pflege* in Pflegeheimen finanziert.

– Weitere gesetzliche Sozialversicherungen

Aufgrund des *Kausalitätsprinzips* werden in der Sozialversicherung gesundheitspolitische Leistungen aber nicht nur durch die gesetzlichen wie privaten Kranken- und Pflegekassen erbracht. Auch über die Gesetzliche Unfall- sowie die Rentenversicherung werden Heilbehandlungskosten und rehabilitative Maßnahmen finanziert.

– Staat, Länder und Gemeinden

Auch der Staat erbringt über die Kriegs- und Gewaltopferversorgung medizinische und materielle *Versorgungs*leistungen. Hinzu kommen Beihilfen für Beamte. Des Weiteren werden im Rahmen des SGB XII *Fürsorge*leistungen in Form der Krankenhilfe erbracht.

– Öffentlicher Gesundheitsdienst

Neben den gesetzlichen und privaten Kranken- bzw. Pflegeversicherungen kommt dem Öffentlichen Gesundheitsdienst insbesondere die Aufgabe zu, einmal allgemein präventive Maßnahmen zu ergreifen (Schul(zahn)ärztliche Untersuchung, Reihenimpfungen etc.), zum anderen in amtlichen Verfahren gesundheitlich zu gutachten (etwa bei Adoptionen, Frühpensionierungen bei Beamten etc.).

– Private Haushalte

Nicht zuletzt müssen zahlreiche gesundheitsrelevante Leistungen durch die Betroffenen *privat* finanziert werden (Selbstmedikation, Praxisgebühr und Zuzahlungen, Selbsthilfe, nicht im Leistungskatalog der gesetzlichen und/oder privaten Krankenversicherung enthaltene Leistungen wie etwa die von Heilpraktikern usw.).

(1) Die Gesetzliche Krankenversicherung (GKV, SGB V)

Im Zuge der Bismarckschen Sozialgesetzgebung ist die Gesetzliche Krankenversicherung im Jahr 1883 mit dem *Gesetz, betreffend die Krankenversicherung der Arbeiter (Krankenversicherungsgesetz,* KVG) eingeführt worden. Waren zu Beginn lediglich die Industriearbeiter in die GKV einbezogen, so unterliegen heute fast alle abhängig Beschäftigten der *gesetzlichen Versicherungspflicht,* es sei denn, sie überschreiten mit ihrem Bruttoeinkommen die *Versicherungspflichtgrenze* (2006 in West und Ost: 3.937,50 EUR). In diesem Fall besteht Wahlfreiheit zwischen der freiwilligen Versicherung in der GKV oder dem Abschluss einer privaten Krankenversicherung (PKV). Seit dem 1. April 2003 müssen Arbeitgeber auch für sog. geringfügig Beschäftigte (Mini- bzw. Midi-Jobs) Beiträge an die GKV abführen, die allerdings erst mit steigender Höhe zu einem ‚normalen' Versicherungsverhältnis führen. Des Weiteren sind Rentner, Studierende, Arbeitslose, die Arbeitslosenunterstützung erhalten, Behinderte in geschützten Einrichtungen u.a.m. pflichtversichert. Unterhaltsberechtigte Familienangehörige sind entsprechend dem in der GKV besonders ausgeprägten *Solidarprinzip* über die beitragsfreie *Familienversicherung* abgesichert. Im April 2006 sind zusammengenommen etwa 70,4 Millionen Menschen von der GKV erfasst, was knapp 90 Prozent der Wohnbevölkerung in der Bundesrepublik Deutschland entspricht. Auch die Bezieherinnen und -bezieher von Leistungen der Mindestsicherungssysteme (ALG II, Sozialgeld, Sozialhilfe) sind entweder krankenversichert oder aber haben einen Anspruch auf die Leistungen des SGB V, mit Ausnahme des Krankengeldes. Seit 2004 sind die Sozialhilfeempfängerinnen und -empfänger in gleicher Weise mit einer Versichertenkarte ausgestattet, so dass sie im Gesundheitssystem nicht als Sozialhilfeempfänger auszumachen sind. Doch trotz dieses hohen Abdeckungsgrades fallen neuerdings bestimmte Personengruppen aus jeglichem Versicherungsschutz heraus. So stellt der Zugang zur gesundheitlichen Versorgung von Selbständigen in prekärer wirtschaftlicher Situation ein wachsendes Problem dar. Inzwischen sollen ca. 300.000 Personen jeglichen Versicherungsschutz gegen Krankheit verloren haben, da sie ihre privaten Versicherungsprämien nicht mehr bezahlen können, andererseits aber auch nicht zurück in die (je nach

Alter und Gesundheitszustand preiswerteren) gesetzlichen Kassen wechseln können.

Eine Sonderstellung nehmen die *Beamten* ein, die im Regelfall nicht, bzw. wenn, dann nur freiwillig in der GKV versichert sind. Sie erhalten einen Teil ihrer Krankheitskosten durch die *staatliche Beihilfe* erstattet, wobei sich die Höhe der Kostenübernahme nach der individuellen familiären Situation richtet. Zur Deckung der nicht erstattungsfähigen Kostenanteile müssen sich Beamte privat versichern.

Finanziert werden Leistungen der GKV durch *Mitgliedsbeiträge*, aus denen im *Umlageverfahren* die laufenden Ausgaben im Abrechnungszeitraum abgedeckt werden müssen. Es werden keine auf das individuelle Versicherungs- bzw. Krankheitsrisiko des Beitragspflichtigen bezogenen Reserven angelegt. Die Höhe der Beiträge wird von den Krankenkassen selbst bestimmt, wobei sie sich nach den zu erwartenden Ausgaben richten. Arbeitgeber und Arbeitnehmer bezahlen diesen Beitrag je zur Hälfte aus dem Bruttoeinkommen (*paritätische Mittelaufbringung*), wobei durch die gesetzlich bundeseinheitlich festgelegte *Beitragsbemessungsgrenze* von 3.562,50 EUR eine Deckelung erfolgt. Staatliche Zuschüsse erhalten die Krankenkassen nur für das *Mutterschaftsgeld*.

Träger der GKV

Träger der GKV sind die ca. 250 gesetzlichen Krankenkassen, die teils betrieblich, teils lokal, teils regional, teils bundesweit und teils auf bestimmte Personenkreise ausgerichtet sind. Erst im Jahr Jahr 1992 wurde mit dem Gesundheitsstrukturgesetz für die Versicherten die Möglichkeit des freien Kassenwahlrecht eröffnet. Wirksam wurde diese Öffnung allerdings erst nach einer Übergangsfrist von vier Jahren im Jahr 1996. Bis dahin erfolgte die Aufnahme in die einzelnen Kassen nach berufsgruppenspezifischen Merkmalen wie z.B. der Trennung von Angestellten und Arbeitern. Infolgedessen haben die Betriebs- und Ersatzkrankenkassen oft noch eine relativ gute Ertragslage, weil sie bis zur Öffnung des Kassenzutritts vor allem auf Personengruppen mit geringen gesundheitlichen Risiken und hohen Einkommen ausgerichtet waren, während umgekehrt die Allgemeinen Ortskrankenkassen (AOK) häufig eine ungünstige Mitgliederstruktur aufweisen, weil sie verpflichtet sind, alle Beitrittswilligen aufzunehmen. Aus diesem Grund unterschieden sich die Beitragssätze beachtlich. Im Jahr 1994 wurde deshalb ein bundesweiter kassenartenübergreifender *Risiko-*

strukturausgleich eingeführt. Die bessergestellten Kassen müssen nun Zahlungen an jene richten, die eine ungünstigere *Versichertenstruktur* haben. Dies hat den Effekt, dass sich die Beitragssätze zwischen den unterschiedlichen Kassen angeglichen haben. Sie bewegen sich zur Zeit in einem Spektrum von elf bis ca. 15 Prozent. Seit dem Jahr 2002 berücksichtigt der Risikostrukturausgleich auch die Kosten für chronisch Kranke bei den Ausgleichszahlungen, wenn diese in strukturierten Behandlungsprogrammen (Disease Management Programme) eingeschrieben sind.

In der Gesetzlichen Krankenversicherung gilt das *Selbstverwaltungsprinzip*. Dabei definiert der Staat die Rahmenbedingungen und Aufgaben, innerhalb derer die Selbstverwaltungsorgane für eine eigenständige Erfüllung sorgen. Zur Steuerung des Leistungsangebotes und der Kosten schließen die Krankenkassen Verträge mit den *Kassenärztlichen Vereinigungen* (KV) als Selbstverwaltungsorgan der (Kassen-)Ärzteschaft und den Krankenhäusern. Krankenkassen und Kassenärztliche Vereinigungen sind im Rahmen ihres *Sicherstellungsauftrages* verpflichtet, eine ausreichende ärztliche Versorgung der Bevölkerung zu garantieren. Auf Bundesebene schließt die Kassenärztliche Bundesvereinigung (KBV) mit den Spitzenverbänden der Krankenkassen Vereinbarungen über die Organisation und Umsetzung der vertragsärztlichen Versorgung in Deutschland ab. Auf der Ebene der Bundesländer treffen die regionalen Kassenärztlichen Vereinigungen und Krankenkassenvertretungen die Vereinbarungen über die Vergütung ärztlicher Leistungen, die dann über die Kassenärztlichen Vereinigungen an ihre Mitglieder verteilt werden. Jeder kassenärztlich zugelassene Arzt ist automatisch Mitglied einer KV. Dieses System gilt analog für die Zahnärzte.

Leistungserbringung in der GKV

Trotz der Vielzahl der Krankenkassen sind die erbrachten Geld-, Sach- und Dienstleistungen weitgehend identisch, da es sich dabei zu mehr als 95 Prozent um gesetzlich vorgeschriebene *Regelleistungen* handelt.

Das Leistungsspektrum umfasst nach den Vorgaben des SGB V im Wesentlichen:

- *präventive Gesundheitsleistungen* wie Früherkennung und Vorsorgeuntersuchungen, zahnärztliche Prophylaxe (Gruppen- und Indi-

vidualprophylaxe) und Schutzimpfungen, Vorsorgekuren für Mütter sowie die Unterstützung von Selbsthilfegruppen mit gesundheitsfördernder oder rehabilitativer Ausrichtung. In diesen Bereich
gehört auch der Anspruch auf ärztliche Beratung über Fragen der
Empfängnisverhütung sowie auf Leistungen bei einer nicht rechtswidrigen Sterilisation sowie einem Schwangerschaftsabbruch.

– die *Krankenbehandlung*, erbracht in Form der:
  – *ärztlichen* und *zahnärztlichen Behandlung* einschließlich der
    Versorgung mit Zahnersatz (gegen *Zuzahlung*), die im Prinzip
    zeitlich unbegrenzt in Anspruch genommen und nach ärztlicher
    Verordnung durch Leistungen der Heil- und Hilfsberufe (z.B.
    Logopädie, Krankengymnastik, etc.) ergänzt werden kann.
    Zum Leistungsspektrum zählen ebenfalls medizinische Maßnahmen zur künstlichen Befruchtung.
  – Versorgung mit *Arznei-, Verbands-, Heil-* und *Hilfsmitteln*. Allerdings sind diese Leistungen mit zum Teil erheblichen *Zuzahlungen* des Patienten verbunden, bzw. sind nach Paragraph
    34 SGB V bestimmte Arznei-, Heil- und Hilfsmittel von der
    Erstattungsfähigkeit ausgenommen.
  – *häuslichen Krankenpflege* sowie *haushaltswirtschaftlichen
    Versorgung,* wenn eine Krankenhausbehandlung zwar geboten,
    aber nicht durchführbar ist bzw. sie durch die häusliche Pflege
    vermieden oder verkürzt werden kann.
  – *teilstationären* bzw. *vollstationären Krankenhausbehandlung,*
    wenn ein Behandlungsziel nicht durch eine ambulante Behandlung bei einem niedergelassenen (Fach-)Arzt erreicht werden
    kann. Auch bei der Krankenhausbehandlung muss der Versicherte in den ersten 28 Tagen eine tägliche Zuzahlung in Höhe von 10 EUR leisten.
  – medizinischen und ergänzenden Leistungen zur *Rehabilitation*
    sowie zur *Belastungserprobung* und *Arbeitstherapie.*
– die Zahlung von *Krankengeld* als eine *Lohnersatzleistung*, die im
  Anschluss an die *Lohnfortzahlung* des Arbeitgebers (*Entgeltfortzahlungsgesetz*, EFZG) einsetzt. Während hierbei in den ersten
  sechs Wochen Anspruch auf das volle Arbeitsentgelt besteht, beträgt das Krankengeld, das auch Arbeitslose beziehen können, lediglich 70 Prozent des regelmäßigen *Brutto*arbeitseinkommens,
  maximal jedoch 90 Prozent des Nettoeinkommens. Das Krankengeld ist sozialabgabenpflichtig, wobei sich der Arbeitnehmer und
  die Krankenkasse die Beiträge je hälftig teilen. Für dieselbe Krank

heit gilt innerhalb von drei Jahren eine Höchstbezugsdauer von 78 Wochen.

Kinderkrankengeld kann in Anspruch genommen werden, wenn Kinder unter 12 Jahren durch die Eltern gepflegt werden müssen. Pro Elternteil besteht Anspruch auf zehn Tage (Alleinerziehende: 20 Tage), bei mehreren Kinder ist der Anspruch auf 25 Tage (50 Tage) erweitert.

– das *Mutterschaftsgeld*: Während der arbeitsrechtlichen Schutzfrist für werdende Mütter, die sechs Wochen vor und acht Wochen nach der Entbindung (Früh- und Mehrlingsgeburten: 12 Wochen) eine Beschäftigung ausschließt, besteht Anspruch auf Mutterschaftsgeld, das von der Krankenkasse gezahlt wird. Es beträgt maximal 13 EUR pro Tag für 99 Tage (= 1.287 EUR). Die Differenz zum Nettoeinkommen wird durch den Arbeitgeber aufgestockt. Für privat- oder nichtversicherte Arbeitnehmerinnen wird lediglich ein einmaliges Mutterschaftsgeld vom Bundesversicherungsamt in Höhe von insgesamt 210 EUR zu Lasten des Bundes gezahlt.

In der GKV gilt ein am medizinischen Bedarf orientiertes *Sachleistungsprinzip*: Der Versicherte erhält die Leistungen im Gesundheitswesen unmittelbar als Dienst- oder Sachleistung zur Verfügung gestellt. Der Umfang der Leistungen richtet sich dabei ausschließlich nach der medizinischen Notwendigkeit und ist unabhängig von der Höhe des geleisteten Beitrages. Allerdings durchlöchern Streichungen im Leistungskatalog des SGB V bzw. umfangreiche *Zuzahlungen* der Versicherten für Praxisgebühr, Arznei-, Heil- und Hilfsmittel, Krankenhausbesuch und Zahnersatz nicht nur das Sachleistungsprinzip, sondern auch die paritätische Beitragszahlung.

Abgesehen vom *Krankengeld*, das als Lohnersatzleistung nur an beitragspflichtige Mitglieder ausgezahlt werden kann und dem Äquivalenzprinzip folgend an der Lohnhöhe orientiert ist, erhalten alle Familienversicherten die gleichen Leistungen wie die Versicherten selbst (*Solidarprinzip*).

(2) Die Private Krankenversicherung (PKV)

Neben der GKV gibt es in der *Privaten Krankenversicherung* (PKV) etwa 100 privatwirtschaftlich organisierte Versicherungsunternehmen. Diese unterliegen im Rahmen der allgemeinen staatlichen Aufsicht über das private Versicherungswesen der staatlichen Kontrolle. Die gesetzliche Grundlage ist das *Versicherungsvertragsgesetz* aus dem Jahr 1908.

Derzeit sind über acht Millionen Personen in der PKV *vollversi-chert*, was etwa zehn Prozent der gesamten Wohnbevölkerung entspricht. Daneben können über die Privaten Krankenversicherungen besondere ergänzende Leistungen versichert werden, die auch den Mitgliedern der Gesetzlichen Krankenversicherung offen stehen (etwa Zusatzversicherungen für das Krankenhaus, Zahnersatz, etc.).

Die privaten Krankenversicherungen decken das gleiche *Leistungsspektrum* wie die GKV ab. Allerdings besteht hier eine *Wahlfreiheit* für die Versicherten; sie können einzelne Risiken ein- bzw. ausschließen. Während die Apotheken den Gesetzlichen Krankenkassen bei verschreibungspflichtigen Arzneimitteln Rabatte einräumen (müssen), entfallen diese bei privat Versicherten, auch sind die von den Ärzten abrechenbaren Honorarsätze höher als im Rahmen der GKV. Dies hat zur Folge, dass der Leistungszuwachs pro Patient in der PKV in den letzten Jahren höher gewesen ist als in der GKV, folglich stiegen die Beiträge für die privat Versicherten stärker, vor allem für bestimmte Risikogruppen, etwa ältere Versicherte.

Die *Leistungserbringung* und *Finanzierung* erfolgt nach anderen Grundsätzen als in der GKV. In der PKV dominiert das *Äquivalenzprinzip* in Verbindung mit dem *Anwartschaftsdeckungs- bzw. Kapitaldeckungsverfahren*. Dabei beinhalten die von den Versicherten zu zahlenden Beiträge neben einem *Beitragsanteil* für die laufenden Krankheitskosten einen *Rückstellungsanteil*, mit dem die im Alter wachsenden Krankheitsaufwendungen vorfinanziert werden. Diese Rückstellungsanteile werden in der *Deckungsrückstellung* – auch *Alterungsrückstellung* genannt – verzinslich angesammelt. Wenn die altersbedingt zunehmenden Krankheitskosten durch den laufend gezahlten Beitrag nicht mehr gedeckt werden, wird die Deckungsrückstellung nach und nach abgebaut, um die Differenz zwischen benötigtem und gezahltem Beitrag auszugleichen.

Die *Beiträge* in der PKV bemessen sich also nicht wie in der GKV anhand des jährlich zu erwartenden Kostenvolumens, sondern sind nach *Leistungstarifen* gestaffelt, die anhand des individuellen *Gesundheitsrisikos* ermittelt werden. Gilt eine Person aufgrund ihrer persönlichen Krankengeschichte als Hochrisikopatient, kann eine Aufnahme in die PKV verweigert werden. Auch in der PKV teilen sich Arbeitgeber und abhängig beschäftigte Arbeitnehmer den Versicherungsbeitrag hälftig, wobei die Erstattungsgrenze bei 50 Prozent des durchschnittlichen Höchstsatzes der GKV liegt. Selbstständige und Freiberufler wie auch Beamte dagegen tragen ihre Beiträge selbst.

Die Abrechnung der erbrachten medizinischen Leistungen erfolgt nach dem *Kostenerstattungsprinzip*. Dabei tritt der Versicherte gegenüber dem Leistungserbringer in Vorlage und rechnet anschließend mit der Versicherung die nach seinem Tarif tatsächlich abrechenbaren Kosten ab. Die privaten Versicherungsunternehmen treten auf diese Weise mit den Leistungserbringern nicht in vertragliche Beziehungen. Sie haben deshalb auch kaum Steuerungsmöglichkeiten in Bezug auf Qualität, Quantität und Kostenentwicklung im Gesundheitswesen.

Wer sich in der PKV krankenversichert, hat in der Regel keine *Rückkehrmöglichkeit* in die GKV, es sei denn, das Einkommen sinkt wieder unter die Versicherungspflichtgrenze. Da es in der PKV keine beitragsfreie Familienversicherung gibt, muss bei sich ändernden familiären Konstellationen (Heirat, Kinder, Tod) das Versicherungsverhältnis verändert werden, da jede Person einzeln zu versichern ist.

(3) Die Gesetzliche Pflegeversicherung (GPV, SGB XI)

Die *Gesetzliche* oder auch *Soziale Pflegeversicherung* (GPV) ist in der Bundesrepublik Deutschland erst im Jahr 1994 eingerichtet worden. Auch wenn sie organisatorisch von den Trägern der Krankenversicherung verwaltet wird, bildet sie einen eigenständigen fünften Zweig der Sozialversicherung.

Ihre Einführung ist eine Reaktion auf zwei gesellschaftliche Tendenzen: Zum einen steigt die Zahl der Hochbetagten und der chronisch Kranken in unserer Gesellschaft. Bei Inkrafttreten der Pflegeversicherung waren in Deutschland rund 1,6 Millionen Menschen pflegebedürftig wovon etwa 420.000 in Heimen lebten. Bis zum Jahr 2010 wird mit einem zahlenmäßigen Anstieg auf 2,4 Millionen Personen gerechnet (davon ca. 1,7 Millionen teilstationär bzw. ambulant; 0,7 Millionen vollstationär). Zum anderen verringert sich die Zahl derer, die – sei es im familiären Verbund, sei es als Nachbarn – in der Lage oder bereit sind, die Pflege in privaten sozialen Netzwerkbezügen zu leisten.

Diese Entwicklung war und ist mit erheblichen finanziellen Aufwendungen verbunden, zumal sich die Renten und die Kosten für stationäre Pflege höchst ungleich entwickelt haben: Zwischen 1980 und 1993 – also vor Einführung der Pflegeversicherung sind die durchschnittlichen Renten nominal nur um 32 Prozent, die Kosten für einen Pflegeplatz aber um 57 Prozent gestiegen, sodass immer mehr pflegebedürftige Rentner/-innen *Hilfen zur Pflege* im Rahmen der Sozialhilfe in Anspruch nehmen mussten, 1993 waren dies 660.000 Personen, davon 394.000 in stationären Einrichtungen. Die Kommunen als Träger der Sozialhilfe waren folglich mit ständig steigenden Kosten belastet, die ihren Handlungsspielraum bei anderen kommunalen sozialen Aufgaben in erheblichem Maße einengten. Die kommunale Sozialhilfe ist als Ausfallbürge für die Risiken geschaffen worden, die nicht standarisierbar und deshalb von den Regelsicherungssystemen nicht erfassbar sind, nicht aber für eine existenzminimale Grundsicherung von Standardrisiken wie etwa der Pflegebedürftigkeit. Auch wenn ein Teil dieser Ausgaben durch Einnahmen (etwa: Kostenersatz von Angehörigen und/oder bei Erbschaften) wieder ausgeglichen wurde, hatten die Kommunen gleichwohl den größten Teil der Aufwendungen für stationäre Pflege zu tragen.

Dennoch wird das Pflegerisiko auch nach Einführung der Pflegeversicherung immer noch in hohem Maße vor allem privat getragen; nur rund jeder dritte Pflegehaushalt greift auf professionelle Pflegedienste zurück. Angesichts absehbarer demografischer Veränderungen wird sich das Verhältnis zwischen Pflegebedürftigen und Pflegefähigen weiter verschlechtern, zumindest wird der Bedarf an Fremdhilfe zunehmen, weil Pflegeleistungen in Familien in der Regel von älteren Menschen für ältere Menschen und weniger intergenerativ erbracht werden.

Ziele und Leistungsspektrum der GPV

Mit den Leistungen der GPV sollte zum einen eine Kostenentlastung der kommunalen Sozialhilfeträger erreicht, zum anderen dem Pflegebedürftigen möglichst lange eine eigenständige und selbstbestimmte Lebensführung ermöglicht werden. Sie unterscheidet zwischen Leistungen für die *häusliche* und die *stationäre Pflege*:

- *häusliche Pflege* (seit dem 1. April 1995)
  Bei der Leistungserbringung in der *ambulanten Versorgung* unterscheidet man:
  - *Pflegesachleistungen*, die durch professionelle soziale Dienste (ambulante Pflegedienste und Sozialstationen) erbracht werden. Die Pflegeleistungen umfassen die *Grundpflege* sowie die *hauswirtschaftliche Versorgung*.
  - *Pflegegeld*: Wird die häusliche Pflege durch Privatpersonen (Familienangehörige, Nachbarn, Freunde) erbracht, besteht Anspruch auf ein Pflegegeld.

– *stationäre Pflege* (seit dem 1. Juli 1996)

   – Das SGB XI unterscheidet bei Unterbringung in entsprechenden Einrichtungen der Altenhilfe (Alters- und Pflegeheime) zwischen den Kosten, die der Pflegebedürftige selbst aufzubringen hat, weil er diese, gleich ob pflegebedürftig oder nicht, zu bestreiten hat – nämlich die Kosten für Unterkunft und Verpflegung (*Hotelkosten*) –, und den *pflegebedingten Kosten*, die die Pflegeversicherung übernimmt.

Auch wenn bezüglich der Inanspruchnahme häuslicher oder stationärer Pflegeleistungen im Grundsatz eine freie Wahlmöglichkeit besteht, zielt die Pflegeversicherung vorrangig auf die häusliche Pflege und damit auf die Vermeidung stationärer Pflege. Leistungen werden als Sach- und/oder Geldleistungen für die häusliche, teilstationäre und stationäre Pflege erbracht. Deren Höhe staffelt sich nach dem *Grad der Pflegebedürftigkeit*:

– Pflegestufe I beschreibt eine erhebliche Pflegebedürftigkeit, bei der mindestens einmal täglich ein Bedarf an Hilfe besteht;
– Pflegestufe II meint Schwerpflegebedürftigkeit und geht von einem Hilfebedarf von dreimal täglich aus;
– Pflegestufe III bedeutet Schwerstpflegebedürftigkeit und einen Bedarf an Hilfe rund um die Uhr.

Leistungen der Pflegeversicherung

		Pflegestufe		
		I	II	III
Häusliche Pflege	Pflegesachleistung bis EUR monatlich (Härtefälle):	384	921	1.432 (1.918)
	Pflegegeld EUR monatlich	205	410	665
Pflegevertretung: - durch Angehörige [1] - durch sonst. Personen	Pflegeaufwendungen für bis zu vier Wochen im Jahr bis EUR	205 1.432	410 1.432	665 1.432
Kurzzeitpflege	bis EUR im Jahr	1.432	1.432	1.432
Teilstationäre Tages- und Nachtpflege	bis EUR im Jahr	384	921	1.432
Ergänzende Leistungen für Pflegebedürftige mit erheblichem allgemeinen Pflegebedarf	Leistungsbetrag bis EUR jährlich	460	460	460
Vollstationäre Pflege	Pflegeaufwendungen pauschal EUR pro Monat (Härtefälle)	1.023	1.279	1.432 (1.688)
Pflege in vollstationären Einrichtungen der Hilfe für behinderte Menschen	Pflegeaufwendungen pauschal in Höhe von	10 Prozent des Heimentgelts, max. 256 EUR monatlich		
für Verbrauch bestimmte Hilfsmittel	monatlich in EUR	31		
technische Hilfsmittel	in Höhe von	90 Prozent der Kosten mit max. 25 EUR Selbstbeteiligung pro Hilfsmittel		
Maßnahmen zur Verbesserung des Wohnumfeldes	in Höhe von bis zu	2.557 EUR je Maßnahme bei angemessener Selbstbeteiligung		
Zahlung von Rentenversicherungsbeiträgen für Pflegepersonen	Je nach Umfang der Pflegetätigkeit [2] bis EUR monatlich (Ost)	127 (107)	255 (215)	382 (322)

[1] Auf Nachweis werden den ehrenamtlichen Pflegepersonen in allen drei Pflegestufen notwendige Aufwendungen bis zu einer Summe von 1.432 EUR erstattet (z.B. Verdienstausfall, Fahrtkosten etc).

[2] Bei wenigstens 14 Stunden Pflegetätigkeit pro Woche, wenn die Pflegeperson keiner Beschäftigung von über 30 Stunden nachgeht und sie noch keine Vollrente wegen Alters bezieht.

Quelle: Bundesministerium für Gesundheit: Zahlen und Fakten zur Pflegeversicherung (05/06), Berlin 2006

Finanzierung der GPV

Versichert sind in der GPV alle *krankenversicherungspflichtigen Personen* sowie deren Kinder und Ehepartner (*Solidarprinzip*), wobei die Versicherungspflicht- und die Beitragsbemessungsgrenze der Gesetzlichen Krankenversicherung gelten. Mitglieder einer privaten Krankenkasse (PKV) müssen eine private Pflegeversicherung abschließen. Sozialhilfebezieherinnen und Sozialhilfebezieher sind seit dem Jahr 1997 im Versichertenkreis eingeschlossen, mit Einführung des SGB II sind auch die Empfängerinnen und Empfänger der Grundsicherung für Arbeitsuchende in die GPV eingeschlossen.

Für die gesetzliche Pflegeversicherung gilt ein bundeseinheitlicher *Beitragssatz* von 1,7 Prozent des Bruttoeinkommens. Die Finanzierung folgt dem *Umlageverfahren,* wobei ein Bundeszuschuss oder eine Bundesgarantie wie in der Gesetzlichen Rentenversicherung zur Deckung etwaiger Defizite nicht vorgesehen ist. Anders als in der Gesetzlichen Krankenversicherung haben die Träger der Pflegeversicherung nicht die Möglichkeit, den Beitragssatz parallel etwa zu steigenden Ausgaben bzw. zu neuen Aufgabenstellungen anzuheben. Dies soll eine stetige Beitragssatzsteigerung wie etwa bei der GKV ausschließen.

Zwar kennt die Pflegeversicherung die *paritätische Beitragsteilung* zwischen Arbeitgebern und Arbeitnehmern, jedoch wird der Kostenanteil der Arbeitgeber durch Streichung eines arbeitsfreien Feiertages kompensiert. In den Bundesländern, die auf diesen Ausgleich verzichteten, tragen die Arbeitnehmer den vollen Beitragssatz. Seit dem 1. April 2004 müssen die Rentner ebenfalls den vollen Beitragssatz entrichten.

Systematische Probleme und Perspektiven der GPV

Mit der Pflegeversicherung ist ein wichtiger Schritt zur Absicherung des Pflegerisikos geleistet. Sie hat die kommunalen Sozialhilfeträger deutlich entlastet, zugleich vor allem im ambulanten Bereich die Zahl der auf Sozialhilfe angewiesenen Pflegebedürftigen abgesenkt und für eine verbesserte materielle und sozialrechtliche Absicherung privater Pflegepersonen gesorgt.

Im Gegensatz zur GKV ist die GPV aber keine *Vollkostenversicherung*, die Gewährung der Sach- und Geldleistungen unterliegt nicht dem Bedarfsprinzip, wie dies bei der Gesetzlichen Krankenversicherung der Fall ist. Damit bestimmt ausschließlich das vorhandene, gesetzlich festgeschriebene Beitragsaufkommen der Pflegeversicherung Rahmen und inhaltliche Begrenzung der Leistungen dieses Zweiges der Sozialversicherung. Das Gesetz legt den *Begriff der Pflegebedürftigkeit* und damit Art und Höhe der Geld- und Sachleistungen fest. Hierdurch kann die Pflegeversicherung kaum auf sich ändernde Pflegeerfordernisse bzw. bereits bestehende Unterversorgungen (z.b. bei Demenzkranken, Menschen mit besonderen Behinderungen) reagieren.

Im Jahr 2005 bezogen etwa 1,39 Millionen Personen *Leistungen für ambulante* und 680.000 Personen *Leistungen für stationäre Pflege* im Rahmen der Pflegeversicherung, zusammen also etwas mehr zwei Millionen Personen. Insgesamt hat die GPV hierfür etwa 16,9 Mrd. EUR aufgewendet, wovon 8,2 Mrd. für die ambulante Pflege und 8,7 Mrd. EUR für die stationäre Pflege anfielen.[45] Bis zum Jahr 1998 sind die Reserven der GPV angewachsen, seit 1999 jedoch ist in jedem Jahr ein Ausgabenüberschuss zu verzeichnen.

Einnahmen und Ausgaben der Gesetzlichen Pflegeversicherung 1995-2005

Ausgaben in Mrd. EUR						
	Leistungsausgaben					Verwaltung und Sonstiges
insgesamt	insgesamt	Pflegegeld	Pflegesach-leistungen	vollstationäre Pflege	übrige Leistungen	
1995	4,97	4,42	3,04	0,69	0,00	0,70	0,55
1996	10,86	10,25	4,44	1,54	2,69	1,58	0,61
1997	15,14	14,34	4,32	1,77	6,41	1,84	0,79
1998	15,88	15,07	4,28	1,99	6,84	1,97	0,82
1999	16,35	15,55	4,24	2,13	7,18	1,99	0,80
2000	16,67	15,86	4,18	2,23	7,48	1,98	0,82
2001	16,87	16,03	4,11	2,29	7,75	1,87	0,84
2002	17,36	16,47	4,18	2,37	8,00	1,92	0,85
2003	17,56	16,64	4,11	2,38	8,20	1,95	0,91
2004	17,69	16,77	4,08	2,37	8,35	1,97	0,92
2005	17,86	16,98	4,05	2,40	8,52	2,01	0,88

Einnahmen in Mrd. EUR										
1995	1996	1997	1998	1999	2000	2001	2002	2003	2004	2005
Einnahmeüberschuss:										
3,44	1,18	0,8	0,13	Ausgabenüberschuss:						
				0,03	0,13	0,06	0,38	0,69	0,82	0,36
Mittelbestand am Jahresende in Mrd. Euro										
2,87	4,05	4,86	4,99	4,95	4,82	4,76	4,93	4,24	3,42	3,05

Quelle: Bundesministerium für Gesundheit, eigene Zusammenstellung, z.T. eigene Berechnungen

---

45   Bundesministerium für Gesundheit (Hg.): Zahlen und Fakten zur Pflegeversicherung, Berlin 2006

Das Leistungsvolumen der GPV hat insbesondere die Sozialhilfeträger von Kosten entlastet, gleichzeitig verblieben erhebliche Kosten bei den privaten Haushalten, weil etwa bei stationärer Unterbringung die sog. *Hotelkosten* für Unterkunft und Verpflegung von dem Pflegebedürftigen selbst zu bezahlen sind. Der Versuch des Gesetzgebers, den Beitragssatz in Höhe von 1,7 Prozent des Bruttoeinkommens festzuschreiben, schafft jedoch neue Probleme. Angesichts des Fortschritts bei der Finanzierung des Pflegerisikos wurde es mit Blick auf die öffentliche Kassenlage sowie auf die allgemeine wirtschaftliche Entwicklung unterlassen, aktuelle und zukünftige Risikoentwicklungen und Pflegebedarfe weiterhin zufriedenstellend zu regeln.

Hilfen zur Pflege 1995 – 2004
(Empfängerzahlen und durchschnittliche Nettoausgaben)

	Außerhalb von Einrichtungen		Innerhalb von Einrichtungen	
	Anzahl Hilfeempfänger/-innen	Netto-Ausgaben pro Kopf in EUR	Anzahl Hilfeempfänger/-innen	Netto-Ausgaben pro Kopf in EUR
1995	213.936	2.382	364.773	15.775
1996	94.537	3.918	332.823	13.378
1997	87.539	4.289	241.586	8.830
1998	85.387	4.571	204.882	9.244
1999	81.941	4.843	228.886	8.402
2000	79.558	5.182	245.680	7.716
2001	83.277	5.277	249.462	7.655
2002	85.779	5.522	228.789	8.513
2003	86.625	5.944	237.647	8.018
2004	88.805	5.914	241.169	8.243

Quelle: Statistisches Bundesamt: Sozialleistungen, Fachserie 13, Reihe 2. Sozialhilfe – Hilfe in besonderen Lebenslagen, Wiesbaden 2006

Dies führt bereits heute wieder zu Mehrbelastungen vor allem der kommunalen Haushalte. Nachdem zwischen 1995 bis 2000 die Zahl der Personen, die *außerhalb von Einrichtungen* im Rahmen der Hilfen zur Pflege Unterstützungen bezogen haben, kontinuierlich von 213.936 auf 79.558 Empfängerinnen und Empfänger gesunken ist, steigt ihr Anteil seitdem wieder kontinuierlich an. Zugleich steigen aber auch die Ausgaben pro Kopf an. Im Ergebnis führt dies im Jahr 2004 trotz eines Rückgangs der Empfängerzahlen um fast 60 Prozent zu einem Anstieg der Gesamtkosten für die Hilfen zur Pflege außerhalb von Einrichtungen von fast 16 Millionen EUR (bezogen auf 1995). Bei den *Hilfen zur Pflege in Einrichtungen* sind demgegenüber nicht nur die Empfängerzahlen zurückgegangen, auch die Kosten pro Kopf wurden hier deutlich reduziert. So mussten die Sozialhilfeträger im Jahr 2004 gegenüber 1995 pro Kopf nur knapp 50 Prozent der Kosten in diesem Bereich aufwenden. Im Vergleich zum Jahr 1995 sparen die Träger der Sozialhilfe damit im Jahr 2004 rund 3,8 Mrd. EUR. Ohne die Einführung der Pflegeversicherung und bei einer gleichen Anzahl von Hilfeempfängerinnen und Hilfeempfänger hätten die Träger der Sozialhilfe in 2004 Mehraufwendungen von rund 3,8 Mrd. EUR zu verzeichnen gehabt.

Unterschiedliche Gründe führen zu diesen Mehrbelastungen. So liegen in der Pflegeversicherung die Leistungen – gerade im stationären Bereich – deutlich unter den tatsächlich anfallenden Pflegekosten. Der Verzicht auf eine automatische Dynamisierung in der Pflegeversicherung führt so schon allein durch die tarifbedingten Personalkostensteigerungen zu einer wachsenden Unterdeckung zwischen Pflegekosten und Versicherungsleistungen. Im Bereich der ambulanten Versorgung schlägt sich dieser Effekt ebenso nieder wie bei den pflegenden Angehörigen, deren Eigenanteile an den Pflegeleistungen durch allgemeine Kostensteigerungen stetig wachsen.

Die demografische Entwicklung lässt für die Zukunft eine dynamische Nachfrageentwicklung im Bereich der Pflegeversicherung erwarten. Nach Berechnungen des Deutschen Instituts für Wirtschaftsforschung (DIW) wird bis zum Jahr 2020 die Zahl der Heimbewohner um 57 Prozent, die der ambulanten Pflegefälle um 50 Prozent steigen. In dem Maß, wie außerfamiliäre Versorgungsformen an Bedeutung gewinnen, wird also die Kostenbelastung der Pflegeversicherung zunehmen. Bleibt es unter diesen Rahmenbedingungen bei einem festgelegten Beitragssatz zur Pflegeversicherung und wird sich aufgrund von Massenarbeitslosigkeit zugleich die Zahl der Beitragszahler nicht nennenswert steigern lassen, droht die Pflegeversicherung bei der Finanzierung des Pflegerisikos zunehmend an Bedeutung zu verlieren.

d. Reform- und politischer Handlungsbedarf im Gesundheitswesen

Kostenentwicklung im Gesundheitswesen

Die Diskussion um die Ausgaben im Gesundheitswesen ist in immer kürzeren Abständen von Hinweisen auf eine *Kostenexplosion* gekennzeichnet. Und tatsächlich sind die durchschnittlichen monatlichen Beitragssätze zwischen dem Jahr 1970 und 2005 von 8,2 auf über 14 Prozent angestiegen. Nach Angabe des Statistischen Bundesamtes aus dem Jahr 2005 stiegen zwischen dem Jahr 1992 und 2003 die Gesamtausgaben nominal – also in den jeweiligen Preisen – im Gesundheitswesen um 31,9 Prozent auf 239,7 Mrd. EUR. Dabei sind die von den Trägern erbrachten Einkommensleistungen in Höhe von 65,3 Mrd. EUR noch nicht berücksichtigt. Diese Entwicklung verursacht immer wieder hektische politische Versuche, durch gesetzliche Änderungen das Beitragsniveau in der GKV stabil zu halten. Setzt man die Entwicklung der Gesamtausgaben im Gesundheitswesen allerdings in Bezug zur Entwicklung der Wirtschaftskraft in Deutschland, zeigt sich trotz aller Aufgeregtheit eine erstaunliche Kontinuität der Ausgabenentwicklung. Nach Angaben des Statistischen Bundesamtes stiegen die Gesundheitsausgaben zwischen 1992 bis 1996 nominal stärker als das Bruttoinlandsprodukt (BIP).[46] Dies hatte zur Folge, dass der Anteil der Gesundheitsausgaben am BIP von 10,1 Prozent in 1992 auf 11,1 Prozent in 1996 angestiegen ist. Nach 1996 drehte sich diese Entwicklung um, die Gesamtleistung der Volkswirtschaft lag wieder über dem Anstieg der Kosten im Gesundheitswesen – mit dem Ergebnis, dass im Jahr 2000 ihr Anteil am BIP auf 10,8 Prozent zurück gegangen ist. Seitdem steigt der Anteil wieder leicht auf zuletzt 11,3 Prozent im Jahr 2003. Angesichts einer Schwankungsbreite von 1,2 Prozent zwischen 1992 und 2003 hat die Kostenentwicklung im Gesundheitswesen offenbar im Wesentlichen mit der gesamtwirtschaftlichen Entwicklung Schritt gehalten.

Doch mit dieser Grundaussage ist die Kostenentwicklung noch nicht erklärt. Als problematisch erweist sich nämlich, dass sich die Refinanzierungsbasis der GKV langsamer entwickelt als der Wert der produzierten Güter und Dienstleistungen. Zwischen den Jahren 1970 und 1980 stieg die *Grundlohnsumme* (Summe der sozialversicherungspflichtigen Löhne und Gehälter) in den alten Bundesländern noch um 9,2 Prozent. In den letzten drei Jahren zwischen 2003 und 2006 stagniert die Entwicklung dagegen mit einer durchschnittlichen jährlichen Steigerung von 0,6 Prozent. Der Anteil der Grundlohnsumme am Bruttoinlandsprodukt hat sich seit Mitte der 1970er kontinuierlich verringert.[47] Seit Mitte der 1980er Jahre nimmt der Anteil der Löhne und Gehälter am *Volkseinkommen* ab – mit dem Effekt,

---

46 Bruttoinlandsprodukt (BIP) = Summe aller produzierten Waren und Dienstleistungen einer Berichtsperiode (ohne Vorleistungen).

47 Herrmann Berié und Ulf Fink: Grundlohnentwicklung und Ausgaben der GKV. Gutachten im Auftrag des AOK-Bundesverbandes, Berlin 2003

dass natürlich auch die Gesundheitsausgaben aus einer kleiner werdenden *Arbeitnehmereinkommensquote* finanziert werden müssen. In der GKV führt dies dazu, dass die durchschnittlichen Lohnsteigerungen der Versicherten unter den Steigerungsraten der Pro-Kopf-Ausgaben liegen. Wenn dann noch in Rechnung gestellt wird, dass durch die Massenarbeitslosigkeit und Flexibilisierungen am Arbeitsmarkt auch die Anzahl der sozialversicherungspflichtigen Beitragszahler sinkt, kommt es in der GKV zu einem Einnahmeausfall, der mit steigenden Beitragssätzen kompensiert werden muss, wenn das Niveau der Versorgung aufrecht erhalten bleiben soll.

Betrachtet man die *Ausgaben für Gesundheit einschließlich Pflege* differenziert nach Ausgabenträgern, dann zeigen sich im Zeitraum zwischen 1992 und 2003 weitere Verschiebungen. Während die jeweiligen Anteile der Ausgabenträger an der GKV im Zeitverlauf moderat schwanken, verändert sich mit der Einführung der Pflegeversicherung die Aufteilung der Kosten deutlicher:

Ausgaben für Gesundheit nach Ausgabenträgern 1992-2003
(Anteile an den gesamten Ausgaben inkl. Einkommensleistungen in Prozent, Rundungsdifferenzen auf 100 Prozent möglich)

1992	1993	1994	1995	1996	1997	1998	1999	2000	2001	2002	2003
Öffentliche Haushalte											
11,9	12,2	11,7	10,8	9,9	8,4	7,9	7,8	7,6	7,7	7,8	7,7
Gesetzliche Krankenversicherung											
47,9	46,8	47,9	46,9	46,9	46,5	46,5	46,5	46,6	46,4	46,8	47,1
Soziale Pflegeversicherung											
–	–	–	2,1	4,1	5,7	5,8	5,9	5,9	5,7	5,8	5,7
Gesetzliche Rentenversicherung											
7,3	7,8	7,9	7,9	7,9	7,6	7,5	7,3	7,4	7,3	7,2	7,0
Gesetzliche Unfallversicherung											
2,6	2,8	2,8	2,6	2,6	2,7	2,7	2,6	2,6	2,5	2,5	2,5
Private Krankenversicherung											
5,8	6,1	6,1	5,9	5,9	6,4	6,6	6,6	6,8	6,8	6,9	7,2
Arbeitgeber											
16,7	16,2	15,3	15,6	14,2	13,5	13,3	13,8	13,7	13,9	13,7	13,1
Private Haushalte / Private Organisationen ohne Erwerbszweck											
7,8	8,1	8,3	8,2	8,5	9,2	9,7	9,5	9,4	9,6	9,4	9,6
jeweilige jährliche Gesamtausgaben in Mrd. EUR											
222,9	229,5	242,9	262,0	269,4	266,1	270,7	278,5	283,2	295,3	302,5	305,0

Quelle: Statistisches Bundesamt, eigene Zusammenstellung und Berechnung

So schlagen sich bei den *öffentlichen Haushalten* die Einsparungen am deutlichsten nieder. Deren Anteil an den Gesamtausgaben (inkl. Einkommensleistungen) sank von 11,9 Prozent im Jahr 1992 auf 7,7 Prozent im Jahr 2003. Bezogen auf 1992 sparen die öffentlichen Kassen damit trotz gestiegener Gesamtkosten noch 2,5 Mrd. EUR bei den Gesundheitsausgaben und noch einmal 0,4 Mrd. EUR bei den Einkommensleistungen.

Auch der *Anteil der Arbeitgeber* an den Gesamtausgaben ist von 1992 bis 2003 von 16,7 auf 13,1 Prozent zurückgegangen. Bezogen auf die Entwicklung in absoluten Zahlen ist ihr Beitrag zu den Gesundheitsausgaben damit dennoch um 2,8 Mrd. EUR gestiegen. Zugleich haben sich die Ausgaben für die Einkommensleistungen nach einem zwischenzeitlichen leichten Rückgang wieder auf das Niveau von 1992 eingependelt. Im Durchschnitt verzeichnen die Arbeitgeber damit jährliche Mehrausgaben von 0,25 Mrd. EUR bei der Lohnfortzahlung und schneiden damit erheblich besser ab als die privaten Haushalte.

Die *Anteile der private Haushalte* und der privaten Organisationen ohne Erwerbszweck (z.B. Wohlfahrtsverbände) sind im Vergleichszeitraum 1992 bis 2003 von 7,8 auf 9,6 Prozent deutlich gestiegen. Dieser Anstieg an den Gesamtausgaben um 1,8 Prozentpunkte bedeutet absolut eine Mehrbelastung von etwa 12 Mrd. EUR. Die durchschnittliche Mehrbelastung der privaten Haushalte und privaten Organisationen lag bei 1,09 Mrd. EUR pro Jahr und damit ungefähr vier Mal so hoch wie bei den Arbeitgebern.

Offenbar findet durch die Einführung der Gesetzlichen Pflegeversicherung sowie Einschränkungen im Leistungskatalog der GKV und die kontinuierliche Ausweitung der Zuzahlungen eine deutliche Verlagerung der Ausgaben von den öffentlichen Haushalten und den Arbeitgebern hin zu den privaten Haushalten statt.

Leistungsfähigkeit des Gesundheitswesens

In der fachwissenschaftlichen Diskussion in Deutschland besteht zwar ein weit verbreiteter Konsens, dass das deutsche Gesundheitssystem in der Vergangenheit ein insgesamt hohes Versorgungsniveau garantiert hat. Dies schließt allerdings nicht aus, dass eine Lücke zwischen dem Mitteleinsatz und den Ergebnissen des Gesundheitswesen entsteht. Es zeigen sich im internationalen Vergleich Erosionsprozesse bei der Behandlungsqualität einerseits und Fehlentwicklungen bei der Ausgabenstruktur andererseits. Während der erste Aspekt also vor allem auf eine Diskussion um Qualitätssicherung im Gesundheitswesen einschließlich Pflege sowie den sinnvollen Einsatz der für den therapeutischen wie präventiven Einsatz zur Verfügung stehenden Mittel zielt, fragt der zweite nach den spezifischen Rahmenbedingungen und der Finanzierbarkeit der GKV und der Pflegeversicherung in Deutschland.

Immer häufiger wird in der Öffentlichkeit gefragt, ob die mit dem Gesundheitssystem erreichten Effekte den erbrachten Kostenaufwand rechtfertigen. So sind die Gesundheitsausgaben pro Kopf zwischen 1992 und 2003 um etwa 30 Prozent gestiegen. Dies entspricht absolut einem Zuwachs von 880 EUR pro Person. Damit lagen die Kosten des deutschen Gesundheitswesens im internationalen Vergleich deutlich höher als bei den europäischen Nachbarn. Hier zeigt sich ein deutlich unterschiedliches Ausgabenverhalten, dem nicht automatisch eine höhere Qualität in der Versorgungslage gegenüber steht. Denn vergleichende Studien weisen darauf hin, dass die Qualität bzw. die Ergebnisse des deutschen Gesundheitswesen nicht immer in Relation zum Mitteleinsatz stehen. Die Lebenserwartung in Deutschland liegt unter dem EU-Durchschnitt und in Bezug auf die Sterblichkeit bei Erkrankungen wie Schlaganfall, Diabetes mellitus, Darm- und Brustkrebs belegt die Bundesrepublik im internationalen Vergleich ebenfalls hintere Ränge. So fasste der Sachverständigenrat für das Gesundheitswesen die Ergebnisse damit kurz zusammen, dass das deutsche Gesundheitssystem nicht das leiste, was es leisten könne.

Strukturelle Probleme im Gesundheitswesen

Die Gesundheitspolitik hat es vor allem mit drei strukturellen Problemen zu tun: Zum einen hat sich das Spektrum der gesundheitlichen Risiken und Erkrankungen von ehedem mehr infektiösen Erkrankungen hin zu chronischen Leiden verlagert. Es herrschen Krankheiten vor, deren Behandlung langwierig und kostspielig ist. Um gegen diese sog. *Zivilisationskrankheiten* präventiv vorgehen zu können, bedürfte es zweitens tiefer Eingriffe in die Arbeits- und Lebenszusammenhänge. Nur so könnte auch die sozial ungleiche Verteilung von Krankheitsrisiken verändert werden. Doch gerade hieran scheitern bislang alle Versuche staatlicher Politik. Dies betrifft auch Korrekturen an der in hohem Maße schichtenspezifisch vorgeprägten Inanspruchnahme gesundheitlicher Leistungen bzw. die Überprüfung, welche therapeutische Behandlung tatsächlich vorgenommen wird und welche nicht. Und schließlich ist drittens kaum ein anderer Bereich der Sozialversicherung derartig von privatwirtschaftlichen Interessen beherrscht wie das Gesundheitswesen.

In der aktuellen Diskussion werden vor allem marktorientierte Steuerungsmechanismen für das Gesundheitswesen diskutiert. Diese sollen Überversorgung und Missbrauch bei der Inanspruchnahme von Leistungen wirksam eindämmen. Die Grundthese dieser Ansätze lautet, voller Gesundheitsschutz führe bei den Versicherten zu einer *Vollkaskomentalität* und zu *Anspruchsdenken*. Dies wiederum impliziere den Anreiz, die eigenen Beiträge durch eine intensive Nutzung von Versicherungsleistungen voll auszuschöpfen. Verstärkter Wettbewerb zwischen den Leistungsanbietern einerseits und zwischen den Krankenkassen andererseits sowie eine Ausweitung der PKV sollen hingegen Anreize für ein wirtschaftlicheres Verhalten der Versicherten fördern. Preissteigerungen bei den Gesundheitsleistungen sollen zu einem Nachfragerückgang und damit zur Beitragsstabilität führen.

Fraglich ist aber ob dieser Rückgang, der bei den Leistungserbringern ja zu Einkommenseinbußen führen würde, nicht sofort mit einer mengenmäßigen Ausweitung von Leistungen beantwortet werden würde. Denn nach wie vor ist der *Arzt* die zentrale Steuerungsinstanz in unserem Gesundheitswesen: Er stellt nicht nur die Diagnose und legt die Therapie fest sondern bestimmt damit auch maßgeblich die Kosten im Gesundheitswesen. Die Gesetzliche Krankenversicherung verpflichtet die Ärzte und alle anderen privaten und öffentlichen Anbieter im Gesundheitswesen auf das *Wirtschaftlichkeitsgebot*, wonach bei vorhandenen Alternativen die günstigere, gleichwohl zweckmäßige und ausreichende Leistung verordnet werden soll. Nach Ansicht von Experten bestehen Zweifel, ob diesem Gebot immer und in ausreichendem Maße gefolgt wird.

Privatisierungs- bzw. Zuzahlungsmodelle sind damit aber vor allem eine *Kostenverschiebung* von der GKV auf die Versicherten. Der internationale Vergleich zeigt, dass von ihnen denn auch nur ein geringer Steuerungseffekt auf die Nachfrage nach Gesundheitsleistungen ausgeht. Es findet keine reale Ausgabensenkung statt, sondern eine Umverteilung finanzieller Belastungen. Während die Versicherten mehr Geld für Gesundheit aufwenden müssen, reduzieren die Krankenkassen ihre Ausgaben und werden die Arbeitgeber im Rahmen der paritätischen Beitragsfinanzierung entlastet.

Die Entwicklung des Gesundheitswesens war lange Zeit durch einen breiten gesellschaftlichen Konsens darüber gekennzeichnet, dass *allen* Bürgerinnen und Bürgern im Krankheitsfall die zur Heilung bzw. Linderung der Erkrankung notwendigen Dienst- und Sachleistungen zur Verfügung gestellt werden sollen. Nach etwa zwanzigjähriger kontroverser sozialpolitischer Debatte wurde dieser Konsens auch auf den Bereich Pflege ausgeweitet. Dieses Ziel kann aber nur erreicht werden, wenn die Nachfrage nach Gesundheitsleistungen nicht von der materiellen Situation des Einzelnen abhängig gemacht wird.

Die Kostendämpfungsgesetze im Gesundheitswesen

Das Gesundheitswesen wird in immer kürzeren Abständen mit Kostensteigerungen konfrontiert, die den vorhandenen Finanzspielraum übersteigen. Konnten die Krankenkassen in den Jahren 2004 mit vier Mrd. und 2005 mit 1,8 Mrd. aufgrund der Kostendämpfungsgesetze noch Überschüsse erzielen, beläuft sich das Defizit im 1. Quartal 2006 bereits wieder auf 1,22 Mrd. EUR. Ursache hierfür sind vor allem gestiegene Kosten für Medikamente und Krankenhausbehandlungen. Daneben mehren sich auch bei den privaten Krankenversicherungen Anzeichen für strukturelle Finanzierungsprobleme. Nach dem drohenden Zusammenbruch einer Lebensversicherungsgesellschaft im Jahr 2003 schließen Vertreter von Verbraucherschutzorganisationen ähnliche Krisen auch für private Krankenversicherer nicht länger aus. So hat der Verband der privaten Krankenversicherung denn auch mit vorbereitenden Arbeiten begonnen, um einen Pool zum Auffangen derartiger Zahlungsschwierigkeiten zu bilden.

Mit Hilfe von *Kostendämpfungsgesetzen* wird seit dem Jahr 1977 versucht, Beitragssatzstabilität durch eine einnahmeorientierte Ausgabenpolitik zu erreichen. In den 1990er Jahren vollzog sich die *Gesundheitsreform* in drei Stufen mit folgenden Schwerpunkten:

– Budgetierung von Leistungen,
– Einführung von Wettbewerbsstrukturen in der GKV und bei den Leistungsanbietern,
– Zuzahlungsregelungen zur Ausgabenbegrenzung,
– Streichungen im Leistungskatalog und
– Übertragung von Strukturmerkmalen der PKV in die GKV.

Die erste Stufe der Gesundheitsreform trat im Jahr 1989 mit dem *Gesundheitsreformgesetz* (GRG) in Kraft. Kosteneinsparungen wurden im Wesentlichen durch den Ausbau von Zuzahlungen und die Streichung von Leistungen erzielt. Zugleich wurden Festbeträge für zahlreiche Medikamente und Hilfsmittel eingeführt und die Vorsorge gestärkt. Gleichwohl ließ sich die Kostenentwicklung innerhalb der GKV nur kurzfristig bremsen.

Mit dem *Gesundheitsstrukturgesetz* (GSG) aus dem Jahr 1992 konnten die Kosten dann tatsächlich abgesenkt und die Kassen in die Lage versetzt werden, aufgelaufene Defizite abzutragen. Neu war dabei der Ansatz, die Kostenentwicklung durch eine strikte, wenn auch zeitlich befristete *Budgetierung* bei den Ausgaben der Leistungserbringer zu regeln. So wurden die Kostenzuwächse im Krankenhausbereich und in der ambulanten Versorgung an die Entwicklung der Grundlöhne, die ja die Basis der Beitragseinnahmen darstellen, gekoppelt und die Honorare der Zahnärzte gesenkt.

Schließlich zielten Einzelmaßnahmen, wie etwa Fallpauschalen im Krankenhaus, die Vereinbarung von Wirtschaftlichkeitsprüfungen, Richtgrößen für Arznei- und Heilmittel oder eine *Positivliste* für Arzneimittel (Katalog der über die Krankenkassen abrechenbaren Präparate), auf strukturelle Veränderungen.

Seit dem Jahr 1997 kommt es durch die schrittweise Umsetzung der *dritten Stufe* der Gesundheitsreform zu einem weiteren Ausbau der bereits eingeführten Wettbewerbselemente. Erhebliche Leistungskürzungen zu Lasten der Versicherten wurden realisiert (z.B. Kürzung des Krankengeldes), ganze Versorgungsbereiche gestrichen. Die Ausgabenentwicklung wurde in der ambulanten Versorgung durch die Rücknahme der Budgetierung und bei den Arzneimitteln durch die Streichung der Positivliste wieder freigegeben.

Gleichzeitig wurden u.a. durch die Erhöhung und Dynamisierung der Zuzahlungsregelungen Abstriche bei der paritätischen Finanzierung der GKV vorgenommen. Dass mit dem Regierungswechsel im Jahr 1998 Teile dieser Reform wieder revidiert wurden, war nur ein kurzfristiger Versuch, die solidarischen Elemente des Gesundheitssystems zu stärken. Die Erosion der Refinanzierungsbasis ließ sich so nicht stoppen. Im Gegenteil haben sich die rot-grüne Bundesregierung und die CDU/CSU-Bundestagsfraktion im Juli 2003 auf einen gemeinsamen Entwurf für einen *Gesetzentwurf zur Modernisierung des Gesundheitswesens* geeinigt, um den durchschnittlichen Krankenkassenbeitrag von etwa 14,5 auf 13 Prozent zu senken.

Während der Gesetzentwurf der Bundesregierung noch strukturelle Änderungen im Gesundheitswesen vorsah – unter anderem sollte mittels eines neu zu schaffenden Bundesinstitutes für überprüfbare Qualitätsstandards und Behandlungsrichtlinien sowie für eine Stärkung des Hausarztes in der Versorgungslandschaft gesorgt werden –, blieb am Ende einmal mehr eine *Kostenreform* übrig, die vor allem die Zuzahlungen und Befreiungsregeln überarbeitete und weitere Eigenbeteiligungen der Versicherten vorsieht. Die wichtigsten Veränderungen sind:

– Entgegen ursprünglicher Planungen ist der Zahnersatz im Leistungskatalog der GKV geblieben. Es werden allerdings nur noch sog. *befundbezogene Festzuschüsse* zu den Behandlungskosten gewährt, die nicht mehr die medizinisch notwendige Versorgung im Einzelfall sondern nur noch diejenige, die in der Mehrzahl der Fälle angewandt wird, abdecken. Die Höhe der befundbezogenen Festzuschüsse beträgt 50 Prozent der für die Regelversorgung notwendigen Leistungen.

– Seit dem Jahr 2006 wird das *Krankengeld* vollständig durch die Versichertenbeiträge der Arbeitnehmer finanziert, sie übernehmen den bisherigen Arbeitgeberanteil von 0,35 Prozent.

– Die *Zuzahlungsregelungen* wurden verschärft. Grundsätzlich müssen bei allen Leistungen zehn Prozent (mind. fünf, max. zehn EUR) bezahlt werden. Die Zuzahlung beim Haus- und Zahnarzt liegt pro Quartal bei zehn Euro (*Praxisgebühr*). Für alle Zuzahlungen gilt ein *Höchstgrenze* von zwei Prozent des Bruttoeinkommens (chronisch Kranke: ein Prozent). Eine besondere Härtefallregelung für Bezieherinnen und Bezieher von Niedrigeinkommen (z.B. Sozialhilfeempfänger) ist nicht vorgesehen. Dagegen können bei Heimbewohnerinnen und Heimbewohnern, die Leistungen nach SGB XII beziehen, die Sozialhilfeträger den gesamten Zuzahlungsbetrag in Höhe von ca. vierzig EUR zu Jahresbeginn vorlegen. Die Hilfeempfänger zahlen diesen dann in monatlichen Raten zurück.

– *Streichungen* im Leistungskatalog beziehen sich vor allem auf die Erstattung
    – von Fahrtkosten für Arztbesuche,
    – des Sterbe- und Entbindungsgeldes,
    – von Sterilisationskosten aus nicht-medizinischen Gründen und die künstliche Befruchtung sowie
    – von Brillen und Sehhilfen.

– *Ärzte* müssen sich künftig regelmäßig fortbilden und ihre Honorare werden auf feste Preise umgestellt.

– Für *Pharmaunternehmen* und *Apotheken* ändert sich die Preisfestlegung neuer sowie rezeptfreier Medikamente, zudem werden Versandapotheken zugelassen.

Bürgerversicherung oder Kopfpauschale: Reformkonzepte für die Zukunft

Die Fragen nach der Ausstattung und der Bereitstellung materieller Ressourcen für das Gesundheitssystem lassen sich kaum auf der Steuerungs- und Instrumentenebene allein lösen. Wie viel Gesundheit für welche Personenkreise zu welchen Bedingungen bereitgestellt werden soll, ist abhängig von den gesellschaftspolitischen Zielsetzungen und damit eine politische Frage. Das deutsche Gesundheitssystem gewährt insgesamt ein hohes medizinisches und soziales Versorgungsniveau. Unterschiedliche Gesundheitsrisiken ergeben sich weniger aus dem Gesundheitssystem selbst, sondern sind eher Folge ungleicher Verteilung sozialer Risiken (im Erwerbsleben und im privaten Bereich), ökonomischer Ressourcen und unterschiedlicher Bildungsniveaus in der Bevölkerung.

Reformansätze sollten deshalb zukünftig weniger darauf abzielen, das Sachleistungs- und Solidarprinzip weiter aufzuweichen, sondern die Steuerungskompetenzen der Krankenkassen als Kontrollinstanz zu schärfen. Dazu bedarf es der Ausgabenbudgetierung bei den Leistungserbringern und der Mobilisierung von Wirtschaftlichkeitsreserven. Zugleich wird darüber nachzudenken sein, wie eine Beitragsreform zu einer Verbreiterung der Einnahmeseite führen kann, ohne dabei die paritätische Finanzierung in Frage zu stellen. Und schließlich müssen in den einzelnen Leistungsbereichen Reformen umgesetzt werden, die eine bessere Integration der vorhandenen ambulanten und stationären Angebote garantieren sowie Versorgungslücken schließen helfen.

Deutlich ist dabei, dass bestehende und zukünftige Finanzierungsprobleme nicht bloß über eine Ausweitung des finanziellen Volumens gelöst werden können. Es besteht nicht nur stets eine starke Mittelkonkurrenz schon innerhalb des großen Bereichs sozialer Aufwendungen, sondern auch zwischen den Sozialausgaben und anderen öffentlichen sowie privaten Ausgaben. Auch sind private Ressourcen in angemessener Weise bei der Lösung sozialer Problemlagen einzubeziehen. Allerdings verkürzen nicht wenige Vertreter aus Gesellschaft und Politik diese Problemzusammenhänge auf eine vorrangige Infragestellung der Strukturen einer sozialen Gesundheits- und Pflegeversorgung und kündigen damit den eingangs zitierten Konsens auf.

In der aktuellen Debatte um die strukturelle Reform der Refinanzierung der GKV werden von den politischen Parteien und Interessenstragern unterschiedliche Modelle diskutiert:

- CDU und CSU favorisieren im Rahmen einer umfassenden Einkommensteuerreform die einheitliche *Gesundheitsprämie* (Kopfpauschale) für jeden Erwachsenen. Das bedeutet auch die Beamten, Selbstständige und Freiberufler zahlen unabhängig von ihrem Einkommen eine Pauschale als Krankenkassenbeitrag. Die Höhe der Prämie ist von den einzelnen Krankenkassen festzulegen. Zentrales Ziel ist es, die Einnahmen der gesetzlichen Krankenversicherung von den Löhnen zu entkoppeln. Als sozialer Ausgleich sollen die Beiträge für Kinder und einkommensschwache Personen aus Steuermitteln finanziert werden. Die Leistungen des Gesundheitssystems sollen sich auf dem gegenwärtigen Stand des Leistungskataloges bewegen, freiwillige private Zusatzversicherungen sind vorgesehen. Zudem soll die häusliche Pflege gestärkt werden. Im Hinblick auf die demografische Entwicklung soll sich die Gesundheitsprämie aus einem *Grundbeitrag* für die Finanzierung der aktuellen medizinischen Leistungen und einem *Vorsorgebeitrag* als finanziellem Puffer für steigende Gesundheitskosten im Alter zusammensetzen. Der bisher im Rahmen der paritätischen Mittelaufbringung erbrachte Arbeitgeberbeitrag fällt weg. Er wird einmalig festgelegt und als (zu versteuernder) Bestandteil der Löhne und Gehälter ausgezahlt. Renten und andere Lohnersatzleistungen sollen ebenfalls um einen (dann fiktiven) Arbeitgeberanteil angehoben werden.
- Die FDP fordern eine *private Pflichtversicherung* für Regelleistungen der GKV und GPV. Die Sozialleistungen sollen in einem *Bürgergeld* (negative Einkommensteuer) gebündelt, die Gesundheitskosten dieser Personen durch staatliche Zuschüsse abgedeckt werden.
- Die SPD, Bündnis 90/Die Grünen und die Linkspartei.PDS wollen – in unterschiedlicher Detailausführung – eine *Bürgerversicherung* für die GKV und GPV einführen. Wichtigste Elemente sind die Ausweitung des *Versichertenkreises* auf alle Bürgerinnen und Bürger, also auch Beamte, Selbstständige und Freiberufler, die *Ausweitung der Beitragsbasis* um Miet-, Zins- und Kapitaleinkünfte sowie die *Erhöhung der Beitragsbemessungsgrenze*. Zentrales Ziel ist eine Kostenentlastung durch die breitere gesellschaftliche Verteilung der Gesundheitskosten. Der alleinigen Finanzierung des Solidarsys-

tems durch Löhne und Gehälter (bis zur Versicherungspflichtgrenze) soll durch die stärkere Einbindung insbesondere von Selbstständigen, Gutverdienenden und die Berücksichtigung von Kapitalerträgen und Vermögen stärker entgegen gewirkt werden. Die Beitragshöhe selbst bleibt abhängig von der Höhe des Einkommens. Die Versicherungspflichtgrenze, ab der Wahlfreiheit zwischen Privater und Gesetzlicher Krankenversicherung besteht, entfällt.[48] Um zu vermeiden, dass durch die Bürgerversicherung letztlich nur eine vorübergehende Kostenentlastung eintritt, sollen strukturelle Reformen im Gesundheitswesen die Umstellung vorbereiten und begleiten. Hierzu zählen u.a. der Abbau von Überkapazitäten in den einzelnen Versorgungsbereichen, die bessere Nutzung der eingesetzten Ressourcen durch flexiblere Übergänge und mehr Wettbewerb zwischen ambulantem und stationärem Bereich, ein einfaches pauschaliertes Vergütungssystem für Ärzte, das Anreize zur Leistungsausweitung einschränkt sowie eine Vereinfachung der Verwaltungsstrukturen im Gesundheitswesen.

Trotz unterschiedlicher politischer Konzepte sind sich die Regierungspartner in der Großen Koalition vom Grundsatz her einig, dass die Finanzierung des Gesundheitssystems mittel- und langfristig auf eine breitere Basis gestellt werden soll. Die Diskussion läuft hier zur Zeit auf einen steigenden hinaus, ohne dass sich bereits weitere Details über Art und Umfang abzeichnen würden.

3.3.5 Alter und Alterssicherung

a. Systematischer Stellenwert von Alter und Alterssicherung

Der Übergang von agrarisch-feudalen Versorgungssystemen zur Industriegesellschaft des späten 18. und frühen 19. Jahrhunderts setzte in Deutschland einen demografischen und gesellschaftlichen Wandel in Gang, in dem insbesondere die nicht (mehr) erwerbsfähigen Menschen – sei es durch Krankheit, Invalidität oder eben das Alter – existenziellen sozialen Ausgrenzungsrisiken ausgesetzt waren. Stand im agrarischen Feudalsystem bzw. in ständisch organisierten städtischen

---

48   Wolfgang Rudzio: Das politische System der Bundesrepublik Deutschland, 7. Aufl., Wiesbaden 2006, S. 121

Gesellschaften der *Verfügungsgewalt* über Arbeits- und Ertragskraft der Bauern und Handwerker immer auch eine *Versorgungspflicht* seitens der Feudal- bzw. Zunftherren gegenüber, hob sich in der Industriegesellschaft diese wechselseitige Verpflichtung zunehmend auf. Es entstand eine Lücke, die sich erst schloss, als die Alterssicherung zentraler Bereich der staatlichen Sozialpolitik wurde. Mit dem im Jahr 1889 verabschiedeten *Gesetz, betreffend die Invaliditäts- und Alterssicherung* wurde die Sicherungsfunktion für alte, vorwiegend aber invalide Menschen aus der Privatsphäre gelöst und in einen gesetzlichen Anspruch an die Rentenversicherung überführt. Damit war auch in der Industriegesellschaft ein entscheidender Schritt dafür getan, *Erwerbs-* und *Nichterwerbsphase* (*Ruhestand*) deutlicher voneinander zu trennen und die materielle Versorgung der alten Menschen ab einer bestimmten Altersgrenze unabhängig von der Erwerbsarbeit zu gestalten, den Grad der Altersversorgung zugleich wieder an die Erwerbsbiographie bindend (*Bismarcksche Sozialgesetzgebung*). Heute gehört die Entscheidung, den Zwang zur Erwerbstätigkeit für ältere Menschen aufzuheben, zum Kernbestand unseres gesellschaftlichen Grundkonsenses, wenngleich der Anspruch an die Gesetzliche Rentenversicherung auf *Lebensstandardsicherung* im Zuge der Diskussionen über die Finanzierbarkeit eines umlagefinanzierten Rentensystems sukzessive zugunsten der Förderung individueller Alterssicherungsleistungen (sog. *Riester-Rente*) aufgegeben wird. Gleichwohl bleibt die Alterssicherung bis heute der ausgabenintensivste Sozialversicherungszweig. So wurden im Jahr 2003 laut Alterssicherungsbericht 2005 rund 234 Mrd. EUR für die Gesetzliche Rentenversicherung aufgewendet. Davon entfallen rund 153 Mrd. EUR auf Rentenzahlungen für Rentnerinnen und Rentner, die älter als 65 Jahre sind.

Die Mehrzahl der Rentenbezieher ist vom Rententransfer existenziell abhängig, weil alternative Einkommensquellen fehlen. Hieraus ergibt sich im Rentenversicherungssystem ein enges, zugleich sensibles gesellschaftliches Vertrauensverhältnis. Dennoch werden in der politischen Diskussion die Interessenspositionen der jungen, erwerbstätigen Generation vor allem in der Frage der Höhe von Sozialversicherungsbeiträgen zur Altersvorsorge immer wieder gegen die der Ruheständler instrumentalisiert und eine stärkere Entlastung über die forcierte Eigenbeteilung der Rentner gefordert. Hier werden soziale Interdependenzen häufig verkürzt wahrgenommen. So ist zum einen der Lebensstandard der jungen Generation Folge der Lebensleistung der heute alten Menschen und wäre ohne deren Beitrag kaum zu realisieren. Zum anderen ist die Sicherung des Lebensunterhaltes der Rentner und Pensionäre unaufhebbar mit Finanztransfers von der jüngeren an die ältere Generation verbunden – sei es, weil eine direkte Beziehung als Beitragszahler und Leistungsempfänger (*Umlageverfahren im Generationenvertrag*) besteht, sei es, weil die jüngere Generation als Nachfrager für im *Kapitaldeckungsverfahren* privat gespartes Kapital oder als Käufer von Wohneigentum bzw. anderen Vermögensbeständen auftreten muss.

Das Altern ist in der Realisierung individueller Teilhabechancen ein *multidimensionaler Entwicklungsprozess*. Ungleiche Lebens- und Interessenslagen prägen sich aus, die sich durch individuelle, gesellschaftliche und institutionelle Festlegungen bestimmen und die Ausgestaltung der Alterssicherung betreffen:

– Auf der *individuellen Ebene* gehören zur Alterssicherung alle Maßnahmen, die den Lebensunterhalt bzw. -bedarf im Alter sicherstellen. Die sozialen Risiken eines Individuums resultieren dabei aus einer Vielzahl unterschiedlicher Faktoren:
  – dem Verlauf der Erwerbsbiographie als wichtigster Determinante für die Höhe der Altersbezüge;
  – dem aus dem unterschiedlichen Spielraum bzw. (Spar-)Willen resultierenden Grad der privaten Daseinsvorsorge,
  – dem Zugang zu einem altersgerechten Wohnraum bzw. -umfeld,
  – der Versorgung mit altersnotwendigen Dienst- und Sachleistungen in Pflege und Freizeit sowie
  – individuellen biologischen und psychologischen Dispositionen, die den Gesundheitszustand (prä)disponieren.
– Auf der *gesellschaftlichen Ebene* bestimmt sich der Grad der Teilhabe alter Menschen vor allem über den sozialen Konsens in der:
  – *Verteilungsfrage* des Sozialprodukts zwischen den Generationen. Hierbei ist nicht nur der materielle Transfer in Form der Rentenzahlungen zu beachten, auch die Versorgung mit Sach- und Dienstleistungen sowie der Anspruch auf medizinische und pflegerische Hilfen entscheiden sich hier.
  – *Finanzierungsfrage* der Sozialleistungsansprüche älterer Menschen. Dabei steht die Frage der Kostenverteilung, also des Verhältnisses von Eigenleistung, intergenerativer Umverteilung zwischen Erwerbstätigen und Rentnern und steuerfinanzierter Umverteilung im Mittelpunkt.
  – *Produktionsfrage,* d.h. in der Frage, wie in Zukunft das Volkseinkommen erwirtschaftet wird bzw. nach welchem Mo-

dus die Finanzierung der Alterssicherung erfolgen soll. So wurden die Rentner in der Vergangenheit immer jünger, umgekehrt stellt ein fortgeschrittenes Lebensalter ein deutliches Einstellungshindernis dar. Zugleich weisen demografische Projektionen darauf hin, dass das Erwerbspersonenpotenzial langfristig sinken wird. Es stellt sich die strategische Frage, wie über eine Neugestaltung der Lebensarbeitszeit auch ältere Menschen wieder in den Produktionsprozess eingebunden werden können, aber auch, welche Beschäftigungseffekte von ihnen als Nachfrager bestimmter Sach- und Dienstleistungen ausgehen.

–   Die *institutionelle Ebene* der Alterssicherung beschreibt das System der Leistungen. Hierzu zählen die ambulanten und stationären Einrichtungen der Alten(pflege)hilfe ebenso wie die Träger der gesetzlichen und privaten Rentenversicherung sowie der Beamtenversorgung. In der Bundesrepublik Deutschland existiert kein *Einheitssystem*. Mit dem *Rentenreformgesetz* (RRG) aus dem Jahr 1992 wurden zwar die Regelungen für die Arbeiter-, Angestellten- und die knappschaftliche Rentenversicherung im *SGB VI* (*Gesetzliche Rentenversicherung*) zusammengefasst, gleichwohl bleiben für die *Beamtenversorgung* oder das *Fremdrentengesetz* (FRG von 1960) besondere rechtliche Bestimmungen bestehen.[49] So ergeben sich trotz vergleichbarer sozialer Ausgangsbedingungen für einzelne Personengruppen zum Teil sehr unterschiedliche Versorgungsniveaus.

Auch wenn Finanzierbarkeit und Verlässlichkeit des Rentensystems („*Die Rente ist sicher*") in der politischen wie gesellschaftlichen Debatte zentrale Themen sind, so ist *Alterspolitik* doch vielmehr ein sozialpolitisches Querschnittsthema, das

–   die Einkommensgestaltung im Alter,
–   die Finanzierung der Geld-, Sach- und Dienstleistungen,
–   eine altersgerechte gesundheits- und pflegeorientierte Versorgung,
–   städteplanerische und sozialräumliche Aspekte umfasst, aber auch

---

49   Das Fremdrentengesetz hat die Rentenansprüche der seit Ende des Zweiten Weltkriegs aus den damaligen deutschen Ostgebieten und den Ländern Osteuropas in die Bundesrepublik Deutschland gekommenen Vertriebenen und Aussiedlern geregelt. Mit Öffnung der Grenzen nach Osteuropa nach dem Fall der Mauer erfolgen rentenrechtliche Regelungen nicht mehr nach diesem Sondergesetz, sondern im Rahmen der allgemeinen Bestimmungen des SGB VI.

- arbeitsmarkt- und migrationspolitische Fragen sowie
- sozialethische Herausforderungen an ein menschenwürdiges Altern

impliziert.

Altersaufbau der Bevölkerung

Seit Mitte der 1955er Jahre hat sich die Altersstruktur in Deutschland kontinuierlich verschoben. Während zwischen 1955 und 2002 die Zahl der bis 19-jährigen um fast zehn Prozent abgenommen hat, stieg der Anteil der 60-jährigen und Älteren um fast den gleichen Anteil. In der Folge nahm der *Jugendquotient* (berechnet als Anteil der bis 19-jährigen bezogen auf die Gruppe der 20-59-jährigen) stetig ab, während der *Altersquotient* (berechnet als Anteil der Gruppe der über 60-jährigen bezogen auf die Gruppe der 20-59-jährigen) parallel dazu anstieg.

Entwicklung der Altersstruktur der Bevölkerung Deutschlands von 1955 bis 2002 und Hochrechnung für 2010 bis 2050

			Davon im Alter von ... bis ... Jahren				
	Gesamt-bevölkerung in 1000	bis 19	20-59	60 und mehr (insgesamt)	davon 80 und mehr	Jugend-quotient	Alters-quotient
				in Prozent			
1955	70 945	30,2	54,2	15,6	1,2	55,6	28,8
1965	75 591	28,6	52,7	18,6	1,7	54,3	35,4
1975	78 882	29,1	50,4	20,5	2,2	57,7	40,6
1985	77 709	24,2	55,9	19,9	3,2	43,3	35,6
1995	81 539	21,5	57,4	21,0	4,0	37,3	35,8
2000	82 163	21,3	55,7	23,0	3,6	38,3	41,3
2002	82 440	20,9	55,0	24,1	3,9	38,1	43,9
			Altersstruktur 2010-2050				
	(Annahmen: langfristiger Migrationssaldo plus 200.000; mittlere Zunahme der Lebenserwartung)						
2010	83 066	18,7	55,7	25,6	–	33,5	46,0
2020	82 822	17,6	53,3	29,2	–	33,0	54,8
2030	81 220	17,1	48,5	34,3	–	35,4	70,9
2040	78 539	16,4	48,4	35,2	–	33,9	72,8
2050	75 117	16,1	47,2	36,7	12,0	34,1	77,8

Jugendquotient: Verhältnis der Kinder und Jugendlichen im Verhältnis zu den Personen im erwerbsfähigen Alter; Altersquotient: Verhältnis der Personen im Rentenalter zu den Personen im erwerbsfähigen Alter

Quellen: Statistisches Bundesamt (Hg.): Datenreport 2002, 2. Aufl., Wiesbaden 2003; Statistisches Bundesamt (Hg.): Wirtschaft und Statistik 8/2003, *S.* 697

Einen geradezu dramatischen Wandel erwarten viele Bevölkerungs-
forscher für die kommenden drei Jahrzehnte, in denen sich diese strukturellen Verschiebungen noch wesentlich deutlicher abzeichnen sollen. Dabei wird erwartet, dass nicht nur der Anteil der Personen von
60 und mehr Jahren ansteigt, sondern zugleich in dieser Gruppe der
Anteil der Hochbetagten immer weiter zu nehmen wird. Nach Hoch-
rechnungen des Statistischen Bundesamtes für das Jahr 2050 ist von
einer steigenden Lebenserwartung bei gleichzeitigem Rückgang der
Bevölkerungszahl auszugehen, weil die prognostizierte negative natürliche Bevölkerungsentwicklung (Geburten- und Sterberate) nicht
durch einen positiven Wanderungssaldo auszugleichen sein wird.

Struktur der Bevölkerung im erwerbsfähigen Alter 2000-2050

	Altersgruppen			
	20-30	30-50	50-65	
2002	18,7	50,9	30,4	100
2010	20,2	47,5	32,3	100
2030	18,4	45,9	35,7	100
2050	18,9	44,1	37	100

Altersstruktur jeweils bezogen auf die Gruppe der 20-65
Jahre (in Prozent)

Quelle: Statistisches Bundesamt (Hg.): Wirtschaft und Statistik 8/2003

Damit wird die Bevölkerung in Deutschland nicht nur älter, sondern in
der Tendenz auch weniger, was wiederum zur Folge haben wird, dass
immer weniger junge Menschen die Versorgung einer wachsenden
Zahl alter und sehr alter Menschen gewährleisten müssen.

Diese *chronologisch-demografische Alterung* wird durch eine forcierte *funktionale Alterung* begleitet, die die Entwertung von Erfahrungen und Fähigkeiten älterer Beschäftigter durch Ausgliederung aus
dem Produktionsprozess beschreibt. Verfolgte die *Frühverrentung* bis
Anfang der 1980er Jahre noch vorwiegend soziale und gesundheitspolitische Ziele, erfahren ältere Mitarbeiter im Laufe der 1980er Jahre
am Arbeitsmarkt zunehmend einen Verdrängungs- und Konkurrenzdruck. Vorruhestandsregelungen reflektieren nicht mehr eine Humanisierung der Arbeitswelt, sondern werden beschäftigungspolitisches Instrument zur Begleitung des (industriellen) Strukturwandels in den alten und zur sozialen Abfederung des wirtschaftlichen Zusammen-
bruchs ganzer Regionen in den neuen Bundesländern.

b. Säulen der Alterssicherung

Alterssicherung ist eine Mischung aus staatlicher, betrieblicher und privater Daseinsvorsorge. Dementsprechend basiert das Alterssicherungssystem in Deutschland auf *drei Säulen*:[50]

- Die *erste Säule* bilden die *Regelsysteme der Rentenversicherung*, in die bestimmte Personenkreise als *Pflichtmitglieder* einbezogen werden, weil sie entweder eine versicherungspflichtige Beschäftigung ausüben oder einer bestimmten Berufsgruppe angehören. Über die Regelsysteme werden nach Erfüllung bestimmter versicherungsrechtlicher und persönlicher Voraussetzungen die unterschiedlichen *Rentenarten* gewährt. Bezogen auf den Kreis der Pflichtversicherten kann unterschieden werden zwischen der:

(1)*Gesetzlichen Rentenversicherung (SGB VI)*, in der alle abhängig beschäftigten Arbeiter und Angestellten sowie bestimmte Gruppen von Selbstständigen versichert sind. Seit dem 1. Oktober 2005 sind alle Rentenversicherungsträger unter einem gemeinsamen Dach als *Deutsche Rentenversicherung* zusammengeschlossen. Damit wird auch die Trennung zwischen Angestellten und Arbeitern aufgehoben. Gleichwohl bleiben alle Rentnerinnen und Rentner und der Großteil der Beitragszahlenden bei dem Träger, der bislang das Beitragskonto geführt bzw. die Rente ausbezahlt hat. Unter dem Dach der Deutschen Rentenversicherung treten drei Organisationsstrukturen auf:
- die *Deutsche Rentenversicherung Bund* als Zusammenschluss des Verbandes Deutscher Rentenversicherungträger und der Bundesversicherungsanstalt für Angestellte
- die *Deutsche Rentenversicherung Knappschaft-Bahn-See* als Zusammenschluss der Bundesknappschaft für Bergleute, der Bahnversicherungsanstalt und der Seekasse
- die *Deutsche Rentenversicherung Regional* als Zusammenschluss einiger Landesversicherungsanstalten zu deutlich größeren Regionalträgern.

Als *Körperschaften des öffentlichen Rechts* handeln sie in eigener sachlicher und finanzieller Verantwortung und unterliegen dabei

---

50 Deutscher Bundestag (Hg.): Alterssicherungsbericht 2005, Drucksache 16/906, Berlin 2006

der Rechtsaufsicht staatlicher Aufsichtsbehörden (*Selbstverwaltung*).

(2)*Alterssicherung von Selbstständigen und Freiberuflern*. Die Versicherungspflicht bzw. -zuständigkeit ist hier nicht einheitlich geregelt. Es bestehen für unterschiedliche Berufsgruppen differenzierte Vorschriften:

Handwerker in einem nach der *Handwerkerordnung* (HWO) zulassungspflichtigen Bereich (z.B. Bäcker, Elektriker, etc.) bzw. Personen, die in einem zulassungsfreien Handwerk bei den Handwerkerkammern eingetragen sind, unterliegen der Pflichtversicherung in der Gesetzlichen Rentenversicherung, können sich allerdings nach der Zahlung von 216 Pflichtbeiträgen (18 Jahre) befreien lassen. Generell rentenversicherungspflichtig sind die Bezieher eines Existenzgründungszuschusses nach Paragraph 421 Absatz 1 SGB III für die Dauer der Gewährung dieser Leistung der Arbeitslosenversicherung; generell nicht versicherungspflichtig sind Selbständige, die ausschließlich in einem handwerkerähnlichen Gewerbe tätig sind.

Landwirte sind seit dem Jahr 1957 durch das *Gesetz zur Altershilfe für Landwirte* (GAL) in einer der 19 landwirtschaftlichen Alterskassen pflichtversichert, die bei den *Berufsgenossenschaften* eingerichtet sind. In der Alterssicherung der Landwirte waren 2003 rund 534.000 Versicherte und wurden etwa 3,1 Mrd. EUR für Alterssicherungsleistungen erbracht. Finanziert werden diese Kassen durch Beitragszahlungen der Versicherten, vor allem aber durch einen Bundeszuschuss von knapp 75 Prozent der Gesamteinnahmen.

Selbstständige (freie Berufe) können in sog. *arbeitnehmerähnlichen Berufen* (selbständige Lehrer, Erzieherinnen, Hebammen, etc.) in der GRV pflichtversichert sein. Selbstständige in sog. *kammerfähigen Berufen* (z.B. Ärzte, Apotheker, Architekten, Rechtsanwälte) sind in den berufsständisch organisierten Versorgungswerken pflichtversichert. *Sonstige Freiberufler* sind in der Wahl der Alterssicherung ungebunden, können sich aber in der GRV freiwillig versichern. *Künstler, Publizisten und Journalisten* sind seit dem Jahr 1985 durch das *Künstlersozialversicherungsgesetz* (KSVG) über die Rentenversicherer der Angestellten oder Arbeiter versichert. Die Künstlersozialversicherung hatte im Jahr 2003 knapp 132.000 Versicherte. Sie gilt nicht als eigener Leistungsträger, weshalb auch keine gesonderte Erfassung ihrer Leistungsarten, Ausgaben und durchschnittlichen Zahlbeträge erfolgt. Die Finanzierung setzt sich zusammen aus Beiträgen, der Künstlersozialabgabe und einem Bundeszuschuss, der 2003 bei rund 91,6 Millionen EUR liegt.

(3) Für die rund 1,8 Millionen Beamte gelten eigene Versorgungssysteme. Die Beamtenpensionen werden nicht aus Versicherten- und Arbeitgeberbeiträgen sondern aus dem allgemeinen Steueraufkommen des jeweiligen Dienstherrn finanziert. Die Pensionen sollen eine amtsangemessene Versorgung gewähren. Im Jahr 2003 wurden im Bereich des unmittelbaren öffentlichen Dienstes (Bund, Länder, Gemeinden, Bahn und Post) rund 33,3 Mrd. EUR für die Pensionszahlungen aufgewendet.

- Die *zweite Säule* besteht zum einen aus *betrieblichen Zusatzleistungen*, die entweder freiwillig oder durch Tarifverträge geregelt werden. Das *Betriebsrentengesetz* aus dem Jahr 1974 regelt Fragen der Unverfallbarkeit von Anwartschaften, der Insolvenzsicherung sowie der Inflationssicherung. Leistungen dieser betrieblichen Renten bilden kein Parallelsystem zum Aufbau einer eigenständigen Rente, sondern stocken die Leistungen der GRV auf.
  Zum anderen bestehen für die Beschäftigten des öffentlichen Dienstes ebenfalls *Zusatzversorgungskassen* für die ergänzende Alters- und Hinterbliebenenversorgung (ZÖD). Hierzu zählen insbesondere die Versorgungsanstalt des Bundes und der Länder (VBL) mit rund 1,9 Millionen Pflichtversicherten und einem Ausgabenvolumen von rund 3,8 Mrd. EUR sowie die Arbeitsgemeinschaft kommunale und kirchliche Altersversorgung (AKA) mit rund 3,5 Mrd. Ausgaben für Alterssicherungsleistungen bei etwa 3,1 Millionen Pflichtversicherten und die seit dem 1. Oktober 2005 unter dem Dach der Deutschen Rentenversicherung Knappschaft-Bahn-See eingebundene Bahnversicherungsanstalt Abteilung B mit rund 58.000 Pflichtversicherten und Leistungsausgaben in Höhe von 642 Millionen EUR.
- Der *privaten Vorsorge* als *dritter Säule* kommt in der aktuellen Diskussion um die Senkung des Rentenniveaus eine besondere Bedeutung zu, wobei die Abgrenzung zwischen Vermögensbildung und Altersvorsorge schwierig ist. Im Allgemeinen zählen zur privaten Altersvorsorge kapitalbildende Lebensversicherungen, Zinseinkünfte aus Geldvermögen, Einnahmen aus Vermietung und Verpachtung, aber auch der geldwerte Vorteil von eigengenutztem Wohneigentum. Einen deutlichen Schub bekommt die private Vorsorge durch das im Jahr 2001 beschlossene *Altersvermögensgesetz*

(AVmG). Damit wurde die nach dem damaligen Arbeitsminister benannte *Riester-Rente* eingeführt, eine kapitalgedeckte private Geldanlage, die über staatliche Zuschüsse vor allem die private Altersvorsorge bei Familien mit Kindern fördern will.

Die Gesetzliche Rentenversicherung (SGB VI)

Die Gesetzliche Rentenversicherung (GRV) ist einer der wichtigsten Zweige der Sozialversicherung und darüber hinaus ein zentrales Element des Sozialstaates. Über die Versicherungspflicht für alle Arbeiter und Angestellten und bestimmter Gruppen der freiberuflich bzw. selbständig Tätigen, die Möglichkeit der freiwilligen Versicherung sowie die Einbeziehung der geringfügig Beschäftigten (*aktive Versicherte*) waren am 31. Dezember 2003 rund 33,4 Millionen Personen in der Gesetzlichen Rentenversicherung aktiv versichert. Neben den Versicherten stehen auch Familienangehörige mittelbar unter dem Schutz der GRV. Der *Beitragssatz* zur gesetzlichen Rentenversicherung liegt zur Zeit bei 19,5 Prozent vom Bruttoeinkommen, die *Beitragsbemessungsgrenze* liegt seit dem 1. Januar 2006 in der gesetzlichen Rentenversicherung bei 5.250 EUR monatlich (Ost: 4.400 EUR) und in der knappschaftlichen Versicherung bei 6.450 EUR (Ost: 5.400 EUR). Die Beiträge werden von den Arbeitgebern und Arbeitnehmer paritätisch aufgebracht. Ein *Bundeszuschuss* aus dem allgemeinen Steueraufkommen soll zusätzlich als Ausgleich für die Kosten dienen, die von der Gesetzlichen Rentenversicherung im allgemeinen gesellschaftlichen Interesse erbracht werden (z.B. Kindererziehungszeiten, Ausbildungszeiten, Militär- und Ersatzdienst etc.). Im Jahr 2005 lag der Bundeszuschuss bei 78 Mrd. EUR.

Die GRV soll den Rentenbeziehern nicht nur ein soziokulturelles Minimum wie etwa die Sozialhilfe, sondern nach einem langen Erwerbsarbeitsleben eine gleichberechtigte Teilhabe am gesamtwirtschaftlichen Wohlstand garantieren. Diesem Sicherungsverständnis konnte die GRV allerdings erst mit der Rentenreform von 1957 gerecht werden. Mit dem damals eingeführten *Umlageverfahren* (Paragraph 153 SGB VI) wurde festgelegt, dass die laufenden Renten aus den *Beitragszahlungen* der Versicherten, ggf. durch Entnahmen aus der *Schwankungsreserve* und einem *steuerfinanzierten Bundeszuschuss* für die nicht mehr Erwerbstätigen aufgebracht werden (*Generationenvertrag*). Zugleich sollten die Renten jährlich entsprechend der Entwicklung der (Brutto-)Löhne angehoben werden (*Dynamisierung der Renten*).

Allerdings ist in der GRV keine bedarfsbezogene Rentenberechnung vorgesehen. Die Rentenhöhe orientiert sich überwiegend am *Äquivalenzprinzip* und damit an der Höhe und der Dauer der Beitragszahlung. Insgesamt war es das Ziel, dass ein Rentner nach 45-jähriger Erwerbstätigkeit und mit einem durchschnittlichen Arbeitseinkommen bei Renteneintritt ca. 70 Prozent des durchschnittlichen Nettoeinkommens als Rente bekommen sollte (*Eckrentner*). Mit der Einführung der kapitalgedeckten Privatvorsorge durch die Rentenreform 2001 sinkt das gesetzliche Rentenniveau jedoch schrittweise ab. Das *Bruttorentenniveau* beträgt nach Angaben des Verbandes Deutscher Rentenversicherungsträger derzeit etwa 46 Prozent (Netto: 51 Prozent). In der Projektion bis zum Jahr 2018 sinkt das Bruttorentenniveau dann bis auf 42,4 Prozent (Netto: 46,5 Prozent). Mit der stufenweisen Einführung der nachgelagerten Besteuerung von Renten kann jedoch nicht mehr für alle Rentenzugangsjahre ein einheitliches Nettorentenniveau – derzeit etwa 68 Prozent – ausgewiesen werden. Künftig wird die Bruttorente (vor Abzug von Steuern und Sozialbeiträgen) mit dem durchschnittlichen Bruttoeinkommen verglichen. In jedem Fall gilt, dass sich die GRV durch die Absenkung des Rentenniveaus schrittweise von einer Lebensstandard sichernden *Lohnersatzfunktion* entfernt. Dies wird in Zukunft nur noch über ergänzende private Vorsorge zu erreichen sein.

Leistungsspektrum der Gesetzlichen Rentenversicherung

Die gesetzliche Rentenversicherung unterscheidet

- Leistungen zur *Teilhabe am Arbeitsleben* und zur *Rehabilitation* (Paragraphen 9ff. SGB VI):
  Die GRV ist einer der wichtigsten Träger von Rehabilitationsmaßnahmen. Es handelt sich dabei in erster Linie um medizinische Leistungen, die auf die Wiederherstellung einer (vorübergehenden) Erwerbseinschränkung zielen, um damit einen vorzeitigen Renteneintritt zu verhindern. Gleichzeitig können im Rahmen der GRV auch Leistungen des SGB IX (Rehabilitation und Teilhabe behinderter Menschen) übernommen werden, die auf die Herstellung bzw. den Erhalt der Erwerbsfähigkeit behinderter Menschen zielen.
  Während der Teilnahme an den Rehabilitations- bzw. Eingliederungsmaßnahmen besteht Anspruch auf ein *Übergangsgeld* in Höhe

von 80 Prozent des durchschnittlichen Einkommens der letzten
zwölf Monate.
Um die Leistungen beanspruchen zu können, müssen bestimmte
Anwartschaftszeiten in der GRV durch eine sozialversicherungspflichtige Beschäftigung erbracht sein (Paragraph 11 SGB VI):

– *Leistungen zur Teilhabe* werden gewährt, wenn eine Person die
  Wartezeit von 15 Jahren erfüllt oder eine Rente wegen verminderter Erwerbsfähigkeit bezieht.
– *Leistungen zur Rehabilitation* werden u.a. gewährt, wenn zum
  Zeitpunkt der Antragstellung eine versicherungspflichtige Beschäftigung ausgeübt wird, die Person arbeitslos ist oder innerhalb der letzten zwei Jahre vor Antragstellung mindestens sechs
  beitragspflichtige Kalendermonate erbracht hat.

– *Rentenzahlungen* (Paragraphen 33ff. SGB VI):
  Grundsätzlich kann eine Rente nur nach Antragstellung bei dem
  zuständigen Rentenversicherungsträger bewilligt und ausgezahlt
  werden. Dabei muss die *allgemeine Wartezeit* von 5 Jahren erfüllt
  sein, in denen Beiträge (Pflicht- oder freiwillige Beiträge) gezahlt
  worden sind. Diesen Beitragszeiten werden auch solche gleichgestellt, für die Pflichtbeiträge nach besonderen Vorschriften als gezahlt gelten (z.B. Ersatzzeiten) oder Zeiten, für die Entgeltpunkte
  gut geschrieben werden wie z.B. bei Kindererziehungszeiten.
  Daneben gibt es besondere Wartezeiten für einzelne Rentenarten
  wie z.B. die Altersrente für langjährig Versicherte (flexible Altersgrenze ab dem 63. Lebensjahr bei Vorliegen einer Wartezeit von 35
  Jahren. Bei den rentenrechtlichen Zeiten unterscheidet das Gesetz
  nach

– *Beitragszeiten* (Pflicht- und freiwillige Beiträge),
– *Ersatzzeiten* (z.B. Kriegsdienst, Kriegsgefangenschaft, NS-Ver-
  folgung, Haft und Verfolgung in der DDR)
– *Kindererziehungszeiten* (für Kinder, die bis 1984 geboren wur-
  den, je ein Jahr, für Kinder ab 1984 drei Jahre)
– *Anrechnungszeiten* (z.B. schulische Ausbildung nach dem 17.
  Lebensjahr)
– *Berücksichtigungszeiten* (Kindererziehungszeiten bis zur Voll-
  endung des 10. Lebensjahres des Kindes)
– *Zurechnungszeiten* (tritt eine Rente wegen voller Erwerbsminde-
  rung vor dem 60. Lebensjahr ein, werden die fehlenden Jahre als

(fiktive) Erwerbsarbeitszeit rentensteigernd in die Rentenberechnung aufgenommen)
- *Versorgungsausgleich* (Aufteilung der während einer Ehe erworbenen Renten- und Versorgungsanwartschaften auf beide Ehegatten zu gleichen Teilen im Falle einer Scheidung)
- *Zeiten versicherungsfreier geringfügiger Beschäftigung.*

Die Wartezeiten setzen sich aus unterschiedlichen anrechenbaren Faktoren zusammen. So werden in der allgemeinen Wartezeit von fünf, zehn und 15 Jahren die Beitrags- und Ersatzzeiten sowie Monate aus dem Versorgungsausgleich und aus geringfügiger versicherungsfreier Beschäftigung berücksichtigt, sofern die Pflichtbeiträge des Arbeitgebers durch den Versicherten aufgestockt worden sind. Für die Wartezeit von 35 Jahren können noch zusätzlich die *Anrechnungs-, Berücksichtigungs-* und *Zurechnungszeiten* geltend gemacht werden. Die Wartezeiten begründen dann den Anspruch auf eine der *drei Rentenformen* im SGB VI. Die jeweilige Zuordnung bzw. der Rentenbezug selbst ist dann wieder an versicherungsrechtliche und individuelle Voraussetzungen gebunden.

(a) Erreichen der Altersgrenze (Altersrenten):

Den vollen Anspruch auf eine *Regelaltersrente* erhalten Versicherte, die das 65. Lebensjahr vollendet haben und die *allgemeine Wartezeit* von 60 Monaten erfüllen. Fehlen Beitragszeiten, ist entweder eine Beitragserstattung oder eine weitere Zahlung von freiwilligen Beiträgen möglich.
Es muss aber nicht in jedem Fall bis zum Erreichen der Altersgrenze gewartet werden, denn unter bestimmten Umständen ist auch ein *vorzeitiger Rentenbezug* bei gleichzeitigem Nebenverdienst möglich:

- So können *langjährig Versicherte*, die vor 1948 geboren wurden, bereits mit dem 63. Lebensjahr eine Altersrente beziehen, wenn eine Wartezeit von 35 Versicherungsjahren erfüllt ist. Für Personen, die ab November 1949 geboren sind, gilt eine Altersgrenze von 62 Jahren bei gleicher Wartezeit.
- Altersrenten für *Schwerbehinderte, Berufs- und Erwerbsunfähige* können ab dem 60. Lebensjahr beantragt werden. Hierzu muss eine Wartezeit von 35 Jahren erfüllt und der Antragsteller bei Beginn der Rente berufs- oder erwerbsunfähig bzw. zu mindestens 50 Prozent schwerbehindert sein.

- Mit vollendetem 60. Lebensjahr ist für Personen, die vor 1946 geboren wurden der Bezug einer Altersrente wegen *Arbeitslosigkeit* bzw.
  nach *Altersteilzeitarbeit* möglich. Für die Geburtsjahrgänge 1946 bis
  1951 wurde die Altersgrenze in Monatsschritten auf das 63. Lebensjahr angehoben. Der Antragsteller muss nicht nur bei Rentenbeginn
  arbeitslos, sondern auch nach Vollendung von 58,5 Jahren mindestens ein Jahr arbeitslos gewesen sein. Innerhalb der letzten zehn Jahre
  vor Rentenbeginn müssen mindestens acht Jahre mit Pflichtbeitragszeiten erbracht worden und eine Wartezeit von 15 Jahren erfüllt sein.
  Bei einer Rente wegen Altersteilzeitarbeit müssen statt der Arbeitslosigkeit mindestens 24 Monate Altersteilzeitarbeit nachgewiesen werden. Hierbei handelt es sich um Regelungen, die zum einen der Tatsache Rechnung tragen, dass 58-jährige de facto keine Eingliede-
  rungschance mehr am Arbeitsmarkt haben, zum anderen viele Beschäftigte einen fließenden Übergang in den Ruhestand bevorzugen
  oder auch nur einer (betriebsbedingten) Kündigung zuvor kommen
  wollen.
- Die *Altersrente für Frauen* kann mit dem vollendeten 60. Lebensjahr beantragt werden, wenn nach Vollendung des 40. Lebensjahres
  mindestens 10 Jahre mit Pflichtbeiträgen zurückgelegt wurden und
  eine Wartezeit von insgesamt 15 Jahren vorliegt.

Grundsätzlich gilt, dass eine *vorzeitige Altersrente* als *Voll-* oder *Teilrente* in Anspruch genommen werden kann. Hierbei sind folgende
Hinzuverdienstgrenzen in Euro zu beachten (Stand: 1. Januar 2006):

Rentenart	alte Bundesländer	Neue Bundesländer
1/3-Teilrente	1.826,49	1.605,60
1/2-Teilrente	1.371,83	1.205,93
2/3-Teilrente	917,16	806,25
Vollrente	350	350

Ab Vollendung des 65. Lebensjahres sind für den Bezug von Altersrenten keine Hinzuverdienstgrenzen mehr zu berücksichtigen. Mit
dem *Rentenreformgesetz* von 1992 und dem *Rentenversicherungs-
Nachhaltigkeitsgesetz* vom 3. Dezember 2003 werden die Altersgrenzen für den vorzeitigen Rentenbezug stufenweise auf 65 Jahre angehoben. Allerdings bestehen zahlreiche *Vertrauensschutzregeln*, sodass
hier sehr uneinheitliche Bestimmungen zur Anwendung kommen. Die
Schwerbehindertenrente kann auch weiterhin ab dem 63. Lebensjahr
bezogen werden.

Auch nach der Anhebung der Altersgrenzen ist ein vorzeitiger Altersrentenantrag ab dem 60. Lebensjahr möglich. Allerdings wird dann für jeden Monat, den die Rente vor Vollendung der jeweiligen Altergrenze in Anspruch genommen wird, eine *Rentenminderung* von 0,3 Prozent angerechnet. In der Endstufe kann eine Rente dann um maximal 18 Prozent gekürzt werden. Wird umgekehrt eine Rente mit Ablauf des 65. Lebensjahres nicht in Anspruch genommen, erhöht sie sich für jeden Monat um 0,5 Prozent.

(b) Rente wegen Erwerbsminderung:

Die bis zum 31. Dezember 2000 gültigen Regelungen zur Berufs- bzw. Erwerbsunfähigkeitsrente sind nunmehr durch die *Renten wegen teilweiser bzw. voller Erwerbsminderung* ersetzt worden. Der Rentenanspruch besteht für Personen, die vor dem 1. Februar 1961 geboren wurden, und in den letzten fünf Jahren vor Eintritt der Erwerbsminderung drei Jahre Pflichtbeiträge geleistet haben. Die allgemeine Wartezeit von fünf Jahren muss erfüllt sein. Für Bergleute gelten nach Paragraph 45 SGB VI weitere Sonderregelungen.

Eine Person ist nach Sozialgesetzbuch XI dann *teilweise erwerbsgemindert*, wenn sie wegen Krankheit oder Behinderung auf nicht absehbare Zeit außerstande ist, unter den üblichen Bedingungen des Arbeitsmarktes mindestens sechs Stunden täglich erwerbstätig zu sein. *Volle Erwerbsminderung* tritt ein, wenn nicht mindestens drei Stunden täglich gearbeitet werden kann. Die Regelungen gelten ausdrücklich unabhängig von der jeweiligen Lage am Arbeitsmarkt.

(c) Tod des Versicherten (Hinterbliebenenrenten):

Bei der Hinterbliebenenversorgung tritt die GRV gleichsam an die Stelle des nach Bürgerlichem Gesetzbuch (BGB) Unterhaltsverpflichteten (Solidarprinzip). Es ist zwischen der *Kleinen* und der *Großen Witwen-/Witwerrente* einerseits und der (Halb-)*Waisenrente* für Kinder andererseits zu unterscheiden. Ein hinterbliebener Ehepartner, der nicht wieder heiratet, hat Anspruch auf eine *Kleine Witwen-/Witwerrente*, wenn der verstorbene Partner die allgemeine Wartezeit von fünf Jahren erfüllt hatte. Der Anspruch ist allerdings auf zwei Jahre begrenzt. Der Anspruch auf die *Große* Witwen-/Witwerrente entsteht ebenfalls bei erfüllter allgemeiner Wartezeit. Zudem muss in dem Haushalt entweder ein noch nicht volljähriges Kind erzogen werden, der Hinterbliebene das 45. Lebensjahr überschritten haben oder erwerbsgemindert sein. Ist der Tod des Ehegatten durch einen Arbeitsunfall bzw. während des Wehr- oder Zivildienstes eingetreten, genügt bereits ein Pflichtbeitrag zur Erfüllung der Wartezeit. In allen anderen Fällen greift die *Kleine Witwen-/Witwerrente*. Die Leistungen der Witwenrenten richten sich nach der Rente wegen voller Erwerbsminderung des/der Verstorbenen und betragen 55 bzw. 25 Prozent des Zahlbetrages für den Versicherten/die Versicherte.[51] Andere Einkünfte der Witwe bzw. des Witwers oberhalb eines monatlichen Freibetrages (689,83 EUR West/606,41 EUR Ost plus 146,33 EUR West/128,63 EUR Ost für jedes waisenrentenberechtigte Kind) werden nach einem im Jahr 1986 eingeführten Verfahren angerechnet. Hat eine Ehe nicht mindestens ein Jahr gedauert, besteht kein Anspruch auf Hinterbliebenenversorgung, es sein denn, es ist den Umständen nach offensichtlich, dass die Ehe nicht lediglich geschlossen wurde, um einen entsprechenden Anspruch zu begründen.

Anspruch auf *Halb-/Vollwaisenrente* besteht nach dem Tod eines oder beider Elternteile, wenn diese die allgemeine Wartezeit und mindestens einen Pflichtbeitrag erbracht haben. Der Rentenanspruch besteht bis zum 18. Lebensjahr, kann aber z.B. durch Zeiten der Ausbildung bis maximal zur Vollendung des 27. Lebensjahres verlängert werden. Mit der Volljährigkeit wird eigenes Einkommen bis zu einem monatlichen Freibetrag von 459,89 EUR (Ost: 404,27 EUR) auf die Waisenrente angerechnet.

---

51 Bei Ehepaaren, die vor dem 31. Dezember 2001 geheiratet haben, beträgt die Hinterbliebenenrente noch 60 Prozent der Rente wegen voller Erwerbsminderung.

Übersicht zu den Rentenarten nach SGB VI
(Gesetzliche Rentenversicherung)

---

§ 33

Rentenarten

(1) Renten werden geleistet aufgrund von Alter, verminderter Erwerbsfä-
    higkeit oder Tod.

(2) **Rente aufgrund von Alter** wird geleistet als

    1. Regelaltersrente,

    2. Altersrente für langjährig Versicherte,

    3. Altersrente für schwerbehinderte Menschen,

    4. Altersrente für langjährig unter Tage beschäftigte Bergleute

sowie nach den Vorschriften des Fünften Kapitels als

    5. Altersrente wegen Arbeitslosigkeit oder nach Altersteilzeitarbeit so-
    wie

    6. Altersrente für Frauen.

(3) **Rente aufgrund von verminderter Erwerbsfähigkeit** wird geleistet
    als

    1. Rente wegen teilweiser Erwerbsminderung,

    2. Rente wegen voller Erwerbsminderung,

    3. Rente für Bergleute

sowie nach den Vorschriften des Fünften Kapitels als

    4. Rente wegen Berufsunfähigkeit sowie

    5. Rente wegen Erwerbsunfähigkeit.

(4) **Rente aufgrund von Tod** wird geleistet als

    1. Kleine Witwenrente oder Witwerrente,

    2. Große Witwenrente oder Witwerrente,

    3. Erziehungsrente sowie

    4. Waisenrente.

(5) Nach den Vorschriften des Fünften Kapitels werden auch die Knapp-
    schaftsausgleichsleistungen, Renten wegen teilweiser Erwerbsminde-
    rung bei Berufsunfähigkeit sowie Witwen- und Witwerrenten an vor
    dem 1. Juli 1977 geschiedene Ehegatten geleistet.

Rentenberechnung

Die Höhe einer Rente berechnet sich nach der *Rentenformel*. Der monatliche Zahlbetrag ergibt sich dabei aus der Multiplikation von vier
Faktoren:

– Rentenartfaktor

Hierbei handelt es sich um einen festgelegten Faktor, der das Sicherungsziel der Rentenart im Verhältnis zu einer Altersrente bestimmt. Der Rentenartfaktor beträgt z.b. bei:

Altersrenten	1,0
Rente wegen teilweiser Erwerbsminderung	0,5
Rente wegen voller Erwerbsminderung	1,0
Rente wegen Berufsunfähigkeit	0,6667
Rente wegen Erwerbsunfähigkeit	1,0
Erziehungsrenten	1,0
Großen Witwen/Witwerrenten	1,0 (nach drei Monaten: 0,6/0,55)
Kleinen Witwen/Witwerrente	1,0 (nach drei Monaten: 0,25)
Halb-/Vollwaisenrente	0,1/0,2

– Zugangsfaktor

Der Zugangsfaktor beträgt in der Regel 1,0. Wenn eine Rente trotz erfüllter Wartezeit nicht in Anspruch genommen wird, erhöht er sich um jeden zusätzlichen Monat, wird die Rente vorzeitig beantragt, wird der Faktor entsprechend kleiner als 1,0.

– (persönliche) Entgeltpunkte

Die Entgeltpunkte sind so etwas wie der Spiegel des Erwerbslebens eines Versicherten. Die Höhe der Entgeltpunkte ergibt sich zum einen aus dem Verhältnis des eigenen Einkommens zu dem Durchschnittseinkommen aller Versicherten. Für das Jahr 2006 ist das Durchschnittsentgelt auf 29.304 EUR festgelegt. Hat jemand exakt diese Summe als Jahreseinkommen bezogen, erhält er hierfür einen Entgeltpunkt. Hat er in diesem Jahr 14.652 EUR Einkommen erzielt, liegt der Entgeltpunkt bei 0,5. Eine Person, die genau auf der Beitragbemessungsgrenze (2006: 5.250 (West) bzw. 4.400 (Ost) EUR/Monat) oder darüber hinaus verdient, erhält mit 2,15 (West) bzw. 1,8 (Ost) die maximal möglichen Entgeltpunkte für dieses Jahr.

Entgeltpunkte können auch für beitragsfreie Zeiten und aus Zuschlägen für beitragsgeminderte Zeiten entstehen (z.B. Ausfallzeiten als Zeiten der schulischen und/oder Ausbildung an Hochschulen). Sie können sich aus Zu- oder Abschlägen aus einem Versorgungsausgleich oder aus Zuschlägen für Beiträge aus versicherungsfreier geringfügiger Beschäftigung ergeben. Bei Renten wegen Erwerbsminderung gleichen Zurechnungszeiten für den Zeitraum zwischen Schadeneintritt und dem 60. Lebensjahr aus, dass jemand nicht in der Lage ist, rentensteigernder Erwerbsarbeit nachzugehen (Solidarprinzip).

– aktueller Rentenwert

Der aktuelle Rentenwert ist der Betrag, der einer monatlichen Altersrente in der Arbeiter- und Angestelltenversicherung entspricht, wenn
für ein Kalenderjahr Beiträge aufgrund des Durchschnittsentgelts gezahlt worden sind. Seit dem Jahr 1972 wird der Wert immer zum 1.
Juli eines Jahres durch die Bundesregierung nach Zustimmung des
Bundesrates festgelegt. Für den Zeitraum vom 1. Juli 2003 bis zum 30.
Juni 2006 liegt er im Westen bei 26,13 EUR (Ost: 22,97 EUR). Durch
die Erhöhung (theoretisch auch Senkung) des aktuellen Rentenwertes
wird die Rente an die Veränderung der Löhne und Gehälter angepasst
(*Dynamisierung*).

Für einen *Eckrentner*, der 45 Jahre lang exakt das durchschnittliche
Jahreseinkommen der jeweils versicherungspflichtigen Erwerbstätigen
verdient hat, mit 65 Jahren in die Regelaltersrente geht und keine weiteren Entgeltpunkte, z.b. durch Kinderziehungszeiten, geltend machen
kann, errechnet sich damit zum 1. Juni 2006 folgende *Eckrente*:

Rentenartfaktor x Zugangsfaktor x Entgeltpunkte x aktueller Rentenwert = monatliche Rente					
1,0	x 1,0	x 45	x 26,13 EUR (West)	= 1.175,87 EUR
1,0	x 1,0	x 45	x 22,97 EUR (Ost)	= 964,74 EUR

Altersvermögensgesetz von 2001 (AVmG, Riester-Rente)

Neben der Gesetzlichen Alterssicherung und möglichen betrieblichen
Zusatzleistungen ist die Qualität des Lebensstandards im Alter auch
von der privaten Daseinsvorsorge abhängig. Dabei verfügen die Rentnerhaushalte über sehr ungleich verteilte Ressourcen:

– Auf Grund der ungleich verteilten Einkommensschichtung in der
  Erwerbsphase variiert die Möglichkeit stark, zusätzlich zur gesetz-
  lichen Altersversicherung etwas für das Alter zur Seite zu legen.
  Die sozialstatistisch ausgewiesenen Sparquoten korrelieren positiv
  mit der Einkommenshöhe.
– Auch gibt es Unterschiede bei der Bereitschaft zu sparen, also die
  Entscheidung, in jungen Jahren für das Alter Konsumverzicht zu
  üben.

Unter dem Eindruck demografischer Prognosen und aufgrund der ungünstigen Entwicklung vor allem am ostdeutschen Arbeitsmarkt sowie
den daraus resultierenden Problemen für die Finanzierung des Renten-

systems durch das bestehende Umlageverfahren wurde mit der im Jahr 2001 beschlossenen Rentenreform ein *Systemwechsel* in der staatlichen Alterssicherungspolitik eingeleitet. Mit dem zum 1. Januar 2002 in Kraft getretenen *Altersvermögensgesetz* wurde nach den Worten des damaligen Arbeitsministers *Walter Riester* das „größte Altersvermögensprogramm aller Zeiten" zum Aufbau einer zusätzlichen *kapitalgedeckten Altersvorsorge* in Gang gesetzt. Die *dritte Säule* der Alterssicherung soll gestärkt werden. Gleichzeitig wird über die Ausweitung der privaten Vorsorge das Prinzip der paritätischen Beitragsaufbringung durch Arbeitgeber und Arbeitnehmer ausgehöhlt, zumindest wenn man sie auf die Sicherstellung des alten Rentenniveaus bezieht.

In der schrittweisen Umsetzung der Förderung wird bis zum Erreichen der Endstufe im Jahr 2008 der private Vermögensaufbau am Kapitalmarkt bzw. über die betriebliche Altersvorsorgesysteme mit insgesamt 20 Mrd. EUR gefördert. Parallel mit der Einführung wird das Leistungsniveau in der GRV gesenkt, zugleich durch eine *Niveausicherungsklausel* festgelegt, dass die Rentenleistungen der GRV nicht unter 67 Prozent der durchschnittlichen Nettoentgelte fallen sollen.

Staatliche Förderung der privaten Altersvorsorge in EUR

	Altersvor-sorgeauf-wand	Mindesteigenbeitrag			Grundzulage bis zu:	Zulage je Kind bis zu	Steuerlicher Sonderaus-gabenabzug
		ohne Kinder	mit 1 Kind	2 und mehr Kinder			
2002	1 Prozent	45	38	30	38	46	525
2003	1 Prozent	45	38	30	38	46	525
2004	2 Prozent	45	38	30	76	92	1.050
2005	2 Prozent	90	75	60	76	92	1.050
2006	3 Prozent	90	75	60	114	138	1.575
2007	3 Prozent	90	75	60	114	138	1.575
ab 2008	4 Prozent	90	75	60	154	185	2.100

Altersvorsorgeaufwand: in Prozent des jährlichen Bruttoeinkommens (max. bis zur Beitragsbemessungsgrenze); setzt sich zusammen aus Eigenbeiträgen und allen zustehenden Zulagen
Grundzulage: Wenn nur ein steuer- und versicherungspflichtiges Einkommen vorliegt, aber der Mindesteigenbeitrag geleistet wird, sind bei Ehepaaren beide Partner zulageberechtigt.
Höhe der Zulage: Die vollen Zulagen werden nur gewährt, wenn der volle Altersvorsorgeaufwand erbracht wird.

Leistungen der Riester-Rente können alle in der gesetzlichen Rentenversicherung versicherten Personen in Anspruch nehmen. Die gewählte Anlageform kann der betrieblichen Altersvorsorge angegliedert sein (z.B. Pensionskassen und -fonds, Direktversicherungen) oder am privaten Kapitalmarkt in Form von Rentenversicherungen, Fonds- oder

Banksparplänen erfolgen. Die Versicherungen müssen bestimmte Kriterien erfüllen, damit sie bezuschusst werden können. So ist die Leistungserbringung an den Beginn der Altersrente des Anlegers gebunden und darf nur in Form einer lebenslang steigenden oder gleichbleibenden monatlichen Rentenzahlung erbracht werden (*Altersvorsorgeverträge-Zertifizierungsgesetzes* (AltZertG)).

Um die staatlichen Zulagen in voller Höhe zu erhalten, muss der mit dem Gesetz geforderte *Altervorsorgeaufwand*, der sich aus den Eigenbeiträgen des Anlegers und den ihm zustehenden Zulagen zusammensetzt, erbracht werden. Sollte dieser Betrag bereits durch die Zulagen abgedeckt sein, muss dennoch ein *Mindesteigenbeitrag* (*Sockelbeitrag*) eingezahlt werden, so dass die Förderung in jedem Fall an eine finanzielle Eigenleistung gebunden ist.

Beitragszahlung und Zulagen können zudem als *Sonderausgaben* in der Steuererklärung geltend gemacht werden. Ist die Steuerersparnis dabei höher als die Zulagen, wird die Differenz dem Steuerpflichtigen gutgeschrieben.

Generell sind die Zulagen Pauschalbeträge, deren Höhe vom individuellen Einkommen unabhängig ist. Sie werden von der Deutschen Rentenversicherung direkt dem förderfähigen Altersvorsorgevertrag gutgeschrieben. Die relative Förderrate ist um so höher, je niedriger das zugrunde liegende Einkommen ist. Auch liegen die Kinderzulagen bereits vom ersten Kind an über der Grundzulage. Zugleich entwickelt sich der Sockelbetrag für die Eigenleistung mit der Kinderzahl degressiv, so dass im Ergebnis eine besondere Förderung von Familien mit Kindern resultiert.

Soziale Grundsicherung im Alter und bei Erwerbsminderung (SGB XII GsiG)

Zahlreiche Kleinstrenten in der GRV sind auf eine kurze Phase der Erwerbstätigkeit als Angestellte oder als Arbeiter bei Personen zurückzuführen, die später Beamte und/oder Selbständige geworden sind. Angesichts der langanhaltenden Massenarbeitslosigkeit, dem geringen Lohnanstieg, sog. patchwork-Erwerbsbiographien – also dem häufigen Arbeitsplatzwechsel unter Einschluss von Phasen der Arbeitslosigkeit im Erwerbsleben – u.a.m. ist aber damit zu rechnen, dass in Zukunft bei nicht wenigen Erwerbstätigen die Rentenanwartschaften geringer ausfallen werden als in zurückliegenden Jahrzehnten. Gleichzeitig machen vor allem ältere Menschen mit Renten unterhalb

des Sozialhilfeniveaus ihre ergänzenden Ansprüche nach dem SGB
XII Sozialhilfegesetz nicht geltend – sei es aus Unwissenheit, Scham
oder wegen der Sorge, die eigenen Kinder würden im Zuge der Familiensubsidiarität zum Unterhaltsrückgriff durch das Sozialamt herangezogen.

Am 1. Januar 2003 ist zur materiellen Absicherung dieses Personen-
kreises das neue *Grundsicherungsgesetz im Alter und bei dauerhafter
Erwerbsminderung* (GsiG) in Kraft getreten und zwei Jahre später inhaltlich unverändert als Viertes Kapitel in das SGB XII integriert worden. Antragsberechtigt sind alle hilfebedürftigen Personen über 65 Jahren sowie aus medizinischen Gründen dauerhaft voll erwerbsgeminderte Personen ab 18 Jahren. Der Bezug einer Rente oder das Bestehen einer Rentenberechtigung ist nicht erforderlich. Es besteht jedoch eine *In-
formationspflicht* der Rentenversicherungsträger gegenüber den (aktuellen) Rentenbeziehern, die Anspruch auf Leistungen der Grundsicherung haben könnten. Sie müssen auf die Möglichkeit einer bedarfsab-
hängigen Grundsicherung hingewiesen werden.

Träger der Grundsicherung, deren Leistungen der Sozialhilfe nach
SGB XII entsprechen, sind die Landkreise und kreisfreien Städte. Die
Finanzierung erfolgt aus Steuermitteln, wobei der Bund über das
Wohngeldgesetz den Ländern einen Teil der Kosten ausgleicht, die
durch die Besonderheiten des GsiG gegenüber dem SGB XII entste-
hen.

Die Grundsicherung ist keine Versicherungsleistung, stellt also
keine *Ersatz-* oder *Mindestrente*, sondern eine *bedarfsabhängige Fürsorgeleistung* dar, bei der eigenes Einkommen und Vermögen an-
spruchsmindernd (*Bedürftigkeitsprüfung*) berücksichtigt werden. Ab-
weichend von den Regelungen des SGB XII *Sozialhilfe* gilt dabei allerdings:

– ein *eingeschränkter Unterhaltsrückgriff*: Liegt das Einkommen un-
  terhaltspflichtiger Kinder oder Eltern unter 100.000 EUR pro Jahr,
  sind diese von der Unterhaltspflicht befreit. Wird die Einkommensgrenze überschritten, verfällt der Anspruch nach GsiG. Alternativ
  kann dann Sozialhilfe mit vollem Unterhaltsrückgriff beantragt
  werden.
– Die *Vermutungsregel* nach Paragraph 36 SGB XII ist im GsiG aufgehoben. Dies bedeutet den Verzicht auf die Annahme, dass Antragsbe-
  rechtigte von ihren im Haushalt lebenden Angehörigen Unterhaltsleistungen beziehen, was wiederum den Sozialhilfeanspruch reduzieren kann. Hiervon profitieren insbesondere junge erwerbsgeminderte

Personen, die einen originären Leistungsanspruch bekommen und nicht länger aus Gründen der finanziellen Entlastung der Angehörigen in eine stationäre Einrichtung gehen müssen.

Wer seine Bedürftigkeit innerhalb der letzten zehn Jahre grob fahrlässig oder vorsätzlich herbeigeführt hat, indem z.b. Rücklagen zur Alterssicherung verschenkt wurden, hat keinen Anspruch auf Grundsicherung.

c. Alterssicherung und Lebenslage

Laut Rentenversicherungsbericht 2005 der Bundesregierung wurden am 1. Juli 2004 in der gesetzlichen Rentenversicherung rund 24,1 Millionen Renten an etwa 19,8 Millionen Rentnerinnen und Rentner ausbezahlt. Knapp 76 Prozent dieser Renten werden wegen verminderter Erwerbsfähigkeit oder als Altersrente, 23 Prozent als Witwen- bzw. Witwerrente und zwei Prozent als Waisenrenten ausbezahlt. In der Gesetzlichen Rentenversicherung können auch *Mehrfachrenten* bezogen werden, die entweder aus der Kombination der eigenen Altersrente mit einer Leistung aus der Hinterbliebenenversorgung oder aus den Ansprüchen an unterschiedliche Rentenversicherungträger entstehen. Am 1. Juli 2004 waren dies 19,5 Prozent der Rentenbezieherinnen und -bezieher oder 3,9 Millionen Personen. In der Praxis beziehen fast ausschließlich Frauen eine Mehrfachrente (91 Prozent), da Männer erst seit dem Jahr 1986 überhaupt einen Anspruch im Hinterbliebenenrecht geltend machen können, dieser zudem noch einer Einkommensanrechnung unterliegt, was in der Mehrzahl der Fälle in der Praxis nicht zur Zahlung einer Witwerrente führt.

Die durchschnittlichen Rentenbeträge differieren beträchtlich. Auch wenn nach der Zusammenführung der Arbeiter- und Angestelltenversicherung in der Deutschen Rentenversicherung keine getrennte statistische Erfassung mehr erfolgt, ist zunächst festzustellen, dass als Folge des unterschiedlichen Lohnniveaus die Renten zwischen Arbeitern und Angestellten bzw. unterschiedlichen Lohn- und Gehaltsgruppen deutlich voneinander abweichen.

Durchschnittlicher Gesamtrentenzahlbetrag der laufenden Renten in
EUR (Stand: 1. Juli 2004)

| Art der Rentner | durchschnittlicher Gesamtrentenzahlbetrag in EUR pro Monat | | | | | |
| | Alte Länder | | Neue Länder | | Deutschland | |
	Männer	Frauen	Männer	Frauen	Männer	Frauen
Einzelrentner mit Renten wegen:	967,06	506,60	1.004,58	666,08	974,23	538,86
verminderter Erwerbsfähigkeit	816,15	654,44	693,90	650,13	786,633	653,16
Alter	993,85	499,06	1.074,58	691,64	1.008,62	541,52
Tod (ohne Waisenrente)	254,21	477,52	327,44	432,06	276,19	473,64
Mehrfachrentner	1.141,08	1.004,15	1.258,92	1.185,03	1.181,83	1.047,20
gesamt	973,02	652,46	1.023,27	841,56	982,95	692,76
Männer und Frauen gesamt	786,90		913,61		813,69	

Anmerkung: Berechnung nach dem Personenkonzept: Die je Rentner geleisteten
Renten wurden zu einem Gesamtrentenzahlbetrag zusammengefasst, der Eigenbei-
trag der Rentner zur Kranken- und Pflegeversicherung abgezogen.
Quelle: eigene Zusammenstellung nach Rentenversicherungsbericht 2005 der Bundesregierung gemäß Paragraph 154 SGB VI, Berlin 2006, *S.* 54ff.

Am 1. Juli 2004 bezogen die Männer bei den Versichertenrenten[52] der
GRV im Durchschnitt eine Rente in Höhe von 982 EUR, wobei der
Zahlbetrag von 1.018 EUR in den neuen Ländern mit rund 35 EUR
höher liegt. Bei den Frauen liegt die entsprechende durchschnittliche
Rentenleistung bei 521 EUR, wobei die Rentnerinnen in Ostdeutschland mit 659 EUR deutlich darüber, die Bezieherinnen im Westen mit
479 EUR deutlich darunter liegen. Während die (Tarif-)Löhne in den
neuen Bundesländern noch nicht durchgängig auf dem Niveau der alten Bundesländer angekommen sind, können sich gleichwohl die ostdeutschen Altersrentnerinnen und Rentner zu den Gewinnern im Ver-
teilungsstreit nach der Wiedervereinigung zählen. Sie profitierten in
besonderem Maß von Übergangsregelungen, mit deren Hilfe das Grund-
versorgungssystem der DDR an die Gesetzliche Rentenversicherung
herangeführt wurde. Zugleich weisen sie im Durchschnitt aber auch
deutlich längere Erwerbsbiographien auf. So haben Männer in Ostdeutschland über fünf, die Frauen sogar rund zehn Jahre längere Anrechnungszeiten (Stand: Dezember 2004). Zudem ist in Rechnung zu
stellen, dass die ostdeutschen Rentner wesentlich stärker als ihre westdeutschen Altersgenossen von den Zahlungen der GRV abhängig sind.
So haben sie in der Regel kaum Ansprüche aus der betrieblichen Zusatzversorgung bzw. den Zusatzversorgungskassen des öffentlichen

---

52 Hierzu zählen die Renten wegen verminderter Erwerbsfähigkeit und Renten wegen
    Alters ohne Erziehungsrenten.

Dienstes. Auch waren in der DDR die Spielräume enger, in vergleichbarer Weise privates Vermögen ansparen zu können. Diese Disparitäten werden sich aufgrund der langanhaltenden Massenarbeitslosigkeit in Ostdeutschland zukünftig eher verstärken und nachhaltig negativ auf die soziale Situation der kommenden Rentnergenerationen auswirken.

Auch innerhalb der jeweiligen Versicherungszweige gibt es erhebliche Differenzen. So liegen die Renten wegen verminderter Erwerbsfähigkeit deutlich unter dem Altersruhegeld und die durchschnittlichen Versichertenrenten der Frauen liegen erheblich niedriger als entsprechende Leistungen für die Männer. Nur wenn Frauen einen abgeleiteten Rentenanspruch gegenüber dem (verstorbenen) Ehemann haben, erzielen sie in den alten Bundesländern einen durchschnittlichen Rentenzahlbetrag, der in etwa einer männlichen Alterseinzelrente entspricht, in den neuen Bundesländern liegt er nach Kumulation leicht darüber. In allen anderen Fällen reichen die Anwartschaften einer weiblichen Erwerbsbiographie nicht aus, um ein vergleichbares Sicherungsniveau zu erreichen. Ganz offensichtlich können die rentenaufstockenden Leistungen (z.B. Kindererziehungszeiten) die strukturellen Restriktionen im Erwerbsleben von Frauen, die aus der Kombination von Familien- und Erwerbsarbeit resultieren, nicht ausreichend kompensieren.

Anzahl der Rentner nach dem monatlichen Gesamtrentenzahlbetrag und dem Geschlecht in der Gesetzlichen Rentenversicherung (Stand: 1. Juli 2004)

Zahlbetrag in EUR/Monat von ... bis unter ...	Einzelrentner im				Mehrfachrentner	
	Altersrentenbezug		Renten wegen Todes (ohne Waisenrente)			
	Männer	Frauen	Männer	Frauen	Männer	Frauen
			Gesamtdeutschland			
unter 150	353.569	661.827	24.356	254.132	1.107	9.447
150-450	603.822	1.771.270	47.411	452.788	11.567	185.411
450-750	741.440	2.009.084	12.952	523.900	23.286	491.568
750-1.050	1.591.616	1.046.254	626	221.267	63.450	1.016.899
1.050-1.350	2.057.890	313.271	25	35.126	140.144	1.164.846
1.350-1.650	1.174.710	70.143	3	4.453	85.590	510.809
1.650-1.950	276.931	6.404	-	648	17.246	105.464
1.950-2.100	20.000	394	-	28	1.807	14.949
über 2.100	27.816	210	-	12	988	11.468
Gesamt	6.847.522	5.878.857	85.373	1.492.354	345.185	3.510.861
			Westdeutschland			
	Männer	Frauen	Männer	Frauen	Männer	Frauen
unter 150	348.362	653.964	20.590	237.727	1.057	9.093
150-450	595.108	1.624.611	30.605	402.920	11.455	181.837
450-750	646.625	1.290.476	7.996	473.165	22.071	456.396
750-1.050	1.063.935	714.658	527	212.271	45.629	832.519
1.050-1.350	1.643.521	233.936	23	34.130	76.589	744.232
1.350-1.650	1.003.505	58.904	3	4.344	55.742	348.881
1.650-1.950	250.789	5.680	-	640	11.397	79.598
1.950-2.100	17.796	359	-	28	1.187	12.249
über 2.100	25.439	203	-	2	711	10.341
Gesamt	5.595.080	4.582.791	59.744	1.365.237	225.838	2.675.145
			Ostdeutschland			
	Männer	Frauen	Männer	Frauen	Männer	Frauen
unter 150	5.207	7.863	3.766	16.405	50	354
150-450	8.472	146.659	16.806	49.868	112	3.574
450-750	94.815	718.608	4.956	50.735	1.215	35.172
750-1.050	527.681	331.596	99	8.996	17.821	184.380
1.050-1.350	414.369	79.335	2	996	63.555	420.614
1.350-1.650	171.205	11.239	-	109	29.848	161.928
1.650-1.950	26.142	724	-	8	5.849	25.866
1.950-2.100	2.204	35	-	-	620	2.700
über 2.100	2.377	7	-	-	277	1.127
Gesamt	1.252.472	1.296.066	119.347	127.117	119.347	835.715

Quelle: eigene Zusammenstellung, Rentenversicherungsbericht der Bundesregierung gemäß Paragraph 154 SGB VI, Berlin 2006, *S.* 63ff

Im Juli 2004 hatten 14 Prozent der Männer, aber 41,4 Prozent der Frauen Anspruch auf eigene Alterseinzelrente bis maximal 450 EUR pro Monat. Und während 47,2 Prozent der Männer eine Rente zwischen 1.050 und 1.650 EUR bezogen, erreichten dieses Segment lediglich 6,5 Prozent der Frauen. Die Ungleichverteilung der Rentenhöhen zwischen den Geschlechtern gleicht sich dann aus, wenn Frauen einen Anspruch auf Witwenrente haben. Immerhin fast 1,5 Millionen Rentnerinnen beziehen zum 1. Juli 2004 eine Rente wegen Todes. Allerdings liegt die Rentenhöhe von 47,4 Prozent dieser Renten bei einem Auszahlbetrag von max. 450 EUR. Ungefähr zehnmal so viele Frauen wie Männer beziehen Mehrfachrenten. Dies hängt damit zusammen, dass es in der Regel die Frauen sind, die Ansprüche auf Witwenrenten geltend machen können. Männer überschreiten hier in der Regel die Einkommensgrenze und fallen aus dem Witwerrentenbezug heraus.

Bei den Niedrigalterseinkünften ist zu berücksichtigen, dass diese Personen zunächst in der Gesetzlichen Rentenversicherung pflichtversichert gewesen sein können, im späteren Berufsleben dann aber entweder als Beamte oder als Selbständige nicht mehr der Versicherungspflicht unterlagen und nun ergänzend zu der niedrigen Rente aus der GRV Ansprüche auf Beamtenpensionen oder aus der privaten Altersvorsorge haben.

Die Höhe der monatlichen Regelrentenzahlung lässt also keine abschließende Aussage über das Gesamteinkommen eines Rentners bzw. eines Rentnerhaushaltes zu. Bezogen auf die Personen über 65 Jahre weist der Rentenversicherungsbericht 2005 auf Basis der repräsentativen Studie „Alterssicherung in Deutschland (AsiD)" für das Jahr 2003 aus, dass die Ehepaare in den alten Ländern über ein monatliches Nettoeinkommen von 2.211 EUR (1.938 EUR Ost), alleinstehende Männer von 1.515 EUR (1.284 EUR Ost) und alleinstehende Frauen von 1.181 EUR (1.128 EUR Ost) im Monat verfügen können.

Allerdings ist hier gleichfalls zu bedenken, dass Durchschnittsangaben nur sehr bedingt etwas über die tatsächlich Verteilung der Einkommen aussagen und gerade die Vermögen in Deutschland stark ungleich verteilt sind. Damit sind die Spielräume zur Aufstockung der Renten aus privaten Vermögensbeständen aber auf einen relativ kleinen Personenkreis beschränkt. Tatsächlich weist der 2. Nationale Armuts- und Reichtumsbericht denn auch für die Rentnerhaushalte im Jahr 2003 eine Armutsrisikoquote von immerhin 11,8 Prozent aus.

Die wichtigsten Einkommensquellen der Bevölkerung ab 65 Jahren (in Prozent des Bruttoeinkommensvolumens)

Einkommensquelle	Alle	Ehepaare		Alleinstehende Männer		Alleinstehende Frauen	
		West	Ost	West	Ost	West	Ost
GRV	66	57	89	60	87	68	95
Andere Alterssicherung	21	26	2	26	5	22	2
Erwerbstätigkeit	4	7	5	3	1	1	0
Zinsen, Vermietung, Lebensversicherung, etc.	7	9	3	9	6	6	2
Wohngeld, Sozialhilfe, GSiG	1	0	0	1	1	1	1
Summe	100	100	100	100	100	100	100

Quelle: Alterssicherung in Deutschland 2003, zit. n. Rentenversicherungsbericht 2005 der Bundesregierung, Berlin 2006, *S.* 15

Ungeachtet der möglichen Effekte durch Kumulation mehrerer Rentenzahlungen sowie Vermögensbestände aus privater Vorsorge belegt der Rentenversicherungsbericht 2005 zugleich die zentrale Bedeutung der Rentenzahlungen aus der Gesetzlichen Rentenversicherung. Im Jahr 2003 bezogen in den alten Bundesländern Rentnerehepaare 57 Prozent ihrer gesamten Einkünfte aus der GRV (Ost: 89 Prozent), bei alleinstehenden Frauen lag der Anteil bei 68 Prozent (Ost: 95 Prozent). Dabei ist zu berücksichtigen, dass durch das Äquivalenzprinzip der GRV die ungleiche Verteilung der Erwerbseinkommen in einer Ungleichverteilung der ausgezahlten Rentenhöhen „unerbittlich festgeschrieben" (*Erich Standfest*) wird. Der ungleich verteilte Vermögensbesitz verstärkt diesen Effekt, dennoch besitzen die Rentnerhaushalte heute im Regelfall einen materiellen Verfügungsrahmen, der der durchschnittlichen Kaufkraft der übrigen Bevölkerung in etwa entspricht und je nach Haushaltskonstellation (Paarhaushalte) auch übersteigt.

d. Ursachen der Finanzierungsprobleme in der Rentenversicherung

Die Finanzierung der Rentenversicherung ist seit Jahren eine politische Streitfrage zwischen den Verfechtern des beitragsfinanzierten *Umlageverfahrens* einerseits und denen, die eine stärkere private Vorsorge in *kapitalgedeckten Systemen* fordern. So einleuchtend auf der einen Seite das Umlageverfahren zwischen Löhnen und Renten ist, so problematisch wird dieser Zusammenhang in wirtschaftlich schlechteren Zeiten und wenn der Bund seinen Zuschuss in diesen Phasen verringert. Diese Probleme haben sich seit Mitte der 1970er Jahre als Folge des wirtschaftlichen Strukturwandels und der damit einher gehenden Massenarbeitslosigkeit in vielfältiger Weise verschärft. Dabei verursacht nicht nur die Arbeitslosigkeit durch den Wegfall von Beitragsleistungen einen Einnahmeausfall, auch die von den abhängig Beschäftigten angesichts der Massenarbeitslosigkeit abverlangte Lohndisziplin schlägt negativ auf die Kassen der Rentenversicherung zurück. Umgekehrt bedeuten ein Prozentpunkt Lohnzuwachs ein Plus von 1,7 Mrd. EUR und 100.000 neue Arbeitsplätze Mehreinnahmen in Höhe von 500 Millionen EUR für die Rentenkassen.

Weitgehende Einigkeit besteht unter den Rentenexperten insofern, dass sowohl die Entwicklung am Arbeitsmarkt als auch die demografische Entwicklung Auswirkungen auf das System der Rentenfinanzierung haben. Wesentlich weniger Einigkeit besteht jedoch in der Gewichtung dieser Faktoren.

Im Grundsatz argumentieren die ,*Demografiker*', dass immer mehr Menschen älter werden und dass deren Anteil an der Wohnbevölkerung – relativ betrachtet – größer wird. Durch diese Änderungen im Bevölkerungsaufbau verschlechtert sich zukünftig das Verhältnis von Beitragszahlern und Rentenbeziehern. Wenn aber immer weniger Beitragszahler einen immer größer werdenden Anteil von Rentner finanzieren müssen, ist eine strukturelle Überforderung der Rentenkassen zu erwarten.

Für die ,*Arbeitsmarkttheoretiker*' ist die aktuelle Situation weniger ein Problem der Demografie, als vielmehr ein Problem der Wirtschaft. Denn bei hoher Arbeitslosigkeit bzw. Unterbeschäftigung finden die Arbeitswilligen und -fähigen nicht tatsächlich auch eine sozialversicherungspflichtige Beschäftigung. Wenn zu Recht darauf verwiesen wird, dass sich das Zahlenverhältnis der 20- bis unter 65-jährigen zu den 65-jährigen und Älteren von 3,8 zu 1 im Jahr 2000 auf 2,1 zu 1 im Jahr 2030 verändern wird, wird dieses vor allem dann zum Problem, wenn die dann Arbeitsfähigen keine Arbeit haben und wenn der dann erwirtschaftete volkswirtschaftliche Gewinn niedriger ausfällt als heute. Doch davon ist nicht auszugehen, sodass bei insgesamt abnehmender Wohnbevölkerung und einem ansteigenden Sozialprodukt pro Person mehr zur Verteilung zur Verfügung stehen müsste als heute. Eine Erhöhung der Frauenerwerbsquote und die Integration von Migranten in den Arbeitsmarkt würde den Verteilungsspielraum ebenfalls erhöhen.

Damit bestehen die Finanzierungsprobleme der Rentenversicherung aber nicht in erster Linie *wegen* der Alterung der Bevölkerung, sondern sie sind *auch* durch die demografische Entwicklung beeinflusst. Das Dilemma der Sozialpolitik, immer dann am Nötigsten zu sein, wenn die Refinanzierungsbedingungen am restriktivsten sind, schlägt in der Rentenversicherung als Problem eines nicht ausreichend hohen Einkommens- und Beschäftigungsniveaus voll durch. Insgesamt aber bedarf es weiterer Korrekturen an den Finanzierungs*wegen*, will man nicht über steigende Rentenversicherungsbeiträge die Arbeit immer teurer machen. So ist vor allem an indirekte Steuern zu denken, wie dies derzeit bereits bei der sog. *Ökosteuer*, einer zweckgebundenen Abgabe auf den Verbrauch von Energie als Beitrag zur Rentenkasse, der Fall ist.

Alterssicherung zwischen Generationenvertrag und Generationenkonflikt

Die Diskussion um das Älterwerden in unserer Gesellschaft wird häufig eindimensional auf eine tatsächliche oder vorgebliche soziale und ökonomische Belastung der jungen Generation durch die Altenlast reduziert. Tatsächlich haben die Entkopplung von Wirtschaftswachstum und Beschäftigungsrate, die Kürzungen beim Bundeszuschuss zur Rentenkasse und die Veränderungen im Verhältnis der tatsächlich sozialversicherungspflichtig Beschäftigten zu den Rentenbezieherinnen und -beziehern seit Ende der 1970er Jahre immer wieder zu erheblichen Finanzproblemen in der Rentenkasse geführt. Darauf reagierten die jeweiligen Bundesregierungen mit verschiedenen, z.T. sehr problematischen Maßnahmen, um die Ausgaben zu senken und/oder die Einnahmen anzuheben. Insgesamt wurde die Zielvorgabe der Reform von 1957, nämlich eine Sicherung der Teilhabe der Rentner an der allgemeinen Wohlstandsentwicklung zu garantieren, ausgehöhlt. Der durch die Sparmaßnahmen gewonnene Spielraum der Rentenversicherung ist vom Bund immer wieder zunichte gemacht worden, indem der Rentenversicherung in vielfältiger Weise Folgen der Massenarbeitslosigkeit und dann – nach 1990 – der deutschen Einheit sowie der Immigration Deutschstämmiger aus Osteuropa aufgebürdet wurden.

Die im Jahr 1989 beschlossene *Rentenreform* hat damals absehbare Finanzprobleme zwischen Beitragszahlern, Rentenempfängern und dem Bund neu aufgeteilt. Einerseits ist festgeschrieben worden, dass die Beitragssätze der aktiv Beschäftigten mittelfristig ansteigen, während andererseits die Renten seit dem Jahr 1992 nur noch entsprechend der Entwicklung der *Netto*löhne angepasst werden. Und schließlich soll der Bundeszuschuss kontinuierlich entsprechend der Ausgabenentwicklung der GRV angehoben werden. Wichtige familienpolitische Entscheidungen sind in diese Rentenreform mit eingegangen, so die Ausweitung der Anrechnung von Kindererziehungszeiten von einem auf drei Jahre (für Kinder ab 1992) und die Einbeziehung von weiteren Erziehungszeiten und Zeiten der Pflege von Schwerpflegebedürftigen bei den sog. Berücksichtigungszeiten.

Die zunehmende Kurzatmigkeit der Rentenpolitik zeigt sich in der Entwicklung seit Ende der 1990er Jahre. Mit dem *Rentenkorrekturgesetz* aus dem Jahr 1999 wurde der letzte Rentenreformversuch der christlich-liberalen Regierungskoalition von 1998 modifiziert. Der so genannte *demografische Faktor*, der die längere Rentenbezugsdauer als Folge der steigenden Lebenserwartung bei der Rentenanpassung leistungsmindernd berücksichtigen sollte, wurde wieder zurückgenommen. Dafür wurde eine Politik der Anhebung der Altergrenzen fortgeführt und auf weitere Rentenarten ausgedehnt sowie die Renten bei verminderter Erwerbsfähigkeit geändert. Aber auch Verbesserungen haben stattgefunden, denn die Bewertung der Kindererziehungszeiten wurde erhöht.

Die große *Rentenreform 2001* war dann der Einstieg in den Ausstieg aus der Umlagefinanzierung in der Gesetzlichen Rentenversicherung. Mit dem *Altersvermögensgesetz* (AVmG) wurde die kapitalgedeckte Altersvorsorge zum systematischen Bestandteil der gesetzlichen Alterssicherung, zugleich wurden die staatlichen Zuschüsse für die private Rente direkt an Kürzungen der gesetzlichen Rentenleistungen gebunden. Auch wurde mit dem *Altersvermögens-Ergänzungsgesetz* (AVmEG) die *Rentenanpassungsformel* geändert. Die Rentenerhöhungen sind damit nicht mehr an die Nettolohnentwicklung, sondern an die Entwicklung des Beitragssatzes in der gesetzlichen Rentenversicherung sowie den Altersvorsorgeanteil zur privaten Altersvorsorge gekoppelt (*modifizierte Bruttoanpassung*) – mit der Folge, dass die Renten sinken, wenn die Beiträge zur GRV steigen und umgekehrt.

Mit der aktuellen Gesetzgebung (*Rentenreform 2004*) werden weitere Änderungen in Kraft gesetzt, die kurzfristig den Beitragssatz stabil halten, zugleich eine dauerhafte Sicherung der Rentenfinanzierung gewährleisten sollen. Die Regelungen sind insofern von neuer Qualität, als sie zum Teil direkt auf die Einkommenssituation aktueller

Rentnerinnen und Rentner einwirken und Verschlechterungen im Leistungsniveau nicht in die Zukunft verlagern.

Mit dem zum 1. April 2004 in Kraft getretenen *Zweiten und Dritten Änderungsgesetz* des Sozialgesetzbuches VI gilt auch für die Bestandsrentner/-innen:

- die volle Übernahme des Beitrages in die Pflegeversicherung durch den Rentner. Die bisher übliche nur hälftige Beteiligung am Beitragssatz von 1,7 Prozent fällt ersatzlos weg, was bei einer monatlichen Rente von 1.000 EUR eine Mehrbelastung von 8,50 EUR pro Monat ausmacht. Zugleich sind auch die Betriebsrenten seit dem 1. April 2004 in voller Höhe bei der Gesetzlichen Krankenversicherung und der Pflegeversicherung der Rentner beitragspflichtig.
- eine zeitnahe Änderung ihres Krankenkassenbeitrages. Diese wird künftig nicht mehr jährlich mit der Rentenanpassung zum 1. Juli, sondern spätestens nach drei Monaten vollzogen. Dies gilt auch bei einer Senkung der Kassenbeiträge.
- eine Nullrunde bei der Rentenanpassung in den Jahren 2004 bis 2006.

Die Neuregelungen durch das *Rentenversicherungs-Nachhaltigkeitsgesetz* bringen neben diesen kurzfristigen Reparaturen, weitere strukturelle Änderungen im Rentenrecht mit sich:

- Im Jahr 1999 durch die rot-grüne Koalition zunächst zurückgenommen, geht der demografische Faktor nun auf Beschluss der gleichen Regierungskoalition seit 2005 als sog. *Nachhaltigkeitsfaktor* in die Berechnung der Renten ein. Er nimmt Bezug auf das Verhältnis von Beitragszahlern und Rentnern und koppelt damit die Entwicklung am Arbeitsmarkt direkt an die Rentenhöhe.
- Die *Anrechnungszeiten* für die Real-, Gymnasial- und Studienzeiten fallen bei einem Renteneintritt ab dem 1. Januar 2009 weg.
- Die *Erhöhung der Altersgrenze* in der GRV von 65 auf 67 Jahren soll im Jahr 2008 vor dem Hintergrund der dann aktuellen Finanzlage geprüft werden. Der Koalitionsvertrag der Großen Koalition hat dieses Vorhaben noch einmal ausdrücklich bekräftigt.
- Das *Bundesverfassungsgericht* hatte am 6. März 2002 entschieden, dass die unterschiedliche Besteuerung von Beamtenpensionen und Renten aus der GRV nicht mit dem Gleichheitsgrundsatz des Grundgesetzes vereinbar ist. Seit dem 1. Januar 2005 läuft deshalb der Einstieg in die sog. *nachgelagerte Besteuerung* bei den Renten der GRV, was zur Folge haben wird, dass Beiträge für den Aufbau ei-

ner Altersvorsorge steuerfrei gestellt, Alterseinkünfte jedoch be-
steuert werden. Kurz: Die aktiv Erwerbstätigen werden ein höheres
Nettoeinkommen behalten, während sich für die meisten Rentnerhaushalte, deren Gesamteinkünfte unterhalb des steuerlichen Existenzminimums liegen, nichts ändern wird. Belastet werden dagegen
die Rentnerhaushalte mit höheren Renten und/oder Erträgen aus
anderen Einkünften wie Zinsen, Mieten etc.

Das Grundmuster der Reformbemühungen besteht darin, die drei Säulen der Altersvorsorge – gesetzliche, betriebliche und private Erträge –
so zu justieren, dass der im Erwerbsleben erreichte Lebensstandard
auch im Alter gehalten werden kann. Dies geschieht durch ein Ab-
schmelzen der Gesetzlichen Rentenversicherung einerseits, sowie den
gleichzeitigen Ausbau der privaten Vorsorge andererseits. Die Finanzierung der Altersvorsorge wird damit im Sinne der Demografiker vor
allem als Problem der Bevölkerungsentwicklung betrachtet. Die Entwicklung des Volkseinkommens und die Frage seiner Verteilung wird
auf den Arbeitsmarkt und damit nur auf die Einkünfte der abhängig
Beschäftigten reduziert, die Sicherung der Einkommenslage im Alter
schließlich in die private Verantwortung des Einzelnen verlagert.
Wenn allerdings zutrifft, dass die Erwerbsarbeitsgesellschaft durch
Europäisierung und Globalisierung vor strukturellen Herausforderungen steht, die ihre bisherige gesellschaftliche und ökonomische Steue-
rungsfunktionen grundlegend in Frage stellen werden, dann ist Skepsis
angesagt, ob die aktuelle Rentenpolitik mit der Stärkung der dritten
Säule wirklich dauerhaft die Altersvorsorge sichern kann. Denn in der
krisenhaften Wirtschaftsphase zu Beginn des 21. Jahrhunderts erlebt
man, dass nicht nur viele Bürgerinnen und Bürger durch die Entwicklung auf dem Aktien- und Fonds-Markt um ihr Erspartes gebracht
wurden, sondern dass sich auch private Kapitalversicherungen nicht
(mehr) in der Lage sehen, in Aussicht gestellte Überschussbeteiligun-
gen auszuschütten. Gleich also, ob staatlich, betrieblich oder privat
organisiert, setzt Alterssicherung einen florierenden Wirtschaftskreis-
lauf und langfristig gesehen von der Erwerbsarbeit unabhängige Um-
verteilungsprozesse voraus.

3.4 Wirkungen der Sozialpolitik

Sozialpolitik steht im Spannungsverhältnis zwischen Einzelinteressen, die sich über den Staat durchzusetzen suchen, und solchen, die gerade dieses abwenden wollen. Sie zielt auf Ausgleich, aber auch auf Ungleichheit. Sozialpolitik kommt eine bestimmte Intention bezogen auf angestrebte Ziele und beabsichtigte oder auch nicht beabsichtigte Folgen zu: Sie hat Wirkungen im Kontext einer auf privatwirtschaftlicher Grundlage organisierten Wertschöpfung und Verteilung, sie hat – abstrakt gesprochen – letztlich das Ziel, den Lebensunterhalt des Einzelnen und seiner Familie sicherzustellen, aber auch, dass die nachfolgende Generation aufwachsen, sich auf deren zukünftige Stellung im gesellschaftlichen Entwicklungsprozess vorbereiten und dann auch einbringen kann. Indem Sozialpolitik solchermaßen die Förderung der derzeit aktiv Erwerbstätigen und deren Familien, zugleich aber mit der nachwachsenden Generation auch die der zukünftig Erwerbstätigen im Blick hat, muss sie darauf bedacht sein, die Bedingungen des derzeitigen und zukünftigen Wirtschaftswachstums nicht in Frage zu stellen. Sozialpolitik ist eine Bedingung von Wirtschaftswachstum, zugleich auch eine Belastung, je nachdem, ob man stärker gesamtwirtschaftlich oder einzelbetrieblich, langfristig oder kurzfristig, von einem eher erweiterten oder eher begrenzten Ökonomieverständnis her argumentiert.

Denn sowohl bei dem, was als Bedarf staatlicher Sozialpolitik bestimmt, eingefordert, politisch umgesetzt wird, als auch bei dem, was Wirtschaftswachstum befördert oder beeinträchtigt, gibt es sowohl im geschichtlichen Kontext als auch in den aktuellen sozialpolitischen Diskursen ein breites Spektrum an Erwartungen, Hoffnungen, Befürchtungen und Abgrenzungen, sodass eine allzu abstrakte Auseinandersetzung ebenso wenig tragfähig ist wie die jeweilige bloß oberflächliche Beschreibung konkreter Konfliktsituationen. So stellt bspw. schon alleine das Modell der *Sozialen Marktwirtschaft* eine integrierende Konzeption dar, wie reproduktive und produktive Wirkungen aufeinander bezogen werden können; es war und ist allerdings immer auch umstritten und wurde und wird mit z.T. einander widersprechenden Inhalten gefüllt.

3.4.1 Gestaltung des konstitutiven Zusammenhangs zwischen Erwerbsarbeit und dem System der sozialen Sicherung

Das von Bismarck etablierte und in seinen Grundstrukturen bislang nur modifizierte System zielt insbesondere auf die Regulierung zwischen Erwerbsarbeit und Nichterwerbsarbeit. So begründet zum ersten (meist abhängige) Erwerbsarbeit die Mitgliedschaft in einer Sozialversicherung, in der Gesetzlichen Rentenversicherung, der Gesetzlichen Unfallversicherung, der Gesetzlichen Krankenversicherung und der Arbeitslosenversicherung. Des weiteren ist über diese Leistungssysteme festgelegt, wann der Einzelne der Erwerbsarbeit fernbleiben und an Stelle des regulären Lohns/Gehalts Lohnersatzleistungen beziehen kann: beim Erreichen der Altersgrenze, bei Feststellung verminderter Erwerbsfähigkeit, Krankheit, Unfall und bei Arbeitslosigkeit. Zugleich ist auch geregelt, bis wann diese Lohnersatzleistungen bzw. andere Leistungen in Anspruch genommen werden können. Drittens ist oftmals eine gewisse Anwartschaft notwendig, um überhaupt Anspruch auf Leistungen zu erwerben. Während der Versicherungsschutz in der GKV und der GUV sofort gegeben ist, werden Anwartschaften in der ALV und in der GRV erst nach dem Vorliegen einer gewissen Versicherungszeit erworben. In der ALV sind dieses mindestens 12 Monate, in der GRV 60 Monate. Viertens sind die Lohnersatzleistungen im Regelfall an die zuvor erzielten Erwerbseinkommen gekoppelt: Die Renten, das Krankengeld und das Arbeitslosengeld I. Am stärksten kommt diese Koppelung von Lohnersatzleistung und Einkommen bei der Gesetzlichen Rente zum Tragen, wo die Dauer der Beschäftigung und die Entlohnung für die tatsächliche Rente schlicht entscheidend sind   (*Äquivalenzprinzip*). Und schließlich fünftens sind auch abgeleitete Rechtsansprüche – so in der Hinterbliebenenversorgung, bei der Familienversicherung in der GKV – daran gekoppelt, dass der Versicherte in einem Erwerbsarbeitsverhältnis steht bzw. gestanden hat.

Die Fürsorgesysteme zielen der Sache nach auf die Überwindung eines Notstandes (*Finalität*). Gleichwohl ist auch hier ein Bezug zur Erwerbsarbeit in vielerlei Hinsicht gegeben. Die Leistungen des SGB II zielen insgesamt auf die (Re-) Integration der Betroffenen in die Erwerbsarbeit; Ablehnungen von zumutbaren Bildungs-, Fortbildungs-, Umschulungsmaßnahmen, von Beschäftigungsmöglichkeiten bzw. neuen Anstellungsverhältnissen können und werden meist geahndet, etwa durch Leistungskürzungen bis hin zum Streichen der Leistungen. Das Arbeitslosengeld II ist von seiner Höhe her mit den laufenden Hilfen zum Lebensunterhalt im Rahmen des SGB XII identisch. Dort ist in Paragraph 28, Absatz 4 festgelegt, dass die Regelsätze „unter den erzielten monatlichen durchschnittlichen Nettoarbeitsentgelten unterer Lohn- und Gehaltsgruppen einschließlich anteiliger einmaliger Zahlungen zuzüglich Kindergeld und Wohngeld in einer entsprechenden Haushaltsgemeinschaft" bleiben (*Lohnabstandsgebot*). Es soll also sichergestellt werden, dass der Bezug der Grundsicherung – auch wirtschaftlich betrachtet – weniger attraktiv ist als Erwerbsarbeit.

Das System der sozialen Sicherung und große Teile der Sozialpolitik werden folglich von der Erwerbsarbeit bestimmt, wie sie umgekehrt wieder auf dieses zurück wirken. So sieht bspw. SGB VI (GRV) die so genannte „konkrete Betrachtungsweise" bei Renten wegen verminderter Erwerbsfähigkeit vor. Das meint, dass bei der Bewertung der Wiedereingliederungschancen Erwerbsgeminderter die konkrete Lage auf dem Arbeitsmarkt mitbedacht werden soll. Dieses betrifft auch die Diskussion über die Festlegung der Arbeitsfähigkeit bei Arbeitssuchenden: 3 Stunden pro Tag wurden im SGB II 2004 verankert. Eine aktuelle Diskussion fragt, ob dieser Rahmen nicht zu weit angesetzt ist und ob die Erwerbsdauer, die pro Tag erbracht werden müsste, nicht doch höher angesetzt werden sollte (etwa mindestens halbtags).

Auch und gerade in der Familienpolitik bzw. der für Kinder- und Jugendliche geht es immer stärker darum, Familie, Kindererziehung und Erwerbsarbeit besser miteinander vereinbaren zu können. Dem dienen Maßnahmen der außerfamiliären Betreuung von Kleinkindern bis hin neuerdings zum Elterngeld. Das SGB VIII (Kinder- und Jugendhilfe) formuliert das Recht auf Erziehung und Entwicklung zur eigenständigen Persönlichkeit von jungen Menschen; dabei spielt die Integration der Betroffenen in das spätere Erwerbsarbeitsleben eine wichtige Rolle, da Erwerbsarbeit in unserer Gesellschaft die beherrschende Form der Lebenssicherung darstellt.

Die Wechselwirkung zwischen Erwerbsarbeit und System der Sozialen Sicherung ist für Deutschland bestimmend. Daneben gibt es auch Leistungsbereiche, die davon nicht betroffen sind. Dieses gilt im wesentlichen für den 5. Zweig der Sozialversicherung, die Pflegeversicherung, bei der 85 Prozent der Leistungsbezieher älter als 60 Jahre sind. Von daher war und ist es problematisch, dieses als Zweig der Sozialversicherung zu etablieren, noch dazu, weil alle Einwohner ab einem bestimmten Alter und dann ohne Altersbegrenzung der Versi-

cherungspflicht unterliegen. Ebenfalls keinen Bezug zur Erwerbsarbeit
haben Leistungen der Kriegsopferversorgung, des Kindergeldes u.a.m.

Zum systematischen Problem wird es, dass von derartigen Ausnahmen abgesehen die Zielsetzung der Sozialpolitik, fast alle Personen im Erwerbsalter in den Erwerbsarbeitsmarkt zu integrieren, den
Blick dafür verstellt, dass dieses oftmals auf Grund der Lage auf dem
Erwerbsarbeitsmarkt gar nicht möglich ist und dass zahlreiche Menschen die Voraussetzungen dafür nicht mitbringen, zumindest nicht
unter den aktuellen Bedingungen, national und darüber hinaus in Europa. Sozialpolitik zielt auf soziale Integration, bei der dem Erwerbsarbeitsmarkt zwar eine bestimmende, aber in keinem Falle eine ausreichende Bedeutung zukommt. Eine derartige vorrangige Fixierung von
Sozialpolitik auf den Erwerbsarbeitsmarkt übersieht die Notwendigkeiten und Chancen auch anderer Formen sozialer Integration.

3.4.2 Verteilungswirkung der Sozialpolitik

Über Sozialpolitik wird, betrachtet man das Sozialbudget, knapp ein
Drittel des Bruttoinlandsproduktes (um-)verteilt, und zwar sowohl auf
der Einnahmen- als auch auf der Ausgabenseite. „Die meisten sozialpolitischen Maßnahmen sind", so *Elisabeth Liefmann-Keil*, „gegen-
wärtig verteilungspolitische Maßnahmen. Sie gelten direkt (teilweise
auch indirekt) der Gestaltung der Einkommensverteilung. Die Sozialpolitik ist eine Politik der Einkommensverteilung geworden, ungeachtet mancher Ansätze und Bestrebungen, aus ihr eine Gesellschaftspolitik zu machen." Es gebe keinen eindeutigen, vorgegebenen Maßstab
für die Verteilung, dieser müsse vielmehr „jedes Mal von Neuem"
festgelegt werden: „Eine solche Festlegung ist stets ein politischer
Akt." Zugleich könne jede Einkommensverteilung, wie immer sie zustande gekommen sein mag, „Grund zur Unzufriedenheit gegen und
Anlass zu Forderungen von entsprechenden verteilungspolitischen
Maßnahmen sein." Richtschnur aber für Verteilung müsse „die Anwendung des Maßstabes der Gerechtigkeit" sein: „Sozialpolitik ist in
dieser Hinsicht Verteilungspolitik."[53]

---

53 Elisabeth Liefmann-Keil: Ökonomische Theorie der Sozialpolitik, Berlin, Göttingen
und Heidelberg 1961, S. 1f.

a. Vorstellungen von Gerechtigkeit

Normativ

Sozialpolitik setzt, folgt man Liefmann-Keil, als obersten Wert die Herstellung von *Gerechtigkeit.* Doch darüber, was dieser Begriff meint, gehen die Meinungen, wiederum in hohem Maße interessebezogen, auseinander. Zunächst wird das Ziel der Herstellung von Gerechtigkeit normativ bestimmt: Aus den theoretischen Grundprinzipien der Sozialpolitik leiten sich Vorstellungen von *Leistung*sgerechtigkeit, *solidarischer* Gerechtigkeit und *vorleistungsfreier, subsidiärer* Gerechtigkeit ab.

Diese Werte sind an soziale Interessensträger gebunden, die sie durchzusetzen in der Lage sind. Die aus der bürgerlichen Emanzipationsbewegung herrührende Vorstellung von Leistungsgerechtigkeit, die zunächst gegen feudale Strukturen und deren Maxime eines „suum cuique" gerichtet war, ist inzwischen über den bürgerlichen Interessenbezug hinaus auch von dem Großteil der abhängig Beschäftigten übernommen worden und schlägt sich außer in der Lohn- und Einkommensdifferenzierung auch in Erwartungen an gestufte Lohnersatzleistungen wie etwa Renten, Kranken- und Arbeitslosengeld nieder. Umgekehrt sind Vorstellungen solidarischer Gerechtigkeit durchaus über den engen Bereich der vormaligen Industriearbeiterschaft hinaus auch in die Mittelschichten eingeflossen, die immer stärker sozialpolitische Leistungen benötigen, weil sie sozialen Risiken in gleicher Weise ausgesetzt sind wie früher die Arbeiterschaft, ohne dass sie diese Risiken allein durch Eigenvorsorge auffangen könnten. Stark christlich geprägt ist die Vorstellung von einer vorleistungsfreien Gerechtigkeit. Die davon Profitierenden haben nicht eigentlich ein soziales Durchsetzungspotential, sie gehören eher zu den schwachen sozialen Interessen, bedürfen allerdings der sozialanwaltlichen Interessenverstärkung. Allerdings hat die Entscheidung des Bundesverfassungsgerichts vom 14. Oktober 1992, ein am Sozialhilfeniveau gemessenes soziales Existenzminimum müsse steuerfrei bleiben, bewirkt, dass zumindest das Niveau dieser vorleistungsfreien Leistung nunmehr von breiterem gesellschaftlichem Interesse ist.

In der Sozialpolitik dominieren nach wie vor diese drei normativen Vorstellungen von Gerechtigkeit, auch wenn gesamtgesellschaftlich eine Entwertung traditioneller Orientierungen unübersehbar ist. Neoliberale Vorstellungen verstärken dieses Abrücken von der sich geschichtlich herausgebildeten Verbindung dieser drei Elemente von Gerechtigkeit zu Gunsten einer Stärkung, teilweise sogar alleinigen Gültigkeit von Leistungsgerechtigkeit: Wenn die einzelbetriebliche Logik absolut gesetzt wird und Entlohnungsbedingungen einschließlich der davon abhängigen Lohnersatzleistungen dieser subsumiert werden, verliert der *solidarische* Gerechtigkeitsaspekt zunehmend an Gewicht, der der *vorleistungsfreien* Gerechtigkeit könnte schlicht obsolet werden.

Prozedural

Dem Dilemma, dass Wertvorstellungen interessebedingt immer weiter auseinander gehen und sich teilweise gegenseitig neutralisieren, versuchen Theoretiker dadurch zu entgehen, dass sie Gerechtigkeitsvorstellungen nicht mehr normativ vorgeben, sondern konsensuelle Verfahrensgrundsätze formulieren. Hierbei wird darauf Wert gelegt, dass insbesondere Asymmetrien bei der Interessenartikulation und der Durchsetzung von Wertvorstellungen etwa in *idealen* Sprechsituationen bzw. in einem *herrschaftsfreien* Dialog aufgehoben werden und so der Weg frei gemacht wird für ein nicht machtbesetztes Wertbestimmungsverfahren.

John Rawls hat den Versuch unternommen, einen derartigen Verfahrensgrundsatz zu entwickeln. Danach seien soziale und wirtschaftliche Ungleichheiten so zu regeln, „daß sie sowohl a) den am wenigsten Begünstigten die bestmöglichen Aussichten bringen als auch b) mit Ämtern und Positionen verbunden sind, die allen gemäß der fairen Chancengleichheit offenstehen."[54] Gerechtigkeit wird hier relational begriffen. Der *Kommunitarismus* sucht diesen Ansatz auf konkrete, (klein-)sozialräumliche zivilgesellschaftliche Prozesse anzuwenden. In den Niederlanden wiederum stellen derartige prozesshafte Konsensverfahren eine wichtige Ergänzung zu den hier nach wie vor sehr weit verbreiteten normativen Wertvorstellungen dar (*Polder-Modell*). In Deutschland ist die Tradition so genannter *runder Tische* wenig verankert; Versuche im Übergang zur Herstellung der deutschen Einheit waren wenig erfolgreich, auch kommen in Deutschland sog. *Bündnisse für Arbeit* nicht recht zum Laufen. Gleichwohl gibt es auch hier beim Zusammenspiel zwischen öffentlichen und privaten Trägern ent-

---

54 John Rawls: Eine Theorie der Gerechtigkeit, Frankfurt am Main 1975, S.104

sprechende Konsensverfahren, an denen inzwischen durchaus auch kleinere soziale Initiativen und Organisationen beteiligt werden.

Norm und Prozess: Chancengleichheit, Partizipation und soziale Mobilität als Ausdruck sozialer Gerechtigkeit

Die in der deutschen sozialpolitischen Tradition nach wie vor dominanten finanziellen Leistungen, vorwiegend orientiert an Leistungs- und solidarischer Gerechtigkeit, haben geschichtlich betrachtet mehrfach dahingehend eine Ausweitung erfahren, dass zum einen stärker die gesamte Lebenslage mit einbezogen wurde und dass derartige Maßnahmen sich nicht damit zufrieden gaben, den Status quo in die Zukunft zu verlängern (Lebensstandardsicherung), sondern darauf ausgelegt wurden, gesamtgesellschaftlich *soziale Mobilität* zu befördern. Das beispielsweise von *Ralf Dahrendorf* in den 1960er Jahren eingeforderte „*Recht auf Bildung*" und die in der Phase der sozialliberalen Koalition der 1970er Jahre insgesamt angestrebte Erhöhung der *Chancengleichheit* in der Gesellschaft zielten zwar zunächst auf Verfahrensänderungen, die Beseitigung von schichtspezifischen Zugangsbeschränkungen verbanden dieses aber zugleich mit einem konkreten normativen Verständnis von sozialer Gerechtigkeit. Als Vorbedingung dafür, Leistung von den unterschiedlichen Mitbürgerinnen und Mitbürgern abzuverlangen und die davon abhängige Leistungsgerechtigkeit üben zu können, müssten zunächst gleiche Ausgangsbedingungen – prozedural – geschaffen bzw. ungleiche Ausgangsbedingungen – normativ – ausgeglichen werden.

Soziologische Analysen wie die zur „*Risikogesellschaft*"[55] und zur „*Erlebnisgesellschaft*"[56] machen zugleich deutlich, dass Risiken der derzeitigen Gesellschaft an ‚Klassen'-Spezifik verloren haben: Umweltverschmutzung trifft letztlich auch die Reichen, wenngleich die Chancen, sich dagegen zu wehren – noch – mit der Wohlstandsposition zunimmt. Ebenfalls verschieben sich die Partizipationschancen bzw. -defizite von der rein materiellen Ebene immer mehr darauf, wieweit man den stark erweiterten „Möglichkeitsraum" (*Gerhard Schulze*) ausschöpfen kann bzw. nicht. Neue Kommunikationsformen vergrößern diesen Rahmen zusätzlich, schaffen aber zugleich neue

---

55 Ulrich Beck: Risikogesellschaft. Auf dem Weg in eine andere Moderne, Frankfurt am Main 1986

56 Gerhard Schulze: Die Erlebnisgesellschaft. Kultursoziologie der Gegenwart, Frankfurt am Main und New York 1992

Ausgrenzungstatbestände, beispielsweise von der Nutzung elektronischer Medien zur Bewältigung von Lebensrisiken. Vorstellungen von Verteilungsgerechtigkeit müssen folglich nicht nur bezogen auf ihre Begründung, sondern auch bezogen auf ihren Gegenstand stets von neuem justiert werden.

b. Ebenen der Umverteilung

Sozialpolitik leistet einen erheblichen Beitrag zur Verteilung von erwirtschafteten Ressourcen in einer Gesellschaft. Dazu gibt es unterschiedliche Instrumente: die Einnahme von Steuern, von Sozialbeiträgen, von Gebühren bzw. Zuzahlungen beim Empfang sozialer Leistungen auf der einen Seite, direkte finanzielle Transfers, das zur Verfügungstellen von Sach- und Dienstleistungen, die Gewährung von Steuernachlässen, Absenkungen von Beitragsleistungen, die Ermäßigung von Gebühren bzw. Zuzahlungen sowie das Angebot sozialer Dienste auf der anderen Seite. Es lassen sich folgende Ebenen der Verteilung differenzieren:

Interpersonelle Umverteilung

Die vom Volumen her am stärksten verbreitete Form der Verteilung ist die *interpersonelle* Umverteilung: Die aktiv Erwerbstätigen zahlen in die Sozialversicherungen und in den Steuertopf ein, Leistungen dagegen erhält nur, wer von einem sozialen Risiko be- bzw. getroffen ist. Konkret: Beitragszahlungen in die Gesetzliche Krankenversicherung kommen dem- bzw. derjenigen zugute, der bzw. die krank ist, unabhängig davon, wie viel Beiträge er bzw. sie selbst in die Krankenversicherung eingezahlt hat oder zukünftig einzahlen wird. Auch in der Arbeitslosenversicherung kommt diese interpersonelle Umverteilung zum Tragen. Gleiches gilt für steuerfinanzierte Leistungen. Der Gedanke der Pflichtversicherung beinhaltet, dass jeder deshalb an diesem interpersonellen Umverteilungsprozess beteiligt werden soll, damit er dann, wenn auch ihn dieses soziale Risiko trifft, nicht mittellos bleibt, etwa im Alter, bei Krankheit, Arbeitslosigkeit, Pflegebedürftigkeit etc. Es wird zum Problem, wenn dieser personenbezogene Verteilungsmechanismus immer weniger selbstverständlich wird, wenn also nicht mehr sicher zu sein scheint, dass den derzeitigen Beiträgen zu den einzelnen Zweigen im System der sozialen Sicherung auch die in Aussicht genommen Leistungen entsprechen bzw. diese garantiert werden können. Eine derartige Infragestellung führt zu einem Legitimationsverlust für Sozialpolitik, der seinerseits Rückwirkungen auch auf Arbeitsmotivation und damit die Konstitutionsbedingungen von privatwirtschaftlichem Verhalten haben kann. Die Steuerzahlenden erwarten ihrerseits ebenfalls Leistungen für den Fall, dass sie selbst in Not geraten bzw. ein soziales Risiko bewältigen müssen, für das ihre eigenen Erwerbseinkommen bzw. Einkommen aus der Sozialversicherung nicht ausreichen (werden).

Intergenerative Umverteilung

Vom Volumen her den zweiten Rang nimmt die *generationenbezogene* Verteilung ein. Gerade weil es in der Sozialpolitik nicht nur um den Einzelnen, sondern um den Familienverbund einschließlich der älteren und der zukünftigen Generation geht, zielt Verteilung sowohl auf die Nachfolgegeneration als auch auf die nicht mehr erwerbstätige Generation.

Kinder zu erziehen und zu versorgen ist zwar vorrangig Aufgabe der Eltern. Doch leistete etwa die Familienversicherung im Rahmen der Gesetzlichen Krankenversicherung schon bald nach deren Einführung einen erheblichen Beitrag zur intergenerativen Umverteilung. Hinzu kommen später Leistungen des Staates zum Unterhalt für Kinder, sei es für einzelne Berufsgruppen (Beamte), sei es sozial gestaffelt, sei es generell, mehr durch Steuerersparnis oder durch direkte Zahlungen aus Steuermitteln (Beispiel: Kindergeld).

Im *Umlageverfahren* der Gesetzlichen Rentenversicherung, wonach die aktiv Erwerbstätigen für die Leistungen an nicht mehr Erwerbstätige aufkommen, kommt dieser intergenerative Verteilungsansatz am augenfälligsten zum Tragen. Anwartschaften werden zwar intertemporal weitergegeben, doch deren Einlösung hängt davon ab, dass nun Jüngere für diejenigen finanziell aufkommen, die zuvor deren Vorgängergeneration die Rente finanziert haben. Ein Spezialfall hierbei ist, dass Versorgungsansprüche nach dem Bürgerlichen Gesetzbuch (Ehepartner, nichtversorgte Kinder, Jugendliche bzw. junge Erwachsene bis zu einem bestimmten Alter) im Todesfalle des Sorgeverpflichteten in einem bestimmten Umfange vom System der sozialen Sicherung übernommen werden. Auch in der Pflegeversicherung greift vorrangig dieser intergenerative Umverteilungsansatz.

Immaterielle Umverteilung

Im bundesdeutschen Sozialsystem überwiegen monetäre Transfers, vom großen Bereich der Gesundheitssicherung und den sozialen Diensten abgesehen. Aber Lebensbedingungen bestimmen sich nicht nur aus direkten finanziellen Transfers bzw. Sach- und Dienstleistungen, sondern insgesamt aus Chancen der Teilhabe an den breiten Möglichkeiten einer Gesellschaft. Dazu gehören beispielsweise Ferienprogramme von Schulkindern, sozial gestaffelte Eintrittspreise für öffentliche Schwimmbäder, Ermäßigungen für kulturelle Einrichtungen für Arbeitslose etc. Soziale, kulturelle und sportliche Einrichtungen in öffentlicher Trägerschaft verzichten im Regelfall auf kostendeckende Benutzergebühren bzw. Eintrittspreise und subventionieren folglich deren öffentliche Inanspruchnahme. Umgekehrt werden diese Institutionen häufig schichtenmäßig unterschiedlich stark nachgefragt und setzen mitunter auch ein Bildungsniveau voraus, das seinerseits noch einmal stärker deren Nutzung sozial vorbestimmt. Dies verstärkt sich bei bestimmten ethnischen Gruppierungen. Eine Verteilungsanalyse dieser immateriellen Leistungen, zu denen letztlich auch das Schul-, Berufsausbildungs- und Hochschulsystem gehören, steht noch weitgehend aus.

c. Ergebnisse von Umverteilung

In kritischer Absicht stimmen mitunter sozial sehr entgegengesetzte Positionen darin überein, dass die Umverteilungswirkung der Sozialpolitik letztlich nur ein „Griff in die eigene Tasche"[57] darstelle. Dabei geht es um die Frage, inwieweit diese Verteilung vorwiegend innerhalb der jeweiligen sozialen Gruppe – der abhängig Beschäftigten – stattfindet bzw. inwieweit sie darüber hinausgeht. Dabei kann der Verteilungsprozess zunächst nichts anderes sein, als ein Verteilungsprozess innerhalb der diesem Finanzierungsverbund Angehörigen. Ein rein *beitragsfinanziertes System* beispielsweise führt auch nur zu einem Ausgleich zwischen den nach gleichen Grundsätzen Beitragszahlenden. Zum Problem allerdings wird es, wenn zu dieser Gruppe der Beitragszahler bzw. Leistungsberechtigten neue Gruppen hinzukommen, die ihrerseits aus sich heraus keinen entsprechenden interpersonellen und/oder intergenerativen

---

57 Renate Merklein: Griff in die eigene Tasche. Hintergeht der Bonner Sozialstaat seine Bürger?, Reinbek bei Hamburg 1980

Ausgleich schaffen; dann finanzieren andere Untergruppen deren Leistungen ganz oder in Teilen mit. Dieses betrifft bis heute etwa die Einbeziehung einzelner Berufsgruppen in die Gesetzliche Rentenversicherung, deren Leistungen letztlich vom Gros der Beitragszahler zumindest zum Teil mitfinanziert werden. Ähnliches gilt auch für die Einbeziehung zahlreicher sozialer Problemlagen in Folge der deutschen Einheit und der Migration Deutschstämmiger aus Osteuropa in die einzelnen Zweige der sozialen Sicherung.

Steuerfinanzierte Systeme wirken umverteilend entsprechend ihrem Steuermix und der Zielsetzung, die dieser Einbeziehung öffentlicher Steuermittel zu Grunde liegt: So wird beispielsweise die rentenrechtliche Anerkennung von Kindererziehungszeiten aus dem gesamten Steueraufkommen des Bundes finanziert und somit von der größtmöglichen Allgemeinheit getragen, allerdings differiert hier der Anteil des Einzelnen seinem Beitrag am Gesamtsteueraufkommen entsprechend. Darin kommt zugleich das gesamtgesellschaftliche Interesse an einer Förderung der Familien zum Ausdruck, die sich bereit erklären, Kinder groß zu ziehen.

Mischsystemen zwischen Beitragseinnahmen und Steuerzuwendungen entspricht eine differenzierte Verteilungswirkung. Die Finanzierung eines Teils der Kosten der deutschen Einheit etwa über die Gesetzliche Rentenversicherung bedeutet, dass zwar die Arbeiter und Angestellten in diesen Solidarverbund einbezogen sind, nicht aber die Beamten und Selbständigen; es gab zwar in der DDR keine Beamten und kaum Selbständige, natürlich aber hat es auch dort Aufgaben gegeben, die im westdeutschen Gesellschaftssystem von beamteten Staatsdienern bzw. Selbständigen und Unternehmer übernommen werden (öffentliche Verwaltung, Polizei, Militär, Betriebsleiter, Wirtschaftsplaner etc.). Die (westdeutschen) Arbeiter und Angestellten übernahmen also gleichsam ‚gesamtschuldnerisch' auch den Beitrag, der eigentlich den Beamten und den Selbständigen obliegen würde – soweit es sich um die Einbeziehung dieser Risiken in den beitragsfinanzierten Teil der Rentenversicherung handelt; beim steuerfinanzierten Teil sind dann alle Steuerzahler inklusive Beamte und Selbständige beteiligt.

Die *umverteilende Wirkung* von Sozialpolitik unterliegt einem doppelten Dilemma: Zum einen soll sie den Lebensunterhalt sichern, obwohl den aktuellen sozialen Leistungen keine aktive Erwerbsarbeit entspricht. Der Logik des Umlageverfahrens im System der sozialen Sicherung, aber auch im Steuersystem folgend müssen andere Personen mit ihren Beiträgen bzw. Steuern den Ausfall selbst erarbeiteter Subsistenzmittel ausgleichen. Das, was auf der einen Seite eine Entlastung beim Ausfall etwa von Einkommen darstellt, ist auf der anderen Seite eine Belastung. Denn keinesfalls bloß die Sozialeinkommensbezieher müssen im Regelfall – gemessen an dem zugrunde liegenden vormaligen Erwerbsarbeitseinkommen – Einkommenseinbußen hinnehmen, sondern auch die Beitragszahler; je höher das aus Gründen der Kompensation gezahlte Sozialeinkommen auf der einen Seite ist, um so geringer ist das verbleibende Netto-Erwerbseinkommen auf der anderen Seite. Zum anderen gibt es auch auf Seiten der Unternehmen ein Dilemma: Diese nutzten in der Vergangenheit und nutzen auch heute noch die Möglichkeiten des Sozialleistungssystems für ihre betriebliche Beschäftigungspolitik, indem sie sich zu Lasten des Sozialsystems von Kosten entlasten. Steigende Belastungen mit Sozialeinkommen etwa als Folge verringerter Beschäftigung und/oder vorzeitiger Verrentung allerdings haben dann auch Auswirkungen auf die privatwirtschaftliche Ertragslage. Entsprechendes gilt für den öffentlich-rechtlichen Bereich. Hinzu kommt ein Weiteres: Dem Wunsch, möglichst hohe Preise für Pharmaprodukte, ärztliche Honorare, investive Mittel im Krankenhausbereich u.a.m. zu erzielen, stehen im privaten Unternehmensbereich dann höhere Kosten etwa in Gestalt des Arbeitgeberanteils zur Sozialversicherung gegenüber. Sozialleistungen sind Teil des gesamtwirtschaftlichen Kreislaufs, zugleich kommen in ihnen unterschiedliche soziale Kräftekonstellationen zum Tragen, die sich der Grundstruktur nach zwar immer noch zwischen privatwirtschaftlichen und Arbeitnehmerinteressen bestimmen, aber sowohl innerhalb des Unternehmens- als auch innerhalb des Arbeitnehmerbereichs ausdifferenzieren.

Am wenigsten transparent ist die *gesamtgesellschaftliche Verteilung* durch Sozialpolitik. Dieses ist es denn auch, warum die Verteilungswirkung von Sozialpolitik in der Öffentlichkeit eher diskriminiert als nüchtern bewertet wird. Aus dem Grundsatz einer subsidiären Gerechtigkeit heraus folgt, dass Menschen, die sich aus eigener Hilfe nicht aus ihrer Not befreien können, vorleistungsfreie Leistungen zugesprochen bekommen. Hier findet also eine Umverteilung zu Gunsten von Menschen in Armut und zu Lasten der Steuerzahler statt. Doch auf diese Extremfälle von Armut und sozialer Ausgrenzung bleibt die gesamtgesellschaftliche Umverteilung nicht begrenzt. In letzter Zeit kommt verstärkt in den Blick, dass – bislang noch im Umlageverfahren fest ritualisiert – zunehmend soziale Gruppen füreinander einstehen, die sich selbst aber durch wesentliche Merkmale unterscheiden. Exemplarisch mögen hierfür zwei Beispiele stehen. Zum einen bedeutet die Einbeziehung von immer neuen sozialen Gruppen in die gesetzliche Sozialversicherung (*Volksversicherung*), dass hier mitunter ungleiche Risiken in einen angleichenden Risiko-Kosten-Ausgleich einbezogen werden. Dieses betrifft in hohem Maße die Einbindung von Selbständigen und Freiberuflern in die Gesetzliche Sozialversicherung unter Berücksichtigung der Wirkung von Beitragsbemessungsgrenzen in der Gesetzlichen Renten- und Krankenversicherung: Auch wenn etwa der Beitragsbemessungsgrenze in der Gesetzlichen Rentenversicherung eine Leistungsgrenze bei den monetären Zahlungen entspricht, gilt dieses weder hier noch in der Gesetzlichen Krankenversicherung für die Sach- und Dienstleistungen. Da eine Kurmaßnahme bspw. zum Zwecke der Rehabilitation aber für Personen unterhalb der Beitragsbemessungsgrenze nicht ,günstiger' ist als die für Beitragszahler aus dem oberen Bereich, findet hier (relativ zur Einkommenslage) letztlich eine Umverteilung zu Gunsten der Besserverdienenden statt.

Zum Zweiten betrifft dieses fast alle steuerfinanzierten Umverteilungsvorgänge. Angesichts des rapiden Sinkens der Anteile der Gewinnsteuern am Steueraufkommen und des Anstiegs der Steuern aus abhängiger Erwerbsarbeit bzw. auf Verbrauch nimmt die Belastung der Normalverdiener und Verbraucher relativ im Verhältnis zu den wohlhabenderen Haushalten zu. Zugleich partizipieren gerade besser gestellte Haushalte in hohem Maße an steuerlichen und auch finanziellen Leistungen, deren Inanspruchnahme letztlich davon abhängig ist, dass der einzelne Haushalt seinerseits gewisse Eigenmittel (*Komplementärinvestitionen*) – etwa beim Hausbau, bei der Heizungserneuerung, bei der Ausbildung der Kinder, bei der Vermögensbildung etc. – aufzubringen in der Lage ist.

Der Deutsche Bundestag hatte Ende der 1970er Jahre eine sog. *Transfer-Enquête-Kommission* eingesetzt, die 1981 ihren Abschlussbericht vorgelegt hatte.[58] Diese Untersuchung zeigte zum einen, dass die faktische Verteilungswirkung durchaus den intendierten Absichten entsprach, dass aber die Mitte der Gesellschaft den größten negativen Verteilungseffekt zu verzeichnen hatte und nicht die Bezieher der oberen Einkommen. Auch heute lässt sich sagen, dass die sekundäre Verteilung über den Staat durch Steuern und Sozialpolitik insgesamt das Ausmaß der sozialen Ungleichheit verringert, wenngleich in diese Berechnungen immer nur die ,bekannten' Einkommens- und Transferbe-

---

58   Transfer-Enquête-Kommission: Das Transfersystem in der Bundesrepublik Deutschland, Stuttgart u.a. 1981

standteile eingehen. Was letztlich am Fiskus vorbeigemogelt wird, entzieht sich dagegen in hohem Maße der öffentlichen Kenntnis und auch dessen Zugriff, wenngleich hier seitens des Steuerstaates sicherlich mehr Aufklärung betrieben und erreicht werden könnte.

Um Aussagen darüber zu treffen, welche Einkommenssegmente stärker oder schwächer von sozialpolitischer Verteilungspolitik gefördert bzw. belastet werden, bedarf es dringlicher denn je der Neuauflage einer Transfer-Enquête. Genauere Kenntnis über Verteilungsabläufe und deren Ergebnisse würden den häufig eher ideologischen Umgang mit dem Verteilungsargument in Frage stellen und einer Justierung von Verteilungspolitik an politisch in einem transparenten Prozess deutlich gemachten Kriterien für Gerechtigkeit Vorschub leisten können.

3.4.3 Rollenzuweisung der Geschlechter

Mit der Frauenbewegung und der Frauenforschung ist dem Aspekt der geschlechtsspezifischen Verteilungsprozesse ein besonderes Gewicht zugewachsen. *Andrea Weinert* konstatierte bündig: „Letztlich sagt es schon die Grammatik: ‚Der Reichtum' – ‚die Armut'."[59] Folgt man der Arbeitsmarktstatistik, so sind Frauen bis heute, wiewohl mit einem im Vergleich zu Männern durchschnittlich höheren Bildungsabschluss ausgestattet, im Schnitt geringer beruflich qualifiziert, vermehrt mit niedriger bewerteter Arbeit beschäftigt und seltener mit Leitungsaufgaben betraut, häufig lohnmäßig diskriminiert, verstärkt in prekären Beschäftigungsverhältnissen tätig und mehr von Arbeitslosigkeit betroffen als Männer. Dem liegt das Konstrukt zu Grunde, dass Frauenerwerbstätigkeit männlicher nachgeordnet sei, weil letztere die Familie ernähren, erstere aber eher ein Zuverdienst darstelle, während die Hauptaufgabe der Frauen bei der Wahrnehmung von Familien- und Haushaltsaufgaben liege. Dass Frauen vor allem Familien- und Männer Erwerbsarbeit leisten, gehört sicher zu den nachhaltigsten Verzerrungen von sozialer Wirklichkeit: Von einer kleinen Schicht im Bürgertum abgesehen, waren Frauen sowohl in der Feudalgesellschaft als auch in proletarischen Lebenszusammenhängen immer erwerbstätig. Mit der kapitalistischen Wirt-

---

59   Andrea Weinert: Das Geschlecht des Reichtums ... ist männlich, was sonst!, in: Ernst-Ulrich Huster (Hg.): Reichtum in Deutschland. Die Gewinner in der sozialen Polarisierung, 2. Aufl., Frankfurt am Main und New York 1997, S. 200

schaftsweise wird das bürgerliche Familienbild auf der Grundlage der nunmehr erfolgenden Trennung zwischen produktivem und reproduktivem Bereich dafür funktional, Frauen zu diskriminieren: Mit der Begründung, Frauenerwerbsarbeit könne schon allein deshalb keine vollwertige Arbeit sein, weil ja die Frau ,eigentlich' die reproduktive Arbeit im Haushalt erledigen müsse, wurde die Entlohnung von Frauen von vorne herein niedriger angesetzt als die der Männer. Der Mann müsse schließlich die Familie ernähren, während die Frau nur ein Zusatzeinkommen erziele.

Diese Rollenzuweisung hat sich verfestigt, selbst wenn nicht übersehen werden kann, dass Frauen zunehmend auch in qualifizierte Arbeitsplätze und Funktionen einrücken, häufig allerdings unter Verzicht auf Kinder bzw. eine Begrenzung der Kinderzahl. Auch hat der Gesetzgeber verstärkt eingegriffen, um dem *Diskriminierungsverbot* des Artikel 3 Grundgesetz zum Durchbruch zu verhelfen. Anzuführen sind die Reform des Familienrechts, sozialpolitische Maßnahmen zur Verbesserung der Vereinbarkeit von Familie und Erwerbsarbeit u.a.m. Diese Maßnahmen erleichtern Frauen sicher die Wahrnehmung ihrer Doppelbelastung, doch findet eine tatsächliche partnerschaftliche Aufteilung produktiver und reproduktiver Tätigkeiten schon deshalb selten statt, weil allein das Lohngefälle zwischen Mann und Frau es nahe legt, dass der höhere Männerlohn auf dem Markt realisiert und eher der geringere Frauenlohn durch Hausarbeit kompensiert wird. Staatliche Politik steht in dem grundsätzlichen Dilemma, aus Gründen der Gleichstellung sozialpolitische Maßnahmen so zu regeln, dass davon Männer und Frauen gleichermaßen einen Nutzen ziehen können, aber die zugrunde liegenden langfristig wirkenden Einflüsse von Sozialisation, von Gesellschaftsbildern, von Ausbildung und Erwerbsarbeit nicht direkt beeinflussen zu können.

Die Frauenerwerbsquote hat sich in Deutschland in den letzten Jahrzehnten erhöht, liegt aber immer noch unter der der Männer. Frauen stellen den größten Anteil in der sog. Stillen Reserve, sie würden mehr Erwerbsarbeit leisten, sehen aber dazu derzeit keine ausreichende Möglichkeit. Junge Frauen suchen nach wie vor eine Ausbildung bzw. ein Studium für Berufe, die – wie etwa im öffentlichen Dienst – bessere Möglichkeiten der Teilzeitbeschäftigung aufweisen. Staatliche Politik zielt darauf, diese Reserven zu aktivieren und für zukünftige wirtschaftliche Entwicklungen produktiv zu gestalten. Sie bleiben damit allerdings in Abhängigkeit vom Wirtschaftsprozess; je stärker ihre Erwerbsbeteiligung wird, umso stärker übernehmen sie dabei in Teilbereichen durchaus die Rolle auch von Männern, ohne dass allerdings der Doppelbelastung im Haushalt entgegengewirkt würde.

Doch ist die Frauenrolle nicht allein im Verhältnis zur ihr übergeordneten männlichen Erwerbsarbeit zu bestimmen. Tatsächlich wirken auch abseits privatwirtschaftlich organisierter Erwerbsarbeit patriarchalische Strukturen, die für diese Erwerbsarbeit in einem Über- und Unterordnungsverhältnis zwar funktional sind, sich aber nach wie vor aus langfristig wirksamem Denken bzw. Handeln speisen. Dass Frauen keineswegs bloß im Verhältnis zwischen abhängiger Erwerbsarbeit und Kapital, sondern auch zwischen Frausein und Patriarchat – also in der ihnen ansozialisierten Frauenrolle – *doppelt vergesellschaftet* sind,[60] erklärt, warum einerseits durchaus Übereinstimmungen in Teilen der sozialen Lage zwischen Mann und Frau einer sozialen Schicht bestehen, wie umgekehrt durchaus soziale Verbindungen zwischen Frauen bzw. Männern unterschiedlicher sozialer Positionen bzw. Stellungen anzutreffen sind, in denen sich dann die traditionellen Rollenmuster fortsetzen. Auf diese widersprüchliche Situation sucht Politik mit unterschiedlichen Instrumenten zu reagieren: Dort, wo Unterschiede in der beruflichen Stellung, beim Einkommen, beim Wohnen etc. ausgeglichen werden sollen, greifen einkommens- und statusabhängige Regelungen (z.B. Sozialhilfe als Haushaltseinkommen, Wohngeld etc.). Dort aber, wo genderspezifische Diskriminierungen zu kompensieren sind, sollen etwa Antidiskriminierungsverbote und/oder Frauenförderpläne Abhilfe schaffen. In diesen letzten Kontext gehören auch Regelungen zur Abwehr sexueller und häuslicher Gewalt, die weit überwiegend Frauen betrifft. Es gibt zunehmend Stimmen, die durchaus im Mindestsicherungssystem eine besondere frauenspezifische Möglichkeit sehen, aus dem Muss einer festen Lebensgemeinschaft austreten und sich lebensperspektivisch neu orientieren zu können, was früher zu sehr viel stärkerem sozialen Abstieg geführt hätte. Je weiter allerdings soziale Problemlagen von der Ebene einfacher Kompensierbarkeit wegführen und auf langfristigen Macht- und Sozialisationsstrukturen basieren, umso schwieriger und langwieriger sind politische Gegenstrategien, die ihrerseits unter dem Vorbehalt stehen, selbst keinen archimedischen Punkt zum vorfindlichen Geschlechterverhältnis darzustellen, sondern von eben diesem mitgeprägt zu sein.

---

60 Ilona Kickbusch: Thesen zur feministischen Sozialpolitikanalyse, in: Joachim Mathes (Hg.) Lebenswelt und soziale Probleme, Verhandlungen des 20. Deutschen Soziologentages, Frankfurt am Main und New York 1981, S. 414ff.

Gender-Politik ist, auch wenn der Begriff beide Geschlechter umfasst, weitgehend Frauenpolitik. Der neuerliche Ansatz in der Politik,
alle Maßnahmen im politischen Bereich darauf zu hinterfragen, welchen Betrag zur Gleichstellung der Geschlechter sie leisten (*Gender
mainstreaming*), bleibt so lange problematisch, als er nicht zugleich
die Männerrolle sowie die Bedingungen des Aufwachsens von Kindern und Jugendlichen mit einschließt. Damit würden Geschlechterrol-
len in Frage gestellt, zugleich definiert; sie unterlägen Entwicklungen
und könnten neue Statussicherheit schaffen.

3.4.4 Soziale Ausgrenzung und Eingrenzung

Wenn Sozialpolitik Verteilungspolitik sein soll, ist sie daran zu messen, welche Qualität der Versorgung durch sie gesichert wird, bzw.
welche Teile der Gesellschaft trotz staatlicher Umverteilung nicht oder
nur begrenzt an dem gesellschaftlichen Leben so teilnehmen können,
wie dieses dem Wohlstand und den Möglichkeiten dieser Gesellschaft
entspricht. Die Frage der tatsächlichen Teilhabe bestimmt sich also relativ, sie bestimmt sich geschichtlich und von der Wohlstandslage der
Gesellschaft her.

Dabei greifen Werte und Bewertungen: Als beispielsweise eine erste große Untersuchung zur Frage, ob und in welchem Maße Sozialhil-
feleistungen nicht in Anspruch genommen werden, obwohl auf Grund
der bestehenden Einkommens- und Vermögensverhältnisse ein Anspruch darauf bestehen würde, eine *Dunkelziffer* von 100 Prozent ergab (das meint: Auf jeden tatsächlichen Sozialhilfebezieher kam eine
Person, die ihre bestehenden Ansprüche nicht einlöst),[61] zogen die einen den Schluss mangelnder Treffsicherheit des Sozialhilfesystems,
während andere aus dem Tatbestand der ,*verschämten Armut*' den
Schluss zogen, die Sozialhilferegelsätze seien offensichtlich zu hoch,
denn man könne auch mit noch weniger leben. Folglich sind es jeweils
soziale und politische Setzungen, auf Grund derer gegen Armut und
soziale Ausgrenzung argumentiert wird.

Dabei hängt es erneut von politischen Wertentscheidungen ab, wie
man auf Einzelphänomene reagiert. Schon die geschichtlichen Kon-

---

61 Helmut Hartmann: Sozialhilfebedürftigkeit und ,Dunkelziffer der Armut', in:
    Schriftenreihe des Bundesministeriums für Jugend, Familie und Gesundheit, Band
    98, Stuttgart 1981

troversen um die *Neue soziale Frage* in den 1970er und um die *Neue Armut* zu Beginn der 1980er Jahre hatten gezeigt, dass es im Regelfall Sache der jeweiligen politischen Opposition ist, die Armut möglichst drastisch als Ergebnis der Regierungspolitik erscheinen zu lassen, während die jeweilige Regierung sich die Erfolge ihrer Politik nicht schlecht reden lassen will. *Graham Room* und *Bernd Henningsen* haben dieses als durchgängiges Phänomen im Europa der Europäischen Union ausgemacht.[62] Der erste *Armuts- und Reichtumsbericht* der Bundesregierung aus dem Jahr 2001 stellt insofern einen wichtigen Beitrag zur Stärkung der politischen Kultur dar, als hier zum erstenmal eine vormalige Oppositions-Koalition auch dann, als sie 1998 Regierungs-Koalition wurde, nicht nur an ihrem Vorhaben festhielt und einen ersten regierungsamtlichen Armuts- und Reichtumsbericht erstellte, sondern diesem auch noch – im Jahr 2005 – einen weiteren folgen ließ.[63] Im Koalitionsvertrag der jetzigen Großen Koalition ist die Fortschreibung dieser Berichte ebenfalls vereinbart worden.

Diese Berichte, die parallel dazu von unabhängigen Wissenschaftlerinnen und Wissenschaftlern erarbeiteten und von der Regierung publizierten Expertisen und neuere Analysen auch im Kontext mit Aktivitäten der Europäischen Kommission gegen soziale Ausgrenzung zeigen, dass sich die Lebenslagen in Deutschland eher stärker ausdifferenzieren als dass sie zusammengeführt würden. Es zeigt sich insbesondere eine steigende *Kinderarmut*; Kinder, Jugendliche und junge Erwachsene unterliegen einem besonderen Armutsrisiko, das durch Problemzusammenballungen im Bereich schulischer und beruflicher Ausbildung zumindest für einen Teil von ihnen eine Abwärtsspirale in Gang setzt. Der Ausschluss aus beruflicher Qualifikation und Erwerbsarbeit bedeutet in einem Sozialsystem, das in hohem Maße erwerbsarbeitszentriert ist, über aktuelle Ausgrenzungsprozesse hinaus auch deren Fortsetzung bei Arbeitslosigkeit, Krankheit und im Alter. Und schließlich ist festzustellen, dass bestimmte Problemgruppen, die vom ersten Arbeitsmarkt auf Grund persönlicher und sozialer Problemzusammenhänge relativ weit entfernt sind, in besonders hohem

---

62 Graham Room und Bernd Hennigsen: Neue Armut in der Europäischen Gemeinschaft, Frankfurt am Main und New York 1990

63 Bundesregierung: Lebenslagen in Deutschland. Erster Armuts- und Reichtumsbericht, in: Deutscher Bundestag, 14. Wahlperiode, Drucksache 14/5990 vom 8. Mai 2002; dieselbe: Lebenslagen in Deutschland. Zweiter Armuts- und Reichtumsbericht, in: Deutscher Bundestag, 15. Wahlperiode, Drucksache 15/5015 vom 3. März 2005

Maße von Armut und sozialer Ausgrenzung betroffen sind. Hierzu gehören: Konsumenten (illegaler) Drogen, Personen mit chronischen Behinderungen physischer und psychischer Art, alleinerziehende Frauen mit mehreren Kindern, ethnische Gruppierungen u.a.m. Über den Ursachenzusammenhang bzw. die Auswirkungen dieser sozialer Exklusion gehen die politischen Meinungen ebenso weit auseinander wie bei der Beurteilung einzuschlagender Strategien. Soll auf Armut und soziale Ausgrenzung vor allem mit vorleistungsfreien Hilfen kompensatorisch eingewirkt werden, oder sollen die davon Betroffenen mit mehr oder weniger Druck („Fördern und Fordern") auf eine Beteiligung an der Erwerbsarbeit hingelenkt werden? Handelt es sich um eine solidarische Hilfestellung oder um eine letztlich am konservativen Subsidiaritätsverständnis anknüpfende Strategie, dass die Selbsthilfepotentiale der Betroffenen durch Abwarten bzw. geringste Hilfestellungen erst einmal ‚aktiviert' werden sollen, sodass externe Hilfen – hoffentlich – überflüssig werden? Deutlich wird die funktionale Bedeutung von Armut und sozialer Ausgrenzung für das gesamte Erwerbsarbeitssystem: Zur Aufrechterhaltung abhängiger Erwerbsarbeit auch unter den Bedingungen eines erodierenden Normalarbeitsverhältnisses mit vermehrter Teilzeitarbeit, ungesicherten Beschäftigungsverhältnissen und einer stärkeren Spreizung der Entlohnungs- und Arbeitsbedingungen – vor allem nach unten – soll das Mindestsicherungssystem sozialrechtlich weitmaschiger gefasst und sein Leistungniveau der Tendenz nach – relativ und teilweise auch absolut – abgesenkt werden. Armut und soziale Ausgrenzung sollen folglich nicht wirklich überwunden, sondern im Sinne einer auf Deregulierung und Lohnspreizung zielenden Wirtschaftspolitik funktional gemacht werden. Dieses ist in der Geschichte der Armutspolitik weder neu noch originell; neu allerdings ist dieser Kontext in einer reichen Gesellschaft wie der bundesdeutschen.

Hierzu gibt es auch Gegenbewegungen, einmal innerhalb der politischen und sozialen Lager der Bundesrepublik selbst. Zu erinnern ist etwa an das im Jahr 1994 verabschiedete *Pflegegesetz* und an das am 1. Juli 2001 verabschiedete *Sozialgesetzbuch IX*, das die bislang stark aufgesplitterten sozialrechtlichen Bestimmungen für den Bereich *Behinderung* nicht nur – wenigstens teilweise – zusammenführte, sondern insgesamt die Rechte von Menschen mit Behinderungen stärkte. Anzuführen ist hier auch die *Soziale Grundsicherung im Alter und bei Erwerbsminderung* (GSiG), die ab dem 1. Januar 2002 einen erleichterten Zugang zum ergänzenden Sozialhilfebezug bei Kleinrentnern und bei vom Arbeitsmarkt auf Grund ihrer Erkrankung/Behinderung ausgeschlossenen Menschen im erwerbsfähigen Alter gebracht hat. Pflegegesetz, Behindertenrecht und die soziale Grundsicherung zeigen, dass sehr wohl auch gegen den Trend sozial ausgrenzend wirkender Entscheidungen in bestimmten sozialrechtlichen Teilbereichen bei der Lösung anderer Probleme stärker das Moment der Integration zum Durchbruch kommt. Dieses kann zeitlich versetzt geschehen, teils auch parallel. Und gerade diese Rechtsbereiche zeigen wiederum auch, dass eingeleitete Reformen sehr wohl weiteren Bedarf nach sich ziehen, aus der Lösung von Teilaufgaben neue Mängelanzeigen folgen.

Hinzu kommen Impulse aus dem Nebeneinander und teilweise Gegeneinander der unterschiedlichen Ebenen im gestuften Sozialstaat nunmehr bis hin zur Europäischen Union und der dort angesiedelten *Offenen Methode der Koordination* auf dem Gebiet sozialer Ausgrenzung. Zugleich organisieren sich neue soziale und politische Gruppierungen, die auf lokaler, regionaler, Bundes- und/oder der Ebene der Europäischen Union Gegenstrategien entwickeln und umzusetzen suchen. Nicht zuletzt die sich abzeichnenden individuellen, sozialen und politischen Folgen von Armut und sozialer Ausgrenzung bei denjenigen, die im Prozess der Europäisierung und in Teilbereichen der Globalisierung die Verlierer sind, könnten eine Stärkung der Kräfte herbeiführen, die diesen Prozess der sozialen Ausgrenzung politisch durch Verwirklichung von sozialer Teilhabe zumindest begrenzen, wenn nicht wenigstens in Teilbereichen umkehren werden. Es kann aber genau so sein wie am Ende der Weimarer Republik, dass sich ein Teil dieser Marginalisierten eher unter fremdenfeindlichen, separatistischen und/oder rechtsradikalen Parolen neu formiert.

3.4.5 Wahrung der Einheitlichkeit der Lebensverhältnisse

Das Grundgesetz hat dem Gesetzgeber in Artikel 72 auferlegt, für die „Wahrung der Rechts- und Wirtschaftseinheit, insbesondere die Wahrung der Einheitlichkeit der Lebensverhältnisse über das Gebiet eines Landes hinaus" zu sorgen. Diese 1949 verankerte Norm sollte den Staat und seine Organe anhalten, sozialräumliche Ungleichgewichte und Ausgrenzungen zu verhindern. Dem dienten und dienen der Bund-Länder-Finanzausgleich, zahlreiche Gesetze zur Raumordnung, zur Förderung von nachholenden wirtschaftlichen Entwicklungen in strukturschwachen Gebieten, Mobilitätshilfen für abhängig Beschäftigte

(,Kilometerpauschale', doppelte Haushaltsführung etc.) u.a.m. Gleichwohl konnte nicht verhindert werden, dass es in der Bundesrepublik Deutschland ein starkes Wohlstandsgefälle zwischen und innerhalb einzelner Regionen, auch zwischen und innerhalb einzelner Städte bzw. Landkreise gibt. Teile Deutschlands liegen in der sich von Großlondon über die Rheinschiene bis nach Norditalien erstreckenden „blue banana", dem Wachstumsmotor der Europäischen Union. Doch schon in der alten Bundesrepublik gab es demgegenüber mit Teilen Norddeutschlands, Nordhessens, dem Saarland und Teilen von Rheinland-Pfalz und Bayerns strukturschwache Gebiete mit starkem Bevölkerungsschwund und sinkenden Erwerbsmöglichkeiten.

Die mit Herstellung der deutschen Einheit verbundene Erwartung, es mögen sich dort in Kürze, durch westdeutsche Anschubfinanzierung induziert, „blühende Landschaften" (*Helmut Kohl*) entfalten, haben sich nicht nur nicht erfüllt; Ostdeutschland ist in weiten Bereichen ein Emigrationsgebiet geworden. Trotz langanhaltender finanzieller Transfers nach Ostdeutschland, konnten nur in Teilbereichen Erfolge erzielt werden, wobei diese Transfers vom Volumen her genauso groß sind wie die originäre volkswirtschaftliche Wertschöpfung in Ostdeutschland selbst. Circa ein Fünftel der Wohnbevölkerung der Bundesrepublik Deutschland lebt dort; es fehlen offensichtlich Perspektiven – insbesondere für die nachwachsende Generation – aber auch für die älter werdende Wohnbevölkerung spitzen sich die Probleme dann zu, wenn deren Bedarf an Hilfen und Betreuung zunimmt, die eigenen Kinder und Enkelkinder aber, der Erwerbsarbeit folgend, nach Westen weggezogen sind.

Es ist zu klären, inwieweit nicht eine stärkere Unterstützung endogener Entwicklungspotentiale in diesen ostdeutschen Gebieten erfolgen müsste und dann – diesem Potential entsprechend – beschäftigungsfördernde Maßnahmen an die Stelle häufig aktionistischer Ausgabeprogramme in der Vergangenheit bzw. die milliardenschwere Förderung sog. Leuchtturmprojekte im High-Tech-Bereich treten könnten und sollten. Zugleich ist mitzubedenken, dass mit der Osterweiterung der Europäischen Union am 1. Mai 2004 gerade für Ostdeutschland eine enorme Konkurrenz entstanden ist. Bei kaum größeren räumlichen Distanzen zu den westdeutschen Wirtschaftszentren befindet sich in den Beitrittsländern in Mittelosteuropa ein Wirtschaftspotential, das in wesentlichen Teilen kostengünstiger zu sein scheint als das in Ostdeutschland. Gleichzeitig stellt sich mit der Osterweiterung der EU das Problem der Herstellung vergleichbarer Lebensverhältnisse innerhalb der Union, bei der Ostdeutschland – im

Vergleich zu Westdeutschland und Westeuropa – dann einerseits weiter nachholende Förderung erfahren müsste, andererseits gegenüber Teilen der neuen Mitgliedsstaaten selbst zur Geberregion werden könnte.

Schon *Friedrich Engels* konstatierte im Jahr 1845, dass die „Lage der arbeitenden Klasse in England"[64] deswegen im Vergleich zu der anderer europäischer Länder relativ betrachtet privilegiert sei, weil England in einem hohen Maße seine Kolonien ausplündere und ein Teil dieses Wohlstandes auch bei den Entlohnungsbedingungen ankomme. Angesichts asymmetrischer Verteilungsrelationen zwischen den industriellen High-Tech-Produkten der Metropolen und Rohstofflieferungen der Länder der Peripherie (*Terms of trade*) ist ein allgemeiner Kapitalabfluss aus diesen Ländern zu konstatieren. Dies hat u.a. zur Folge, dass die Verteilungsprozesse in den hochentwickelten Ländern der *Triade* aus Westeuropa, Nordamerika und Südostasien zu einem Teil von der vorfindlichen Weltwirtschaftsordnung und den dort anzutreffenden Verteilungsungleichgewichten bestimmt werden, im Regelfalle zu Gunsten der Metropolen und zu Lasten der anderen Länder. Der Weltentwicklungsbericht der UNDP liefert hierzu anschauliche Beispiele, auch dafür, dass selbst in den Ländern, die in Teilbereichen ihre wirtschaftlichen Ergebnisse erheblich steigern konnten, letztlich der Abfluss von Kapital größer ist als der Zufluss.[65] Nun wird es nicht darum gehen können, hier gleichsam eine „Einheitlichkeit der Lebensverhältnisse" weltweit einzuklagen. Angesichts sozialer Problemzusammenballungen, sozialer Ausgrenzung und Armut tritt der Zusammenhang von Prosperität in der Triade und Armut in den Ländern der Dritten Welt immer mehr in den Hintergrund. Doch kann es sein, dass daraus Folgeprobleme resultieren, die dann auch den – relativen – Wohlstand in den Metropolen sehr bald in Frage stellen werden. Zumindest ist dieser Kontext dann zu erinnern, wenn in der politischen Debatte polemisch von „Wirtschaftsasylanten" gesprochen wird, so als wäre nicht die bestehende und von Westeuropa maßgeblich mitbestimmte Weltwirtschaftsordnung gerade für diese Entwicklung in einem hohen Maße mitverantwortlich.

---

64 Friedrich Engels: Die Lage der arbeitenden Klasse in England. Leipzig, 1845, in: Karl Marx und Friedrich Engels: Werke. Band 2, Berlin 1974, S. 227ff.

65 UNDP: Human Development Report, erscheint jährlich auch in deutscher Sprache: Deutsche Gesellschaft für die Vereinten Nationen e.V. (Hg.): Bericht über die menschliche Entwicklung, veröffentlicht für das Entwicklungsprogramm der Vereinten Nationen (UNDP), Bonn jährlich

3.5 Lösungen, Defizite, Trends

Sozialpolitik ist in Deutschland zumindest bislang von einem breiten
Konsens über Grundfragen getragen worden, so insbesondere bei der
Alterssicherung, der gesundheitlichen Versorgung, der Unfallversicherung, bei der Pflege und in der Familienpolitik. Je näher sozialpolitisches Handeln allerdings dem Arbeitsmarkt kommt, um so stärker
kommt es zu divergenten Positionen. Dieses betrifft insbesondere die
Bewertung, welche sozialpolitischen Maßnahmen *konstitutiv* für pri-
vatkapitalistisches Wirtschaften sind bzw. sein sollen. Keineswegs erst
mit dem Hartz-Konzept wurde erneut deutlich, dass Sozialpolitik insbesondere die Aufgabe hat, Erwerbsarbeit als die vorrangige Form der
Subsistenzsicherung vor allen anderen Formen des sozialen Schutzes
durchzusetzen. In dem Maße, wie sich Sozialpolitik von diesem nahen
Bezug ab- und ‚Problemgruppen' zuwendet, die dem Arbeitsmarkt
nicht mehr zur Verfügung stehen bzw. jetzt und in absehbarer Zukunft
auch nicht (mehr) werden, beschränkt sich die öffentliche Kontroverse
darauf, die durch sozialpolitische Maßnahmen induzierte Kostenbelastung ‚in Grenzen zu halten': bei der Pflege, bei der Alterssicherung,
beim Mindestsicherungssystem für den Personenkreis, der faktisch
dem Arbeitsmarkt nicht mehr zur Verfügung steht.

Sozialpolitik soll folglich mehr denn je die Wachstumsbedingungen
der Wirtschaft verbessern, zugleich die Bereiche *kompensatorisch* regeln, die für den Arbeitsmarkt von geringerem Interesse sind. *Präventive* Elemente schließlich geraten angesichts sich zuspitzender Auseinandersetzungen zwischen einer stärker konstitutiv und kompensatorisch wirkenden Sozialpolitik ins Hintertreffen. Gestärkt wird zugleich
das Moment der *Eigenverantwortung* vor dem der *Solidarität;* die
Subsidiarität erhält insofern ein neues Gewicht, als arbeitsmarktferne
Risiken stärker unsichtbar gemacht werden sollen, so schon alleine
durch rege Aktivitäten bei der Nichterfassung bestimmter Risiken in
der Sozialstatistik. Doch auch diese Eigenverantwortung bricht sich an
einem Leistungsbegriff, mittels dessen die gewährte Gerechtigkeit
weiter gespreizt wird als bisher. Insgesamt sorgt eine derart betriebene
Sozialpolitik für weniger sozialen Zusammenhalt und befördert mehr
soziale Ausdifferenzierung. Dieses sind Trends, doch Sozialpolitik ist
Politik, getragen von sozialen und politischen Interessen. Aktuellen
Interessenkonstellationen können und werden andere folgen – zu welchem Ergebnis dies führen wird, muss offen bleiben.

4. Sozialpolitik im Sozialraum Europa

Wenn sich die Handlungsräume der Ökonomie (Europäisierung, Triadisierung, Globalisierung) und der Politik in den letzten Jahrzehnten signifikant weiter über die Grenzen des Nationalstaates hinaus entwickelt haben, stellt dies auch die Sozialpolitik in Deutschland in neue, vor allem EU-europäische Kontexte. Sozialpolitischen Handlungsräumen kommt auch über das verfasste Europa hinaus Bedeutung zu, so mit bi- und multilateralen sozialpolitischen Abkommen (etwa dem *Europäischen Fürsorgeabkommen* von 1953), mit dem Kampf gegen einen weltumspannend organisierten Frauen-, Kinder- und Flüchtlingshandel, mit sozialpolitischen Elementen in der nationalen und internationalen Entwicklungspolitik, mit auf globaler Ebene vereinbarten sozialpolitischen Zielen, wie im Rahmen des *Weltsozialgipfels* der Vereinten Nationen der Halbierung der Armut in der Welt bis 2015, oder etwa mit sozialpolitischen Themen im Rahmen von *Welthandelsabkommen*. Diese Fragen reichen aber in ihrer Bedeutung für die Sozialpolitik in Deutschland bei weitem nicht an die mit der Europäischen Union verbundenen Chancen und Risiken heran.

4.1 Sozialpolitik auf internationaler Ebene

Durch Konventionen der *Internationalen Arbeitsorganisation (IAO)*, einer der Sonderorganisationen der Vereinten Nationen, in der Arbeitgeber-, Arbeitnehmer- und Regierungsvertreter zusammenwirken, wurde bereits die *Kinder- und Zwangsarbeit* verboten, sich auf den Grundsatz gleicher Löhne für Männer und Frauen bei gleicher Tätigkeit verständigt sowie das Recht auf Gründung von Gewerkschaften und auf Abschluss von Kollektivverträgen vereinbart. Doch: „Einige Niedriglohnländer wie Südkorea oder Vietnam sind bisher keiner einzigen dieser Konventionen beigetreten; andere Staaten ignorieren sie ganz einfach."[1] Der Internationalen Arbeitsorganisation fehlen bislang Zähne, um ihre Einhaltung durchzusetzen. Zwar spielen auch in den Programmen der *Weltbank* und des *Weltwährungsfonds* sowie in den Studien der *Organisation für wirtschaftliche Kooperation und Entwicklung* armuts- und sozialpolitische Fragen eine Rolle, diese greifen aber in die Sozialpolitik der entwickelten Industriestaaten – und damit Deutschlands – nicht ein.

Demgegenüber überwand die *Organisation (ehem. Konferenz) für Sicherheit und Zusammenarbeit in Europa (OSZE)* 1975 mit der *Schlussakte von Helsinki* in Menschenrechtsfragen – nicht zuletzt für Deutschland bedeutsam – die Blockkonfrontation und stellte, implizit bezogen auf die Trennung von Europa in Ost und West, einen Katalog an Rechten zusammen, der sich im sozialen Bereich etwa auf die Themen Familienzusammenführung und familiäre Kontakte sowie binationale Ehen bezog. Nach dem Umbruch in Mittel- und Osteuropa sieht die OSZE ihre Aufgabe vor allem in der Bewältigung sicherheitspolitischer Krisensituationen sowie dem Schutz von Minderheitenrechten. Von ihrer traditionellen Funktion als Hüterin der Menschenrechte scheint sie dagegen mehr und mehr abzurücken.

Bislang nicht auszuschließen ist, dass Vereinbarungen zum Freihandel im Rahmen der *Welthandelsorganisation (WTO)* im Dienstleistungsbereich Einfluss auf die Sozialpolitik in Deutschland gewinnen. Dies würde sich ergeben, wenn das seit 1995 geltende, aber inhaltlich noch nicht gefüllte *General Agreement on Trade in Services (GATS)* auch auf Dienste der öffentlichen *Daseinsvorsorge* (Bildungs-, Kultur-, Gesundheitseinrichtungen etc.) Anwendung finden würde. Bis Ende 2004 wollten sich die beteiligten Staaten auf mögliche Liberalisierungen in Bereichen wie Finanz- und Transportdienstleistungen, Strom- und Wasserversorgung, Rundfunk, Bildung, Gesundheit und Kultur einigen, die Verhandlungen stocken jedoch. Käme das GATS auch etwa im Bereich der sozialen Dienste des Gesundheitswesens zur Anwendung, würden auch diese einer internationalen Konkurrenz sowie einem Gleichbehandlungsgebot in- und ausländischer Anbieter unterworfen werden. Der öffentliche Charakter in der Finanzierung, qualitativen Steuerung und Garantie des Leistungszugangs müsste zumindest teilweise zugunsten von Gewinnerzielung und Marktsteuerung aufgegeben werden.

---

1   Pierre Simonitsch: Ruf nach sozialen Spielregeln für die Globalisierung, in: Frankfurter Rundschau vom 4. Februar 1997

Bereits bisher begrenzten sozialpolitischen Einfluss ausgeübt hat der 1949 von zunächst zehn westeuropäischen Staaten gegründete *Europarat,* dem heute 46 europäische Staaten angehören, darunter Staaten des Balkans, der Gemeinschaft Unabhängiger Staaten (GUS) und die Türkei. Er hat sich die Förderung der kulturellen, sozialen, wirtschaftlichen und wissenschaftlichen Zusammenarbeit sowie die Verwirklichung der Menschenrechte in Europa zur Aufgabe gemacht. Sein bedeutendstes Dokument ist die *Konvention zum Schutze der Menschenrechte und Grundfreiheiten* von 1950, die das zentrale menschenrechtliche Dokument in Europa darstellt. Die Rechtsprechung des Europäischen Gerichtshofes der Gemeinschaft (EuGH)[2] betrachtet ihren Inhalt als Teil des Gemeinschaftsrechts und der Vertrag über die Europäische Union bezieht sich in Artikel 6 explizit auf sie. 1965 verabschiedete der Europarat eine *Sozialcharta,* deren Inhalt er 1996 überarbeitete, die jedoch durch die Bürger der Mitgliedstaaten des Europarates nach wie vor nicht einklagbar ist. In ihr verpflichten sich die Unterzeichnerstaaten vielmehr dazu, „eine Politik zu verfolgen, die darauf abzielt, geeignete Voraussetzungen zu schaffen, damit die tatsächliche Ausübung der folgenden Rechte und Grundsätze gewährleistet ist"[3]. Anschließend findet sich ein breiter Katalog sozialer Grundrechte, der vom besonderen Schutz von Müttern, Kindern und Jugendlichen, dem Recht auf soziale Sicherheit über gerechte Arbeitsentgelte und dem Recht auf Kollektivverhandlungen bis zum Recht jedes behinderten Menschen auf eine Ausbildung sowie auf berufliche und soziale Eingliederung reicht. Schließlich unterstützt der Europarat über Förderprogramme Projekte im Gesundheitswesen, für Flüchtlinge, für die Wiedereingliederung von Arbeitslosen und den Bau von Sozialwohnungen. Über seine Organe Ministerkomitee und Parlamentarische Versammlung sowie über öffentliche Kampagnen fördert der Europarat zudem den Informationsaustausch und Diskussionen über nationale Grenzen hinweg. Unbeschadet dieser wichtigen Aktivitäten des Europarates kommt der Europäischen Union in sozialpolitischen Fragen ein weit größeres Gewicht zu.

---

2 Dieser ist nicht zu verwechseln mit dem Europäischen Gerichtshof für Menschenrechte des Europarates in Straßburg.

3 Teil I Satz 1 der Sozialcharta

4.2 Triebkräfte und Widerstände einer Sozialpolitik der Europäischen Union

Die Sozialpolitik in Deutschland sieht sich mit Interessen, Werten und Zielen konservativ, liberal bzw. sozialdemokratisch orientierter Nachbar-Sozialstaaten sowie europäischen Akteuren und Entscheidungsstrukturen konfrontiert. Die wichtigsten institutionellen Akteure sind dabei erstens die *Europäische Kommission* (kurz: Kommission), deren fachpolitische Generaldirektionen für die Anwendung der Bestimmungen der europäischen Verträge sowie der auf Gemeinschaftsebene getroffenen Beschlüsse sorgen.[4] Allein die Kommission kann Rechtsakte zum endgültigen Beschluss dem *Rat der nationalen Fachminister* (kurz: Rat) vorlegen. Je nach Entscheidungsverfahren werden die Vorschläge von diesem einstimmig oder per Mehrheit, nach Unterrichtung, unter Anhörung oder Mitwirkung des Europäischen Parlaments sowie verschiedener Ausschüsse (Wirtschafts- und Sozialausschuss, Ausschuss der Regionen, etc.) angenommen oder abgelehnt. Der Rat ist damit der zweite zentrale Akteur. Der Europäische Rat der Staats- und Regierungschefs (kurz: *Europäischer Rat*) tritt in der Regel viermal jährlich zusammen und berät bzw. beschließt über grundsätzliche Fragen der weiteren Politik auf europäischer Ebene. Das *Europäische Parlament* hat nach verschiedenen Vertragsreformen zunehmend Kompetenzen erhalten (Beschluss des Haushaltes, Bestätigung der vorgeschlagenen Mitglieder der Kommission, Mitentscheidungsrechte bei Rechtsakten), hat aber bis heute keine den nationalen Parlamenten durchgängig vergleichbar starke Stellung erreicht. Der *Europäische Gerichtshof* in Luxemburg entscheidet in Streitfällen zwischen den Organen der Gemeinschaft/Union und ist auch durch die natürlichen und juristischen Personen in der Gemeinschaft zu europarechtlichen Fragen anrufbar. Er kann mit seinen Urteilen in Einzelfragen als weiterer zentraler Akteur auf europäischer Ebene gelten.

---

4   Heute: Vertrag über die Europäische Wirtschaftsgemeinschaft (kurz: EWG- oder EG-Vertrag) und Vertrag über die Europäische Atomgemeinschaft (beide Verträge zusammen bilden die Europäische(n) Gemeinschaft(en)) sowie Vertrag über die Europäische Union, in dem Fragen der Gemeinsamen Innen- und Rechtspolitik sowie der Außen- und Sicherheitspolitik geregelt sind. Die sozialpolitischen Vertragsgrundlagen liefert der EG-Vertrag. Die verschiedenen reformierten Fassungen der Verträge sind jeweils nach den Orten benannt, in denen diese Änderungen beschlossen wurden.

Freihandelszone oder Politische Union – Grundkonflikt um die soziale Zielbestimmung des Integrationsprozesses

Die Bundesrepublik bekennt sich seit ihrer Gründung zu einem geeinten Europa, wobei freilich offen bleibt, wie weit diese Einigung etwa auf sozialem Gebiet gehen soll.

Präambel des Grundgesetzes

Im Bewußtsein seiner Verantwortung vor Gott und den Menschen, von dem Willen beseelt, als gleichberechtigtes Glied in einem vereinten Europa dem Frieden der Welt zu dienen, hat sich das Deutsche Volk kraft seiner verfassunggebenden Gewalt dieses Grundgesetz gegeben.

Quelle: Grundgesetz für die Bundesrepublik Deutschland vom 23. Mai 1949, zuletzt geändert am 16. Juli 1998

Der Dissens in der Gründungsphase der Gemeinschaft in den 1950er Jahren über eine auf Freihandel beschränkte bzw. eine auf den Aufbau einer politischen Union zielende Integration führte schließlich zur Spaltung des europäischen Integrationsprozesses in die institutionellen Systeme der Europäischen Freihandelszone (European Free Trade Area – EFTA) und der Europäischen Wirtschaftsgemeinschaft (EWG). Während die Europäische Wirtschaftsgemeinschaft[5] das Fernziel einer politischen Union zunächst und vor allem über Schritte wirtschaftlicher Integration zu erreichen suchte, dieses jedoch bereits mit supranationalen materiellen Mitteln, Regeln und Institutionen verband, lehnten die dann 1959 in der Europäischen Freihandelszone zusammengeschlossenen skandinavischen Staaten, das Vereinigte Königreich, Österreich, Portugal und die Schweiz gerade diesen Souveränitätstransfer ab und vermieden in der EFTA konsequent jede Supranationalität; allein der freie Handel sollte die Staaten verbinden. Die Ablehnung weitergehenden Gemeinschaftsrechts und von Finanztransfers auf Gemeinschaftsebene (siehe insbesondere die Agrar- und Strukturpolitik der Europäischen Gemeinschaft) speiste sich in unterschiedlichem Maße neben dem Interesse, grundsätzlich strikte Neutralität und Souveränität zu bewahren, auch aus sozialpolitischen Erwägungen. So

---

5 Seit der Fusion der Institutionen von Europäischer Gemeinschaft für Kohle und Stahl, Europäischer Atomgemeinschaft und Europäischer Wirtschaftsgemeinschaft (1967) lautete die Bezeichnung zunehmend nur noch EG.

glaubte die britische Labour-Regierung, „daß eine so enge Zusammenarbeit mit Ländern, die mehrheitlich konservativ-liberal regiert wurden, den Verzicht auf die Durchsetzung der Labour-Programmatik hinsichtlich Planung und Lenkung und wohlfahrtsstaatlicher Politik bedeutete. (...) Vor allem in den sozialdemokratisch regierten skandinavischen Ländern wurde eine Beeinflussung der nationalen Wirtschafts- und Sozialpolitik durch supranationale Organe grundsätzlich abgelehnt."[6]

Während im britischen Fall zwar die Motive variierten, blieb es insgesamt bei einer regierungsamtlichen Ablehnung, auch wenn die Regierungen wechselten. Dies wurde immer mit Blick auf die nationale Souveränität begründet, zunächst auch mit der Sorge um die vergleichsweise fortschrittliche und extensive nationale Sozialpolitik seitens der Sozialdemokraten, sodann mit dem Willen zur Durchsetzung und Aufrechterhaltung neoliberaler sozialpolitischer Standortstaatlichkeit seitens der Konservativen und nun wohl mit einem Mix dieser drei Motive, die sich im Spektrum von New Labour finden. Bereits mit dem gemeinsamen Übertritt des Vereinigten Königreiches und Dänemarks zur Europäischen Wirtschaftsgemeinschaft und dann verstärkt seit der Süderweiterung der EG, dem Binnenmarktprojekt und Planungen zur *Wirtschafts- und Währungsunion* verlor die EFTA an ökonomischem und politischem Gewicht und an aussichtsreichen Perspektiven. So traten auch Schweden, Österreich und Finnland schließlich der Europäischen Union bei. Die Freihandelszone löste sich auf; über den sogenannten *Europäischen Wirtschaftsraum* bleiben auch die Schweiz und Norwegen am innereuropäischen Freihandel beteiligt. Der Verweis auf die EFTA ist hier deshalb von Interesse, da mit ihr die in einigen Staaten traditionell besonders starken Interessen an einer möglichst uneingeschränkten Beibehaltung nationaler Souveränität (nicht nur) in der Sozialpolitik verbunden sind.

4.2.1 Europäisierung von Kontextbedingungen der Sozialpolitik: Wirtschafts- und Währungspolitik

Doch auch innerhalb der Europäischen Wirtschaftsgemeinschaft der sechs Gründerstaaten (Frankreich, Deutschland, Italien, Belgien, Lu-

---

6   Gerold Ambrosius: Wirtschaftsraum Europa, Frankfurt am Main 1996, S. 92

xemburg und die Niederlande) widerstritten unterschiedliche Einschätzungen der sozialpolitischen Implikationen eines gemeinsamen Marktes. Die Aussicht auf den von einem gemeinsamen Markt ausgehenden politischen Druck, auch auf anderen Politikfeldern zu einer Abstimmung oder Vergemeinschaftung zu kommen und so auf dem Weg zur politischen Union voranzuschreiten, warf bei den Verhandlungen um die *Römischen Verträge* zur Gründung der Europäischen Wirtschaftsgemeinschaft von 1957 auch die Frage nach der Notwendigkeit, der Möglichkeit und den Gegenstandsbereichen (Arbeitsschutz, Sozialleistungsrecht etc.) sozialpolitischer *Konvergenz/Harmonisierung* auf.

Sozialpolitik im Gründungsvertrag der EWG

Eines der schwierigsten Probleme entstand durch die von französischer Seite erhobene und von den übrigen Vertragspartnern abgelehnte Forderung auf Harmonisierung der sozialen Lasten. Man einigte sich auf folgende Grundsätze: gleiches Arbeitsentgelt für Männer und Frauen, die Verpflichtung, die jetzt bestehende annähernde Gleichheit der bezahlten Feiertagsarbeit aufrecht zu erhalten und die unterschiedliche Bezahlung der Überstunden wegen verschieden langer Arbeitszeit bis zum Ende der 12-jährigen Übergangszeit zu vereinheitlichen. Die Harmonisierung der Kostenfaktoren aber wurde nicht zum Grundprinzip des Gemeinsamen Marktes erhoben. Jedoch besteht Übereinstimmung darüber, dass die Sozialpolitik in der Gemeinschaft den gleichen Rang neben der Wirtschaftspolitik haben muß.

Walter E. Rohn: Europa organisiert sich, Berlin 1962, S. 94

Diese Gleichrangigkeit ist, vergleicht man die Eingriffstiefe von europäischem Wirtschafts-, Währungs-, Haushalts- und Sozialrecht, jedoch nie hergestellt worden. Beide Seiten, die französische Regierung und ihre sozialpolitischen Gegenspieler, haben Recht behalten. Der heutige gemeinsame Markt funktioniert ohne sozial-, steuer- und lohnpolitische Harmonisierung, allerdings erzeugt er in diesem Fall einen Druck zur Verlagerung sozialer Kosten (weg von mobilen Einkommen und Vermögen, hin zu immobilen), zu Steuersenkungen und zu Lohnabsprachen etwa in den Niederlanden und Belgien mit dem Ziel, unter den Tarifabschlüssen der großen Nachbarn Frankreich und Deutschland zu bleiben.

Die zentralen rechtlichen Übereinkommen zur Herstellung eines gemeinsamen Marktes bilden die *vier Freiheiten* des EWG-Vertrages

von Rom: die *Freizügigkeit des Kapitals, der Waren und der Dienstleistungen* sowie der natürlichen (*Arbeitnehmerfreizügigkeit*) und juristischen Personen (*Niederlassungsrecht*) über die mitgliedstaatlichen
Grenzen hinweg. Diese Freiheiten wurden indes erst im weiteren Integrationsprozess schrittweise verwirklicht. So herrschten bis zur
Vollendung des *gemeinsamen Binnenmarktes* (vorgesehen in der *Einheitlichen Europäischen Akte* von 1986 zur Verwirklichung bis 1992)
noch zahlreiche Handelshemmnisse, etwa unterschiedliche Produkt-
standards. Mit Vereinbarung der *Wirtschafts- und Währungsunion* (vorgesehen im *Maastrichter Vertrag* von 1992 zur Verwirklichung bis
1999) sind die Ökonomien der Mitgliedstaaten heute in der Tat weitgehend für einander geöffnet und ihre Währungen zum Teil durch den
gemeinsamen *Euro* ersetzt, wenn sich auch von den Altmitgliedern der
EU15 das Vereinigte Königreich und Schweden bis heute nicht an der
Währungsunion beteiligen und die mittelosteuropäischen Neumitglie-
der diese erst mittelfristig einführen werden (ab 2007 zunächst Slowe-
nien). Bei allen Vorteilen, die der Euro im internationalen Zahlungsverkehr – auch für einfache Bürger – und gegenüber exzessiver Wäh-
rungsspekulation bietet, ist ein sozialpolitisch problematischer Effekt
der gemeinsamen Währung (und damit ein Grund ihrer Ablehnung in
Schweden) der Wegfall der Möglichkeit, Veränderungen der nationalen Wettbewerbsposition über eine Anpassung der Wechselkurse herbeizuführen oder zu kompensieren. So betont etwa der luxemburgi-
sche Premier, *Jean-Claude Juncker*: „Früher wurde die nationale
Währung abgewertet, um konkurrenzfähiger zu sein. Das geht nun
nicht mehr. Mit der Einführung des Euro könnte sich somit der Druck
in einem Land verstärken, statt dessen die arbeitsrechtlichen Schutzbestimmungen zu beschneiden.“[7]

Mit dem im Jahr 1997 geschlossenen *Stabilitäts- und Wachstumspakt* verpflichten sich die Mitgliedstaaten auf Drängen der damaligen
Bundesregierung zu einer strengen Haushaltsdisziplin, um die Geldwertstabilität des Euro zu gewährleisten. Der Pakt versucht, dies über
nationale Stabilitätsprogramme (bzw. Konvergenzprogramme der
Nichtmitglieder der Währungsunion) zu gewährleisten, in denen die
Nationalregierungen über ihre Erwartungen zur mittelfristigen Entwicklung der Wirtschaftskraft, der öffentlichen Haushalte und der Inflation berichten. Diese werden mit den Erwartungen der Kommission

7   Jean-Claude Juncker: Soziale Mindeststandards sind ja keine obszöne Idee, in: Europas neues Geld. Beilage der Frankfurter Rundschau vom 9. November 2001, S. 5

abgeglichen. Am Ende einer abweichenden Entwicklung können die sogenannten Defizitverfahren stehen.

Nachdem die Schaffung des Binnenmarktes sowie der Wirtschafts- und Währungsunion weitgehend erreicht ist, richtet sich der Blick von Kommission und Nationalregierungen zunehmend nach außen, über die Grenzen der Europäischen Union hinaus. Auf dem Europäischen Rat von Lissabon im Jahr 2000 bekundeten die Regierungen im *Lissaboner strategischen Ziel für das Jahr 2010* ihren Willen, die Union „zum wettbewerbsfähigsten und dynamischsten wissensbasierten Wirtschaftsraum in der Welt zu machen – einem Wirtschaftsraum, der fähig ist, ein dauerhaftes Wirtschaftswachstum mit mehr und besseren Arbeitsplätzen und einem größeren sozialen Zusammenhalt zu erzielen." Auch wenn sich größerer sozialer Zusammenhalt im empirischen Ländervergleich über lange Zeitreihen hinweg nachweisbar erst über eine quantitativ und qualitativ ausgebaute Sozialpolitik entwickelt und obwohl wirtschaftlicher Austausch sich nach wie vor in erheblichem Maße innerhalb der einzelnen Volkswirtschaften, sodann innerhalb der Gemeinschaft (gut 60 Prozent des Außenhandels der Mitgliedstaaten) und schließlich nennenswert lediglich noch zwischen den G7-Staaten bzw. den Staaten der Triade vollzieht, wird mit Lissabon für 2010 das Ziel ausgegeben, in globaler Standortkonkurrenz erfolgreich bestehen zu können. Hierzu steht die Sozialpolitik wiederum nicht in einem gleichwertigen Verhältnis, sondern in einem funktionalen: Sozialpolitik habe vor allem die globale ökonomische Wettbewerbsfähigkeit zu unterstützen, nicht deren negative Folgen für Konkurrenzverlierer bisweilen auch auf Kosten maximaler Wettbewerbsfähigkeit zu kompensieren.

4.2.2 Europäisierung von Steuer-, Lohn- und Sozialpolitik?

Die EU-Sozialpolitik beschränkt sich bis heute im Wesentlichen auf die sozialrechtliche Ausgestaltung der Arbeitnehmerfreizügigkeit, Regelungen zum Arbeits- und Gesundheitsschutz für abhängig Beschäftigte sowie eine sehr aktive Politik zur Gleichstellung der Geschlechter. In nahezu ausschließlicher Gestaltungskompetenz der Mitgliedstaaten verbleiben hingegen die Kernbereiche der Sozialpolitik: die allgemeinen Systeme der Sozialversicherung, die Versorgungs- und Fürsorgesysteme. Gleiches gilt für die Lohnpolitik sowie bis auf Ausnahmen (so Mindeststeuersätze für die Mehrwertsteuer) auch für die Steuerpolitik.

Hintergrund von EU-Sozialpolitik: unterschiedliche nationale Sozialordungen

Warum die Mitgliedstaaten in den sozialpolitischen Kernbereichen bislang nicht zu mehr Gemeinsamkeit fanden, erschließt sich insbesondere mit Blick auf die großen Unterschiede in der Konzeption der einzelstaatlichen Sozialsysteme. *Gøsta Esping-Andersen* gruppierte diese 1990 in einer viel beachteten Studie zu drei Modellorientierungen, wobei die Sozialstaaten meist jedoch nicht durchgängig durch die Strukturmerkmale nur eines Modells geprägt sind.

Sozialstaatstypen nach Gøsta Esping-Andersen

Typus des Wohlfahrtsstaates Klassische Vertreter	liberal Großbritan- nien	konservativ Deutschland	sozialdemokr. Schweden
Dekommodifizierung: Schutz gegen Marktkräfte und Einkommensausfälle	schwach	mittel	stark
– Einkommensersatzquote			
– Anteil individueller Finanzierungsbeiträge			
Residualismus			
– Anteil von Fürsorgeleistungen an gesamten Sozialausgaben	stark	stark	schwach
Privatisierung			
– Anteil privater Ausgaben für Alter bzw. Gesundheit an den Gesamtausgaben	hoch	niedrig	niedrig
Korporatismus/Etatismus			
– Anzahl von nach Berufsgruppen differenzierten Sicherungssystemen	schwach	stark	schwach
– Anteil der Ausgaben für Beamtenversorgung			
Umverteilungskapazität			
– Progressionsgrad des Steuersystems	schwach	schwach	stark
– Gleichheit der Leistungen			
Vollbeschäftigungsgarantie			
– Ausgaben für aktive Arbeitsmarktpolitik	schwach	mittel	stark
– Arbeitslosenquoten, gewichtet mit Erwerbsbeteiligung			
– Staat als Arbeitgeber			

Quelle: Rolf G. Heinze, Josef Schmid und Christoph Strünck: Vom Wohlfahrtsstaat zum Wettbewerbsstaat, Opladen 1999, S. 103

Esping-Andersen kommt so zu den drei *Wohlfahrtsstaatstypen*: *sozialdemokratisch* (Beispiel: Schweden und Norwegen sowie mit Abstrichen Dänemark), *konservativ* (Beispiel: Niederlande, Belgien, Luxemburg, Deutschland, Österreich und in schwächerem Maße Frankreich und Finnland) sowie *liberal* (Beispiel: USA, zum Teil auch Australien, Japan und Kanada). Auf die südwest-europäischen sowie die mittel- und osteuropäischen Staaten geht er dagegen nicht näher ein. Auch in diesen schlagen sich die obigen ‚Idealtypen' jedoch mehr oder minder nieder und können die einzelnen Regelungen den drei Wertorientierungen zugeordnet werden.

Sozialpolitik im ‚liberalen Sockelstaat'

Leitbild des *Liberalismus* ist das vernunftbegabte freie Individuum. Das (Besitz-)*Bürgertum* soll sich von Bevormundung durch *Adel*, *Kirche* und *Zünfte* befreien, alle das Individuum und seine Entfaltungsmöglichkeiten tangierenden Schranken und Rahmen sollen fallen oder sich vernunftgemäß und über Leistung legitimieren, nachvollziehbar und einklagbar sein. Liberalem Denken ist eine grundsätzliche Skepsis gegenüber kollektiven Setzungen eigen, geht es ihm doch um ein Maximum individueller *Freiheit*. Doch der Freiheitsbegriff und der dem Liberalismus ebenso eigene Gleichheitsbegriff (*Gleichheit* aller Bürger vor dem Recht) sind vielschichtig ambivalent. Allen Bürgern – Millionären wie Bettlern – das Schlafen unter Brücken zu verbieten (*Anatole France*) ist offenkundig zynisch. Bürger beginnen nicht mit gleichen Startbedingungen ihr Leben. Die liberale Sozialstaatskonzeption begegnet diesem Spannungsverhältnis von gewünschter größtmöglicher Freiheit vor Eingriffen Dritter (nicht zuletzt in privates Eigentum) und der offenkundigen Negierung von Freiheit durch völlige Verarmung mit der Formulierung von Mindestbedingungen, die jedem Bürger als Bürgerrecht zu gewährleisten sind. Auch sind es historisch gerade liberal orientierte Staaten, die Arbeitnehmern Mindestlöhne garantieren.

Die sozialen Rechte verwirklichen sich idealerweise entweder in (fast) gänzlicher Abwesenheit von staatlichen Versicherungssystemen allein über bedarfsgeprüfte *Mindestsicherung*sleistungen der *Fürsorge* (Beispiel: Australien) oder in einer universalistischen *Sozialversicherung* mit einheitlich niedrigen Beiträgen und Leistungen (*Beveridge*-System),[8] die ggf. durch einen Rechtsanspruch auf bedarfsgeprüfte Mindestsicherungsleistungen über die fürsorgerechtlichen *Sozialhilfe*systeme ergänzt werden, was – durchaus absichtsvoll – häufig von Nöten ist: „Seit ihrer Einführung Ende der 1940er Jahre ist z.B. die

---

8 Benannt nach Lord William Beveridge, der in den 1940er Jahren einen Plan für die britische Sozialpolitik nach Kriegsende entwarf.

Grundrente immer unterhalb des Sozialhilfeniveaus geblieben. Auf diese Weise versucht der Staat, die Einzelnen dazu zu bringen, private
Maßnahmen gegen das Armutsrisiko, das mit Alter, Arbeitslosigkeit
oder Invalidität verbunden ist, zu ergreifen. Die relativ niedrigen sozialen Leistungen im britischen Wohlfahrtsstaat sollen durch weitere, auf
dem privaten Markt erworbene Leistungen ergänzt werden."[9] Es handelt sich hier also um ein Sicherungsmodell, in dem der Sozialpolitik
keine gestaltende, sondern eine strikt nachrangige Funktion zukommt.
Die Länder (vornehmlich der englischsprachigen Welt), die sich vor allem an dieser liberalen Definition der Pflichten und Grenzen des Sozialstaates orientieren, weisen durch die Verbindung dieses einerseits u-
niversalistischen, andererseits minimalistischen Sicherungsmodells mit
einem nur schwach regulierten Arbeitsmarkt (Vertragsautonomie,
Schwäche der Gewerkschaften, hohe Lohnspreizung) ein hohes Maß an
sozialer Polarisierung und eine hohe Bedeutung bedarfsgeprüfter Mindestsicherungsleistungen für weite Teile der Bevölkerung auf.

Sozialpolitik im ‚konservativen Statusstaat'

Die Legitimität und der Schutz tradierter hierarchischer sozialer Gemeinschaften und Ordnungen (*Familie, Stände, Volk*) stehen im Zentrum der konservativen sozialstaatlichen Orientierung. In der Frage der
sozialleistungsrechtlichen Verteilung des gesellschaftlichen Reichtums
setzt diese Sozialstaatskonzeption erklärtermaßen nicht auf *intersozia-
le Umverteilung*, sondern betont die *Unterhaltspflicht* Familienange-
höriger und die *Vorsorgepflicht* der abhängig Beschäftigten in Sozialkassen (*Sozialversicherung*) in äquivalenter Ausgestaltung der Bei-
trags-Leistungs-Beziehung. Anders als beim liberalen Ideal des Sozialstaates, geht es hier nicht um eine ‚bloße' Existenzsicherungsga-
rantie des Staates, sondern im Mittelpunkt steht die Fortschreibung des
Status und Lebensstandards außerhalb der Arbeitswelt. So die äquiva-
lenten Transfereinkommen und Eigenmittel zu einem Leben unterhalb
des Existenzminimums führen würden, setzt *Sozialhilfe* ein.

Im konservativen Wohlfahrtsstaat ist also eine Fortschreibung der
Statushierarchie im Erwerbsleben in die parastaatliche soziale Sicherung angelegt, die überdies in nach Berufsgruppen getrennten Siche-

---

9   Thomas Scharf: Sozialpolitik in Großbritannien. Vom Armengesetz zum „Dritten
     Weg", in: Katrin Kraus und Thomas Geisen (Hg.): Sozialstaat in Europa, Wiesbaden
     2001, S. 53

rungssystemen (kategoriale Systeme für Beamte, Angestellte, Arbeiter, Bauern; z.T. auch für Selbständige) verwirklicht wird. Das als Bezugspunkt dienende Beziehungs- und Beschäftigungsmodell dieses Typus stellt die ,Normalfamilie' mit einem männlichem, dauerhaft abhängig beschäftigten Vollerwerbsernährer mindestens mittleren Einkommens dar. Haushalte diesen Typs sind durch den solchermaßen ausgebauten Sozialstaat gegen die Hauptrisiken Alter, Krankheit, Unfall, Invalidität und Arbeitsplatzverlust in hohem Maße geschützt. Am Rande dieses Typus stehen hingegen Personen mit gebrochenen oder einkommensschwachen Erwerbs- und Beziehungsbiographien. Ihre Leistungsansprüche bei Eintritt eines der versicherten Armutsrisiken reichen häufig aufgrund fehlender Beitragszahlungen nicht aus, um existenzsichernd zu sein. Im europäischen Vergleich nehmen traditionell an diesem Modell orientierte Staaten bezogen auf die Aufwendungen für den Sozialschutz, die Armutsquote und soziale Ungleichheit meist eine Mittelposition ein.

Sozialpolitik im ,sozialdemokratischen Vollbeschäftigungsstaat'

In Ergänzung bzw. Abgrenzung zu den zentralen Vokabeln des *Liberalismus* (Freiheit) und *Konservatismus* (Gemeinschaft in hierarchischer Ordnung) stellt der *demokratische Sozialismus* den Anspruch auf Gleichheit als Wert in den Mittelpunkt seiner Orientierung. Der faktischen Ungleichheit der Bürger (insbesondere aufgrund ihrer Leistungsfähigkeit, ihres Besitzes, ihrer Benachteiligungen und Vorteile aufgrund ihrer sozialen Herkunft und ihrer in der Lebensbiographie wechselnden Lebenslagen) wird der Anspruch der Gleichheit entgegen gesetzt. Er konkretisiert sich in soziale Ungleichheit nivellierenden materiellen und immateriellen Teilhaberechten über den Sozialstaat und das Beschäftigungssystem. Dabei ist allerdings die Bestimmung des vertretbaren Maßes auf der einen und des zu fordernden Maßes intersozialer Umverteilung auf der anderen Seite kontrovers. Von sozialdemokratischen Wertorientierungen geprägte Sozialstaaten kennzeichnen Bemühungen um eine aktive und Einkommensungleichheit nivellierende *Vollbeschäftigungspolitik* zur Integration ihrer Wohnbevölkerung. Dabei setzt dieser Typus in hohem Maße auch auf öffentliche Beschäftigung, nicht zuletzt im *sozialen Dienstleistung*bereich. Ein hohes Maß an öffentlicher Sicherstellung von Erziehung, Betreuung und Pflege soll zum einen Frauen den Zugang zum *Arbeitsmarkt* erleichtern, damit gleichzeitig aber auch die Nachfrage nach Arbeitskräften erhöhen.

Dieses Modell kennzeichnet somit eine vergleichsweise hohe *Beschäftigungsquote* und – aufgrund der in ihren Leistungen gesockelten und die gesamte Wohnbevölkerung umfassenden *Sozialversicherung* – niedrige *Sozialhilfe*empfänger- und Armutsquoten, auch für ‚atypische' Lebensbiographien, bei dazu jedoch notwendigerweise hohen *Sozialleistungs- und Steuerquoten*. Allerdings verringerte mit Schweden gerade der ‚Vorzeigestaat' dieses Modells unter dem Eindruck auch bei ihm massiv steigender Arbeitslosigkeit und angesichts der Implikationen seines Beitritts zur EU (1995) in den 1990er Jahren seine Sozialleistungsquote ganz erheblich. Nach wie vor weisen die skandinavischen Staaten jedoch die niedrigsten *Armut*sraten und die geringste soziale *Ungleichheit* auf.

Sozialpolitik in den südeuropäischen und mittelosteuropäischen Staaten

Die Sozialpolitik der südeuropäischen Mitgliedstaaten Spanien, Griechenland und Portugal (*familiales Modell*) charakterisiert eine insgesamt lückenhafte Mischung von Systemelementen der drei erstgenannten, nachdem sie sich seit den 1970er Jahren von autokratischen Herrschaftssystemen zu Demokratien entwickelten. Der *Familie* kommt hier einerseits eine besonders hohe Bedeutung für die Sicherung der Existenz zu, die andererseits kaum sozialpolitisch geschützt und unterstützt wird. In diesen Sozialstaaten kumulieren meist vergleichsweise geringe *Wirtschaftskraft*, verbreitete *prekäre Beschäftigung* und *Schattenwirtschaft*, hohe *Arbeitslosigkeit* und fehlende oder lückenhafte *Sozialversicherungs- und Sozialhilfe*systeme, was zu einer hohen *Armutsquote* und einem hohen Armutsrisiko für breite Bevölkerungsschichten führt. Dabei finden sich allerdings durchaus auch gegenläufige Anzeichen einer Angleichung der Sozialschutzsysteme dieses Typs an den Durchschnitt der EU.

Viele Elemente dieser Beschreibung treffen auch auf die mittelosteuropäischen Staaten zu. Ihr Systemwechsel in den späten 1980er und frühen 1990er Jahren liegt jedoch zeitlich noch nicht so weit zurück, ihre Wirtschaftskraft ist zum Teil noch deutlich schwächer und ihr ehemals stark auf *Beschäftigungsgarantie, betriebliche Sozialpoli-*

tik und *Preissubventionierung* ausgerichtetes Sozialsystem verlangt eine noch größere Anpassungsleistung an das marktwirtschaftliche System in der Europäischen Union, so dass der Sozialstaatsumbau in diesen Staaten bis heute noch nicht zum „Abschluss" gekommen ist. Insgesamt haben sich diese Sozialstaaten inzwischen bereits stark an das durchschnittliche Niveau von relativer *Armut* und *Ungleichheit*, *Sozialleistungsquote* und *Arbeitslosigkeit* in der Europäischen Union angepasst; freilich auf einem viel niedrigeren wirtschaftlichen Leistungsniveau und mit großen regionalen Ungleichheiten.

Konvergenz im Wettbewerb

Die sozialpolitischen Modellorientierungen schlagen sich in signifikant unterschiedlich hohen *Sozialschutzausgaben* nieder, die zwischen einem Siebtel und einem Drittel der gesamten nationalen Wirtschaftsleistungen betragen. Dabei reichen in den liberal und familial orientierten Sozialstaaten die Quoten von den tiefsten Werten in Irland und Spanien bis an das EU-europäische Mittel heran, um das herum sich die konservativ orientierten Staaten finden, während insbesondere die Werte in sozialdemokratisch orientierten Sozialstaaten über diesem Mittel liegen. Deutschland lag im Jahr 2000 mit 29,5 Prozent des Bruttoinlandsproduktes (BIP) etwas über dem EU-Durchschnitt von 27,3 Prozent.

Ausgaben für den Sozialschutz in den EU15-Staaten in Prozent des je nationalen BIP 2000 und Änderungen in Prozentpunkten 1990/2000 und 1993/2000

EU 15	S	DK	FIN	NL	F	A	B	D	I	L	UK	IRL	EL	E	P
	Sozialdemokratisches Modell			Konservatives Modell							Liberales Modell		Familiales Modell		
1990															
25,5	33,1	28,7	25,1	32,5	27,9	26,7	26,4	25,4	24,7	22,1	23,0	18,4	22,9	19,9	15,2
1993															
28,8	38,6	31,9	34,6	33,6	30,7	28,9	29,5	28,4	26,4	23,9	29,1	20,2	22,0	24,0	20,7
2000															
27,3	32,3	28,8	25,2	27,4	29,7	28,7	26,7	29,5	25,2	21,0	26,8	14,1	26,4	20,1	22,7
1990-2000															
+1,8	-0,8	+0,1	+0,1	-5,1	+1,8	+2,0	+0,3	+4,1	+0,5	-1,1	+3,8	-4,3	+3,5	+0,2	+7,3
1993-2000															
-1,5	-6,3	-3,1	-9,4	-6,2	-1,0	-0,2	-2,8	+1,1	-1,2	-2,9	-2,3	-6,1	+4,4	-3,9	+2,0

Datenbasis: ESSOS (Eurostat), eigene Berechnung

Die prozentualen Werte in den Beitrittsländern der Osterweiterung sind mit denen liberalen und familialen Typs innerhalb der *Alt-EU* im Prinzip durchaus vergleichbar, bedeuten allerdings aufgrund einer Wirtschaftskraft, die nur 1/3 bis 3/4 des EU-Durchschnitts beträgt, tatsächlich ein zum Teil noch wesentlich niedrigeres reales Leistungsniveau. Der wirtschaftlich schwächste Mitgliedstaat war bis zur Osterweiterung am 1. Mai 2004 Griechenland mit 2/3 des EU-durchschnittlichen BIPs.

Ausgaben für den Sozialschutz in den neuen EU-Mitgliedstaaten in Prozent des je nationalen BIP 2000

Tsche-chien	Zypern	Estland	Litauen	Lettland	Ungarn	Malta	Polen	Slowe-nien	Slowakei
19,3	:	14,1	15,3	15,0	19,4	16,6	19,5	24,3	18,9

: keine Angaben
Datenbasis: Eurostat

Nachdem zu Beginn des letzten Jahrzehnts die Sozialschutzausgaben in den Mitgliedstaaten der EU15 nicht zuletzt im Gefolge europaweit schlechter Konjunkturentwicklung und steigender Arbeitslosigkeit unionsweit von 25,5 Prozent (1990) auf 28,8 Prozent des Bruttoinlandsproduktes (BIP) (1993) angehoben wurden, kehrte sich die Entwicklung mit dem Jahr 1993 um, wobei sie aufgrund gestiegener sozialer/sozialpolitischer Bedarfe bereits vor diesem Datum relativ zu diesen sanken. Zwischen 1993 und 2000 wurden die Aufwendungen gemessen am BIP kontinuierlich auf zuletzt 27,3 Prozent reduziert. Dabei hängen die relativ gesunkenen Ausgaben für den Sozialschutz zum Teil mit der in der zweiten Hälfte der 1990er Jahre wieder geringer gewordenen Arbeitslosigkeit zusammen, dies allein vermag den Rückgang jedoch nicht zu erklären.[10]

Auch verschieben sich die *Finanzierungsanteile* an den Sozialschutzausgaben über die verschiedenen sozialpolitischen Modellorientierungen hinweg in den 1990er Jahren: Nachdem der Arbeitgeberanteil bereits im Zeitraum 1980 bis 1992 gemeinschaftsweit von 45,4 auf 40,5 Prozent sank,[11] setzte sich dieser Trend auch in den weiteren Jahren mehrheitlich fort. Sozialausgaben, Armutsraten und Arbeitslosenquoten – alle drei Parameter sozialstaatlicher Entwicklung haben sich in den 1990er Jahren in der EU konvergent entwickelt. Die *Armutsraten* näherten sich an, blie-

---

10   Europäische Kommission, Generaldirektion Beschäftigung und Soziales: Soziale Sicherheit in Europa 2001, Luxemburg 2002, S. 19
11   Eurostat: Europa in Zahlen, 4. Aufl., Luxemburg 1995, S. 208

ben aber vom Niveau her auf EU-Ebene Mitte des Jahrzehnts relativ konstant. Die *Arbeitslosenquoten* näherten sich ebenfalls an, ohne dass sich EU-weit betrachtet das Niveau veränderte. Seit Mitte der 1970er Jahre stiegen Armut und Arbeitslosigkeit deutlich und verfestigten sich schließlich. Bei vielen „Reformen" der 1990er Jahre geht es länderübergreifend ganz wesentlich und konvergent um Kürzungen – unter anderem mit der Folge, dass die Sozialhilfesysteme in den Mitgliedstaaten eine Renaissance ihrer Bedeutung erleben.

Ordnen sich Veränderungen in Deutschland somit einer Konvergenz der europäischen sozialstaatlichen Arrangements insgesamt zu und ist die um die transformatorischen familialen und mittelosteuropäischen Modelle erweiterte Typologie Esping-Andersens somit für die Beschreibung von Sozialstaaten im Auf- und Ausbau, nicht aber im Um- und Abbau hilfreich? Nur zum Teil: In der Tat finden sich in den sozialstaatlichen Systemen gleichgerichtete Tendenzen. Doch auch diese sind pfadabhängig. Bei einer Betrachtung nach *Sozialstaatstypen* fällt auf, dass die massivsten Rückgänge seit 1993 in zwei skandinavischen Staaten (Finnland, Schweden) stattfanden, gefolgt von den Niederlanden, Irland und Spanien. Lediglich in Griechenland, Portugal und Deutschland stiegen hingegen die Aufwendungen für den Sozialschutz. Für Deutschland muss allerdings die *Wiedervereinigung* als besondere Herausforderung berücksichtigt werden, die mit immensen Lasten verbunden war, die in hohem Maße über die Sozialkassen getragen wurden und werden. Insgesamt deutet sich derzeit eine europäische Annäherung durch Abbau an, indem die größten Einschnitte in zwei sozialdemokratisch geprägten Staaten stattfanden, dicht gefolgt von Sozialstaaten jeglicher Orientierung.

Steigenden Ausgabenanforderungen stehen sinkende *verfügbare* Ressourcen gegenüber. Im Rahmen einer gemeinsamen Geldpolitik, koordinierter Wirtschafts- und Haushaltspolitik und *negativer Integration*[12] der Steuer-, Lohn- und Sozialpolitik kommt es offensichtlich – neben allen grundsätzlich weiterbestehenden Unterschieden im sozialpolitischen Ansatz und dem Ausmaß der mit ihrer Wahl verbundenen verschiedenen Problemlagen – auch zu gleichgerichteten (sozial-)politischen Anpassungsleistungen in den nationalen Sozialstaaten. Es mehren sich die Anzeichen, dass der (Sozial-)Staat nun seinerseits versucht, die Begleiter-

---

12   verstanden als gegenseitige Anerkennung unterschiedlicher nationaler Regelungen (Beispiel: Mehrwertsteuersätze auf Luxusartikel), während positive Integration hier gemeinschaftsweite Regelungen bedeuten (Beispiel: EU-weiter Mindestsatz für die Mehrwertsteuer)

scheinungen gesellschaftlicher Modernisierung an die Familien (Stichwort: mehr Eigenverantwortung) und das Erwerbsarbeitssystem (Stichwort: Erhöhung der Beschäftigungsquote) zurück zu verweisen. Die Erhöhung der EU-weiten *Beschäftigungsquote* auf 70 Prozent bis zum Jahr 2010 wurde auf dem Europäischen Gipfel von Lissabon zum politischen Ziel erhoben, nicht zuletzt, um angesichts der demographischen Entwicklung und der Sozialkostenkonkurrenz unter den Bedingungen der *Europäisierung* und *Globalisierung* einen ‚beschäftigungszentrierten Umbau‘ der Sozialstaaten forcieren zu können, der die Notwendigkeit von Transfereinkommen verringern soll. Angesichts von Massenarbeitslosigkeit ist nicht die Formulierung und Verpflichtung auf evaluierbare beschäftigungsbezogene Ziele, die die Teilhabe am Erwerbsarbeitssystem entschiedener steigern sollen, der problematische Punkt, sondern die Art und Weise wie dies erreicht werden soll. In aller Regel hängen niedrige relative Armutsquoten und hohe Gesamtausgaben für den Sozialschutz zusammen. Und von einer Behinderung hoher Beschäftigungsquoten durch ein hohes Maß an sozialem Schutz kann angesichts der skandinavischen Beispiele keine Rede sein. Im internationalen Vergleich lässt sich keine Korrelation zwischen der Leistungshöhe der Arbeitslosenversicherung (Einkommensersatzquote) und der Arbeitslosenquote, beziehungsweise dem Anteil langzeitarbeitsloser Hilfebezieher feststellen.[13]

Dennoch wird Beschäftigungsförderung zunehmend gleichgesetzt mit einem Abbau von Steuern und Abgaben, mit einem ‚schlanken Staat‘ und mit Sozialleistungen, die „kein Hindernis für die Aufnahme einer Beschäftigung"[14] darstellen. „All in all, a remarkable political concensus seems to prevail that various measures are needed to change the old, passive, income-support oriented, dependency-creating policy into an active, enabling, capability-building and work-incentive stressing policy."[15] So wichtig es ist, Leistungen vorzusehen, die in die Fähigkeiten der Leistungsbezieher investieren und sie in den Arbeitsmarkt zu integrieren suchen – Transfereinkommen als passive und Abhängigkeit produzierende Leistungen zu etikettieren, geht fehl: Transfereinkommen

---

13 David Piachaud: Soziale Sicherheit und Abhängigkeit, in: Internationale Revue für Soziale Sicherheit, Heft 1/1997, S. 47-63; Walter Hanesch u.a.: Armut und Ungleichheit in Deutschland, Reinbek bei Hamburg 2000, S. 505f.

14 Europäische Kommission, Generaldirektion Beschäftigung und Soziales: Gemeinsamer Bericht über die soziale Eingliederung, Brüssel und Luxemburg 2002, S. 45

15 Matti Heikkilä: Context, Project: The Role of Social Assistance as Means of Social Inclusion and Activation. A comparative study on minimum income in seven European countries. Report 1, Saarijärvi (Finland) 2001, S. 9

sind wie soziale Sach- und Dienstleitungen aktive Solidarleistungen zur Bekämpfung von Armut und sozialen Nöten und befähigen die Empfänger vielfach erst zu aktiver Teilnahme am gesellschaftlichen und wirtschaftlichen Leben. Und Arbeitslosen- sowie Sozialhilfebezieher fehlen in aller Regel nicht dem Arbeitsmarkt, weil sie an Sozialleistungen hängen, sondern beziehen diese, weil sie von Arbeit abhängen. Das Resümee eines europäisch kaum flankierten Um- und in Teilen auch Abbaus der nationalen Sozialstaatlichkeit wirft nochmals die Frage nach Chancen und Grenzen sowie Ansätzen einer Sozialpolitik auf europäischer Ebene auf; nach deren Interessenträgern und ihr entgegenstehenden Zielen, Interessen und Strukturen.

4.3 Phasen, Themenfelder und Handlungsoptionen der Sozialpolitik auf europäischer Ebene

4.3.1 Phasen gemeinschaftlicher Sozialpolitik

Die sozialpolitischen Ansätze, Initiativen und Programme auf europäischer Ebene lassen sich in sechs sozialpolitische Phasen zusammenfassen:

(1) die Gründungsphase der 1950er Jahre und ihre Kontroversen,

(2) das erste Jahrzehnt der EWG mit seinem Fokus auf die Herstellung der Freizügigkeit der Arbeitnehmer,

(3) die Ansätze zu einer Sozialunion Anfang der 1970er Jahre, die

(4) angesichts eines allmählichen Wechsels von keynesianischer zu mehr oder weniger marktradikaler Politik, steigender Arbeitslosigkeit und eines insgesamt stockenden Einigungsprozesses in den späten Siebzigern in die ‚Eurosklerose' münden,

(5) die Ära der Kommission unter *Jacques Delors* (1985-1995), mit ihren Bemühungen um die Verwirklichung des Binnenmarktes bei gleichzeitigem Aufbau sozialer Mindeststandards, deren Politik in ihren letzten Amtsjahren schließlich in eine die Sozialpolitik stärker problematisierende beschäftigungszentrierte Modernisierungspolitik umschlägt und damit schließlich

(6) in die aktuelle Phase der offenen Politik-Koordination unter den Bedingungen der Wirtschafts- und Währungsunion mündet.

Sozialpolitische Marksteine der Vertiefung der europäischen Integration

Zeit	Gegenstand	sozialpolitische Relevanz
1964	Verordnung zur Freizügigkeit	– Ausnahme von EG-Bürgern von nationalen Einwanderungsbestimmungen
1971	Verordnung zur Rechtsstellung von Wanderarbeitnehmer/innen in den Sozialschutzsystemen	– Exportierbarkeit/Zusammenrechenbarkeit von Leistungsansprüchen sowie Diskriminierungsverbot im Sozialrecht des Immigrationslandes
1972	Erstes Sozialpolitisches Aktionsprogramm	– Anbahnung von ersten Programmen zu den Themen – Behinderung, – Arbeitnehmer aus Drittstaaten, – benachteiligte Bevölkerungsgruppen – Armut
1975	Richtlinie über gleiches Entgelt	– Gleichbehandlungsgrundsatz der Geschlechter bei Löhnen und Gehältern
1976	Richtlinie zur Gleichbehandlung beim Zugang zu Beschäftigung	– Gleichbehandlungsgrundsatz der Geschlechter beim Zugang zur Berufsausbildung, zu Beschäftigungsverhältnissen und zum beruflichen Aufstieg
1978	Richtlinie zur Gleichstellung der Geschlechter in den Systemen der sozialen Sicherheit	– Gleichbehandlungsgrundsatz der Geschlechter in den sozialen Sicherungssystemen
1986	Einheitliche Europäische Akte	– Vereinbarung des Binnenmarktes – Einführung eines Bekenntnisses zum Sozialen Dialog – Einführung der Möglichkeit, per qualifizierter Mehrheit Mindeststandards zum Arbeitsschutz zu beschließen
1989	Gemeinschaftscharta der sozialen Grundrechte	– als feierliche Erklärung Grundlage und Argumentationshilfe für nachfolgende sozialpolitische Empfehlungen und Richtlinien
1992	Maastrichter Verträge	– Vereinbarung der Wirtschafts- und Währungsunion – Gründung der Europäischen Union
1992	Protokoll zum Maastrichter EG-Vertrag	– starke Erweiterung der Befugnisse der Sozialpartner (Sozialer Dialog) – Einführung der Möglichkeit, per qualifizierter Mehrheit Mindeststandards zur Gesundheit und Sicherheit der Arbeitnehmer, zu Arbeitsbedingungen, zur Unterrichtung und Anhörung der Arbeitnehmer, zur Gleichbehandlung der Geschlechter sowie zur beruflichen Eingliederung von Randgruppen zu beschließen – Einführung der Möglichkeit, per einstimmigem Beschluss Mindeststandards zur sozialen Sicherheit und zum Sozialschutz, zum Kündigungsschutz, zur Mitbestimmung, zu Beschäftigungsbedingungen von Arbeitnehmern aus Drittstaaten und zur Finanzierung von Arbeitsmarktmaßnahmen zu beschließen
1992	Richtlinie zum Schutz von schwangeren und stillenden Frauen	– Mindeststandards zum Mutterschutzurlaub und zum Kündigungsrecht
1992	Empfehlung zu Mindestleistungen	– Empfehlung zur unionsweiten Einführung von Mindestsicherungssystemen und zu Mindeststandards für deren Ausgestaltung
1992	Empfehlung zur Annäherung der Sozialschutzpolitiken	– Empfehlung von Mindeststandards zur Ausgestaltung von Sozialschutzsystemen

Zeit	Gegenstand	sozialpolitische Relevanz
1993	Europäischer Rat von Kopenhagen	– Kriterienkatalog für den Beitritt weiterer Staaten zur Europäischen Union
1994	Richtlinie zum Jugendarbeitsschutz	– u.a. Verbot von Kinderarbeit
1994	Weißbuch Europäische Sozialpolitik	– Strategische Wende vom Ausbau der Sozialregulierung hin zu beschäftigungszentrierter Sozialpolitik
1996	Richtlinie zum Elternurlaub	– Mindeststandards für das Recht auf Elternurlaub
1997	Amsterdamer Vertrag	– Aufnahme des Sozialprotokolls von Maastricht in den EG-Vertrag – Schaffung einer expliziten Vertragsgrundlage für Maßnahmen gegen Armut und soziale Ausgrenzung – Einführung eines Titels zur koordinierten Beschäftigungsstrategie
1997	Stabilitäts- und Wachstumspakt	– Verpflichtung auf eine restriktive Haushaltspolitik der Mitgliedstaaten
1999	Einführung des Euro in 13 der 15 Mitgliedstaaten	– sanktionsbewährte Verpflichtung auf eine restriktive Politik für die öffentlichen Haushalte, endgültiger Wegfall der Möglichkeit von Wechselkursanpassungen
2000	Vertrag von Nizza	– Einführung der Möglichkeit, per einstimmigem Beschluss von Einstimmigkeits- zu Mehrheitsentscheidungen überzugehen, in den Bereichen: Kündigungsschutz, Mitbestimmung, Beschäftigungsbedingungen von Arbeitnehmern aus Drittstaaten – Einführung der Möglichkeit von Beschlüssen, in allen sozialpolitischen Bereichen des Artikel 137 EG-Vertrag die Zusammenarbeit der Mitgliedstaaten durch Informationsaustausch sowie die Förderung innovativer Ansätze und die Bewertung von Erfahrungen zu fördern (offene Koordinierung)
2000	Gipfel von Nizza	– Vereinbarung der Offenen Koordinierung in der Politik gegen Armut und soziale Ausgrenzung
2000	Charta der Grundrechte (Nizza)	– als feierliche Erklärung proklamiertes Anerkennungs- und Achtungsgebot der EU für bestehende sozialpolitische Regelungen
2004	Verfassungsvertrag	– Aufnahme der Charta der Grundrechte in den Vertrag – Unterzeichnung des Vertrages durch die Staats- und Regierungschefs; anschließende Ratifizierung in etlichen Mitgliedstaaten, aber Ablehnung per Volksabstimmungen in Frankreich und den Niederlanden (2005)

Die Gründungsphase der Europäischen Wirtschaftsgemeinschaft

1951/52 wurde mit der *Europäischen Gemeinschaft für Kohle und Stahl (EGKS)* der erste Vorläufer der Europäischen Union geschaffen. Die beiden entscheidenden Motive des Einigungsprozesses werden in ihrem Namen bereits deutlich. Durch die wirtschaftliche Verflechtung

und politische Kooperation sollte der Verfeindung der europäischen
Nachkriegsnationen vorgebeugt werden (*Friedensmotiv*), zunächst
durch die Vergemeinschaftung der kriegswichtigen Montanindustrie.
Hintergrund des Plädoyers für einen gemeinsamen Markt war nicht
zuletzt der ökonomische Vergleich mit dem starken, geeinten Wirtschaftsraum der USA (*ökonomisches Motiv*). Bereits im Rahmen der
EGKS wurden soziale Maßnahmen und die sozialen Ziele der Schaffung eines gemeinsamen Marktes betont.

**Tätigkeit der Europäischen Gemeinschaft für Kohle und Stahl auf
sozialem Gebiet**

Die Schaffung eines Gemeinsamen Marktes und seine Entwicklung im
Rahmen des technischen Fortschritts sind kein Selbstzweck. Letztlich sind
dies nur die unerläßlichen Voraussetzungen für die Verbesserung der wirtschaftlichen Lebensverhältnisse des Menschen und zwar nicht nur in seiner
Eigenschaft als Verbraucher – durch reichlichere, billigere und bessere
Versorgung –, sondern auch in seiner Eigenschaft als Arbeiter – durch
wirksamen sozialen Schutz und bessere Lebens- und Arbeitsbedingungen.
In diesem Geiste einer engen Verknüpfung zwischen den wirtschaftlichen
und den sozialen Zielen der Gemeinschaft übt die Hohe Behörde ihre gesamte Tätigkeit aus.

*Quelle: Informationsdienst der Hohen Behörde der Europäischen Gemein-
schaft für Kohle und Stahl: Europa im Aufbau, Luxemburg 1957, S. 54*

So es durch technischen Fortschritt oder infolge der Errichtung des gemeinsamen Marktes zu Betriebsstilllegungen oder Entlassungen komme,
habe die Hohe Behörde (vergleichbar der späteren Kommission) „für die
‚Anpassung' der dadurch freiwerdenden Arbeiter zu sorgen". Dies könne durch Entschädigung der betroffenen Arbeitskräfte, durch Zuwendungen an die Unternehmen zur Sicherung der Entlohnung, durch Beihilfen für die Kosten zur Erlangung eines neuen Arbeitsplatzes (etwa
Umzugskosten), durch die Finanzierung von Umschulungsmaßnahmen
sowie durch die Finanzierung von Programmen zur Schaffung neuer Arbeitsplätze geschehen. Selbst im Arbeiterwohnungsbau, in der Förderung der Berufsausbildung, in der Forschungsförderung im Bereich des
betrieblichen Gesundheitsschutzes mittels Untersuchungen zu sozialen
Fragen, die „Vergleiche zwischen der sozialen Entwicklung in den sechs
Ländern der Gemeinschaft zum ersten Male möglich gemacht und damit
die Grundlagen für die Aufstellung von Richtlinien für eine Sozialpolitik

der Hohen Behörde geliefert" haben, war die europäische Ebene bereits aktiv.[16]

Der auf die Ökonomien der Mitgliedstaaten fokussierte Einigungsprozess wurde also von Beginn an mit sozialen Hilfen und Ausgleichsmaßnahmen sowie Untersuchungen kombiniert, anfangs sogar weitergehend als in der späteren Europäischen Wirtschaftsgemeinschaft. Dies geschah freilich sektoral auf die Montanindustrie beschränkt und Transfereinkommenssysteme in diesem Sektor lediglich durch die Entschädigungszahlungen für entlassene Arbeitnehmer streifend. Motiv war bereits hier die Befürchtung negativer Folgen des gemeinsamen Marktes etwa für die Arbeitsplatzsicherheit und die Lohnentwicklung und damit für die Akzeptanz des Einigungsprozesses selbst. So war die Hohe Behörde gar befugt worden, in die Lohnpolitik einzugreifen, wenn die Löhne der Berg- und Stahlarbeiter unter das durchschnittliche Lohnniveau des betreffenden Mitgliedstaates geraten sollten oder „wenn ein Land durch Lohnsenkungspolitik Vorteile im Wettbewerb zu erlangen trachtet (‚Dumping')."[17]

Die substanziellen und im weiteren Sinne sozialpolitischen Bestimmungen des EWG-Vertrages beschränkten sich auf die Freizügigkeit der Arbeitnehmer, den Lohngleichheitsgrundsatz sowie die Einrichtung eines Europäischen Sozialfonds. Dagegen sollte in Fragen des Arbeits- und Koalitionsrechtes, der Beschäftigung, der sozialen Sicherheit, des Gesundheitsschutzes bei der Arbeit etc. lediglich eine Zusammenarbeit zwischen den Mitgliedstaaten durch die Kommission gefördert werden.[18] Ansonsten vertrauten die Vertragsparteien vielmehr auf die „eine Abstimmung der Sozialordnungen begünstigenden Wirkungen des gemeinsamen Marktes" (ehemals Artikel 117, heute Artikel 136 EG-Vertrag).

Die Verwirklichung der Freizügigkeit der Arbeitnehmer

Nachdem mit der Ausnahme der EG-Bürger von den nationalen Einwanderungsbestimmungen 1964/68 die Freizügigkeit der Arbeitskräfte rechtlich hergestellt worden war, regelten und förderten Gemeinschaft und Mitgliedstaaten diese mit der 1971 vom Rat verabschiedeten Verordnung Nr. 1408/71 „über die Anwendung der Systeme der sozialen

---

16 Informationsdienst der Hohen Behörde der Europäischen Gemeinschaft für Kohle und Stahl: Europa im Aufbau, Luxemburg 1957, S. 54ff.

17 Ludwig Heyde: Abriss der Sozialpolitik, 11. Aufl., Heidelberg 1959, S. 176

18 Peter Heyde: Internationale Sozialpolitik, Heidelberg 1960, S. 124f.

Sicherheit auf Arbeitnehmer und Selbständige sowie deren Familienangehörige, die innerhalb der Gemeinschaft zu- und abwandern" sowie mit deren Durchführungsverordnung,[19] in die später auch Studierende einbezogen wurden. Artikel 4 Absatz 4 der Verordnung bestimmt einschränkend: „Diese Verordnung ist weder auf die Sozialhilfe noch auf Leistungssysteme für Opfer des Krieges und seiner Folgen
anzuwenden." Die Verordnung scheidet damit zwischen *Systemen sozialer Sicherheit* einerseits und *Sozialhilfe* andererseits. Beide zusammen fallen mit ihren Geld-, Sach- und Dienstleistungen in der EU-Ter-
minologie unter den Begriff *Sozialschutz.*

Vom Gedanken einer Europäischen Sozialunion zur Phase stagnierender Integration

Mit dem *Sozialpolitischen Aktionsprogramm der Gemeinschaft für die
Jahre 1974-76* wurden die ersten sozialpolitischen Aktivitäten auf
Gemeinschaftsebene jenseits der klassischen, durch die Römischen
Verträge gedeckten Bereiche Freizügigkeit und Gleichstellung ange-
bahnt. Das Aktionsprogramm zielte zu dem Zeitpunkt, als sich erstmals nach dem II. Weltkrieg wieder deutlich steigende Arbeitslosigkeit in den europäischen Ländern zu entwickeln begann, auf Vollbeschäftigung, die Verbesserung der Lebens- und Arbeitsbedingungen
sowie eine stärkere Beteiligung der Arbeitgeber- und Arbeitnehmervertreter (*Sozialpartner*). Die Gemeinschaft wurde im Rahmen dieses
Aktionsprogramms aufgefordert, besondere Aktionsprogramme (nicht
sozialrechtliche Garantien) für Wanderarbeitnehmer und ihre Familien
auch aus Drittstaaten, für Behinderte, benachteiligte Bevölkerungsgruppen (Jugendliche und ältere Arbeitnehmer) sowie zur Bekämpfung von Armut zu erarbeiten.

Den Hintergrund des Aktionsprogramms bildete zum einen erneut
ein wirtschaftspolitisches Vorhaben: die (schließlich vergebliche) Be-
mühung Ende der 1960er/Anfang der 1970er Jahre um die Schaffung
einer Wirtschafts- und Währungsunion bis zum Jahr 1981. Der hierzu
an den luxemburgischen Premierminister *Pierre Werner* in Auftrag
gegebene und nach ihm benannte Bericht ging davon aus, dass die
Schaffung einer Wirtschafts- und Währungsunion an die Harmonisierung der Wirtschaftspolitiken sowie eine enge Abstimmung der So-

---

19   Verordnung (EWG) Nr. 574/72

zialpolitik, kurz: die Schaffung einer politischen Union gebunden sei, ohne die sie auf Dauer nicht bestehen könne. Zum anderen kamen mit dem Wechsel zur großen und schließlich zur sozial-liberalen Koalition aus Deutschland neue Impulse für eine stärkere Gewichtung der sozialen Dimension des Integrationsprozesses, während bis dahin Deutschland in ausgeprägt liberaler Orientierung die in sozialpolitischer Hinsicht ablehnendste Haltung unter den Regierungen der Mitgliedstaaten eingenommen hatte.[20]

In diese sozialpolitische Phase der Gemeinschaft fallen auch Richtlinien zur Geschlechtergleichheit im Arbeitsleben und im Sozialrecht. Doch erst mit der Präsidentschaft von *Jacques Delors'* kehrte die Sozialpolitik in das Gemeinschaftshandeln zurück, nachdem die zweite Hälfte der 1970er und erste Hälfte der 1980er Jahre insgesamt eher als sowohl konjunkturelle, als auch programmatische Krisenzeit der Gemeinschaft angesehen werden kann, als eine durch europapolitische Lethargie geprägte Phase der „*Eurosklerose*" (Wolfgang Kowalsky).

Binnenmarkt und soziale Mindeststandards – Die Ära Jacques Delors

Zum ersten Mal in der Geschichte des Integrationsprozesses wurde jenseits besagter klassischer Felder und des Aktionsprogramms systematisch begonnen, „sozialpolitische Pflöcke" (*George Ross*) einzuschlagen, wenn auch vornehmlich auf den Arbeitnehmerstatus und den *Sozialen Dialog* von Arbeitgeber- und Arbeitnehmervertretern und weniger, bzw. weniger erfolgreich, auf den *sozialen Staatsbürgerstatus* (*Thomas Marshall*) und die sozialen Sicherungssysteme bezogen. In einer Rede vor dem Kongress des Europäischen Gewerkschaftsbundes schlug Delors 1988 vor, das Binnenmarktprojekt um eine „‚Plattform garantierter sozialer Rechte' als gemeinsames Minimum für die nationalen Systeme und als Mandat für zukünftige europäische Gesetzgebung" zu ergänzen.[21] Die Delors-Kommission setzte auf die Stärkung und Institutionalisierung der Vertretung sowie die Einbindung weiterer Akteure, wie der Sozialpartner im und jenseits des

---

20 Gerold Ambrosius: Wirtschaftsraum Europa, Frankfurt am Main 1996, S. 90 und 139

21 Wolfgang Streeck: Vom Binnenmarkt zum Bundesstaat?, in: Stefan Leibfried und Paul Pierson (Hg.): Standort Europa. Europäische Sozialpolitik, Frankfurt am Main 1998, S. 384

Wirtschafts- und Sozialausschusses, der Kommunen und Regionen über den Ausschuss der Regionen sowie sozialpolitischer Nicht-Regierungsorganisationen, etwa über den Aufbau und die finanzielle Förderung eines Europäischen Armutsnetzwerkes (*European Anti Poverty Network – EAPN*). Die Strategie der Kommission beschreibt den Versuch, den Integrationsprozess wiederum zuvorderst über die ökonomische Integration (Binnenmarkt, WWU) zu beleben, diese allerdings stärker mit sozialpolitischen Initiativen zu verbinden und damit auszubalancieren. „Ohne mächtige politische Verbündete und gegen den Strom des neoliberalen Zeitgeistes schwimmend, hoffte die Delors-Kommission auf den Prozess der Marktintegration selbst bzw. darauf, dass hier Spannungen und Konflikte erzeugt würden, die den nationalen Regierungen deutlich machen könnten, dass der erfolgreiche Abschluss des Integrationsprozesses einen Umbau der Institutionen und Politiken der Gemeinschaft von einem Märkte herstellenden zu einem marktkorrigierenden Regime erforderte."[22]

Mit der *Einheitlichen Europäischen Akte (EEA)* von 1986 wurden die Gründungsverträge der Europäischen Wirtschaftsgemeinschaft erstmals im größeren Umfang reformiert. Ihren Kern stellte das Projekt des europäischen Binnenmarktes dar, wodurch sich wieder verstärkt Fragen nach der sozialen Dimension des Integrationsprozesses stellten. Direkt im Vertrag verankerte Fortschritte im sozialpolitischen Bereich brachte die Einheitliche Europäische Akte allerdings zunächst ‚nur' mit der Aufnahme einer stärkeren Verpflichtung zur territorialen „wirtschaftlichen und sozialen Kohäsion", mit der Einführung der Möglichkeit per Mehrheitsentscheidung Mindeststandards in den Bereichen Arbeitssicherheit und Gesundheitsschutz am Arbeitsplatz zu vereinbaren sowie mit ersten Schritten zur Institutionalisierung des *Sozialen Dialogs*. In Folge der EEA wurden jedoch zum einen die Strukturfondsmittel deutlich ausgeweitet, um den jüngst der Gemeinschaft beigetretenen südwesteuropäischen Staaten die Zustimmung zum Binnenmarkt zu erleichtern, von dem vor allem die wirtschaftlich stärksten Länder profitieren würden (sog. *Delors I Paket*). Zum anderen wurde eine *Gemeinschaftscharta der sozialen Grundrechte* in Angriff genommen, die die soziale Dimension des Integrationsprozesses bekräftigen und schützen sollte.

---

22 Wolfgang Streeck: Vom Binnenmarkt zum Bundesstaat?, in: Stefan Leibfried und Paul Pierson (Hg.): Standort Europa. Europäische Sozialpolitik, Frankfurt am Main 1998, S. 384

So formulierte der im Auftrag der Kommission zur Frage des Verhältnisses von Binnenmarkt und Sozialpolitik erstellte Bericht *Patrick Venturinis* 1988: „Die Idee eines Mindestsockels, verstanden als eine Charta von Grundrechten mit garantierten sozialen Minimalvorschriften, ist eine der denkbaren kurzfristigen Lösungen für das Problem des starken Gefälles in den sozialen Normen. Der Vorteil bestünde darin, dass nicht Gemeinschaftsnormen, die heute noch unrealistisch wären, sondern ein Rahmen und eine gemeinsame Minimalreferenz für die nationalen Systeme empfohlen werden."[23] 1989 legte die Kommission einen Vorentwurf für die Gemeinschaftscharta der sozialen Grundrechte vor. In diesem war unter anderem der Satz enthalten: „Alle Arbeitnehmer, denen der Arbeitsmarkt verschlossen bleibt, ohne dass sie weiterhin Anspruch auf Leistungen bei Arbeitslosigkeit haben, sowie diejenigen, die nicht über ausreichende Mittel für ihren Lebensunterhalt verfügen, müssen die Möglichkeit erhalten, ein Mindesteinkommen und eine angemessene Sozialhilfe zu beziehen."[24] Dieses Bekenntnis zu einem gemeinschaftsweiten Recht auf Mindestsicherung/Sozialhilfe, das als Versuch angesehen werden kann, vom binnenmarktzentrierten *Arbeitnehmer*recht zu einem sozialen *Staatsbürger*recht zu kommen, ging jedoch einigen Regierungen im Hinblick auf den Personenkreis sowie die sozialpolitischen Zielsetzungen zu weit. Ohne die einzelnen Etappen der Verhandlung der Charta nachzeichnen zu müssen, reicht es hier aus, den Endpunkt des ambitionierten Projektes Sozialcharta zu skizzieren: Übrig geblieben ist eine feierliche politische Erklärung von elf der zwölf Mitgliedstaaten. Die Regierung des Vereinigten Königreiches war auch nach weiteren Abstrichen am Inhalt der Charta im Zuge der Beratungen im Rat der Arbeits- und Sozialminister entschieden gegen das Dokument. Als Gemeinschaftscharta der sozialen Grundrechte der *Arbeitnehmer* bezog sie sich nicht mehr auf alle Gemeinschafts*bürger*. Statt von einem Recht auf „ein Mindesteinkommen und eine angemessene Sozialhilfe" ist nunmehr nur von „ausreichenden Leistungen" und „Zuwendungen" die Rede, die der „persönlichen Lage angemessen sind". Zur Umsetzung der Sozialcharta wurde ein Aktionsprogramm der Gemeinschaft verabschiedet.

Die Bereitschaft und Bemühungen einzelner Nationalregierungen und Kommissionsdienststellen sowie das Interesse der Gewerkschaften und

---

23 Patrick Venturini: Ein europäischer Sozialraum für 1992, hg. von der Kommission der Europäischen Gemeinschaften, Brüssel und Luxemburg 1988, S. 74

24 zit. nach Bernd Schulte: Das Recht auf ein Mindesteinkommen in der Europäischen Gemeinschaft, in: Sozialer Fortschritt, Heft 1/1991, S. 8

sozialen Nichtregierungsorganisationen, weitere wirtschaftliche Integrationsschritte mit sozialpolitischen Mindeststandards zu verbinden, stiegen nochmals angesichts der Vereinbarung der Wirtschafts- und Währungsunion im *Maastrichter Vertrag* von 1992. Wie bereits bei der Einheitlichen Europäischen Akte wurden als Kompensation die Strukturfondsmittel im Zuge des *Delors-II-Paketes* ausgeweitet und nunmehr auch über einen sogenannten *Kohäsionsfonds* für die vier wirtschaftlich schwächsten Mitgliedstaaten verwandt. Die sozialpolitischen Artikel des Maastrichter Vertrages sollten ein deutliches Mehr an Sozialpolitik auf europäischer Ebene ermöglichen. Nachdem bereits das *Sozialpolitische Aktionsprogramm* von 1972 und die *Sozialcharta* von 1989 die in sie gesetzten progressiven sozialpolitischen Erwartungen nicht erfüllten, gelang es der Regierung des Vereinigten Königreiches hier jedoch wiederum, das Setzen sozialpolitischer Akzente weitgehend zu verhindern. Indem die restlichen elf Mitgliedstaaten die vorgesehenen (durch Kompromissangebote in Richtung der britischen Position abgeschwächten) neuen sozialpolitischen Vertragsbestimmungen, insbesondere zum *Sozialen Dialog*, zu Mehrheitsentscheidungen und der Möglichkeit, einstimmig sozialleistungsrechtliche Mindeststandards zu vereinbaren, im Rahmen eines dem Vertrag beigefügten Protokolls verabschiedeten, gelang es, mit dem Mittel einer *variablen Geometrie* (Vereinbarungen, die nur für ein Teilgebiet der Union gelten) diesen sozialpolitischen Integrationsschritt dennoch nicht gänzlich scheitern zu lassen. Dass die Möglichkeit, Mindeststandards im Sozialschutz zu vereinbaren, bislang jedoch nicht genutzt wurde, liegt sicher nicht zuletzt an der strategischen Umorientierung bzw. Vereinseitigung, die (nicht nur) weite Teile EU-europäischer Sozialpolitik bald nach dem Maastrichter Vertragsschluss kennzeichnete.

1993 und 1994 veröffentlichte die Kommission Weißbücher zu Wachstum, Wettbewerbsfähigkeit und Beschäftigung sowie zur Sozialpolitik.[25] Beide geben in ihrer Interpretation sozialpolitischer Herausforderungen und zielführender Wege hin zu stärkerer sozialer Inklusion sowie weniger Arbeitslosigkeit der Förderung der Wiedereingliederung in Erwerbstätigkeit Priorität. In der Tat erreichten sowohl die Sozialschutzausgaben (1993) als auch die Arbeitslosenquoten (1994) zur Zeit

---

25 Kommission der Europäischen Gemeinschaften: Wachstum, Wettbewerbsfähigkeit, Beschäftigung. Herausforderungen der Gegenwart und Wege ins 21. Jahrhundert, Weißbuch, Brüssel 1993. Europäische Kommission, Generaldirektion Beschäftigung, Arbeitsbeziehungen und soziale Angelegenheiten: Europäische Sozialpolitik. Ein zukunftsweisender Weg für die Union, Weißbuch, Luxemburg 1994

der beiden Weißbücher EU-weit betrachtet ihren bisherigen Höhepunkt. Der Wechsel der Kommission 1995 von *Jacques Delors* zu *Jacques Santer*, die weniger gewerkschaftsorientiert und schwächer als die Delors-Kommission agierte, bestätigte die Wende der politischen Strategie, weg von einem Ausbau der Sozialregulierung, hin zu einer Umgestaltung der Arbeitsmärkte und der sie rahmenden Institutionen, um in einem globalen Standortwettbewerb zu bestehen.

Die Offene Methode der Koordination in der Wirtschafts- und Währungsunion

Direkt bezogen auf die sozialpolitischen Kompetenzen der europäischen Ebene im Zusammenwirken mit den Mitgliedstaaten brachte der *Amsterdamer Vertrag* zwei entscheidende Neuerungen. Einmal wurde das Sozialprotokoll des Maastrichter Vertrages in den EG-Vertrag integriert und damit für alle Mitgliedstaaten verbindlich. Entscheidend erleichtert haben dürfte dies der Regierungswechsel im Vereinigten Königreich. Die Folge, dass es nunmehr nach dem Vertrag – wenn auch unter der hohen Hürde der Einstimmigkeit – möglich ist, Mindeststandards auf europäischer Ebene auch für die Systeme der sozialen Sicherheit und des weiteren Sozialschutzes zu vereinbaren, muss als großer Fortschritt für die Sozialpolitik im europäischen Mehrebenensystem gewertet werden. Die zweite bedeutende Neuerung betrifft die Politik gegen Armut und soziale Ausgrenzung, indem jenseits des Einbezugs des Sozialprotokolls ein neuer Absatz in den Artikel 137 eingefügt wurde. Demnach kann der Ministerrat zur Bekämpfung sozialer Ausgrenzung per Mehrheitsbeschluss Maßnahmen annehmen, „die dazu bestimmt sind, die Zusammenarbeit zwischen den Mitgliedstaaten durch Initiativen zu fördern, die die Verbesserung des Wissensstandes, die Entwicklung des Austausches von Informationen und bewährten Verfahren, die Förderung innovativer Ansätze und die Bewertung von Erfahrungen zum Ziel haben."[26] Damit wurde eine ausdrückliche vertragliche Rechtsgrundlage für die europäische Armutspolitik geschaffen, deren Fehlen 1994 noch das vierte Armutsprogramm der Gemeinschaft vor dem Europäischen Gerichtshof zu Fall brachte. In dem besagten Artikel wird die mögliche Politik der Ge-

---

26   Artikel 137 Absatz 2 letzter Satz EG-Vertrag in der Fassung von Amsterdam 1997

meinschaft zu Armutsfragen in einer Weise beschrieben, die die spätere *Offene Methode der Koordination* legitimiert. Wie die Vertragsreformen von Maastricht und Amsterdam sollte auch der erneute Anlauf in Form des *Nizza-Vertrages* vom Dezember 2000 den entscheidenden Durchbruch für institutionelle Reformen bringen, die es ermöglichen, die zwölf Beitrittskandidaten schrittweise in die Union aufzunehmen, ohne die Handlungsfähigkeit der gemeinschaftlichen Institutionen und Entscheidungsprozesse zu überfordern. Mit der Reform ist die beabsichtigte Abarbeitung der noch offenen Fragen aus der Agenda von Maastricht und Amsterdam, insbesondere die Zusammensetzung der Kommission sowie die Anwendung des Mehrheitsprinzips und die Änderung der nationalen Stimmengewichte bei Abstimmungen im Ministerrat, erneut nicht gelungen. Auf sozialpolitischem Gebiet brachte die Vertragsreform keine Veränderungen. In den sozialpolitisch zentralen Artikel 137 wurde die Möglichkeit aufgenommen, in einigen Fragen (Kündigung, Kollektivvertretung und Mitbestimmung, Beschäftigungsbedingungen der Angehörigen von Nicht-EU-Staaten) per einstimmigem Beschluss des Ministerrates vom Einstimmigkeits- zum Mehrheitsprinzip für die Verabschiedung von Richtlinien über Mindestvorschriften überzugehen. Von dieser Möglichkeit wurde aber einzig der Bereich der sozialen Sicherheit und des sozialen Schutzes der Arbeitnehmer ausgenommen.

Artikel 137 EG-Vertrag in der Fassung von Nizza

(1) Zur Verwirklichung der Ziele des Artikels 136 unterstützt und ergänzt die Gemeinschaft die Tätigkeiten der Mitgliedstaaten auf folgenden Gebieten:

a) Verbesserung insbesondere der Arbeitsumwelt zum Schutz der Gesundheit und Sicherheit der Arbeitnehmer,

b) Arbeitsbedingungen,

c) soziale Sicherheit und sozialer Schutz der Arbeitnehmer,

d) Schutz der Arbeitnehmer bei Beendigung des Arbeitsvertrages,

e) Unterrichtung und Anhörung der Arbeitnehmer,

f) Vertretung und kollektive Wahrnehmung der Arbeitnehmer- und Arbeitgeberinteressen, einschließlich der Mitbestimmung, vorbehaltlich des Absatzes 5,

g) Beschäftigungsbedingungen der Staatsangehörigen dritter Länder, die sich rechtmäßig im Gebiet der Gemeinschaft aufhalten,

h) berufliche Eingliederung der aus dem Arbeitsmarkt ausgegrenzten Personen, unbeschadet des Artikels 150,

i) Chancengleichheit von Männern und Frauen auf dem Arbeitsmarkt und Gleichbehandlung am Arbeitsplatz,

j) Bekämpfung der sozialen Ausgrenzung,

k) Modernisierung der Systeme des sozialen Schutzes, unbeschadet des Buchstaben c).

(2) Zu diesem Zweck kann der Rat

a) unter Ausschluss jeglicher Harmonisierung der Rechts- und Verwaltungsvorschriften der Mitgliedstaaten Maßnahmen annehmen, die dazu bestimmt sind, die Zusammenarbeit zwischen den Mitgliedstaaten durch Initiativen zu fördern, die die Verbesserung des Wissensstandes, die Entwicklung des Austausches von Informationen und bewährten Verfahren, die Förderung innovativer Ansätze und die Bewertung von Erfahrungen zum Ziel haben;

b) in den in Absatz 1 Buchstaben a) bis i) genannten Bereichen unter Berücksichtigung der in den einzelnen Mitgliedstaaten bestehenden Bedingungen und technischen Regelungen durch Richtlinien Mindestvorschriften erlassen, die schrittweise anzuwenden sind. Diese Richtlinien sollen keine verwaltungsmäßigen, finanziellen oder rechtlichen Auflagen vorschreiben, die der Gründung und Entwicklung von kleinen und mittleren Unternehmen entgegenstehen.

Der Rat beschließt gemäß dem Verfahren des Artikels 251 nach Anhörung des Wirtschafts- und Sozialausschusses sowie des Ausschusses der Regionen, außer in den in Absatz 1 Buchstaben c), d), f) und g) genannten Bereichen, in denen er einstimmig auf Vorschlag der Kommission nach Anhörung des Europäischen Parlaments und der genannten Ausschüsse beschließt. Der Rat kann einstimmig auf Vorschlag der Kommission nach Anhörung des Europäischen Parlaments beschließen, dass das Verfahren des Artikels 251 auf Absatz 1 Buchstaben d), f) und g) angewandt wird.

(3) Ein Mitgliedstaat kann den Sozialpartnern auf deren gemeinsamen Antrag die Durchführung von aufgrund des Absatzes 2 angenommenen Richtlinien übertragen.

(4) Die aufgrund dieses Artikels erlassenen Bestimmungen

– berühren nicht die anerkannte Befugnis der Mitgliedstaaten, die Grundprinzipien ihres Systems der sozialen Sicherheit festzulegen, und dürfen das finanzielle Gleichgewicht dieser Systeme nicht erheblich beeinträchtigen;

– hindern die Mitgliedstaaten nicht daran, strengere Schutzmaßnahmen beizubehalten oder zu treffen, die mit diesem Vertrag vereinbar sind.

(5) Dieser Artikel gilt nicht für das Arbeitsentgelt, das Koalitionsrecht, das Streikrecht sowie das Aussperrungsrecht.

Quelle: Vertrag zur Gründung der Europäischen Gemeinschaft vom 25. März 1957, in der Fassung des Vertrages über die Europäische Union vom 7. Februar 1992, zuletzt geändert durch den Vertrag von Nizza vom 26. Februar 2001

Eine wesentliche Konsequenz des weitgehenden Scheiterns der Nizzaer Vertragsreform ist die Einigung der nationalen Regierungschefs auf
das Einsetzen eines *Verfassungskonvents*, der nach dem Vorbild des
Konvents zur Ausarbeitung einer Grundrechtscharta Vorschläge für
die Reform der Institutionen, Kompetenzen und Entscheidungsprozesse erarbeiten sollte. Der Konvent zur *Grundrechtscharta* tagte
1999/2000 und nahm in der schließlich in Nizza als rechtsunverbindli-
che feierliche Erklärung (nicht Vertragsbestandteil) angenommenen
Charta im Artikel 34 auch soziale Grundrechte auf. In ihm anerkennt
und achtet die Union das Recht auf „Leistungen der sozialen Sicherheit", auf „eine soziale Unterstützung und eine Unterstützung für die
Wohnung" gemäß den einzelstaatlichen und gemeinschaftsrechtlichen
Bestimmungen, damit jedoch nicht das Recht auf eine Arbeitslosenunterstützung, eine Wohnung oder auf Sozialhilfe, so hierfür nationale
und gemeinschaftliche Rechtsgarantien fehlen.

Grundrechtscharta Artikel 34
(Soziale Sicherheit und soziale Unterstützung)

Die Union anerkennt und achtet das Recht auf Zugang zu den Leistungen
der sozialen Sicherheit und zu den sozialen Diensten, die in Fällen wie
Mutterschaft, Krankheit, Arbeitsunfall, Pflegebedürftigkeit oder im Alter
sowie bei Verlust des Arbeitsplatzes Schutz gewährleisten, nach Maßgabe
des Gemeinschaftsrechts und der einzelstaatlichen Rechtsvorschriften und
Gepflogenheiten.

Jede Person, die in der Union ihren rechtmäßigen Wohnsitz hat und ihren
Aufenthalt rechtmäßig wechselt, hat Anspruch auf die Leistungen der sozialen Sicherheit und die sozialen Vergünstigungen nach dem Gemeinschaftsrecht und den einzelstaatlichen Rechtsvorschriften und Gepflogenheiten.

Um die soziale Ausgrenzung und die Armut zu bekämpfen, anerkennt und
achtet die Union das Recht auf eine soziale Unterstützung und eine Unterstützung für die Wohnung, die allen, die nicht über ausreichende Mittel
verfügen, ein menschenwürdiges Dasein sicherstellen sollen, nach Maßgabe des Gemeinschaftsrechts und der einzelstaatlichen Rechtsvorschriften
und Gepflogenheiten.

Quelle: Charta der Grundrechte der Europäischen Union vom 7. Dezem-
ber 2000

Welche Wirkung dieser Artikel entfalten kann, dürfte sich erst im Falle
der Ratifizierung des Verfassungsvertrages sowie letztlich erst durch die
Rechtsprechung des Europäischen Gerichtshofes zeigen. Die Formulie-

rung „anerkennt und achtet" sowie der jeweils letzte Halbsatz (Refrain) der drei Absätze des Artikel 34: „nach Maßgabe des Gemeinschaftsrechts und der einzelstaatlichen Rechtsvorschriften und Gepflogenheiten" weisen jedoch in eine wenig ambitionierte Richtung. „Die ‚Union anerkennt und achtet', d.h. sie ist nicht zu aktivem Schutz verpflichtet, sondern unterliegt einer Unterlassungspflicht, das anerkannte Recht nicht zu verletzen."[27] Die Bestimmung des Grundrechtsgehaltes wird mit dem Refrain dem einfachen Gesetzgeber überantwortet. Bislang fehlen jedoch neben einem maßgeblichen Gemeinschaftsrecht etwa in (Teilen von) Italien, Griechenland und Ungarn einzelstaatliche Rechtsvorschriften und Gepflogenheiten, die imstande wären, jedem Bürger die im dritten Absatz genannte soziale Unterstützungsleistung (Sozialhilfe) zuzusichern.

Die sozialpolitische Agenda von Nizza

Quelle: Europäische Kommission: Die Beschäftigungs- und Sozialpolitik der EU 1999-2001: Arbeit, Zusammenhalt, Produktivität, Luxemburg 2001, S. 13

Schließlich beschloss der Europäische Rat von Nizza eine neue *Sozialpolitische Agenda*. Um das strategische Ziel des Europäischen Rates von Lissabon für das Jahr 2010 zu erreichen, müssten Wirtschafts-, Beschäftigungs- und Sozialpolitik aufeinander abgestimmt werden und sich einander ergänzen. Dieses *magische Dreieck* wurde in Nizza zum Kern der sozialpolitischen Agenda, des Arbeitsprogramms zur

---

27   Stefan Barriga: Die Entstehung der Charta der Grundrechte der Europäischen Union, Baden-Baden 2003, S. 127

Sozialpolitik der Union für die Jahre 2001-2005, erklärt. Ihr „Leit-
prinzip" sollte darin bestehen, „dass die Rolle der Sozialpolitik als
produktiver Faktor verstärkt wird". Bei diesem Arbeitsprogramm gehe
es nicht darum, zu sozialpolitischen Harmonisierungen zu kommen,
neue Rechtsvorschriften zu erlassen oder mehr finanzielle Mittel auf
europäischer Ebene zu bewegen, angestrebt würden vielmehr gemeinsame europäische Ziele sowie eine verbesserte Koordinierung der Sozialpolitiken im Zusammenhang mit dem Binnenmarkt und der Ge-
meinschaftswährung. Ziel sei eine Steigerung der „Qualität" von Sozialpolitik, die voraussetze, „dass ein hohes Maß an Sozialschutz gegeben ist, dass allen Menschen in Europa angemessene soziale Dienstleistungen zur Verfügung stehen, dass jedermann echte berufliche
Möglichkeiten hat und dass Grundrechte und soziale Rechte garantiert
sind." Verwirklichen sollen sich das Lissaboner strategische Ziel sowie die Nizzaer Ziele der sozialpolitischen Agenda „mittels der Verbesserung der bestehenden Prozesse (...), wobei eine neue offene Methode der Koordinierung auf allen Ebenen, gekoppelt an eine stärkere
Leitungs- und Koordinierungsfunktion des Europäischen Rates, eingeführt wird",[28] die vor allem in den Bereichen einen „europäischen Zu-
satznutzen" bringen soll, „in denen wenig Spielraum für legislative
Lösungen besteht."[29] Insofern blieb der Kommission und den Mitgliedstaaten, die sich nicht auf ein Mehr an europäischem Zusammenwirken geeinigt hatten, auch wenig anderes übrig, als auf eine Zusammenarbeit jenseits von Rechtsinstrumenten in Form einer *Offenen
Methode der Koordination* zu setzen. Als gleichschenklig kann das
magische Dreieck aber nicht nur deshalb nicht gelten. Das Verständnis
von Sozialpolitik und ihrer Rolle ist den wirtschafts- und beschäftigungspolitischen Fragen als produktiver – statt zumindest *auch* aus-
gleichender – Faktor untergeordnet.

Als Strategie der Gestaltung politischer Prozesse im europäischen
Mehrebenensystem geht die Offene Methode der Koordination zurück
auf den christdemokratischen luxemburgischen Premierminister *Jean-
Claude Juncker*, der angesichts des Streites um eine Beschäftigungs-
politik auf europäischer Ebene zwischen Frankreich (pro) und
Deutschland (contra) eine *koordinierte Beschäftigungsstrategie* vor-

---

28 Europäische Kommission, Generaldirektion Beschäftigung und Soziales: Sozialpoli-
    tische Agenda. Mitteilung, Luxemburg 2000, S. 7, 14 und 3
29 Kommission der Europäischen Gemeinschaften: Stärkung der sozialen Dimension
    der Lissaboner Strategie. Straffung der offenen Koordinierung im Bereich Sozial-
    schutz. Mitteilung, Brüssel 2003, S. 11

schlug, die sich über gemeinsame Leitlinien und Ziele, nationale Aktionspläne und einen europäischen Bericht sowie unterstützende europäische Fördergelder für beschäftigungspolitische Maßnahmen verwirklicht. Die mittlerweile zahlreichen offenen Koordinierungsprozesse (in der Beschäftigungs-, Armuts-, Renten-, Gesundheitspolitik etc.) unterscheiden sich erheblich im Stand ihrer Implementierung und in ihrem Stellenwert im Kontext der weiteren jeweiligen Maßnahmen auf europäischer Ebene, die sich aus den Bestimmungen der europäischen Verträge und ihrer Nutzung ergeben. Gemeinsam sollen ihnen folgende Bestandteile sein:

- Leitlinien inklusive eines konkreten Zeitplanes zu ihrer Verwirklichung mittels kurz-, mittel- und langfristiger Ziele;
- gegebenenfalls quantitative und qualitative Indikatoren und Benchmarks (Richtgrößen);
- Umsetzung der Leitlinien in nationale und regionale Politik mittels konkreter Ziele und Maßnahmen;
- regelmäßige Überwachung, Bewertung und gegenseitige Prüfung.

Die offene Koordinierungsmethode im Beschäftigungsbereich sieht auch förmliche Empfehlungen an einzelne Mitgliedstaaten zu einzelnen beschäftigungspolitischen Fragen und Maßnahmen vor. Ergänzt wird die Methode in diesem Politikfeld über Vereinbarungen der Sozialpartner und Rechtsakte der Kommission (zum Beispiel zur Arbeitszeit, zu Teilzeitbeschäftigung und befristeten Beschäftigungsverhältnissen), während diese im Bereich des Sozialschutzes – außer die Kohäsion der Systeme der sozialen Sicherheit betreffend – nicht genutzt werden.

Betrachtet man die Diskrepanz und Rangfolge zwischen der Verbindlichkeit ökonomischer Integration, haushaltspolitischer Rahmensetzung (Konvergenzkriterien) sowie der Konkretion und Stoßrichtung der beschäftigungspolitischen und armutspolitischen offenen Koordinierung, bleibt ein gehöriges Ungleichgewicht von ökonomischen, politischen und sozialen Zielen sowie ihrer Verfolgung festzustellen. In der Beschäftigungspolitik wurde etwa neben der Erhöhung der Beschäftigungsquote auf unionsweit insgesamt 70 Prozent der erwerbsfähigen Bevölkerung (für Frauen auf 60 Prozent und für ältere Beschäftigte auf 50 Prozent) bis 2010 eine Erhöhung des durchschnittlichen Renteneintrittsalters um fünf Jahre vereinbart. In der Armutspolitik scheiterte hingegen bislang ein Vorschlag der Kommission, das Ziel der signifikanten Reduzierung der Armut und sozialen Ausgren-

zung in der Union bis 2010 dadurch zu konkretisieren, bis dahin eine
Halbierung der Armutsquote (ausgehend vom Wert des Jahres 1997)
als Zielvorgabe zu vereinbaren.

Insgesamt sollen mit Hilfe der *Offenen Methode der Koordination*
nationale Politikfelder innerstaatlich und innerhalb der EU, zwischen
den EU-Staaten und zwischen Kommission und den jeweiligen Regierungen evaluiert und bezogen auf Stärken und Schwächen hinterfragt
werden. Die Methode sucht das Medium der öffentlichen Diskussion,
um gleichsam EU-intern best-practice Beispiele und die an ihnen ge-
wonnenen Erfahrungen als Anreize an nationale Politik weiter zu
vermitteln und umgekehrt auch Schwächen öffentlich zur Debatte zu
stellen. Unter anderem von deutscher Seite wurden derartige Prozesse
anfangs skeptisch wahr- und angenommen.[30] Diese Zurückhaltung
nicht zuletzt der lokalen und regionalen politischen Ebenen gegenüber
der Methode wird zum Einen dadurch befördert, dass deren Mehrwert
gerade für Fragen lokaler und regionaler Sozialpolitik mitunter nicht
leicht zu erkennen – bisweilen womöglich auch gar nicht vorhanden –
ist. Zum Anderen bleiben in diesem Prozess letztlich doch die Nationalregierungen und die Kommission die starken Akteure, während der
Einfluss der Gebietskörperschaften auf die Formulierung der Ziele,
der Berichte und der zu empfehlenden Auswahl an bewährten Verfahren und innovativen Ansätzen gering ist.

Es verbinden sich durchaus gegenläufige Erwartungen und Ziele
mit der offenen Koordinierungsmethode, was zum Beispiel erklärt,
dass im Bereich der Politik gegen Armut und soziale Ausgrenzung
sowohl die im Europäischen Armutsnetzwerk organisierte Armutslob-
by im Sinne einer auf sozialen Rechten basierenden Strategie, als auch
die Kommission im Sinne einer einerseits aktivierenden, Sozialkosten
verringernden, andererseits die Sozialschutzsysteme armutsfest gestal-
tenden Vorgehensweise, die Methode forcierten und forcieren. Die
Kommission lässt bei den Vorschlägen zur Konkretisierung den unterschiedlich herausgeforderten und interessierten Mitgliedstaaten beachtlichen Spielraum: sie sollen in Bereiche investieren können, die
sie als besonders relevant für den nationalen Kontext ermittelt haben.
Damit wird zunächst völlig auf eine politisierende Fokussierung und

---

30   siehe etwa Bundesrat: Beschluss des Bundesrates zum deutschen Positionspapier für
     den Europäischen Rat in Stockholm am 23./24. März 2001: Für ein innovatives Eu-
     ropa – Wachstumspotenzial und sozialen Zusammenhalt stärken. Drucksache 86/01
     (Beschluss) vom 9. März 2001, Berlin 2001

Förderung bestimmter Maßnahmen in bestimmten Politikbereichen verzichtet.

Zugleich mahnt die Kommission auch, „sich der finanziellen Beschränkungen bewusst zu sein", die sich aus den „nationalen budgetären Verpflichtungen einerseits und den Grundzügen der Wirtschaftspolitik und dem Stabilitäts- und Wachstumspakt andererseits" ergeben.[31] Andererseits leistet die Offene Methode sicher einen wichtigen Beitrag, um zu verhindern, dass auf Unionsebene kompetenzmäßig und/oder realpolitisch schwach verankerte Politikfelder von der Tagesordnung verschwinden. Diese Methode bietet überdies den nationalen Nichtregierungsorganisationen, den kommunalen und regionalen politischen Ebenen, der scienfitic community und der weiteren Fachöffentlichkeit wichtige Argumentationshilfen und Informationen, die Ziele, Indikatoren, Berichte und Studien in ihren nationalen Kontexten in gleicher Weise zu nutzen. In Deutschland gibt es Anzeichen, die Koordinierungsmethode auch auf regionaler Ebene anzudenken. Prinzipiell bleibt dabei das Dilemma bestehen, dass Vertragspartner der EU die jeweilige nationale Regierung ist, die Verantwortlichkeiten für einzelne Politikfelder hingegen je nach Staatsaufbau zum Teil an ganz anderer Stelle liegen, in Deutschland besonders akzentuiert nicht nur durch den Föderalismus, sondern auch durch das verfassungsrechtlich garantierte Recht auf kommunale Selbstverwaltung.

Dass sich auch bei einigen Nationalregierungen Bedenken gegen den neuen sozialpolitischen Ansatz der offenen Koordinierung auf Unionsebene regen, liegt unter anderem daran, dass neben dem Bereich Armut/Ausgrenzung ein erster Zyklus an nationalen Berichten zur sozialen Sicherung im Alter durchlaufen wurde und sich ein weiterer Prozess für die Systeme der Gesundheitsversorgung und Pflege im Aufbau befindet. Daneben gilt es ferner, die *koordinierte Beschäftigungsstrategie* sowie die Abstimmung über die *Grundzüge der Wirtschaftspolitik* zu betreiben und zu koordinieren. Somit bestand und besteht in der Tat die Gefahr, dass die Effizienz dieses Mechanismus dadurch weiter geschwächt wird, dass eine Vielzahl von Zielen, Berichten oder Aktionsplänen usw. doppelte bzw. widersprüchliche sozialpolitische Botschaften aussenden, ohne eine konsistente praktische Politik seitens der Mitgliedstaaten gewährleisten zu können. Die Koordinierungsmethode bleibt dabei insgesamt in dem Dilemma gefangen,

---

31 Europäische Kommission, Generaldirektion Beschäftigung und Soziales: Gemeinsamer Bericht über die soziale Eingliederung, Brüssel und Luxemburg 2002, S. 14f.

einerseits die sozialpolitische gestalterische Macht im Nationalstaat belassen zu wollen, damit andererseits den Nutzen ihrer Veranstaltung nicht sichern zu können. Vor allem durch die Kombination von gemeinsamem Wirtschaftsraum und einer an strenge Stabilitätskriterien gekoppelten Währungsunion bei gleichzeitig weiterhin national zu betreibender Lohn-, Steuer- und Sozialpolitik droht so weiter Ländern mit hohen Sozialstandards eine Dumpingkonkurrenz, während für Staaten mit niedrigen Standards die Möglichkeit bzw. Durchsetzbarkeit ihrer Erhöhung mindestens begrenzt bleibt.

Ausblick: Europäische Verfassung

Der im Juli 2003 fertiggestellte Entwurf des Konvents für einen Europäischen Verfassungsvertrag ist in Bezug auf die sozialpolitischen Kompetenzen in dreierlei Hinsicht von Bedeutung. Erstens enthält er die Aufnahme der Grundrechtscharta in den Vertrag, die damit von einer feierlichen Erklärung zu Verfassungsrecht werden soll. Zweitens sind für den Beschluss von Mindestvorschriften im Sozialschutz keine Änderungen der Bestimmungen im Vergleich zum Status quo (Vertrag von Nizza) vorgesehen. Drittens ist es gleichwohl zu kleineren neuen sozialpolitischen Bestimmungen gekommen. Der bisherige Artikel 140 EGV[32] ist im Sinne einer stärkeren Verankerung der offenen Koordinierungsmethode im Vertrag und einer Stärkung der Rolle des Europäischen Parlaments in ihr ergänzt worden. Die im Oktober 2004 von den Staats- und Regierungschefs aller 25 Mitgliedsstaaten in Rom unterzeichnete Verfassung hat die Regelungen übernommen. Nachdem im anschließenden Ratifizierungsprozess bereits zehn Mitgliedstaaten den Verfassungsvertrag per Parlamentsbeschluss (etwa Deutschland) oder Volksabstimmung (etwa Spanien) annahmen, lehnten im Mai und Juni 2005 die Franzosen und Niederländer den Vertrag in Volksabstimmungen mehrheitlich ab. Seitdem liegt der weitere Ratifizierungsprozess auf Eis und wird über mögliche Änderungen am Verfahren und Vertragswerk nachgedacht.

---

32   Artikel III-107 im Verfassungsentwurf

4.3.2 Themenfelder gemeinschaftlicher Sozialpolitik

Gleichstellung der Geschlechter

Der geschlechterbezogene Lohngleichheitsgrundsatz ist die einzige sozialpolitische Frage, in der bereits im Gründungsvertrag der Europäischen Wirtschaftsgemeinschaft eine Standardisierung binnen vier Jahren vereinbart wurde.[33] Dabei ist eine faktische Angleichung allerdings auch heute noch nicht erreicht. Die Gleichstellung der Geschlechter gehört mittlerweile zu den grundlegenden Werten und Zielen europäischer Politik, die auch vergleichsweise stark öffentlich wahrgenommen wird und sich im Zuge des *Gendermainstreaming* durch alle Politikbereiche auf europäischer Ebene zieht (etwa im Bereich Forschung, Armut/Ausgrenzung, Beschäftigung). Dabei geht sie inzwischen weit über den anfänglichen Fokus auf Fragen der Arbeitnehmerfreizügigkeit und des Wettbewerbs von Lohn- und Sozialkosten im Binnenmarkt hinaus und wird eher als eine Frage der Grundrechte thematisiert. Nach den verschiedenen Vertragsreformen verpflichten sich Gemeinschaft und Mitgliedstaaten inzwischen in vier Artikeln, die Gleichstellung von Männern und Frauen zu fördern und Ungleichheiten zu beseitigen (Artikel 3), erforderlichenfalls Vorkehrungen gegen Diskriminierung aus Gründen des Geschlechts zu beschließen (Artikel 13), ihre Chancengleichheit auf dem Arbeitsmarkt und ihre Gleichbehandlung am Arbeitsplatz ggf. durch Mindestvorschriften zu gewährleisten (Artikel 137) sowie gleiches Entgelt durchzusetzen und Maßnahmen *positiver Diskriminierung*[34] zuzulassen (Artikel 141). Im Jahr 1976 verabschiedete der Rat die Richtlinie 76/207/EWG zur Gleichbehandlung beim Zugang zur Beschäftigung, zur Berufsausbildung, zum beruflichen Aufstieg sowie in Bezug auf die Arbeitsbedingungen.[35] Im Jahr 1978 folgte eine Richtlinie (79/7/EWG) „zur schrittweisen Verwirklichung des Grundsatzes der Gleichbehandlung von Männern und Frauen im Bereich der sozialen

---

33 konkretisiert durch die Richtlinie 75/117/EWG der Rates vom 10. Februar 1975 zur Angleichung der Rechtsvorschriften der Mitgliedstaaten über die Anwendung des Grundsatzes des gleichen Entgelts für Männer und Frauen

34 Beispiel: bevorzugte Einstellung von Frauen bei gleicher Eignung.

35 In Deutschland wurde sie beispielsweise im Jahr 1981 relevant, als einer Bewerberin mit dem Argument eine Anstellung versagt wurde, das betreffende Unternehmen stelle für entsprechende Positionen ausschließlich Männer ein. Siehe hierzu, Volker Eichener: Das Entscheidungssystem der Europäischen Union, Opladen 2000, S. 42f.

Sicherheit", nach der der Gleichbehandlungsgrundsatz sowohl in den Schutzsystemen für die Risiken Krankheit, Invalidität, Alter, Arbeitsunfall, Berufskrankheit und Arbeitslosigkeit als auch bei Sozialhilferegelungen Anwendung finden muss. Im Dezember 1995 einigten sich die europäischen Sozialpartner zum ersten Mal auf Gemeinschaftsebene auf eine (1996 in die Richtlinie 96/34/EG überführte) Rahmenvereinbarung zum Elternurlaub, die Männern und Frauen unter anderem ein individuelles Recht auf einen Elternurlaub von mindestens drei Monaten garantiert. Im Dezember 2004 folgte eine Richtlinie (2004/113/EG) „zur Verwirklichung des Grundsatzes der Gleichbehandlung von Männern und Frauen beim Zugang zu und bei der Versorgung mit Gütern und Dienstleistungen". Sie schränkt zukünftig unter anderemdie Anwendung geschlechtsspezifischer versicherungsmathematischer Faktoren in der Versicherungsbrancheweitgehend ein. Für die deutsche Sozialpolitik war diese Frage unter anderem bei der Altersvorsorge im Rahmen der *Riester-Rente* von Bedeutung.

Freizügigkeit der Arbeitnehmer

Die Herstellung der Arbeitnehmerfreizügigkeit und die Regelung ihrer sozialpolitischen Implikationen bilden bislang den Kern EU-europäischer Sozialpolitik. Die in den vier Freiheiten des Römischen Vertrages verankerte und bis Ende der 1960er Jahre faktisch verwirklichte Freizügigkeit der Arbeitnehmer wurde dadurch sozialpolitisch abgesichert, dass erstens die Sozialversicherungsbiographien unterschiedlicher Länder für die Berechtigten verknüpft werden (damit beispielsweise aus Spanien stammende *Wanderarbeitnehmer/innen* in Deutschland ihre Rentenversicherungsansprüche aus spanischen Beschäftigungszeiten nicht verlieren) sowie zweitens ein Diskriminierungsverbot etabliert wurde, das das Immigrationsland verpflichtet, alle seinen Staatsbürgern garantierten sozialstaatlichen Leistungen auch seinen immigrierten Arbeitnehmer/innen zuzugestehen. Im Einzelnen werden in der hierzu im Juni 1971 erlassenen Verordnung (EWG) Nr. 1408/71 genannt: Leistungen bei Krankheit, Mutterschaft, Invalidität, Alter, Hinterbliebene, Arbeitsunfällen, Berufskrankheiten, Arbeitslosigkeit sowie Familienleistungen und Sterbegelder. Ob die betreffenden Leistungssysteme an Beiträge gebunden sind oder beitragsunabhängig gewährt werden, ist unerheblich. Neben diesen Regelungen, die sich auf die Artikel 39 ff. des EG-Vertrages stützen, sieht die Verordnung

(EWG) Nr. 1408/71 außerdem vor, dass für einen begrenzten Zeitraum entsandte Arbeitnehmer weiterhin dem sozialen Sicherungssystem des entsendenden Landes unterliegen, um die Mobilität der Arbeitskräfte nicht dadurch zu behindern, dass selbst bei kurzfristiger Beschäftigung im Ausland das System gewechselt werden muss.[36]

Inzwischen regelt auch die Richtlinie 2004/38/EG „über das Recht der Unionsbürger und ihrer Familien, sich im Hoheitsgebiet der Mitgliedstaaten frei zu bewegen und aufzuhalten" das Freizügigkeitsrecht und damit verbundene sozialhilferechtliche Fragen. Demnach darf Sozialhilfebezug von Unionsbürgern (nicht nur Arbeitnehmern) in einem anderen Mitgliedstaat nicht automatisch zur Ausweisung führen, die Mitgliedstaaten können den Leistungsbezug aber an bestimmte Bedingungen knüpfen. Dabei wird zwischen den ersten drei Monaten und späterer Bedürftigkeit unterschieden.

Arbeits- und Gesundheitsschutz für Arbeitnehmer

Einen weiteren mittlerweile klassischen Bereich EU-europäischer Sozialpolitik stellt der Arbeits- und Gesundheitsschutz für Arbeitnehmer/innen dar, für den seit der Einheitlichen Europäischen Akte nach Artikel 137 des EG-Vertrages per Mehrheitsbeschluss Mindestvorschriften erlassen werden können, nachdem bereits in den 1970er Jahren Regulierungen vereinbart wurden, die mit der Funktionsfähigkeit des Binnenmarktes begründet wurden. Von dieser Möglichkeit wurde inzwischen mit zahlreichen Richtlinien intensiv Gebrauch gemacht. Sie gehen in den drei Bereichen *technischer Arbeitsschutz, Gefahrenstoffe* und *sozialer Arbeitsschutz* zum Teil weit über Mindestvorschriften für elementare Risiken und Rechte auf kleinstem gemeinsamen Nenner hinaus. So sind etwa nach der Arbeitsstätten-Richtlinie 89/654/EWG gemeinschaftsweit ausreichend große Sichtfenster in Pendeltüren vorgeschrieben, um Arbeitsunfälle zu verhüten. Im Bereich des sozialen Arbeitsschutzes wurde unter anderem 1992 die Richtlinie 92/85/EWG zur Sicherheit und zum Gesundheitsschutz von schwangeren und stillenden Frauen sowie Wöchnerinnen erlassen, die

---

36 Aufgrund dieser Bestimmung hat etwa die Kommission im Februar 2004 beschlossen, eine Entscheidung des niederländischen obersten Gerichtshofes vor dem europäischen Gerichtshof zu beklagen, in der dieser den Ausschluss eines befristet nach Deutschland entsandten Arbeitnehmers aus dem niederländischen Volksversicherungssystem für rechtens erklärte.

unter anderem einen bezahlten Mutterschutzurlaub von 14 Wochen
sowie höhere Hürden im Kündigungsschutz garantiert. Auf Grundlage
der Richtlinie 93/104/EG über Mindestbestimmungen zu Ruhepausen,
zur täglichen und wöchentlichen (Höchst-)Arbeitszeit, zur Nacht- und
Schichtarbeit sowie zum Jahresurlaub hat die Kommission im Jahr
2003 vor dem Europäischen Gerichtshof ein Urteil gegen die deutsche
Praxis der Wertung von Bereitschaftsdiensten von Ärzten in Krankenhäusern als Ruhezeiten erwirkt. Weitere Regelungen im Bereich des
sozialen Arbeitsschutzes wurden etwa in der Richtlinie 94/33/EG zum
Jugendarbeitsschutz getroffen, die auch ein Verbot von Kinderarbeit
enthält. Wie in anderen Rechtsgebieten auch, werden die Richtlinien
jeweils durch nationale Gesetze konkretisiert und umgesetzt, während
Verordnungen direkt bindendes Recht begründen.

Politik gegen Armut und soziale Ausgrenzung

Die ersten armutspolitischen Aktivitäten auf Gemeinschaftsebene
wurden mit dem *Sozialpolitischen Aktionsprogramm 1974-76* ange-
bahnt. Durch das im Aktionsprogramm vorgesehene *Erste Programm
von Modellvorhaben und Modellstudien zur Bekämpfung der Armut*
(kurz: Armut I) für den Zeitraum 1975-80 wurde erstmals auf europäischer Ebene die Erhebung, Diskussion und Verbreitung von Informationen und Bewertungen über die Armutslagen und die Armutspolitik
in den Mitgliedstaten sowie ein Kennenlernen und Vernetzen armuts-
politischer Akteure systematisch gefördert. Der Abschlussbericht zum
Programm kommt zu dem Schluss:

**Schlussfolgerung des ersten Armutsprogramms der
Europäischen Gemeinschaft**

Würden die Mitgliedstaaten beim Kampf gegen die Armut zusammenstehen, würde der Fortschritt weniger durch die Angst um die Erhaltung der
Wettbewerbsfähigkeit gehemmt werden. Die Staaten, die am wenigsten
Ressourcen haben, können durch einen Transfer der Ressourcen innerhalb
der Gemeinschaft unterstützt werden. Natürlich wird nicht eine Vereinheitlichung der Sozialpolitiken angestrebt, sondern eine Entwicklung, deren
große Linien nicht auseinander- sondern zusammenlaufen.

*Quelle: Kommission der Europäischen Gemeinschaften: Schlußbericht von
der Kommission an den Rat über das Erste Programm von Modellvorhaben und Modellstudien zur Bekämpfung der Armut, Brüssel 1981, S. 160*

Die Forderung aus Armut I, eine Kombination von Mindeststandards und innergemeinschaftlichen unterstützenden Finanztransfers anzustreben, statt eine Beibehaltung des Status quo ebenso wie eines umfassenden Kompetenztransfers und einer umfassenden Vereinheitlichung, stellt noch heute eine anspruchs- wie maßvolle Reformperspektive dar. Dem ersten Armutsprogramm folgten zwei weitere für die Jahre 1986-89 und 1990-94, bevor schließlich das für 1994 bis 1999 vorgesehene vierte Programm per Klage vor dem Europäischen Gerichtshof mit Hinweis auf fehlende vertragliche Grundlagen von Deutschland sowie dem Vereinigten Königreich verhindert wurde.

Mit der Revision der europäischen Verträge in Amsterdam (1997) ist die Bekämpfung von sozialer Ausgrenzung zu einem offiziellen europäischen Politikziel erhoben worden. Auf dem Europäischen Rat von Lissabon (2000) wurden diese neuen Vertragsgrundlagen dann genutzt, indem zur Erreichung des strategischen Zieles der Union bis 2010 eine globale Strategie gefordert wurde, in deren Rahmen auch die soziale Ausgrenzung mittels einer offenen Koordinierung zu bekämpfen sei.

Die Offene Methode der Koordination in der Politik gegen Armut und soziale Ausgrenzung

Im Bereich der Politik gegen Armut und soziale Ausgrenzung wird die offene Methode bislang durch fünf Elemente konkretisiert:

- Es werden gemeinsam anzustrebende Ziele vereinbart, die in die jeweilige nationale Politik einfließen sollen: 1. Förderung der Erwerbsbeteiligung und des Zugangs aller zu Ressourcen, Rechten, Gütern und Dienstleistungen; 2. Prävention der Risiken der Ausgrenzung; 3. Hilfe für die Bedürftigsten; 4. Mobilisierung aller relevanten Akteure.
- Es werden gemeinsame Indikatoren zur Messung von Fortschritten bei der Bekämpfung von Armut und sozialer Ausgrenzung und zur Identifizierung von bewährten Verfahren und innovativen Ansätzen festgelegt (so etwa verschiedene Armutsgrenzen, nach Dauer, Geschlecht, Alter, Erwerbsstatus, Haushaltstyp und Besitz von Wohneigentum differenziert; Langzeitarbeitslosigkeit; Lebenserwartung; das Verhältnis der Einkommen der ärmsten 20 Prozent zu dem der 20 Prozent reichsten Bevölkerungsmitglieder auf der jeweiligen nationalen Ebene).
- Es werden regelmäßig Nationale Aktionspläne (NAPincl) erstellt, die neben einer Bestandsanalyse programmatisch aufzeigen sollen, wie erreicht werden soll, dass die oben angegebenen Ziele konkret erreicht werden können. Nach Möglichkeit sollen Zwischenschritte bzw. quantifizierte Zwischenergebnisse quasi als Selbstverpflichtung aufgenommen werden. Am Prozess der Formulierung des jeweiligen Nationalen Akti-

onsprogramms sollen alle ‚relevanten' Akteure im Sozialstaat beteiligt werden. In Deutschland sind dieses die Vertreter der Länder, der Kommunen, der freien Wohlfahrtspflege, die Sozialpartner, Verbände der von sozialer Ausgrenzung Betroffenen, Wissenschaftler u.a.m.

– Auf der Grundlage der Nationalen Aktionspläne erarbeitet (zusammen mit den Nationalregierungen) federführend die EU-Kommission einen Gemeinsamen Bericht über die soziale Eingliederung (seit 2005 „Gemeinsamer Bericht über Sozialschutz und soziale Eingliederung"), der zweierlei leisten soll: einmal eine Bewertung der Ergebnisse der je nationalen Inklusionspolitik, sodann eine Bewertung der Gesamtsituation in der EU einschließlich der Bemühungen der Kommission auf dem Gebiet der sozialen Eingliederung;

– Schließlich wurde ein europäisches Aktionsprogramm beschlossen (Laufzeit 2002-2006; Finanzvolumen: insgesamt 75 Millionen Euro), das die Zusammenarbeit unter den Mitgliedstaaten in drei Bereichen fördern soll: 1. Analyse der Merkmale, Prozesse, Ursachen und Tendenzen der sozialen Ausgrenzung; 2. Konzeptionelle Zusammenarbeit und Austausch von Informationen und bewährten Verfahren; 3. Teilnahme von Interessengruppen und Förderung der Netzwerkarbeit auf EU-Ebene.

Seit 2005 stellt dieser armutspolitische, offene Koordinierungsprozess den am weitesten entwickelten Teil eines gemeinsamen Prozesses „Sozialschutz und soziale Eingliederung" in den Bereichen a) Armut/soziale Ausgrenzung, b) Renten und c) Gesundheit/Pflege dar. In Anknüpfung an die Programme Armut I bis III und die Offene Koordinierungsmethode fühlt die Kommission mit der im aktuellen Arbeitsprogramm (Sozialpolitische Agenda 2005-2010) ihrer Generaldirektion Beschäftigung, Soziales und Chancengleichheit angekündigten Initiativen zum Thema „Mindestsicherung und aktive Eingliederung" nun auch erneut vor, inwieweit in zentralen Bereichen der Armutspolitik (Zugang zum Arbeitsmarkt und Sozialhilfe) eine weitergehende gemeinschaftsweite Politik möglich und hilfreich wäre. Dies soll unter anderem im Rahmen von Anhörungen diskutiert und in einer Studie zur „Abschätzung der Folgen von EU-Mindeststandards für Maßnahmen zur Förderung der Eingliederung der vom Arbeitsmarkt ausgeschlossenen Personen" untersucht werden.

Systeme der sozialen Sicherheit und des Sozialschutzes

Aufgrund der Gefahr eines sozialpolitischen Dumpings und aufgrund der haushaltspolitischen Bedeutung der Sozialschutzsysteme verwundert es nicht, dass es im Bereich des Sozialschutzes weitere (ältere) Ansätze einer Sozialpolitik auf europäischer Ebene neben der offenen Koordinierung, der sozialrechtlichen Absicherung der Freizügigkeit und der Geschlechtergleichstellung im Sozialrecht gibt. So sah das zur EG-Sozialcharta von 1989 vereinbarte Aktionsprogramm für die Implementation der in ihr proklamierten Rechte auf soziale Unterstützungsleistungen zwei Empfehlungen vor.

Im Juni 1992 verabschiedete der Rat die *Empfehlung 92/441/EWG* „über gemeinsame Kriterien für ausreichende Zuwendungen und Leistungen im Rahmen der Systeme der sozialen Sicherung", in der sich die Sozialminister der Mitgliedstaaten detailreich und durchaus ambitioniert Ausgestaltungsmerkmale für das nationale Mindestsicherungsrecht im Bereich der Systeme der sozialen Sicherheit und des Sozialschutzes nahelegen. Die im Juli 1992 ebenfalls vom Rat der Sozialminister beschlossene zweite Empfehlung (92/442/EWG) nimmt wiederholt Bezug auf die erste und bestätigt, dass etwa allen für den Arbeitsmarkt verfügbaren Arbeitslosen ein „Mindesteinkommen garantiert" werden soll. In gleicher Weise wird dieses Recht im Falle von Arbeitsunfähigkeit und Alter mit Bezug auf die erste Empfehlung formuliert. In der Empfehlung 92/441 stellen die nationalen Sozialminister fest, dass sich Ausgrenzungsprozesse und Verarmung in den 1980er Jahren vor allem aufgrund der Entwicklungen auf dem Arbeitsmarkt und in den Familienstrukturen ausgeweitet und diversifiziert hätten und fordern daher:

Der Rat der EG-Sozialminister zum Recht auf ein Mindesteinkommen

Aufgrund unzureichender, unregelmäßig bezogener und nicht gesicherter Einkünfte ist es den Opfern dieser Entwicklung weder möglich, sich angemessen am wirtschaftlichen und sozialen Leben der Gesellschaft, in der sie leben, zu beteiligen, noch sich erfolgreich in einen Prozeß der wirtschaftlichen und sozialen Eingliederung einzureihen. Daher muß für die Bedürftigsten (...) zur Erleichterung ihrer Eingliederung ein Anspruch auf ausreichende, feste und vorhersehbare Einkünfte geschaffen werden.

Quelle: Rat der Europäischen Gemeinschaften: Empfehlung des Rates vom 24. Juni 1992 über gemeinsame Kriterien für ausreichende Zuwendungen und Leistungen im Rahmen der Systeme der sozialen Sicherung (92/441/EWG), Brüssel 1992

Von Mindesteinkommenssystemen als Abhängigkeit fördernden und Beschäftigung entgegenstehenden passiven Leistungen ist hier also noch nicht die Rede. Vielmehr seien sie erst als ausreichend bemessene und verlässliche Leistungen die unabdingbare Voraussetzung für eine soziale und wirtschaftliche Eingliederung.

Im Einzelnen sieht die Empfehlung 92/441 vor, anzuerkennen, „daß jeder Mensch einen grundlegenden Anspruch auf ausreichende Zuwendungen und Leistungen hat, um ein menschenwürdiges Leben führen zu können," also die Mindesteinkommenssysteme zu universalisieren (mit Ausnahme vollerwerbstätiger und studierender Personen sowie Personen ohne legalen Aufenthaltsstatus), besondere Bedarfe zu berücksichtigen, den Anspruch zeitlich nicht zu befristen und diesen so zu fassen, dass er andere sozialrechtliche Ansprüche ergänzt. Die Entwicklung des Lebensstandards und Preisniveaus sollen beachtet werden, ferner die Haushaltsgröße. Geeignete Indikatoren zur regelmäßigen Anpassung der Leistungshöhe seien vorzusehen. Pfändbarkeit und Steuerbarkeit des Einkommens sollen begrenzt sein. Ferner sieht sie vor, Dienstleistungen wie Betreuung, Information und Rechtsbeistand einzubeziehen, die Eingliederung in das Erwerbsleben zu unterstützen, eine Aufklärungspflicht über Leistungsansprüche und Einspruchsverfahren vorzusehen sowie schließlich die Verpflichtung, die „Wiedereingliederung der bedürftigen Personen in die allgemeinen Versorgungssysteme" zu betreiben.

Die Empfehlung wird bis heute in verschiedenen sozialpolitischen Dokumenten der Kommission mit dem Hinweis erwähnt, sie sei eine „gute

Grundlage, auf der sich weitere Entwicklungen aufbauen lassen."[37] Seit der Sozialpolitischen Agenda 2005-2010 und ihrer Initiative zur „Mindestsicherung und aktiven Eingliederung" deutet sich auch die Möglichkeit an, sie wieder systematisch hervorzuheben und strategisch zu genutzen, nachdem sie zwischenzeitlich selbst in manchen Dokumenten, in denen der Beitrag der Sozialschutzsysteme zur Bekämpfung von Armut und sozialer Ausgrenzung explizit thematisiert wurde, weitgehend ausgeblendet blieb, so in der Mitteilung zur Modernisierung des Sozialschutzes[38] und im Gemeinsamen Bericht über die soziale Eingliederung 2002.[39]

Gleiches gilt für die *Empfehlung 92/442/EWG „über die Annäherung der Ziele und der Politiken im Bereich des sozialen Schutzes"*, die die erstgenannte um weitere Bereiche: Krankheit, Mutterschaft, Arbeitslosigkeit, Arbeitsunfähigkeit und Alter ergänzt. Sie beabsichtigt eine Annäherung der Ziele der Sozialpolitiken angesichts vergleichbarer Entwicklungen in den Mitgliedstaaten (Demografie, Änderung der Familienstrukturen, „anhaltend hohe Arbeitslosigkeit und Entwicklung von Armut und Verarmung") und der Herausforderung, unter den Bedingungen des Binnenmarktes den Bestand des Sozialschutzes zu wahren und weiter zu entwickeln, und um die die Mobilität behindernden Niveauunterschiede abzubauen.

Im Jahr 1996 legte das *Komitee der Weisen,* das sich im Auftrag der Kommission ebenfalls mit Nachfolgemaßnahmen für die EG-Sozialcharta befassen sollte, seinen Bericht vor. Während es unter der Überschrift „Rechte, die als Ziel angestrebt werden" den Erlass von Mindestvorschriften für die Verwirklichung sozialer Grundrechte erst für eine zweite, spätere Phase europäischer Rahmenrechtsetzung vorschlägt, führt es zum die Existenz und Menschenwürde schützenden Grundrecht auf ein Mindesteinkommen aus:

---

37 Kommission der Europäischen Gemeinschaften: Ein Europa schaffen, das alle einbezieht. Mitteilung, Brüssel 2000, S. 12

38 Kommission der Europäischen Gemeinschaften: Eine konzertierte Strategie zur Modernisierung des Sozialschutzes. Mitteilung, Brüssel 1999

39 Europäische Kommission, Generaldirektion Beschäftigung und Soziales: Gemeinsamer Bericht über die soziale Eingliederung, Brüssel und Luxemburg 2002

Auszug aus dem Bericht des ‚Komitee der Weisen'

Angesichts des Ausmaßes der Arbeitslosigkeit in der Gemeinschaft und eingedenk der Notwendigkeit, die Spezifik des europäischen Sozialmodells klar herauszustellen und gegen Armut und Ausgrenzung anzukämpfen, sah sich das Komitee veranlaßt, in einem einzigen Fall eine Mindestvorschrift vorzuschlagen. Nach Auffassung des Komitees sollte schon jetzt im Vertrag, also auf Unionsebene, der Grundsatz formuliert werden, daß jeder Mitgliedstaat ein Mindesteinkommen für Personen einführen muß, die trotz aller Bemühungen keine Erwerbstätigkeit finden können und über keine sonstigen Einkommensquellen verfügen. Die Höhe dieser Leistung würde natürlich vom Entwicklungsstand des betreffenden Staates abhängen, (...).

Quelle: Komitee der Weisen: Für ein Europa der politischen und sozialen Grundrechte. Bericht des Komitee der Weisen unter Vorsitz von Maria de Lourdes Pintasilgo. Hg. von der Europäischen Kommission, Generaldirektion Beschäftigung, Arbeitsbeziehungen und soziale Angelegenheiten, Brüssel und Luxemburg 1996, S. 55

Hier wird also dafür plädiert, die Mindestsicherung ins Zentrum europäischer Sozialschutzpolitik zu stellen. Der Einfluss des Berichtes auf die Politik der europäischen Ebene blieb jedoch gering. In der Europäischen Union ist die Verwirklichung sozialer Bürgerrechte zumindest derzeit deutlich in den Hintergrund getreten und ein Grundrecht auf Mindestsicherung ist bis heute nicht erreicht.

Inzwischen stehen nicht mehr so sehr die Angleichung der Lebens- und Arbeitsbedingungen über ihre Verbesserung (Artikel 136 EG-Vertrag) im Zentrum EU-europäischer Sozialpolitik, sondern die Kompatibilität der Sozialschutzsysteme mit der *Wirtschafts-, Haushalts-* und *Beschäftigungspolitik* der Gemeinschaft. Vier Monate nach ihrem Amtsantritt im Jahr 1999 legte die Kommission unter Kommissionspräsident *Romano Prodi* die Mitteilung *Eine konzertierte Strategie zur Modernisierung des Sozialschutzes* vor, in der sie „vier Hauptziele" für den Umbau der europäischen Sozialstaaten angesichts von Binnenmarkt, koordinierter Beschäftigungsstrategie und Osterweiterung formulierte und den Rat zur Bestätigung dieser Ziele aufforderte. Die *vier Ziele für die Sozialschutzpolitik* sind:

- „dafür zu sorgen, daß Arbeit sich lohnt und daß das Einkommen gesichert ist;
- dafür zu sorgen, daß die Renten sicher sind [und] die Rentensysteme langfristig finanzierbar;
- die soziale Eingliederung zu fördern und

– eine hohen Qualitätsansprüchen genügende und langfristig finan-
zierbare Gesundheitsversorgung zu sichern."[40]

Sie sind ein typisches Beispiel für die in der europäischen Politik weit
verbreitete Praxis „eklektizistischer Gesamtwerke" aufgrund der „ad-
ditiven Entscheidungslogik" europäischer Beschlussfassung.[41] Einkommen, Gesundheitsversorgung und Alterssicherung sollen gewährleistet werden, aber nach Meinung der Kommission ebenso den gemeinsamen Herausforderungen einer sich ändernden Arbeitswelt, neu-
en Familienstrukturen sowie dem „dramatischen demographischen
Wandel" gerecht werden. Die Ziele beschreiben einen Spagat: „Der
klar zum Ausdruck gebrachte Wunsch der Bürger, das erreichte hohe
Sozialschutzniveau beizubehalten" (nicht aber etwa in Teilen auch zu
erhöhen) soll in Einklang gebracht werden „mit der Notwendigkeit
(…), öffentliche Leistungen effizienter bereitzustellen und einer strengen
Haushaltsdisziplin zu unterwerfen."[42] In Anerkennung (bei Renten gar
als dramatisch beschworener) steigender sozialpolitischer Bedarfe und
unter der Priorität, den Aufwand für den Sozialschutz angesichts von
Binnenmarkt, Währungsunion und Weltmarktkonkurrenz dennoch mindestens nicht ansteigen zu lassen, spricht sich die Kommission hier für
eine Strategie aus, die sich an vier Zielen orientiert:

– Der Aufwand für den Sozialschutz hat sich den Prämissen einer
  strengen Haushaltsdisziplin zu unterwerfen.
– Gleichwohl sollen Einkommen und Renten sicher, die Gesundheitsleistungen von hoher Qualität sein.
– Dazu soll erstens die Sicherungsinstanz des Arbeitsmarktes wieder
  eine stärkere Rolle spielen.
– Zweitens soll ‚soziale Eingliederung' über ‚aktivierende' Maßnahmen und über Transfereinkommen, die einer Reintegration über den
  Arbeitsmarkt aber nicht im Wege stehen dürfen, zu einem der vier
  zentralen Ziele der Sozialpolitik der kommenden Jahre werden.

Bislang sind für den hier geforderten Um- und teilweisen Abbau des
Sozialschutzes keine zu wahrenden Mindeststandards vereinbart worden, obwohl die Möglichkeit nach Artikel 137 des EG-Vertrages per

---

40 Kommission der Europäischen Gemeinschaften: Eine konzertierte Strategie zur Mo-
    dernisierung des Sozialschutzes. Mitteilung, Brüssel 1999, S. 3
41 Volker Eichener: Das Entscheidungssystem der Europäischen Union, Opladen 2000,
    S. 216
42 Kommission der Europäischen Gemeinschaften: Eine konzertierte Strategie zur Mo-
    dernisierung des Sozialschutzes. Mitteilung, Brüssel 1999, S. 1

einstimmigem Beschluss des Rates grundsätzlich gegeben wäre. Vorstöße hierzu sind bislang nicht über den Status der genannten Empfehlungen, Berichte und Studien hinausgekommen.

Dass eine *offene Koordinierungsmethode* im Bereich des Sozialschutzes mittlerweile in Ansätzen für die beiden Sicherungsbereiche *Rente* und *Gesundheit/Altenpflege* entwickelt wurde, erschließt sich mit Blick auf die oben genannten vier Hauptziele für die Sozialschutzpolitik sowie angesichts der Bedeutung der beiden Sicherungsbereiche für die Gesamtsozialausgaben. Dagegen werden die Leistungen bei Arbeitslosigkeit im Rahmen der koordinierten Beschäftigungsstrategie sowie im Koordinierungsbereich Armut/soziale Ausgrenzung behandelt. Insgesamt sind damit nunmehr außer dem Armutsrisiko Unfall alle deutschen Sozialversicherungszweige Gegenstand einer Behandlung in offenen Koordinierungsprozessen auf EU-Ebene. Im Bereich der Alterssicherung haben die Mitgliedstaaten im Jahr 2002 erstmals *Nationale Strategieberichte* vorgelegt, die im Jahr 2003 in einen *Gemeinsamen Bericht der Kommission und des Rates über angemessene und nachhaltige Renten*[43] mündeten. Im Bereich Gesundheit/Altenpflege wurde auf Gemeinschaftsebene 2003 ein erster gemeinsamer Bericht von Rat und Kommission verabschiedet.[44]

Im März 2003 ersuchte der Europäische Rat die Kommission, ihm „über die Ratsamkeit der Vereinfachung und Straffung der verschiedenen Arbeitsstränge im Sozialschutzbereich im Sinne eines kohärenten Rahmens innerhalb der offenen Koordinierungsmethode" zu berichten. Dabei solle geklärt werden, wie bis zum Jahr 2006 eine Zusammenfassung der offenen Koordinierungsprozesse im Sozialschutz erreicht „und wie zugleich die Subsidiarität und die nationalen Zuständigkeiten in Bezug auf Organisation und Finanzierung des Sozialschutzes uneingeschränkt gewahrt werden können."[45] Die inzwischen vom Ministerrat angenommene teilweise Zusammenführung der offenen Koordinierungsprozesse in den Bereichen Armut/soziale Ausgrenzung, Rente und Gesundheit/Altenpflege – das sogenannte *Streamlining* – mündet seit 2005 in einen umfassenden *Sozialschutzbericht* und soll das Gewicht der sozialen Dimension im Lissaboner Dreieck (Wirtschaftspolitik, Be-

43. http://europa.eu.int/comm/employment_social/soc_agenda_de.html
44 Europäische Kommission: Unterstützung nationaler Strategien für die Zukunft der Gesundheitsversorgung und der Altenpflege, Gemeinsamer Bericht der Kommission und des Rates, Brüssel 2003
45 Europäischer Rat: Schlussfolgerungen des Vorsitzes, Europäischer Rat von Brüssel am 20./21. März 2003, Brüssel 2003, S. 23

schäftigungspolitik, Sozialpolitik) stärken, zumindest jedoch wahren. Die Berichte zur Wirtschafts-, Beschäftigungs- und Sozialschutzpolitik erscheinen seit 2006 synchronisiert in einem dreijährigen Turnus (2006-08, mit jährlichen Zwischenberichten 2007 und 2008) zur Frühjahrstagung des Europäischen Rates.

Für eine ergebnisorientierte Stärkung der offenen Koordinierungsprozesse im Sozialschutz ist eine Zusammenlegung allerdings zumindest nicht hinreichend, solange der Integrationsstand (Wirtschafts- und Währungsunion vs. Europäisches Sozialmodell) und die politisch zur Verfügung stehenden Instrumente (Freizügigkeitsrechte und Beihilfekontrolle in der Wirtschaftspolitik, Empfehlungen in der Beschäftigungspolitik, allgemeine Ziele in der Sozialschutzpolitik) derart ungleich verteilt sind. Allein die Fusion offener Koordinierungsprozesse ändert nichts am ungleichschenkligen Charakter des ‚magischen Dreiecks' von Lissabon, den die Revision 2005 noch verstärkt hat. Des Weiteren fällt die Selektivität des Streamlining auf. Der Sozialschutz umfasst neben den Bereichen Alter, Gesundheit, Pflege und Armut/ soziale Ausgrenzung zumindest auch den der Sicherung bei Arbeitslosigkeit, daneben Schutz bei Unfall, Mutterschaft, Behinderung, Invalidität sowie für Familien und Hinterbliebene, der in den Mitgliedstaaten in unterschiedlicher Weise Bestandteil der erstgenannten oder Gegenstand gesonderter Sozialschutzregelungen ist. Alle diese weiteren Bereiche waren noch Gegenstand der Empfehlung 92/442/EWG. Der im Rahmen der europäischen Armutsprogramme geprägte *multidimensionale Armutsbegriff* umfasst neben den Dimensionen Einkommen, Arbeit und Gesundheit auch Wohnen und Bildung. Ob diese sowie die Sozialhilfesysteme im neuen Prozess allesamt unter dem Oberthema Armut/soziale Ausgrenzung angemessen berücksichtigt werden (können), darf bezweifelt werden. Die Schaffung eines offenen Koordinierungsprozesses für den ‚gesamten' Bereich Sozialschutz birgt allerdings auch die große Chance, die Politikbereiche Armut/soziale Ausgrenzung einerseits und Sozialschutz andererseits über die Systeme der Mindestsicherung wieder stärker aufeinander zu beziehen.

Soziale Dienste

Die Kompetenzordnung und das Wettbewerbsrecht zu sozialstaatlichen Sach- und Geldleistungen gelten für soziale Dienstleistungen zunächst gleichermaßen: So sie einem Pflichtbeitragssystem, dem Soli-

darprinzip und umfassender staatlicher Aufsicht unterliegen, sind sie
ausschließliche Angelegenheiten der Mitgliedstaaten. Die für die Frage der Geltung des EU-Wettbewerbsrechts (Marktzugang, Beihilfekontrolle, Vorschriften für Vergabeverfahren etc.) zentrale Abgrenzung wirtschaftlicher und nicht-wirtschaftlicher Tätigkeiten ist jedoch
nach wie vor schwierig. Die Unsicherheit nimmt angesichts zunehmend betriebswirtschaftlich organisierter und refinanzierter sozialer
Dienste der Wohlfahrtsverbände und Leistungen der öffentlichen Daseinsvorsorge weiter zu (Auftragsvergabe über Ausschreibungen, Refinanzierung über feste Budgets statt Kostenerstattung etc.). So wurde
etwa im Jahr 2003 die deutsche Praxis der Förderung des öffentlichen
Personennahverkehrs vor dem Europäischen Gerichtshof verhandelt –
mit dem Ergebnis, dass sie bei Beachtung einiger Kriterien rechtens
sei.[46] Bereits seit längerem gilt das europäische Freizügigkeitsrecht auch
für Sozialleistungssysteme und soziale Dienstleistungserbringer in mehr-
facher Hinsicht: durch Sozialleistungsexport, durch die Freizügigkeit der
Dienstleistungen für Anbieter und Adressaten etc.

   Die Kommission hat 2003 ein *Grün-* und 2004 ein *Weißbuch*[47] *zu
Dienstleistungen von allgemeinem Interesse* vorgelegt, wobei der Begriff dieser Dienstleistungen neben Energie, Post, Verkehr und Tele-
kommunikation u.a. auch die Bereiche Gesundheit, Bildung und Sozialleistungen umfasste, die sowohl marktbezogen, als auch nicht
marktbezogen sein können. Der Kommission ging es bei dieser Initiative nach Aussage des Grünbuchs um die Schaffung größerer Rechts-
sicherheit sowie um die Sicherstellung eines Ausgleichs zwischen dem
Ziel, weiterhin hochwertige Dienstleistungen zu erbringen, und der
strikten Anwendung der Wettbewerbs- und Binnenmarktvorschriften.
Einerseits stellten *Dienstleistungen von allgemeinem Interesse* einen
unverzichtbaren Bestandteil des europäischen Gesellschaftsmodells
und einen Pfeiler der europäischen Staatsbürgerschaft dar, andererseits
seien sie Dreh- und Angelpunkt der politischen Debatten über die
zentrale Frage, welche Rolle in einer Marktwirtschaft staatlichen Stellen zukomme. Von frei-gemeinnützigen Akteuren ist an dieser Stelle

---

46 Urteil des Europäischen Gerichtshofes vom 24. Juli 2003 in der Rechtssache C-
    280/00, Altmark Trans GmbH und Regierungspräsidium Magdeburg/Nahverkehrs-
    gesellschaft Altmark GmbH

47 Grünbücher stellen ein typisches Mittel der Kommission dar, Diskussionen durch
    den Entwurf eines thematischen Berichtes zu initiieren oder zu forcieren und in den
    erbetenen reaktiven Beiträgen auf dem Weg zu einem „Weißbuch" die Interessen
    und Problemsichten verschiedener Akteure in Erfahrung zu bringen (vgl. das Grün-
    und Weißbuch zur Europäischen Sozialpolitik von 1993 bzw. 1994).

nicht die Rede. Eine der Fragen, die im Grünbuch aufgeworfen wurden, betraf die Finanzierung der Dienstleistungen von öffentlichem bzw. allgemeinem Interesse. Viele dieser Dienstleistungen ließen sich mit Marktmechanismen allein nicht rentabel erbringen; so könnten hierüber universeller Zugang und flächendeckende Grundversorgung nicht gesichert werden. Die Kommission sei allerdings der Ansicht, dass geprüft werden solle, ob spezifische Finanzierungsinstrumente für Dienstleistungen von öffentlichem Interesse zu bevorzugen wären und „ob die Gemeinschaft Maßnahmen zur Förderung spezifischer Finanzierungsmechanismen ergreifen sollte."[48] Die Fragen des Grünbuches zeigen an, dass sich auch das Thema sozialer Dienstleistungen zunehmend europäisiert.

Dabei hat der Versuch, über die geplante *Dienstleistungsrichtlinie* eine möglichst weitgehende Marktliberalisierung auch im Dienstleistungsbereich durchzusetzen, nicht nur seitens sozialer Nichtregierungsorganisationen derart viel öffentlichen Widerstand hervorgerufen, dass Rat und Kommission auf Druck des Europäischen Parlaments inzwischen weitgehend Abstand vom zunächst vorgesehenen sog. *Herkunftslandprinzip*[49] nehmen mussten. Auch sollen nunmehr besonders sensible Dienstleistungsbereiche (darunter Sozialwohnungen, Kinderbetreuung, Unterstützung Hilfsbedürftiger, gemeinnützige Einrichtungen sowie Gesundheitsdienstleistungen) explizit vom Anwendungsbereich der Richtlinie ausgeschlossen werden. Die endgültige Verabschiedung der Richtlinie steht allerdings noch aus.

4.3.3 Handlungsoptionen gemeinschaftlicher Sozialpolitik

Für die EU-Sozialpolitik stehen vier systematische *Handlungsfelder* zur Verfügung: *Information, Recht, Geld* und *Zielvereinbarungen*. Unter diese lassen sich einzelne sozialpolitische Instrumente zusammenfassen, die ihre Wirkung in gleicher oder ähnlicher Weise zu erreichen suchen, zum Beispiel über rechtliche Maßnahmen oder materielle Hilfen. Mit *Instrument* sind hier die konkreten alternativen Maßnahmen

---

48 Kommission der Europäischen Gemeinschaften: Grünbuch zu Dienstleistungen von allgemeinem Interesse, Brüssel und Luxemburg 2003, S. 63

49 Das Herkunftslandprinzip besagt hier, dass beim Angebot einer Dienstleistung jeweils das (Vertrags-, Sozial-, Haftungs- etc.)Recht des Herkunftslandes des Dienstleistungsanbieters – nicht des Dienstleistungsnehmers – maßgeblich ist.

gemeint, die ein Handlungsfeld bietet: bei dem des Rechts zum Beispiel Verordnungen oder Richtlinien, bei materiellen Hilfen etwa die
Kofinanzierung sozialpolitischer Maßnahmen oder Direkthilfen an Bedürftige. Alle vier Handlungsfelder weisen je eigene Voraussetzungen,
Chancen und Grenzen ihrer Effektivität für eine die nationale Sozialpolitik rahmende oder unterstützende europäische Sozialpolitik auf.
Sie sind in unterschiedlichem Maße mit dominierenden sozial- und eu-
ropapolitischen Interessen in den Mitgliedstaaten kompatibel, auch
weil sie unterschiedlich stark in deren sozialpolitische Kompetenzen
und Handlungsfreiheiten eingreifen.

Information

Die Armutsprogramme betonten vor allem den Aspekt der Gewinnung
und Verbreitung von Informationen zur Definition und Empirie der
Armut, zu bewährten Verfahren und innovativen Maßnahmen. Sie
dienten dadurch insbesondere den in diesem Politikfeld vergleichsweise schwach entwickelten südeuropäischen Mitgliedstaaten als Hilfe für
die Analyse und Formulierung von sozialpolitischen Perspektiven.
Auf der europäischen Ebene förderten sie die Identifikation und strategische Diskussion der Bedeutung von und Herausforderungen an lokale, regionale, nationale und nicht zuletzt EU-europäische Armutspolitik. Information hat damit immer auch bereits politische Funktionen;
sie bereitet die Grundlagen für die drei weiteren Handlungsfelder. Bereits seit Beginn des Integrationsprozesses stellt die EU jährlich in sy-
noptischer Form die Systeme der sozialen Sicherheit der Mitgliedstaaten gegenüber, um Bürger, Behörden, Sozialleistungsträger etc. über
die verschiedenen Sozialsysteme der Mitgliedstaaten und Änderungen
in diesen zu informieren (*MISSOC*[50]). Die jährlichen *Berichte über die
soziale Lage* bereiten Daten über Trennendes, Verbindendes und
Trends in der sozialen Lage und Sozialpolitik mittels auf Empirie fu-
ßender ‚politischer Information' auf. Das Handlungsfeld der Information hat seine größten Potentiale sicher im Lernen am Beispiel der europäischen Nachbarsozialstaaten. Bei der Einführung der Pflegeversicherung in Deutschland wurden die Erfahrungen in diesem Bereich in
den Niederlanden ebenso herangezogen wie bei der Einführung der

---

50 Mutual Information System on Social Protection in the EU Member States and the
    European Economic Area

Zeitarbeitsfirmen im Rahmen der Hartz-Reformen. In der deutschen sozialpolitischen Diskussion wird je nach politischer Orientierung und sozialpolitischem Themenfeld auch der schwedische, dänische oder britische Sozialstaat als Argumentationshilfe bemüht, auch wenn die mit diesen Systemen verbundenen Voraussetzungen und Folgen nicht immer mitgeliefert werden. Umso hilfreicher ist es, sich in diesem europäischen Raum empirisch und normativ bewegen zu können. Daneben liefern Informationen zur Entwicklung der sozialen Lage und der Sozialpolitiken wichtige Hinweise darauf, inwiefern der europäische Integrationsprozess tatsächlich zu einer (und wenn, wie gelagerten) Konvergenz der sozialen Lagen und Sozialpolitiken der Mitgliedstaaten im Binnenmarkt beiträgt.

Recht

Zum Einsatz kommen substanzielle rechtliche Vereinbarungen bislang in der Gleichstellungspolitik, der sozialrechtlichen Absicherung der Arbeitnehmerfreizügigkeit sowie dem Arbeits- und Gesundheitsschutz der Arbeitnehmer. Als potentielle Anknüpfungspunkte und erste Ansätze einer Rahmenrechtsetzung auch für die Ausgestaltung der nationalen Systeme sozialer Geld-, Sach- und Dienstleistungen können die EG-Sozialcharta, die beiden Empfehlungen von 1992, der Bericht des Komitees der Weisen sowie die Grundrechtscharta genannt werden. *Empfehlungen* können dabei als Vorstufen der Rechtsetzung begriffen werden; sie sind zum Teil bereits wie Rechtsakte formuliert. Somit bleibt die Konvergenz/Harmonisierung des Sozialrechts bis heute wünschbares Ziel, während die Kohäsion der mitgliedstaatlichen Systeme für Arbeitsmigranten sowie deren nicht diskriminierende Ausgestaltung für die Geschlechter und Arbeitsmigranten bindendes Recht darstellt. In verstärktem Maße geraten die weitgehend unkoordinierten Teile der Sozialpolitik seit der Vereinbarung des Gemeinsamen Binnenmarktes und schließlich der Wirtschafts- und Währungsunion unter zwischenstaatlichen Konkurrenzdruck (Gefahr des *sozialen Dumpings*). Dies führt zu einer seit Mitte der 1980er Jahre wieder verstärkt geführten Diskussion um Konvergenz/Harmonisierung und die Vergemeinschaftung sozialpolitischer Kompetenzen, vor allem jedoch um gemeinschaftsweite (u.U. nach jeweiliger Wirtschaftskraft abgestufte) soziale Mindeststandards. Gegen Bestrebungen in diese Richtung wirken jedoch wirtschaftsliberale Orientierungen, seit dem Beitritt 1973 vor allem die britischen Regierungen, die Heterogenität europäischer Sozialstaatlichkeit, Eigeninteressen der lokalen, regionalen und nationalen politischen Ebenen am sozialpolitischen Kompetenzerhalt und demokratische Defizite der EU-Ebene. Dennoch bedürfen die Sicherung oder der Ausbau vieler sozialpolitischer Errungenschaften künftig immer stärker einer europäischen (Rahmen-)Gesetzgebung, um nicht zusammen mit der Lohn- und Steuerpolitik als letzte verbliebene Anpassungsinstrumente unter Wettbewerbsstaaten ungeschützt instrumentalisiert zu werden.

Geld

Dieses Handlungsfeld finanzieller/materieller Unterstützung von Sozialpolitik ist bislang insgesamt nur von geringer faktischer Bedeutung. In der Bekämpfung von Diskriminierung und Ungleichheiten im Bereich der Beschäftigung (EQUAL-Programm), der Bekämpfung von Gewalt (DAPHNE-Programm) oder etwa ehemals im Kampf gegen Armut durch die Programme Armut I-III leisten europäische Förderprogramme durchaus einen Beitrag zur europäischen Vernetzung und konkreten Projektfinanzierung. Über die Förderung von ,Leuchtturmprojekten' und europäischen Netzwerken in Wissenschaft, Politik und sozialer Praxis können sie aufgrund der begrenzten Ressourcen jedoch meist kaum hinausgehen. Mit einem Haushaltsvolumen von ca. 1,1 Prozent des gemeinschaftlichen Sozialproduktes, verglichen mit ca. 35-60 Prozent der mitgliedstaatlichen Haushalte (einschließlich der Kommunen, Regionen und Sozialkassen), kann die EU materiell insgesamt nur in sehr bescheidenem Maße kofinanzierend und selektiv über ihre *Struktur- und Kohäsionsfonds* und Programme sozialpolitisch und interregional umverteilend aktiv werden. Überlegungen, über die EU-Ebene nationales, regionales bzw. lokales soziales Leistungsrecht durch europäische Kofinanzierung auf- und auszubauen bzw. dessen Rückbau zu mindern, sind hingegen über Vorschläge – meist aus der Wissenschaft – bislang nicht hinausgekommen.

Zielvereinbarungen

Richard Hauser empfahl bereits 1987, die Mitgliedstaaten auf der Grundlage von zu vereinbarenden Qualitätskriterien und zeitlichen

Zielvorgaben zur Harmonisierung ihrer Mindestsicherungen im Fürsorgezweig ‚nach oben' zu bewegen und zeichnete damit eine ambitionierte Variante der zehn Jahre später vereinbarten Offenen Methode der Koordination vor, die neben öffentlicher Aufmerksamkeit und Information in entscheidendem Maße auf die Vereinbarung von Zielen als Mittel politischer Steuerung setzt. Da den nationalen Sozialstaaten unter Berufung auf das Subsidiaritätsprinzip der organisatorische Vorrang bei sozialpolitischen Regelungen zugewiesen bleibt und da es die Einstimmigkeitsregel für Beschlüsse des Rates in zentralen Bereichen der Sozialpolitik erheblich erleichtert, Bemühungen um europäische (Minimal-)Konsense immer wieder zu vereiteln, wird eine Überwindung dieser Blockaden durch die Kommission und die Nationalregierungen seit der Vertragsreform von Amsterdam folgerichtig zunehmend über die offene Koordinierungsmethode gesucht, also jenseits von ‚harter' politischer Steuerung über Recht und Geld. Vielmehr soll über die best practice-Beispiele, die Leitlinien und Ziele, die Berichte und Aktionspläne sowie die Indikatoren versucht werden, über Elemente einer ‚weichen Steuerung' gemeinsame Politik in hohem Maße autonomieschonend und dezentral operationalisiert zu betreiben.

4.4 Europäisches Sozialmodell oder Sozialstaat Europa?

In Anlehnung an *Wolfgang Kowalsky* kann man die Alternativen für die sozialpolitische Gestalt des zukünftigen Europa in vier perspektivische Skizzen zusammenfassen, die in unterschiedlichem Maße auf die vornehmlich ökonomische Entgrenzung des Sozialraums Europa reagieren:[51]

- Eine reine *Freihandels- oder Zollunion* ist die EG seit ihrer Gründung nie gewesen. Allerdings klingt eine solche auf sozialpolitische Elemente gänzlich verzichtende Variante vor allem in den ehemaligen EFTA-Staaten nach.
- Die Union als *politisch-ökonomische Union* trifft den Ist-Zustand vielleicht am ehesten. In ihr kommt der Sozialpolitik nachrangige Bedeutung zu, indem sie vorrangig der Erreichung ökonomischer und (nicht sozial-)politischer Ziele dient.

---

51   Wolfgang Kowalsky 1999: Europäische Sozialpolitik, Opladen 1999, S. 343ff.

 – Durch eine materiell unterstützende und rechtliche Mindeststandards setzende Sozialpolitik auf europäischer Ebene könnte das bislang unbestimmte *europäische Sozialmodell* konkretisiert, geschützt und gefördert werden. Sozialpolitik bliebe gleichwohl zuvorderst Sache der Nationalstaaten, allerdings in einem gestuften
   europäischen Mehrebenensystem.
 – Das extreme Gegenmodell zur Zollunion wäre schließlich in einem
   europäischen Sozialstaat zu sehen, der die sozialpolitischen Kompetenzen der Mitgliedstaaten in weitem Maß auf europäischer Ebene zusammenführen würde.

Die Diskussion wird sich in absehbarer Zukunft zentral um das Verhältnis von Entgrenzung und Neubegrenzung drehen und dabei konflikthaft vor allem um die beiden mittleren Varianten streiten. Aus sozialpolitischer Sicht sollten dabei vor allem die *Grenzen einer kalten
Integration* in den Blick genommen werden, die den sozialen Integrationsprozess dem ökonomischen nach- und unterordnet, indem sie auf
kompensatorische Mittel wie etwa Sozialschutz verzichtet. Dies würde
die Legitimation und Stabilität der nationalen Sozialordnungen als
auch die des europäischen Integrationsprozesses selbst schließlich in
Frage stellen. Dabei kann jedes Mehr an einer europäischen Sozialpolitik mit einem Verlust an Gestaltungsfreiheit im nationalen Rahmen
einhergehen, diese jedoch andererseits in Teilen auch erst wieder ermöglichen. Europa bleibt damit sozialpolitisch weiterhin Chance und
Gefahr zugleich. Mit der Osterweiterung zeigt sich noch einmal deutlicher, wie wenig die mit den europäischen Verträgen geschaffene EU-
Bürgerschaft bislang eine mit garantierten sozialen Bürgerrechten ver-
sehene ist.

Damit der europäische Einigungsprozess seine Werte und Ziele:
„Friede, Einheit, Gleichheit, Solidarität, Wohlstand, Fortschritt und
Sicherheit"[52] schließlich nicht durch eine Transformation der nationalen Sozialstaaten in prekäre dezentrale Sozialordnungen in Frage
stellt, könnten in einem ersten Schritt Mindeststandards für weiterhin
nationale Leistungssysteme die Mindestsicherung vom Appendix zum
Nukleus einer EU-europäischen Sozialschutzpolitik werden lassen.
Für (nicht nur) armuts- und kohäsionspolitisch erfolgreiche nationale
wie europäische lohn-, steuer-, sozial- und bildungspolitische Reformen wäre dies nur ein *Anfang* und *ein* Element. Um sich auf diese zu

---

52 Walter Hallstein, unter Mitarbeit von Hans Herbert Götz und Karl-Heinz Narjes:
    Der unvollendete Bundesstaat, Düsseldorf und Wien 1969, S. 43

verständigen, sind mittlerweile durch die und mit den Institutionen (Kommission, Parlament, Räte, Ausschüsse, amtliche und unabhängige Einrichtungen etc.) sowie den offenen Koordinierungsprozessen auch auf europäischer Ebene Foren zur Diskussion und Verständigung unter allen *stakeholdern* der europäischen Sozialordnung(en) bereits geschaffen. Sie weiterhin und verstärkt zum Austausch von Informationen und der Verständigung über Ziele zu nutzen scheint notwendig aber nicht hinreichend, soll der Gefahr einer (weiteren) Erosion der sozialen Voraussetzungen des Prozesses hin zur „immer engeren Union der Völker Europas" wirksam begegnet werden. Dies dürften erst eine Kombination harter und weicher Steuerung über die Verbindung rechtlicher, materieller, informationeller und zielvereinbarender Instrumente auf europäischer Ebene sowie eine weiterhin gestufte Sozialpolitik in einem europäischen Mehrebenensystem gewährleisten.

5. Sozialpolitik im Sozialstaat: Zum theoretischen Zusammenhang zwischen Staatlichkeit und sozialpolitischer Intervention

5.1 Grenzen des Sozialstaats – ein Topos in der sozialen Auseinandersetzung

Die Druckerschwärze der soeben verkündeten Rentenreformgesetze war noch nicht getrocknet, als sich 1957 mit *Eugen Gerstenmaier* der inhaltlich unterlegene, konservative Teil der Unionsparteien auf dem CDU-Parteitag in Hamburg mit den Worten vernehmen ließ, man stehe „auf der äußersten Grenze, die den Sozialstaat vom Wohlfahrtsstaat, vom haltlosen Gefälligkeitsstaat, ja vom Versorgungsstaat hochsozialistischer Prägung" unterscheide.[1] Dieser historische Beleg – zu Beginn der sozialstaatlich ausgerichteten Politik in der Bundesrepublik Deutschland nach dem II. Weltkrieg formuliert – kann exemplarisch genommen werden für die zahlreichen, stets von neuem erfolgten und erfolgenden Warnungen, Sozialpolitik überfordere die zugrundeliegende Wirtschaftsleistung, verhindere zukünftiges Wachstum, unterminiere die Arbeits- wie überhaupt die Moral und fördere den Müßiggang.

Diese sozialstaatskritische Sichtweise war zunächst und lange Zeit vor allem in besitzbürgerlichen und häufig auch kirchlichen Kreisen verbreitet, bei immer auch anzutreffenden Ausnahmen. Mit der Integration von Teilen der alten sozialen Bewegungen aus dem Bereich der Arbeiter bzw. abhängig Beschäftigten oder auch der neuen, zunächst systemkritischen sozialen Bewegungen in parlamentarische und regierungsmäßige Verantwortung, beginnend in der Weimarer Republik und verstärkt nach dem II. Weltkrieg, wurde und wird diese Argumentation auch von sozialen und politischen Kreisen übernommen, die vordem selbst Opfer derartiger Unterstellungen waren. Die Aussage des damaligen Bundeskanzlers *Gerhard Schröder* in einem Interview aus dem Jahr 2002 etwa, es gebe kein „Recht auf Faulheit" bzw. man müsse den Sozialstaat beschneiden, um ihn in seiner Substanz erhalten zu können, ist hier einzuordnen. Gleich ob aus besitzbürgerli-

---

1   Max Richter (Hg.): Die Sozialreform. Dokumente und Stellungnahmen. Loseblattausgabe in Lieferungen. Stand 1967, Bad Godesberg 1955ff., G I 7 S. 27

cher Sicht oder aus eher reformoffenen Kreisen: Ökonomie erscheint als eine Blackbox, deren zentrale staatlichem Einfluss unterliegende Parameter offensichtlich nur in der Entlastung der Unternehmen von Lohnnebenkosten und direkten Steuern bestehen; offen aber bleibt, welche Einschnitte auf welche Weise zukünftig wirtschaftliche Prosperität sichern sollen und ob es eine Grenzmarke nach unten für den sozialstaatlich gewährten Schutz für breite Bevölkerungskreise gibt bzw. geben soll.[2] Sozialpolitik dagegen wird in diesem Verständnis vor allem als eine Belastung wirtschaftlichen Wachstums angesehen.

Man könnte mit diesen Feststellungen zu einer interessenanalytischen Ideologiekritik übergehen, wenn nicht auch aus dem sozialstaatlichen Konstrukt selbst heraus Hinweise auf eine notwendige Begrenzung von Sozialstaatlichkeit kämen. Christoph Sachße und Florian Tennstedt beispielsweise haben darauf hingewiesen, der Sozialstaat der Weimarer Republik sei auch deshalb zu Grunde gegangen, weil er das Problem der „Grenzen des Wohlfahrtsstaates" verdrängt habe. Der Staat habe den Eindruck erweckt, durch Politisierung sozialer Problemlagen könne er diese meistern, zog aber folglich bei Zielerreichungsdefiziten die Kritik auf sich. Zugleich suchte sich der Sozialstaat von Weimar auch den Problemen der sozialen Mitte zuzuwenden, geriet damit aber zugleich in die *Legitimationsfalle*, dass er deren soziale Anforderungen strukturell nicht zufriedenstellend befriedigen konnte und so deren Ressentiment gegenüber dem Wohlfahrtsstaat eher steigerte, denn abbaute.[3]

Doch diese Grenzziehung bezieht sich heute nicht nur auf die Binnenstruktur des Sozialstaates. Derzeit beobachten wir immer mehr auch eine räumliche Entgrenzung von Sozialstaatlichkeit. Dabei steht das Konzept einer grenzenlosen Ökonomie und Globalisierung wirtschaftlicher Austauschprozesse ebenso vor seiner Vollendung wie zur Disposition. Die Entgrenzung der Ökonomie hat Wohlstandsmehrung, aber auch Wachstumsbedingungen geschaffen, die zunehmend externe soziale und ökologische Kosten verursachen, die mittelfristig selbst Wirtschaftsinteressen in Frage stellen. Die Gründung der Europäischen Wirtschaftsgemeinschaft (EWG) war der Versuch, in einem den

---

2   Deutscher Bundestag: Stenografischer Bericht, 32. Sitzung, Berlin 14. März 2003. Plenarprotokoll 15/32, S. 2479ff.

3   Christoph Sachße und Florian Tennstedt: Der Wohlfahrtsstaat im Nationalsozialismus. Geschichte der Armenfürsorge in Deutschland, Band 3, Stuttgart, Berlin und Köln 1992

Nationalstaat zwar transzendierenden, aber gleichwohl – zunächst auf sechs, dann zunehmend auf mehr Staaten – begrenzten Gebiet Wirtschaftsprozesse zu forcieren. Entgrenzung ging in neuer Grenzsetzung auf, innerhalb derer – etwa für Wanderarbeiter – durchaus mehr oder weniger sinnvolle sozialpolitische Regelungen getroffen wurden. Dieser notwendige Schritt, die – nunmehr auf die Triade aus Westeuropa, Nordamerika und Agglomerationen im pazifischen Raum – entgrenzte Ökonomie durch soziale und ökologische Regulierungen zu einer neuen sozialen Balance zu führen, unterbleibt vollständig. Bedingung des Wettbewerbs innerhalb der Triade ist es vielmehr, gerade auch um den Abbau sozialer Regelungen innerhalb der einzelnen Subgebiete der Triade selbst zu konkurrieren. Der weltweit aufkeimende Nationalismus ist häufig die – ideologische – Reaktion auf die Aufgabe derartiger identitätsstiftender bzw. -erhaltender Subsysteme. Er schiebt der lokalen und regionalen, aber auch zunehmend nationalen Politik eine Verantwortlichkeit für soziale und ökonomische Ausgrenzungsprozesse zu, die sich jedoch in transnationalen Zusammenhängen begründen. Gleichwohl handelt es sich bei diesen überstaatlichen Entwicklungen nicht um unbeeinflussbare, Naturgewalten ähnliche Phänomene; vielmehr sind es doch die Nationalstaaten vornehmlich der westlichen Hemisphäre gewesen, die durch politische Entscheidungen weltweiten Freihandel und Globalisierung erst ermöglichten.

Es stellten und stellen sich folglich aus systematischen Gründen in zweierlei Richtung Fragen nach den *Grenzen des Sozialstaates*, einmal im Wechselverhältnis zur nationalen volkswirtschaftlichen Wertschöpfung, zum anderen in sozialräumlicher Hinsicht im Wechselverhältnis zu den internationalen Wirtschaftsverflechtungen. Die Beantwortung dieser Fragen ist stets interessegeleitet, deren Ausklammerung aber auch.

5.2 Interessenantagonismus und soziale Integration im demokratischen Sozialstaat

Die ökonomischen Krisenerfahrungen in den Jahren 1966/67 führten in der politischen Theorie im Kontext mit anderen politischen und sozialen Entwicklungen zu einer umfangreichen Diskussion der Legitimationsgrundlagen des politischen Systems der Bundesrepublik Deutschlands.[4] Mit den sozialen Folgen der Strukturkrise seit Mitte der 1970er Jahre, insbesondere der Massenarbeitslosigkeit, den Einschränkungen im Sozialbereich, den immer stärker in den Vordergrund tretenden Problemen der Friedenssicherung und des Erhalts der natürlichen Lebensgrundlagen, spitzte sich die Frage zu, ob denn überhaupt noch bzw. wie der derzeitige Staat in der Lage bzw. befugt sei, den sozial erwirtschafteten Reichtum entsprechend den Wertvorstellungen von *Leistungsgerechtigkeit, solidarischem Ausgleich* und *vorleistungsfreien, subsidiären Hilfen* über Sozialpolitik zu verteilen. Dabei haben sich in zeitlicher Abfolge zwei entgegengesetzte Grundpositionen herausgebildet, jeweils auf älteren theoretischen Grundpositionen aufbauend.

a. Zur Reformulierung antagonistischer Klasseninteressen

Das neoliberale Dogma: Soziale Ungleichheit als Movens wirtschaftlichen Wachstums

Schon im Verlauf der sog. *Großen Depression* in den 1870er und 1880er Jahren suchte die sich herausbildende universitäre Wirtschaftswissenschaft nach Strategien, wie diese Gründerkrise, der Übergang vom Frühkapitalismus zum Monopolkapitalismus, überwunden werden könne. Sie formulierte – im Rekurs auf die klassische Wirtschaftstheorie – eine *neoklassische*, die auf Stärkung der Angebotsstrukturen im Marktgeschehen zielte. Mit Ausbruch der *Weltwirtschaftskrise* Ende der 1920er Jahre erlebte diese Schule einen enormen Aufschwung. Im Deutschland des Dritten Reiches, vor allem aber im Exil entfalteten einzelne Wirtschaftstheoretiker Konzepte, wie denn die vom Kriege zerstörte Volkswirtschaft wieder in Gang gesetzt werden könne. *Friedrich August von Hayek* steht dabei für jene Gruppe, die sich eher für ihre Angebotsreinheit interessierte, als dass sie ernsthaft Schlussfolgerungen aus der demokratiezerstörenden neoliberalen Politik am Ende der Weimarer Republik gezogen hätte.

---

4   Jürgen Habermas: Legitimationsprobleme im Spätkapitalismus, Frankfurt am Main 1973

Wiewohl Deutschland als Bestandteil der Europäischen Gemeinschaft ein führender Repräsentant einer zunehmend europäisierten und in Teilbereichen globalisierten Wirtschaft geworden ist, sind die zentralen Imperative neoliberaler Wirtschaftspolitik zunächst außerhalb Deutschlands akademisch und praktisch entwickelt worden. Für sie steht der Ökonomieprofessor aus Chicago, *Milton Friedman,* und die nach dem Ort seines Wirkens benannte Schule. Deutschland erlebt ebenfalls eine *Hayek*-Renaissance. Zentrales Element dieses seit Mitte der 1970er Jahre zunehmend und parallel zu den sichtbar werdenden Folgen von Europäisierung und Globalisierung popularisierten Konzeptes ist, dass nur noch der Markt über ökonomischen Gewinn und über Lebenschancen zu entscheiden hat und international und national alle Barrieren eines freien Handels aller Waren beseitigt werden sollen. Dieses findet auf betriebswirtschaftlicher Ebene seinen Niederschlag in einer *Shareholder-value*-Logik, der zufolge nur der Gewinn der Kapitalbesitzer Kriterium für den Erfolg eines Unternehmens ist, während Fragen einer gesellschaftlichen Verantwortung etwa für Ausbildungsplätze, für Standortpflege, für eine corporate identity zurückstehen müssen. Auf volkswirtschaftlicher Ebene entspricht dem ein Ökonomie-Verständnis, das die Addition einzelbetrieblicher Logiken darstellt. Da nun allerdings mit der Beseitigung, zumindest dem Abbau von Handelshemmnissen im internationalen Maßstab nationale wirtschaftliche Steuerungsinstrumente selbst der großen Wirtschaftsnationen – von den Ländern der Dritten Welt ganz zu schweigen – weitgehend verpuffen, wird der Staat auf die Sicherung der inneren und äußeren Ordnung reduziert, zugleich soll er nur noch ‚negatorisch' in den Wirtschaftsprozess eingreifen, indem er all das beseitigt, was das Marktgeschehen beeinträchtigen könnte. Es werden ‚Belege' herangezogen, um wettbewerbsverzerrende Auswirkungen staatlicher Politik aufzuzeigen. Es sei – so Hayek – ein Irrglaube, ähnlich dem an „Hexen und Gespenster", sich in einer spontan sich bildenden Ordnung, also beim Markt, etwas Bestimmtes unter „sozialer Gerechtigkeit" vorstellen zu können – auf eine derartige Idee könne nur eine „Zwangsorganisation" kommen, wie sie offensichtlich der Sozialstaat darstellt.[5] Hayek sieht durchaus ein „Mindesteinkommen" vor, doch

---

5   Friedrich August von Hayek: Die Illusion der sozialen Gerechtigkeit. (Recht, Gesetzgebung und Freiheit, Band 2). Landsberg am Lech 1981, S. 98; vgl. Peter Niesen: Die politische Theorie des Libertarianismus: Robert Nozick und Friedrich A.

müsse dieses für Bedürftige, die ihren Lebensunterhalt nicht auf dem Markt verdienen könnten, vollständig außerhalb des Marktes angesiedelt sein und keinesfalls für Personen zu Verfügung stehen, die am Markt eine Leistung anbieten, selbst wenn diese dort nicht nachgefragt werde. Er begründet diese Mindestsicherung für offensichtlich nicht mehr Arbeitsfähige als im Interesse jener liegend, „die Schutz gegen Verzweiflungsakte der Bedürftigen verlangen", also der marktstarken Bürgerinnen und Bürger.[6]

Zur Logik des von *Robert Nozick* ausformulierten Konzepts von einem *minimal state* gehört das sozialpolitische Credo, Movens von wirtschaftlichem Erfolg sei die Verstärkung sozialer Ungleichheit. Da dieses Credo nicht veri-, aber auch nicht falsifizierbar ist, schließt dieser Ansatz jegliche Korrektur aus. Dass es gerade Marktmechanismen waren, die geschichtlich nach staatlichen Interventionen drängten, und dass Ungleichgewichte konstitutiv zum Markt gehören, schadet der Stringenz dieses Staatsverständnisses offensichtlich ebenso wenig wie die Tatsache, dass es letztlich Menschen sind, die die negativen Seiten dieses Prozesses ertragen müssen. Dass Markt hier synonym für Klasseninteresse steht, sucht diese Argumentation nicht einmal zu verbergen: „Besteuerung von Arbeitseinkommen" sei „mit Zwangsarbeit gleichzusetzen", denn: „Alles, was aus gerechten Verhältnissen auf gerechte Weise entsteht, ist selbst gerecht."[7]

Der Neoliberalismus entkleidet den Ökonomiebegriff all dessen, was ihn seit den Klassikern *Adam Smith, David Ricardo* etc. zu einem *politischen* gemacht hat. Er sucht, den auf betriebwirtschaftliche Logik reduzierten Ökonomiebegriff dem der Politik überzuordnen und will diesen zur eigentlichen Legislative, Exekutive und wenn es sein muss auch Judikative machen. Indem solchermaßen Ökonomie Politik wird, löst sich auch Sozialpolitik als Gestaltungsfaktor auf. Dieses Konstrukt sucht das aufzuheben, was bürgerliche Herrschaft bislang konstituiert hat, nämlich den *Primat der Politik* gegenüber einer eigenständigen Ökonomie.

---

von Hayek, in: André Brodocz und Gary S. Schaal (Hg.): Politische Theorien der Gegenwart I, Opladen 2002, S. 77ff.

6   Friedrich August von Hayek: Die Verfassung der Freiheit, 3. Aufl., Tübingen 1991
7   Robert Nozick: Anarchie Staat Utopia, München o.J (1976), S. 159 und 144

Autonome Interessenwahrnehmung gegen „Sozialstaatsillusion"

Die insbesondere von Sozialdemokratie und Gewerkschaften vertretenen Vorstellungen einer evolutionären Verbesserung der Lage der abhängig Beschäftigten und einer allmählichen Demokratisierung der kapitalistischen Wirtschaftsordnung werden im Zusammenhang mit der ersten größeren Nachkriegsrezession und der Studentenbewegung sowie verstärkt seit Mitte der 1970er Jahre zunehmend von kritischen, größtenteils auf *Karl Marx* und *Friedrich Engels* zurückgreifenden Theorieansätzen in Frage gestellt. Der Vorstellung vom Staat als einem sozusagen souveränen Umverteiler des Sozialproduktes setzten etwa *Wolfgang Müller* und *Christel Neusüß* die Thesen von einer nur „nachträgliche(n) und notdürftige(n) Kontrolle des Staates über die naturwüchsige Gestalt des gesellschaftlichen Produktionsprozesses" entgegen, die noch dazu „notwendig zur Erhaltung der Produktion von Mehrwert" sei. Die Vorstellung von einem soziale Gerechtigkeit herstellenden Sozialstaat sei infolgedessen „Illusion". Denn wenn umverteilt werde, so geschehe dies lediglich innerhalb der Klassen, in jedem Falle aber so, dass die Wachstumsbedingungen des Kapitals nicht in Frage gestellt würden.[8] Des Weiteren wird dem „Reformismus" in der traditionellen Arbeiterbewegung vorgehalten, er habe das Element der Selbstorganisation denaturiert. „Solidarität" und „Selbsthilfe" – einst Kampfbegriffe gegen den Kapitalismus – seien inzwischen ihres systemkritischen Charakters beraubt und in den „Himmel der Institutionen" von Staat und Sozialversicherung abgeschoben worden.[9] Die Objektstellung großer Teile der Bevölkerung gegenüber den Interessen des Kapitals werde dadurch noch verschärft.

Diese Thesen werden im weiteren Verlauf der Diskussion ausdifferenziert. Dabei wird immer wieder auf die hohe Abhängigkeit sozialstaatlicher Einrichtungen vom Kapitalverwertungsprozess hingewiesen, doch würden sich zugleich jene Widersprüche zeigen, die zum Movens eines über Lernprozesse eingeübten „radikalen Reformismus"

8   Wolfgang Müller und Christel Neusüß: Die Sozialstaatsillusion und der Widerspruch von Lohnarbeit und Kapital, in: Sozialistische Politik, II. Jahrgang, Heft 6/7, Juni 1970, S. 4ff., 1970: 57 und 42

9   Christel Neusüß: Der „freie Bürger" gegen den Sozialstaat? Sozialstaatskritik von rechts und von Seiten der Arbeiterbewegung, in: Probleme des Klassenkampfes, Heft Nr. 39 1980, S. 100

werden könnten, „als konsequente Durchsetzung von Selbstorganisation und autonomer Interessenwahrnehmung bei der praktischen Veränderung der Arbeits- und Lebensverhältnisse".[10]

Angesichts offensichtlicher Defizite staatlicher Politik im Umgang mit nationalen und internationalen Verteilungsprozessen und Strukturen suchen die diesen emanzipatorisch – konfliktorientierten Theorien zuzuordnenden Autoren ihre politischen Wertvorstellungen denn auch weniger an, sondern vor allem gegen bestehende staatliche und diese in Beschlag nehmende Kräfte aus Besitzbürgertum und international agierenden Wirtschaftsunternehmen zu richten. Auch vordem sich dem Reformlager zuordnende Parteien wie etwa die Sozialdemokratie geraten zunehmend in die Kritik, angesichts wachsender Polarisierung zwischen Armut und Reichtum eher Letzteren zu befördern, statt Ersterer entgegenzutreten. Nach Meinung einiger Theoretiker ist in der Gesellschaft an die Stelle des alten Konflikts von Lohnarbeit und Kapital das Gegenüber zwischen jenen getreten, die an der kapitalistischen, europa- und teils weltweit agierenden Gesellschaft Anteil haben und jenen, die davon ausgegrenzt werden. Dieses soziale Potential der Marginalisierten bilde den Kern neuer sozialer Bewegungen und nehme politisch-ethische Imperative der bürgerlichen und der proletarischen Emanzipationsbewegung wieder auf, die von ihren ehemaligen Trägern ganz oder weitgehend entwertet worden seien.[11] Dieses Konstrukt – neue soziale Bewegungen und die Herausbildung von gesellschaftlicher Gegenmacht – zielt auf den *Primat einer sozialen Politik* gegenüber der privatwirtschaftlich organisierten Wirtschaft.

b. Integrationsgebot im Klassenstaat

Damit aber stellt sich in der zweiten Hälfte des 20. Jahrhunderts jene Grundkonstellation wieder her, die bereits einhundert Jahre zuvor existiert hat. Denn *Eigenverantwortung* und *Solidarität* – neben *Subsidiarität* zentrale Grundprinzipien der Sozialpolitik und heute im Kontext

---

10   Joachim Hirsch: Der Sicherheitsstaat. Das ‚Modell Deutschland' und die neuen sozialen Bewegungen, Frankfurt am Main 1980, S. 165

11   vgl. Pierre Bourdieu: Gegenfeuer. Wortmeldungen im Dienste des Widerstands gegen die neoliberale Invasion, Konstanz 1998; André Gorz: Kritik der ökonomischen Vernunft, in: Frankfurter Rundschau 07.07.1989, S. 14; sowie die sich neu herausbildende Antiglobalisierungskampagne von Attac

zueinander stehend – ordnen sich geschichtlich betrachtet entgegenge-
setzten sozialen Interessenlagen zu: der des emanzipatorischen Bürgertums und der des sich organisierenden Proletariats. Die Gewissheit
von *Karl Marx* und *Friedrich Engels*: „Ihr Untergang (der der Bourgeoisie) und der Sieg des Proletariats sind gleich unvermeidlich!" am
Ende des ersten Teils des 1848 formulierten Kommunistischen Manifestes[12] ließ eine Lösung dieses Antagonismus nur in seiner Aufhebung zu. Faktisch aber zeichneten sich parallel zu dieser Vorstellung
unterschiedliche Formen sozialintegrativen Handelns ab, in der kirchlichen und bürgerlichen Armenfürsorge, beim Aufbau freiwilliger
Hilfskassen und schließlich in der Bismarckschen Sozialversicherung,
die letztlich zu einem breiten operativen Feld der reformorientierten
Arbeiterbewegung in Deutschland wurde. Diese sozialintegrativen
Strategien führten bei Teilen der Arbeiterbewegung und des Bürgertums zu dem stets prekären Versuch, die Postulate der bürgerlichen
Demokratie – Gewährung von Grund- und Menschenrechten, politischer Teilhabe und die Garantie von Rechtsstaatlichkeit – mit denen
der sozialen Demokratie – soziale Mindestsicherung, gerechte Teilhabe am sozialen Wohlstand und Demokratisierung des Wirtschaftssek-
tors – zu verbinden.

Parallel zur theoretischen Auseinandersetzung in der deutschen
Arbeiterbewegung um eine ethisch begründete (Sozial-)Reformpolitik
im Kapitalismus, damit zugleich über Notwendigkeit und Gefahren
einer stärkeren Integration in die Wirklichkeit einer kapitalistisch
geprägten Gesellschaft, suchen auch Theoretiker nach politisch-
ethischen Grundlagen für eine Integration widerstreitender Interessen
in Staat und Gesellschaft. Mit Namen wie *Max Weber* (1864-1920),
Hermann Heller (1891-1933), *Ralf Dahrendorf* (geb. 1929) u.a.m.
verbinden sich geschichtlich Positionen, die diesen Prozess der sozialen Integration theoretisch zu fassen suchen.

Sozialer Interessenausgleich zwischen reformorientierter Arbeiterbewegung und besitzbürgerlichen Interessen: Max Weber, Hermann Heller und Ralf Dahrendorf

Max Weber beispielsweise greift das bei *John Locke* (1632-1704)
entwickelte liberale Theorem auf, dass nämlich die in einem Staat

---

12   Karl Marx und Friedrich Engels: Werke. Band 4, Berlin 1974, S. 474

Beherrschten den mit der Herrschaft Beauftragten und den zu beach-
tenden Gesetzen zustimmen müssen: „Ein gewisses Minimum an
innerer Zustimmung mindestens der sozial gewichtigen Schichten der
Beherrschten ist ja Vorbedingung einer jeden, auch der bestorganisier-
ten, Herrschaft."[13] In der Phase des klassischen Liberalismus sei dies
auch kein Problem gewesen, bezog sich doch hier die Forderung auf
die sozial homogene Klasse der Besitzbürger. Im „modernen Staat"
aber gebe es diese soziale Homogenität nicht, sie sei erst auf dem
Wege der sozialen Integration herstellbar. *Max Weber* beschreibt
damit den Zustand zugespitzter Klassenauseinandersetzungen am
Ende des I. Weltkrieges. Er geht von der „Gebundenheit jeder Regierung an die Existenzbedingungen einer auf absehbare Zeit hinaus
kapitalistischen Gesellschaft und Wirtschaft" aus.[14] Immer wieder
fragt Weber, inwieweit die organisierte Arbeiterbewegung die in ihr
wirksamen revolutionären Elemente zurückdrängen könne. Zugleich
plädiert er für einen Kompromiss zwischen Kapitalismus und Arbeiterbewegung. Zwar werde man noch lange Zeit mit den privaten Unternehmern leben und auf ihre ökonomische Leistungsfähigkeit zurückgreifen müssen, wohl aber müsse und könne man ihren politischen Wirkungsgrad einschränken: „Man muss sie nur an der rechten
Stelle verwenden, ihnen zwar die unvermeidlichen Prämien – des
Profits – hinhalten, sie aber sich nicht über den Kopf wachsen lassen.
Nur so ist – heute! – Fortschritt zur Sozialisierung möglich."[15]

Hermann Heller knüpft am Ende der Weimarer Republik an diesen Gedanken an. Angesichts der Gefahr eines zur Macht gelangenden
Faschismus fordert er: „Soll die heutige, vornehmlich vom Bürgertum
geschaffene Kultur und Zivilisation erhalten, geschweige denn erneuert werden, so muss unter allen Umständen der erreichte Grad der
Berechenbarkeit der gesellschaftlichen Beziehungen nicht nur bewahrt, sondern sogar noch erhöht werden."[16] Obwohl gerade Teile des
Bürgertums den von Anfang an in der Weimarer Republik nur wider-
willig hingenommenen Kompromiss mit der Arbeiterbewegung nun in
der Weltwirtschaftskrise aufzukündigen bereit seien, sieht Heller die
objektive Aufgabe des Proletariats darin, immer wieder die soziale

---

13 Max Weber: Parlament und Regierung., in: Max Weber: Gesammelte politische
    Schriften, Tübingen 1958, S. 327
14 Ebenda S. 353f.
15 Max Weber: Deutschlands zukünftige Staatsform, in: Max Weber: Gesammelte
    politische Schriften, Tübingen 1958, S. 448
16 Hermann Heller: Rechtsstaat oder Diktatur, Tübingen 1930, S. 24

und politische Kraft zur Integration aufzubringen, da das Bürgertum aus sich heraus dazu nicht in der Lage und auch nicht willens sei.[17] Mit der proletarisierten „Massendemokratie des heutigen Großstaates" und dem gesteigerten Klassengegensatz wird, so Heller, gerade jener Teil der bürgerlichen Gesellschaft, der nach Marx deren Negation darstellt, zum wichtigsten Kristallisationskern und zu einem der „staatsbildenden Faktoren", dem die Aufgabe der Integration der „ewig antagonistischen Einheit" zukomme, um so den Faschismus abzuwenden.[18]

Diese Ausformulierung der Notwendigkeit eines sozialen Kompromisses zum Zwecke der Verteidigung letztlich auch der bürgerlichen Gesellschaft setzt auf Teilhabe an den privatwirtschaftlich entstandenen Ressourcen. *Ralf Dahrendorf* schließlich verbindet die Grundlegung der bürgerlichen Gesellschaft mit einem derartigen sozialen Kompromiss: „Deshalb verlangt die Durchsetzung der Bürgerrechte ein gewisses Maß dessen, was gerne Nivellierung genannt wird, nämlich einen verlässlichen ‚Fußboden' und eine schützende ‚Decke' für das Gehäuse sozialer Schichtung. Eine Politik zu diesem Ende ließe sich als liberale Sozialpolitik ohne große Mühe konzipieren. Sie bliebe eine liberale Politik, denn ihr eigentliches Ziel läge darin, den Raum zwischen Decke und Fußboden möglichst breit zu halten, damit die Vielfalt menschlicher Talente und Leistungen im Medium der distributiven Ungleichheit seinen Ausdruck finden kann."[19] Damit wird das Gebot der Integration erneuert, zugleich auf die gesamte Gesellschaft ausgeweitet und nicht, wie bei *Hermann Heller*, vorrangig als ein Instrument im Abwehrkampf des Proletariats gegen den aufkommenden Faschismus verstanden. Zugleich wird ein Spektrum für die soziale Teilhabe bzw. Verteilung aufgezeigt, denn der Abstand zwischen Decke und Fußboden wird nun zum interessebedingten Ort der Auseinandersetzung. Gleichviel: Bürgerrechte sind an eine existenzsichernde Mindestversorgung gebunden, die vor Ausgrenzung schützen soll, zugleich gibt es Grenzen nach oben, wie schon die frühliberale Theorie formulierte. Gesellschaft benötigt soziale Diffe-

---

17 vgl. Wolfgang Schluchter: Entscheidungen für den sozialen Rechtsstaat. Hermann Heller und die staatstheoretische Diskussion in der Weimarer Republik, Köln und Berlin 1968, S. 172

18 Hermann Heller: Europa und der Fascismus, Berlin und Leipzig 1929, S. 7, 8 und 11

19 Ralf Dahrendorf: Gesellschaft und Demokratie, München 1965, S. 96

renzierung, aber auch soziale Kohäsion. Verteilungspolitik in beide Richtungen ist folglich legitim, und zwar ohne Exklusivitätsanspruch.

Was Sozialstaatlichkeit quantitativ und qualitativ bedeuten *soll*, ist – so kann aus den hier angeführten Theorien von Weber, Heller und Dahrendorf geschlossen werden – normative Setzung. Diese kann sich in Theorietraditionen einordnen, sie kann sich aber auch explizit davon absetzen. Diesen *Wert*-Setzungen ist ein je spezifisches Menschenbild eigen, das letztlich eine Antwort darauf zu geben sucht, wie in der Gesellschaft menschliche *Vernunft* zum Tragen gebracht und *Freiheit* verwirklicht werden kann. Mit dem *Neukantianismus* werden entlang dieser beiden zentralen Kategorien der bürgerlichen Emanzipationsbewegung – Vernunft und Freiheit – unterschiedliche *Sollens*-Vorstellungen formuliert, an dem sich dann das Sein der Gesellschaft messen lassen müsse. Zugleich greifen diese Konstrukte Überlegungen der sozialistischen Emanzipationsbewegung auf, wonach die Verwirklichung von Vernunft und Freiheit letztlich eines materiellen, sozialen Substrats bedarf. Dabei unterliegen diese neo-kantianischen Konstrukte dem Risiko, ihrerseits kritisch hinterfragt zu werden, nämlich einmal, weil es schlicht eine beachtliche Vielfältigkeit von Sollens-Bestimmungen gibt und nicht eindeutig bestimmbar ist, welcher der Vorrang gebührt, und zum anderen, weil deren wie auch immer schlüssige Begründung keinesfalls schon dazu führt, dass sich die gesellschaftliche Wirklichkeit daran orientiert. Umgekehrt werden diese Begründungen nicht dadurch obsolet, dass sie nicht *hic et nunc* Wirklichkeit werden – können. Denn auch für sie gilt die Aussage von *Werner Hofmann*: „Und ohne die großen Ideen gibt es kein wirkliches Fortschreiten auch in der praktischen Welt."[20]

Grundlegungen sachrationaler Reformpolitik

Eine Möglichkeit, auf diese Diskrepanz zu reagieren, stellt der *Kritische Rationalismus* dar: Die politisch-ethische Forderung nach menschenwürdigen, gerechteren, bezogen auf den vorhandenen Reichtum partizipativeren Lebensverhältnissen allein kann diese nicht schaffen. Auf dieses Dilemma suchten Reformstrategien in der Arbeiterbewegung zu reagieren, indem sie die Veränderungspotentiale der gegebe-

---

20 Werner Hofmann: Ideengeschichte der sozialen Bewegung des 19. und 20. Jahrhunderts, Berlin 1970

nen Gesellschafts- und Staatsordnung für mehr soziale Gerechtigkeit und sozial gewährleistete Freiheit zu nutzen suchten. Setzte diese Begründung (sozial-)reformerischer Politik letztlich noch am grundlegenden Konflikt zwischen Lohnarbeit und Kapital an, den sie – in der Tradition des Neukantianismus stehend – evolutionär zu überwinden hoffte, sieht eine an den *Kritischen Rationalismus* anknüpfende Reformkonzeption generell von einer Zielbestimmung ab und beschränkt sich auf Aussagen über das reformpolitische Procedere. Die vor allem von *Karl R. Popper* entwickelte wissenschaftstheoretische Konzeption geht davon aus, dass es letztlich keine absolut gültige, wissenschaftliche Begründung und damit keine absolute Wahrheit und Gewissheit gebe, sondern dass Wissenschaft lediglich die stete kritische Prüfung und eventuell Verbesserung notwendig partiell bleibender Problemlösungen leisten kann. *Hans Albert* folgert daraus, dass es auch keinen „archimedischen Punkt" gebe, von dem her sich eine für alle Mitglieder der Gesellschaft in gleicher Weise akzeptable Politik begründen ließe. „Vor allem darf man nicht erwarten, dass sich ein solcher Konsensus gerade über sogenannte letzte Werte oder Ziele herstellen lässt, wie vielfach, sogar von Sozialtheoretikern, behauptet wird."[21] Ein solcher Konsens sei allerdings auch gar nicht notwendig, weil zum einen letzte Ziele nicht zur Diskussion stünden und weil sich zum anderen „oft ein partieller, relativer und provisorischer Konsens gerade über Tatbestände oder Wünschbarkeiten erzielen" lasse. Die bestehenden Repräsentations- und Abstimmungsmechanismen dienten dazu, einen derartigen „Konsens auf mittlerer Ebene" herzustellen. Dies bedeutet, „dass es *keine ideale Sozialordnung* geben kann (...), die allen Bedürfnissen in optimaler Weise gerecht wird." Und daraus folgt: „Wer der rationalen Methode in der Politik Geltung verschaffen möchte, (...) wird sich dafür einsetzen, dass unser unvollkommenes, mit Mängeln behaftetes Wissen in bestmöglicher Weise ausgenutzt wird für die Verbesserung der sozialen Zustände, und zwar durch Reformen, die schrittweise Veränderungen herbeiführen."[22] Nicht ein maximalistisches Ziel solle verwirklicht werden, sondern das, was unter den gegebenen Alternativen das Beste ist – dies ist die Zielbe-

---

21 Hans Albert: Aufklärung und Steuerung. Gesellschaft, Wissenschaft und Politik in der Perspektive des Kritischen Rationalismus, in: Georg Lührs u.a. (Hg.): Kritischer Rationalismus und Sozialdemokratie, 2. Aufl., Berlin und Bonn-Bad Godesberg 1975, S. 121

22 Ebenda.: 123

stimmung des Kritischen Rationalismus, der damit an die Tradition des angelsächsischen *Utilitarismus* eines *John Stuart Mills* und eines *John Rawls* anknüpft[23] und der auf diesem Weg die bestehende Gesellschaft mit ihren sozialen Konflikten und strukturellen Ungleichheiten generell der Infragestellung entzieht.

Indem der *Kritische Rationalismus* nur noch von einer *„Analyse realisierbarer Alternativen"*, von der Lösung schwieriger sozialtechnologischer Probleme spricht, reduziert er die Wahrnehmung auch sozialer Problemlagen auf das, was veränderbar ist.[24] Eine darüber hinausgehende Zielbestimmung und Bewertung findet nicht statt. Aus der praktischen Reformpolitik heraus soll über eine Binnenrationalisierung von Wirtschaft und Gesellschaft ein Interessenausgleich herbeigeführt werden. Bei Zurkenntnisnahme und Aufrechterhaltung unvereinbarer Grundpositionen können aber zumindest Teillösungen über den Staat auf den Gebieten angestrebt werden, bei denen eine Einigung möglich ist. Insoweit und *nur* insoweit Konsens herrscht, soll der *Primat der Politik* greifen.

Ziviles Engagement: Forderungen nach einem ‚neuen Gesellschaftsvertrag'

Mit Beginn der wirtschaftlichen Strukturkrise und dem Voranschreiten europäisierter und innerhalb der Triade globalisierter Kapitalkonzentration und -zentralisation seit Mitte der 1970er Jahre wurde zu Beginn der achtziger Jahre im 20. Jahrhundert eine philosophische wie politikwissenschaftliche Diskussion darüber entfacht, ob angesichts auseinander driftender moderner Industriegesellschaften nicht über einen der klassischen liberalen Theorie nachempfundenen, aber nunmehr auf die Bedingungen der *postmodernen Gesellschaft* zielenden *neuen Gesellschaftsvertrag* nachgedacht werden müsse, um angesichts von Individualisierung und Atomisierung neue Verbindlichkeiten und Ziele für gesellschaftlichen Zusammenhalt zu formulieren. Ausgangspunkt dieser Überlegungen war dabei die Beobachtung, dass die vor

---

23 vgl. Otfried Höffe: Ethik und Politik. Grundmodelle und -probleme der praktischen Philosophie, Frankfurt am Main 1979, S. 160ff.

24 Hans Albert: Aufklärung und Steuerung. Gesellschaft, Wissenschaft und Politik in der Perspektive des Kritischen Rationalismus, in: Georg Lührs u.a. (Hg.): Kritischer Rationalismus und Sozialdemokratie, 2. Aufl., Berlin und Bonn-Bad Godesberg 1975, S. 125 und 115

dem Hintergrund des sozialen Status quo diskutierten Vorstellungen von einer neuen „guten Gesellschaft" zwischen dem engen, normierenden Korsett „religiösen Fundamentalismus'" einerseits und in der Überbetonung von Autonomie und individuellen Freiheitsrechten andererseits oszillierten. Beide Pole als nicht dauerhaft friedlich gesellschaftsbildend betrachtend, will die *kommunitaristische Idee* in dieser Kontroverse eine Art Vermittlerposition einnehmen und beschreibt in ihrem „kommunitaristische[n] Paradigma (...) die gute Gesellschaft als eine Gesellschaft (...), die sich sowohl um soziale Tugenden als auch um individuelle Rechte sorgt."[25]

Der Kommunitarismus versteht sich als Initiator eines stetigen sozialen Aushandlungsprozesses, mit dem Ziel, soziale Ordnung und individuelle Autonomie in eine für die Mehrzahl der Gesellschaftsmitglieder akzeptable Balance zu bringen. Die Frage, wie sich in einer Gesellschaft diese soziale Kohäsion einstellen kann, impliziert dann auch Fragen nach einer gerechteren Verteilung der positiven und negativen Folgen entgrenzten Wirtschaftens sowie der Gleichwertigkeit von Markt und Sozialstaat als Quelle von Einkommen. In diesen an die *diskursive Ethik*[26] anschließenden Konzepten geht es bei der Bewertung von sozialpolitischer Steuerung und von materiellen wie immateriellen Verteilungsprozessen denn auch nicht mehr um normative Vorgaben, wie Reichtum und privates Wirtschaften zu beurteilen seien, sondern vor allem um Wegbeschreibungen zu einem gesellschaftlichen Konsens über gemeinsame Wertvorstellungen von Selbst- und Fremdbestimmung etwa auch beim Besitz von Vermögen bzw. dem Verfolg eigener wirtschaftlicher Interessen. Von einem kommunitaristischen Standpunkt aus betrachtet macht es deshalb wenig Sinn, in der Art einer geschlossenen Theoriebildung allgemein ein Mehr oder Weniger an individuellen Rechten und sozialen Verantwortlichkeiten einzufordern. Denn der Grad staatlichen Handelns gegenüber den Mitbürgerinnen und Mitbürgern ist bestimmt durch die vorfindlichen gesellschaftlichen und historischen Rahmenbedingungen und lässt sich damit gerade nicht allgemeingültig aus wirtschaftstheoretischen bzw. politischen Theorien und Ideologien ableiten.[27]

---

25 Amitai Etzioni: Die Verantwortungsgesellschaft. Individualismus und Moral in der heutigen Demokratie, Frankfurt am Main und New York 1997, S. 25f.

26 Karl-Otto Apel u.a. (Hg.): Praktische Philosophie/Ethik I. Aktuelle Materialien. Band 1, Frankfurt am Main 1980

27 Ebenda, S. 67

Aus dieser Konstellation ergibt sich, dass den Kommunitaristen zwar die Vorstellung von der Gesellschaft als einem dynamischem Gebilde gemein ist, gleichzeitig jedoch die verschiedenen Positionen, die sich hier im Einzelnen aufzeigen lassen, ihrerseits in sich von unterschiedlichen normativen Vorgaben geprägt sein können.[28] Die in der neomarxistischen und in der neoliberalen Kritik am Sozialstaat gleichermaßen zum Ausdruck kommende Vorstellung, dass es letztlich keinen tragfähigen Konsens in einer klassengeprägten Gesellschaft geben kann, ‚untertunnelt' der Kommunitarismus. Er negiert deren jeweiligen Alleingültigkeitsanspruch und will aus der Gesellschaft heraus nach subjektiven und/oder objektiven gemeinsamen Interessen ihrer Glieder suchen. Er unterstellt das gemeinsame Interesse der Gesellschaftsmitglieder an einem Konsensverfahren, ohne dieses allerdings zu materialisieren. Umgekehrt – hier konsequent an die frühbürgerlichen Vorstellungen von einem Gesellschaftsvertrag anschließend – bleibt dann, wenn ein Konsens über die materielle Bestimmung eines Primates der Politik nicht besteht, letztlich nichts anderes übrig, als die den neuen Gesellschaftsvertrag schließenden Bürger danach zu befragen, wie und mit welchem Ziel sowohl partikulares als auch allgemeines Handeln der politischen Gesellschaft bestimmt werden sollen bzw. können.

Der Kerngedanke, es bedürfe in einer klassengespaltenen Gesellschaft der sozialen Integration, charakterisiert zahlreiche, von ihrem Anspruch und ihrer Wirkung her teils weiter, teils kürzer greifende theoretische Konstrukte, die sich im Spannungsfeld zwischen dem Verfolg partikularer, auch privatwirtschaftlicher Interessen und der Rahmensetzung durch Politik bewegen. Es gibt hier kein objektivistisches *Richtig* und *Falsch*, wenngleich mit den zentralen Werten der bürgerlichen Gesellschaft *Freiheit* und *Vernunft* sowie deren sozialen Implikaten Grundprinzipien vorgegeben worden sind, die interessebedingte Verkürzungen dieses *Spannungsfeldes zwischen Akkumulation und sozialer Integration* ideologiekritisch hinterfragbar machen. Zugleich zeichnet sich eine *erste Grenze von Sozialstaatlichkeit* dort ab, wo dieses Spannungsfeld bestritten, zu Gunsten eines Poles aufgeho-

28   vgl. Friedhelm Hengsbach und Matthias Möhring-Hesse: Aus der Schieflage heraus. Demokratische Verteilung von Reichtum und Arbeit, Bonn 1999; Mark Arenhövel: Kommunitarismus. Eine Kritik am politischen Liberalismus, in: Franz Neumann (Hg.): Handbuch Politische Theorien und Ideologien. Band 1, Opladen 1998, S. 235ff.

ben bzw. dessen Ausgestaltung nur noch zum abgeleiteten Derivat des anderen wird.

5.3 Entgrenzung des Sozialraums

Der Raum sozialer Verteilungspolitik war bis in die 1990er Jahre hinein der wie auch immer modifizierte nationale Sozialstaat. Mit Herstellung zunächst der Wirtschaftseinheit und dann der Währungseinheit, mit den Vertragswerken von Maastricht, Amsterdam und anderen Beschlüssen mehr bis hin zur Verfassung der Europäischen Union wird dieser Sozialstaat zunehmend sozialräumlich entgrenzt. Über die Europäische Union hinaus wirken weitere soziale und ökonomische Veränderungen innerhalb Europas und weltweit auf die soziale Lage und die anstehenden Verteilungsprozesse sowie Ergebnisse. Damit stehen Sozialstaatlichkeit und Sozialpolitik mit ihrer Aufgabe, dem ihnen obliegenden Integrationsgebot unter Bedingungen *wirtschaftlicher und politischer Entgrenzung* Rechnung zu tragen, vor neuen Herausforderungen. Traditionelle nationale Politikansätze und der darin zum Ausdruck kommende soziale Interessensbezug werden dadurch nicht in toto obsolet, sie bedürfen aber einer Erweiterung in Richtung einer Abstimmung unterschiedlicher nationaler Interessen und einem sich national herausgebildeten Verständnis, was als sozial gerecht, was als soziale Sicherung und was als soziale Vermittlungsstrukturen akzeptiert bzw. nicht akzeptiert wird. Doch auch derartige Entgrenzung ist geschichtlich nicht völlig neu, sie hat in unterschiedlichen Formen auch schon früher statt gefunden. Gleichwohl stehen Sozialstaatlichkeit und Sozialpolitik in einem bedeutsamen Umbruch.

Dabei brachte in der politisch-philosophischen Gemengelage im Übergang zum 19. Jahrhundert *Johann Gottlieb Fichte* (1762-1814) mit seiner im Jahr 1800 publizierten Schrift vom „Geschlossenen Handelsstaat" ein interessantes Argument in die politisch-theoretische Diskussion ein, das quer zu den stärker vor allem auf die Herausbildung rechtsstaatlicher und wirtschaftsliberalen Strukturen zielenden Theorien *Kants, von Humboldts* u.a. steht. Auch Fichte forderte die Sicherung von Freiheit und Vernunft durch einen zu etablierenden Rechtsstaat. Anders aber als seine Zeitgenossen verstand Fichte Gleichheit nicht nur im klassischen Sinne der Allgemeingültigkeit von

Gesetzen, vor denen also alle Menschen gleich seien, sondern darüber hinaus als eine durch staatliche Fürsorge herzustellende materielle Beteiligung der Bürger am allgemeinen Wohlstand. Der von ihm entworfene „geschlossene Handelsstaat" sollte, von wenigen Ausnahmen abgesehen, in Autarkie nach außen leben und durch „Berechnungen und Aufsichten" nach innen „das Gleichgewicht im öffentlichen Verkehr, und im Verhältnis aller zu allen unverrückt" erhalten.[29] Der Staat wurde hier als Garant der eigenständigen nationalen wirtschaftlichen Entwicklung und der angemessenen Versorgung seiner Bürger verstanden: „Das Volk befindet sich, zufolge der vor der Schließung gemachten Verbesserungen, in einem beträchtlichen Wohlstande, und von diesem Wohlstande genießen alle ihren geziehmenden Teil. Was irgendein Bürger bedarf, und haben soll, hat sicher irgendeiner seiner Mitbürger, welcher auf sein Bedürfnis berechnet ist, und der erstere kann es erhalten, sobald er will."[30]

Fichte entwarf innerhalb eines sozialräumlich begrenzten Handlungsrahmens theoretisch ein Amalgam aus unterschiedlichen Elementen: dem liberalen Freiheitsbegriff, einem eher sozialistischen Planungsbegriff einschließlich solidarischer (Um-)Verteilungsprozesse und schließlich einem eher in der christlichen Tradition stehenden Bedarfsprinzip, das aus sich heraus staatliche Hilfe begründete, ohne dafür selbst eine Vorleistung zwingend vorzuschreiben, wobei diese Hilfe „geziehmend" sein sollte. Fichte verknüpfte Erfahrungen des merkantilistischen Staates mit ethischen Wertvorstellungen bürgerlicher Freiheit und sozialistischer Utopie, damit das feudale soziale Sicherungssystem in die Moderne übertragend, ohne dass diesem eine empirische Erfahrung entsprochen hätte. Auch wenn der „geschlossene Handelsstaat" nie Wirklichkeit geworden ist – die großen Protagonisten der Industrialisierung gingen sehr bald zur Kolonialisierungspolitik über – schrieb er doch ein bis weit in das 20. Jahrhundert konstitutives Element von Sozialstaatlichkeit fest: nämlich die Notwendigkeit eines politisch begrenzten sozialen Risikoausgleichs zwischen sozialem Bedarf und aufzubringenden materiellen Leistungen. Zugleich beschrieb er die Notwendigkeit eines umfassenden Solidarausgleichs, ließ aber offen, was geschehen sollte, wenn die von ihm er-

---

29 Johann Gottlieb Fichte: Der geschlossene Handelsstaat (1800), zit. nach der Ausgabe, hg. von Fritz Medicus, Leipzig 1919, S. 121
30 Ebenda S. 118

hofften „Verbesserungen", der „beträchtliche Wohlstand" nicht oder so nicht einträten.

Sozialstaatlichkeit ist an begrenzte volkswirtschaftliche und soziale Prozesse gekoppelt, sie kann nur bei einem kalkulablen Verhältnis zwischen Leistungsanforderungen und materiellen Ressourcen existieren, ausgebaut und dann auch ggf. zurückgefahren werden. Diese Grenzen sind historisch mit den Nationalstaaten identisch gewesen, müssen dieses aber nicht bleiben. Ein europäischer Sozialstaat ist denkbar, zunächst erst ein westeuropäischer. Dabei hat allerdings die Süderweiterung der Europäischen Union gezeigt, dass die wirtschaftliche und soziale Verknüpfung höchst unterschiedlicher Volkswirtschaften und sozialer Sicherungssysteme mit großen Problemen und Konflikten behaftet ist. Um so stärker ist vor dem Irrtum zu warnen, man könne gleichsam nebenbei die Europäische Union beliebig erweitern. Die daran gebundenen sozialen und politischen Konflikte sind antizipierbar. Umgekehrt ist eine gesamteuropäische soziale Dimension unverzichtbar. In jedem Falle kann ein Sozialstaat, wie auch immer geographisch ausgeweitet, sozialräumlich und politisch betrachtet nicht ohne Grenzen sein. Hier also liegt die *zweite Grenze von Sozialstaatlichkeit.*

Die derzeitige Politik einer zunehmenden *Entgrenzung der Europäischen Union* dagegen unterliegt – trotz aller gegenteiligen Behauptungen – vor allem *zwei Antinomien.* Zum einen geht es um einen immanenten *Widerspruch* zwischen *quantitativem* und *qualitativem* Ausbau der Union. Wenn nämlich die derzeitigen (west-)europäischen Staaten qualitativ etwa auch über demokratische Binnenstrukturen, Grundrechtsnormen und gemeinsame Politikfelder miteinander verbunden werden sollen, begrenzt dieses die Möglichkeit, ost- und mittelosteuropäische Länder auf Grund deren Entwicklungsstandes umstandslos in diesen Prozess einzubeziehen. Dabei wiesen schon die Beitrittskriterien von Kopenhagen aus dem Jahr 1993 zwei erhebliche Defizite auf, nämlich einmal den Verzicht auf soziale Perspektiven und zum anderen auf partizipative Elemente. Auch wurde der Beschluss, die Union zu erweitern, zeitlich von einer Reform ihrer Institutionen gelöst. Gleichzeitig wird die Reform der Europäischen Union und ihrer Entscheidungsstrukturen minimalisiert. Das heißt, die quantitative Ausweitung nach Osten tritt in Widerspruch zu einer qualitativen mit dem Ergebnis, dass vermutlich weder die gewünschte politische Stabilisierung in den Transformationsländern erreicht, noch die Politik der Europäischen Union in angemessener

Weise demokratisch fundiert sowie den erweiterten Aufgaben gerecht werden wird.

Die zweite Antinomie bezieht sich darauf, dass, selbst wenn neue supranationale Entscheidungsebenen geschaffen werden könnten, die *Standortkonkurrenz zwischen den Regionen*, den unterschiedlichen Anbietern und letztlich den einzelnen Arbeitsplätzen, unter sonst gleichbleibenden Bedingungen genauso wenig aufhebbar ist wie derzeit.[31] Hier bedürfte es sehr weitgehender Einschnitte in nationale Regelungskompetenzen, um zumindest in einem begrenzten europäischen Sozialraum wieder vergleichbare Wettbewerbsbedingungen zu schaffen. Doch gerade dieses haben die dominierenden politischen Kräfte in vielen Staaten der Union bislang nachhaltig – aus Standortgründen – verhindert. Infolgedessen greifen *direkte* und *indirekte* Folgen regionaler bzw. nationaler Entwicklungen im wirtschaftlichen und im sozialen Bereich auf andere Regionen und Staaten über: Migration, Lohndrift, Druck auf die Steuersysteme, Absenkungen sozialer Leistungen und von arbeitsrechtlichen Standards sowie solchen des Gesundheitsschutzes am Arbeitsplatz.

Diese beiden Antinomien können nicht widerspruchsfrei aufgehoben werden, zumal divergierende soziale und politische Interessen dem entgegenstehen. Politik allerdings – auf lokaler, regionaler, nationaler und europäischer Ebene – darf nicht behaupten, sie sei quasi in diese Antinomien ‚hineingerutscht'. Das zentrale Dilemma bleibt: Die *doppelte Transformation in Europa* wurde fest an eine neoliberale Wirtschaftsreform gekoppelt, so als hätte es dazu keine Alternative gegeben. In der Folge ist die Gleichzeitigkeit einer wirtschaftlichen und einer politischen Transformation keineswegs bloß in Mittel- und Osteuropa eingetreten, sondern auch im Westeuropa der Europäischen Union selbst. Denn dort haben sich Zielsetzung und Durchsetzungsformen des Nationalstaats unmerklich, aber wirksam verändert und damit das von *Fritz W. Scharpf* treffend charakterisierte Dilemma verschärft: „Die Kapazitäten der Union, eigene Politiken zu verwirklichen, sind nicht annähernd in derselben Weise gestärkt worden, wie sie auf der Ebene der Mitgliedstaaten abgenommen haben."[32] Entwickelte Sozialstaaten mutieren zu „Wettbewerbsstaaten" (*Wolfgang Streek*), auf

---

31 Jürgen Habermas: Die postnationale Konstellation und die Zukunft der Demokratie, in: Blätter für deutsche und internationale Politik, Heft 7/1998, S. 817ff.

32 Fritz W. Scharpf: Optionen des Föderalismus in Deutschland und Europa, Frankfurt am Main 1994, S. 220

dem Gebiet der Bearbeitung sozialer Problemlagen sich ‚verschlan-
kend', auf dem Gebiet der Stärkung gewichtiger Wirtschaftsanbieter
dagegen kräftig an Bedeutung gewinnend. Dabei hat es durchaus
gewichtige Stimmen gegeben, die davor gewarnt haben, im Wechsel-
spiel zwischen funktionsloser werdenden Nationalstaaten und einer
nicht mit genügend Kompetenzen ausgestatteten supranationalen
Handlungsebene, politische Aufgaben nicht mehr angemessen abzuar-
beiten. Nach Meinung keines Geringeren als etwa des Präsidenten des
Direktoriums der Schweizerischen Nationalbank, *Markus Lusser*, wird
die Währungsunion in der Europäischen Union „(...) mit hoher Wahr-
scheinlichkeit nur funktionieren, wenn sie durch ein zentralisiertes
Steuersystem sowie durch ein System eines unionsweiten Finanztransfers ergänzt wird. Dies bedingt (...) eine politische Union. (...) Jede
Währungsunion, die nicht in einer gewachsenen – in einer erprobten –
politischen Union verankert ist, droht früher oder später auseinander
zu brechen."[33] *Fichte* hat diesen Gedanken, bezogen auf seine Zeit,
bereits vorformuliert!

Doch kann ein wie auch immer begrenzter Sozialstaat keine Insel-
lösung bzw. *Festung* sein: Er muss um faire (Handels-)Beziehungen
zu anderen Wirtschafts- und Sozialräumen bemüht sein, er steht in
einer Weltökonomie, die einer rationalen, auf Ausgleich ausgerichteten Gestaltung bedarf. Dieses betrifft auch internationale Regelungen
für das Problem der Migration, Fragen des Waffenexports und Sicherung der Teilhabe weiter Teile dieser Erde am steigenden Welt-
wohlstand. In einem wie auch immer erweiterten Sozialstaat gibt es –
legitime – Interessenunterschiede, die unterschiedliche Konzepte für
diese Erfordernisse nach sich ziehen. Dabei sind diese Interessen und
deren soziale sowie politische Vertretung keineswegs gleich stark, sie
sind vielmehr nach stärkeren und schwächeren geschieden. Zunehmend vermögen sich insbesondere transnationale Wirtschaftsunternehmen sogar mehr oder weniger den – nicht nur sozialen – Imperati-
ven nationaler Regierungen bzw. nationaler und supranationaler Sozialstaaten fast zur Gänze zu entziehen. An dieser Stelle geht eine aktualisierte Bestimmung von Sozialstaatlichkeit sicher über das Konstrukt
des „geschlossenen Handelsstaates" hinaus, doch bleibt die Aufgabe,

---

33 Markus Lusser: Nationale Geldpolitik zwischen Regionalisierungs- und Globalisie-
    rungstendenzen, in: Reinhold Biskup (Hg.): Globalisierung und Wettbewerb, Bern,
    Stuttgart und Wien 1996, S. 192f.

einen Rahmen zu setzen, um die für Sozialstaatlichkeit zu organisie-
rende Solidarität erfolgreich mobilisieren und organisieren zu können.

5.4 Strukturelemente sozialstaatlicher Politik

Aus diesen beiden – theoretischen und sozialräumlichen – Argumenta-
tionssträngen folgt: Es gibt Grenzen des Sozialstaates, sie ergeben sich
aus seiner Aufgabenstellung, soziale Integration auf der Grundlage
einer sich immer stärker europäisch und darüber hinaus innerhalb der
Triade organisierenden Kapitalakkumulation herzustellen bzw. zu erhalten. Etwas anderes von ihm zu fordern bzw. ihn auf etwas anderes
zu reduzieren würde voraussetzen, ihn geschichtlich und/oder theoretisch neu zu definieren. Zwischen diesen beiden Zielsetzungen: Integration und Akkumulation gibt es allerdings kein festlegbares bzw.
einklagbares Zuviel bzw. Zuwenig, wohl aber gibt es politisch gesehen immer die Möglichkeit, den bereits erreichten Grad an Integration
insgesamt bzw. von Teilgruppen stets von Neuem in Frage zu stellen.

Diese partielle oder allgemeine, temporäre oder längerfristige Infragestellung von Verteilungsstrukturen bzw. -ergebnissen auf der
Grundlage demokratischer Entscheidungsfindung hebt sich dezidiert
ab von Integrationskonzepten unter expliziter Aufgabe *demokratischer*
Partizipation bzw. des in der bürgerlichen Gesellschaft „erreichte(n)
Grad(s) der Berechenbarkeit der gesellschaftlichen Beziehungen"
(*Hermann Heller*), wie dieses etwa im Faschismus der Fall war: Auch
der Faschismus bzw. schon der Konservativismus am Ende der Weimarer Republik wollte Integration, aber nur des „Homogenen" (*Carl
Schmitt*), unter „Ausmerze" des „Inhomogenen" bis hin zu dessen
physischer Vernichtung. Auch hier liegt eine *dritte Grenze des Sozial-
staates*! Die aktuellen Auseinandersetzungen innerhalb der Staaten der
Europäischen Union um Rechte von Minderheiten sowie die Zunahme
nationalistischer oder gar sozialchauvinistischer Kräfte in einzelnen
Ländern bis hin zu deren Regierungsbeteiligung sind weit mehr als nur
ein Menetekel, das derzeit – noch – durch eine insgesamt florierende
Kapitalverwertung in Grenzen gehalten wird.

Das Verhalten der reformorientierten Arbeiterbewegung am Ende
der Weimarer Republik weist auf ein weiteres strukturelles Problem
hin: Wie geht der Sozialstaat mit sich verändernden Akkumulationsbedingungen bis hin zu weltwirtschaftlichen Verwerfungen um? Dabei

reicht es nicht, lediglich den – heute noch keineswegs anzutreffenden – Fall schrumpfender Wachstumsraten der Wirtschaft zu diskutieren, sondern es bedarf auch der Zurkenntnisnahme offensichtlich differierender Profitraten zwischen der Wirtschaft in den Mitgliedsstaaten der Europäischen Union, einer Wirtschaft, die immer weniger national, sondern vor allem europäisch und in Teilbereichen global agiert. Setzte schon die Gültigkeit liberaler Grundrechte den Primat der (nationalen, demokratischen) Politik gegenüber der Ökonomie voraus, so gilt dieses um so mehr für soziale Grundrechte. Richtig aber ist auch, dass dieser Primat der Politik nicht abgelöst betrachtet werden kann von dem ihm zu Grunde liegenden gesellschaftlichen Interesse an einem mehr oder weniger ungehinderten Verfolg bürgerlicher Wirtschaftsinteressen. Dies ist die Aufgabe des bürgerlichen Staates seit *Thomas Hobbes*! Auch der Sozialstaat ist Staat, er ist diesem bürgerlichen Kommerz sowohl nach- als auch vorgeordnet. Damit ist ein weiteres konstitutives Element von Sozialstaatlichkeit benannt.

Der Sozialstaat verkörpert sowohl die „Lebenslüge der bürgerlichen Demokratie" (*Klaus Fritzsche*), mit der formalen Demokratie zugleich den gesamten Anspruch von Demokratie eingelöst und abgegolten zu haben, aber er verkörpert nicht bloß „Sozialstaatsillusion", insofern und solange durch ihn sehr wohl ein materieller Beitrag zur Sicherstellung der Lebensbedingungen breitester Bevölkerungskreise geleistet wird. Kontroversen um Sozialpolitik aktualisieren diese *Janusköpfigkeit von Sozialstaatlichkeit* stets von Neuem, sie sind ein Bestandteil von Sozialpolitik.

Eine ausschließlich normativ argumentierende Konstruktion von Sozialstaatlichkeit im Sinne einer – evolutionären bzw. revolutionären – kontinuierlichen Umgestaltung der bürgerlichen Gesellschaft in eine wie auch immer im Einzelnen definierte sozialistische ist dagegen zwar theoretisch legitim, sie verbleibt aber letztlich – auch wenn mehr oder weniger stark in der historischen Tradition der Arbeiterbewegung stehend – ebenfalls dem oben beschriebenen neukantianischen Dilemma verhaftet, ein ethisches Sollen gegenüber dem faktischen Sein zwar formulieren zu können, aber deshalb noch keine sozialen Potentiale zu deren Umsetzung ausweisen zu können. Ihr kann zwar in der sozialen Auseinandersetzung eine Mobilisierungsfunktion zukommen, doch sie muss sich im ideologischen, politischen und sozialen Kräfteparallelogramm stets von neuem ihre eigene soziale Legitimation verschaffen. Unklarheiten hierüber führten faktisch mit zur Handlungsunfähigkeit großer Teile der Arbeiterbewegung am Ende der Weimarer Republik. Die aktuelle Mehrebenen-Struktur etwa zwischen der Europäischen Union, den nationalen Staaten und deren Binnengliederung zerfasert den Primat der Politik und wird funktional für eine stärkere Vorrangstellung der Ökonomie. Die nationalen Sozialstaaten geraten – hier der Situation am Ende der Weimarer Republik nicht unähnlich – in das Dilemma, einerseits soziale Folgeprobleme des wirtschaftlichen Strukturwandels, von Europäisierung und Globalisierung sozialpolitisch auffangen zu müssen, gleichzeitig fehlen ihnen aber die dafür notwendigen Ressourcen, nun nicht als Folge einer *,negativen' Internationalisierung* in Gestalt des durch die Weltwirtschaftskrise Ende der 1920er Jahre induzierten Kapitalabflusses, sondern als Folge einer *,positiven' Internationalisierung* mit einer weitgehend flexibilisierten und nationalstaatlich fast nicht mehr steuerbaren Finanzwirtschaft. Die nationale Politik gerät – unabhängig von parteipolitischer Ausprägung – zunehmend in mehr oder weniger große Legitimationszwänge, ohne dass sie dem etwas wirksam entgegenhalten könnte.

5.5   Friedenspolitik – „nach innen und nach außen": Sozialpolitik im Sozialstaat

Sozialpolitik ist der materielle und prozesshafte Ausdruck der erreichten, der angestrebten, der abzuändernden Sozialstaatlichkeit. In ihr kommen die Konflikte im Spannungsfeld von Akkumulation und sozialer Integration ebenso zum Tragen wie die Einbeziehung bzw. Ausgrenzung externer Einflüsse im jeweiligen Sozialraum. Dem ordnen sich Begrifflichkeiten wie *„Umbau des Sozialstaates"* ebenso zu wie *„Abbau des Sozialstaates"*, inhaltlich mitunter dasselbe meinend, aber anders bewertend. In ihnen kommen zugleich unterschiedliche Einschätzungen dessen zum Ausdruck, was materiell und immateriell in der Gesellschaft verteilt werden kann bzw. wer dafür mehr oder weniger beitragen soll und wer davon mehr oder weniger profitieren darf. „Welfare und workfare" oder „Workfare statt welfare" stehen für unterschiedliche sozialpolitische Grundausrichtungen, die von dem zugrundliegenden Sozialstaatsverständnis bestimmt werden. Die aktuelle Politik sucht mit ihrem Konzept des „Förderns und Forderns" nach einer Positionsbestimmung in diesem Spannungsfeld.

Was geschieht, wenn Sozialpolitik *Standortinteressen* weltweiter Kapitalstrategien in Frage stellt oder auch nur zu stellen *droht?* Dann sind vielfältige Verhaltensformen denkbar, die derzeit in nicht gefilterter Breite alltäglich national, europaweit und darüber hinaus zu beobachten sind bis hin zu Infragestellungen demokratischer Strukturen, wie dieses in der Geschichte bereits mehrfach geschehen ist. Es zeigt sich eine geradezu atemberaubende Aneinanderreihung gleichgerichteter Prozesse in den Ländern der Europäischen Union sowie innerhalb der Triade. Ergebnisse von Sozialpolitik als Teil von Staatlichkeit werden mehr denn je in Frage gestellt, Konzepte einer Reduktion staatlicher Interventionen im Bereich des Sozialen gewinnen an Gewicht, während staatliche Interventionen bis hin zur Indienstnahme des staatlichen Gewaltmonopols zur gewaltsamen Niederhaltung nationalen und internationalen sozialen Protestes etwa bei internationalen Wirtschaftskonferenzen und der militärische Einsatz bei kriegerischen Auseinandersetzungen letztlich ökonomischer Ressourcen halber kaum noch auf Grenzen stoßen. Der Irak-Krieg im Jahr 2003 war hier nur ein besonders herausragendes Beispiel dafür, wie zugleich demokratisch legitimierte Volksvertretungen und die Öffentlichkeit systematisch in ihren kontrollierenden Funktionen ausgeschaltet werden.

„Demokratie", so der erste Vorsitzende der SPD im Nachkriegsdeutschland, *Kurt Schumacher*, „ist eine Sache des guten Gedächtnisses." Geschichtlich betrachtet haben sich immer wieder von neuem soziale Problemlagen herausgebildet, auf die es Antworten zu finden galt. Diese sozialen Problemlagen waren Ergebnis komplexer Veränderungen: Der Übergang von der Feudalität zur Neuzeit, der von der vorindustriellen zur industriellen Wirtschaft, die Umstellung der Kriegs- zur Friedenswirtschaft in der Weimarer Republik, die so friedlich dann aber doch nicht war, vom hybriden faschistischen Weltherrschaftsanspruch zur neuen europäischen Nachkriegsordnung, von der Industrie- zur Dienstleistungsgesellschaft, von der deutschen Teilung zu einer neuen Form staatlicher Einheit, vom kommunalen hin zu Umrissen eines europäischen Sozialstaates. Löst die „tatsächliche Sozialpolitik die jeweils gravierendsten, dringendsten Probleme" und orientiert sie sich „am Grundsatz der Erzielung maximalen Nutzens, anders ausgedrückt am Grundsatz des Ausgleichs des gesellschaftlichen Grenznutzens sozialpolitischen Handelns"[34], wie es *Heinz Lampert* formuliert? Kann man dieses in eine evolutionäre Geschichtsbetrachtung verlängern, wonach „die Geschichte als ein schrittweiser Abbau von Defiziten" zu begreifen ist und sich die Fragestellung nicht darauf richtet, „warum etwas zu gegebener Zeit geschah, sondern warum es spät und unvollkommen geschah"?[35]

In geschichtlicher Perspektive von den Bettelordnungen der Reformationszeit bis zur dynamischen Rente und der derzeitigen Hochleistungsmedizin kann ein erheblicher Fortschritt, das Lösen von sozialen Problemen und ein Beitrag zur sozialen Integration nicht bestritten werden. Doch dieses ist nur die eine Seite bei der geschichtlichen Betrachtung von Sozialpolitik, wenngleich eine sehr wichtige. Sozialpolitik hat Ursachen, sie sucht Antworten, sie kann die Ursachen beheben, ausgleichen, aber sie kann sie auch verschärfen. Sozialpolitik ist interessebedingt. Sie hat soziale und politische Träger. Diese stehen mitunter konflikthaft zueinander, es geht um materielle und immaterielle Ressourcen. In ihr kommen geschichtliche Konstellationen des Ausgleichs wie auch solche krisenhafter Zuspitzung zum Tragen. Sozialpolitik steht im Wechselverhältnis mit allgemeiner Teilhabe: Der kaiserliche Obrigkeitsstaat suchte diese sozial zu gewähren bei gleichzeitiger Einschränkung politischer Teilhabe. Die Republik von Weimar konnte politische Teilhabe sichern, war aber für eine soziale Teilhabe breiter Bevölkerungskreise wirtschaftlich zu schwach. Ihr fehlte von Anfang an die soziale Fundierung ihrer demokratischen Strukturen. Die zweite deutsche Republik versuchte beides zu leisten, demokratische Strukturen und soziale Teilhabe auszubauen. Die Demokratiegründung in Westdeutschland nach dem verlorenen II. Weltkrieg war auch deutsches Ziel, vor allem aber wurde sie von den Besatzungsmächten durchgesetzt. Nach ihrer *sozialen* Gründung – hierfür stehen die sozialen Reformen der 1950er und 1960er Jahre – konnte *Willy Brandt* in seiner ersten Regierungserklärung als Bundeskanzler am 28. Oktober 1969 mit einem gewissen Recht sagen, dass nun 1969 mit dem ersten auf Bundesebene vollzogenem Regierungswechsel die von deutschen *selbst* bestimmte Entscheidung für die Demokratie getroffen war. Nicht umsonst fielen in dieser Zeitspanne auch die bislang gültigen alliierten Vorbehaltsrechte weg – der Form, nicht der

34 Heinz Lampert: Sozialpolitik, Berlin, Heidelberg und New York 1980, S. 174
35 Detlev Zöllner: Ein Jahrhundert Sozialversicherung in Deutschland, Berlin 1981, S. 172

Sache nach. Sozialpolitik ist folglich ein Instrument von Sozialstaatlichkeit zugleich dessen Ergebnis.

Thomas Marshall hat die Abfolge wirtschaftlicher, politischer und sozialer Rechte am Beispiel Großbritanniens dem 18., dem 19. und dem 20. Jahrhundert zugeordnet.[36] Für Deutschland zumindest gibt es eine derartige zeitliche Abfolge nicht: Es ist vor allem das 20. Jahrhundert, in dem diese Rechte zum Durchbruch gekommen sind, wobei sicher im 19. Jahrhundert parallel und teils in Abfolge Grundlegungen dafür gelegt worden waren. Insgesamt jedoch ist die geradezu geschichtsphilosophische Perspektive von *Thomas Marshall* zumindest für Deutschland, aber auch für andere kontinentaleuropäische Staaten unzutreffend. Großbritannien – auf das sich Marshall beruft – hat im eigenen Land keine Erfahrung mit dem Faschismus gehabt, auch entwickelten sich die einzelnen Rechte dort eher kontinuierlich. In Deutschland gab und gibt es eine breite Erfahrung, dass entsprechende Rechte nur teilweise entwickelt, teilweise gefährdet, teilweise in Frage gestellt und teilweise aufgehoben worden sind. Im faschistischen Deutschland wurden faktisch alle Rechte eingeschränkt, aufgehoben oder nur Teilen der Bevölkerung zugestanden, in der Deutschen Demokratischen Republik wurden zumindest in der Praxis selektiv bestimmte Rechte zugestanden oder nicht. Es wurde deutlich: *Sozialpolitik ist auch ohne Demokratie möglich, Demokratie aber nicht ohne Sozialpolitik.* Dieses wurde nicht erst am Ende der Weimarer Republik überdeutlich: Es fehlten nicht nur die Republikaner, sondern es fehlte auch die materielle Basis für eine soziale Politik. Deshalb stellten Überlegungen eines *Ludwig Erhard* von einer „formierten Gesellschaft" – bei allen ex post zu konstatierenden eher geringen Chancen auf Durchsetzbarkeit und sicher auch damaligen Überbewertung seitens seiner Kritiker – für viele Zeitgenossen nicht eine nur aktuelle Irritation in der noch jungen Bundesrepublik Deutschland dar, sie sahen vielmehr darin einen Beleg, wie bedroht Demokratie in krisenhaften wirtschaftlichen und sozialen Zeiten immer sein kann.

Sozialpolitik bündelt Interessen im Sozialstaat, doch diese Interessen stehen in einem wechselseitigen Verhältnis zu anderen Interessen. Diese Interessen haben etwas Unbedingtes, dann, wenn es um existentielle Fragen geht, aber auch etwas Bedingtes, wenn es um den Ab-

---

36　Thomas H. Marshall: Bürgerrechte und soziale Klassen. Zur Soziologie des Wohlfahrtsstaates, Frankfurt am Main und New York 1992 (im Original erstmals 1947 erschienen)

gleich mit denen anderer geht. Interessen stehen unter dem Gebot der
Vermittlung, sie bedürfen allerdings auch der Chance, sich selbst
vermitteln zu können. Unterbleibt letzteres, dann können sie auf Individuen bezogen selbst zerstörerisch wirken, sie können sich aber auch
nach außen wenden und soziale Problemlagen in gesellschaftliche
Konflikte verlängern. Geschichtlich wurden immer wieder *Grenzen
des Sozialstaates* angemahnt: sei es, dass Sozialpolitik verhindern
müsse, dass die Lebensgrundlagen breiter Bevölkerungskreise und die
Bedingungen für ein friedliches Zusammenleben im Inneren in Frage
gestellt werden – so letztlich die Begründung schon bei *Bismarck* –,
sei es, dass durch Sozialpolitik die Bedingungen privatkapitalistischer
Wirtschaft gefährdet werden, auch dieses als Argument schon bei
Einführung der Sozialversicherung in den 1880er Jahren und als To-
pos über *Eugen Gerstenmaier* bis in aktuelle sozialpolitische Diskussionen. Aber eine absolute Grenze gibt es weder nach oben noch nach
unten: Im Zweifelsfalle entscheidet der politische und/oder soziale
Konflikt. *Sozialpolitik ist kein soziales oder politisches Harmoniekon-
zept.* Sie ist, da ist *Hermann Heller* zuzustimmen, notwendig, zugleich
ein hartes Geschäft der sozialen Integration, bei der nicht selten auch
die eigenen Interessensgrundlagen und deren Basis möglicherweise
aus dem Blick zu geraten drohen.

Aber, und auch das macht Hellers Formulierung deutlich: Geschichtlich betrachtet hat es zur Sozialpolitik nie eine Alternative
gegeben. Unterblieb sie, waren die Grundlagen der Demokratie in
Frage gestellt oder bereits beseitigt. Deren Infragestellung bzw. Beseitigung aber war mit Krieg und den daran gebundenen Not und Tod
verbunden. Sozialpolitik war und ist folglich immer Teil von Friedenssicherung, „im Inneren und nach außen", wie *Willy Brandt* klassisch formuliert hat!

Literatur

Vorbemerkung: Aufgrund der dynamischen Entwicklungen der Internetangebote verzichten die Autoren – von wenigen Ausnahmen abgesehen – auf die Angabe von Internetadressen, die dem allgemeinen und vereinfachten Zugriff über gebräuchliche Suchmaschinen zugänglich sind. Insgesamt aber verweisen wir auf das umfangreiche Informationsportal „Sozialpolitik in Deutschland ... aktuell" sowie die dort laufend aktualisierte Datenbank „Datensammlung Sozialpolitik" der Universität Essen Duisburg (Prof. Dr. Gerhard Bäcker): www.sozialpolitik-aktuell.de

1. Allgemeine Sozialpolitik

Albrecht, Günter und Groenemeyer, Axel (Hg.): Handbuch soziale Probleme, 2. Aufl., Wiesbaden 2007

Allmendinger, Jutta und Ludwig-Mayerhofer, Wolfgang (Hg.): Soziologie des Sozialstaats. Gesellschaftliche Grundlage, historische Zusammenhänge und aktuelle Entwicklungstendenzen, Weinheim 2000

Bäcker, Gerhard, Bispinck, Reinhard, Hofemann, Klaus und Naegele, Gerd: Sozialpolitik und soziale Lage in Deutschland. 2 Bände, 4. Aufl., Wiesbaden 2006

Becker, Irene, Ott, Notburga und Rolf, Gabriele (Hg.): Soziale Sicherung in einer dynamischen Gesellschaft, Festschrift für Richard Hauser, Frankfurt am Main 2001

Bellermann, Martin: Sozialpolitik. Eine Einführung für soziale Berufe, 4. Aufl., Freiburg im Breisgau 2001

Böhnisch, Lothar, Arnold, Helmut und Schröer, Wolfgang: Sozialpolitik. Eine sozialwissenschaftliche Einführung, Weinheim 1999

Brück, Gerhard W.: Allgemeine Sozialpolitik. Grundlagen – Zusammenhänge – Leistungen, Köln 1976

Dietz, Berthold, Eissel, Dieter und Neumann, Dirk (Hg.): Handbuch der kommunalen Sozialpolitik, Opladen 1999

Döring, Diether und Hauser, Richard (Hg.): Soziale Sicherheit in Gefahr. Zur Zukunft der Sozialpolitik, Frankfurt am Main 1995

Döring, Diether: Sozialstaat in der Globalisierung, Frankfurt am Main 1999

Ellwein, Thomas und Holtmann, Eberhard (Hg.): 50 Jahre Bundesrepublik Deutschland. Rahmenbedingungen – Entwicklungen – Perspektiven, Wiesbaden 1999

Frevel, Bernhard und Dietz, Berthold: Sozialpolitik kompakt, Wiesbaden 2004

Ganssmann, Heiner: Politische Ökonomie des Sozialstaats, Münster 2000

Hauser, Richard (Hg.): Sozialpolitik im vereinten Deutschland III. Familienpolitik, Lohnpolitik und Verteilung, Berlin 1996

Hauser, Richard (Hg.): Reform des Sozialstaats I. Arbeitsmarkt, soziale Sicherung und soziale Dienstleistungen, Berlin 1997

Hauser, Richard (Hg.): Reform des Sozialstaats II: Theoretische, institutionelle und empirische Aspekte, Berlin 1998

Hauser, Richard (Hg.): Die Zukunft des Sozialstaats, Berlin 2000

Heinze, Rolf G., Schmid, Josef und Strünck, Christoph: Vom Wohlfahrtsstaat zum Wettbewerbsstaat. Arbeits- und Sozialpolitik in den 90er Jahren, Opladen 1999

Heun, Werner, Honecker, Martin u.a. (Hg.): Evangelisches Staatslexikon, Neuausgabe, Stuttgart 2006

Hradil, Stefan, unter Mitarbeit von Jürgen Schiener: Soziale Ungleichheit in Deutschland, 8. Aufl., Wiesbaden 2001

Kaufmann, Franz-Xaver: Herausforderungen des Sozialstaates, Frankfurt am Main 2001

Kaufmann, Franz-Xaver: Sozialpolitik und Sozialstaat: Soziologische Analysen, 2. Aufl., Opladen 2005

Kaufmann, Franz-Xaver: Varianten des Wohlfahrtsstaats. Der deutsche Sozialstaat im internationalen Vergleich, Frankfurt am Main 2004

Lamnek, Siegfried, Olbrich, Gaby und Schäfer, Wolfgang J.: Tatort Sozialstaat. Schwarzarbeit, Leistungsmißbrauch und ihre (Hinter)Gründe, Opladen 2000

Lampert, Heinz und Althammer, Jörg: Lehrbuch der Sozialpolitik, 7. Aufl., Heidelberg 2004

Leibfried, Stefan und Wagschal, Uwe (Hg.): Der deutsche Sozialstaat. Bilanzen – Reformen – Perspektiven, Frankfurt am Main 2000

Lessenich, Stephan (Hg.): Wohlfahrtsstaatliche Grundbegriffe. Historische und aktuelle Diskurse, Frankfurt am Main 2003

Marshall, Thomas H.: Bürgerrechte und soziale Klassen. Zur Soziologie des Wohlfahrtsstaates, Frankfurt am Main 1992

Möhle, Marion: Vom Wert der Wohlfahrt. Normative Grundlagen des deutschen Sozialstaats, Wiesbaden 2001

Nullmeier, Frank: Politische Theorie des Sozialstaats, Frankfurt am Main 2000

Opielka, Michael: Sozialpolitik. Grundlagen und vergleichende Perspektiven, Reinbek 2004

Ribhegge, Hermann: Sozialpolitik, München 2004

Rieger, Elmar und Leibfried, Stefan: Grundlagen der Globalisierung. Perspektiven des Wohlfahrtsstaates, Frankfurt am Main 2001

Rudzio, Wolfgang: Das politische System der Bundesrepublik Deutschland, 7. Aufl., Wiesbaden 2006

Schäfer, Wolfgang J.: Opfer Sozialstaat. Gemeinsame Ursachen und Hintergründe von Steuerhinterziehung, Schwarzarbeit und Leistungsmissbrauch, Opladen 2002

Schmidt, Manfred G.: Sozialpolitik in Deutschland. Historische Entwicklung und internationaler Vergleich, 2. Aufl., Opladen 1998

Schmidt, Manfred G. (Hg.): Wohlfahrtsstaatliche Politik. Institutionen, politischer Prozess und Leistungsprofil, Opladen 2001

Siegel, Nico A.: Baustelle Sozialpolitik. Konsolidierung und Rückbau im internationalen Vergleich, Frankfurt am Main 2002

2. Darstellungen zur Geschichte einschließlich Wirtschafts- und Sozialgeschichte

Ambrosius, Gerold und Hubbard, William H.: Sozial- und Wirtschaftsgeschichte Europas im 20. Jahrhundert, München 1986

Ambrosius, Gerold: Wirtschaftsraum Europa – Vom Ende der Nationalökonomien, Frankfurt am Main 1996

Böhme, Helmut: Prolegomena zu einer Sozial- und Wirtschaftsgeschichte Deutschlands im 19. und 20. Jahrhundert, 3. Aufl., Frankfurt am Main 1969

Diehl, Karl und Mombert, Paul (Hg.): Ausgewählte Lesestücke zum Studium der politischen Ökonomie. Sozialpolitik mit Beiträgen von Friedrich Engels, Max Wirth, Gustav Schmoller, Ludwig Brentano u.a., mit einer Einführung „Sozialpolitik in Geschichte, Theorie und Praxis" von Rudolf Hickel, Frankfurt am Main, Berlin, Wien 1984

Fischer, Wolfram, Krengel, Jochen und Wietog, Jutta: Materialien zur Statistik des Deutschen Bundes: 1815-1870. Sozialgeschichtliches Arbeitsbuch I, München 1975

Gebhard: Handbuch der deutschen Geschichte, 9. Aufl., hg. von Herbert Grundmann, 17 Bände, München 1975

Geschichte der deutschen Sozialpolitik 1867 bis 1914 (GDS): Quellensammlung begründet von Peter Rassow, im Auftrag der Historischen Kommission der Akademie der Wissenschaften und der Literatur, Mainz, hg. von Karl Erich Born (†), Hansjoachim Henning und Florian Tennstedt. IV Abteilungen, Darmstadt 1966 ff.

Hohorst, Gerd, Kocka, Jürgen und Ritter, Gerhard A.: Materialien zur Statistik des Kaiserreiches 1870-1917. Sozialgeschichtliches Arbeitsbuch Band II, München 1978

Petzina, Dietmar: Die deutsche Wirtschaft in der Zwischenkriegszeit, Wiesbaden 1977

Petzina, Dietmar, Abelshauser, Werner und Faust, Anselm: Materialien zur Statistik des Deutschen Reiches 1914-1945. Sozialgeschichtliches Arbeitsbuch Band III, München 1978

Ploetz, Der große: Die Daten-Enzyklopädie der Weltgeschichte. Daten, Fakten, Zusammenhänge, begründet von Dr. Carl Plötz, 38. Aufl., Frechen 1998 (div. andere Ausgaben etwa: Der farbige Ploetz etc., jeweils aktuellste Ausgabe)

Rytlewski, Ralf und Opp de Hipt, Manfred: Die Bundesrepublik Deutschland in Zahlen: 1945/49-1980. Sozialgeschichtliches Arbeitsbuch Band IV, München 1987

Rytlewski, Ralf und Opp de Hipt, Manfred: Die Deutsche Demokratische Republik in Zahlen: 1945/49-1980. Sozialgeschichtliches Arbeitsbuch Band V, München 1987

Stolper, Gustav, Häuser, Karl und Borchhardt, Knut: Deutsche Wirtschaft seit 1870, Tübingen 1966

2.1 Gesamtdarstellungen zur Sozialpolitik in Deutschland

Brusatti, Manfred: Geschichte der Sozialpolitik mit Dokumenten, Wien u.a. 1962

Frerich, Johannes: Handbuch der Geschichte der Sozialpolitik in Deutschland, 3 Bände, München u.a. 1993

Gladen, Albin: Geschichte der Sozialpolitik in Deutschland. Eine Analyse ihrer Bedingungen, Formen, Zielsetzungen und Auswirkungen, Wiesbaden 1974

Hentschel, Volker: Geschichte der deutschen Sozialpolitik 1880-1990, Frankfurt am Main 1983

Hockerts, Hans Günter (Hg.): Drei Wege deutscher Sozialstaatlichkeit. NS-Diktatur, Bundesrepublik und DDR im Vergleich, München 1998

Lampert; Heinz: Sozialpolitik, Berlin, Heidelberg, New York 1980

Ritter, Gerhard A.: Der Sozialstaat – Entstehung und Entwicklung im internationalen Vergleich, München 1991

Ritter, Gerhard A.: Arbeiter, Arbeiterbewegung und soziale Ideen in Deutschland, Beiträge zur Geschichte, München 1996

Ritter, Gerhard A.: Soziale Frage und Sozialpolitik in Deutschland seit Beginn des 19. Jahrhunderts, Opladen 1998

Sachße, Christoph und Tennstedt, Florian (Hg.): Soziale Sicherheit und soziale Disziplinierung, Frankfurt am Main 1986

Schmidt, Manfred G.: Sozialpolitik in Deutschland. Historische Entwicklung und internationaler Vergleich, 3. Aufl., Wiesbaden 2005

Zöllner, Detlev: Ein Jahrhundert Sozialversicherung in Deutschland, Berlin 1981

2.2   Einzeldarstellungen

2.2.1   Von den Anfängen bis zum Beginn der Bismarckschen Sozialgesetzgebung

Geremek, Bronislaw: Geschichte der Armut. Elend und Barmherzigkeit in Europa, München, Zürich 1988

Sachße, Christoph und Tennstedt, Florian: Geschichte der Armenfürsorge in Deutschland. Vom Spätmittelalter bis zum 1. Weltkrieg, Stuttgart, Berlin, Köln, Mainz 1980

Tennstedt, Florian: Sozialgeschichte der Sozialpolitik in Deutschland, Göttingen 1981

2.2.2   Von Bismarck bis zum Ende des Dritten Reiches

Aly, Götz: Hitlers Volksstaat. Raub, Rassenkrieg und nationaler Sozialismus, Frankfurt am Main [4]2005

Mason, Timothy W.: Sozialpolitik im Dritten Reich, Arbeiterklasse und Volksgemeinschaft, 2. Aufl., Opladen 1978

Preller, Ludwig: Sozialpolitik in der Weimarer Republik, Original 1949, Reprint Kronberg/Ts und Düsseldorf 1978

Recker, Marie-Luise: Nationalsozialistische Sozialpolitik im Zweiten Weltkrieg, München 1985

Rouette, Susanne: Sozialpolitik als Geschlechterpolitik. Die Regulierung der Frauenarbeit nach dem 1. Weltkrieg, Frankfurt am. Main und New York

Sachße, Christoph und Tennstedt, Florian: Geschichte der Armenfürsorge in Deutschland. Band 2. Fürsorge und Wohlfahrtspflege 1871 bis 1929, Stuttgart u.a. 1988

Sachße, Christoph und Tennstedt, Florian: Der Wohlfahrtsstaat im Nationalsozialismus, Geschichte der Armenfürsorge in Deutschland. Band 3, Berlin, Köln und Mainz 1992

2.2.3   Entwicklung nach dem II. Weltkrieg

Bellermann, Martin: Expansion und Stagnation. Zum Begriff und Entwicklung der Sozialversicherung in der Bundesrepublik, in: Gesellschaft. Beiträge zur Marxschen Theorie, Band 12, hg. von H.-G. Backhaus u.a., Frankfurt am Main 1979, S. 56ff.

Bundesministerium für Arbeit und Sozialordnung/Bundesarchiv: Geschichte der Sozialpolitik in Deutschland seit 1945, 11 Bände, Baden-Baden 2001 ff.

Ellwein, Thomas und Holtmann, Eberhard (Hg.): 50 Jahre Bundesrepublik Deutschland. Rahmenbedingungen – Entwicklungen – Perspektiven, Wiesbaden 1999

Hartwich, Hans-Hermann: Sozialstaatspostulat und gesellschaftlicher status quo, Köln, Opladen 1970

Hockerts, Hans Günter: Sozialpolitische Entscheidungen im Nachkriegsdeutschland, Stuttgart 1980

Ridder, Helmut: Die soziale Ordnung des Grundgesetzes. Leitsätze zu den Grundrechten einer demokratischen Verfassung, Opladen 1975

Winkler, Gunnar: Geschichte der Sozialpolitik der DDR, Berlin 1989

3.   Problemlagen und Lösungen

Bundesministerium für Gesundheit und Soziale Sicherung (Hg.): Nachhaltigkeit in der Finanzierung der Sozialen Sicherungssysteme. Bericht der Rürup-Kommission, Berlin 2003

Bundesministerium für Gesundheit und Soziale Sicherung (Hg.): Sozialbericht 2005, Berlin 2005

Bundesministerium für Wirtschaft und Arbeit (Hg.): Moderne Dienstleistungen am Arbeitsmarkt. Bericht der Kommission für Moderne Dienstleistungen am Arbeitsmarkt (Hartz-Kommission), Berlin 2002

Bundesregierung: Lebenslagen in Deutschland. Zweiter Armuts- und Reichtumsbericht, Deutscher Bundestag, Drucksache 15/5015, Berlin 2005 (1. Bericht 2001, Fortschreibung in Vorbereitung)

Bundesvorstand der CDU (Hg.): Bericht der Kommission „Soziale Sicherheit" zur Reform der Sozialen Sicherungssysteme (Herzog-Kommission), Berlin 2003

Butterwegge, Christoph: Wohlfahrtsstaat im Wandel. Probleme und Perspektiven der Sozialpolitik, 3. Aufl., Opladen 2001

Demographischer Wandel: Bericht der Enquête-Kommission „Demographischer Wandel" – Herausforderungen unser älter werdenden Gesellschaft an den einzelnen und die Politik, hg. von: Deutscher Bundestag, Bonn 2002

Egle, Christoph, Ostheim, Tobias und Zohlnhöfer, Reimut (Hg.): Das rot-grüne Projekt. Eine Bilanz der Regierung Schröder 1998-2002, Wiesbaden 2003

Eicker-Wolf, Kai, u.a. (Hg.): Deutschland auf den Weg gebracht. Rotgrüne Wirtschafts- und Sozialpolitik zwischen Anspruch und Wirklichkeit, Marburg 2002

Enquête-Kommission „Zukunft des Bürgerschaftlichen Engagements" – Bürgerschaftliches Engagement und Zivilgesellschaft, hg. von: Deutscher Bundestag, Opladen 2002

Flora, Peter und Noll, Heinz H. (Hg.): Sozialberichterstattung und Sozialstaatsbeobachtung. Individuelle Wohlfahrt und wohlfahrtsstaatliche Institutionen im Spiegel empirischer Analysen, Frankfurt am Main 1998

Geissler, Rainer: Die Sozialstruktur Deutschlands. Die gesellschaftliche Entwicklung vor und nach der Vereinigung, 3. Aufl., Wiesbaden 2002

Glatzer, Wolfgang, Habich, Roland und Mayer Karl U. (Hg.): Sozialer Wandel und gesellschaftliche Dauerbeobachtung, Opladen 2002

Hauser, Richard (Hg.): Alternative Konzeptionen der sozialen Sicherung, Berlin 1999

Henke, Klaus D. und Schmähl, Wilfried (Hg.): Finanzierungsverflechtung in der Sozialen Sicherung. Analyse der Finanzierungsströme und -strukturen, Baden-Baden 2001

Noll, Heinz H. und Habich, Roland (Hg.): Vom Zusammenwachsen einer Gesellschaft. Analysen zur Angleichung der Lebensverhältnisse in Deutschland, Frankfurt am Main 2000

Schmähl, Wilfried (Hg.): Soziale Sicherung zwischen Markt und Staat, Berlin 2000

Schmähl, Wilfried und Ulrich, Volker (Hg.): Soziale Sicherungssysteme und demographische Herausforderungen, Tübingen 2001

Statistisches Bundesamt: Datenreport 2006. In Zusammenarbeit mit WZB und ZUMA, Bonn 2006

3.1 Arbeit

Allmendinger, Jutta, Eichhorst, Werner und Walwei, Ulrich (Hg.): IAB Handbuch Arbeitsmarkt. Analysen, Daten, Fakten, Frankfurt am Main und New York 2005

Berger, Peter A. und Konietzka, Dirk (Hg.): Die Erwerbsgesellschaft. Neue Ungleichheiten und Unsicherheiten, Opladen 2001

Bosch, Gerhard: Die Arbeitsgesellschaft. Kontroversen, Zukunftsvisionen und Fakten zu einer aktuellen Debatte, Opladen 2001

Bundesagentur für Arbeit (Hg.): Der Übergang von der Arbeitslosen- und Sozialhilfe zur Grundsicherung für Arbeitssuchende, Sonderbericht, Nürnberg 2005

Bundesagentur für Arbeit (Hg.): Arbeitsmarkt in Zahlen. Aktuelle Daten - Jahreszahlen 2005, Nürnberg 2006

Bundesagentur für Arbeit (Hg.): Arbeitsmarkt in Zahlen. Arbeitslosenquoten - Monats-/Jahreszahlen 2005, Nürnberg 2006

Deutscher Bundestag (Hg.): Bericht der Bundesregierung zur Wirksamkeit moderner Dienstleistungen am Arbeitsmarkt, Drucksache 16/505, Berlin 2006

Friedrich, Horst und Wiedemeyer, Michael: Arbeitslosigkeit – ein Dauerproblem? Dimensionen, Ursachen, Strategien, 4. Aufl., Wiesbaden 2001

Fuchs, Petra und Schulze-Böing, Matthias (Hg.): Hilfe zur Arbeit und kommunale Beschäftigungspolitik – Zwischenbilanz und Perspektiven, Frankfurt am Main 1999

Gottschall, Karin und Pfau-Effinger, Birgit (Hg.): Zukunft der Arbeit und Geschlecht. Diskurse, Entwicklungspfade und Reformoptionen im internationalen Vergleich, Opladen 2002

Hanesch, Walter und Balzter, Nadine (Hg.): Integrierte Ansätze einer aktiven Sozialhilfe- und Beschäftigungspolitik. Aktivierungsstrategien für arbeitslose Sozialhilfeempfänger, Frankfurt am Main 2001

Herfurth, Matthias und Kohli, Martin (Hg.): Arbeit in einer alternden Gesellschaft. Problembereiche und Entwicklungstendenzen der Erwerbsbeteiligung Älterer, Opladen 2003

Holst, Elke: Die Stille Reserve am Arbeitsmarkt. Größe – Zusammensetzung – Verhalten, Berlin 2000

Hunger, Uwe und Santel, Bernhard (Hg.): Migration im Wettbewerbsstaat, Opladen 2003

Kaltenborn, Bruno, Knerr, Petra und Kurth-Laatsch, Sylvia: Hartz-Evaluierung: Ausgangslage, Erster Zwischenbericht im Auftrag des Bundesministeriums für Wirtschaft und Arbeit, Berlin 2004

Lappe, Lothar (Hg.): Fehlstart in den Beruf? Jugendliche mit Schwierigkeiten beim Einstieg ins Arbeitsleben, München 2003

Ombudsrat – Grundsicherung für Arbeitssuchende (Hg.): Schlussbericht, Berlin 2006

Rauscher, Anton (Hg.): Arbeitsgesellschaft im Umbruch. Ursachen, Tendenzen, Konsequenzen, Berlin 2002

Rothkirch, Christoph von: Altern und Arbeit: Herausforderung für Wirtschaft und Gesellschaft. Beiträge, Diskussionen und Ergebnisse eines Kongresses mit internationaler Beteiligung, Berlin 2000

Schmid, Günter: Wege in eine neue Vollbeschäftigung. Übergangsarbeitsmärkte und aktivierende Arbeitsmarktpolitik, Frankfurt am Main 2002

Schmid, Josef und Blancke, Susanne: Arbeitsmarktpolitik der Bundesländer. Chancen und Restriktionen einer aktiven Arbeitsmarkt- und Strukturpolitik im Föderalismus, Berlin 2001

Seifert, Hartmut (Hg.): Betriebliche Bündnisse für Arbeit. Rahmenbedingungen – Praxiserfahrungen – Zukunftsperspektiven, Berlin 2002

Statistisches Bundesamt (Hg.): Leben und Arbeiten in Deutschland. Ergebnisse des Mikrozensus, Wiesbaden 2005

Stolz-Willig, Brigitte (Hg.): Arbeit & Demokratie. Solidaritätspotenziale im flexibilisierten Kapitalismus, Hamburg 2001

Werner, Harald (Hg.): Zwischen Staat und Markt. Der öffentlich geförderte Beschäftigungssektor, Hamburg 1999

Zempel, Jeanette, Bacher, Johann und Moser, Kalus (Hg.): Erwerbslosigkeit. Ursachen, Auswirkungen und Interventionen, Opladen 2001

3.2 Einkommen

Becker, Irene, Ott, Notburga und Rolf, Gabriele (Hg.): Soziale Sicherung in einer dynamischen Gesellschaft. Festschrift für Richard Hauser zum 65. Geburtstag, Frankfurt am Main 2001

Becker, Irene und Hauser, Richard: Anatomie der Einkommensverteilung. Ergebnisse der Einkommens- und Verbrauchsstichproben 1969-1998, Berlin 2003

Becker, Irene: Bedarfsgerechtigkeit und sozio-kulturelles Existenzminimum. Der gegenwärtige Eckregelsatz vor dem Hintergrund aktueller Daten, Frankfurt am Main 2006

Becker, Irene und Hauser, Richard: Auswirkungen der Hartz-IV-Reform auf die personelle Einkommensverteilung, Studie im Auftrag der Hans-Böckler-Stiftung, Düsseldorf 2006

Deutscher Paritätischer Wohlfahrtsverband (Hg.): „Zum Leben zu wenig ...". Für eine offene Diskussion über das Existenzminimum beim Arbeitslosengeld II und in der Sozialhilfe, Berlin 2006

Eichler, Daniel: Armut, Gerechtigkeit und soziale Grundsicherung. Einführung in eine komplexe Problematik, Wiesbaden 2001

Gebauer, Ronald, Petschauer, Hanna und Vobruba, Georg: Wer sitzt in der Armutsfalle? Selbstbehauptung zwischen Sozialhilfe und Arbeitsmarkt, Berlin 2002

Jacobs, Herbert: Sozialhilfe im Dilemma. Sozialhilfereformen zwischen sozialpolitischer Notwendigkeit und Sparzwang, Gelsenkirchen 2002

Schäfer, Claus (Hg.): Geringere Löhne – mehr Beschäftigung. Niedriglohn-Politik, Hamburg 2000

Schäfer, Claus: Weiter in der Verteilungsfalle - Die Entwicklung der Einkommensvereilung in 2004 und davor, in: WSI Mitteilungen Heft 11/2005, S. 603ff. (jährliche Fortschreibung jeweils im Oktober – bzw. Novemberheft der WSI-Mitteilungen)

3.3 Familie, Haushalt und Lebensgemeinschaft

Bien, Walter, Hartl, Angela und Teubner, Markus (Hg.): Stieffamilien in Deutschland. Eltern und Kinder zwischen Normalität und Konflikt, Opladen 2003

Braches-Chyrek, Rita: Zur Lebenslage von Kindern und Ein-Eltern-Familien, Opladen 2002

Bundesministerium für Familie, Senioren, Frauen und Jugend (Hg.): Fünfter Familienbericht: Familien und Familienpolitik im geeinten Deutschland – Zukunft des Humanvermögens, Bonn 1995

Bundesministerium für Familie, Senioren, Frauen und Jugend (Hg.): Sechster Familienbericht: Familien ausländischer Herkunft in Deutschland. Leistungen – Belastungen – Herausforderungen, Berlin 2000

Bundesministerium für Familie, Senioren, Frauen und Jugend (Hg.): Die Familie im Spiegel der amtlichen Statistik. Lebensformen, Familienstrukturen, wirtschaftliche Situation der Familien und familiendemographische Entwicklung in Deutschland, 2. Aufl., Berlin 2003

Bundesministerium für Familie, Senioren, Frauen und Jugend (Hg.): Siebter Familienbericht: Familie zwischen Flexibilität und Verlässlichkeit – Perspektiven für eine lebenslaufbezogene Familienpolitik, Berlin 2006

Bundesministerium für Familie, Senioren, Frauen und Jugend (Hg.): Zwölfter Kinder- und Jugendbericht: Bildung, Betreuung und Erziehung vor und neben der Schule, Berlin 2006

Deutscher Paritätischer Wohlfahrtsverband (Hg.): Der Kinderzuschlag: Modellrechnungen und Verwaltungskostenschätzungen, Berlin 2006

Dienel, Christiane: Familienpolitik. Eine praxisorientierte Gesamtdarstellung der Handlungsfelder und Probleme, Weinheim 2002

Dingeldey, Irene (Hg.): Erwerbstätigkeit und Familie in Steuer- und Sozialversicherungssystemen. Begünstigungen und Belastungen verschiedener familialer Erwerbsmuster im Ländervergleich, Opladen 2000

Herlth, Alois u.a. (Hg.): Spannungsfeld Familienkindheit. Neue Anforderungen, Risiken und Chancen, Wiesbaden 2000

Krüger, Heinz H. und Grunert, Cathleen (Hg.): Handbuch Kindheits- und Jugendforschung, Opladen 2001

Krüselberg, Hans G. und Reichmann, Heinz (Hg.): Zukunftsperspektive Familie und Wirtschaft. Vom Wert von Familie für Wirtschaft, Staat und Gesellschaft, Grafschaft 2002

Kuller, Christiane: Familienpolitik im föderativen Sozialstaat. Die Formierung eines Politikfeldes in der Bundesrepublik 1949-1975, München 2004

Langer-El Sayed, Ingrid: Familienpolitik. Tendenzen, Chancen, Notwendigkeiten, Frankfurt am Main 1980

Leipert, Christian (Hg.): Demographie und Wohlstand. Neuer Stellenwert für Familie in Wirtschaft und Gesellschaft, Opladen 2003

Nave-Herz, Rosemarie (Hg.): Kontinuität und Wandel der Familie in Deutschland. Eine zeitgeschichtliche Analyse, Stuttgart 2002

Peuckert, Rüdiger: Familienformen im sozialen Wandel, 6. Aufl., Wiesbaden 2005

Schröer, Wolfgang, Struck, Norbert und Wolff, Mechthild (Hg.): Handbuch Kinder- und Jugendhilfe, Weinheim 2002

Statistisches Bundesamt (Hg.): Leben und Arbeiten in Deutschland. Ergebnisse des Mikrozensus 2004, Wiesbaden 2005

Statistisches Bundesamt (Hg.): Wirtschaft und Statistik. Sonderdruck Mikrozensus, Wiesbaden 2005

Statistisches Bundesamt (Hg.): Leben in Deutschland. Haushalte, Familien und Gesundheit - Ergebnisse des Mikrozensus 2005, Wiesbaden 2006

Thode, Eric und Eichhorst, Werner: Vereinbarkeit von Familie und Beruf. Benchmarking Deutschland aktuell, Gütersloh 2002

3.4 Gesundheit und Pflege

Blinkert, Baldo und Klie, Thomas: Pflege im sozialen Wandel. Studie zur Situation häuslich versorgter Pflegebedürftiger, Hannover 1999

Bundesministerium für Familie, Senioren, Frauen und Jugend: Bericht zur gesundheitlichen Situation von Frauen in Deutschland. Eine Bestandsaufnahme unter

Berücksichtigung der unterschiedlichen Entwicklung in West- und Ostdeutschland, Berlin 2001

Deppe, Hans U.: Zur sozialen Anatomie des Gesundheitssystems. Neoliberalismus und Gesundheitspolitik in Deutschland, Frankfurt am Main 2000

Deppe, Hans U. und Burkhardt, Wolfram (Hg.): Solidarische Gesundheitspolitik. Alternativen zu Privatisierung und Zwei-Klassen-Medizin, Hamburg 2002

Dietz, Berthold: Die Pflegeversicherung. Ansprüche, Wirklichkeit und Zukunft einer Sozialreform, Wiesbaden 2002

Eurostat (Hg.): Statistiken zur Gesundheit. Eckzahlen für den Bereich Gesundheit 2002. Daten 1970-2001, Brüssel 2001

Fink, Ulf: Gesundheitsreform 2003. Prävention, Eigenverantwortung, Wettbewerb, Transparenz – Vorschläge gegen eine drohende Zwei-Klassen-Medizin, Baden-Baden 2002

Gellner, Winand und Schön, Markus (Hg.): Paradigmenwechsel in der Gesundheitspolitik?, Baden-Baden 2002

Grünheid, Evelyn: Einflüsse der Einkommenslage auf Gesundheit und Gesundheitsverhalten. Ergebnisse des Lebenserwartungssurveys des BiB (Bundesinstitut für Bevölkerungsforschung), Wiesbaden 2004

Helmert, Uwe u.a. (Hg.): Müssen Arme früher sterben? Soziale Ungleichheit und Gesundheit in Deutschland, Weinheim 2000

Hurrelmann, Klaus und Laaser, Ulrich (Hg.): Handbuch der Gesundheitswissenschaften. Studienausgabe, 3. Aufl., Weinheim 2003

Hurrelmann, Klaus: Gesundheitssoziologie. Eine Einführung in sozialwissenschaftliche Theorien von Krankheitsprävention und Gesundheitsförderung, 5. Aufl., Weinheim 2003

Igl, Gerhard und Naegele, Gerhard (Hg.): Perspektiven einer sozialstaatlichen Umverteilung im Gesundheitswesen, München 1999

Koch-Straube, Ursula: Fremde Welt Pflegeheim. Eine ethnologische Studie, Bern 1997

Laaser, Ulrich, Gebhardt, Karsten und Kemper, Peter (Hg.): Gesundheit und soziale Benachteiligung. Informationssysteme – Bedarfsanalysen – Interventionen, Lage 2000

Lampert, Thomas u.a.: Armut, soziale Ungleichheit und Gesundheit. Expertise des Robert Koch-Instituts zum 2. Armuts- und Reichtumsbericht der Bundesregierung, Beiträge zur Gesundheitsberichterstattung des Bundes, Berlin 2005

Lauterbach, Karl und Schrappe, Matthias (Hg.): Gesundheitsökonomie, Qualitätsmanagement und Evidence-based Medicine. Eine systematische Einführung, 2. Aufl., Stuttgart 2003

Meyer, Jörg Alexander: Der Weg zur Pflegeversicherung. Positionen – Akteure – Politikprozesse, Frankfurt am Main 1996

Rennen-Allhoff, Beate und Schaeffer, Doris (Hg.): Handbuch Pflegewissenschaft, Weinheim 2003

Riege, Fritz: Kurzer Abriß der Gesundheitspolitik. Das Gesundheitswesen in der Bundesrepublik Deutschland, Frankfurt am Main, 1999

Robert-Koch-Institut (Hg.): Gesundheitsberichterstattung des Bundes: Themenhefte zur Gesundheitsberichterstattung, http://www.rki.de

Rosenbrock, Rolf und Gerlinger, Thomas: Gesundheitspolitik. Eine systematische Einführung, Bern 2004

Sachverständigenrat zur Begutachtung der Entwicklung im Gesundheitswesen: Gutachten 2005. Koordination und Qualität im Gesundheitswesen. Deutscher Bundestag, Drucksache 15/5670, Berlin 2005

Schölkopf, Martin: Altenpflegepolitik in der Bundesrepublik Deutschland. Die Entwicklung der Pflegedienste zwischen Parteien, Verbänden und Ministerialbürokratie im Bundesländervergleich, Opladen 2001

Schubert, Ingrid u.a.: Gesundheit von Kindern und Jugendlichen. Schwerpunktbericht der Gesundheitsberichterstattung des Bundes, Berlin 2004

Schwartz, Friedrich W. (Hg.): Das Public Health Buch. Gesundheit und Gesundheitswesen, München 2002

Statistisches Bundesamt (Hg.): Gesundheitsbericht für Deutschland, Wiesbaden 1998

Statistisches Bundesamt (Hg.): Leben in Deutschland. Haushalte, Familien und Gesundheit – Ergebnisse des Mikrozensus 2005, Wiesbaden 2006

Strünck, Christoph: Pflegeversicherung – Barmherzigkeit mit beschränkter Haftung. Institutioneller Wandel, Machtbeziehungen und organisatorische Anpassungsprozesse, Opladen 2000

Trojan, Alf und Legewie, Heiner: Nachhaltige Gesundheit und Entwicklung. Leitbilder, Politik und Praxis der Gestaltung gesundheitsförderlicher Umwelt- und Lebensbedingungen, Frankfurt am Main 2000

Woelk, Wolfgang, Vögele, Jörg und Fehlemann, Silke (Hg.): Geschichte der Gesundheitspolitik in Deutschland. Von der Weimarer Republik bis in die Frühgeschichte der „doppelten Staatsgründung", Berlin 2002

3.5 Alter

Alber, Jens und Schölkopf, Martin: Seniorenpolitik. Die soziale Lage älterer Menschen in Deutschland und Europa, Amsterdam 1999

Bertelsmann-Stiftung (Hg.): Vorsorgereport. Private Alterssicherung in Deutschland, Gütersloh 2003

Bundesministerium für Arbeit und Soziales: Rentenversicherungsbericht 2005, Deutscher Bundestag, Drucksache 16/905, Berlin 2006

Bundesministerium für Arbeit und Soziales: Altersicherungsbericht 2005, Deutscher Bundestag, Drucksache 16/906, Berlin 2006

Bundesministerium für Familie, Senioren, Frauen und Jugend (Hg.): Vierter Bericht zur Lage der älteren Generation, Berlin 2002

Bundesministerium für Gesundheit und Soziale Sicherung (Hg.): Nationaler Strategiebericht Alterssicherung 2005, Berlin 2005

Deutsches Zentrum für Altersfragen (Hg.): Expertisen zum Dritten Altenbericht, Band 1-5, Opladen 2001

Döring, Diether: Die Zukunft der Alterssicherung, Frankfurt am Main 2002

Grabka, Markus M., Frick, Joachim R., Meinhardt, Volker und Schupp, Jürgen: Ältere Menschen in Deutschland: Einkommenssituation und ihr möglicher Beitrag zur Gesetzlichen Rentenversicherung, DIW-Wochenbericht 12/03, Berlin 2003

Infratest Sozialforschung (Hg.): Alterssicherung in Deutschland 2003 (ASID '039) – Zusammenfassung wichtiger Untersuchungsergebnisse, Forschungsbericht Bd. 346/Z des Bundesministeriums für Arbeit und Soziales, Berlin 2005

Kohli, Martin und Künemund, Harald: Die zweite Lebenshälfte. Gesellschaftliche Lage und Partizipation im Spiegel des Alters-Survey, Wiesbaden 2003

Kortmann, Klaus und Schatz, Christof: Altersvorsorge in Deutschland 1996 (AVID '96). Lebensläufe und künftige Einkommen im Alter, Frankfurt am Main 2000

Mai, Rolf: Die Alten der Zukunft. Eine bevölkerungsstatistische Datenanalyse, Opladen 2003

Miegel, Meinhard und Wahl, Stefanie: Solidarische Grundsicherung – Private Vorsorge. Der Weg aus der Rentenkrise, Bonn 1999

Opielka, Michael (Hg.): Grundrente in Deutschland. Sozialpolitische Analysen, Wiesbaden 2004

Schmähl, Wilfried und Michaelis, Klaus (Hg.): Alterssicherung von Frauen. Leitbilder, gesellschaftlicher Wandel und Reform, Wiesbaden 2000

Schulz-Nieswandt, Frank: Sozialpolitik und Alter, Stuttgart 2006

Steffen, Johannes: Der Rentenklau. Behauptungen und Tatsachen zur rot-grünen Rentenpolitik, Hamburg 2000

Tesch-Römer, Clemens (Hg.): Sozialer Wandel und individuelle Entwicklung in der zweiten Lebenshälfte. Ergebnisse der zweiten Welle des Alterssurveys, Berlin 2004

Tesch-Römer, Clemens, Engstler, Heribert und Wurm, Susanne: Altwerden in Deutschland. Sozialer Wandel und individuelle Entwicklung in der zweiten Lebenshälfte, Wiesbaden 2006

Veil, Mechthild: Alterssicherung von Frauen in Deutschland und Frankreich. Reformperspektiven und Reformblockaden, Berlin 2002

Wagner, Gert: Praxis-Ratgeber Rente. Das bringt Riester. Änderungen in der betrieblichen Altersvorsorge, Regensburg 2002

3.6 Verteilung

Barlösius, Eva und Ludwig-Mayerhofer, Wolfgang (Hg.): Die Armut der Gesellschaft, Opladen 2001

Becker, Irene und Hauser, Richard: Anatomie der Einkommensverteilung. Ergebnisse der Einkommens- und Verbrauchsstichproben 1969-1998, Berlin 2003

Buhr, Petra: Ausstieg wohin? Erwerbssituation und finanzielle Lage nach dem Ende des Sozialhilfebezugs, Bremen 2002

Bundesregierung: Lebenslagen in Deutschland. Zweiter Armuts- und Reichtumsbericht, Deutscher Bundestag, Drucksache 15/5015, Berlin 2005 (1. Bericht: 2001, Fortsetzung in Vorbereitung)

Butterwegge, Christoph und Klundt, Michael (Hg.): Kinderarmut und Generationengerechtigkeit. Familien- und Sozialpolitik im demografischen Wandel,
Opladen 2002

Butterwegge, Christoph, Holm, Karin und Zander, Margherita: Armut und Kindheit.
Ein regionaler, nationaler und internationaler Vergleich, Opladen 2003

Christen, Christian, Michel, Tobias und Rätz, Werner: Sozialstaat. Wie die Sicherungssysteme funktionieren und wer von den Reformen profitiert, Hamburg
2003

Döring, Diether, Hanesch, Walter und Huster, Ernst-Ulrich (Hg.): Armut im Wohlstand, Frankfurt am Main 1990

Glatzer, Wolfgang: Rich and Poor. Disparities, Perceptions, Concomitants, Dor-
drecht, Boston und London 2002

Häussermann, Hartmut, Kronauer, Martin und Siebel, Walter: An den Rändern der
Städte. Armut und Ausgrenzung, Frankfurt am Main 2004

Hanesch, Walter u.a.: Armut und Ungleichheit in Deutschland, Reinbek 2000

Hauser, Richard: Kinderarmut in Deutschland: eine Herausforderung an die Sozialpolitik, Köln 2004

Heitzmann, Karin und Schmidt, Angelika: Frauenarmut. Hintergründe, Facetten,
Perspektiven, 2. Aufl., Frankfurt am Main 2002

Hock, Beate u.a.: Gute Kindheit – schlechte Kindheit? Armut und Zukunftschancen von
Kindern und Jugendlichen in Deutschland, Frankfurt am Main 2000

Holz, Gerda und Skoluda, Susanne: Armut im frühen Grundschulalter. Abschlussbericht der vertiefenden Untersuchung zu Lebenssituation, Ressourcen und Be-
wältigungshandeln von Kindern, Frankfurt am Main 2003

Holz, Gerda, Richter, Antje, Wüstendörfer, Werner und Giering, Dieter: Zukunftschancen für Kinder und Wirkung von Armut bis zum Ende der Grundschulzeit.
Endbericht der 3. AWO-ISS-Studie, hg. AWO Bundesverband e.V., Berlin 2006

Huffschmied, Jörg und Eissel, Dieter: Öffentliche Finanzen: gerecht gestalten!,
Hamburg 2004

Huster, Ernst-Ulrich (Hg.): Reichtum in Deutschland. Die Gewinner in der sozialen
Polarisierung. 2. Aufl., Frankfurt am Main und New York 1997

Jetter, Frank: Nachhaltige Sozialpolitik gegen Armut in Lebenslagen, Münster und
Hamburg 2004

Kaltenborn, Bruno: Abgaben und Sozialtransfers in Deutschland, Mering 2003

Klocke, Andreas und Hurrelmann, Klaus (Hg.): Kinder und Jugendliche in Armut,
2. Aufl., Wiesbaden 2001

Klocke, Andreas und Lampert, Thomas: Armut bei Kindern und Jugendlichen, hg.
vom Robert Koch-Institut. Gesundheitsberichterstattung des Bundes Heft 4,
überarbeitete Neuauflage, Berlin 2005

Krause, Peter, Bäcker, Gerhard und Hanesch, Walter: Combating Poverty in Europe
– The German Welfare Regime in Practice, Aldershot 2003

Leibfried, Stefan, Leisering, Lutz u.a.: Zeit der Armut. Lebensläufe im Sozialstaat,
Frankfurt am Main 1995

Schüssler, Reinhard und Funke, Claudia: Vermögensbildung und Vermögensverteilung, Düsseldorf 2002

Stein, Holger: Anatomie der Vermögensverteilung, Berlin 2004

Strengmann-Kuhn, Wolfgang: Armut trotz Erwerbstätigkeit. Analysen und sozialpolitische Konsequenzen, Frankfurt am Main 2003

3.7 Gender

Bothfeld, Silke u.a.: WSI-FrauenDatenReport 2005. Handbuch zur wirtschaftlichen
und sozialen Situation von Frauen. Berlin 2005
Bundesministerium für Familie, Senioren, Frauen und Jugend: Bericht zur gesund-
heitlichen Situation von Frauen in Deutschland. Eine Bestandsaufnahme unter
Berücksichtigung der unterschiedlichen Entwicklung in West- und Ostdeutsch-
land, Berlin 2001
Fischer, Ute Luise: Frauenarbeit in Transformation. Staatliche Regulation – regio-
nale Arbeitsmärkte – geschlechtsbezogene Deutungen, Opladen 2001
Gerhard, Ute, Knjin, Trudie und Weckerwert, Anja (Hg.): Erwerbstätige Mütter.
Ein europäischer Vergleich, München 2003
Henninger, Annette: Frauenförderung in der Arbeitsmarktpolitik. Feministische
Rückzugsgefechte oder Zukunftskonzept?, Opladen 2000
Leitner, Sigrid: Frauen und Männer im Wohlfahrtsstaat. Zur strukturellen Umset-
zung von Geschlechterkonstruktionen in sozialen Sicherungssystemen, Frank-
furt am Main 1999
Leitner, Sigrid, Ostner, Ilona und Schratzenstaller, Margit (Hg.): Wohlfahrtsstaat
und Geschlechterverhältnis im Umbruch: Was kommt nach dem Ernährermo-
dell?, Opladen 2003
Maier, Friederike und Fiedler, Angela: Gender Matters: Feministische Analysen zur
Wirtschafts- und Sozialpolitik, Berlin 2002
Martin, Bärbel (Hg): Frauen in der Gesundheitsversorgung. 2.Aufl., Lage 2001
Mogge-Grotjahn, Hildegard: Gender, Sex und Gender Studies. Eine Einführung,
Freiburg im Breisgau 2004
Riegraf, Birgit u.a. (Hg.): Geschlecht – Arbeit – Zukunft, Münster 2000
Schäfer, Eva, Fritzsche, Bettina und Nagode, Claudia (Hg.): Geschlechterverhält-
nisse im sozialen Wandel. Interdisziplinäre Analysen zu Geschlecht und Mo-
dernisierung, Wiesbaden 2002
Schmähl, Wilfried und Michaelis, Klaus (Hg.): Alterssicherung von Frauen. Leit-
bilder, gesellschaftlicher Wandel und Reform, Wiesbaden 2000
Stoz-Willig, Brigitte und Veil, Mechthild (Hg.): Es rettet uns kein höh'res Wesen. Feministische Perspektiven der Arbeitsgesellschaft, Hamburg 1999
Trappe, Heike: Emanzipation oder Zwang? Frauen in der DDR zwischen Beruf, Familie und Sozialpolitik, Berlin 1995

3.8 Soziale Dienste, Soziale Arbeit

Alisch, Monika: Stadtteilmanagement: Voraussetzungen und Chancen für die sozia-
le Stadt, Opladen 2001
Bellermann, Martin: Sozialökonomie. Soziale Güter und Organisationen zwischen
Ökonomie und Politik, Freiburg im Breisgau 2004

Boeßenecker, Karl H., Trube, Achim und Wohlfahrt, Norbert (Hg.): Privatisierung im Sozialsektor. Rahmenbedingungen, Verlaufsformen und Probleme der Ausgliederung sozialer Dienste, Weinheim 2000

Bock, Karin (Hg.): Soziale Arbeit und Sozialpolitik im neuen Jahrtausend, Wiesbaden 2004

Bosch, Gerhard u.a. (Hg.): Die Zukunft von Dienstleistungen. Ihre Auswirkungen auf Arbeit, Umwelt und Lebensqualität, Frankfurt am Main und New York 2002

Bundesarbeitsgemeinschaft der freien Wohlfahrtspflege e.V. (Hg.): Die freie Wohlfahrtspflege – Profil und Leistungen, Freiburg im Breisgau 2002

Burghardt, Heinz und Enggruber, Ruth (Hg.): Soziale Dienstleistungen am Arbeitsmarkt. Soziale Arbeit zwischen Arbeitsmarkt- und Sozialpolitik, München 2005

Chassé, Karl A. und Wensierski, Hans J. von (Hg.): Praxisfelder der Sozialen Arbeit. Eine Einführung, 2. Aufl., Weinheim 2002

Dahme, Heinz J., Otto, Hans-Uwe und Trube, Achim (Hg.): Soziale Arbeit für den aktivierenden Sozialstaat, Opladen 2003

Deutscher Verein (Hg.): Fachlexikon der sozialen Arbeit, 5. Aufl., Frankfurt am Main 2002

Elsen, Susanne, Lange, Dietrich und Wallimann, Isidor (Hg.): Soziale Arbeit und Ökonomie. Politische Ökonomie – Arbeitsmärkte – Sozialpolitik – Grenzen der Ökonomisierung – Soziale Ökonomie – Gemeinwesenentwicklung – Bürgergesellschaft, Neuwied 2000

Evers, Adalbert, Rauch, Ulrich und Stitz, Uta: Von öffentlichen Einrichtungen zu sozialen Unternehmen – Hybride Organisationsformen im Bereich sozialer Dienstleistungen, Berlin 2002

Hanesch, Walter, Koch, Karl und Segbers, Franz: Öffentliche Armut im Wohlstand. Soziale Dienste unter Sparzwang, Hamburg 2004

Heinze, Rolf G. und Strünck, Christoph: Soziale Dienste im Sog der Modernisierung. Konsequenzen neuer kommunaler Steuerungsmodelle für die Wohlfahrtspflege, Bochum 1995

Henneke, Hans G.: Die Kommune in der Sozialpolitik, Stuttgart u.a. 2003

Jente, Charlotte u.a. (Hg.): Betriebliche Sozialarbeit, Freiburg im Breisgau 2001

Krummacher, Michael u.a.: Soziale Stadt – Sozialraumentwicklung – Qualitätsmanagement. Herausforderungen für Politik, Raumplanung und soziale Arbeit, Opladen 2003

Leisering, Lutz: Die Kreativität des lokalen Sozialstaats. Die Modernisierung der kommunalen Sozialhilfeverwaltungen in Deutschland (1990-2000), Wiesbaden 2003

Lewkowicz, Marina und Lob-Hüdepohl, Andreas (Hg.): Spiritualität in der sozialen Arbeit, Freiburg im Breisgau 2003

Lühmann, Hans: Die Zusammenführung von Arbeitslosen- und Sozialhilfe im Sozialgesetzbuch II (SGB II): sozial- und organisationsrechtliche Aspekte des Hartz-IV-Gesetzes für die kommunale Sozialpolitik, Stuttgart 2005

Otto, Hans-Uwe und Olk, Thomas (Hg.): Soziale Arbeit als Dienstleistung. Grundlegungen, Entwürfe und Modelle, Neuwied 2003

Stoll, Bettina: Betriebliche Sozialarbeit, Regensburg und Berlin 2001

Thole, Werner (Hg.): Grundriss Soziale Arbeit. Ein einführendes Handbuch, Opladen 2002
Zielinski, Heinz: Management im öffentlichen Sektor, Opladen 2001

4. Europäische Sozialpolitik

4.1 Gesamtdarstellungen

Benz, Benjamin, Boeckh, Jürgen und Huster, Ernst-Ulrich: Sozialraum Europa, Opladen 2000
Esping-Andersen, Gøsta: The Three Worlds of Welfare Capitalism, Cambridge 1990
George, Vic und Taylor-Gooby, Peter (eds.): European Welfare Policy, Hampshire und London 1996
Heien, Thorsten: Wohlfahrtsansprüche der Bürger und sozialpolitische Realität in Europa, Berlin 2002
Heinze, Rolf G., Schmid, Josef und Strünck, Christoph: Vom Wohlfahrtsstaat zum Wettbewerbsstaat, Opladen 1999
Kowalsky, Wolfgang: Europäische Sozialpolitik, Opladen 1999
Leibfried, Stefan und Pierson, Paul (Hg.): Standort Europa. Europäische Sozialpolitik, Frankfurt am Main 1998

4.2 Rechtliche Grundlagen

Europäischer Konvent, das Sekretariat: Vertrag über eine Verfassung für Europa. Entwurf, Brüssel 2003
Europäisches Parlament, Rat der Europäischen Union und Europäische Kommission: Charta der Grundrechte der Europäischen Union vom 7. Dezember 2000, Brüssel 2000
Komitee der Weisen: Für ein Europa der politischen und sozialen Grundrechte, hg. von der Europäischen Kommission, Generaldirektion Beschäftigung, Arbeitsbeziehungen und soziale Angelegenheiten, Brüssel und Luxemburg 1996
Rat der Europäischen Gemeinschaften: Empfehlung (92/441/EWG) des Rates vom 24. Juni 1992 über gemeinsame Kriterien für ausreichende Zuwendungen und Leistungen im Rahmen der Systeme der sozialen Sicherung, Brüssel 1992
Rat der Europäischen Gemeinschaften: Empfehlung (92/442/EWG) des Rates vom 27. Juli 1992 über die Annäherung der Ziele und der Politiken im Bereich des sozialen Schutzes, Brüssel 1992
Vertrag zur Gründung der Europäischen Gemeinschaft vom 25. März 1957, in der Fassung des Vertrages über die Europäische Union vom 7. Februar 1992, zuletzt geändert durch den Vertrag von Nizza vom 26. Februar 2001, Brüssel 2001

4.3 Sozialpolitik auf europäischer Ebene

Begg, Iain u. a.: Social exclusion und social protection in the Euroean Union: policy issues and proposals for the future role of the EU, EXSPRO project, London

Eichener, Volker: Das Entscheidungssystem der Europäischen Union. Institutionelle Analyse und demokratietheoretische Bewertung, Opladen 2000

Europäische Kommission, Generaldirektion Beschäftigung, Arbeitsbeziehungen und soziale Angelegenheiten: Weißbuch – Europäische Sozialpolitik. Ein zukunftsweisender Weg für die Union, Luxemburg 1994

Europäische Kommission: Modernisierung und Verbesserung des Sozialschutzes in der Europäischen Union. Mitteilung, Brüssel 1997

Europäische Kommission, Generaldirektion Beschäftigung und Soziales: Sozialpolitische Agenda. Mitteilung, Luxemburg 2000

Europäische Kommission, Generaldirektion Beschäftigung, soziale Angelegenheiten und Chancengleichheit: Sozialpolitische Agenda 2005 – 2010, Mitteilung, Luxemburg

Jachtenfuchs, Markus und Kohler-Koch, Beate (Hg.): Europäische Integration, Opladen 1996

Kohler-Koch, Beate (Hg.): Regieren in entgrenzten Räumen. PVS Sonderheft 29/1998, Opladen und Wiesbaden 1998

Kommission der Europäischen Gemeinschaften: Eine konzertierte Strategie zur Modernisierung des Sozialschutzes. Mitteilung, Brüssel 1999

König, Thomas, Rieger, Elmar und Schmitt, Hermann (Hg.): Das europäische Mehrebenensystem, Frankfurt a.M. und New York 1996

Loth, Wilfried und Wessels, Wolfgang (Hg.): Theorien europäischer Integration, Opladen 2001

Venturini, Patrick: Ein Europäischer Sozialraum für 1992. Dokument hg. von der Kommission der Europäischen Gemeinschaften, Brüssel und Luxemburg 1988

4.4 Deutschland und Europa

Boeckh, Jürgen: Kurzexpertise zum Streamlining-Prozess der Europäischen Union im Rahmen des Sozialschutzes im Auftrag des Ministeriums für Arbeit, Gesundheit und Soziales des Landes Nordrhein-Westfalen, in: ISS-Aktuell 12/2005, Frankfurt am Main

Bundesregierung: Strategien zur Stärkung der sozialen Integration. Nationaler Aktionsplan zur Bekämpfung von Armut und sozialer Ausgrenzung 2003-2005. Aktualisierung 2004, Berlin 2004

Deufel, Konrad: Europa sozial gestalten. Dokumentation des 75. deutschen Fürsorgetages 2000 in Hamburg, hg. im Auftrag des Deutscher Verein für öffentliche und private Fürsorge, Frankfurt am Main 2001

Huster, Ernst-Ulrich, Benz, Benjamin und Boeckh, Jürgen: First Report on the Implementation of the German NAPincl 2001-2003, Bochum und Brüssel 2003, http://europa.eu. int/comm/employment_social/soc-prot/studies/studies_en.htm

Huster, Ernst-Ulrich, Benz, Benjamin und Boeckh, Jürgen: First Report of the Nongovernmental Experts: National Action Plan of Germany against Poverty and

Social Exclusion (NAPincl) 2003 – 2005, Bochum und Brüssel 2004, http://
europa.eu.int/comm/employment_social/social_inclusion/docs/de_network_en.
pdf

Huster, Ernst-Ulrich, Benz, Benjamin und Boeckh, Jürgen: Second Report of the
Non-governmental Experts: Implementation of the German NAPincl on the regional and local level, Bochum und Brüssel 2004, http://europa.eu.int/comm/
employment_social/social_inclusion/docs/3de_en.pdf

Kirchenamt der Evangelischen Kirche in Deutschland: Europa zusammenführen
und versöhnen, hg. im Auftrag des Präsidiums der Synode, Frankfurt am Main
1996

4.5 Vergleichende Darstellungen und sozialpolitische Themenfelder

Benz, Benjamin: Nationale Mindestsicherungssysteme und europäische Integration.
Von der Wahrnehmung der Armut und sozialen Ausgrenzung zur Offenen Methode der Koordination, Wiesbaden 2004

Bundesministerium für Gesundheit und Soziale Sicherung: Sozial-Kompass Europa. Soziale Sicherheit in Europa im Vergleich, Bonn 2003

Europäische Kommission: Die soziale Lage in der Europäischen Union, Luxemburg, verschiedene Jahrgänge

Europäische Kommission, Generaldirektion Beschäftigung und Soziales: Gemeinsamer Bericht über die soziale Eingliederung, Brüssel und Luxemburg 2002

Europäische Kommission, Generaldirektion Beschäftigung, soziale Angelegenheiten und Chancengleichheit: Gemeinsamer Bericht über Sozialschutz und soziale
Eingliederung 2006, Mitteilung, Luxemburg

European Commission, Directorate-General for Employment, Social Affairs and
Equal Opportunities: Social Inclusion in Europe 2006. Implementation and update reports on 2003-2005 National Action Plans on Social Inclusion and update
reports on 2004-2006 National Action Plans on Social Inclusion, Brüssel und
Luxemburg 2006

European Commission: Social protection in the 13 candidate countries. A comparative analysis, Luxemburg 2003

Fouarge, Didier: Costs of non-social Policy: Towards an economic framework of
quality social policies – and the costs of not having them, Report for the Employment and Social Affairs DG, Final Report, London 2003

Gabriel, Oscar W. und Brettschneider, Frank (Hg.): Die EU-Staaten im Vergleich,
2. Aufl., Opladen 1994

Güntert, Bernhard, Kaufmann, Franz-Xaver und Krolzik, Udo (Hg.): Freie Wohlfahrtspflege und europäische Integration, Gütersloh 2002

Hradil, Stefan und Immerfall, Stefan (Hg.): Die westeuropäischen Gesellschaften
im Vergleich, Opladen 1997

Huster, Ernst-Ulrich: Armut in Europa, Opladen 1996

Kommission der Europäischen Gemeinschaften: Grünbuch zu Dienstleistungen von
allgemeinem Interesse, Brüssel und Luxemburg 2003

Kraus, Katrin und Geisen, Thomas (Hg.): Sozialstaat in Europa. Geschichte, Entwicklung, Perspektiven, Wiesbaden 2001

MISSOC – Europäische Kommission, Generaldirektion Beschäftigung und Soziales: MISSOC, Gegenseitiges Informationssystem zur sozialen Sicherheit – Soziale Sicherheit in den Mitgliedstaaten der EU und im Europäischen Wirtschaftsraum, Brüssel und Luxemburg 2001 (regelmäßige online-Aktualisierung)

Schmid, Josef: Wohlfahrtsverbände in modernen Wohlfahrtsstaaten, Opladen 1996

Schmid, Josef: Wohlfahrtsstaaten im Vergleich. Soziale Sicherungssysteme in Europa: Organisation, Finanzierung, Leistungen und Probleme, 2. Aufl., Opladen 2002

Schmidt, Manfred G.: Sozialpolitik. Historische Entwicklung und internationaler Vergleich, Opladen 1988

Schulten, Thorsten u.a. (Hg.): Mindestlöhne in Europa, Hamburg 2006

Voges, Wolfgang und Kazepov, Yuri (Hg.): Armut in Europa, Wiesbaden 1998

Winter, Thomas von: Sozialpolitische Interessen. Konstituierung, politische Repräsentation und Beteiligung an Entscheidungsprozessen, Baden-Baden 1997

5. Theorie des Sozialstaates

Allmendinger, Jutta und Ludwig-Mayerhofer, Wolfgang (Hg.): Soziologie des Sozialstaats. Gesellschaftliche Grundlage, historische Zusammenhänge und aktuelle Entwicklungstendenzen, Weinheim 2000

Bäcker, Gerhard: Der Sozialstaat – ein Auslaufmodell? Die Krise der Sozialpolitik als politische Krise, in: WSI Mitteilungen 6/1995, S. 345-357

Benz, Benjamin, Boeckh, Jürgen und Huster, Ernst-Ulrich.: Sozialraum Europa. Ökonomische und politische Transformation in Ost und West, Opladen 2000

Butterwegge, Christoph: Wohlfahrtsstaat im Wandel. Probleme und Perspektiven der Sozialpolitik, 3. Aufl., Opladen 2001

Castel, Robert: Die Stärkung des Sozialen. Leben im neuen Wohlfahrtsstaat, aus dem Französischen übersetzt von Michael Tillmann, Hamburg 2005

Döring, Diether: Sozialstaat in der Globalisierung, Frankfurt am Main 1999

Enquête-Kommission „Zukunft des Bürgerschaftlichen Engagements" – Bürgerschaftliches Engagement und Zivilgesellschaft, hg. vom Deutschen Bundestag, Opladen 2002

Engelen-Kefer, Ursula, Rau, Johannes und Schneider, Ulrich: Sozialpolitik mit Zukunft. Eine Streitschrift gegen die weitere Entsolidarisierung der Gesellschaft, hg. vom Deutschen Paritätischen Wohlfahrtsverband, Hamburg 2005

Ganssmann, Heiner: Politische Ökonomie des Sozialstaats, Münster 2000

Habermas, Jürgen: Die postnationale Konstellation und die Zukunft der Demokratie, in: ders.: Die postnationale Konstellation, Frankfurt am Main 1998, S. 91-169

Hauser, Richard (Hg.): Die Zukunft des Sozialstaats, Berlin 2000

Heinze, Rolf G. und Schmid, Josef und Strünck, Christoph: Vom Wohlfahrtsstaat zum Wettbewerbsstaat. Arbeits- und Sozialpolitik in den 90er Jahren, Opladen 1999

Honnecker, Martin u.a. (Hg.): Evangelisches Soziallexikon, Neuausgabe, Stuttgart, Berlin und Köln 2001

Huster, Ernst-Ulrich und Volz, Fritz-Rüdiger (Hg.): Theorien des Reichtums, Münster, Hamburg und London 2002

Kaufmann, Franz-Xaver (Hg.): Staatliche Sozialpolitik und Familie, München und Wien 1982

Kaufmann, Franz-Xaver: Varianten des Wohlfahrtsstaats. Der deutsche Sozialstaat im internationalen Vergleich, Frankfurt am Main 2003

Lessenich, Stephan und Ostner, Ilona (Hg.): Welten des Wohlfahrtskapitalismus. Der Sozialstaat in vergleichender Perspektive, Frankfurt am Main und New York 1998

Lessenich, Stephan (Hg.): Wohlfahrtsstaatliche Grundbegriffe. Historische und aktuelle Diskurse, Frankfurt am Main 2003

Marshall, Thomas H.: Bürgerrechte und soziale Klassen. Zur Soziologie des Wohlfahrtsstaates, Frankfurt am Main 1992

Mayer, Karl U. (Hg.): Die beste aller Welten? Marktliberalismus versus Wohlfahrtsstaat – Eine Kontroverse, Frankfurt am Main und New York 2001

Möhle, Marion: Vom Wert der Wohlfahrt. Normative Grundlagen des deutschen Sozialstaats, Wiesbaden 2001

Päpstlicher Rat für Gerechtigkeit und Frieden (Hg.): Kompendium der Soziallehre der Kirche, Freiburg im Breisgau 2006

Rieger, Elmar und Leibfried, Stefan: Grundlagen der Globalisierung. Perspektiven des Wohlfahrtsstaates, Frankfurt am Main 2001

Schmidt, Manfred G. (Hg.): Wohlfahrtsstaatliche Politik. Institutionen, politischer Prozess und Leistungsprofil, Opladen 2001

Schmitthenner, Horst und Urban, Hans J. (Hg.): Sozialstaat als Reformprojekt, Hamburg 1999

Seeleib-Kaiser, Martin: Globalisierung und Sozialpolitik. Ein Vergleich der Diskurse und Wohlfahrtssysteme in Deutschland, Japan und den USA, Frankfurt am Main und New York 2003

Sen, Amartya: Soziale Gerechtigkeit und ökonomische Effizienz, in: Nida-Rümelin, Julian und Thierse, Wolfgang (Hg.): Philosophie und Politik II. Soziale Gerechtigkeit und ökonomische Effizienz, Essen 1998, S. 15-26

Siegel, Nico A.: Baustelle Sozialpolitik. Konsolidierung und Rückbau im internationalen Vergleich, Frankfurt am Main 2002

Treichler, Andreas: Wohlfahrtsstaat, Einwanderung und ethnische Minderheiten, Wiesbaden 2002

Die Autoren

Benjamin Benz, Dr. rer. soc., Studium der Sozialarbeit an der Evangelischen Fachhochschule Rheinland-Westfalen-Lippe in Bochum. 2004 Promotion an der Justus-Liebig-Universität Gießen („Nationale Mindestsicherungssysteme und europäische Integration"), von 2000 –2004 Referent des Rektorates der EFH RWL für Forschung und Transfer, seit 2004 Referent beim familienpolitischen Fachverband „Zukunftsforum Familie" e.V. und Lehrbeauftragter am Fachbereich Soziale Arbeit der EFH RWL, seit 2001, Beratungstätigkeit der Europäischen Kommission im Zusammenhang mit den Nationalen Aktionsplänen gegen soziale Ausgrenzung. Wissenschaftliche Publikationen zur Mindestsicherungs-, Familien-, Beschäftigungs-, Verteilungs- sowie europäischen und allgemeinen Sozialpolitik.

Jürgen Boeckh, Dr. rer. soc., Studium der Sozialarbeit an der Evangelischen Fachhochschule Rheinland-Westfalen-Lippe in Bochum, 2002 Promotion an der Justus-Liebig-Universiät Gießen („Regionalisierung im Systemwechsel. Rahmenbedingungen dezentraler Sozialstaatlichkeit am Beispiel zweier nordrussischer Kommunen"), von 1998 bis 2004 Referent des Rektorates der EFH RWL. Seit 2004 wissenschaftlicher Mitarbeiter am Institut für Sozialarbeit und Sozialpädagogik e.V. in Frankfurt a.M.. Arbeitsschwerpunkte: (Europäische) Sozialpolitik mit dem Fokus Verteilungspolitik, Armut und soziale Ausgrenzung sowie Evaluation und Selbstevaluation sozialer Dienstleistungen. Zwischen 2002 und 2005 Lehrbeauftragter am Fachbereich Soziale Arbeit der EFH RWL. Seit 2001 Beratungstätigkeit für die Europäische Kommission im Zusammenhang mit den Nationalen Aktionsplänen gegen soziale Ausgrenzung. Zahlreiche wissenschaftliche Publikationen zur Verteilungs- und allgemeinen Sozialpolitik in Deutschland und Europa.

Ernst-Ulrich Huster, Dr. phil., Professor für Politikwissenschaft, lehrt an der Evangelischen Fachhochschule Rheinland-Westfalen-Lippe und an der Justus-Liebig-Universität Gießen, Studium der Politikwissenschaft und Germanistik, 1976 Promotion, 1984 Habilitation an der Justus-Liebig-Universität, seit 1989 Professor an der EFH RWL, von 1995-2003 Rektor der EFH RWL. Beratungstätigkeit der Europäischen Kommission im Zusammenhang mit dem 3. Armutsprogramm und der Nationalen Aktionspläne gegen soziale Ausgrenzung, Wissenschaftliche Publikationen zur politischen Soziologie, Sozialpolitik, Verteilungspolitik und Sozialethik.

Autoren- und Sachregister